D1875380

Alex Zanardi

EUROSPEEDWAY
Pioneer

Alex Zanardi / Gianluca Gasparini

Alex Zanardi

– nicht zu bremsen

Aus dem italienischen
von Wolfgang Sichert

bombus

Ein besonderer Dank des Verlages gilt Simona Lari,
Heike Bartsch, Ingo Rohrbach und dem Unfallkrankenhaus Berlin
(weitere Informationen unter www.ukb.de).

Bibliografische Information Der Deutschen Bibliothek
Die Deutsche Bibliothek verzeichnet diese Publikation in der Deutschen Nationalbibliografie;
detaillierte bibliografische Daten sind im Internet über http://dnb.ddb.de abrufbar

Dieser Titel erschien 2003 unter dem Titel »... peró, Zanardi da Castel Maggiore!«
bei Baldini Castoldi Dalai Editore s.p.a. Mailand/ Italien.

Copyright © 2003 Baldini Castoldi Dalai Editore s.p.a, Milano

Deutsche Erstausgabe
Copyright © der deutschen Ausgabe: 2004, Bombus-Verlag, München

Übersetzung: Wolfgang Sichert, Berlin
Lektorat: Sonja Hinte, Bremen
Cover-Gestaltung: Peter Breuer, reklamebuero.com
Satz und Layout: Anke & Ingo Scheffler, Berlin
Druck und Bindung: Ebner und Spiegel, Ulm

ISBN 3-936261-20-2

www.bombus-verlag.de

Vorwort

In den Monaten, als dieses Buch geschrieben wurde, habe ich über zahlreiche Titel nachgedacht. Aus dem einen oder anderen Grund aber wurden sie immer wieder abgelehnt. Zuerst von meiner Frau. Und wenn sie die Auslese innerhalb der Familie überstanden hatten, machte Gianluca kurzen Prozess. Wir hatten begonnen mit »Meine Geschichte«. Zu rhetorisch. Dann, und eher im Spaß, hatte ich vorgeschlagen: »Der Tag, an dem ich lernte, mit abgetrennten Beinen zu laufen«. Zu lang. Ein Freund, der den Witzigen spielte, empfahl mir: »Ein Mann, zerschnitten von den Rennen«. Zu grausam. Nicht einmal einen Tag und eine Nacht überstanden hat: »Ich habe den Fuß noch immer auf dem Gas«. Das versteht man nicht so gut, haben sie gesagt. Die Angelegenheit war im Begriff, kompliziert zu werden. Ich wollte nichts übermäßig Ernstes oder Gekünsteltes. Ich wollte einen Titel, der sich nach mir anhörte und der meine Eigenart respektierte. Einen Monat vor dem Druck hatte ich die Idee: »*... però, Zanardi da Castel Maggiore!*« – »... na sieh mal einer an, Zanardi aus Castel Maggiore!« Ich war auch hier nicht zu bremsen, und es wurde daraus: »... da laus mich doch der Affe: Zanardi aus Castel Maggiore!« Aber sie haben gesagt, Affen und Läuse hätten im Titel eines solchen Buches nichts zu suchen. Keine Frage.

»... na sieh mal einer an, Zanardi aus Castel Maggiore!« ist der symbolische Satz so vieler Momente meiner Karriere und meines Lebens. Es ist der Satz, den ich innerlich ausrief, als ich mich nach einem Sieg in einem sehr schwierigen Rennen der amerikanischen Formel 3000 auf dem Podium wiederfand. Oder auch kurz nach einem unmöglichen Überholmanöver, wie diesem berühmten von Laguna Seca. Auch der Titel der deutschen Übersetzung verdeutlicht meine Lebenseinstellung. Ich war und bin immer dann »nicht zu bremsen«, wenn es gilt, Ziele zu erreichen, die dem Papier nach unmöglich schienen. Trotz meines leicht exhibitionistischen und fast schon angeberischen Wesens habe ich immer die typische Unsicherheit dessen mit mir herumgetragen, der aus bescheidenen Verhältnissen stammt, aus einem kleinen und beschränkten Dorf, eben aus Castel Maggiore. Mir schienen die gesteckten Ziele unerreichbar und die Rivalen, die es herauszufordern galt, unschlagbar. Das war mein Glück. Aus der Furcht heraus, nicht der Beste zu sein, habe ich mir immer einen großen Respekt vor allen bewahrt, mich mehr als nötig vorbereitet und hierdurch jene Geisteskraft kultiviert, die mich – nach meinem Aufenthalt in Berlin – das schwerste all meiner Rennen hat gewinnen lassen.

Ich hätte niemals gedacht, dass ich ein Buch über mein Leben schreiben würde. Sechs Monate nach dem Unfall kam Gianluca zu mir, um ein Interview mit mir für »Sport Week« zu machen, die Wochenbeilage der »Gazzetta dello Sport«. Ich las es, und es gefiel mir. Wir telefonierten immer häufiger miteinander, sprachen immer mehr auch über unseren Alltag und unsere Vorlieben und stießen dabei auf sehr schöne Übereinstimmungen. In einem unserer Gespräche legte Gianluca mir nahe, allen von dem zu erzählen, was ich erlebt hatte, vor allem aber von meinem Lebensmut. »An dem Tag, an dem ich mich dazu entschließen werde, möchte ich, dass du mir hilfst«, habe ich zu ihm gesagt. »Ganz gleich, mit wem du das Buch schreibst«, antwortete er mir, »aber es zu schreiben, ist fast schon deine Pflicht. Es gibt eine Menge Leute in Schwierigkeiten, die ein bisschen mehr Kraft bekommen könnten, wenn sie erfahren, was du jetzt alles so machst.« Ich bin froh, dass ich auf ihn gehört habe. Dann habe ich angefangen zu erzählen. Wir schrieben, und meistens musste er mich bremsen, da wir sonst mit Anekdoten und Witzen bald auf tausend Seiten gekommen wären. Schließlich stand genau die Geschichte auf dem Papier, die ich erzählen wollte. Zu viele Biographien sind kalt und scheinen nur wegen eines Vertrages geschrieben worden zu sein. In den Seiten dieses Buches aber steckt meine Seele, in ihnen bin ich. Und das ist es, was zählt.

Kapitel 1

Es war die Woche des 11. September 2001, die Woche des Anschlags auf das World Trade Center in New York. Aufgewühlt von der Angst, die jeden von uns getroffen hatte, hatte ich plötzlich eine Ahnung: Wenn du glaubst, das Unglück kennengelernt zu haben, geschieht etwas noch viel Schlimmeres und zwingt dich, deine Ansichten zu überprüfen. Ich fragte mich ständig: »Was konnte es noch Schlimmeres geben?« Die gesamte F-Cart-Serie stand unter Schock. Seitdem wir in Deutschland unseren Fuß auf den Lausitzring gesetzt hatten, auf dem das erste der beiden Europameisterschaftsrennen ausgetragen werden sollte, hatten wir ständig diskutiert: Sollen wir aufgeben? Müssen wir nicht trotz allem fahren?

An jenem Dienstag hatte ich, als ich mit Daniela nach Hause kam, meine Mutter vor dem Fernseher angetroffen, vor den Bildern dessen, was gerade in New York geschah. Eine halbe Stunde lang hatte ich mit offenem Mund dagestanden, wie gelähmt vom Anblick jenes Flugzeugs, das in den zweiten Turm hineinraste. Dann hatte ich meinen Sohn Niccolò genommen; ich hatte ihn mir auf die Schultern gesetzt und war zu Fuß zum Supermarkt gegangen. Um diesem Schrecken zu entkommen. Um die Tragödie nicht sehen zu müssen. Ich hatte den Blick meines Sohnes gesucht, mich nach der Unschuld in seinen Augen gesehnt. Aus dem Instinkt heraus, dem auszuweichen, was du nicht ertragen kannst oder nicht ertragen willst. Aus dem Instinkt des Überlebens.

Am Tag danach war ich nach Berlin abgereist und von dort aus weiter nach Osten zu jenem Oval gefahren, auf dem wir am Samstag mit unserem Rennen zu Gast sein sollten. Der Himmel war trist und grau. Der Himmel blieb grau, und die Diskussionen nahmen kein Ende. Stunde um Stunde. Wir haben lange darüber gesprochen: Ist es richtig, ein solches Spektakel nach allem, was passiert war, trotzdem stattfinden zu lassen? In den USA waren alle sportlichen Ereignisse abgesagt worden, als Ausdruck des äußersten Respekts vor denen, die ihr Leben bei dieser Tragödie verloren hatten. War es richtig, nun auf der anderen Seite des Ozeans einen solchen Wettstreit auszutragen? Ja, haben wir schließlich entschieden, es ist die beste Art zu reagieren, wenn wir den Wettbewerb austragen. Um ein Zeichen der Hoffnung zu setzen. Um sich nicht geschlagen zu geben. Jeder Wagen sollte auf der Motorhaube oder an den Flanken die *Stars and Stripes* tragen, und vor dem Rennen hatten wir eine Schweigeminute zum Gedenken an die Opfer vorgesehen.

Während wir noch eine Lösung suchten, hatten wir am Donnerstag mit dem ersten Training auf der Piste begonnen. Es lief ausgezeichnet: Ich und mein Mannschaftskollege, der Brasilianer Tony Kanaan, waren die Schnellsten gewesen. Ein guter Beginn. Am Freitag aber, als die Trainingsläufe die Startreihenfolge festlegen sollten, begann es zu regnen. Und auf einem Oval, auf dem man im Schnitt mit 350 und mit Spitzen von 400 Stundenkilometern unterwegs ist, fährt man nicht, wenn es regnet. Keine Qualifikation, keine erste Reihe, wie es im Bereich unserer Möglichkeiten gelegen hätte. Das Reglement sieht in einem solchen Falle vor, dass die Aufstellung nach der aktuellen Klassifikation in der Meisterschaft vorgenommen wird: Ich erhielt die Startnummer 23.

Es war ein hartes Jahr gewesen. Nach einer nicht besonders glücklichen Formel-1-Saison mit dem Team Williams hatte ich ein wenig pausiert. Dann war ich den Verlockungen von Morris Nunn erlegen. »Mo«, wie er in seinen Kreisen genannt wird, stand mir als Ingenieur zur Seite, als ich meine beiden Titel gewann und zum Idol der amerikanischen Anhänger wurde. Er hatte nun ein eigenes Team zusammengestellt und mich davon überzeugt zurückzukehren. Um aufrichtig zu sein: Mehr als er hatte mich meine Leidenschaft überzeugt. Dieselbe Leidenschaft, die mich erfüllt, seitdem ich mich zum ersten Mal in ein Kart gesetzt habe. Aber es funktionierte nicht. Die Mannschaft war sehr jung und musste die Zusammenarbeit erst noch lernen. Und Morris war müde. Er war schon fast 64 Jahre alt und setzte sich nicht mehr mit seiner ganzen Kraft für die Sache ein wie früher einmal. Wir hatten nicht viel zustande gebracht, auch wenn wir in den letzten Rennen ein wenig gewachsen waren: Der Lausitzring mit diesem für alle neuen Oval konnte die Wende bringen. Die ersten Trainingsläufe hatten das gezeigt.

Das einzige Problem war, wirklich zu fahren. Schon allein deshalb, weil es am Samstag noch immer regnete. Wenn die Piste nicht rechtzeitig abtrocknete, würde alles auf den folgenden Tag verschoben. Der Himmel aber, noch immer schrecklich grau, hörte ganz plötzlich damit auf, sein Wasser herunterzuschicken. Und man entschied, dass angefangen werden konnte. Es gab nicht einmal mehr die Zeit, sich vor der angekündigten Schweigeminute auf die Strecke zu konzentrieren. Ich weiß nicht, ob Sie eine Vorstellung davon haben, was die totale Stille auf einer Automobilrennstrecke bedeutet, an einem Ort, der üblicherweise geprägt ist von betäubendem Lärm. Diese Stille war beeindruckend. Dann begann das Rennen, und schließlich schien es mein Rennen zu sein. Nach und nach hatte ich vom Start weg das Feld eingeholt. Ich spürte, wie der Wagen immer schneller und immer stabiler wurde. Ich empfand dieses feine Vergnügen, das aus der Gewissheit kommt, alles unter Kontrolle zu haben und ohne die leiseste Unsicherheit Herr der Situation zu sein. Dasselbe Vergnügen, das mich bei so vielen Erfolgen in dieser Art von Rennen begleitet hatte.

Dreizehn Runden vor dem Ziel lag ich in Führung. Es fehlte eine letzte Tankfüllung, die der Rennverlauf bei mir wie bei jedem anderen notwendig gemacht hatte. Noch ein *»splash & go«*, wie es im Jargon heißt, noch ein Spritzer Benzin zum Schluss und dann los! Noch während ich schnellstens wieder losfuhr und die Jungs vom Team mich mit ihren Blicken und mit ihren Zurufen anspornten, war ich sicher, auch das letzte Hindernis hinter mir gelassen zu haben. Ich nahm die Ausfahrt zur Boxengasse, die parallel zur Strecke verläuft, und dachte: »Gleich hast du's!« Aus irgendeinem Grund drehte sich nach der Hälfte dieses Asphaltstreifens der Wagen. Ich fuhr quer über ein Stück Grün, geriet auf die Piste und versuchte, den Monoposto wieder unter Kontrolle zu bekommen, der sich gegen die Fahrtrichtung gestellt hatte, während das Feld mit 340 Stundenkilometern näher kam. Dann wurde es plötzlich dunkel.

Kapitel 2

Von klein auf mochte ich die Dunkelheit, während die anderen Angst vor ihr hatten. Es war eine Form von Übermut, um die Komplexe zu bekämpfen, wie Kinder sie so haben. Ich war ein wenig dick, und das machte mich unsicher. Beim Ballspielen zum Beispiel war ich immer der Letzte, der gewählt wurde. Ich hatte nicht das geringste Talent und entschied, dass nicht ich es war, der dem Fußball nicht gefiel, sondern das Fußballspiel mir nicht. Daher war mir jede Situation recht, um auf Rache zu sinnen und Mut zu zeigen, eine Eigenschaft, an der es mir nie gemangelt hat. Ich verkündete also in aller Offenheit, ein großer Liebhaber der Dunkelheit zu sein und nicht die geringste Angst zu kennen. »Mit meinen hellen Augen sehe ich ausgezeichnet«, erzählte ich, »wie eine Katze!« So manche Beule am Kopf musste ich hinnehmen, um meine Affinität zu den Katzenartigen unter Beweis zu stellen. Stets war ich von einer großen Entschlossenheit, und ich habe sie mir auch als Erwachsener noch bewahrt.

Ich wurde in Bologna geboren. Die Geschichte meiner Eltern unterscheidet sich kaum von so vielen anderen Anfang der Sechzigerjahre: wenig Geld, der Wunsch nach Arbeit, einem friedlichen, freundlichen und einladenden Haus, um die Kinder darin aufwachsen zu lassen, und in meiner Familie waren das ich und meine Schwester Cristina. Als ich noch keine vier Jahre alt war, ließen wir uns in Castel Maggiore nieder, einem Dorf sehr nahe der Stadt, in dem es sich gut leben ließ und noch immer gut leben lässt. An das Bologna meiner ersten vier Lebensjahre erinnere ich mich wenig. Einige Episoden aber sind doch als sehr scharfe Fotografien in meinem Gedächtnis haften geblieben. Wir wohnten in einer sehr schönen Gegend, die sich Casaglia nennt, zu Füßen des Hügels, genau über dem Viertel Saragozza, in einem Wohnhaus im vierten Stock. Schon damals war ich ein waghalsiger Verrückter. Ich war auf Raketen fixiert, und jeder Gegenstand musste sich für mich in einen Flugkörper verwandeln. Eines Tages kam eine Signora mit einer 300-Gramm-Dose Thunfisch in der Hand zu uns herauf. Sie klopfte an und sagte zu meiner Mutter: »Das muss Ihnen gehören, es wäre mir beinahe an den Kopf geflogen.« Bis zum Alter von dreieinhalb Jahren trank ich vor dem Schlafengehen immer ein wenig Zuckerwasser aus einem Milchfläschchen; meine Mutter aber versuchte schon seit einiger Zeit, es aus dem Verkehr zu ziehen. Eines Tages warf ich, weil ich keine andere Interkontinentalrakete finden konnte, kurzerhand das Fläschchen aus dem Fenster. »Und was machst du nun?«, schimpfte meine Mutter. »Jetzt trinke ich aus dem Glas«, sagte ich ganz artig.

Das Fernsehen war damals noch nicht so verbreitet. Die Leute fanden ihre Unterhaltung vor allem in der Bar. Unten im Haus gab es eine von denen, die sogar mit einer öffentlichen Waage ausgestattet waren, mit einer von diesen großen, wie sie früher üblich waren. Alle gingen dort hin. Auch ein schon etwas älterer Herr, ein Trödler, der auch mit Schrott und Alteisen handelte und der alles mit Pferd und Wagen transportierte. Er war immer betrunken. Der Barbesitzer beschwerte sich ständig, weil er genau auf der Waage parkte, und so spielten mein Vater und seine Freunde ihm eines Tages einen unglaublichen Streich. Papà war Bauklempner und hatte ein Schweißgerät in seinem Wagen. Er ging es holen, und sie schweißten damit die Hufeisen des Pferdes an die Plattform der Waage. Als der Alte herauskam, nachdem er sich wieder einmal wie ein Schwamm vollgetrunken hatte, stieg er auf den Wagen und begann an den Zügeln zu ziehen: »Hoooooooh!«, rief er. Das Pferd rührte sich nicht von der Stelle, und er erklärte allen, die inzwischen aus der Bar herausgekommen waren: »Starrsinnig ist es!« Er stieg vom Wagen und zündete ein Stück Zeitung an, das er unter dem Bauch des armen Tieres entlangführte; es streckte sich und zog, aber es vermochte nicht, seine Hufe vom Boden zu lösen.

Eines anderen Abends kam ein Irgendwer in die Bar im Sattel eines Demm, eines Mopeds, dessen Zylinder um 45 Grad nach vorn geneigt war. Während er sich ein Glas Roten genehmigte, schraubten die anderen, die gerade von der Jagd gekommen waren, die Kerze ab und füllten Schießpulver aus einer Kartusche in den Motor. Er kam schön beschwipst aus der Bar und sprang in den Sattel, wobei er ausrief: »Jungs, wir sehn uns!« Kaum aber hatte er den Motor angelassen, gab es einen mordsmäßigen Knall, und Kopf und Zylinder flogen durch die Luft. Mit ungläubigem Staunen sagte er: *»Dio bon, l'ha fat un ritòrn ad fiamma!«* – »Großer Gott, jetzt ist die alte Liebe doch noch mal aufgeflammt!« Und die anderen bogen sich vor Lachen.

Mein Vater hieß Dino. Er war bei allen sehr beliebt. Und er lebt nicht mehr. Meine Mutter heißt Anna, und sie machte Hemden, wenn sie sich nicht um den Haushalt kümmerte oder sich mit uns beschäftigte. Der Beruf der Schneiderin, den sie von ihrer Mutter oder von ihrer Tante gelernt hatte, erlaubte ihr zu arbeiten, ohne dass sie das Haus verlassen musste. Die Leute kamen zu uns. Sie nahm Maß bei ihnen, und dann begann sie mit der Arbeit. Ich erinnere mich, dass sie uns zu Bett brachte, und dann ging's los: Ich schlief ein mit dem Geräusch dieser Maschine, die nähte und nähte. Und doch begann ihr Tag immer schon am frühesten Morgen. Besonders am Dienstag, wenn sie die Knopflöcher säumte und die Knöpfe an die am Vortag zugeschnittenen und zusammengehefteten Stoffteile nähte. Dies waren Arbeiten, die mit der größten Sorgfalt von Hand ausgeführt werden mussten und die so aufwendig waren, dass sie sich gezwungen sah, schon um vier Uhr morgens aufzustehen. Sie arbeitete mit Nadel und Faden beim Schein einer kleinen Lampe. Oft wachte ich auf, blinzelte in das Licht aus ihrem Zimmer und ging zu ihr hinüber mit meiner Bettdecke. Màmma »erfand« ein Bettchen für mich, indem sie zwei Stühle zusammenrückte, sie mummelte mich ein, sang mir mit leiser Stimme etwas vor, und ich schlief mit dem Kopf auf ihren Beinen wieder ein, während sie weiterarbeitete.

Papà stand ihr sicherlich in nichts nach. Oft kroch ich aus den Federn, um zur Schule zu gehen, und er war schon fort; oft ging ich am Abend zu Bett, und er war noch nicht heimgekehrt. Er war immer zum Scherzen aufgelegt, und weil Màmma recht leichtgläubig war, taten wir uns zusammen, um sie auf den Arm zu nehmen; um aber aufrichtig zu sein: Sie verstand schon Spaß. Es waren alberne Geschichten von der Art: Das Telefon macht »Kuckuck«. Sie hatte mit einer Freundin gesprochen, die sich eines roten Apparates rühmte anstelle des beigefarbenen, wie alle es hatten. Und mein Vater verkündete: »Denk dir nur, meine Familie hat eins genommen, das ›Kuckuck‹ macht, wenn es klingelt.« Meine Mutter sprach sofort mit jemandem darüber und am folgenden Abend sagte sie so etwas wie: »Diese dumme Sabrina will nicht glauben, dass es ein Telefon gibt, das ›Kuckuck‹ macht.« Wir konnten uns vor Lachen nicht mehr halten. Meine Eltern mochten sich sehr. Sie hatten geheiratet, bevor mein Vater zum Militär gegangen war. Früher wurde auch geheiratet, um aus dem Haus zu kommen; sie aber hatte wegen des Militärs vorläufig nur von ihrem Haus in das Haus der Familie meines Vaters gewechselt.

Ich kam nach Castel Maggiore, als ich schon fast vier Jahre alt war. In den Kindergarten ging ich nur für einen Monat. Meine Schwester Cristina ging nicht gern dorthin, sie weinte immer; und um keines ihrer Kinder ungerecht zu behandeln, meldete unsere Mutter uns beide wieder ab. Zu meinem großen Verdruss, denn das Essen dort schmeckte ausgezeichnet. Wie übrigens auch zu Hause. Die Schwestern aber schienen das Einvernehmen mit den Kindern an der Menge der Nahrung zu messen, die sie zu sich nahmen: Ich genoss die Mahlzeiten und schenkte den Schwestern im Gegenzug eine tiefe Befriedigung. Ich war ein sehr wagemutiges Kind, dabei jedoch gutmütig und auch sehr eigenständig. Ich spielte viel allein und scheute mich nicht, immer neue Dinge auszuprobieren.

Einige Tage nachdem wir umgezogen waren lud mich ein Mädchen, das in unserem Mietshaus wohnte, zu einem Fest ins Haus ihrer Großmutter ein. Es lag an einer stark befahrenen Landstraße, etliche Häuserblocks entfernt von uns. Am nächsten Tag fuhr ich in der Annahme, dass das Mädchen noch immer dort sei, mit meinem Dreirad los, um sie wiederzusehen. Auf einmal aber bog ich nach links ab, anstatt nach rechts, und so fanden sie mich in Funo wieder, dem Nachbarort, der einen Kilometer entfernt war. Bis dorthin hatte ich mich länger als eine Stunde mit meinem Dreirad abgestrampelt. Ich weinte vor Verzweiflung, aber ich schaffte es, denen, die mich fanden, zu erklären, wo ich wohnte. Sie brachten mich nach Hause, wo meine Mutter Hemden nähte. Sie war davon überzeugt gewesen, dass ich bei meinem Vater sei, während er das Gras mähte. Mein erstes großes Abenteuer. Und sie hatten es noch nicht einmal bemerkt.

Dann kam der »Hof«, und dies ist eine Erfahrung, die ich meinem Sohn leider nicht mehr vermitteln kann. In den großen Städten traut sich niemand mehr, die Kinder allein zu lassen, nicht einmal im Sommer. Vor einigen Jahren aber war es noch normal, ganze Horden von Kindern frei umherstreifen zu sehen. Nach der Schule wurde gegessen und dann nichts wie raus! Spielen bedeutete, mit den anderen zusammenzusein, kleine Hütten zu bauen, in den Bäumen herumzuklettern, über Zäune zu steigen – und jeden Tag dachten wir uns etwas Neues aus. Es war eine Welt ohne Beschränkungen, wenn auch in Wahrheit begrenzt auf meine nächste Umgebung. Am Ende der Straße standen meine Herkules-Säulen, hier war der Abgrund, über den hinaus sich niemand vorwagte. Mit den Bewohnern dieser Welt war ich dick befreundet: Eng verbunden war ich mit Alberto, obwohl wir uns oft wegen der wunderschönen Roberta geprügelt haben; dann Lorenzo, den ich stets mit dem Tarzanschrei zu begrüßen pflegte; und Gianluca, den ich sehr um seine zwei Waschmittelkartons voller Legosteine beneidete. Ich war oft bei ihm zu Hause, um mit ihm zusammen die kompliziertesten Flugzeuge zu bauen. Ich hatte wenig Spielsachen und ich behandelte sie auch nicht allzu gut. Einmal schenkte mir mein Großvater ein Motorrad mit Friktionsantrieb, und mein erster Gedanke war, mich mit Schraubenziehern zu bewaffnen und es komplett auseinander zu nehmen, um zu sehen, wie es funktionierte. Er wurde ziemlich wütend, der arme Großvater.

Die Haupttreffpunkte im Dorf waren die Schule, der Hof des Hauses und das Kino. Der Film am Sonntagnachmittag war ein Ritual, und wenn sie dann auch noch einen mit Bud Spencer oder Terence Hill vorführten, wurde es ein unglaubliches Fest. Im Kino »Rivoli«, das später abgerissen wurde, hatte ich meinen Lieblingsplatz in der ersten Reihe; es war der Platz, der gleich neben dem Mittelgang lag. Mir gefiel die Vorstellung, vor allen zu sitzen und niemanden neben mir zu haben. Wer weiß, vielleicht träumte ich schon damals von der Pole Position. Aber es war wunderbar. Einmal zeigten sie »Taxi Driver« mit Robert de Niro, freigegeben ab 14 Jahren. Ich durfte also nicht hinein, und es begann ein Nachmittag der tödlichen Langeweile. Mein Vater war mit Freunden zum Fischen gefahren, meine Mutter arbeitete. Im Hof war niemand. Die Fenster des Hauses gegenüber waren geschlossen. Alle Kinder der Gegend waren mit ihren Eltern unterwegs, bei den Großeltern oder an einem anderen, in meinen Augen sicher schönen Ort. Ich streifte durch die Gegend und wusste nicht, was ich tun sollte. Mit einem Mal fand ich mich in dem kleinen Garten hinter unserem Hause wieder, in der einen Hand einen Stein, in der anderen einen Stock. Dort saß ich und blickte mich um: Absolute Verlassenheit. Die Stille und das Gefühl der Leere waren so stark, dass ich beschloss, ich müsse in Zukunft reisen. Ich war acht Jahre alt, vielleicht ein wenig jünger, aber genau in diesem Moment beschloss ich, dass, wenn ich irgendeiner Arbeit würde nachgehen müssen oder irgendeine Leidenschaft pflegen, es die des Weltreisenden wäre.

Meine Schwester Cristina war zwei Jahre und ein paar Monate älter als ich. Im Vergleich zu mir war sie viel reifer und noch dazu ihrem Alter voraus und mit zehn Jahren schon eine Frau. Verantwortungsbewusst und organisiert wie sie war, schaffte sie es immer, Zeit für alles zu finden. Sie war sehr gut in der Schule, aber auch im Sport, wo sie in die Schwimmauswahl für die Olympischen Spiele berufen wurde. Sie war, alles in allem, einfach ein Naturtalent, und die ständige Konfrontation mit ihr verschaffte mir einiges Unbehagen. Sie gab keinen Anlass zu wirklichem Leiden, denn ich war ein gutmütiger Kerl, den wenig beeindruckte. Aber meine Eltern setzten mich unter Druck, und die ganze Geschichte störte mich doch ein wenig. Ich hatte eine sehr glückliche Kindheit, aber dieses ständige Vergleichen mit meiner Schwester war unangenehm, zumal ich das genaue Gegenteil von ihr verkörperte: Ich war eine Art zärtlicher Lausbub, der es verstand, sich durch das Erschleichen von Gunst auch eine lange Reihe von Streichen verzeihen zu lassen. Trotzdem kam immer wieder auch der Moment, in dem sie mir die Rechnung präsentierten: Ich erlaubte mir einfach zu viel. Und dafür bezog ich auch schon mal eine Tracht Prügel. Sie war ernster, bedächtiger, ausgeglichener, und sie erfreute sich eines bemerkenswerten Charismas. Sie war diejenige, an die sich die Freundinnen wandten, wenn sie ein Problem hatten. Sie zeigte niemals eine Unsicherheit und hatte einen großen Einfluß auf alle. Ich beneidete sie darum. Auch ich wollte bei Freunden angesehen sein wie sie. Auch ich hatte meinen Freundeskreis und auf meine Weise war auch ich sympathisch; dem Vergleich mit ihr aber hielt ich nicht stand: Immer war sie es, die besser dabei wegkam, und so empfand ich die Konfrontation mit ihr als objektiv gnadenlos.

Mehr noch: Nur weil sie älter war, entfaltete sie Aktivitäten, zu denen dann auch ich angeleitet wurde. Sie konnte sehr gut schwimmen; und deshalb musste auch ich schwimmen, aber es bedeutete mir nichts. Also stürzte ich mich in die Tiefen des Schwimmbades von Castel Maggiore: ein Meter und zehn. Ich tauchte unter, bis ich mit meinem Bauch den Boden berührte. So und nicht anders legte ich an die zehn Meter zurück, während die Lehrer mir die Meinung geigten. Auch wenn das Schwimmen mir im Alter von fünf Jahren eine meiner ersten großen charakterlichen Befriedigungen verschaffte. Eines Abends bei Tisch, heimgekehrt von der ersten Schwimmstunde, schaltete ich mich in die Diskussion der »Großen« ein, indem ich erzählte: »Ich kann auch schwimmen!« »Was verstehst denn Du davon! Du hattest heute deine erste Lektion ...«, gab mein Vater zurück. »Ja ja«, sagte ich, »ich kann schon ohne Weste schwimmen! Ich schwöre es dir, ich bin ohne geschwommen.« Gegen Ende des Unterrichts hatte der Lehrer mich eine Schwimmweste anlegen lassen, in der kaum noch Luft gewesen war, und ich war auch so über Wasser geblieben. Kaum wieder zu Hause, gab ich meinen unglaublichen Erfolg gleich zum Besten. Womöglich, weil ich immer ein kolossaler Exhibitionist gewesen bin; vor allem aber, weil ich solcher Revanchen im familiären Kreise dringend bedurfte.

Jedenfalls beendete mein Vater das Gespräch mit einem »Also gut, morgen Abend komme ich und schaue es mir an.« Und er kam wirklich. Zu Beginn der Unterrichtsstunde stellte ich mich bei Roberta vor, dem Mädchen, das uns betreute, um ihr zu sagen, dass ich die Schwimmweste nicht wolle; schließlich musste ich Papà ja etwas zeigen. »Aber du brauchst sie«, rief sie. »Nein«, gab ich zurück, gestern hast du zu mir gesagt, dass sie leer war und dass es auch ohne geht. Also gehe ich ohne.« Ich sprang hinein, hielt mich drei, vier Meter über Wasser, dann begann ich zu sinken und strampelte wie ein Besessener. Ich kam wieder hoch, prustete wie ein verstopfter Schornstein und ging erneut unter. Aber als ich dann wieder hochkam, hatte ich kein Problem mehr mit dem Schwimmen. Seit diesem Tag habe ich keine Schwimmweste mehr gebraucht. Um meinem Vater etwas zu beweisen und weil ich es mir zugetraut hatte, hatte ich eine kleine Heldentat vollbracht. Er lachte wie verrückt. Aber ich kann mir seine Zufriedenheit vorstellen, vor allem heute, da ich selber Vater bin. Und wenn ich meinen Sohn bestimmte Dinge vollbringen sehe, dann rührt es mich tief.

Allmählich begann ich, mir über meine Bestimmung klarzuwerden. Wenn ein Funke in mir war, gelang mir fast alles; aber der Funke konnte auch erlöschen. Schon am folgenden Abend, als ich mich durch meinen Vater nicht mehr herausgefordert sah, bedeutete mir das Schwimmen nichts mehr. Monate später sagten sie zu mir, dass ich zwei Bahnen im Freistil schwimmen solle, zwei auf dem Rücken, zwei Delphin und zwei Brust. Ich machte es, aber mit einem ganz eigenen Stil: ein Arm Brust, einer Freistil, einen Satz nach da und einen nach dort. »Was machst du denn da?!«, riefen die Bademeister. »Eine gemischte Bahn«, gab ich zurück, brachte sie zum Lachen und zog mich aus der Affäre. Sport sagte mir damals nicht so zu. Nur in der Schule brachte ich ein bisschen was darin zustande. Einmal nahm ich an einem Wettbewerb teil, dem klassischen »Campestre«-Geländelauf. An einem gewissen Punkt der Strecke baute ich eine sagenhafte Abkürzung ein und war plötzlich unter den ersten fünfzig der insgesamt drei- oder vierhundert Läufer. Kaum zu Hause angekommen, gab ich es natürlich gleich zum Besten, ohne mir über die Folgen im Klaren zu sein: Der Wunsch meiner Eltern, mich zur Ausübung irgendeiner sportlichen Aktivität zu bewegen, war so stark, dass mein Vater mir unverzüglich ein Paar ultraleichte Laufschuhe kaufen ging. Und da es damals ein solches Angebot wie heute noch nicht gab, bedeutete dies für sie ein großes Opfer. Leider schlug jeder ihrer Versuche fehl, zumindest bis ich zum Kart kam.

Der einzige Sport, den ich mir im Fernsehen ansah, waren die Grand Prix der Formel 1. Mein Vater hatte eine große Leidenschaft für sie, und wenn die Rennen übertragen wurden, schaute ich sie mir mit ihm zusammen an. Sie gefielen mir so sehr, dass ich mir aus Rohren und anderen Materialien, die ich aus seiner Garage mitgehen ließ, sowie vier Rädern, die ich aus der Abfalltonne entwendete, ein kleines Kart zu bauen versuchte, ohne jedoch mein Ziel zu erreichen: Es kam ein Gebilde von fast quadratischer Form dabei heraus, in dessen Seiten ich mit der Bohrmaschine Löcher bohrte, um die Räder dort anzubringen. Ich war ausgesprochen erfinderisch. Schon Jahre zuvor hatte ich aus zwei verlängerten

Rollschuhen, einem bisschen Sperrholz und ein paar Nägeln eine Karre gebaut, die ich dann von Mita, unserem Deutschen Schäferhund, ziehen ließ. Und zwar mit Hilfe einer Angelrute, an deren Schnur ich ein Beefsteak gehängt hatte, das vor der Nase des Hundes pendelte. Er folgte dem Stück Fleisch und ich kam gratis in Fahrt. Die Karre war allerdings am Halsband befestigt, so dass das arme Tier sehr bald schon schlappmachte: bewegt von Mitleid gab ich Mita das Beefsteak, und das Experiment endete, noch bevor es richtig begonnen hatte.

Jeden Tag aber erfand ich etwas Neues. In der Schule zum Beispiel baute ich ganz raffinierte Sachen. Aus Modelliermasse machten meine Kumpels höchstens einen Hampelmann oder ein Haus. Ich hingegen zauberte in der zweiten Grundschulklasse die Piste von Indianapolis daraus hervor, mit Boxengasse und den dazugehörigen Türmchen. Ich habe sie sogar bemalt und meine Mutter hat sie noch heute. Mir war immer ein großes handwerkliches Geschick zu Eigen, das in einer bestimmten Zeit auf dem Gebiet der Fahrräder zu einer besonderen Blüte kam. Ich ging zum Schrotthändler und kaufte mir von meinem gesparten Geld diverse Klappfahrräder vom Typ »Graziella«, die ich ganz allein wieder in Ordnung brachte: Ich sägte den Gepäckträger ab, zerlegte die Rahmen, lackierte die Teile neu und so weiter. Das Beste passierte, als sie anfingen, die Langsättel für Mofas zu verkaufen, besonders für den »Ciao«. Meine Schwester besaß einen solchen Sattel. Sie ließ ihre Freundinnen darauf mitfahren und handelte sich Bußgelder dafür ein. Mein Vater wurde wütend und sorgte dafür, dass sie den Sattel wieder abbaute. Ich hatte schon seit längerem Appetit darauf, profitierte davon und befestigte ihn mit zwei aus der Garage besorgten Halbzollrohren an den Naben meines feuerroten Fahrrads. Mit dem langen Sattel und TGM-Aufklebern an den Seiten fuhr ich zur Schule und wurde von meinen Freunden sehr beneidet. Aber in Wahrheit war es eine »Graziella«. Diesen meinen technologischen Abenteuern wohnte stets ein hohes Maß auch an Erfolglosigkeit inne, aber da ich auf eine

Garage voller Materialien zurückgreifen konnte, die zur Verfügung standen, und auf einen Vater, der seinen Schneidbrenner zum Schweißen benutzte wie ein Maler seinen Pinsel zum Malen, brachte ich Dinge zustande, von denen meine Kameraden nur träumten. Die schönsten Fahrräder, die ich jemals besaß, sind die, die ich mir ohne fremde Hilfe zusammengebaut habe. Außer dem ersten natürlich, das meine Eltern mir geschenkt haben und das ich an dem Morgen, als ich fünf Jahre alt wurde, in der Nähe meines Bettes stehen sah. Ein tolles Gefühl!

Ich war in der zweiten Klasse, als meine Schwester den Unfall hatte. Sie war fünfzehn und besuchte das Pädagogische Fachgymnasium in Bologna. Ihr Ehrgeiz, ganz nach oben zu kommen, wurde zuerst von der Mononukleose unterbrochen und dann von einem Sturz mit dem Motorrad, bei dem sie sich den Oberschenkel brach. Damit schwand die Aussicht auf eine Karriere auf höherem Niveau, und Cristina entschloss sich, weiter zu schwimmen, ohne dabei an Professionalität zu denken. Sie ging mit Mauricio, einem patenten Jungen. Auch ich fand ihn richtig stark, auch wenn ich ihn manchmal unsympathisch fand, weil ich nicht in unser Zimmer durfte, wenn er da war. Zwei oder drei Jahre waren sie zusammen, und er kam oft zu uns nach Hause. Meine Màmma mochte ihn gern. Mein Vater schaute ihn sich sehr genau an, aber er schätzte ihn, weil er ein patenter Kerl war. Eines Abends kam Maurizio, um Cristina abzuholen. Sie wollten ein Eis essen gehen. Auf der Straße jedoch trafen sie einen Freund, der gerade seinen Führerschein gemacht hatte. Er hatte einen Fiat 127, und sie entschlossen sich, eine Freundin in Funo zu besuchen. »Es geht ihr nicht so gut«, sagten sie, »wir werden ihr eine Freude machen.« Stattdessen machten sie einen Unfall. Sie und Maurizio starben dabei.

Der Hergang wurde niemals vollständig aufgeklärt. Nach der Rekonstruktion muss wohl ein BMW an einer Tankstelle gehalten haben, dessen Fahrer dann von einer Telefonzelle aus telefonierte. Als er wieder losfuhr, muss er die Straße geschnitten haben, auf der 127er ankam. Die Höchstgeschwindigkeit dort betrug 50 Stundenkilometer. Sie fuhren aber sicher nicht nur 50. Der Junge am Steuer des BMW hat überlebt, aber er trägt seither eine enorme Last mit sich: Schon oft kam er uns besuchen, und gerade erst neulich habe ich ihn gesehen. Er ist ein Bild des Jammers, und leider kann ihm niemand helfen. Es gibt Dinge, die du mit 18 Jahren machst. Fast immer gehen sie gut, aber wenn du Pech hast, bezahlst du sie teuer. Ich hatte Schlimmeres gemacht, und wenn meine Eltern eine Risikoversicherung hätten abschließen müssen, dann wäre ich der optimale Kandidat dafür gewesen. Um nur um ein Beispiel zu nennen: Mit acht Jahren bin ich an der Außenfassade unseres Mietshauses bis in den vierten Stock hochgeklettert, um Elisabetta zu besuchen, die Schwester von Gianluca, dem mit den Kisten voller Lego. Es gab an dem Haus einen Sonnenschutz, der die Balkone miteinander verband. Ich benutzte sie zum Aufstieg, und ihre Mutter entdeckte mich erst, als ich schon wieder auf dem Weg nach unten war. Sie rief sofort bei meiner Mutter an, die noch rechtzeitig das Fenster öffnen konnte, um mich an der Wand hängen zu sehen wie eine Spinne.

An diese Nacht jedenfalls erinnere ich mich sehr gut. Es war der 1. Oktober 1979, und ich werde nie vergessen, wie meine Eltern zurück nach Hause kamen. Ich schlief schon. Eine Nachbarin war da, um sich um mich zu kümmern, wenn ich aufgewacht wäre. Wenige Stunden zuvor war ein anderer Nachbar zu uns heraufgekommen: »Es hat einen Unfall gegeben«, hatte er gesagt, »ich habe angehalten. Ich hoffe, dass es nicht stimmt, aber ich habe sagen hören, dass Cristina darin verwickelt war.« Meine Eltern fuhren los, um die ganze Nacht hindurch die Krankenhäuser der Stadt abzusuchen: Es gab noch kein Computerinformationsnetz wie heute, und man musste sich von einer Stelle zur nächsten durchfragen. Als letzte Möglichkeit blieb ihnen nur noch die Fahrt zum Gerichtsmedizinischen Insitut. Dort fanden sie sie tatsächlich, und es blieb ihnen nichts übrig, als sie zu identifizieren. Als sie zurückkamen, erwachte ich, und ich werde nie die das Bild aus meiner Erinnerung löschen können: Meine Mutter glich einer Mumie, sie sprach nicht, sie weinte nicht, sie reagierte auf nichts mehr. Sie war wie erstarrt. Mein Vater dagegen schrie. Ich war von seinen Schreien wachgeworden, von seinem verzweifelten Weinen.

Ich war ein Kind und wusste nicht, wie ich mich angesichts einer Tragödie solchen Ausmaßes verhalten sollte. Paradoxerweise habe ich das Fehlen meiner Schwester erst Jahre später empfunden. Und es war – welch bitterer Scherz des Schicksals! – dieses Unglück, welches mich zum Motorsport brachte. Meine Eltern behüteten mich nach dem, was geschehen war, übermäßig: Ihnen war das waghalsigere ihrer beiden Kinder geblieben, und wahrscheinlich hielten sie es für sicher, dass früher oder später auch mir etwas zustoßen würde. Schon als kleines Kind war ich immer übersät mit Verletzungen, und oft hatte ich Platzwunden am Kopf. Ich verachtete jede Gefahr. Ich glaube, ich bin in den ersten Monaten nach dem Unfall meiner Schwester viel zu sehr auf meine Eltern eingegangen; ich erlebte ihren Schmerz auf eine recht undeutliche Weise. Sie versuchten, sich so normal wie möglich zu verhalten; aber trotz aller Anstrengung schafften sie es nicht, ihr Leid zu verbergen, das ich mir heute, da ich in der Lage wäre, es in seinem ganzen Ausmaß zu verstehen, nicht einmal mehr ausmalen möchte. Damals war ich dreizehn Jahre alt, und abends ging ich schon aus: Mit den Freunden, auf dem Fahrrad, solche Sachen eben. Schlagartig hörte ich auf damit. Es war ganz allein meine Entscheidung, denn auch wenn ich nur ein Junge war, wurde mir klar, dass sie mit der Angst im Nacken lebten. Ich dachte, dass ihr Schmerz nachlassen würde, und wollte ihnen dabei helfen, die Dinge wieder in Ordnung kommen zu lassen. Schon kurze Zeit später kam das Kart.

KAPITEL 3

Mein Vater besaß ein Sì, ein Moped, das damals schwer in Mode war. Auf dem Rückweg von Bologna begegnete er vier Jungs, die ihn überholten, als sei er angewurzelt. Also dachte er, es sei gut, einmal bei der Werkstatt gleich hinter der Ortseinfahrt anzuhalten, die einem seiner Jugendfreunde gehörte: »Bonini Motoren und Verarbeitungen«, stand auf dem Schild. Bonini machte eine phantastische Werbung auf »Radio Bologna 101«: »Wrooom, wrooom. Hören Sie den Klang, hören Sie das Konzert der Motoren, Bonini Motoren und Verarbeitungen!« Die Verarbeitungen gingen weiter, bis vier oder fünf Mal Besuch von den Caribinieri kam. Sie hatten drei Jungs mit einem frisierten Motorrad geschnappt, die gebeichtet hatten, wo es manipuliert worden war. Er änderte seinen Namen in »Bonini motori« und basta. Jedenfalls hielt mein Vater bei ihm an, um zu erfahren, ob es möglich sei, den Sì ein bisschen zu »enthemmen«. Sein Interesse wurde aber sofort von einem Kart gefangen genommen, das Bonini im Hause hatte: Ein Junge mit Namen Glauco, der später mein Freund wurde, hatte es gesponsert von seinem Großvater und insgeheim auch von seinem Vater, gekauft und dort in der Werkstatt untergebracht. Es weckte die Neugierde meines Vaters. Bonini drängte ihn ein bisschen und dann wagte er es: »Schön dieses Kart, was?! Warum kaufst du deinem Sohn nicht auch eines?« Mein Vater gab trocken zurück: »Bist du verrückt. Der fährt schnell, das ist gefährlich!« »Wieso gefährlich? Ist doch besser, er tobt sich auf der Piste aus, im Schutzanzug und mit Helm. Sie fahren alle in dieselbe Richtung, und es gibt da keine Signora, die ihnen plötzlich die Vorfahrt nimmt. Du kannst es als eine Alternative zum Motorrad kaufen. An den Wochenenden nehmt ihr ihn mit und geht auf Fahrt mit Zelt und Wohnwagen ...« Ich stelle mir vor, dass Papà noch darüber nachzudenken versuchte. Wahrscheinlich aber hat er sich doch sehr rasch in die Vorstellung verliebt, denn kaum zu Hause angekommen, schlug er mir den Tausch vor. Ich akzeptierte, ohne eine Sekunde zu zögern: Ein Kart! Es schien mir, als berührte ich mit einem Finger den Himmel. Ich war noch keine vierzehn Jahre alt. Wir schrieben April 1980.

Mein erstes Erlebnis an der Rennstrecke bereitete mir einen ganz schönen Schrecken, noch bevor ich selber ein Lenkrad angefasst hatte. Noch in der Woche, in der mein Vater die Idee aufgebracht hatte, kauften wir »Autosprint«, um ein Rennen in der Gegend herauszusuchen und unsere Neugierde zu befriedigen. Es gab eines in Parma, in San Pancrazio. Wir kamen dort an, als die Fahrer schon ihre Startpositionen eingenommen hatten. Ich stellte mich an die erste Kurve. Sie fuhren los und kamen mit einer aberwitzigen Geschwindigkeit auf mich zu, waren aber doch in der Lage, mich zu umfahren: Zu meinem großen Erstaunen überfuhren sie mich nicht, sondern schafften es, die Kurve zu nehmen! Vor Schreck sprang ich einen halben Meter in die Höhe. Das alles erschien mir unmöglich. »Ich werde niemals so schnell fahren«, versuchte ich mich zu beruhigen, »und im Grunde will ich doch nur ein bisschen Spaß.« Sie kamen mir vor wie Marsmenschen.

Auf dieses erste heiß ersehnte Kart mussten wir drei Monate warten, für einen Jungen eine viel zu lange Zeit. Bonini verkaufte das Kart nicht direkt, weswegen wir ihn bei einem Signore in der Stadt bestellen mussten, einem gewissen Buratti, der eine Werkstatt im Zentrum besaß. Aber jedes Mal, wenn wir ihn anriefen, um nach dem Stand der Dinge zu fragen, lautete die Auskunft: »Nächste Woche müsste es kommen.« Nachts schlief ich nicht mehr. An einem Wochenende im Juli folgte Papà uns in die Ferien. Er hatte mir versprochen, das Kart mitzubringen, sobald es ankäme. Meine Enttäuschung war groß, als ich an jenem Freitagabend, ohne ihn auch nur begrüßt zu haben, die Seitentür seines Fiat-850-Kleintransporters öffnete und ihn leer fand. Schließlich erhielt Bonini einen Anruf von Buratti, dass er die »Ware« erhalten habe, und schon am nächsten Tag fuhren wir los, um das Fahrzeug abzuholen und es gleich auf der neuen Piste von Vado, oberhalb von Sasso Marconi auszuprobieren. Es war der Morgen des 2. August 1980, der Tag des Blutbads von Bologna, bei dem durch einen Terroranschlag auf den Zentralbahnhof im Herzen der Stadt 80 Menschen ums Leben kamen und viele schwer verletzt wurden. Wir versuchten die Werkstatt zu ereichen, kamen aber nicht durch: Es war sehr viel Polizei auf den Straßen, überall Absperrungen, und wir verstanden nicht, warum. Ich schaffte es nicht, ruhig zu bleiben. Es sah so aus, als sollte ich dieses verflixte Kart niemals bekommen. Dann machte Papà einen riesigen Bogen, wir fuhren von der entgegengesetzten Seite in die Stadt, und schließlich erreichten wir unser Ziel. Erst auf dem Weg hinaus zur Rennstrecke erfuhren wir aus dem Radio, was passiert war. Es war ein tragisches Datum und doch einer der schönsten Tage meines Lebens. Als wir die Nachricht hörten, bemerkte ich, wie mein Vater erbleichte; ich aber konnte die Tragweite des Ereignisses nicht einschätzen. Ich war dreizehn und noch ein Kind. Das Kart ging mir nicht aus dem Kopf, meine Freude war nicht zu bändigen, und ich konnte nicht zulassen, dass irgendetwas sie trübte. Erst einige Jahre später begriff ich, warum ich dieses Datum für immer in meinem Gedächtnis behalten sollte.

Von den ersten Metern in Vado blieb mir die erste Kurve mit den weiß-rot markierten Abweisern, die seitlich an mir vorbeiflitzten unvergesslich. Glauco hatte sein Kart schon, das, das bei Bonini untergebracht war. Meins kam zusammen mit zwei weiteren an, die für Dante und Massimo bestimmt waren, die Söhne des Bäckers am Ort. Hier waren zum ersten Mal diejenigen versammelt, die mein Vater später auf den Namen »Team Sfighé« taufte, was soviel bedeutet wie »Arme Schweine«. Er hatte sich schon immer für das Bootfahren begeistert – Schlauchboot, um genau zu sein –, dann aber alles verkauft bis auf den Anhänger, mit dem er jetzt unsere Karts transportierte. Mein Debüt verlief jedoch ein wenig seltsam. Ich fuhr so langsam, dass der Motor in der Kurve ausging, so aufgeregt war ich. Und doch war es mir so vorgekommen, als sei ich schnell gefahren. Dann aber bot »Bonny« (das war der Spitzname für Bonini unter den engsten Angehörigen des »Teams Sfighé«) sich an, einige Runden zu fahren, um die Benzinzufuhr zu regeln. Mit seiner respektablen Vergangenheit als Fahrer war er der Fachmann, und ich war ihm allein schon dafür unendlich dankbar, dass er meinen Vater davon überzeugt hatte, das Kart zu kaufen. Aber als ich sah, wie er mit einer Geschwindigkeit, die mir wahnsinnig erschien, die Kurven auf dem Kurs von Vado nahm, empfand ich ein Gefühl für ihn, das schon an Huldigung grenzte. Als er ausstieg, sah ich ihn staunend an und dachte: »Gütiger Gott, wer weiß, ob ich es schaffen werde, eines Tages so zu fahren wie er.« Gleich darauf wanderte mein Blick zu meinem Kart hinüber und ich erlaubte mir ein: *»Soccmel, s'al và cal bagai que!«* – »Wie schnell doch dieses Dingsda abgeht!« Tatsächlich hatte mich die erste Begegnung mit der Geschwindigkeit komplett unvorbereitet erwischt, denn bis zu diesem Zeitpunkt war ich ja nur mit dem Fahrrad gefahren. Wenn an diesem Tag jemand hätte prophezeien sollen, wer von diesen vier Jungs Berufsfahrer würde, dem dann auch noch das Überholmanöver im »Korkenzieher« von Laguna Seca oder die Aufholjagden vom letzten auf den ersten Platz in Long Beach und in Cleveland gelängen, dann hätte er sicher mit dem Finger nicht gerade auf mich gezeigt.

Und doch war dies der Beginn meines großen Abenteuers. Schon während der ersten Runden und ohne dass ich Worte für meine Emotionen gehabt hätte, entschied ich, dass ich Rennfahrer werden wollte. Was dabei herauskommen konnte, musste fast lächerlich erscheinen, wenn man sich ansah, wie der Tag verlaufen war. Ich fuhr sehr langsam und landete noch dazu immer dann außerhalb der Piste, wenn ich zu beschleunigen versuchte. Aber trotz dieses Desasters gab es in meinem Kopf kein Halten. Ein hemmungsloser Optimismus ließ mich denken, ich sei ein großer Protagonist des Motorsports geworden. Das aber muss nicht verwundern: Meine gesamte Karriere war durch Sturheit gekennzeichnet. Und darin, dass ich es genau in diesem Moment für möglich gehalten hatte, dass mein Traum wahr werden könne, offenbart sich mein gesamtes Leben. Auch noch der beharrlichste Träumer hätte angesichts einer ähnlichen Enttäuschung einen Dämpfer bekommen. Ich hingegen hatte, während Dutzende von Karts links und rechts an mir vorbeizogen, nur einen Gedanken: »Fahrt nur, fahrt! Bald hole ich euch alle ein!«

Unten in unserem Haus befand sich eine riesige Garage, in der alle Karts gelagert wurden. Dante und Massimo – Zwillinge, die sich kein bisschen ähnlich sahen – waren zwei einzigartige Persönlichkeiten und schienen aus Fellinis »Amarcord« entsprungen. Sie waren ein paar Jahre älter als ich und hatten mich anfangs durch ihr Alter und ihre Größe eingeschüchtert. Schon bald aber wurden wir unzertrennlich. Kaum dass sie mit der Auslieferung des Brotes fertig waren, fuhren sie die dreirädrige »Ape« mit Vollgas auf unseren Hof. Unsere Wohnung lag im Hochparterre und im Sommer stand die Balkontür zum Garten hin offen. So konnte es immer wieder geschehen, dass wir noch bei Tisch saßen, wenn ich aus der Ferne den Motor hörte, das Quietschen der Räder beim Einbiegen und dann das der Bremsen, und wusste, dass sie es waren. Schon wenige Sekunden später ertönte ihre Hupe: »Sandro, komm und mach die Garage auf!« Sie kamen nach einer Nacht ohne Schlaf, in der sie in der Backstube gearbeitet hatten, aber es machte ihnen nicht das Geringste aus. Wir begannen sofort, an unseren Spielzeugen herumzubessern und zu putzen, eifrig legten wir Hand an und fanden sie wunderbar! Zanardi war immer dort: Auch er packte zu, er putzte und polierte, er pappte überall Aufkleber dran und verschob sie wieder. So sehr habe ich mich wahrscheinlich noch nicht einmal um meine Frau gekümmert. Meine Garage war für mich das Zentrum der Welt. Es war Sommer, die Schule zu Ende, und der Vormittag verging zwischen ein paar Ferienaufgaben – die sich in Grenzen hielten – und ein bisschen Hilfe im Haushalt wie im Flug. Danach gab es nur noch eins.

Das erste Rennen, an dem ich teilnahm, wurde von der Öffentlichen Fürsorge gesponsert. In Anbetracht der Risiken, denen sich die Piloten aussetzten, hätten wir uns ernsthaft fragen müssen, in was genau die Unterstützung des Sponsors bestand: vielleicht in einer Wiederbelebungsmaßnahme und darin, zweimal kostenlos an einen Tropf gehängt zu werden. Der Lauf fand auf der Piste von Vado statt, und die »Armen Schweine« des »Team Sfighé« traten vollzählig an mit vier Meldungen. Es gab sechs Kategorien, in denen man sich auf nationalem Niveau messen konnte: drei für Automatik-Karts mit 100-ccm-Motoren und drei für Fahrzeuge mit Gangschaltung und 125-ccm-Motoren. Es war kein absolutes Gesetz, aber nach der allgemeinen Einschätzung war die Automatik-Kategorie stärker stilbildend. Jeder Fahrfehler ohne Gangschaltung wurde teurer bezahlt und lehrte demzufolge etwas, was über die natürliche Auslese zwischen denen, die Talent hatten, und denen, die keins hatten, hinausging. In der Regel wurde versucht, es in die 100er-Klassen zu schaffen und bei den Kadetten zu beginnen, oder direkt in der höheren, der so genannten Nationalklasse, wenn der Fahrer kein Kind mehr war, wie in meinem Fall. Man bekam jedoch keine Lizenz, um direkt von der 100 Avenir aus auf nationalem Niveau zu starten, denn dafür qualifizierte man sich dank bestimmter Resultate, die in den beiden anderen Klassen erzielt werden mussten. Die in den verschiedenen Kategorien verwendeten Motoren waren einander ähnlich, und es gab nur drei Merkmale zur Unterscheidung der Karts: Die Modifikation des Motors, die Größe des Vergasers und vor allem die Reifen. Die Kadetten fuhren schmale Reifen mit einer harten Gummimischung, die Reifen der Nationalmannschaft waren ein bisschen breiter und weicher, während die der Avenir einem Jungen wie mir wunderbar groß erschienen und dem Kart ein verwegenes Aussehen gaben. Jedenfalls waren die Kategorien der 100er-Klasse am stärksten belegt, und die Piloten entschlossen sich nur dann, in die 125er-Klasse zu wechseln, wenn sie nicht so viel Stress dabei hatten, oder wenn sie aufgrund der Gewichtsbeschränkung (in der

100 musste man schon fast ein »Jockei« sein) benachteiligt waren; und genau aus diesem Grunde entschloss Dante sich später zum Wechsel der Klasse, aber das ist eine andere Geschichte.

Der Wettbewerb in Vado war nicht nach der Zugehörigkeit zu einer der Kategorien organisiert, sondern durch eine einfache Unterteilung in Gruppe A und Gruppe B. Die alphabetische Reihenfolge hätte eher für das Gegenteil gesprochen, aber tatsächlich fanden sich in Gruppe A die Amateure, die »Sonntagsfahrer« ohne Lizenz, und in B, sehr bolognesisch, die »buoni«, die »Guten«. Berühmt wurde ein Ausspruch, den mein Vater tat, als wir ihm die Auswahlmethode für das Rennen mitteilten: »Gut, heute werden wir sehen, in welche Kategorie ihr gehört«, sagte er und fügte erklärend hinzu: »Die Guten unterteilen sich in drei Gruppen: die guten Guten, die einigermaßen Guten und die Tunichtguten!« Wir brachen in Lachen aus, aber ich erinnere mich, dass ich sofort sehr nervös geworden war, weil ich mich verantwortlich fühlte für die Bemerkung von Papà, die alles andere als ein Witz hatte sein wollen. Ich fühlte mich stärker unter Druck in diesem ersten lächerlichen »Wettbewerbchen« als bei wichtigen Ereignissen in meiner späteren Karriere. Zudem lief ich Gefahr, am Rennen nicht teilnehmen zu können, da meine Bremsscheibe gebrochen war. Wir hatten weder ein Ersatzteil noch die Zeit für einen Wechsel. Ich fuhr nur, weil Glauco, nachdem er in der Qualifikation der Schnellste von uns vieren gewesen war, nicht am Finale teilnahm. Auf dem Gipfel einer erregten Diskussion hatte er dem Sohn von Bonini, seinem persönlichen Mechaniker, eine Ohrfeige gegeben. Dieser baute ihm daraufhin den Motor aus und verstaute ihn auf seinem Transporter. Glauco kam zu mir und sagte: »Ach, er hat die Wut gekriegt! Es hat ihm etwas nicht gepasst. Wenn du mein Chassis benutzen willst, ich kann jetzt nichts mehr damit anfangen ...« Ich fuhr und wurde Neunter. »Ohne Schmach und ohne Ruhm«, lautete nach dem Rennen der Kommentar meines Vaters.

An diesem Sonntag lernten wir einen sehr sympathischen bolognesischen Reifenhändler kennen, den wir später auf den

Namen »Corazon« tauften. Er war ein hemmungsloser 125er-Fan, der mit einer Spanierin verlobt war und immer wieder eine Art katalanisches Sprichwort wiederholte: »Nella retta no tiengo agua nel cor«, das in etwa besagte: »Auf der Geraden bin ich nicht von Pappe.« Er rühmte sich damit der Tatsache, dass seine Geschicklichkeit – wer weiß welche – es ihm auf den langen Geraden erlaubte, das Gaspedal bis zum Anschlag durchzutreten. In den Kurven aber fuhr er, wie er selber zugab, eher langsam. Und eben er war es, der uns auf das nächste Rennen hinwies, einen städtischen Rundkurs, organisiert in Fossa, einem Dörfchen in der Provinz von Modena. »Kommt am Sonntag nach Fossa«, sagte er, »das ist ein schönes Städtchen, und der Erste in jeder Klasse bekommt sogar einen Schinken als Preis.« Das Rennen sollte bei Nacht stattfinden, und die Piste hatten sie auf der Piazza des Ortes errichtet. Da es aber nur zwei Laternen zur Beleuchtung gab, hielten die Organisatoren es für eine gute Idee, den Ring, aus dem der Kurs bestand, ein bisschen zu beleben, indem sie zwei Schikanen ganz in der Nähe der Laternen einbauten, also an den einzigen Stellen, an denen man gut sehen konnte. Eine ziemlich gefährliche Idee, und nur durch ein Wunder verletzte sich niemand. Allerdings traf ein Junge aus der 125er-Seniorenklasse nach dem Kontakt mit einem Gegner frontal einen der Zementpfeiler; er blieb zwar unversehrt, nach dem Aufprall aber war sein Kart keinen Meter mehr lang. In meiner Klasse waren wir zu fünft. Ich kam als Vierter ins Ziel und brachte den ersten Pokal meiner Karriere mit nach Hause: gestiftet von der Bäckerei Salvioli und mit einem Schildchen versehen, auf dem stand: »Sagra della Fossa '80«. Für mich repräsentiert er den Heiligen Gral, und ich bewahre ihn inmitten all der Trophäen auf, die ich als »Erwachsener« gewonnen habe.

Diesen ersten Wettkämpfen ging eine Reihe von Trainingssamstagen und -sonntagen in Vado voraus, an denen wir mit einem Fahrzeug teilnahmen, das auf geradezu unwürdige Weise von einer Gruppe Unfähiger und Inkompetenter genutzt wurde.

Wir hatten uns auf diesen Sport ohne eine spezifische Kenntnis und ohne Erfahrung eingelassen. Daher behandelten wir das Kart, als wäre es ein normales Automobil: runter ich, rauf mein Cousin, runter mein Cousin, rauf ein Freund, runter der Freund, rauf mein Vater – so ging es in einem fort vom Morgen bis zum Abend. Und nach ständig wechselnden Gewichtsbelastungen und unzähligen Ausflügen ins Grüne zeigte das Chassis schließlich einen kleinen Riss. Wir fuhren bis nach Mailand zur Dap, dem Hersteller, um uns zu beschweren. Ich erinnere mich, dass uns der Inhaber des Unternehmens, nachdem er sich unsere einleitenden Worte angehört hatte, perplex ansah: Erst später, nachdem ich einen tieferen Einblick in die Materie bekommen hatte, ist mir klar geworden, dass sein Gesicht eine Mischung aus Erstaunen und Mitleid gezeigt haben muss, denn er sah sich vollkommenen Idioten gegenüber, die weit davon entfernt waren zu verstehen, wovon sie sprachen. Wir müssen uns so schwer damit getan haben, eine Diskussion mit ihm auf seinem technischen Niveau zu führen, dass er, ermüdet von dem, was eine Strapaze für ihn zu werden begann, abbrach und zu einem seiner Mitarbeiter sagte: »Hör zu, gib ihnen ein neues Chassis. Ich will darüber nicht mehr reden.« Sie ersetzten uns das Fahrgestell. Und mit den Reifen lief es genauso. Einen von ihnen tauschte er um, weil auf einmal der weiße Faden des Gewebes zu sehen war. Es war einer der hinteren Reifen, und er war dermaßen abgenutzt, dass ich mich beim Händler vorstellte und sagte: »Er hat sich auf ganz anormale Weise abgenutzt. Er ist mangelhaft.« Er tauschte ihn mir um, ohne mit der Wimper zu zucken, allerdings nicht ohne dabei doch etwas auffällig den Kopf zu schütteln: »Es hat keinen Sinn, dass ich versuche, es ihm zu erklären. Er kapiert es ja sowieso nicht.«

Es vergingen ganze Tage, an denen ich mir die tollsten Rennen mit Dante lieferte, der übrigens ein bisschen stotterte. Er warf den Fehdehandschuh und rief: »Oh, Sandro, fahren wir fünf Runden, und wer als erster ankommt, gewinnt.« »Aber klar doch«, gab ich zur Antwort. Gleich nach dem Start setzte ich mich in seinen

Windschatten, ich überholte ihn, und in der nächsten Kurve trat er das Gas bis zum Anschlag durch, um außen vorbeizukommen, und mit einem Riesenbrimborium endete er jedes Mal wieder im Grünen und lachte, bis er keine Luft mehr bekam. Ich hielt mitten auf der Piste an und fragte: »Dante, was machst du?!« Und er antwortete stinkig: »Warte nur, Sandro, wenn ich dich kriege ...« Mein Vater versuchte ihn zu trösten: »Ihr seid ein Rennen gefahren, warum hätte er dich vorbeilassen sollen?« Und Sandro antwortete, sanft wie ein Engel: »Weil wir Freunde sind.«

In dieser Zeit, in der wir weiter umher reisten, habe ich viel gelernt, denn ich begriff allmählich von ganz alleine, was ich tat, und wurde Herr der Lage. Ich schaffte es, mit Logik und mit einer Kraft an die Probleme heranzugehen, die jemandem unbekannt sein musste, der sich alles aus Büchern aneignete oder von einem Vater, Onkel oder Freund sagen ließ, der seine Erfahrungen schon gesammelt hatte. Wir vier hatten da nur meinen Vater. Wir glaubten, alle Geheimnisse zu kennen, tatsächlich aber hatten wir überhaupt nichts verstanden.

Das dritte Rennen, im späten Oktober, ist hierfür ein leuchtendes Beispiel: Wir präsentierten uns in Parma beim »Industrieturnier«, einem ziemlich hochrangigen Wettbewerb. Diesmal waren nur ich und Dante im Einsatz. Die anderen hatten ihren Rücktritt erklärt. Und wir beide schienen auch wirklich nur zufällig da hineingeraten zu sein. Nachdem wir selbstverständlich Letzter und Vorletzter in der Qualifikation geworden waren, haben wir im Finale gegeneinander gekämpft, während die anderen uns an die dreißig Mal überrundeten ... Aber das war gar nicht wichtig, so wie es auch nicht wichtig war, ob die Konkurrenten mit einem Lastwagen vorfuhren und wir mit dem Anhänger für das Schlauchboot. Wichtig war, dass ich Dante in der letzten Kurve der letzten Runde überholen konnte. Natürlich nicht für die Wertung, sondern um darüber mit den anderen Freunden in der Gruppe lachen zu können. Lachen vor allem über das überraschte Gesicht von Dante, das durch das riesige Visier seines Sturzhelms zu erkennen war.

Mit ihm wurde alles zu einer Lachnummer, und sein späterer Bericht von diesem Wettbewerb endete unweigerlich mit: »Und dann war ich schon angekommen und dieser Bastard ist nicht in mich reingefahren?« Und er tat so, als wolle er mich verprügeln.

Wir fühlten uns sehr wohl in dieser Zeit. Es waren wirklich die schönsten Jahre meiner Laufbahn. Wir staunten über alles. Am Vorabend hatten wir das Kart abnehmen lassen, und sie hatten uns nach der Nummer des Ersatzmotors gefragt. »Wieso? Kann man denn einen Ersatzmotor haben? Seit wann?« Ich hatte noch immer den ersten, im August gekauften Satz Reifen. Dante war das reinste Schauspiel. Wir waren erst am Samstagnachmittag nach Parma gefahren, und er hatte bis zum Mittag die doppelte Schicht absolviert, in der das Brot auch für den Sonntag gebacken wurde. Er hatte folglich nicht geschlafen. Am Freitag war er, in dem sicheren Wissen um das, was ihn erwartete, zu uns nach Hause gekommen mit einem vom Sofa seiner Mutter geklauten Lederkissen und hatte es am Sitz des Karts notdürftig mit einem Bolzen befestigt. Dazu erklärte er: »In Parma will ich es bequem haben.« Tatsächlich aber war er damit schon zu dicht am Lenkrad – man könnte fast sagen: angeklebt – und konnte nicht mehr fahren. Daher verschob er den Sitz irgendwie nach hinten und befestigte ihn in der neuen Position notdürftig mit einem Bolzen. Mit dem Ergebnis, dass der Sitz beim Beschleunigen wegrutschte, auf den Asphalt geriet und dabei die Räder des Karts vom Boden hob. Die Szene war folgende: Dante war in den ramponierten Sitz mit dem Lederkissen gesunken und beschleunigte wie besessen, während das Kart einige Meter weit über den Boden schleifte, immer wieder blockierte und erneut anfuhr, um weitere zehn Meter zurückzulegen. Wir holten ihn am Ende der Geraden ein, als er sich mit seinem Kart gerade in unsere Richtung gedreht hatte und schrie: »Dino, was hast du mir da eingebaut, die Kupplung?« Die es naturgemäß bei diesen Karts gar nicht gab.

Gewöhnlich regulierte mein Vater vor dem Rennen das Gemisch, was bei den Karts mit Hilfe der Gemischregulierschraube vorgenommen wird: Dreht man die Schraube in die eine Richtung, verringert sich die Zufuhr, dreht man sie in die andere, nimmt sie zu. Als Basis wählte er stets eine etwas fettere Einstellung des Öl-Benzin-Gemischs, um zu verhindern, dass der Motor beschädigt werden konnte. Er stellte sich an das Ende der Hauptgeraden, nachdem er verkündet hatte: »Wenn ihr hier vorbeikommt und ich winke, dann bedeutet das, dass die Vergasereinstellung zu mager ist: Ihr dreht dann die Schraube auf. Wenn ich euch das OK-Zeichen gebe, ist alles in Ordnung. Wenn ich aber den gelben Fetzen hier schwenke (in Wahrheit ein Stück Laken aus dem Ehebett...), dann ist die Zufuhr zu stark: Ihr dreht dann die Schraube wieder ein bisschen zu!« Als ich der ersten Runde an ihm vorbeifuhr, sah ich, dass er den Lappen schwenkte. Ich drehte die Schraube zu, und bei der zweiten Vorbeifahrt gab er mir das OK-Zeichen. Auch Dante fuhr an ihm vorbei. Papà schwenkte den Lappen, er aber sah genau in dem Moment in die andere Richtung; das wiederholte sich nun in allen Runden des Rennens. Am Ende stürzte sich mein Vater auf Dante, er schrie ihn an und verwünschte ihn: »Sogar die Steine haben mich gesehen! Ich habe während des gesamten Rennens gewunken. Wo hast du bloß hingeschaut, du Rindvieh!?« Und Dante sagte: »Dino, ich habe dich gesehen, aber ich habe mich nicht erinnert, in welche Richtung ich die Schraube drehen sollte.« Er wollte nicht, dass es einen Motorschaden gab, der arme Dante. Inmitten all der Profis erlaubten wir uns diese Dinge mit einer Unschuld und einer fast schon erschreckenden Naivität.

Beim vierten Rennen, in Jesolo, einem anderen prestigeträchtigen Wettbewerb, traten wir vollzählig an, und mein Vater richtete an uns alle zu Beginn der Qualifikation die folgende Bitte: »Fahrt einer nach dem anderen los, dreht ein paar Runden und prägt euch die Strecke ein. Ich muss mich mit vier Karts befassen. Reißt euch also kein Bein aus: Vermeidet Schäden und macht mir keine Arbeit. Zum Wechsel lasse ich euch zurück an die Boxen kommen. Wir bringen alles in Ordnung, und dann gebt ihr Gas.« Sehr gut,

Im ersten Lebensjahr mit Papà Dino am Strand von Rivabella di Rimini.

Familie Zanardi komplett mit Fahrrad und futuristischem Seitenwagen: Papà, Màmma, ich und Cristina.

Honolulu, meine Liebe: für mich, Cristina, Elektrogitarre und Baströckchen. Aber wir blieben immer in Rivabella.

Imola im September 1980: Erster Kartwettbewerb mit Verbandslizenz.

Auf der Strecke der Europameisterschaften von Geesthacht, gewonnen 1985. Bitte den entschlossenen Blick von »Grezzo-Man« an meiner Seite beachten .

Erster Unterrichtstag in der Formel 3: Ich, Coperchini und Papà in Varano Anfang 1988.

Verbunden im Siegen mit Roberto Trevisan in der F-3000. Hier auf der Strecke von Pau 1991.

alle einverstanden! Nun gab es dort einen sehr sympathischen Jungen – er hieß Arvedo –, der trotz seines auffälligen Hinkens, der Folge einer Kinderkrankheit, allen beim Start behilflich war, und der sich mit einer gewissen Selbstironie »offizieller Schrittmacher« nannte. Zum Anlassen des Karts, das weder Kupplung noch Gangschaltung hat, wird das Heck angehoben, man läuft einige Schritte damit, das Kart wird heftig auf den Boden geknallt, und der Motor springt an. Jetzt springt der Pilot, der am Fahrzeug mitgelaufen ist, hinein, gibt Gas und fährt los. Arvedo also half Dante, dem Ersten auf der Liste, sich in Bewegung zu setzen, aber schon wenige Sekunden später kam er zu meinem Vater gelaufen und ließ ihn mit kläglicher Stimme wissen: »Oh Dino, Dante ist weggeklappt!« Genau das sagte er: weggeklappt. Dante nämlich war schon in der ersten Kurve in einen Reifenstapel gefahren und hatte dabei das Kart zerstört. »Er ist mir ausgebrochen, weil ich untersteuert habe«, lautete seine Rechtfertigung. Aber er richtete großen Schaden an. Und er war noch vorsichtig gefahren. Was erst wäre geschehen, wenn er Gas gegeben hätte!

Immer wenn wir vier und mein Vater zusammenkamen, gab es Grund genug, um vor Lachen zu sterben. Der Vater von Dante und Massimo jedoch war nie dabei, denn nachdem er die ganze Woche hindurch Brot gebacken hatte, ruhte er sich am Sonntag aus. Nur einmal kam er mit nach Vado und half beim Reparieren der Karts seiner Söhne. Dante kam vor dem Rennen zu mir und sagte: »Sandro, schau mal, was für einen Gaszug mir mein Papa da eingezogen hat.« Der Gaszug sah aus wie eine Violinensaite, und ich fragte: »Ist er nicht ein bisschen stark gespannt?« Antwort: »Passt genau. Sie ist viel sensibler.« Tatsache ist, dass ich in der Einführungsrunde, während wir alle im Schritttempo fuhren, im Augenwinkel ein menschliches Projektil ankommen sah: natürlich Dante. Er hatte sich um die eigene Achse gedreht, weil der Gaszug fest hing und das Gas offen geblieben war. Er war abgestiegen, um den Motor auszumachen und neu zu starten. Das Kart aber war wie der Blitz davon geschossen, und er hing hinten an der Stoßstange wie in einem Zeichentrickfilm. Ohne jede Kontrolle hüpfte und hopste er quer über die Piste und mitten durch eine Gruppe, die zur Abfahrt bereit war. Für das »Team Sfighé« waren derartige Dinge an der Tagesordnung.

Und dann war da auch noch die Sache mit der Nummer. Ich hatte die 3, Massimo die 7 wie Barry Sheene, der Motorradrennfahrer, der ihm so gut gefiel, Glauco die 12 und Dante die 61. Tatsächlich aber hatte er sich, weil er es witzig fand, eine 69 aufgeklebt. Sein Kart aber war, nachdem alle auf den Anhänger geladen waren, der letzte in der Reihe und also der, den die anderen Rennfahrer sehen konnten. Bei einem unserer ersten Auswärtsrennen hielten wir an einem Autobahnrestaurant, und mein Vater bemerkte die 69. Damals war man nicht so tolerant. Papà wurde wütend und nahm ihm einen Teil der 9 weg, die aus Klebebandstreifen bestand, wobei er sie in eine 1 umwandelte. Seit diesem Tag fuhr Dante immer mit der 61.

Papà war ein sehr kräftiger Mann. Stolz nannte er sich auch gerne »ein Tier«: Ein Meter und achtzig und 90 Kilo Muskeln und alle wie gemeißelt, was darauf zurückzuführen war, dass er 1 1/4-Zollrohre mit dem Papageienschlüssel bog. Eines Tages stellte ein Arzt eine Sehnenscheidenentzündung bei ihm fest, die auch »Tennisarm« genannt wird. Der Arzt fragte ihn ganz arglos: »Spielen Sie denn viel Tennis?« Vor dreißig Jahren war Tennis ein Elitesport. Mein Vater konnte daher, als er vom Arzt nach Hause kam, nicht mehr aufhören zu lachen. »Was heißt da Tennis, Doktor?!«, habe ich zu ihm gesagt. »Das kommt vom Rohrebiegen!« Und zu uns gewandt sagte er: »Oh, Leute, er hat mich Tennisspieler genannt! Mich, versteht ihr! Das ist doch Irrsinn!« Er hatte wunderschöne, durchdringende grüne Augen, dazu viel Charme und ein ganz außerordentliches Lachen, das ihm ständig auf dem Gesicht stand. Wegen seiner Herangehensweise an das Kart-Management hatte ich ihn »grezzo-man« getauft, »Grobmann«, und er bekannte sich in der Tat zu der klassischen Lehrmeinung des Klempners, nach welcher gilt: »Wenn ich dir ein Klosett zwei Zentimeter weiter vorn oder weiter hinten aufstelle, dann machst du das, was du machen musst, trotzdem.« Im Motorsport, wo es sogar auf Millimeter ankommt, gab es da einen kleinen Unterschied. Allerdings, und das muss anerkannt werden, war er effektiv. Er stopfte das Kart mit Eisendraht voll, der bei einem Zusammenstoß genau das tat, was er sollte. So manche herausstehende Spitze durchlöcherte sogar die Reifen eines Rivalen. Kurzum, keine allzu schön anzusehenden Dinge, aber ohne Zweifel sehr strapazierfähig.

Seine Kraft jedenfalls konnte man diesem Mann ansehen, und wenn man sie nicht gesehen hat, hat man sie gespürt. Er war einer von denen, die dich sofort denken lassen: Es ist besser, du gehst ihm aus dem Weg. Er demonstrierte seine Körperkraft jedoch nie, es sei denn, er wurde stark provoziert. Es war leicht, an der Piste Streit zu bekommen. Er aber versuchte sich auch deshalb herauszuhalten, weil – während ich der »Floh« der Gruppe war – Dante und vor allem Massimo vor niemandem Angst hatten und fast sogar Gefallen daran fanden, Scherereien zu bekommen. Besonders Massimo war von einer bemerkenswerten Bosheit. An einem unserer Nachmittage in Vado hatte Dante etwas an einem Jungen aus Ferrara auszusetzen. Dieser war ganz schön groß, so dass Dante sich ihm gegenüber vorsichtig verhielt. Bis Massimo hinzukam, der, an seinen Bruder gewandt, sagte: »Oh, den verprügle ich dir! Du kannst mir inzwischen ein Cornetto an der Bar besorgen.« Er verprügelte ihn tatsächlich, erregte sich dann jedoch über seinen Bruder, weil der ihm das Eis nicht besorgt hatte, und er hat ihn wohl nur der Verwandtschaft wegen nicht verdroschen. Wenn sich einmal eine größere Sache ereignete, ging Papà dazwischen, um die Gemüter zu beruhigen. Eines Tages, es war wieder in Vado, fuhr ich sehr langsam: In solchen Situationen fährst du mit dem Kart an die Seite und gibst den Ankommenden ein Zeichen, wo sie dich überholen sollen. Ein Typ hinter mir, der noch ahnungsloser war als ich, deutete die Geste so, als hätte ich den Blinker angeschaltet: Er fuhr praktisch auf mich drauf, flog im hohen Bogen und erregte sich fürchterlich. Er war schon über dreißig, ich war noch ein Jüngelchen, und er begann mir zu drohen: »Du kommst mir nicht mehr heil nach Hause! Dir und deiner Familie werd ich's zeigen!« Er hörte gar nicht mehr damit auf: Dir hau ich hier eine, dir hau ich da eine ... und immer wieder brachte er auch meine Familie mit ins Spiel. Bis mein Vater kam, ihm eine Hand auf die Schulter legte und sagte: »Sieh mal, wenn der Junge eine Dummheit gemacht hat, dann bin ich der Erste, der ihn einen Esel nennt. Denn seine Familie, die bin ich. Also machst du jetzt besser, dass du hier wegkommst.« Was er auch tat.

So ging es ein paar Jahre weiter. Ich wuchs heran und begann, mich immer mehr in den Vordergrund zu stellen. Ich war nun derjenige, der aus der Gruppe herausragte und sich weiterentwickeln konnte. Vielleicht auch Glauco, wenn er einen Vater gehabt hätte wie ich. Und möglicherweise auch Dante und Massimo, wer weiß. Ende 1981 fuhr ich stark. Im Oktober fand in Vado das Rennen der Öffentlichen Fürsorge statt, und wie im Vorjahr gab es nur die beiden Kategorien 100 B und 100 A. So bestritten wir das Rennen zu zweit, ich und mein Vater mit demselben Kart. Ich gewann in der 100er-»buoni«, auch wenn es mich Mühe kostete, da ich zu dieser Zeit noch keinen guten Start hinbekam. Ihm jedoch gaben sie infolge eines Fehlers bei der Zeitmessung die Pole Position. Daher sagte er zu mir: »Heute zeige ich dir, wie man startet.« Er setzte sich an die Spitze, ließ während des gesamten Rennens keinen mehr an sich vorbei und gewann den Lauf, der für die »Amateure« reserviert war: Er hatte sich breit gemacht wie ein Möbelwagen, und wer versuchte, an ihm vorbeizukommen, der endete unweigerlich draußen.

Es gab einen älteren Herrn, der in unmittelbarer Nachbarschaft zur Piste wohnte und der stets wegen des Lärms rasend wurde. Für Dino aber hegte er große Sympathie, weil er ihm todsicher eine Flasche »Pignoletto« mitbrachte, einen typischen Weißwein aus der Region um Bologna. An diesen Wochenenden traten Leute zum Wettbewerb an, die sich extra eine ganze Woche Ferien genommen hatten, um zu trainieren, und die ihre Karts nach dem Rennen wieder auf ihre Transporter luden. Der ältere Herr, der schon ein paar Gläschen intus hatte, trat hinzu und sagte: »Ihr dort, passt gut auf! Ihr macht jetzt schon seit einer Woche hier dieses Theater und geht mir auf den Sack mit euren Geräten. Die da, Vater und Sohn, sind heute Morgen angekommen und sie haben alles mit demselben Auto gewonnen.« Unter »Auto« verstand er das Kart, für das es kein Wort gab in seinem Dialekt. Natürlich hatte er Dialekt gesprochen und dabei ein weiteres Gläschen auf das Wohl der Familie Zanardi erhoben.

Ich jedenfalls war tatsächlich wettbewerbstauglich geworden, auch wenn es schreckliche Streitereien mit meinem Vater gab. Ich verehrte ihn, aber es gab Momente, in denen ich ihn hasste, auch wenn Hassen vielleicht nicht das richtige Wort ist. Alle bewunderten ihn, weil er sie zum Lachen bringen konnte. Er war der Fürst der Unterhalter, aber er neigte auch zum Jähzorn, und was mich betraf, so war er sehr anspruchsvoll. Neben allem Spaß, den wir miteinander hatten, wurde mir von ihm auch eine weitaus weniger angenehme Aufgabe zugeteilt: Nach jedem Wettbewerb musste ich das gesamte Zubehör säubern und wieder in Ordnung bringen. Schlüssel für Schlüssel galt es zu putzen. »Kann ich das nicht morgen zu Hause machen?«, fragte ich. »Nein, das muss jetzt gemacht werden«, antwortete er, und es machte mich wütend. Aber er hat mir beigebracht, Prinzipien zu haben und Regeln einzuhalten, denn von meinem Charakter her war ich unzuverlässig und zerstreut. Sein Verhalten gab Anlass zu zahlreichen Konflikten, und mehr als einmal habe ich mir gesagt: »Jetzt reicht es mir, ich höre auf mit dem Fahren.« Er, der so viel für mich tat, schmierte mir seinen Einsatz aufs Brot. Er meinte es ehrlich, gab es mir aber auf übertriebene Weise zu verstehen. Trotz alledem war er ein sehr guter Vater. Das Kart war eine Alternative zum Moped gewesen, auch wenn sehr bald schon auch das Moped kam, später dann das Motorrad und dann das Auto. Und als ich mich nach einem Monat überschlug, ließ er es mir von seinem Freund Mauro, dem »Wagenmacher«, einem phantastischen

Witzeerzähler, den ich auch heute noch oft besuche, genauso wieder herrichten wie vorher.

Die Zeit, die vergeht, hilft. Nach dem tödlichen Unfall meiner Schwester wurde mein Leben lange Zeit von dem Wunsch meiner Eltern bestimmt, mich in ihrer Nähe zu haben. Das Kart war das Auslassventil, mit dem ich unter Kontrolle zu halten war. Aber es kam auch der Tag, an dem ich zu Hause blieb, während die anderen in die Diskothek gingen, und ich, auch wenn ich den Wunsch hatte mitzugehen, nicht einmal danach fragte. Denn ich hasste es, meinen Vater zu sehen, wenn er Nein sagte und dabei den Blick senkte, um zu verbergen, dass seine Augen plötzlich traurig wurden. Oft kam ich am Samstagabend nach einem Tag auf der Piste nach Hause, und meine Perspektive bestand darin, früh aufzustehen, um das Rennen zu fahren. Ich sah dann meine Freunde vor der Bar, herausgeputzt in ihren weißen Schuhen, wie man sie in jenen Jahren trug, und mit ihren Mopeds bereit für den Abend. Auch ich hatte Lust auf ein solches Leben. Es gibt einen Moment, in dem sogar die größte Leidenschaft zu etwas Normalem wird. Gebongt. Der Ausgleich für mich war ein Spiel, um das alle mich beneideten. Aber es war der Preis, der für das Trauma zu bezahlen war, das meine Familie getroffen hatte; und auch der Preis, den man bezahlt, wenn man sich wie ich einer Sache voll und ganz widmet.

Meine Mutter war überall mit dabei. Sie war für die Zeitmessung eingeteilt, für den Proviant, für die Unterbringung von uns allen und ähnliche Dinge. Während ich fuhr, schien sie nicht besonders aufgeregt zu sein. Ich habe viel von ihr mitbekommen. Sie war wie ich ein bisschen leichtsinnig und bereit, Risiken einzugehen. Für das »Team Sfighé« wurde sie bald ein ganz wesentlicher Bezugspunkt nicht nur deshalb, weil sie präzise die Zeiten an der Bahn nahm, sondern weil sie auch die Teilergebnisse vermerkte und stets die gefährlichsten Gegner im Auge behielt. Sie war in der Lage, uns anzuzeigen, wo wir Zeit verloren und wo wir Zeit gutmachten. An eines der seltenen Male, dass sie nicht mitkam, erinnere ich mich besonders gut. Es blieb mir im Gedächtnis, weil wir auf der Autobahn und noch dazu auf der Überholspur mit einem echten Schwein zusammentrafen. Wir waren mit unserem blauen 850er-Lieferwagen auf der Fahrt nach Siena und fuhren bergab. Plötzlich sagte mein Vater: »Hast du das Schwein gesehen?« Ich bekam andauernd so viele komische Bemerkungen von ihm zu hören, dass ich nur einen flüchtigen Blick in die Landschaft warf und dachte, es sei einer seiner üblichen Scherze. Wir waren aber tatsächlich an einer enormen Sau vorbeigefahren. Nur ein kurzes Stück weiter begegneten wir Leuten, die, mit Schlingen und Seilen bewaffnet, auf dem Seitenstreifen auf uns zukamen und fragten, ob wir vielleicht ein Schwein gesehen hätten. Eine Szene wie aus dem Mittelalter.

1982 machte ich einen enormen Sprung: Ich begann, auf einem ganz anderen Niveau zu fahren und belegte bei den Italienischen Meisterschaften in Parma in der 100er-Nationalklasse den dritten Platz. Von einem vorzüglichen Namenlosen wurde ich zu einem der Spitzenfahrer, und im Laufe des Jahres gewann ich verschiedene Rennen, unter anderem in Jesolo. Mit Dante, Massimo und Glauco traf ich mich noch, aber unsere Wege begannen sich zu trennen. Aus dem, was ein Spiel gewesen war, hatte ich fast schon einen Beruf gemacht, und sie konnten wegen der zeitlichen Belastung nicht mehr mithalten. Zwei von ihnen waren mit der Bäckerei beschäftigt, und Glauco konnte es sich finanziell nicht mehr leisten. Sein Großvater war sich klar darüber geworden, dass der Unterhalt eines Kart »mehr kostete, als ein savoyardisches Schwein zu mästen«. Dann war er auch noch auf eine Art Internat in Deutschland gekommen: Sein Vater arbeitete viel mit deutschen Unternehmen zusammen und wollte, dass sein Sohn die deutsche Sprache lernte. Dante sah ich noch gelegentlich, auch wenn er infolge seiner Körperfülle die Kategorie gewechselt hatte. Ich hingegen begann mit einer Diät: Rundlich wie ich schon war, riskierte ich in meinen Entwicklungsjahren, übergewichtig zu werden. Und wenn in dieser Zeit eine physische Veränderung mit mir geschah, so verdankte ich sie auch meiner Willenskraft: Ich wuchs in die Höhe und nahm gleichzeitig ab. Ich begann mit dem Laufen und achtete sehr auf das, was ich aß. Aus Liebe zum Kart-Sport. Ich hätte es aus keinem anderen Grund getan.

Nach der achten Klasse wurde ich in einer Privatschule für Vermessungstechnik eingeschrieben. Die Wahl trafen meine Eltern, die den Leiter des Institutes kannten, in dem auch versäumte Jahre aufgeholt werden konnten. »Auch wenn er nichts nachholen muss«, überzeugte er sie, »behalten wir ihn im Auge, und jedes Jahr muss er eine Prüfung machen, und das ist in jedem Falle ein Gewinn.« Papà und Màmma sahen darin etwas Positives. In Wahrheit schloss ich mich in meiner Gleichgültigkeit einer Gruppe von Jungs an, die überwiegend nicht die geringste Lust am Lernen hatten, und bekam große Schwierigkeiten, das Fachabitur zu erlangen. Ich habe wertvolle Zeit verschwendet und hätte mehr lernen sollen. Aber ich glaube, dies ging allen so; damals glaubte ich, ich sei nicht begabt. Auf der Mittelschule hatte ich Stunden damit verbracht, die Roboter zu zeichnen, die wir in den Zeichentrickfilmen wie »Goldrake« oder »Mazinga« sahen. Ausgleich hierfür schaffte ich durch mein Denkvermögen, mit dem ich alles erreichte. Wo es notwendig war zu lernen, in Geschichte und Erdkunde zum Beispiel, brillierte ich nicht. Aber ich war gut im Aufsatzschreiben, wo ich mich als geübtes Schlitzohr immer wieder aus der Klemme zog, und ein kleines Wunder in Mathematik, wo ich mit Aufmerksamkeit und Intuition gut zurechtkam. Später habe ich auch Sprachen gelernt, viel gelesen und mich den Schwierigkeiten des Lebens gestellt. Meine wahre Arbeit in jenen Jahren aber war das Kartfahren, und wenn ich daran zurückdenke, war es eine Verrücktheit: Es war so, ob jemand bis zu seinem zwanzigsten Lebensjahr nichts anderes anpackt, nur weil er sich sicher ist, dass er einmal einen Volltreffer im Toto landen wird.

Unterdessen ging meine Karriere weiter, und die damit verbundenen Kosten begannen für meine Familie untragbar zu werden. Meine Mutter hatte damit aufgehört, Hemden zu nähen, und stattdessen eine Arbeit angenommen, die mein Vater ihr besorgt hatte:

Sie montierte »die Lunge«, einen Vergaser für den Einbau in Gasautos. Sie bekam einen Haufen Einzelteile nach Hause geliefert, die sie zusammenbauen musste, und ich ging ihr dabei zur Hand. Erst brachte ich die Karts in Ordnung und dann half ich ihr. Der Ertrag aus dieser Arbeit diente ausschließlich dazu, meine Saison auf der Rennstrecke zu finanzieren, und später gab auch mein Vater noch etwas hinzu. In Italien herumzureisen, auswärts zu übernachten, das Kart zu unterhalten, das kostete; und die festen Kosten kamen auch noch hinzu: Damals betrug der Preis für ein komplettes Motorchassis mehr eine Million Lire. Ein Satz Reifen kostete 100.000 Lire, und den verschliss man schon in einem einzigen Rennen. Hinzu kamen die Ersatzteile, die Zündkerzen, das Öl und der Treibstoff. Ein Unfall oder ein Motor, der ausfiel, waren kleine Tragödien. Schon eine einzige Saison konnte 30 Millionen Lire verschlingen.

Die Ergebnisse jenes Jahres 1982 hätten einen Wechsel in die höchste Kategorie mit sich gebracht, in die 100 Avenir. Und wenn ich bei den Italienischen Meisterschaften, an denen ich in Kürze teilnehmen sollte, unter die ersten Zehn gekommen wäre, hätte ich sogar das Recht gehabt, an den Ausscheidungsläufen zu den internationalen Rennen teilzunehmen. Ein Traum, aber unter dem finanziellen Aspekt auch ein Albtraum: Bei internationalen Meisterschaften und bei den Rennen zur Vorbereitung einer Teilnahme daran bestand vom Reglement her die größte Freiheit, und die Kosten waren sehr viel höher. In der 100 Super gab es keine Beschränkungen für Motor und Chassis, Größe und Marke der Reifen waren frei wählbar, und die Auslandsfahrten hätten eine viel größere finanzielle Belastung bedeutet. Die Aussichten änderten sich. Wir haben lange darüber nachgedacht, geredet und diskutiert, ob es angebracht sei, sich zufrieden zu geben, Spaß zu haben und basta. Aber es wäre doch schade gewesen, und die Zeit hat es im Grunde bestätigt. Bis genau diese Tricolore in Parma die Wende brachte. Ich hatte das Kart mit Aufklebern von »4 Stars« tapeziert, einem Reifenhersteller für die 100er Nationale. Ich machte das nur, weil sie mir gefielen. Ich wurde Dritter, und nach dem Rennen stellte sich bei uns an der Box ein feiner Signore vor. Er war sehr höflich und sagte: »Bravo, du bist der einzige, der den Aufkleber ›4 Stars‹ angebracht hat. Ich schenke dir vier Reifen.« Ich hatte nicht die geringste Ahnung, um wen es sich handelte. Aber es stellte sich heraus, dass er der Chef der Firma war. Schon im Gehen drehte er sich noch einmal um und fragte mich: »Hast du einen Mechaniker?« – »Ja, meinen Vater«, antwortete ich, »das ist der dort drüben.« Er ging zu ihm und sagte: »Hätten Sie nicht Lust, einmal in Mailand vorbeizukommen? Wir sollten darüber reden.« Er wollte seine Reifen weiterentwickeln, um die internationalen Kategorien in Angriff zu nehmen, in denen Bridgestone und Dunlop dominierten. Er zog es vor, auf leisen Sohlen aufzutreten, und konnte sich einen berühmten Fahrer nicht leisten. »Ich brauche einen, der mit Leidenschaft und mit einem starken Willen Kilometer frisst«, erklärte er meinem Vater. »Ich will einen jungen Kerl, der seine Erfahrungen noch sammeln muss. An dem Tag, an dem er fertig sein wird, hoffe auch ich es mit meinen Reifen zu sein. Dann streben wir gemeinsam nach dem Sieg. Dein Sohn ist ein starker Fahrer, er kann arbeiten und er steht mit den Füßen auf dem Boden. Wenn Ihr einverstanden seid, bezahle ich Euch das Chassis, die Motoren und das sonstige Material. Für die Transporte und die übrigen Ausgaben gebe ich euch 25 Millionen pro Jahr zusätzlich.« Ich war zwar nicht dabei, aber ich glaube, dass Dino einen seiner typischen Sprüche von sich gegeben hat, der gelautet haben könnte: »Himmel, Arsch und Zwirn!« Er konnte es noch immer nicht richtig fassen. Und als ich nach Hause kam und er mir alles erzählte, ging es mir genauso. Ich hatte dank Sergio Mantese die Chance zum Weitermachen bekommen. Aus dem Unternehmen, das sich »4 Stars« nannte, wurde später nach dem Namen eines Fixsterns »Vega«. An den Fingern zweier Hände kann ich die Personen abzählen, die mir in meiner Karriere wirklich geholfen haben: Mantese war der Erste, der mich einen Weg einschlagen ließ, auf dem es kein Zurück mehr gab. Ich und meine Manie, überall Abziehbilder draufzukleben ...

Kapitel 4

Ich machte einen großen Sprung. Dazu wählte ich ein leichtes Debüt und meldete mich zum Winterturnier auf der »Pista del Sole« in Florenz an. Ich gewann alle vier Einzelrennen in der 100 Avenir, und das baute mich psychologisch sehr auf. Gerade zu dem Zeitpunkt, als ich mich, fast schon draufgängerisch, zu dem ersten »echten« Rennen des Jahres in der Klasse 100 Super begab. Der Verband hatte einen Wettbewerb ausgeschrieben, der »Club Azzurro« genannt wurde, aus vier Qualifyings bestand und nach denselben Regeln ausgetragen wurde wie internationale Wettbewerbe. Die Teilnahme war nur möglich aufgrund besonderer sportlicher Erfolge, die auf nationaler Ebene in den vorangegangenen Saisons erworben wurden, weswegen die Einladung durch den Verband tatsächlich eine große Ehre war. Tatsächlich galt ich offiziell als einer der besten fünfzig italienischen Fahrer, und als einer der ersten zwölf des »Club Azzurro« hätte ich mein Land ohne weiteres bei Wettbewerben im Ausland vertreten können. Eine Fata Morgana! Das erste der vier Rennen jedoch, das in Pinarella di Cervia ausgetragen wurde, gewann ich! Und auf dem Siegertreppchen dachte ich: »Na sieh mal einer an, Zanardi aus Castel Maggiore, er hat es euch allen gezeigt!« Die folgenden Rennen brachten mich allerdings rasch wieder auf den Boden zurück.

Ich fuhr mit Reifen von »Vega«, auf denen allerdings »Pirelli« stand: Signore Mantese, der zu dieser Zeit noch ein kleiner Handwerker war, besaß keine eigene Reifengussform und benutzte daher eine von der Firma aus Mailand. Er stellte alles zu Hause her, und es ist nicht leicht zu verstehen, wie die Reifen für dieses erste

Rennen das Licht der Welt erblickten. Vielleicht hatte sich an diesem Tag eine magische Mischung aus Kautschuk, Schwefel und noch etwas, was ihm in die Teigmasse gefallen war, erzeugt. Ja, in den Teig, denn das Herstellen von Reifengummi ist ein bisschen so wie Pastamachen: Gemischt werden schwarzer Qualm, der dem Mehl entspricht, das Öl sowie diverse Bindemittel, die dem Ei in der Pasta entsprechen. Was das Rezept hergibt, hängt sehr von der Art und Weise ab, in der die Zutaten sich verbinden. Ich erinnere mich, dass Mantese im darauf folgenden Jahr beim Vorbereiten der Reifen für die Europameisterschaften ein Stück seines Fingers in der Walze ließ. Es wurde mit dem Rest vermischt, und die Reifen liefen ausgezeichnet. Im Scherz hieß es unter uns: »Jetzt haben wir noch neun Möglichkeiten. Wir müssen nur die Rennen gut auswählen, die uns interessieren.« In den Jahren nach 1983 geriet die »Pasta« dann allerdings doch nicht mehr so gut. Inzwischen aber hatte ich mich auf der neuen Bühne mit einem Sieg präsentiert, der mich fast automatisch unter die ersten Zwölf zur Teilnahme an der Europameisterschaft brachte – sechs Italiener und sechs, die sich die Plätze von San Marino »zunutze« machten –, und eine weitere kleine Platzierung genügte, um mir den ersten Auftritt bei einem internationalen Wettkampf zu sichern.

Schon in diesem ersten Jahr des Vergleichs mit den Besten begriff man, dass ich eine große Entschlossenheit besaß, dass ich ins Lenkrad »verbissen« war. Mein Spitzname wegen meines sehr sauberen und eleganten Fahrstils war »il parigino«, »der Pariser«. Zwar benahm ich mich im Getümmel wie ein totales Arschloch, aber ich machte andere nicht fertig, nur um sie fertig zu machen. Es kam niemals vor, dass ich einen Gegner grundlos von der Bahn drängte. Wenn ich jedoch provoziert wurde, dann kam derjenige nicht so leicht davon. So gesehen verhielt ich mich schon damals sehr »amerikanisch«. In den Zweikämpfen, bei denen ich dicht auffuhr, behielt ich mich jedoch immer im Griff. Das war eine wichtige Eigenschaft, wie ich in der Folge herausfand. Der Unterschied zwischen einem überragenden Champion und einem vortrefflichen Fahrer ist gering. Sie können beide sehr schnell sein; aber der Gute gewinnt den Wettbewerb, indem er aus der Pole startet und davonfährt. Der Herausragende schafft den Sieg auch unter sehr viel schwierigeren Bedingungen. Er ist derjenige, der sich beim Ansehen einer Aufzeichnung des Rennens darüber im Klaren ist, die richtige Entscheidung in einer Tausendstelsekunde getroffen zu haben. Bei einigen wird dies zur zweiten Natur, bei anderen nicht.

Ein leuchtendes Beispiel hierfür war das Fahrerteam Coulthard-Häkkinen. David ist ein sehr intelligenter Bursche, aber er hat in seiner Laufbahn auch schwere Fehler begangen. Wahrscheinlich kostet es ihn psychisch sehr viel, einen Formel-1-Rennwagen zu fahren. Mika hingegen, der im Vergleich mit David außerhalb des Cockpits eher unbeholfen wirkt, war hinter dem Lenkrad bestimmt und von äußerster Klarheit: Das Fahren, bei dem er sich nicht nur auf die zehn Meter vor sich konzentrierte, entsprach so sehr seiner Natur, dass er spektakuläre Schachzüge erahnen konnte. Sagen wir, dass auch ich damals ein Rennen gut managen konnte, auch wenn auch ich nicht immun gegen Emotionen war. Erst Jahre später habe ich mir eine gewisse Gleichgültigkeit angewöhnt, wenn sie von Nutzen war. Sogar vor 100.000 Zuschauern auf einem Oval. In jener Zeit hatte meine Wandlung gerade erst begonnen. Daher reagierte ich angesichts so mancher Bosheit ausgesprochen sauer, ich blieb jedoch auf der Hut: In neun von zehn Fällen war es mein Gegner, der bei einer Berührung außerhalb der Rennstrecke landete, während ich zwar Schaden erlitt – einen geplatzten Reifen, ein verbogenes Lenkrad und derlei Dinge –, es jedoch immer schaffte, meinen Fahrstil der Situation anzupassen und irgendwie die Ziellinie zu erreichen.

Daher ist immer Nigel Mansell mein Vorbild gewesen. Sicher, Ayrton Senna war außerordentlich schnell und Alain Prost ein phänomenaler Taktiker: Beide inspirierten mich und natürlich habe ich versucht, ihre Vorzüge zu kopieren. Nigel aber war noch etwas anderes. Ich spürte, dass ich dieselben Eigenschaften hatte wie er, und zwar die eines Fahrers, der es schafft, wenn alles perfekt ist, auch in psychischer Hinsicht exzellente Leistungen zu erbringen. Und der, vor allem, auch schon mal Dummheiten begehen muss, wenn die Situation nicht so glücklich ist, um schließlich das Unmögliche zu erreichen. Diese Seite zeigte sich in meinen Kart-Saisons des Öfteren, und ich habe sie im Laufe meiner Karriere auszuschalten versucht. Ich glaube, dass es mir gelungen ist. Wenn ich zum Beispiel an zweiter oder dritter Position lag, wurde ich von der Stimmung des Rennens gepackt, war mental blockiert und blieb bei dieser Platzierung. Wenn mich aber unvorhergesehenerweise jemand touchierte und ich rausflog, wenn ich selber einen Fehler beging oder wenn ich im Begriff war, Letzter zu werden, dann brach die mentale Blockade ein: Es gab nichts mehr zu verlieren, ich gab Gas wie ein Verrückter und konnte dann oft sogar noch gewinnen.

Nicht von ungefähr hatte ich daher eine Antenne für eines der schönsten Manöver, die Mansell in seiner Karriere zustande brachte, das von den meisten allerdings nicht einmal bemerkt wurde. Es geschah 1990 in Imola, in seinem zweiten Jahr bei Ferrari. Ich saß mit Freunden vor dem Fernseher, wir starrten gebannt auf das Video von seiner unglaublichen Aufholjagd. Er war entfesselt, aber als er Berger in seinem McLaren überholte, drängte ihn der Österreicher hinaus – ins Gras des Tamburello – mit fast 300 Stundenkilometern. Nigel drehte sich zweimal um die eigene Achse und brachte den Wagen dann wieder in die Spur. »Er ist weitergefahren! Er hat ihn gehalten!«, riefen alle wie aus einem Mund. Die Kontrolle wiederzuerlangen, konnte auch vom Glück abhängen. Er aber war einer, der mich sprachlos machte. Ich, der ich in diesem Jahr in der Formel 3 fuhr, dachte: »Der fährt ja, als hätte er viereckige Reifen. Das kann ja nichts werden!« Seine folgende Runde war jedoch die absolut schnellste des gesamten Grand Prix. Auch jetzt, wenn ich nach mehr als zehn Jahren darüber rede, bekomme ich eine Gänsehaut, wenn ich daran denke, wie viel er erreicht hat. Wie er ganz eins geworden war mit dem

Monoposto, wie er die Latte trotz aller Defekte, die sein Ferrari in diesem Moment, nach dem Dreher und mit den zerfetzen Reifen, aufwies, höher legte und seine Fahrweise und seine Leistung sogar noch verbesserte. Dann hatte er einen Motorschaden und schied aus, typisch für Mansell. Diese Runde aber hinterließ in mir unauslöschliche Spuren.

Jedenfalls bestritt ich schließlich in jenem Jahr 1983, in dem es mit Höhen und Tiefen weiterging, meinen ersten internationalen Wettbewerb: die Mannschaftseuropameisterschaften. Ich fuhr für San Marino, zusammen mit Fabio Tassi, einem sehr fähigen Jungen aus Parma, Alessandro Bugatti und Tamara Vidali. Das Rennen wurde in Geesthacht bei Hamburg ausgetragen, und es war ein Abenteuer wie in einem Wildwestfilm. Bei den Vorausscheidungen hatten die deutschen Hausherren Vidali, Bugatti und eine beträchtliche Anzahl weiterer italienischer Fahrer hinausgeworfen. Ich entschloss mich daher zur Vergeltung, und im Finale schaltete ich drei von ihnen aus. Ich schickte Otto Rensing geradewegs gegen einen Schutzwall, er erwischte ihn mit voller Geschwindigkeit, bevor er im Rückwärtsgang auf die Piste zurückkam, nur um dann sofort von einem anderen Konkurrenten getroffen und auf den Erdwall zurückgeschickt zu werden. Er erinnerte an eine Flipperkugel! – Jedenfalls erzielte ich auf internationalem Niveau keine großen Resultate. Die Reifen nahmen Schaden, sie waren den Anforderungen noch nicht gewachsen. In Italien hingegen, wo die Reifen für alle gleich waren, lief es vorzüglich. Ich gewann mehrere Rennen, und schließlich ging es um den Gewinn der Tricolore, mit je drei Finalläufen am Samstag und am Sonntag. Wir fuhren in Viverone, in der Nähe von Vercelli, und ich gewann die drei Läufe des ersten Tages. Am Sonntag jedoch gab es für Sandro Montani, der jetzt im Challenge Ferrari fährt und als Pilot die Strecke Rom-Mailand fliegt, etwas zwischen Reifen und Motor, was ihn uneinholbar machte. Es schien, als habe er neue Reifen montiert, was verboten war. Außerdem explodierte genau vor Ende des Finales auch noch sein Motor, was eine Überprüfung, ob er den Vorschriften entsprach, verhinderte. Zuletzt war er eng mit einem gewissen Cimatti befreundet, bei dieser Gelegenheit Technischer Kommissar und zuständig für die Kontrolle und die Prägestempel, was so manchen Verdacht erregte.

Aber diese Tricolore ging in die Annalen ein, zumindest in die meinen. Am Donnerstag, dem ersten Tag des freien Trainings, war ich sehr schnell gefahren und hatte mit großem Abstand vor dem gesamten übrigen Feld den zweiten Platz erreicht. Es fuhr auch ein junger Sizilianer mit, Giovanni Bonanno, dessen Vater davon überzeugt war – da ich ja bei internationalen Wettkämpfen offiziell für Vega fuhr –, dass sie mich für die italienischen Rennen mit Spezialreifen ausgestattet hätten. Nach den Kontrollen sagte er zu mir: »Wenn du wirklich sauber bist und nichts zu verbergen hast, gibst du mir deine Reifen und ich geb' dir meine.« Ich dachte nicht im Traum daran. Gewöhnlich ging ich zu »Vega« in die Fabrik, und Mantese zeigte auf ein großes Gestell und sagte: »Dort sind die Reifen für das nächste Rennen, such dir welche aus.« Ich begann mit der Begutachtung, wählte die Reifensätze aus und prüfte dabei auch die weniger bedeutsamen Details. Es gibt da zum Beispiel einen kleinen Pfeil, mit dem jeder Reifen vor dem Vulkanisieren gekennzeichnet wird: Ist er gut verarbeitet, bleibt der Pfeil perfekt in der Mitte des Reifens, andernfalls kommt er seitlich verschoben heraus und nimmt, wenn der Reifen sich erwärmt, eine leicht unregelmäßige Form an. Die Reifen schienen mir jedenfalls die besten zu sein, die ich hätte auswählen können, und der Gedanke, sie jemand anderem überlassen zu müssen, passte mir gar nicht. Außerdem war ich fahrerisch sehr gut drauf, und es handelte sich um eine Italienische Meisterschaft und nicht um ein x-beliebiges kleines Rennen. Kurzum, die Angelegenheit artete aus, da er immer wütender wurde. In gewissen Situationen kann auch ich explodieren, und wir gerieten in Streit. Es fielen ein paar sehr deutliche Worte, und auf einmal entfuhr mir auch ein »Hurensohn«. Dieses Wort hätte ich nicht sagen sollen und schon gar nicht zu einem Sizilianer. Er lief hinter mir her und rief: »Dich nehm ich auseinander, dich zerleg ich, aus dir mach ich Kleinholz!« Er folgte mir entlang der Piste. Ich fühlte mich bedrängt und floh. Auf einmal aber, nach der Hälfte der langen Geraden, dachte ich: »Warum hau ich ab? Ich bin jünger als er und ich bin auch kräftiger.« Ich drehte mich also um, schrie wie ein Besessener und begann ihn zu schlagen. Er erschrak, machte sofort kehrt und lief davon. Eine unglaubliche Szene, an die sich auch heute noch viele erinnern. Am Ende begann mein Mechaniker – Papà kümmerte sich um das Kart jetzt nicht mehr alleine – zu weinen, ein Zeichen dafür, dass das Klima unerträglich geworden war. Ich nahm die vier Reifen, schmiss sie buchstäblich Bonanno zu und fand mich damit ab, seine zu benutzen.

Am nächsten Tag überprüfte ich am Ende des Trainings die Liste mit den Rundenzeiten und sah, dass ich noch schneller gefahren war. Seine Reifen fuhren höllisch gut. Und in jedem Fall besser als meine, an deren Oberflächen sich noch dazu seltsame Blasen zeigten. Sofort rief ich Mantese an. »Verdammtnochmal«, sagte ich zum Schluss, »wie ist denn so etwas möglich?!« Ich konnte vermuten, dass sie zu einem anderen Zeitpunkt hergestellt worden waren oder mit einem neuen Verfahren. »Nun, die Reifen, die du hast, sind Ausschuss. Du hast sie von dem Haufen genommen, den wir ›Abfall‹ nennen«, war seine Antwort. »Wie bitte?!«, sagte ich fassungslos. »Weißt du«, fuhr er fort, »bisweilen wird das Gemisch nicht richtig gewalzt, und es bleiben einige Luftblasen darin, die dann während der Fahrt aufplatzen. Das sind dann die Ausschussreifen, die wir nicht verwenden oder als zweite Wahl verkaufen.« Ich konnte es nicht glauben. »Aber Mantese!«, rief ich zornig. »Und die gibst du mir?!« »Nun ja, wenn ich sie nicht dir gebe, der sie nicht bezahlt, wem zum Teufel soll ich sie dann geben?« Ich hatte mich auf eine Prügelei mit einem Fünfzigjährigen eingelassen, um Ausschussreifen zu behalten! Bonanno jedenfalls sah, dass ich mit seinen Reifen sogar schneller gefahren war, kam zu mir, um sich zu entschuldigen, und von diesem Moment an wurde er einer meiner größten Fans. »Du warst sauber«, sagte er zu mir, »und es war mein Fehler. Ich muss mich bei dir entschuldigen.« Ein echter Ehrenmann.

So ging mein Wettkampfjahr 1983 zu Ende. Am Jahresende baten mich die Chefs der Dap, Hersteller meiner ersten Kart-Liebe, nach Mailand zu kommen und hielten mir einen kurzen Vortrag: »Wir wären glücklich, wenn du mit uns fahren würdest. Wir haben schon Stefano Modena, der im Begriff ist, auf die Monopostos zu wechseln. Es wird seine letzte Kart-Saison sein, und wir suchen jemanden, der sein Erbe antreten kann. Wir können dich nicht direkt betreuen, aber wir bieten dir das gesamte Material kostenlos an und außerdem eine kleine finanzielle Hilfe.« Es handelte sich um etwa 600.000 Lire pro Monat, eine ganz schöne Stange Geld zu jener Zeit. »Es wäre uns allerdings recht«, fügten sie hinzu, »wenn du bei den internationalen Rennen mit Vega-Reifen führest, falls sie sich bewähren. Wenn Bridgestone oder Dunlop besser sind, musst du bereit sein, sie auch noch fünf Minuten vor dem Qualifying zu montieren.« Mantese, der das Jahr über einige Probleme gehabt hatte, der jedoch – die Ausschussreifen mal außer Acht gelassen – ein Signore war, sagte: »Das ist in Ordnung so. Wenn du mit meinen Reifen langsam fährst, dann habe auch ich nichts davon. Ich möchte aber, dass du sie weiter entwickelst.« Und das tat ich.

1984 war ein unglaublich unglückliches Jahr. Ich fuhr stark, schaffte es aus den absurdesten Gründen jedoch nicht, die Rennen auch zu beenden. Nur ein Beispiel: Auf dem Lido von Pomposa, bei einem Wettbewerb des Club Azzurro, war ich Erster und hatte das Hauptfeld hinter mir gelassen, als der Gasschieber klemmte und auf Vollgas stehen blieb. Ich landete außerhalb der Piste, konnte das Rennen jedoch fortsetzen, und zwar indem ich mit der einen Hand lenkte, während ich mit der anderen den Lufteinlass zuhielt. Auf diese Weise zog ich erneut an allen vorbei und kehrte an die Spitze zurück. Zwei Runden vor dem Ende aber ließ mich der Vergaser mit einem Bruch der Membrane im Stich. Es gewann Vincenzo Sospiri, und ich erinnere mich, dass mein Vater auf der Tribüne auf die Stoppuhr sprang und sie in tausend Stücke zertrat. In Fano, bei den Europameisterschaften, errang ich die Pole und schaffte die Qualifikation. Ich gewann auch das Präfinale, aber beim Start zum Finale flog die Vergaserschraube weg, der Motor soff ab, und schon nach wenigen Metern musste ich stehen bleiben.

Wenn die Wettkampfsaison schlecht gelaufen war, so bedeutete dies nicht, dass alles Übrige besser lief. Ich hatte mich wegen meiner Fehlzeiten aus der Schule zurückziehen müssen, vor allem aber wegen meines nicht sehr ausgeprägten Willens, die versäumten Unterrichtsstunden nachzuholen. In diesem Jahr gab es auch eine Reihe anderer kleinerer Unglücksfälle, wie zum Beispiel meine Führerscheinprüfung. Das war eine so komische Geschichte, dass sie einen Werbespot inspiriert hat, den Honda 1998 in den USA realisierte. Zu meinem 18. Geburtstag versuchte ich, das zu legalisieren, was ich schon sehr gut zu können meinte: ein Auto im Straßenverkehr zu fahren. Nur vor der schriftlichen Prüfung fürchtete ich mich ein wenig, bestand sie dann jedoch ohne Probleme. Am Vorabend der Fahrprüfung aber stritt ich mit meinem Vater: Ich hielt den praktischen Teil so sehr für eine Formalität, dass ich mich schon verpflichtet hatte, zusammen mit Freunden am darauf folgenden Wochenende zum Skilaufen zu fahren. Papà jedoch war dagegen und sagte immer wieder: »Du bist verrückt! Was willst du in die Berge fahren und noch dazu in den Schnee mit einem ganz neuen Führerschein?!« Ich insistierte: »Lass gut sein, Papà. Meinst du, ich weiß nicht, wie ich zurechtkomme?!« Während der Ton immer gereizter wurde, kam meine Großmutter Gisella und goss Öl auf das Feuer mit der Frage: »Was soll denn dieses Theater?!« Worauf Papà in absichtsvoll-polemischem Tonfall erklärte: »Stell dir vor, am Sonntag will er mit dem Auto in die Berge. Ist das nicht verrückt?« Und Großmutter fügte herablassend hinzu: »Du wirst nicht durchkommen!« Fast schon ein wenig amüsiert trotzte ich ihrem Blick, auch wenn sie mich von oben herab behandelt hatte. Dann beendete ich das Gespräch mit einem Achselzucken und sagte trocken: »Lasst uns morgen weiter darüber reden.«

Am nächsten Tag war ich doppelt aufmerksam, auch wenn ich es nicht übertrieben selbstsicher zur Schau stellte. Um dem Prüfer meine Gelassenheit zu demonstrieren, sprach ich auch während des Fahrens weiter mit ihm, bis er mich schließlich aufforderte, mich mehr auf das Fahren zu konzentrieren. Ansonsten lief alles bestens, bis er fragte: »Sehen Sie sich imstande, zwischen diesen beiden Autos hier einzuparken? Es ist ein bisschen eng ...« Ich schaute ihn an und dachte: »Was glauben Sie wohl, mit wem Sie es hier zu tun haben?« Ich fädelte den Wagen in die Lücke, noch bevor sein boshaftes Grinsen wieder vergangen war. Dann fragte ich, nun meinerseits grinsend: »Ist es Ihnen recht so?« »Okay, Sie können gehen!« Ich öffnete überheblich die Seitentür, und der Himmel bestrafte mich. Ein älterer Herr kam gerade nichts ahnend auf seinem Fahrrad daher, und ich erwischte ihn in voller Fahrt, weil ich gedacht hatte, es sei wichtiger, dem Blick des Prüfers standzuhalten, als noch einen Blick in den Rückspiegel zu werfen. Ergebnis: Der Radfahrer stürzte, und wenn er auch unverletzt blieb, fing er doch wie ein Besessener an zu fluchen. Der Prüfer fügte lakonisch hinzu: »Wir sehen uns in vierzig Tagen wieder.« Heute kann ich darüber lachen, aber in jenem Moment war es eine kolossale Ernüchterung. Ich hatte so lange darauf gewartet, meine Freunde zählten auf mich und wollten mit mir zum Skilaufen, und ich – Berufsfahrer! – hatte es geschafft, durch die Führerscheinprüfung zu fallen! Ich glaube, mit meiner Großmutter Gisella habe ich einen Monat lang nicht mehr gesprochen. Mein Vater hingegen hörte nicht auf zu lachen und mich auf den Arm zu nehmen: »Oh, Alexanderchen, ich habe dir Schneeketten gekauft. Wenn es schneit, bist du vorbereitet!«

Gegen Ende des Jahres wurde ich von Achille Parilla, dem Eigentümer der Dap, eingeladen, an einem nationalen Rennen teilzunehmen. Er glaubte stark an Zahlenmystik und Vorzeichen und wollte mich mitnehmen, weil er in mir einen vom Unglück verfolgten Fahrer sah: »Wollen wir mal sehen«, sagte er, »ob sich die Dinge mit mir ändern.« Er begleitete mich nach Viverone, ich errang die Pole, aber im Rennen ging irgendetwas entzwei, ich glaube, es war die Kette. Er brachte kein Wort mehr heraus. Einige Tage später aber klingelte zu Hause das Telefon, und am anderen Ende war Walter Masini, ein sehr tüchtiger Mann und Kart-Hersteller mehr aus Leidenschaft als des Geldes wegen. »Wie sieht's aus mit Achille?«, fragte er mich. »Nun«, sagte ich, »er hat mir gesagt, dass ich mit ihm fahre.« »Da bin ich nicht so sicher«, gab er zurück. Er ist auf der Piste von Pomposa, wo er Sospiri für sich fahren lässt.« Ich rief ihn sofort an, und Parilla erklärte mir Folgendes: »Lieber Zanardi, du bist ein starker Fahrer, aber du bist auch ein Fahrer, der Pech hat. Ein Unternehmen kann es sich nicht leisten, Wettbewerbe aus einem solchen Grunde nicht zu gewinnen. Also haben wir beschlossen, Sospiri zu nehmen. Aber wir wären glücklich, wenn wir dich bei uns behielten. Wir überlassen dir das gesamte Material kostenlos, übernehmen und bezahlen einen Motorenhersteller deiner Wahl und geben dir noch 800.000 Lire pro Monat dazu.« Kurz gesagt: Du bist wie ein offizieller Fahrer, aber wir betreuen dich nicht direkt. Ich war sehr gekränkt. Für mich war Achille Parilla das Pendant zu einem Frank Williams in der Formel 1, jemand, der große Achtung verdiente und der mich tief berührte: Er hatte sich um Ayrton Senna gekümmert und dann um Stefano Modena, beide für mich eher Halbgötter als menschliche Wesen.

Es war eine große Enttäuschung, aber ich akzeptierte die Notlösung, weil, alles in allem, das meiste für sie sprach: Sie hatten zweifellos das bessere Material. Ich entschied mich daher für Mauro Villa als Mitarbeiter (einen Neffen von Walter und Ex-Motorradweltmeister), dem ich zutraute, dass er mir ganz außerordentliche Motoren präparieren konnte. Aber vielleicht hatte ja Achille Recht, und es war alles nur eine Frage der Zahlenmystik. Tatsache ist, dass ich den ersten Wettbewerb des Jahres 1985 gewann, »La coppa dei campioni« in Jesolo, eines der wichtigsten internationalen Rennen der Saison. Und dann gewann ich auch noch das zweite Rennen, das dritte, das vierte und so weiter. In dieser Saison kam ich jedes Mal, wenn ich Sospiri und Achille zu direkten Gegnern hatte, als Erster ins Ziel. Ich erzielte Erfolge in 23 von 24 Rennen, an denen ich teilnahm. Ein einziges Mal fiel mein Motor aus, und genau da passierte Sospiri dasselbe. Wer weiß, Achille und seine Kabbala ... Und tatsächlich begann sich ein bisschen Spannung aufzubauen, weil er ein sehr kompetenter Konstrukteur und mit einem sehr starken Kampfgeist ausgestattet war. Meine Erfolge Anfang 1985 kamen ihm sehr gelegen. Sogar unter unternehmerischen Gesichtspunkten waren sie optimal. Wenn der offizielle Pilot gewann, konnte er besseres Material verlangen. So gab es keine Begünstigungen: Jeder, der ein Chassis von ihnen erwarb und seinen Motor gut präparierte, konnte Erfolg haben. Aber im Laufe der Zeit muss die Angelegenheit ihn doch sehr nervös gemacht haben.

Es kamen die Europameisterschaften, die ich gewann, so wie es mir einige Monate zuvor mit den Italienischen Meisterschaften gelungen war. Und als Krönung eines fabelhaften Jahres fügte ich meiner Erfolgsbilanz noch das renommierte Rennen von Hongkong hinzu. Auch wenn es genau dieses Rennen im Fernen Osten war, das einen ersten Bruch in der Verbindung mit der Dap markierte. Sie hatten einen Kleinkrieg gegen mich eröffnet: Einmal fehlte ein Teil, ein anderes Mal hatten sie nicht das richtig Ersatzteil, es war niemals ausreichend Material für uns vorhanden. Achille entschied im Hinblick auf das Rennen in Hongkong: »Wir schicken nichts, vom letzten Jahr ist noch alles dort.« Die Realität sah anders aus: Als wir ankamen und die Kisten mit den Fahrgestellen öffneten, die wir hätten benutzen wollen, traf uns fast der Schlag. Der ortsansässige Händler, der alles verwahren sollte, hatte die ganze Saison hindurch Gebrauch von den Teilen gemacht, und ich sah mich einem Fahrzeug in erbärmlichem Zustand gegenüber, an dem nichts mehr stimmte. Ich geriet darüber sehr in Wut: Unmöglich, sich bei einem Wettbewerb, der einer

Weltmeisterschaft gleichkommt, mit einem derartigen Material zu präsentieren! Die Motoren hatten wir aus Italien mitgebracht. Sie wogen nur zehn Kilo, und wir hatten sie als Handgepäck aufgegeben. Die Fahrgestelle aber waren Schrecken erregend. In Anbetracht dessen war es so gut wie sinnlos, teilzunehmen.

Aber es gab da ja noch meinen Vater. Aus einer Schnur und einem Stein fertigte er ein Senkblei. Aus einer Kart-Achse und einigen Steinen improvisierte er eine Prüfebene, die es uns erlaubte, das Fahrgestell auszurichten. Er fand einen Transformator, den er umpolte und so als Schweißgerät benutzen konnte. Die von ihm benutzten Elektroden waren weiter nichts als ein von einem Zaun »geklautes Stück« Eisendraht. So beseitigte er alle Risse. Selbstverständlich war dort, wo er geschweißt hatte, der rote Lack verbrannt, wodurch das Chassis äußerlich noch übler aussah. Ich aber wusste, dass das Gegenteil zutraf, und ich erinnere mich, wie unsere Blicke sich nach der letzten Ausbesserung trafen, und ich rief: »Ungeschliffen, grob, aber wirkungsvoll. So wie du's gern hast.« Papas grüne Augen leuchteten und kündigten schon sein hinreißendes Lachen an, das mir jetzt so fehlt. Es gelang uns, mit Hilfe eines Ersatzkettenrades, das wir zerschnitten und passend machten, einen Sitz zu versteifen und wieder in das Chassis einzupassen, der schon schrottreif gewesen war. Ein unglaubliches Unterfangen. Aber dieser Mann war so. Und er hat diese Lehre an mich weitergegeben: angesichts von Hindernissen nicht zu kapitulieren, immer nachzudenken, um eine Lösung zu finden. Mit diesem zurechtgeflickten Chassis und dem zusammengeschusterten Sitz gewann ich das Finale und das wichtigste Rennen des Jahres. Als ich durchs Ziel ging, sah ich Papà auf Knien den Asphalt küssen. Später küsste er alle, die in seine Nähe kamen. Dann packte er mich, hob mich hoch und küsste auch mich, und schließlich küsste er auch noch den Kart-Motor. Letzteres trug ihm, weil der Motor noch glühend heiß war, zwei dicke Lippen ein, was er jedoch nicht weiter beachtete. Ihm verschaffte es eine Genugtuung, für die er gern bezahlte.

1986 fuhr ich weiter für die Dap, aber die Saison begann schlecht. Es gab einen Bruch zwischen uns – mir und meinem Hersteller – und der Mannschaft. Der Streit wurde immer heftiger und immer offener ausgetragen. Mauro Villa erklärte mir ständig: »Hör zu, ich frage nach den Kolben und bekomme sie nicht. Ich frage nach den Pleueln, und sie haben nie welche da. Ich brauche ein Rollenlager, und sie geben mir eines, dessen Rollen nach zehn Runden rausspringen und den Motor zerstören.« Das ging so weiter, bis er ein Angebot von der »Iame«, einer Konkurrenzfirma, erhielt und zu mir sagte: »Komm mit mir!« Ich, der ich im Grunde sehr gutgläubig bin und mir nicht vorstellen konnte, dass sie mich reinlegten, antwortete ihm, dass ich es nicht über mich brächte. Sie besorgten mir einen anderen Hersteller: Walter Masini, mit dem ich telefoniert hatte. Es änderte sich jedoch nicht viel, denn auch mit dem äußerst sympathischen und viel zu guten Masini gewann ich zwar weiterhin, aber ich kam nicht klar mit der internen Rivalität, die mir sicherlich nicht förderlich war. Jedes Mal, wenn ich nach Material fragte, das fehlte, und mich auch nur leise beschwerte, antworteten sie unweigerlich: »Zanardi, geh uns nicht auf den Geist, sonst lassen wir dich mit einem ›Kalì‹ fahren.« Das war so, als hätten sie gesagt: »Fahr mit einem ›Prinz‹ in der Formel 1!«

Das letzte Kapitel dieses Streits spielte sich beim Ausscheidungswettbewerb zu den Europameisterschaften 1986 ab. Die Fahrer der Zone Süd traten im französischen Laval gegeneinander an, und zum entscheidenden Treffen sollte es einige Monate später in Deutschland kommen. In Laval errang ich die Pole-Position, ich gewann die Vorrunden und fuhr im Präfinale allen davon. Auf der Rennstrecke gab es einen sehr starken Gummiabrieb, und ich suchte nach einem anderen Reifensatz: Wenn ich bis zu diesem Moment ein weiches Gemisch benutzt hatte, so half jetzt nur noch ein härteres. Mit dem ersten loszufahren, hätte Selbstmord bedeutet, weil schon nach einigen Runden die Reifen nachgelassen und alles gefährdet hätten. Die weichen Bridgestone-Reifen waren mit IBQ gekennzeichnet, die harten mit IBR. Ich suchte verzweifelt im gesamten Fahrerlager vier IBR, aber es waren keine zu finden. Schließlich ging ich zu Achille: »Könntest du mir behilflich sein? Ich brauche einen Satz harte Reifen. Ich starte aus der Pole, aber so habe ich schon verloren.« »Schau, Zanardi«, antwortete er, »ich weiß nicht, was ich dir sagen soll. Auch Sospiri fährt mit den IBQ. Wir haben nur diese Sorte.« Am Start stand Sospiri direkt neben mir. Ich warf einen Blick hinüber und stellte fest, dass er die IBR montiert hatte, die richtigen Reifen. Ich sah Parilla an, und er machte ein Gesicht, aus dem ich nicht ganz klug wurde. Ich dachte, dass sie die Reifen im letzten Moment wohl doch noch gefunden hätten und fuhr los. Im Verlauf des Rennens brachte ich, wie vorausgesehen, nicht viel zustande: Nach zehn Runden Führung fiel ich zurück, das Feld holte mich ein, und Bouchut verpasste mir einen Stoß, der mich von der Bahn schickte. Ende der Geschichte.

Nach dem Rennen hatte ich einen Vergaser zu überprüfen und ging daher zur Box der Dap und fragte nach Achille. »Er ist auf dem Lastwagen, wo er einen anderen in Ordnung bringt«, antworteten sie mir. »Perfekt, ich gehe sofort zu ihm, dann kann er sich meinen auch gleich vornehmen.« Er erstarrte, als er mich sah. Ich machte weiter kein Aufhebens über das Vorgefallene, wir sprachen über alles Mögliche und warteten den Vergaser im Hinblick auf die Italienischen Meisterschaften in Empoli, die in der darauf folgende Woche stattfanden. Während er arbeitete, fiel mein Blick auf die Ständer, auf denen die Reifen abgelegt waren. Die Bridgestone hatten mich immer fasziniert. Wenn sie neu waren, ließen sie sich extrem leicht verformen. Ich drückte sie zusammen, und ihr Volumen verringerte sich um die Hälfte. Ich nahm einen von ihnen, »knetete« ihn ein bisschen und bemerkte sofort, dass es ein IBR war, einer aus der harten Mischung. Ich nahm mir einen weiteren vor, und es war ein IBR, und dann noch einen dritten und einen vierten. Oben, auf den anderen Regalen, lagen gelbe IBR-Spezialreifen und weitere blaue IBR. Der ganze Lastwagen war voll mit den Reifen, die ich vergeblich gesucht hatte, so dass ich das Rennen verlor. Ich sah ihm ins Gesicht, und er versuchte sich zu rechtfertigen, dass dies Versuchsreifen seien, die die Techniker von Bridgestone ihm anvertraut hatten und die am folgenden Tag mit Sospiri getestet werden sollten. Aber ich hatte den Eindruck, dass er nur Ausflüchte suchte und sich dabei ganz schön verrenkte. Ich nahm meinen Vergaser und ging. Auf dem kurzen Weg zu meiner Box auf dem ich eher noch wütend als enttäuscht war, hatte ich nur einen einzigen Gedanken: »Meine Beziehung mit der Dap endet hier.« Ich traf meinen Vater und erzählte ihm alles. Gemeinsam und schweigend gingen wir zu Giancarlo Vanaria von Kalì, zu dem ich ganz plötzlich sagte: »Ich will mit euch fahren.« Vielleicht gab es andere Möglichkeiten, andere Teams, die stärker waren als dieses. Aber ich war zu verbittert. Meine Reaktion war trotzig und stolz: »Jetzt fahre ich mit Kalì und zeige euch, wer ich bin. Aus euch mach ich Hackfleisch!«

Sie konnten es nicht glauben. »Giancarlo, ich will mit euch antreten«, wiederholte ich ganz ruhig. »Wir treffen uns am Dienstag auf der Piste von Parma.« Wir mussten aus Frankreich erst einmal wieder nach Hause, wenigstens die Karts säubern und sofort mit den Tests beginnen, denn schon am darauf folgenden Sonntag fand die Tricolore in Empoli statt. Zwei Tage später trafen wir uns auf der Rennstrecke von San Pancrazio, ich wechselte die Trainingsjacke, da sie von der Iame hergestellte Motoren verwendeten, und arbeitete nun wieder mit Mauro Villa zusammen. Außer ihm waren da noch der Bruder und der Schwager von Vanaria, Roberto und Giancarlo Tinini. Sie alle waren genauso aufgeregt wie ich selbst. Wir probierten das gesamte Material aus, das wir zur Verfügung hatten. Nach einem Tag Arbeit schafften wir mit der bestmöglichen Konfiguration, mit neuen Reifen und modifiziertem Motor eine Runde in 49,9 Sekunden. Die üblichen Zeiten auf dieser Strecke lagen in der Größenordnung von 48 Sekunden und ein paar Zerquetschten. Wir waren schlecht gefahren, und klar: Lange Gesichter. Drückendes Schweigen. Wir hockten uns alle an die Bar und tranken einen Kaffee. Giancarlo ergriff das Wort: »Hört zu, ich will euch eine Sache erklären: Ich habe Mike Wilson gehabt, einen Kart-Weltmeister. Er ging weg und hat gesagt, mein Chassis sei ein ›Gartentor‹ was im Jargon der Kartfahrer eine Katastrophe bedeutet. Dann hatte ich Colciago und Morbidelli. Sie verließen mich und haben gesagt, mein Chassis sei ein ›Gartentor‹. Zanardi hat letztes Jahr alles gewonnen, in diesem Jahr fast alles, und er kommt, um mit uns zu fahren: Wenn er nicht gewinnt, ist mein Chassis ganz sicher ein ›Gartentor‹.« Da war was dran. »Ich verstehe, dass dir viel daran gelegen wäre«, fuhr er fort, »weil du die Italienischen Meisterschaften vor einem Jahr gewonnen hast und den Titel verteidigen willst. Aber das Rennen ist schon in vier Tagen, das sollten wir bedenken. Die Europameisterschaften hingegen stehen erst in einem Monat an. Wenn wir uns entscheiden, zusammen weiterzumachen, dann sollten wir uns so gut wie möglich darauf vorbereiten. Aber für das Rennen von Empoli lohnt es sich nicht.« Mein Vater stimmte ihm zu: »Wo er Recht hat, hat er Recht!« Und so kehrten wir gesenkten Hauptes nach Hause zurück. Die Entscheidung war getroffen.

Am Mittwochmorgen ging Papà zur Arbeit. Ich ging hinunter in die Garage, nahm das Chassis, das ich aus Parma mitgebracht hatte, und stellte es auf eine Arbeitsfläche, die Papà aus einer zentimeterdicken Glasscheibe gebaut hatte. Immer wieder ging ich darum herum und begann die Position des Sitzes, den Reifensturz und andere Details zu studieren. Ich hatte noch ein Dap-Chassis im Hause, und ich verglich sie miteinander. Ich wurde mir klar über die Vorzüge des einen und die Mängel des anderen. Vor allem fand ich heraus, was zu verbessern war. Als mein Vater von der Arbeit kam, drängte ich ihn, zu mir herunterzukommen. »Schau, was ich herausgefunden habe«, begann ich, »natürlich geht es nicht mit diesem Chassis. Hast du gesehen, wie sie die Achsschenkel montiert haben?« »Stimmt, da ist was dran.« Und ich blieb beharrlich: »Schau, wie dieser Sitz angebracht ist ...« »Ja, stimmt, tatsächlich!« »Und hier …«, ich konnte mich gar nicht mehr bremsen, »hier vorne ist er zu breit, in den Kurven wird es viel zu anstrengend.« Ich machte ihn also auf etliche Details aufmerksam, die in Ordnung zu bringen waren, und beschloss das Ganze mit der Bemerkung: »Wir können das Chassis vorne nicht einfach zusammendrücken, wir müssen es neu machen. Die anderen Teile aber könnten wir in Ordnung bringen. Wir sollten es versuchen.« Und er, ahnungslos: »Ja ja, wir könnten es versuchen, schon so müsste es viel besser fahren.« Da platzte ich heraus: »Wenn das so ist, warum fahren wir dann nicht nach Empoli zum Rennen?« Jetzt hatte ich den Bogen überspannt: »Du bist ein Schwachkopf«, schrie er, »ein Idiot! Du verstehst gar nichts.« Es hagelte Beschimpfungen. Er ging hinauf zum Essen, trank ein Glas Wein, ging wieder zur Arbeit und grüßte mich nicht einmal. Am Nachmittag fuhr ich fort mit meinen Prüfungen und Analysen. Als er nach Hause kam, kam er zu mir und begann scheinheilig: »Nun, hast du mal einen Blick auf dieses Chassis dort geworfen?« Offenbar war auch er auf den Geschmack gekommen. »Ja«, antwortete ich, »und wenn du es wissen willst, ich habe auch noch einiges mehr entdeckt.« »Ja, ja«, bekräftigte er, »wir müssen alles während des Rennens austauschen. – Und dann?«, warf er schließlich hin. »Dann«, erwiderte ich seelenruhig, »dann fahren wir nach Empoli.« Erneut kam es zu einem heftigen Wutausbruch: »Neeeee-in! Verrückte Welt! Du bist ein Schwachkopf!« Et cetera, et cetera.

Immerhin konnte ich das erledigen, wozu ich alleine in der Lage war. Am Abend aber blieb ich zum Schwatzen mit Freunden in der Garage, die jetzt unser Treffpunkt geworden war und die Bar ersetzte. Dann ging ich schlafen. Am nächsten Morgen um fünf hörte ich jemanden meinen Namen rufen. Ich war noch völlig benommen vom Schlaf. Es war Papà. »Geh den Wagen beladen«, sagte er, »wir fahren nach Empoli.« Ich holte Mauro Villa aus dem Bett: »Komm zur Rennstrecke mit allem, was du hast. Ich fahre hin.« Weitere Erklärungen waren nicht nötig. Dann rief ich Leute von Kalì an, weckte auch sie und hielt eine hübsche kleine Rede: »Nun, Jungs, ich habe eine Reihe kleinerer und größerer Probleme gelöst. Ich glaube, dass das Chassis jetzt viel besser fährt. Wenn ich nicht teilnähme, käme ich mir vor wie ein Feigling. Ich muss meinen Titel verteidigen. Ich starte. Wegen zweier weiterer wichtiger Änderungen müsste das Chassis modifiziert werden. Wenn ihr es schafft, bis zum Rennen einen neuen Aufbau zu besorgen, bin ich in Empoli dabei.« Sie machten sich an die Arbeit und bauten aus blankem Rohr ein vollständig neues Chassis. Sie arbeiteten den ganzen Donnerstag und die darauf folgende Nacht. Freitag früh um elf kamen sie an die Rennstrecke, wo das freie Training um 11 Uhr 30 zu Ende ging. In beruflicher Hinsicht war es ihre letzte Chance. Sie kamen mit einem Peugeot 205, luden ab und bauten im Nu Motor und Chassis zusammen. Mit dem Aufbau, den ich in meiner Garage modifiziert hatte, fuhr ich schon ziemlich gut. Ich war unter den ersten Fünf. Mit dem neuen Chassis konnte ich noch in den letzten fünf Minuten des freien Trainings einige Runden fahren. Ich stieg aus dem Kart und zwinkerte allen zu: Okay. Es lief darauf hinaus – und es klingt wie ein Märchen –, dass ich die Pole errang, alle Ausscheidungskämpfe in den Vorrunden gewann, das Vorfinale und das Finale. Italienischer Meister! Vom Zweiten bis zum Siebtplatzierten saßen alle hinter einem Lenkrad der Dap. Ich aber war mit Kalì erneut Italienischer Meister geworden.

Hier beginnt eine Beziehung, in deren Verlauf ich etliche Rennen gewinnen konnte, und die für Kalì, später umbenannt in CRG, einen eklatanten Qualitätssprung bedeutete. Die Firma hatte ihren Sitz in einer ehemaligen Brotbäckerei – sie erschienen auf der Rennstrecke stets mit Chassis, die weiß von Mehl waren – und ist heute einer der größten Karthersteller der Welt. Als ich bei diesem Finale in Empoli über die Ziellinie fuhr, brach der totale Wahnsinn aus. Auch weil die Familie Vanaria eine von diesen »hitzigen« war. Sie waren in diesem Milieu sehr bekannt, vor allem wegen des Vaters, von dem sie sich getrennt hatten, weil er es vorzog, sich auf die 125er-Klasse zu konzentrieren. Der alte Calogero war mit einem schönen großen Bauch ausgestattet, der ihn stets aus dem Gleichgewicht brachte. Im Sommer schaffte er es trotz größter Bemühungen nie, den »Scheitel«, den oberen Teil seines Gesäßes, zu verbergen. Er war ein großer Schläger, einer, den man am besten in Ruhe ließ. In der 125er-Klasse, in der Leute fuhren, die mit einer Karriere nichts im Sinn hatten und die alle älter als 30 waren, gehörten lebhafte Auseinandersetzungen und Raufereien zur Tagesordnung. Einmal hatte eine Gruppe Toskaner etwas an Calogero auszusetzen. Sie umringten ihn zu viert, bedrohten ihn und versprachen ihm eine Tracht Prügel. Aber schon nach fünf Minuten schlug ihr Plan fehl: Er war es, der sie verprügelte. Die vier rannten davon und suchten Zuflucht in einem alten Fiat 242, einem Lieferwagen mit einer seitlichen Schiebetür, hinter der sie blitzschnell verschwanden. Er begann heftig mit den Fäusten auf die Karosserie einzuschlagen und den Lieferwagen weich zu klopfen. Damit noch nicht zufrieden, ging er zu seinem Lastwagen, um ein Brecheisen zu besorgen. Er kam zurück, öffnete die Seitenwand des 242 wie eine Dose Thunfisch und marschierte hinein, wobei er hinter sich herzog, was von der Seitentür übrig geblieben war. Er richtete ein Blutbad an. Ich erinnere mich sehr gut an die Szene – jedes zweite seiner Wörter war ein Schimpfwort –, wie er aus den Trümmern des Lieferwagens wieder hervorkam und rief: »Dreckige Arschlöcher! Die gehen mir nicht auf den Sack!«

Der eine seiner beiden Söhne, Giancarlo, war ziemlich ruhig; Roberto hingegen hatte von seinem Vater zwar nicht die Physis geerbt, hatte jedoch Biss und dazu noch Technik. Er war Boxer gewesen und hatte es, dünn wie er war, im Bantam- oder Fliegengewicht zum Halbprofi gebracht. Es war schwer, ihn zu rupfen, und es ist gut zu verstehen, warum alle einen Bogen um uns machten, wenn auch noch mein Vater in der Nähe war. Schon rein physisch hinterließen wir als Team einen starken Eindruck, auch wenn unser dritter Mann, Giancarlo Tinini, eher ein großes Arbeitstier war und die Seele des Unternehmens.

Es waren tolle Jahre, die ich gemeinsam mit diesen Jungs verbrachte, die einen unglaublichen Willen hatten. Mit ihnen habe ich noch einiges gewonnen und die Saison 1986 abgeschlossen. Nur die Europameisterschaft in Deutschland, die einen Monat nach Empoli stattfand, lief nicht so besonders: Gut, was die Rundenzeiten betraf, aber im Finale regnete es, und ich konnte das Rennen nicht beenden. Die amüsanteste Erinnerung ist mit einer der Vorrunden verknüpft, in denen ich Erster und Michael Schumacher Zweiter wurde. In den letzten Runden begannen sich meine Reifen aufzulösen. Sie hatten den falschen Druck, und so holte er auf. Als das Rennen dem Ende zuging, zeigten die Veranstalter, seine Landsleute, eine zusätzliche Runde an, die zu durchlaufen war, denn sie erwarteten wohl, dass er mich überholte. Es endete damit, dass Michael einen Angriff versuchte, dem ich mich jedoch widersetzte: Er überschlug sich und flog raus. Ich gewann. Er aber wurde nach dem Rennen doch noch auf den zweiten Platz gesetzt, auch wenn er sich abgemeldet hatte. Den Kommissaren fiel plötzlich auf, dass wir eine Runde zuviel gefahren waren. »Wir haben einen Fehler gemacht«, sagten sie, »das Rennen hätte eher beendet sein müssen.«

Unterdessen fuhr ich damit fort, Reifen für Vega zu entwickeln, und gegen Ende des Sommers fanden wir die Lösung. Der entscheidende Hinweis kam von Papà. Wir waren in Parma in der Bar an der Rennstrecke nach einem Trainingstag, an dem ich mindestens dreißig verschiedene Reifensorten getestet hatte. Das Ergebnis aber war miserabel und Mantese richtig deprimiert. Mein Vater durchbrach die Stille: »Sergio, irgendwas stimmt hier nicht. Vor zwei Jahren hast du damit begonnen, Reifen aus dem zu machen, was du gefunden hast, und sie liefen wirklich nicht schlecht. Jetzt hast du dich weiterentwickelt, du verwendest die teuersten Materialien und die ausgefeiltesten Herstellungsverfahren, und dann bringst du dreißig Reifensätze hier an, und sie sind nicht nur allesamt langsam, sie sind auch noch gleich langsam.« »Was willst du sagen«, fragte Mantese. »Ich will sagen, wenn du diese Reifen verkaufen wolltest, wie viel müsstest du verlangen, um etwas daran verdienen zu können?« »Nun, wenigstens eine Million pro Satz«, antwortete er. »So, dann erklär mir mal, wie Bridgestone es macht, effiziente Reifen in Japan herzustellen, sie über den Ozean zu schicken, sämtliche Importsteuern zu bezahlen und doch den Preis von 160.000 Lire pro Set zu halten.« »Das frage ich mich auch«, sagte Mantese, »meiner Ansicht nach sollten wir die Vulkanisierung modifizieren. Wieso versuchen wir nicht, vier Bridgestone in die Gussform zu setzen und sie auf dieselbe Weise zu behandeln. So bringen wir es hinter uns.« Manteses Miene hellte sich auf. In der folgenden Woche führten wir das Experiment durch, und die so behandelten japanischen Reifen fuhren etwa zwei Sekunden schneller als ein konventionelles Set. Dieser Test brachte die Wende. Mantese begann in eine andere Richtung zu arbeiten. Die Reifen wurden tatsächlich immer besser, und beim letzten Rennen des Jahres 1986, dem traditionellen Großen Preis von Hongkong, wurde ich mit den Vega-Reifen Zweiter. Nach dem Rennen erhob Mantese ein Glas Wein, das Papà ihm gereicht hatte, und rief: »Stell dir vor, ich hätte das Reifenmachen von einem Klempner lernen müssen.«

Mitte 1986 war unterdessen ein starkes Stück passiert. Zu dieser Zeit verstand ich mich gut mit verschiedenen Fahrern und besonders mit Massimiliano Papis. Im Kart-Sport galt ich mit meinen 19 Jahren schon als Senior. Als solcher fuhr ich auf internationalem Niveau in einer anderen Kategorie als Max, der viel jünger war und in der Juniorklasse antrat. Es gab keine direkte Rivalität zwischen uns, und außer dass der eine Fan des anderen war, halfen wir uns auch beim Herrichten der Karts. Oft parkten wir unsere Lieferwagen nahe beieinander, und abends nach dem Training aßen wir ein Brötchen, zu Gast im »Hause« des einen oder des anderen. Es gab immer etwas zu tun: Arbeiten am Chassis, Reifenwechsel, Motorreinigung, Motorüberprüfung. Die typischen Arbeiten also zur Vorbereitung eines Rennens. Und wie oft kam es vor, dass wir zum Schlafen im Lieferwagen auf der Rennbahn blieben, den Overall noch an und mit schmutzigen Händen. Hier, so glaube ich, gab es etwas von der Pike auf zu lernen und hier haben Jungs wie ich und Max etwas fürs Leben mitbekommen und zwar nicht nur die unzweifelhaft schönen Erinnerungen. Es zwang uns ja niemand, dort zu bleiben, wir taten es aus purer Leidenschaft. Sie war so groß, dass oft auch noch an den Abenden Rennen zwischen Mechanikern und Piloten ausgetragen wurden, wobei wir Leihkarts auf den Strecken benutzten, die dank des Flutlichts auch noch nach Einbruch der Dunkelheit für die Allgemeinheit geöffnet waren. Ich, Max und andere verwickelten dabei so manchen »Laien« in unsere Duelle. Eines Abends in Pinarella di Cervia ging es schlecht aus für Max. Ganz ohne Absicht hatte er einen Deutschen gerammt, der etwa dreißig Jahre alt, recht groß, vor allem aber betrunken und infolgedessen leicht reizbar war. Wir waren aus den Karts gestiegen, standen an der Strecke, die gerade geschlossen wurde, und scherzten. Da kam der Deutsche an und begann, Max, der ja fast noch ein Kind war, aufs Heftigste zu beschimpfen. Max, der innerhalb von Sekundenbruchteilen von Freude zu Leid und zurück wechseln konnte, antwortete etwas, fing sich eine Ohrfeige ein und begann zu weinen. Da kam plötzlich mein Vater hinzu, um die Gemüter ein wenig zu beruhigen, und versuchte, mit dem Deutschen in bolognesischem Dialekt zu diskutieren: »He, sei friedlich, er ist doch noch ein Kind.« Die ganze Antwort des Deutschen bestand in dem Versuch, meinem Vater einen Faustschlag zu versetzen. Ich hatte geglaubt, bestimmte Szenen gäbe es nur in den Filmen mit Bud Spencer. Aber das war wohl ein Irrtum. Papà packte ihn an seinem Overall und kriegte dabei wohl auch die Haut darunter zu fassen, denn der Typ krümmte sich vor Schmerzen. Nachdem er ihn auch noch dreißig Zentimeter vom Boden hochgehoben hatte, donnerte mein Vater: »Zuerst einmal bist du so hässlich, dass der Regisseur, wenn du in einem Film mitspielen würdest, dich schon gleich am Anfang sterben ließe, damit die Zuschauer glücklich sind. Und jetzt hau ab, sonst bring ich dich um!« Sein Ton klang sehr entschieden; wie ich seinen Blick beschreiben könnte, weiß ich nicht. Tatsache ist, dass der andere die Botschaft kapierte und verschwand.

Was wir erlebten, hatte seine guten Seiten; und auch wenn wir am Sonntag mit dem Messer zwischen den Zähnen fuhren, gab es Raum für Freundschaften. Eines Tages waren wir in Parma, und Max kündigte an: »Auf geht's, heute kommt Papà, um mich zu sehen. Er hat gesagt, dass er mit dir sprechen will.« Mehr sagte er nicht und überließ mich meiner Neugierde. Signore Cesare Papis kam am Nachmittag, er sprach kurz mit meinem Vater, kam dann zu mir und krempelte mit ein paar Worten mein ganzes Leben um: »Nun, Alessandro, wann wirst du einen Monoposto fahren?« »Ich habe nie daran gedacht«, antwortete ich, »es ist so sehr jenseits meiner finanziellen Möglichkeiten, dass ich davon noch nicht einmal geträumt habe.« Er erwiderte: »Ich will dir helfen. Auch um Massimiliano den Weg zu bereiten. Ihr versteht euch sehr gut. Ich habe die Hoffnung, euch eines Tages zusammen in derselben Mannschaft in der Formel 3 zu sehen, und du könntest ihm ein paar Erfahrungen verschaffen. Ich könnte dir ein wenig dabei helfen.« »Ein wenig helfen ... was bedeutet das?«, fragte ich. »Nun ja, wer weiß, wir werden sehen. Häng dich rein, die Hälfte des Budgets besorge ich dir«, antwortete er. Ich stand wie versteinert. In meinem Inneren aber war der Teufel los. »Es geht also«, dachte ich. Plötzlich stand alles Kopf. Während des gesamten nächsten Jahres, 1987, arbeitete ich mit der festen Vorstellung, in die F 3 zu wechseln.

Nachdem ich die Perspektive erkannt hatte, entschloss ich mich, im Kart noch einmal alles zu geben. »Es ist mein letztes Jahr«, sagte ich mir, »ich werde in die 135 wechseln und schließlich an den Weltmeisterschaften teilnehmen.« Die »135« war eine spezielle Kategorie, die der internationale Verband 1981 eingerichtet hatte, um eine »Formel 1« des Kart-Sports zu schaffen. Aber nicht alle Konstrukteure hatten sich darauf eingelassen, und zwar auch deshalb nicht, weil für die nur fünf Europameisterschaftsrennen und das einzige Training zu den Weltmeisterschaften eigens ein

Motor konstruiert werden musste. Es hatte große Kontroversen gegeben und beim Tauziehen zwischen den Parteien zeigte sich immer deutlicher, dass der Verband sich auf die Verteidigung seiner Idee versteifte. Häuser wie die Dap, für die ich gefahren war, gaben ihren Piloten üblicherweise vor, wo sie von Woche zu Woche anzutreten hatten; ganz im Sinne ihrer Produktwerbung berücksichtigten sie hierbei, dass Siege in den nationalen Rennen irgendwo in Italien häufig nicht weniger wichtig waren als Erfolge bei den Rennen, bei denen Titel vergeben wurden. Selbstverständlich hinderten sie die Fahrer nicht daran, in der 135 zu fahren, aber die Teilnahme diente zumeist nur als Sprungbrett zu den Weltmeisterschaften. Aus diesem Grund beschloss der Verband, all denen eine Superlizenz zu erteilen, die sich für ein Finale in der höchsten Kategorie qualifizierten. Dennoch, einmal ausgestattet mit der Superlizenz, konnte man nicht mehr in die 100er-Klasse zurückkehren. Ein Fahrer bestritt dann schließlich sechs oder sieben Rennen pro Jahr und verlor die Möglichkeit, bei den Sonntagsrennen den eigenen Rennstall zu repräsentieren. Die Teams verlangten von ihren eigenen Fahrern den Verzicht auf die Weltmeisterschaftsteilnahme, und das Resultat war das Gegenteil des vom Verband Gewünschten. Der Zeitpunkt, um auf dem höchsten Niveau zu debütieren, erschien auch noch aus einem anderen Grund optimal. Im Jahr zuvor waren die Weltmeisterschaften in Jacksonville, Florida, ausgetragen worden, und die europäischen Fahrer hatten dort eine Piste vorgefunden, der nach ihren Maßstäben die Zulassung zu versagen war. Noch dazu fuhren die Einheimischen sehr stark, weil sie ein Schaltgetriebe verwendeten. Schon nach dem ersten Training waren die Abstände zu den US-Fahrern enorm. Die »Unsrigen« lehnten es daher ab weiter zufahren, packten die Koffer und fuhren zurück nach Hause. Statt sie in Schutz zu nehmen, hielt der europäische Verband es für angemessen, gegen alle eine sechsmonatige Sperre zu verhängen. Folge hiervon war, dass die Europameisterschaftsrennen des Jahres 1987 in der Klasse 135 ohne die Besten begannen. Sie hätten nach Ablauf der Sperre erst am vierten Rennen der Saison teilnehmen und die beiden letzten Europameisterschaftsrennen und die Weltmeisterschaften fahren können. Viele – und zu ihnen gehörte auch ich – dachten, dass dies der richtige Moment sei, die Klasse zu wechseln.

Ich debütierte in der 135er Klasse mit einem Chassis von Kalì und einem Motor von Komet, der von dem treuen Mauro Villa präpariert wurde; die Reifen waren von Vega. Ich gewann und dominierte die ersten drei Rennen der Saison in Folge. Wenn du irgendwo neu in der Gegend bist und dich einigermaßen gut benimmst, kannst du Interesse und Sympathien wecken. Aber wenn du das Spiel auf diese Weise bestimmst, dann nehmen sie dich bald aufs Korn. Die Leute begannen zu unken: »Wollen wir Zanardi mal in Belgien wiedersehen, wenn die Guten wieder mit dabei sind, dann kommt er wieder auf den Teppich.« Belgien kam, das Rennen von Gent. Ich errang die Pole und gewann alle Ausscheidungen, das Präfinale und das Finale. Hier fuhr ich fast eine ganze Runde Abstand vor dem Rest des Feldes heraus, in dem auch jene »Guten« fuhren, die mir den Kopf hätten zurechtrücken sollen. Es war eine ähnliche Genugtuung wie bei der Tricolore in Empoli. Auch wenn keine Notwendigkeit mehr bestand – denn rein rechnerisch war ich schon Meister –, bestritt ich auch das letzte Rennen in Valance. Ich kam auch dort als Erster ins Ziel und wurde – und blieb – der Einzige, der sämtliche Einzelrennen auf dem Weg zu einer Europameisterschaft gewann.

Einen Tag vor meiner Abreise nach Fontenay Le Comte, wo das zweite jener fünf Rennen ausgetragen wurde, hatte ich mich mit einigen Freunden getroffen, um zum Vergnügen mit einem umgemodelten Kart herumzufahren. Es hatte einen Motor, bei dem der Vergaser vorn und nicht hinten saß, wie ich es gewohnt war. Kaum bemerkte ich ein Nachlassen der Leistung, griff ich instinktiv zur Seite, um die Vergasereinstellschraube zu suchen. Zac! Ich hörte ein trockenes Geräusch und spürte einen stechenden Schmerz – ich war mit dem Finger in die Antriebskette geraten. Der Finger wurde mit vierzehn Stichen genäht, aber ich fuhr dennoch zu dem Rennen nach Frankreich. Um fahren zu können, fertigte ich mir einen Spezialhandschuh: Ich entfernte den Mittelfinger des Handschuhs und ersetzte ihn durch ein Tablettenröhrchen, das ich von innen durch das Loch schob. Dort hinein steckte ich den Finger. Es funktionierte gut, nach der Hälfte des Finallaufs aber bekam ich auf Grund der Vibrationen und der mangelnden Durchblutung wahnsinnige Schmerzen. Ich öffnete den Overall, schob die Hand auf Höhe des Herzens hinein und lenkte nur noch mit der anderen. Und weil ich ein großer Angeber bin, habe ich diese Geschichte unter Freunden im Laufe der Jahre immer wieder gern und viel dramatischer erzählt, als sie wirklich war.

Nachdem die Formalitäten für die Europameisterschaft in der 135er-Klasse geklärt waren, fuhr ich auch die in der 100 Avenir, die im schwedischen Göteborg stattfand. Es war ein unvergessliches Rennen: ein bisschen deshalb, weil Michael Schumacher es gewann, vor allem aber wegen dem, was wenige Meter vor dem Ziel passierte. Ich hatte während des gesamten Finales mit Massimiliano Orsini gekämpft. Immer wieder waren wir aneinander vorbeigezogen, mal er, mal ich. An der Einmündung zur letzten Kurve hatte ich einen leichten Vorsprung, und er versuchte einen verzweifelten Zug. Wir stießen zusammen und kamen beide von der Piste ab, womit für ihn das Rennen gelaufen war. Der Abstand zu den anderen war jedoch so groß, dass ich es trotzdem geschafft hätte: In ganz kurzer Entfernung vor mir war der Rennleiter, bereit, die schwarz-weiß-karierte Flagge zu schwenken. Aber wie in einem Albtraum gelang es mir nicht, ihn zu erreichen. Orsinis Vater nämlich kletterte über das Auffangnetz, versperrte mir den Weg und hinderte mich daran, wieder loszufahren. So hatte Schumacher, der mit einer Ewigkeit von 28 Sekunden Rückstand Dritter war, Zeit heranzukommen, mich ungläubig anzuschauen und durchs Ziel zu gehen. Übrigens ohne zu jubeln, denn er konnte nicht glauben, dass er gewonnen hatte.

An diesem Tag riss eine Serie. Und tatsächlich liefen auch die

Italienischen Meisterschaften schlecht. Ich hatte das erste der beiden Rennen, die für die Tricolore zählten, gewonnen, das auf der Pista d'Oro von Rom. Zum zweiten Rennen trat ich in der Annahme an, nur die Fahrer fürchten zu müssen, die mit mir auf dem Treppchen gestanden hatten. Im letzten Augenblick wurde dann jedoch das Reglement geändert und festgelegt, dass die Punktzahl des Einzelrennens auf dem Lido von Pomposa doppelt gewertet werden sollte. So kamen auch die wieder ins Spiel, die in Rom schlecht gefahren war. Unter ihnen war Orsini, dem nach meinem Protest wegen der Vorfälle in Göteborg eine achtmonatige Sperre drohte. Der Verantwortliche für die italienischen Fahrer bei den internationalen Auswärtsrennen, Donzelli, bat mich um den Gefallen, den Protest zurückzunehmen: es sei nicht richtig, dass Orsini für die Dummheit seines Vaters bezahlen solle. Ich hatte jedes Recht, wütend zu sein, denn es hatte mich immerhin eine Europameisterschaft gekostet. Er jedoch wäre nicht wegen eines eigenen Fehlers für acht Monate gesperrt gewesen, sondern wegen eines Fehlers seines Vaters. In einem Anfall von Gutmütigkeit zog ich den Protest zurück. Ein Zug, der sich nicht lohnte.

Im zweiten Rennen taten sich, dank der Änderung in der Punktewertung, die Dap-Fahrer zusammen, um Orsini zu helfen, der Bestplatzierter war, nachdem er in Rom Siebter geworden war. Im Finale hatte ich einige Probleme, während er eine wirklich starke Leistung zeigte. Ein dritter Platz aber hätte mir zum Titelgewinn gereicht. Zehn Runden vor Schluss mit der notwendigen Platzierung schon in der Tasche, verteidigte ich mich mit Zähnen und Klauen gegen den Schweizer Glauser. Ich wandte einige Tricks an, um vorn zu bleiben: dann wurde mir die Schwarze Flagge gezeigt. Ich sollte disqualifiziert werden, denn man warf mir vor, ich hätte einen Hintermann blockiert. In Wahrheit aber hatte es nicht den geringsten Kontakt gegeben, ich hatte lediglich die Kurven etwas enger genommen, um zu verhindern, dass er an mir vorbeikam. Die Flagge aber hatten sie entsprechend dem Reglement ohne die Tafel mit der Startnummer gezeigt. Ich machte mir das zunutze, fuhr weiter und beendete das Rennen als Dritter. Ich wurde aus der Wertung genommen. Ich legte Beschwerde ein, der auch stattgegeben worden wäre – aber nach einer bürokratisch spitzfindigen Auslegung verfiel der Einspruch wegen Überschreitens einer festgelegten Frist, und so entging mir auch noch der Italienische Meistertitel.

Die schwarze Phase zog sich durch bis zum Ende des Jahres. Bei der Weltmeisterschaft qualifizierte ich mich mit der drittbesten Zeit. Dann gewann ich einige Ausscheidungskämpfe und startete im Präfinale vor allen anderen. Nach etwa zehn Runden aber drang ein tennisballgroßes Gummistück in den Vergaser ein und verursachte einen Motorschaden. Im Finale versuchte ich eine vergebliche Aufholjagd und kam als Zehnter oder Zwölfter ins Ziel, ich kann es nicht einmal mehr so genau sagen. Ich schaffte es nicht, dieselben Fahrer zu schlagen, die ich in den fünf Europameisterschaftsrennen in Grund und Boden gefahren hatte. Ich beendete die Saison in Hongkong und brachte einen weiteren zweiten Platz mit nach Hause. Im Winter arbeitete ich auf der Basis dessen, was Papis' Vater mir versprochen hatte. Darüber hinaus half mir Mantese mit einigen kleinen Firmen der Region, dem Hinterland von Mailand, und fand drei oder vier Kleinsponsoren, die jeweils etwa zehn Millionen Lire beisteuerten. Ich kratzte ein mageres Budget zusammen und legte auch das noch drauf, was ich in den Jahren zuvor verdient hatte: Auf der Bank hatte ich 65 Millionen Lire, die ich komplett in meine Karriere investierte. So brachte ich die Summe auf, die notwendig war, um eine Saison im Monoposto zu bestreiten. Eines Tages kam ich nach Hause und sagte: »Papà, ich habe unterschrieben: Ich fahre in der Formel 3.«

An diese Möglichkeit hatten meine Eltern nicht im Traum gedacht. Sie waren schockiert. Die Risiken im Kart-Sport hielten sich in Grenzen, es war ein Spiel. Die F3 bedeutete das Ende eines Traumes, ein Kristallglas, das herunterfällt und in tausend Stücke zerspringt. Es machte deutlich, dass ihr Sohn sein Leben nun selbst gestaltete, ohne dass sie ihm folgen konnten. Auf der einen

Seite sahen sie ihre Rolle, die sich zu erschöpfen begann, auf der anderen einen vorgezeichneten Weg: die Straße zum Profirennsport. Voller Gefahren. Ich kann mir ihre Schuldgefühle vorstellen und ihre Gewissensbisse, vor allem bei dem Gedanken an die Vergangenheit. Für sie war es nahezu unmöglich, meine Entscheidung zu akzeptieren. Es musste ein Monat vergehen, bis wir darüber sprechen konnten. Ich wollte ihre Meinung, ich versuchte sie mit einzubeziehen: Mit meiner Mutter ging es besser, mit Papà jedoch war es außerordentlich schwierig. Am Tag meines ersten Testlaufs am Steuer eines F-3-Wagens aber war er da. Und das Foto, auf dem er an jenem Morgen lächelt, trage ich immer bei mir in der Brieftasche.

KAPITEL 5

Ich hätte nie gedacht, mich jemals in einen Monoposto zu setzen. Ich dachte, meine Geschichte solle mit den Karts zu Ende gehen. Dann aber erwies sich der Beistand von Papis' Vater, Cesare, als sehr wesentlich. Dank seiner schaffte ich es, eine vollkommen andere Bühne zu betreten. Seine Unterstützung bestand vor allem in einer Geste der Großzügigkeit gegenüber einem jungen Kerl, dem er eine Karriere zutraute. Und auch gegenüber meinem Vater, den er sehr schätzte. Papà wird es in diesem Moment nicht gerade als ein Geschenk zu schätzen gewusst haben. Neben den Risiken, die es zu akzeptieren galt, mussten er und meine Mutter sich auf ein ganz neues Leben einstellen. In diesen Jahren, die sie auf den Rennstrecken verbracht hatten, hatten sie viele Freunde aus den Augen verloren und auf alles verzichtet, was sie gewohnt gewesen waren. Wehmütig versuchte Papà am Anfang noch, sich als Mechaniker einem anderen Jungen anzuschließen. Aber ihm wurde schnell klar, dass die Leidenschaft nicht mehr dieselbe war.

Unterdessen hatte ich einige Verhandlungen geführt und war mit dem Team von Mario Coperchini in Kontakt gekommen. Für diese Mannschaft aus Parma waren 1987 Mauro Martini und Roberto Colciago mit hervorragenden Resultaten gefahren. Die Wahl schien optimal. Natürlich hatten sie keine Sponsoren für mich und benötigten daher das gesamte Budget von circa 230 Millionen Lire, was mehr als 115.000 Euro entsprach. Ich unterschrieb. Um aber die Kosten einzudämmen, begann der Rennstall die Ausgaben überall ein bisschen zu kürzen, und zwar von den Testläufen im Winter an. Und so stand ich vor dem ersten Rennen meines Lebens in der Formel 3 und hatte gerade mal zwei Trainingsnachmittage in Varano, zwei Tage in Vallelunga und einen in Misano absolviert. Die Testläufe der Mannschaft liefen ziemlich skurril ab. Der Lastwagen kam, während die anderen schon auf der Rennstrecke waren. Vor 10.30 oder 11.00 Uhr war das Auto nicht in der Boxengasse: Man begann, drehte einige Runden, um die Strecke zu studieren, und schon war Mittagspause. Nach dem Essen kehrte man kurz an die Arbeit zurück und wartete dann auf den Spätnachmittag, wenn die Strecke schneller war. Zwei oder drei Runden wurden mit den neuen Reifen gefahren; dann musste es genug sein, weil dieselben Reifen auch in den nächsten Trainingsläufen noch gebraucht wurden. Und tatsächlich habe ich im Laufe des Winters nicht viel Erfahrung mit dem Auto gewonnen.

Zum Zeitpunkt der Vertragsunterzeichnung hatte ich meinen Sponsoren gegenüber ein extrem positives Bild von den technischen Qualitäten der ausgewählten Mannschaft gezeichnet. Zu der vielleicht klarsten Analyse aber kam Max Papis, als er mich vor einem Test in Misano traf: »Ale«, sagte er zu mir, »dieser Signore Coperchini mag ein tüchtiger Mann sein, und sicherlich hat er auch eine Top-Organisation. Allerdings sehe ich, wenn die Autos der anderen Mannschaften nach den Trainingsrunden anhalten, wie die Techniker sie zerlegen, sie messen und sie prüfen; kurzum, sie arbeiten mit vollem Einsatz und sind bei der Sache. Wenn hingegen du anhältst, schieben sie das Auto unter die Plane, holen zwei Stangen Brot heraus, ein Messer und einen halben Schinken, und dann fangen sie an, alles schön in Scheiben zu schneiden. Sie essen ihr Brot, trinken zwei Gläschen Wein, manch einer geht noch in die Bar, um einen Kaffee zu bestellen, schließlich eine kleine Schnellreinigung für das Auto, sie laden es auf den Lastwagen ... und tschüss bis morgen.« Es war wohl etwas Wahres an Max' Worten, auch mir blieb dies alles nicht verborgen, aber ich wollte es wohl doch nicht so richtig zugeben. Der Wert der Mannschaft war unstrittig. Wenn ich auch meine Zweifel hatte, so erreichte mein Teamgefährte Mauro Martini doch den zweiten

Platz in der Meisterschaft. Die Mannschaft war ganz auf ihn konzentriert, der schon im dritten Jahr in dieser Klasse fuhr, und mich hatten sie genommen, damit ich Erfahrung sammeln konnte. Jedes Mal, wenn ich ein Problem beschrieb, schlug mir Misstrauen entgegen. Das Konzept war: Mauro fährt das Auto mit diesem Setup, wir bereiten es für dich in genau derselben Weise vor, du gehst raus und lernst es zu fahren. Ich hatte ein enormes Opfer gebracht, um in dieses Team zu kommen, und dabei andere Rennställe abgelehnt, die an mir interessiert waren und geringere finanzielle Forderungen gestellt hatten. Wer weiß, vielleicht hätte ich woanders ein Team finden können, das stärker darauf bedacht war, einen Debütanten fahrerisch stark zu machen. Aber ich hatte meine Wahl, ob nun falsch oder richtig, in totaler Unkenntnis getroffen. Das war ein bisschen so, wie wenn meine Frau mich zum Einkaufen schickte und auf einen Zettel schrieb: 1 Liter Olio Extra Vergine di Oliva. Was zum Teufel wusste ich davon, welches das Beste war. So kaufte ich, um keinen Fehler zu machen, das teurere und machte mir weiter keine Sorgen.

Mit der Mannschaft begann die Sache also auf nicht allzu überzeugende Weise. Noch dazu monopolisierte »Nuovamotor« der Brüder Pedrazzani in diesen Jahren fast vollständig die Lieferung der Motoren. Es gab eine Theorie, nach der ein Fahrer mindestens drei Jahre in der Formel 3 bleiben musste: Im ersten fuhr er langsam, weil er Erfahrungen sammelte; im zweiten brachte er ein paar Ergebnisse nach Hause; und im dritten war er bereit für den Titel. Bei mir funktionierte das Erfahrungensammeln nicht allzu gut. Beim ersten Rennen von Vallelunga qualifizierte ich mich daher als Dreizehnter und beim letzten Rennen in Imola als Sechsundzwanzigster; und die ständigen Schwankungen im Verlauf der Saison führten dazu, dass ich mich immer irgendwo im Mittelfeld wiederfand. Anstatt mich zu steigern, wurde ich schwächer. Ich war nicht in der Lage, die Ursache hierfür zu begreifen, und in der Zwischenzeit häuften sich die Enttäuschungen. Wie in Misano bei einem Sommerrennen, wo es mir infolge einer starken Untersteuerung nicht gelang, die Zeiten zu verbessern. Mario Coperchini sollte mir mein Set-up modifizieren, und ich trieb ihn bis zur völligen Erschöpfung; er aber wollte nichts davon hören. Er sagte, das Auto müsse gefahren werden, wie es war, und dass Mauro (Martini, mein Teamgefährte) in der Kurve hart bremse und so die Vorderachse belaste, danach sofort wieder beschleunige, um das Auto in Bodenkontakt zu halten, und dass diese Automatismen in Zukunft auch mir zu Eigen würden, aufgrund von Erfahrung. Ich erinnere mich, wie ich ihn aus dem Cockpit anflehte: »Mario, die Zukunft in allen Ehren, aber ich habe die Untersteuerung jetzt. Stell mir den Frontflügel wenigstens um zwei Löcher steiler [eine Maßnahme, durch die die Wirkung des vorderen Flügels erhöht wird].« Unter großen inneren Qualen forderte er einen Mechaniker auf: »Gib ihm sein Loch, sonst hört er nie auf.« Ich verbesserte meine Zeiten um einige Zehntelsekunden und hievte mich auf einen ordentlichen elften Platz im Klassement. Das gesamte Team klopfte mir herzlich auf die Schulter, als wollten sie sagen: Nicht schlecht für einen Anfänger. Etwas aber lief nicht. Es konnte doch nicht so schwer sein, eine gute mittlere Startposition zu ergattern, während mein Teamgefährte schon gewohnheitsmäßig in der ersten Reihe stand. Ich hatte immer großen Respekt vor meinen Gegnern, und auch wenn ich mich selbst durchaus für fähig hielt, so habe ich nie geglaubt, der Beste zu sein. »Den Besten gibt es nicht«, sagte mein Vater immer, »jeder muss von jedem lernen.« Hier aber war mir der Abstand ein wenig zu groß und objektiv nicht gerechtfertigt. Und beim ersten Rennen des neuen Jahres, erneut in Vallelunga, eroberte ich dann auch die Pole, nachdem ich Team und Motor gewechselt hatte. Wo die hierzu erforderliche Erfahrung im Laufe eines Winters, den ich auf dem Sofa bei mir zu Hause verbracht habe, hergekommen sein mag, ist noch immer ein Geheimnis.

Jedenfalls kamen 1991, als ich mein erstes Rennen in der F 3000 gewann, die Brüder Pedrazzani zu mir, um zu gratulieren. Und Orest, der redseligere von ihnen, sagte: »Es ist doch ganz klar, dass du mehr Pferdestärken gebraucht hast.« Ich dachte an das Jahr mit Coperchini und antwortete: »Und? Warum habt ihr sie mir nie gegeben?!«

1988 lief ich Gefahr, die Leidenschaft zu verlieren. Ich fragte mich, ob ich zwar ein guter Kartpilot sei, aber nicht geeignet für den Monoposto. Ich ließ nichts unversucht, aber mein Teamgefährte fuhr mit denselben Einstellungen besser. Um aufzuholen, forcierte ich mächtig, was zu Fehlern und Unfällen führte, die Kosten verursachten und die Mannschaft dazu zwangen, immer kürzer zu treten. Eine auch deshalb schwierige Situation, weil, zusätzlich zu dem Geld von Papis' Vater und dem unserer wenigen Sponsoren, auch ich alle meine Ersparnisse hingegeben hatte. Für mich war es eine astronomische Summe, und sie auf diese Weise dahinschwinden zu sehen, bekam mir gar nicht gut. Das Fazit der Saison – aber das war dann wenigstens noch eine unterhaltsame Geschichte – spiegelte sich auf der Tastatur eines Zeitmesssystems. Das offizielle Messsystem seinerzeit funktionierte noch manuell und auch ein bisschen dilettantisch. Die besser ausgestatteten Mannschaften hingegen hatten einen Computer mit Fotozellen an der Boxenmauer, und der Sportdirektor hatte die Aufgabe, bei allen Fahrern während der Trainingsläufe die Zeit zu nehmen. Auf der Tastatur waren 30 Schaltknöpfe, die mit je einem Fahrer korrespondierten. 1988 waren insgesamt 32 Fahrer auf der Piste. Daniela Manni, zu dieser Zeit die Managerin des Rennstalls Venturini und später meine Ehefrau, setzte mich unter die beiden Ausgeschlossenen. Ich habe es ihr nie verziehen!

Am Ende dachte ich ganz ernsthaft darüber nach: Entweder lag es an mir, und ich war nicht gut genug, oder aber es stimmte mit dem Team nicht, zumindest nicht in dieser Zusammensetzung. Mein Stolz ließ mich zu der zweiten Annahme tendieren, und ich fühlte mich im darauf folgenden Jahr darin bestätigt, als meine Wettbewerbsfähigkeit einen dramatischen Sprung machte. 1988 hatte ich Ruggero Zamagna kennen gelernt, trotz seines Namens Österreicher, der das Markenzeichen »*Racing for*

Italy« herausgebracht hatte und dabei ein bisschen der Idee von »Azzurra«, einem Sponsorenpool, gefolgt war. Inwiefern dies tatsächlich ein wirksames Werbemittel war, oder wie sehr es bloß dazu diente, Geld in Umlauf zu halten, kann ich nicht sagen. Sicher ist, dass er später einige Probleme bekam, auch mit der Justiz. Ich war zu jener Zeit ein ahnungsloser Junge, und mir wurde ein Managementvertrag angeboten, mit dem ich nur an das Fahren hätte denken müssen, während er sich um alles Übrige gekümmert hätte. Er war ein faszinierender Mann, der fließend Italienisch sprach und ein geborener Verkäufer war. Er hatte einen starken Eindruck auf mich gemacht und ich glaubte an ihn. Zamagna wollte eine eigene Formel-3-Mannschaft zusammenstellen. Mauro Martini war nach Japan gegangen, um in der Formel 3000 zu fahren, und so wäre ich 1989 sein Spitzenfahrer gewesen. Der Rennstall wurde im Nu aufgebaut. Durch einen fantastischen Zufall war einer der besten Techniker, Roberto Trevisan, mit einem eigenen Unternehmen auf dem Markt erschienen, zu dem, nebenbei bemerkt, Daniela und eine Gruppe ausgezeichneter Mechaniker gehörte. Bis zu diesem Augenblick hatten sie in ihrer Werkstatt in Padua die Fahrzeuge im Auftrag von Venturini gemanagt. Letzterer wollte nun alles bei sich zu Hause in Langhirano unterbringen, in der Nähe von Parma, während die anderen nicht aus Padua weg wollten. Daher wurde beschlossen, ein Team mit Ralt-Fahrgestellen und Toyota-Motoren auszustatten. Ein Großteil des Budgets war von Zamagna mit dem Sponsorenpool abgedeckt. Die Firma Ralt, die in Italien groß herauszukommen wollte, lieferte uns die Fahrgestelle zu einem Schleuderpreis, während Toyota Italia als Sponsorenleistung die Kosten für die Überholung der Motoren übernahm. Max Papis wurde entsprechend den ursprünglichen Plänen mein Teamgefährte. Es war eine tolle Zeit. Mit dem Team und besonders mit Roberto verstand ich mich ausgezeichnet. Wir ergänzten uns, und er setzte Kräfte in mir frei, die ich gar nicht zu besitzen geglaubt hatte. Mit den Jahren sind wir Freunde geworden; ich schätze ihn sehr und ich mag ihn gern. Auf der Rennstrecke zu bleiben, wenn es schon dunkel wurde, und ihm bei der Arbeit Gesellschaft zu leisten, war ein Vergnügen. Ein Fahrer kann nach einer bestimmten Uhrzeit auch einfach weggehen, ins Restaurant oder ins Hotel. Ich zog es vor, an der Rennstrecke zu bleiben. Und es gab noch einen Grund, einen unübersehbaren: meine Team-Managerin Daniela gefiel mir über alle Maßen. Ich suchte jede Gelegenheit, Zeit mit ihr zu verbringen: Sitzungen, Arbeitsbesprechungen, ein Schwätzchen bei einer Tasse Kaffee. Ich wünschte mir, keine dieser Begegnungen würde je ein Ende nehmen. Ich war hingerissen von ihrem üppigen langen blonden Haar und von ihren großen blauen Augen, die, wie sie mir später erklärte, auch deshalb so groß erschienen, weil sie Kontaktlinsen trug. Da mochte was dran sein. Sie hatte außer ihrer Schönheit etwas Einzigartiges, sie schien mir mehr Frau zu sein als andere.

In der Vergangenheit hatte ich mehrere ernsthaftere Beziehungen gehabt. Die erste mit Annamaria, der Schwester von Max Angelelli, der Kart und später in der Formel 3 fuhr und der in meinem Alter war. Ich lernte sie in einem Fahrerlager kennen, auf spielerische Weise ließ ich ihr über eine Freundin Komplimente zukommen, und da das Interesse auf Gegenseitigkeit beruhte gingen wir beim nächsten Rennen schon miteinander. Sie wohnte in Cento, nur 25 Kilometer von Castel Maggiore entfernt, und ich fuhr sie oft mit dem Fahrrad besuchen, um zu trainieren; auch wenn ich mich dann mit dem Wagen ihrer Mutter wieder nach Hause bringen ließ. Wir haben uns wirklich sehr gemocht und es hat ein paar Jahre gehalten. Eines Tages sagte sie zu mir: »Du bist an den Wochenenden nie da, nur wegen dieser Kartrennen. Und wenn du es ganz genau wissen willst: Es gibt da einen Luca, der mich immer fragt, ob ich mit ihm ins Kino gehe.« Ich sagte, dass sie Geduld haben müsse, sie sei eben mit einem Sportler zusammen und meine und ihre Opfer könnten uns weit bringen. Kurzum, ich gab ihr vorsichtig zu verstehen, dass ich nicht die Absicht hätte, meinen Kart-Eifer aus Liebe einzuschränken, und dass nun folglich sie an der Reihe sei, sich zu entscheiden. Sie ging mit Luca ins Kino, und ich glaube, der Film hat ihr gefallen.

Anfang 1986 lernte ich in Australien Susan kennen. Sie war Schwedin und zu Beginn der internationalen Kart-Saison dort, weil auch ihr Bruder mitfuhr. Ich lief schüchtern zwischen den Boxen herum, und sie lächelte mir zu. Alle Männer des Fahrerlagers verbrachten das Wochenende damit, ihr hinterherzulaufen und sich darüber auszutauschen, was man mit einer wie ihr so alles anfangen könne. Ich verstand nicht, wieso sie ausgerechnet mir zulächelte. Damals sprach ich noch nicht einmal Englisch. Nach einem schlichten »Hello« war unser Gespräch schon zu Ende. Jedenfalls gewann ich das Rennen, und am Abend der Preisverleihung kam sie, um mir zu gratulieren. Ich verbrachte die 24 Stunden des Rückfluges mit der Frage, aus welchem Grunde ich ihr wohl gefallen könnte. Erst am Jahresende sah ich sie in Hongkong wieder. Ich gewann auch dort. Wir küssten uns zum ersten Mal, und sie lud mich an Weihnachten zu sich nach Hause ein. Nach Schweden kam ich ganz alleine und mit einem Kuchen, einem Panettone in der Hand. Ich verstand nicht eine Silbe. Der erste Abend bei Tisch im Hause ihrer Familie war ein Drama: Verlegenheit durch und durch und Schweigen, das einem Angst machen konnte. Mehr noch: In ihrer sprichwörtlichen nordischen Unbefangenheit gaben sie mir ein Bett in ihrem Zimmer, aus dem der Bruder ausquartiert worden war. Hin und wieder steckte ihr Vater den Kopf zur Tür herein, als ob nichts wäre. Gemessen an der Freiheit, wie ich sie kannte, ein bisschen zuviel des Guten. Folglich war der erste Abend für mich ein klassischer Misserfolg. In ihren Augen konnte ich lesen, wie sehr sie litt. Später dann hatte ich Gelegenheit, es wieder gutzumachen, und ich stellte Ruf und Ehre der Italiener wieder her. So ging die Geschichte glücklich weiter. Sie besuchte mich oft zu Hause. Sie hatte unsere Sprache sehr gut gelernt und war allen sehr sympathisch. Aber gegen Ende 1988 begann sie von ernsthaften Plänen und von Heirat zu sprechen. Ich wollte mein Leben nicht mit einer solchen Hypothek belasten.

Ich war noch immer sehr jung, und obwohl ich sie wirklich sehr gern hatte, trennten wir uns. Ich erinnere mich gut an sie. Sie war 1,75 groß und eine schwedische Schönheit, athletisch und ein bisschen hager, und sie hatte eine Haut, die, ungewöhnlich für eine Nordländerin, wie Bernstein schimmerte und in der Sonne so mühelos braun wurde, dass sogar meine italienischen Freundinnen, von denen sie ohne Probleme in unserer Clique akzeptiert wurde, vor Neid erblassten.

Die Clique, das waren etwa zwanzig junge Leute, die sich jeden Abend mit ihren Mopeds, Motorrädern und Autos vor einem Park in Castel Maggiore trafen, vor dem fünf Bänke unter ein paar Laternen aufgestellt waren. Aus diesem Grund erhielt die Clique auch ihren Beinamen »Die Bankleute«. Unter ihnen ragten einige Originale heraus: »Bonza«, mit bürgerlichem Namen Bonzagni Fabrizio; »Sciopero«, Paolo Soverini, so genannt, weil ihm Jahre zuvor in der Schule jeder »höhere« Anlass recht war, einen Unterrichtstag sausen zu lassen; Dante, der bei den seltenen Gelegenheiten, da er dabei war, alle zum Lachen brachte, bis sie sich krümmten; Glauco, auch wenn er aufgrund seines Studiums in Deutschland häufig nicht da war. Und schließlich »Chicco«, oder auch Serafini Enrico, dessen Namen sich jedoch niemand so richtig merken konnte: Er ist Chicco und basta. Wir wurden fast wie Brüder, so dass sie uns schon »die beiden kleinen Verlobten« nannten, und zusammen haben wir so manches angestellt.

Er wurde mir 1987 von Freunden in Jesolo bei einem Wettbewerb vorgestellt. Sofort fiel mir seine Leidenschaft für das Essen auf. Er ist 1,65 Meter groß und dünn und hat sicherlich nicht die Statur eines starken Essers. An diesem Tag aber bot er an, die Fertiggerichte beim Self-Service der Rennstrecke kaufen zu gehen. Er kam zurück mit einem Stapel von zwölf Polystyrol-Packungen, der seinen Kopf noch um einen halben Meter überragte. Alle ließen etwas übrig. Vor allem die Mädchen ließen die Finger vom Frittierten und von der Pasta und knabberten nur ein bisschen am Salat, nahmen ein Scheibchen Brot und das Dessert. Nachdem Chicco seine Portion verschlungen hatte, aß er auch die übrig gebliebenen Gerichte und schlang dabei eine Menge Zeugs von sehr fragwürdigem Aussehen in sich hinein. Das Rennen lief schlecht, und die Jungs mussten mich noch am selben Abend mit Gewalt zum Essen schleifen. Ich kam als Letzter an die Reihe und bestellte eine gemischte Pizza, die ich mit allem Möglichen belegen ließ, wie es mir gerade so einfiel. Ein bisschen, um mich zu trösten, ein bisschen, um dem Abend die Dramatik zu nehmen. Chicco änderte in diesem Moment seine Bestellung und glich sie meiner an. Das freute mich. Auch wenn er in der Folge keine Probleme hatte, während ich dank meiner »Einfälle« die ganze Nacht auf dem Klo mit einem »Durchfall« verbrachte.

Am nächsten Tag sah ich ihn auf der Straße vor dem Haus sein Auto waschen, einen roten Golf, der aussah wie meiner. Ich stellte fest, dass wir Nachbarn waren. Wir unterhielten uns ein wenig, und von diesem Tag an waren wir unzertrennlich. Alles, was mit Motoren zu tun hatte, bekam unsere Aufmerksamkeit. Neben dem Kart widmeten wir uns dem Motocross. Er besaß bereits ein Motorrad, ich kaufte eines aus – mindestens – zweiter Hand von Glauco, der sich auch auf diesem Gebiet schon versucht hatte. Wir fuhren auf den Pisten in der Umgegend an den wenigen Wochenenden, an denen ich keine Kart-Verpflichtungen hatte. Und immer heimlich, damit meine Eltern nichts davon mitbekamen. Chiccos Garage war eine gute Ergänzung zu meiner, und wir arbeiteten in beiden Werkstätten an allem Möglichen. Ganz zu schweigen noch von dem, was wir in der Zeit zu Wege brachten, als ich in der Formel 3 debütierte. Wir entdeckten, dass sich die glatten Reifen meines Rennwagens mit etwas »Nachdruck« auf die 13-Zoll-Felgen des Golf montieren ließen. Es kamen vier schräge »birnenförmige« Reifen dabei heraus, aber sie erlaubten uns gewisse Höchstleistungen! Wir amüsierten uns köstlich, wenn wir vor den »Bankleuten« mit immer größerem Tempo unsere Runden drehten, bis wir es eines Abends schafften, das Auto in voller Fahrt auf zwei Räder zu stellen. Wir perfektionierten unsere Technik, weshalb – falls sich jemand aus dem Ort an einen roten Golf erinnert, der in den Jahren 88-89 nach 11 Uhr abends seinen »Bauch« in den Kurven von Castel Maggiore zeigte – zugegeben werden muss, dass wir diese Schwachköpfe waren!

Es waren nicht nur die Motoren, denen unser Interesse galt, sondern auch andere sportliche Aktivitäten. Wir joggten gemeinsam, wir fuhren zum Skilaufen, und als das Mountainbiking auch nach Italien schwappte, fuhren wir fast täglich nach dem Abendessen unsere neun Kilometer von Castel Maggiore bis zu den Ausläufern des Hügels von San Luca, erklommen ihn mit den Rädern um dann auf einem Schotterweg hinabzufahren, der uns bis zum »Parco Talon« in der Nähe von Casalecchio di Reno brachte. Das alles immer schön ohne Licht (um zu sehen, ob es »so schwer ist zu sterben«, wie es in dem Lied von Battisti heißt). Danach kehrten wir über weniger befahrene Straßen zurück, mit Bonza, der den ganzen Weg über Flüche ausstieß, weil er zum wiederholten Mal versucht hatte, den Weg zu fahren ohne die Bremse zu benutzen, wie üblich gestürzt und nun mit Schürfwunden übersät war. »Früher oder später schaff ich's«, sagte er, und so kam es dann auch. Er schaffte es nicht nur, sein Ego bei diesem Unternehmen zu befriedigen, sondern er meldete sich auch noch zum »Mountainbike downhill« an. Gleich eine Italienische Meisterschaft und nicht etwa nur ein Wettbewerb in der Pfarrgemeinde. Er wurde Zweiter des Gesamtklassements und bekam etliche Angebote von verschiedenen Clubs, die ihn, in der Gewissheit, einen aufgehenden Stern gefunden zu haben, sponsern wollten. Am Abend danach kam er in die Bar und sagte: »Oh, Jungs, sie wollen, dass ich täglich mit ihnen trainiere, und nächsten Sonntag wollen sie mich zu einem Wettbewerb im Trentino anmelden. Ich soll für ihren Club fahren. Alles auf Spesen!« »Super Bonza!«, riefen wir wie aus einem Mund. »Und was hast du ihnen geantwortet?«, wagte Chicco sich vor. »Nun, ich habe ihnen gesagt, dass ich achtzehn bin, und dass man mit achtzehn eher auf heiße Bräute steht als auf zwei Räder.«

An diesem Abend endete Bonzas Radkarriere. Am nächsten Tag trafen wir uns und fuhren, das Fahrradtraining an den Nagel hängend und schön beladen, in Chiccos Golf zum Skifahren in die Berge. Auf den Reifen des Wagens war so gut wie kein Profil mehr, weswegen er, nachdem erst einmal die Schneeketten vorne aufgezogen waren, entschieden übersteuerte. Immer wieder ließ Chicco den Wagen auf den schneebedeckten Straßen in den Appeninen bei Modena ausbrechen und hatte dabei einen Heidenspaß. Immer wieder rief er: »Ein Stößchen mit dem Lenkrad, dann auf's Gas und ab geht's!« In der nächsten Kurve von neuem: »Oh, Jungs, seht nur, wie das abgeht!« Wir kamen in einen Ort mit Namen Montecreto, wo es eine Bäckerei gab, die ganz sagenhafte Brioches machte, und wo wir eine Pause einlegen wollten, um zu frühstücken. Die letzte Kurve ging Chicco noch einmal mit Schwung an, und wir bemerkten, dass er wohl doch nicht alles so unter Kontrolle hatte, wie er es bis zu diesem Augenblick immer beteuerte. Tatsächlich drehte sich der Wagen erst ein-, dann zweimal um seine Achse, endlos langsam, wie mir – abwechselnd die steilen Felsen über und den Abgrund unter uns vor Augen – vorkam. Aber wie von Zauberhand ging unsere Schlitterpartie genau auf dem Parkplatz vor der Bäckerei zu Ende. Ich war vor Angst vollkommen gelähmt, und dasselbe galt auch für Chicco. Er war weiß wie ein Laken. Bonza aber, nicht im Mindesten beeindruckt von dem, was geschehen war, stieg in aller Ruhe aus und wandte sich an die drei älteren Herren, die die Szene mit angesehen hatten und denen ein ebenso knappes wie eloquentes »Leckmich« entfahren war: »Ach, er fährt immer so!«, erklärte er und zeigte auf Chicco. »Jetzt frühstücken wir erstmal, und dann müssen wir hinunter in den Sportartikelladen. Wenn Sie also fünf Minuten warten wollen, dann werden Sie mehr von ihm sehen!« Ich war im Begriff, mir vor Lachen in die Hosen zu machen, und weil ich den Reißverschluss des Skianzugs nicht gleich aufbekam, hätte ich es beinahe sogar geschafft.

Alle diese Abenteuer stärkten unsere Freundschaft. Wenn ich

nicht bei Chicco übernachtete, kam er zu mir. Hemmungslos zog ich die erste Möglichkeit vor, weil seine Schwester ganz hübsch war, von ihren Freundinnen, die sie öfter mit nach Hause brachte, ganz zu schweigen. Auch wenn es 1988 zwischen uns ein amüsantes Missverständnis gab: Wir waren in Magione zu einem F-3-Rennen, zu dem er mich begleitet hatte. Es herrschte eine Affenhitze. Wir legten uns zum Schlafen, mit nichts als unseren Slips bekleidet, in das Doppelbett des einzigen Zimmers, das noch frei gewesen war. Im Dunkeln und nachdem wir über dies und jenes gequatscht hatten, vertraute ich ihm an: »Chicco, ich muss dir etwas sagen«. »Sag's«, antwortete er. »Das ist nicht so leicht.« »Warum denn nicht?«, fragte er. »Weißt du«, sagte ich, »zwischen uns ist wirklich eine schöne Freundschaft entstanden, und ich möchte sie nicht beschädigen.« »Wie beschädigen?«, fragte er und war schon leicht beunruhigt. »Es ist so, dass das, was ich dir im Begriff bin zu sagen, der Sache schaden könnte, so ist das!« »Was redest du denn da, Sandrèn?!« »Ja«, fuhr ich fort, »weil ich es dir schuldig bin, dir alles zu sagen. Ich kann diese Sache nicht für mich behalten.« Tatsächlich war ich darum bemüht, ihm verständlich zu machen, dass mir seine Schwester gefiel und ich mein Glück bei ihr versuchen wollte. Er aber hatte ganz etwas anderes verstanden. Ich begriff es, als ich bemerkte, wie er sich zurückzog und sich unter das Betttuch verkroch. Und so rief ich aus: »Oh, aber was hast du denn jetzt verstanden?! Ich wollte sagen: Mir gefällt deine Schwester, und ich will was von ihr, aber ich wollte es nicht ohne dein Wissen!« Er war enorm erleichtert und erwiderte: »Meine Güte! Mach doch was du willst mit der!« Feinheit war noch nie seine Stärke.

Später schrieb er sich an der Universität ein, aber es klappte nicht. Mochte er auch mit einem außergewöhnlichen Talent und einem gutem Instinkt ausgestattet sein, so war ein Studium doch nicht das Richtige für ihn. Schließlich trat er in die Firma seines Großvaters ein, die Maschinen zur Metallreinigung herstellte. Aufgrund seiner Verdienste und nicht aufgrund seiner Verwandtschaft übernahm er, nachdem er sein Handwerk gelernt hatte, die technische Leitung des Unternehmens. Unsere gemeinsamen Jahre waren sehr schön, aber die Idylle nahm doch ein recht trauriges Ende, als eine Frau zwischen uns trat. 1993 lernte ich ein Mädchen kennen, das sich sofort unserer Clique anschloss. Sie hieß Rossella und gehörte zu den Menschen, die, anstatt Hindernissen auszuweichen, sich auch noch selber welche in den Weg legen, um sich daran wehzutun. Im Grunde war sie ein liebes Mädchen, Aufrichtigkeit aber war nicht ihre Stärke. Sie war in mich verliebt, und um mir kleine Vertraulichkeiten und mehr oder weniger verdeckte Botschaften zukommen zu lassen, schloss sie Freundschaft mit Chicco, ohne, zumindest am Anfang, ihre Gefühle für mich vor ihm zu verbergen. Chicco seinerseits verlor schnell den Kopf, was mich in eine extrem schwierige Lage brachte. Das Paradox war, dass sie zu mir kam und mir ihren Kummer darüber anvertraute, dass sie die Aufmerksamkeiten meines Freundes zurückweisen musste: »Weißt du, er ist ein sehr guter Junge«, sagte sie, »aber ich habe inzwischen begonnen, mich ihm gegenüber so zu verhalten, dass er denken kann, alles sei möglich.« Ich versuchte sie davon zu überzeugen, dass sie die Situation klären müsse und Chicco keine falschen Hoffnungen machen dürfe, wenn sie sich tatsächlich nichts aus ihm mache. Die Situation aber spitze sich zu sich, weil sie sich auf ihn einließ, ohne dabei jedoch auf die Hoffnung zu verzichten, eine Beziehung mit mir eingehen zu können. Ich war zu der Zeit schon mit Daniela zusammen und der Respekt, den ich für Chicco hegte, gebot mir, die Situation zu klären. Es war eine trostlose Angelegenheit: Ich ließ mich in eine scheußliche Konfrontation zu dritt hineinziehen, in der ich den Staatsanwalt spielte. Chicco wollte ihr unbedingt glauben, und sie wollte nicht auch noch ihn verlieren, weswegen sie jede Beschuldigung zurückwies und mich sogar anklagte, aus Eifersucht gehandelt zu haben, weil sie Chicco gewählt hatte und nicht mich (der ich allerdings gar nicht gewählt werden wollte). Chiccos Schwester Michela, die mir – nach unserer frühen platonischen Liebe – eine gute Freundin geworden ist, wies maliziös darauf hin, dass das Mädchen, nachdem sie die Fabrik des Großvaters gesehen und sich im Porsche durch die Gegend hatte fahren lassen (Chicco hatte seit dem Golf eine Aufsehen erregende stufenweise Steigerung erfahren, was seinen Wagenpark betraf), es für klug gehalten habe sich einzunisten; und irgendwie war es ja dann auch so.

Auf diese Weise lernte ich Michela – oder »Miki«, wie ich sie zu nennen pflege – besser kennen, der ich mich noch immer sehr verbunden weiß. Wahrscheinlich ist sie auch ein bisschen die Schwester, die ich verloren habe. Ich glaube, dass Daniela sehr eifersüchtig auf sie war und sogar ein Verhältnis zwischen uns vermutet hat. Ich habe jedoch nichts an unserer gemeinsamen Vergangenheit zu bereuen, denn Michela half mir, die Enttäuschung mit Chicco zu überwinden. Unsere Freundschaft nahm ein drastisches Ende; wir besuchten uns immer seltener, und ich litt ziemlich darunter. Ich weiß, dass es für ihn genauso war. Jahre später, als die Geschichte mit jenem Mädchen endete, kam er zu mir und bat mich um Verzeihung. Aber es war schwer, zu vergessen was passiert war. Mein Stolz hätte eine Erklärung verlangt, bevor es zum Bruch mit ihr kam; aber ich habe ebenfalls viele Fehler begangen. Als ich diese Zeilen wieder las, wurde mir vieles klar. Ich hatte noch immer seine Telefonnummer, und so habe ich ihn angerufen. Chicco, ein wahrer Freund, der zu lange darauf gewartet hat, bis ihm verziehen wurde.

Wenn ich an den Anfang jenes Jahres 1989 zurückdenke, kreisten meine Gedanken nur um Daniela. Ich machte mir jedoch keine Illusionen und glaubte, mich mit ein paar Plaudereien zufrieden geben zu müssen. Sie hatte mir den Kopf jedoch ganz schön verdreht, auch wenn ich die Geschichte mit der Zeitmessung noch immer nicht so richtig verdaut hatte ... Unterdessen kam das Auto, und wir begannen mit den Winterproben, während derer ich sofort Vertrauen fasste. Die Arbeitsumgebung war ideal, auch psychologisch hätte ich mir keine bessere wünschen können. Des

Weiteren stellte ich schnell fest, dass ich gar nicht so schlecht war, wie ich befürchtet hatte. In den Testläufen fuhren wir ausgezeichnet, auch wenn einige Leute den Verdacht äußerten, dass wir mit zu wenig Gewicht fuhren. Dies war zwar nicht der Fall, aber diese Gerüchte ließen Zweifel in uns aufkommen, weswegen wir auf das erste Rennen des Jahres warteten, um einigen Dingen auf den Grund zu gehen. Schließlich kam Vallelunga, und es geschah einiges, was dazu beitrug, dass mein Verhältnis zu Roberto so einzigartig wurde. Im Qualifying hatten wir mit der Elektrik des Toyota-Motors eine Menge Probleme: Ich fuhr hinaus, musste aber sofort wieder in die Box, die Techniker wechselten Kabel und Steuereinheiten im Cockpit und schickten mich zurück auf die Strecke. Das Training ging zu Ende, wir hatten die Mängel nicht behoben, und außerdem untersteuerte der Wagen stark, so dass ich die Kurven nicht fahren konnte. Ich sprach also, während die Toyota-Techniker arbeiteten, mit Trevisan und mit Damon Chandler, einem Ingenieur der Firma Ralt. Er hatte den Spitznamen »*Uuuna matita*« – »ein Bleistift«, da er dieses Wort mit einem übermäßig gedehnten Anfangsvokal aussprach, was er sich beim Italienischlernen mit Kassetten angeeignet hatte. Jedes Mal, wenn ich auf die Untersteuerung zu sprechen kam, sagte Chandler zu den Mechanikern: »Gebt zwei Umdrehungen mehr Vorspannung auf die vorderen Federn.« *Pre-load* heißt das auf Englisch. Die Vorspannung der Federn bewirkt, dass die Aufhängungen auf Beanspruchungen durch die Strecke anfangs härter reagieren; das Erhöhen der Geschwindigkeit und damit auch des von den Flügeln erzeugten aerodynamischen Anpressdrucks, macht die Vorteile jedoch rasch wieder zunichte. Es ist ein wenig so, wie wenn man daranginge, den Mailänder Dom mit einem Pinselchen anzumalen, das gewöhnlich dazu dient, die Farben an Zinnsoldaten wieder aufzufrischen.

Bei einer weiteren Rückkehr an die Boxen funktionierte der Motor schließlich. Ich gab den Toyota-Technikern ein Zeichen der Bestätigung und schickte sie weg. Dann rief ich Roberto zu mir ans Cockpit und Damon, der herbeigelaufen kam und fragte, wie der Monoposto sich verhielt. Er hatte mir schon sechs Mal die Vorspannung der vorderen Federn erhöht! Ich sagte: »Der Motor ist in Ordnung, aber ich habe noch Untersteuerung.« Chandler wandte sich an unseren Chefmechaniker, genannt »Poncho« (der es fertig gebracht hatte, eines Abends in einem Autobahnrestaurant achtzehn gekochte Kartoffeln zu verputzen) und empfahl ihm: »Noch zwei Umdrehungen.« Ich hielt es nicht mehr aus und forderte Roberto auf: »Hör zu, der hier geht mir mit seinen zwei Umdrehungen *pre-load* echt auf die Nerven. Stell mir die Frontflügel um drei Löcher steiler und reduzier den Anpressdruck des Heckflügels, gib mir einen Satz neue Reifen, und wir fahren Bestzeit. Dann lassen wir ihn alles entscheiden, was er will.« Ich ging wieder raus, und nach zwei Runden hatte ich die Pole. Ich hielt an, öffnete das Visier, sah Chandler an und sagte: »Und jetzt gib mir ruhig das ganze pre-load, das du willst!« Er war noch immer nicht zufrieden und erhöhte die Spannung noch ein paar Mal, natürlich ohne Ergebnis. Die Pole, die ich errungen hatte, nahm mir niemand mehr, und ich war ganz berauscht. Während des Rennens zeigten sich, wenn auch weniger gravierend, die alten Probleme mit der Elektrik. Ausgangs der langsamsten Kurve der Strecke stotterte der Motor, am Ende aber wurde ich Zweiter. Das war, im Vergleich zum Vorjahr, ein großartiges Resultat. Danach erzielte ich einen dritten Platz in Magione und einen weiteren zweiten in Varano. Es lief gut. Es kam der Große Preis von Monte Carlo, ein renommiertes Rennen unter den Augen der Team-Manager der Formel 1, an dem ich bisher noch nicht teilgenommen hatte. Vor Beginn des Qualifyings wollte Roberto mich sprechen. Es wurde ein ellenlanges Gespräch daraus, in dem er mir sagte: »Benutz deinen Kopf! Hier hat noch niemand in seinem ersten Jahr den Himmel gestürmt. Du aber kannst es schaffen, aber du musst aufpassen!« Die guten Ratschläge waren zu hören, bis ich, mit den abgefahrenen Reifen, im entscheidenden Lauf der Qualifikation über die Gerade fuhr und »P1« auf der Boxentafel stehen sah. Das hieß: Ich war Erster! In diesem Augenblick war ich dermaßen verblüfft, dass ich mich prompt in der Kurve von Saint-Devote verbremste, noch vor dem Montieren der neuen Reifen, die in Monte Carlo eine Sekunde pro Runde bringen. Das war sehr schade, weil ich trotz des Unfalls die absolut sechstbeste Zeit halten konnte. Gar nicht so schlecht, auch wenn ich am nächsten Tag an der grünen Ampel bei dem Versuch, meine Dummheit mit einem Superstart wieder wettzumachen, den Motor abwürgte. Mika Häkkinen, der weiter hinten startete, touchierte mich noch dazu und verbog mir einen Frontflügel genau in dem Augenblick, als ich es schaffte, erneut zu starten. Ich fuhr einige Runden damit, aber das Fahrzeug war nicht mehr lenkbar, und dann verreckte auch noch das Getriebe. Alles in allem ein wenig rühmliches Ende.

Ich glaube, dass in solchen Situationen eine Art göttlicher Strafe waltet: Wenn du eine Dummheit begehst, folgt gleich eine ganze Pechsträhne. In der Tat, kaum kehrten wir zurück zu den Italienischen Meisterschaften, wurde eine Reglementänderung beim Benzin vorgenommen: Die Leistungsfähigkeit der Motoren von »Novamotor« blieb fast dieselbe; die von ihnen präparierten Alfa-Romeo-Motoren hatten ein System mit doppelter Zündung, auch *Twin Spark* genannt, welches sogar die Kerze verbrennen konnte. Wir hingegen begannen, alle Toyota-Motoren zu zerstören. Von diesem Zeitpunkt an fielen insgesamt dreizehn von ihnen aus. Die Geschwindigkeit war noch immer da, so dass ich in Pergusa die Pole errang. Aber während des Rennens brannte sich ein Loch in den Kolben, und ich wurde Vierter in einem mit Öl überschwemmten Cockpit. Nach dem Rennen kam eine sportbegeisterte Sizilianerin ganz in Weiß gekleidet zu mir und fragte, ob wir ein Foto machen könnten, auf dem wir uns umarmten: Als sie wegging, war sie noch schmutziger als ich. Von diesem Moment an überstürzten sich die Ereignisse. Bei dem Versuch, Beständigkeit zurückzugewinnen, reduzierten wir die Motorleistung, und auf Rennstrecken wie der von Monza bedeutete das ein entscheidendes Handikap. Ich war noch immer auf dem Weg an die Spitze, tat mich damit aber schwerer als zuvor. Hinzu kamen erste Anzeichen der heiklen finanziellen Situation von Zamagna. Im Wesentlichen zahlte er in der zweiten Jahreshälfte nicht mehr: Roberto und Daniela, die Inhaber des Unternehmens, führten die Saison weiter und sagten uns bis zum Jahresende nichts, um uns die Stimmung nicht zu verderben. Aber es war traurig, weil wir begannen, den Gürtel enger zu schnallen: Bei manchen Gelegenheiten fragte ich mich, warum bestimmte Dinge geschahen, aber ich fuhr mit dem Geld von Roberto und Daniela und wusste es nicht. Am Saisonende, als alles klarer war, stellte ich mich entschlossen auf ihre Seite. Auch weil Zamagna sich in der Zwischenzeit immer mehr in Nebel hüllte. Sie lebten in Bologna, und ich war der persönliche Chauffeur seiner Frau geworden. Ich brachte ihre Kinder zur Schule und holte sie wieder ab, oft spielte ich den Babysitter, und am Nachmittag stand ich zu ihrer Verfügung. Sie hatten eine wunderbare Tochter und einen Sohn, der mit dem Kartfahren begonnen hatte und eine Weile auch von meinem Vater betreut wurde. Seine Frau hatte mich recht lieb gewonnen. Sie war sehr impulsiv, und sie bekam Probleme, weil sie sich auch auf die Geschäftsführung der Firma einließ. Auch sie hatte das Vertrauen in ihren Mann verloren und kritisierte ihn offen. Eines Tages kam sie zu mir und sagte: »Schau, hier ist dein Vertrag. Du sollst nicht an so einen dummen Sack gebunden sein.« Und sie händigte ihn mir aus. Sie tat mir einen großen Gefallen damit, denn ich hatte mit ihm ein Managementabkommen für die nächsten fünf Jahre, ein Damoklesschwert über meinem Kopf, das mir nicht gleichgültig sein konnte.

Kurzum, die Geschichte entwickelte sich schlecht. Aber es zeigte sich ein Hoffnungsschimmer. Roberto Farneti hatte ein Formel-3000-Team, in dem er einen Piloten fahren ließ, der nicht nur sportlich nichts einbrachte, sondern auch noch Probleme mit seinen Sponsoren hatte. Er lud mich zu einem Test nach Misano ein. Ich, der ich nie zuvor ein F-3000-Rennen gefahren hatte, fuhr so schnell, dass Farneti, anstatt die Meisterschaften vorzeitig zu beenden, sein privates Geld einsetzte und sagte: »Dich bringe ich zum letzten Rennen nach Digione.«

Es war das Jahr, in dem ich den »Alesi«-Titel gewann, und auf der Rennstrecke waren auch Irvine, Comas, Bernard und seine Truppe. Ich stellte mich in Frankreich vor, ohne Kenntnis der dortigen Strecke und ohne Erfahrung. Nach 25 Minuten Zeitfahrtraining fuhr ich an die Boxen und sah auf der Tabelle: P1 – zu diesem Zeitpunkt war ich der Schnellste. Aber am Ende der Session war ich Fünfter. Emanuele Naspetti, auf der Piste ein leidenschaftlicher Kämpfer, aber sonst ein aufrichtiger Kerl, kam mit großen Augen in meine Box. Er rief: »Stark fährst du! Aber du hast sie nicht mehr alle! Wenn du am Sonntag auch so fährst, gewinnst du!« Als wir das Auto genauer untersuchten, begriffen wir, dass zu den Schäden, die ich ihm zugefügt hatte, auch noch ein Motorschaden kam: Die Kurbelwelle war komplett verschoben und musste ausgetauscht werden. Farneti hatte sich, da es sich um den letzten Wettbewerb handelte und alles ein bisschen überraschend gekommen war, mit nur einem einzigen guten Triebwerk präsentiert. Auf dem Lastwagen war daher ein Motor, der vielleicht nur der Reservemotor für den Reservemotor war. Am Samstag fiel ich, nachdem er eingebaut worden war, auf die dreizehnte Position zurück. Und während des Rennens, sofern das überhaupt möglich war, brach ich noch weiter ein: Auf der langen Geraden zogen alle an mir vorbei. Ich wurde Dreizehnter, und das war nur ein schwacher Trost. Außerdem war die Geschichte schon sehr bald vorbei, weil Farneti 1990 kein Team bildete, er kein Geld mehr hatte und ich es versäumt hatte, mit ihm darüber zu reden. Im Wesentlichen saß ich auf der Straße. Eines Abends ging ich mit Daniela und Roberto eine Pizza essen. Es herrschte eine sehr traurige Atmosphäre. Wir sprachen kein Wort, da auch noch die kleinste Chance geschwunden war, etwas gemeinsam zu machen, selbst bei knappem Budget mit gebrauchten Motoren und gebrauchten Chassis. Es gab keine Alternative. Auch weil sie sich Schulden aufgeladen hatten, die sie nur teilweise wieder abtragen konnten, indem sie

Material verkauften, das von Zamagna übrig geblieben war, der in der Zwischenzeit ins Ausland gegangen war. Außerdem wollte die Firma »Osella«– die sich gerade in »Fondmetal« umwandelte –, Roberto als Techniker in der Formel 1 unter Vertrag zu nehmen. Daniela, eine ausgezeichnete Organisatorin, hatte ein Angebot von der Vereinigung der Teams in der F 3. Die Serie war ins Maßlose gewachsen und brauchte eine adäquate Struktur: Die Beziehungen zu den Benzin- und Reifenlieferanten mussten gemanagt werden, und es war nötig, Tests mit fast fünfzig Autos auf der Rennstrecke zu organisieren und solche Dinge.

Ich bekam ein Angebot von dem sehr sympathischen ehemaligen Fahrer Ernesto Catella, der zusammen mit Carlo Migliavacca und Francesco Ravera den RC Motorsport gegründet hatte: Jungs voller Enthusiasmus, die bis zu diesem Zeitpunkt noch nie einen größeren Erfolg erzielt hatten. Es war meine einzige Chance. Sie waren nicht nur bereit, mich kostenlos in der Formel 3 fahren zu lassen, Catella fügte auch noch hinzu: »Wenn du willst, leg ich noch 30 Millionen für deine Auslagen drauf.« Ich konnte es mir nicht leisten abzusagen. Roberto selber riet mir anzunehmen, und unsere Wege trennten sich. So fuhr ich also erneut mit den Motoren von Novamotor der Brüder Pedrazzani. Die Meisterschaft von 1990 war seltsam, als ob wir Spaß daran gehabt hätten, sie uns gegenseitig zuzuschieben. Am Ende errang Colciago den Titel mit der erstaunlich niedrigen Punktezahl von 39. Ich wurde hinter ihm Zweiter und hatte ganz schön Prügel bezogen. Jenes Rennen in der Formel 3000 war mir ein bisschen zu Kopf gestiegen. Ich dachte, ich könnte bald die Serie wechseln, und noch immer in der F3 zu fahren, erschien mir als Notlösung. Ich beging einen Fehler, der sich in der Folge in eine wertvolle Erfahrung verwandelt hat: Ich ging an die Saison ohne den Enthusiasmus und ohne die Entschiedenheit heran, die den Meister vom Sonntagsfahrer unterscheidet. In einem gewissen Sinne muss ich mich bei den Jungs des Teams entschuldigen: Unter rennfahrerischem Gesichtspunkt habe ich unglaubliche Dinge für sie vollbracht, aber ich habe auch gewaltige Dummheiten begangen. Denn abgesehen von der Tatsache, dass wir vielleicht nicht die besten Motoren hatten und dass ich und mein Team Fehler machten, hätte ich diese Meisterschaft locker gewissen müssen, mit einer Hand in der Tasche. Stattdessen warf ich eine Reihe von Rennen weg, die mir dazu verholfen hätten, das Spiel frühzeitig für mich zu entscheiden. In jedem Falle errang ich zahlreiche Poles und gewann zwei Rennen: das eine in Varano und das erste von Vallelunga. Aber viele andere erwiesen sich als bittere Erfahrungen. Pergusa zum Beispiel, das ich stets als meine Rennstrecke angesehen habe. Auch wenn die Aussage »das ist meine Piste« ein bisschen auch das Eingeständnis einer Schwäche bedeutet. Es ist nicht so, dass du dort die Zauberformel hast; es ist nur einfach so, dass du an anderen Orten nicht dasselbe zustande bringst. So gesehen war Pergusa für mich etwas Spezielles: Es gab dort eine Doppelkurve – eine sehr schnelle Variante im hinteren Teil der Strecke, die in der F 3 im vierten Gang gefahren wurde –, wo ich fuhr, als käme ich von einem anderen Stern. Die Art, wie ich beim Einfädeln der Variante über die Abweiser sprang, verschaffte mir einen enormen Vorteil gegenüber der Konkurrenz. Es ist immer so gewesen in all den Jahren, in denen ich dort gefahren bin. An dieser Stelle fuhr ich einen Vorsprung heraus, den die anderen nur sehr schwer wieder aufholen konnten.

Paradoxerweise brachte mir diese spezielle Fahrweise das Engagement in der Formel 3000 für das Jahr 1991. Giuseppe Cipriani, Sohn von Arrigo aus »Harry's Bar« in Venedig und Schwiegersohn von Raul Gardini, fuhr in der Formel 3 und befand sich in seinem letzten Rennjahr, weil sein Schwiegervater ihn zum Aufhören bewog. Die Gruppe Montedison, im »America's Cup« schon an »Moro« gebunden, suchte nach anderen sportlichen Horizonten mit Werbeträgerkontakten und richtete ihre Aufmerksamkeit auf die Formel 1. Sie begannen mit einer Mannschaft in der F 3000, und mit dem Management wurde ausgerechnet Cipriani betraut, der daher das Lenkrad an den Nagel hängte. Kurzum, in der Formel

Adelaide 1991 am Steuer eines Jordan vor dem Beginn einer Serie von »Besuchen« an den Mäuerchen ...

An den Boxen von Lotus. Ich diskutiere mit Peter Wright, in der Mitte (mit Sonnenbrille) Peter Collins. (Sutton)

»Wirklich alle für mich?« Portland 1996, erster Sieg in der F-Cart-Serie.

Ein bisschen lang ... einziges Foto vom Überholmanöver an Herta im »Korkenzieher« von Laguna Seca: ein Fan hat es mir geschickt.

Das Ehepaar Zanardi mit Morris Nunn und seinen wunderbaren Koteletten.

»Zerquetscht« von Chip Ganassi, dem Mann, der mein Leben veränderte.

Auf Hochzeitsreise in Japan. Von links: Asaka, Daniela, ein Präsident von Honda, Cavamoto, ich, Amamiya und Ganassi. Man beachte meine Geburtstagstorte.

3 gab es im Jahr 1990 so viele Autos, dass das Qualifying in zwei Läufe unterteilt werden musste. Cipriani war nicht in meiner. Er hatte die Angewohnheit, seine Gegner in den Kurven genauestens zu studieren, und in Pergusa postierte er sich genau an besagter Variante. Er kam zu mir mit großen Augen und sagte: »Du musst mir erklären, wie zum Teufel du diese Kurve fährst. Ich habe die Zwischenzeiten gestoppt, und du nimmst dem, der dir am nächsten ist, acht Zehntel zwischen Eingang und Ausgang ab! Das ist nicht zu fassen!« Keiner von uns beiden hätte sich vorstellen können, dass wir im darauf folgenden Jahr als Team-Manager und Fahrer zusammenkämen. Natürlich traf mich dieses Kompliment so sehr, dass ich mir im Rennen beim ersten Passieren der Variante einen Frontflügel beschädigte und ein Rennen ruinierte, das ich mit Leichtigkeit gewonnen hätte: Mit dem verbogenen Flügel – der alles bewirkte, nur keinen Anpressdruck, und der mir vorkam wie ein geöffneter Schirm –, wurde ich Vierter und fuhr die schnellste Runde des Rennens. Geschichten dieser Art gab es zuhauf in jener Saison.

Eine andere ungenutzte Gelegenheit war Monte Carlo, wo ich, gestützt auf die Erfahrung des Vorjahrs, die Pole errang, indem ich die neuen Reifen nutzte und ohne dass ich die Leitplanke anrührte. Bei diesem Rennen aber regnete es stark, und hier versündigte sich das Team. In diesem Jahr hatten wir einen Torsionsstabilisator erfunden, der die Stoßdämpfer miteinander verband und eine Art Einfachstoßdämpfer erzeugte: Wir waren die Ersten, die so etwas machten. Die Konstruktion funktionierte besonders gut mit den Michelin-Reifen, die in der italienischen Formel 3 benutzt wurden. Wir bauten den Stabilisator auch in Monaco ein: Auf trockener Fahrbahn zahlte er sich aus, auf einer nassen aber fuhr man wie auf Kopfsteinpflaster. Als es zu regnen begann, zog das Team es vor, die Abdeckung nicht abzunehmen, um den anderen am Startplatz das Geheimnis nicht zu offenbaren, und ließ mich mit dem fest verbundenen Stabilisator losfahren. Das Auto war infolgedessen zu steif, es geriet ins Schleudern, brach nach allen Seiten aus und war von einem Augenblick zum anderen entweder unter- oder übersteuert. Ich fuhr einige Runden, dann hatten mich alle überholt, und ich gab auf. Es war eine große Enttäuschung. Ich erinnere mich an die Rückfahrt im Auto, sie zog sich endlos hin, und wir sprachen kein Wort miteinander. Diese Rückreisen mit bitterem Beigeschmack waren mir immer verhasst. Als ich im Kart auf internationalem Niveau fuhr, sagte ich mir immer: »In diesem Rennen muss ich gut abschneiden, denn eine Rückreise von dreizehn Stunden mit einem Kloß im Hals kann ich nicht ertragen.« Vielleicht war das wirklich motivierend, denn in Hongkong und in Australien bin ich immer sehr schnell gefahren. Jedenfalls war es hart: Ich war vor den Augen sämtlicher Team-Manager der Formel 1 aus der Pole losgefahren; und das Rennen auf diese Weise zu vergeuden, bekam mir gar nicht gut. Ich setzte meinen Angriff auf die Tricolore fort, und nach einer Reihe von Höchstleistungen und einer Reihe von Dummheiten verlor ich sie ausgerechnet im Finale. Das vorletzte Rennen sollte in Mugello stattfinden, dann aber wurde gerade die Strecke umgebaut, das Rennen platzte, und Vallelunga bot sich als Ersatz an. Die beiden letzten Rennen fanden daher auf dem römischen Autodrom stand. Das erste, im Regen, gewann ich und brachte mich dadurch erneut ins Spiel. Colciago und Angelelli schienen uneinholbar, durch meinen Sieg aber war ich wieder im Spiel. Auf einmal ging es darum, im letzten Rennen alle zu schlagen. Jacques Villeneuve errang die Pole; ich startete neben ihm, Colciago und Badoer aus der zweiten Reihe und Angelelli noch weiter hinten. An der grünen Ampel war der Start von Badoer leicht fragwürdig, aber Villeneuve hatte einen so deutlichen Frühstart, dass ich nur ihn sah. Jacques wurde daher mit einer Zeitstrafe von einer Minute belastet, und auch wenn er sich nicht einmal einen großen Vorteil verschaffte, war er plötzlich am Kampf um den Sieg nicht mehr beteiligt. Niemand kümmerte sich um ihn. Bradoer aber fuhr mit einem Ralt aus dem Vorjahr auf der Geraden wie eine Rakete. Ich saß ihm während des gesamten Rennens im

Nacken, ohne dass ich es schaffte, mich in Position zu bringen, geschweige denn, ihn zu überholen. Auf der Runde war ich vielleicht schneller, aber ich schaffte es nicht, in seinen Windschatten zu kommen. Mit einem enormen Risiko hätte ich ihn überholen können. Das Problem aber war Colciago auf der dritten Position. Solange er dort blieb, war auch ein eventueller Sieg meinerseits wertlos. Es war das einzige Mal, dass ich überlegte. Ich wartete ab, was Colciago zustande brächte. Wenn er zurückgefallen wäre oder aufgegeben hätte, hätte ich alles riskiert, um Badoer zu überholen. Andernfalls hätte ich gepunktet, um die Meisterschaft als Zweiter zu beenden. Es änderte sich nichts. Colciago kam als Dritter ins Ziel und wurde Meister. Damit hatte ich mich abzufinden. Amen. In diesem Jahr wurde auch der Europapokal in der Formel 3 in Le Mans ausgetragen. Es war ein Rennen, das im Laufe der Jahre an Prestige verloren hatte, das aber wichtig blieb, weil an den Sieger die Lizenz vergeben wurde, in der Formel 1 zu fahren. Damals war das eine ernste Sache, und man musste einige Voraussetzungen erfüllen: Ich musste einen nationalen Titel in der F 3 erringen oder den Europapokal oder aber die Internationale F-3000-Meisterschaft unter den ersten Sechs beschließen. Die Gelegenheit war günstig, am Start präsentierten sich nur 18 Autos. Außerdem bot Michelin Standardreifen an, während Bridgestone sich mit besseren Reifen präsentierte. Ich und Angelelli, die einzigen mit japanischen Reifen, fuhren ein wenig besser als die anderen. Wir hatten diese Reifen mitentwickelt und erhielten daher eine Art Exklusivnutzungsrecht. Michael Schumacher aber, der im Team von Willi Weber fuhr, fühlte sich benachteiligt und setzte durch, ebenfalls mit Bridgestone zu fahren. Ich erinnere mich, dass die Japaner uns gegenüber sehr verlegen wurden, denn sie wussten nicht, wie sie sich rechtfertigen sollten. Schumi nutzte diese Reifen gut und machte die Pole, Angelelli wurde Zweiter, ich Dritter. Am Start kam Schumacher sehr schlecht weg. Ich und Max fuhren mit ihm Seite an Seite, aber als wir an die erste Variante kamen, teilte der Deutsche einen Stoß nach links und einen nach rechts aus und warf uns beide aus der Bahn. Nur dass Angelelli ihn im Drehen streifte, so dass wir alle drei im Sand landeten. Ich stieg aus dem Auto, mit meiner Europameisterschaft war es hier vorbei. Michael aber, als er bemerkte, dass das Rennen nicht abgewinkt wurde (was die Möglichkeit geboten hätte, mit dem Reserveauto erneut zu starten), stieg wieder ins Auto, parkte den Monoposto mitten auf der Piste, zog das Lenkrad ab und ging weg. Notgedrungen unterbrachen sie das Rennen. Ich fuhr zurück an die Boxen und nahm das Reserveauto. In der Zwischenzeit aber hatte es zu regnen begonnen, es goss in Strömen. In der Eile stellte der zuständige Mechaniker den vorderen Flügel für Regen ein, schaffte es aber nicht, auch den hinteren zu wechseln. Wir bemerkten es erst im Augenblick des zweiten Starts, konnten jetzt aber nichts mehr daran ändern, es war zu spät. Ich fuhr mit einem Set-up los, das genau das Gegenteil dessen war, was bei Nässe gebraucht wurde. Es war unerhört mühsam. Dennoch wurde ich Zweiter. Schumi hatte leichtes Spiel und gewann. Nach dem Rennen jedoch erklärte Guido Forti, Team-Manager einer anderen italienischen Mannschaft, uns Folgendes: »Mir ist es egal, meine Piloten sind draußen. Aber ich werde Protest einlegen: Er ist mit einem Opel-Motor gefahren, während das erste Auto einen Volkswagen-Motor hatte.« Laut Reglement war es verboten, in den zum Einsatz kommenden Monopostos unterschiedliche Motoren zu haben. Das wussten nicht einmal die Kommissare, denn bei der der Überprüfung hatten sie nichts einzuwenden gehabt. Erst als sie die Beschriftung auf dem Motor kontrollierten, waren sie gezwungen, ihn zu disqualifizieren. Eine komische Geschichte war die Sicherung der Beweise. Catella wollte ein Foto von Schumachers Motor machen. Er ging also zu Michael und sprach ihn in seinem schlechten Englisch an: »*Can I have a photo with the new European Champion?* – Kann ich ein Foto vom neuen Europameister machen?« Und er insistierte: »Machen wir es hier an der Seite des Autos.« Er kam zu uns zurück mit dem Polaroid, auf dem das entscheidende Detail leider nicht gut zu erkennen war. Er ging daher ein weiteres Foto machen, aus einem etwas veränderten Blickwinkel. »Ein bisschen weiter dort hinüber«, sagte er zu dem Deutschen. Und das alles, um den Motor aufzunehmen, auf dem »Opel-Spiess« stand. Noch bogen wir uns vor Lachen, aber das Ganze nahm bald dramatische Züge an. Die Kommissare feixten hämisch, als wir ihnen die Beschwerde vortrugen. Eine halbe Stunde später aber kamen sie mit langen Gesichtern aus ihrer Besprechung. Sie hatten Michael Schumacher disqualifiziert, und ich wurde Europameister. Auch wenn es kein Titel ist, dessen ich mich besonders rühmen darf. Nach einigen Jahren sah Willi Weber mich einmal in der Formel 1 und sprach mich sofort darauf an: »Na, erinnerst du dich an Le Mans 1990?«Catella konnte uns zum Lachen bringen; vor allem aber war er ein sehr großzügiger Mensch. In Imola erschien er mit einem nagelneuen Mercedes 300 CE und reichte mir die Schlüssel: »Hier, fahr damit nach Hause und spiel ein bisschen den Angeber.« Abgesehen von solchen Episoden aber legten sie als Team ein wahnsinniges Engagement an den Tag: Statt nur zehn, arbeiteten sie immer gleich 30, und ihr Tag schien 36 Stunden zu haben. Oft schliefen sie in der Werkstatt, ihre Leidenschaft kannte keine Grenzen. Im Laufe der Jahre haben sie ihre Technik verfeinert und mehrere Italienische Meisterschaften nach Hause gebracht, und sie wurden ein Team, das hohes Ansehen genoss. Aber sie hätten auch schon damals gewinnen können. Die Fehler jenes Jahres 1990 haben mir genützt. Der Standard-Pilot, der immer brav seine Hausaufgaben macht, gefällt am Anfang seinem Team-Manager, weil er keine Schäden verursacht. Er kommt jedoch nie über eine bestimmte Grenze hinaus, weil er sich nicht weiterentwickelt. Am Anfang meiner Karriere habe ich vermeidbare Fehler gemacht: Sicherlich hätte ich mehr Siege erringen können; dadurch allein aber hätte ich das Talent, das ich besitze, nicht weiterentwickelt und verfeinert. Tatsache ist, dass auch diese Saison nicht völlig zufrieden stellend zu Ende ging. Vor allem aber gab es keine Perspektiven für die nächste Saison. Ich konnte nicht auch noch ein drittes Jahr in der Formel 3 fahren. Der einzige Lichtblick in dieser Phase war die Tatsache, dass der Funke zu Daniela übergesprungen war. Schon im vorangegangenen Jahr hatte es, auch wenn wir es noch geheim zu halten versuchten, Blickwechsel gegeben, Gesten, Aufmerksamkeiten, die schließlich auch zum ersten Kuss führten. Ein gigantisches Gefühl. Es schien mir, als berührte ich mit einem Finger den Himmel. Ich verstand nichts mehr. Wäre ich in einem Auto auf der Piste gewesen, hätte ich versucht, eine Runde zu fahren, ohne den Fuß jemals vom Gas zu nehmen. Es ist schwierig, die ganze Dimension dieser Empfindung zu beschreiben. Daniela gab mir zur selben Zeit Zärtlichkeit und Sicherheit. Sie ist eine sehr starke Frau, voller Unternehmungslust und nicht so leicht in Schwierigkeiten zu bringen. Zudem hat sie die große Fähigkeit, ihr Bestes zu geben, wenn sie unter Druck steht. Wenn ich wütend werde, schaffe ich es nicht, meinen Biss zu behalten. Wird sie wütend, sagt sie drei Worte und streckt dich nieder. Mit bewundernswerter Klarheit. Ich habe erlebt, wie sie sich mit ausgebufften Geschäftsleuten auseinander gesetzt hat, die sie buchstäblich aus dem Konzept brachte und die den Kürzeren gezogen haben. Aber sie ist auch eine enorm aufrichtige Person. Schon ein Blick in ihre Augen gibt mir die Gewissheit, die immer wieder bestätigt wird: Ich bin mir ganz sicher, dass meine Frau mich nie angelogen hat. Sie hingegen kann sich da bei mir wahrscheinlich nicht so sicher sein. Aufrichtigkeit ist für sie selbstverständlich. Ich bin ein entschlossener Typ. Ich habe im Laufe meiner Karriere harte Momente durchgestanden, es gab viele Enttäuschungen; aber ich habe nie kapituliert, auch nicht, wenn ich ins Ausland ging, wenn ich ohne jede Sicherheit abreisen und nach Möglichkeiten suchen musste, die vielleicht gar nicht existierten. Hin und wieder aber musste auch ich mich auf jemanden stützen, und ich habe von Anfang an begriffen, dass ich mit meiner Frau an meiner Seite meinen Kopf frei bekam. Das ist noch immer so; und meine Freunde versäumen nicht, mir das immer wieder zu bestätigen. Jedenfalls ist eine wunderschöne Geschichte daraus geworden, die – wie auch immer es geglückt ist – lange Zeit im Verborgenen blieb. Ein bisschen so wie heimlich rauchen: Wenn dich eines Tages jemand dabei erwischt, macht es einen schlechten Eindruck. Und als wir uns endlich in aller Öffentlichkeit zeigten, Anfang 1991, wurde sie auch noch meine Team-Managerin in der Formel 3000. Im Dezember 1990 schien meine Karriere ein weiteres Mal an einem toten Punkt, und es war Daniela, die mir den richtigen Impuls gab. Eines Tages hatte ich meine Füße auf den Tisch im Büro gelegt. Wenn ich frustriert war, verwandelte ich mich in einen faulen Sack und benahm mich grässlich: Ich stand erst am Mittag auf, rasierte mich nicht mehr und kleidete mich schlecht. Erst am Nachmittag erschien ich im Büro. Ich hatte regelrechte Angstzustände und musste irgendwie den Tag rumkriegen: Ich zog den hässlichsten Overall an, den ich hatte, und machte einen Zehnkilometerlauf, ein bisschen wie Rocky, im Nebel und mit der Kapuze über dem Kopf. Ich kehrte nach Hause zurück, ging unter die Dusche, rasierte mich und fühlte mich wie ein anderer Mensch. An jenem Tag sah Daniela mich vielleicht in einem noch verwahrlosteren Zustand als sonst und ohne Zukunft. Ich hatte mich mit dem Gedanken an die Formel 3000 schon angefreundet, aber es war undurchführbar: Die Teams, mit denen ich gesprochen hatte, hatten zwischen 800.000 und einer Million Lire von mir verlangt, um mich fahren zu lassen. Ich besaß keine einzige Lira, fuhr mit einem abgewrackten Golf und wurde von meinen Eltern unterstützt. Es waren keine Jahre des Überflusses gewesen. Ende 1988 war ich sogar wieder den Kart-Grand-Prix von Hongkong in der 135er-Klasse gefahren: Ich gewann und brachte eine Prämie von etwa sieben Millionen Lire nach Hause. Für mich war das viel Geld in jener Zeit, und ich spielte sogar schon mit dem Gedanken, mir ein neues Auto zu kaufen. Schwer zu sagen, wie sehr sie selber davon überzeugt war, aber an diesem düsteren Dezembertag sagte Daniela zu mir: »Du weißt, dass Giorgio Breda zusammen mit Giuseppe Cipriani ein Team in der F 3000 zusammenstellt? Er scheint Sponsoren zu haben. Warum versuchst du nicht, ihn anzurufen?« Zuerst zögerte ich. Breda war ein toller Techniker, der in der F3 herumschwirrte. Aber ich erinnerte mich an die Episode in der Variante von Pergusa und sagte nur: »Nun, vielleicht komme ich wirklich für sie in Betracht.« Da ich die Nummer von Cipriani nicht hatte, versuchte ich es bei Breda. Ich war zu diesem Zeitpunkt in Padua, wo Daniela lebte, und er hielt sich 25 Kilometer entfernt in Mestrino auf. Ich rief ihn an und es stellte sich – was für ein Zufall! – heraus, dass vor kurzem auch Cipriani bei ihm eingetroffen war, um über das zu sprechen, was bis zu diesem Moment noch nicht mehr als nur eine Idee war. Zu Beginn unseres Telefongesprächs versuchte ich Bredas Bereitschaft zu einem Gespräch über die F3 zu sondieren; aber es war nur ein Vorwand, um das Eis zu brechen. Er gab zurück: »Die F3 interessiert mich nicht. Es kann aber sein, dass ich dir ein Angebot machen kann.« Er schaltete den Raumlautsprecher ein. Und erklärte: »Ich stelle gerade mit Giuseppe Cipriani ein Team in der F 3000 zusammen, und früher oder später brauchen wir einen Fahrer. Wollen wir darüber reden?« Das war so, wie wenn man eine Katze fragt, ob sie Mäuse mag. Ich sagte: »Jungs, ich werde euch keine Märchen erzählen. Ich sag's euch gleich: Ich habe keinen Pfennig in der Tasche. Es stehen zurzeit ein paar lose Versprechungen im Raum und offene Verhandlungen mit verschiedenen Leuten, praktisch aber weiß ich im Moment nicht, wie viel ich investieren kann. Eines aber kann ich euch sicher sagen: Ich bringe meinen ganzen Enthusiasmus mit. Wenn ihr euch auf diese Herausforderung einlassen wollt, kann ich euch mit Leib und Seele dabei unterstützen, das Team zusammenzustellen. Denn an die Sache glaube ich.« Sie ließen mich wissen, dass die Frage des Geldes kein Problem darstellen müsse. Das Telefongespräch ging weiter, bis sie mich fragten: »Wann kannst du denn zu uns kommen?« Ich antwortete: »Nun, in zwanzig Minuten, oder besser: sagen wir in einer halben Stunde.« Ich musste mich waschen und rasieren. Noch vor Einbruch der Dunkelheit war der Vertrag unterschrieben. Sie hatten einen Standardvertrag in der Schublade. Es war zu dieser Zeit üblich, dass der Fahrer Geld mitbrachte. Daher enthielt der Vertrag eine Klausel, die – nachdem alles aufgelistet war, was das Team technisch zu leisten hatte – das Folgende spezifizierte: »Der Pilot verpflichtet sich, unter Kenntnisnahme des vorstehend Benannten, seine Dienste anzubieten und trägt darüber hinaus finanziell dazu bei, durch sein eigenes Sponsoring in Höhe von Lire ...« An dieser Stelle gab es Auslassungspunkte, und in Klammern stand dann weiter: »plus Mehrwertsteuer«. Ich erinnere mich, dass ich am Ende den Vertrag unterschrieb, den ich bis heute aufbewahrt habe und in dem es hieß: »in Höhe von Lire ... nach Gutdünken des Fahrers (plus Mehrwertsteuer)«. Zwar sagte Breda zu Cipriani: *»Ma va' in mona! Tira via tutto, dai.«* – »Hör doch auf mit dem Quatsch, streich das alles wieder!« Aber Giuseppe antwortete: »Nein nein! ›Nach Gutdünken des Fahrers plus Mehrwertsteuer‹ ist zu schön!«

Und damit begann das Abenteuer. Binnen einer Woche reisten wir nach England, nachdem wir Vereinbarungen mit Lola und Reynard getroffen hatten, den Firmen, die die Chassis für die F 3000 herstellten. In diesen Tagen entstand eine Verbindung, die in der Folgezeit fundamental wichtig für meine Karriere wurde. Vom Sehen kannte ich Rick Gorne, den Kaufmännischen Direktor bei Reynard, und wir vereinbarten ein Treffen mit ihm. Er empfing uns und breitete die Pläne des Autos auf dem Boden aus: ihr Monoposto war noch nicht gebaut. In diesem Jahr waren sie kräftig vermöbelt worden, und sie suchten nach einer Gelegenheit zur Revanche.

Unser aller Vorliebe galt zu diesem Zeitpunkt allerdings der Firma Lola, der bereits etliche Bestellungen vorlagen. Cipriani fand heraus, dass die Chemieunternehmen der Gruppe Montedison Lola exklusiv mit Verbundwerkstoffen belieferten. So schafften wir es, ihnen eine Zusage zu entlocken: wir bekamen ein Lola-Fahrgestell, das in den Wintertests zum Einsatz kam, ein neues eine Woche vor dem Start zu den Meisterschaften und ein anderes, ebenfalls neues, nach dem zweiten Rennen der Saison. Praktisch begannen wir mit den Tests mit nur einem Wagen für zwei

Fahrer und bestritten das erste Rennen mit einem Auto, das dort zum ersten Mal auf die Strecke ging. Wir waren ein wenig betrübt, denn wir hielten das nicht für einen gelungenen Start, aber wie alle wollten wir nur Lola. Wir gingen zu Reynard, nur weil wir schon mal in England waren. Auch wenn es außer einer Zeichnung nichts Konkretes gab, hinterließen die Begeisterung von Rick Gorne und ihr Wille zur Revanche bei uns doch einen tiefen Eindruck. Rick sagte zu Cipriani, wobei er gleich ein paar Zentimeter größer wurde: »Mit dem Fahrer hast du eine gute Wahl getroffen, ihr habt das Geld, ihr habt alles, was ihr braucht, um zu gewinnen. Und mit einem guten Testprogramm für den Winter seid ihr Anwärter auf den Titel. Für uns seid ihr sehr wichtig. Wir sind daher bereit, euch die Fahrgestelle 2, 3 und 7 dieses neuen Monoposto zu geben.« Mitte Januar hatten wir alle Autos zu unserer Verfügung. Außerdem entnahm Giorgio Breda den Plänen, was modifiziert worden war, und ging davon aus, dass sie alles anständig gemacht hatten. Auf der Rückreise hatten wir viel nachzudenken. Ich sagte wenig, aber alles sprach für Reynard. Schließlich wurde spontan die Entscheidung getroffen, mit Reynard zusammenzugehen. Sponsoren gab es, sie gehörten alle zur Montedison-Gruppe. Es gab einen soliden Etat, aber es muss auch erwähnt werden, dass Cipriani ein respektables Team zu bilden verstand, eine wirklich tolle Scuderia, als deren hervorragender Manager er sich erwies, der in der Lage war, auch mutige Entscheidungen zu treffen. Auch unser Image hob sich von dem der anderen ab. Abgesehen von dem passenden Namen des Rennstalls – *»Il Barone Rampante«* – waren wir die ersten, die ein Motorhome besaßen; die Farbzusammenstellung des Wagens war geglückt und die Organisation perfekt. Zurück aus England, ging ich zusammen mit Roberto Trevisan und Daniela zum Angriff über, denn das Team brauchte fähige Leute. Beide erwiesen sich als zwei für den Erfolg der Mannschaft entscheidende Personen. Trevisan wurde mein Techniker wie in der F 3. Wir hatten noch weitere sehr gute Jungs, und ich erinnere mich besonders an meinen Chefmechaniker Roberto Fassina, der jetzt in einem Supermarkt arbeitet, weil er von Rennwagen »die Schnauze voll« hatte. Er war sehr schüchtern, aber technisch Spitzenklasse. Er hatte im Team von Leoni, das sich »First Racing« nannte, am Auto von Marco Apicella gearbeitet, den er für einen sehr guten, aber vom Pech verfolgten Fahrer hielt. Ein Urteil, das ich ohne Einschränkung teilte. Er hörte jedoch nicht auf, von Apicella zu reden; er nannte ihn den »Professor« und stellte ständig Vergleiche an. Alle Wintertests verbrachte er mit diesem »Professor« im Kopf. Mir war daran gelegen einen Platz im Herzen dieses Mechanikers zu erobern, den ich sehr schätzte. Eines Tages, noch vor Saisonbeginn, hatten wir ein Training in Vallelunga. Die Pole Position des Vorjahres lag in etwa bei 1 Minute 6,2 Sekunden, aber im Winter brachte die römische Piste bekanntermaßen schnellere Zeiten. Es war also nicht ungewöhnlich, einen F 3000 um die 1'05" herum fahren zu sehen. Jedenfalls fuhr ich schon nach sehr kurzer Zeit regulär eine 1'05"8. Ich hielt an, und Fassina sagte zu mir: »Na, im ersten Rennen werden wir es sehen ...« Auf meine Bemerkungen entgegnete er: »Junge, wenn der ›Professor‹ hier wäre, würde er in weniger als 1'05" fahren.« Ich ging erneut auf die Strecke und fuhr sie in weniger als 1'05". »Und nun?«, fragte ich. »Nun, wir sehen, dass die Piste gut ist. Der ›Professor‹ würde in wenig mehr als 1'04" fahren.« Ich sprang ins Auto, fuhr und brachte eine 1'04"7 zur Anzeige. »Und jetzt?« »Jetzt sehen wir, dass die Piste heute was hergibt und dass der Wagen sehr gut läuft.« Es war tatsächlich unsere erste Fahrt mit dem Reynard, und es entging uns nicht, dass die Fahrleistung des Monoposto in der Tat überragend war. Sie hatten ein tolles Auto gebaut. Kurzum, ich fuhr auch noch unter 1'04", aber das reichte ihm noch immer nicht. Er war mir ein bisschen auf die Nerven gegangen mit dieser Geschichte vom »Professor«. Und so legte ich eine 1'03" hin, eine schon Furcht erregende Zeit. Aber trotz dieser Höchstleistung hatte ich weiterhin seine Stimme im Hinterkopf, die ständig wiederholte: »Du wirst sehen, wenn alle beim ersten Rennen Ernst machen, wirst du froh sein, dich wenigstens qualifizieren zu können.« Den ganzen Winter über testeten wir die Autos, und dann das erste Rennen, ausgerechnet in Vallelunga! Ich erreichte nicht die Pole, sondern startete nur als Zweiter. Aber das Rennen gewann ich! Für mich war es eine immense Befriedigung; sicher aber hatte mir ein Team dazu verholfen, das fest an meiner Seite stand und mit dem ich hatte reifen können. Ich ließ mir den Sieg daher nicht zu Kopf steigen, versuchte, ruhig zu bleiben und dachte bereits an das nächste Rennen. Und an Fassina. Das zweite Rennen der Saison fand in Pau statt, auf einem sehr schwierigen Stadtkurs: einer Strecke, wo du in bestimmten Kurven wegen der Spurrillen vorsichtig fahren musst und nicht immer die Ideallinie nutzen kannst. Du musst aufpassen, wo du die Räder hinsetzt, und es gibt einige Details, die du dir merken musst – kurzum, es ist ein Paradies für Spezialisten. Der Triumph von Vallelunga hatte für mich etwas Magisches, die letzten Runden war ich praktisch mit angehaltenem Atem gefahren und hatte versucht zu verstehen, was da geschah: Ich war im Begriff, mein erstes Rennen in der Formel 3000 zu gewinnen. Und dennoch hatte Fassina, als ich vom Podium heruntergestiegen war, zu mir gesagt: »Nun gut, aber das ist eine Strecke, die du kennst, und Reynard hat sich hier mit einem großartigen Auto präsentiert. Du wirst sehen: In Pau wirst du glücklich sein, wenn du es schaffst, dich zu qualifizieren.« Ich ging mit großen Bedenken, aber doch konzentriert an meine Arbeit: Diesmal setzte ich das Auto nicht gegen die Mauer, als ich »P1« auf der Boxentafel las, und ich erwischte eine Runde so gut, dass ich die Pole mit mehr als einer Sekunde vor dem Nächstfolgenden erreichte. Ich fuhr an die Boxen, noch ganz erregt von dem, was ich da zustande gebracht hatte; etliche Leute klopften mir auf die Schulter. Ich ging in unsere Garage, wo Fassina in aller Stille arbeitete und Auspuffrohre von Motoren abbaute. Ich sprach ihn an: »Gut gefahren, was?« Und er: »Gut? Gut??« Ich verstand nicht, was er damit sagen wollte und insistierte: »Aber ja, wirklich gut!« Und er wieder: »Gut?« Als er es zum vierten Mal sagt, explodierte ich: »Was nun, sind wir gut gefahren oder nicht?« Ich fürchtete, er sei der Ansicht, dass man noch besser hätte fahren können. Er antwortete trocken: »Gut? 1'09"48 hier drinnen, das soll gut sein? Nein, 1'09"48 hier drinnen, das ist von einem anderen Stern!« Ich begriff seine echte Begeisterung für die kämpferische Tat. Mein Herz ging auf vor Freude, aber da ich immer ein wenig abergläubisch gewesen bin, fügte ich hinzu: »Es sind noch vierzig Minuten, es fehlt noch der Durchlauf der zweiten Gruppe.« Er hob den Blick, legte den Schraubenschlüssel beiseite und sagte feierlich: »Die können eine ganze Woche hier drinnen bleiben, 1'09"48 werden sie niemals erreichen!« Und fügte hinzu: »Du hast heute den ›Professor‹ aus meinem Herzen gestrichen.« Er hob den Schraubenschlüssel wieder auf und machte sich ohne ein weiteres Wort wieder an die Arbeit. Tatsächlich musste Montermini, der Schnellste der zweiten Gruppe, einen Rückstand von einer Sekunde und einigen Hundertsteln hinnehmen. Abgesehen von den Leistungen während des gesamten Jahres – in zehn Rennen startete ich acht Mal aus der ersten Reihe und das schlechteste Ergebnis in den Trainingsläufen war ein vierter Platz – brachten mich die Qualifyings von Pau und von Brands Hatch ins Rampenlicht. Letztere galt als eine Rennstrecke, auf der nicht-britische Fahrer keine Chance hatten. Es war ein sehr schwieriger Circuit mit Höhenunterschieden, mit blinden und mit schnellen Kurven. Auch dort erreichte ich die Pole mit einer Sekunde Vorsprung gegenüber Damon Hill, der neben mir starten sollte. Diesmal aber fuhr ich leider die Runde, die der schnellsten folgte, nicht zu Ende: Ich traf sein Auto, es gab einen großen Knall, und das war's dann, an der Dingle Hill, einer berühmten Schikane. Auch wenn ich die beste Zeit mit einem so großen Vorsprung herausgefahren hatte, insistierte ich gegenüber Trevisan per Funk: »Da ist noch mehr drin, ich kann schneller fahren. Was soll ich tun? Soll ich die Runde versuchen?« Und er antwortete: »Nein, das läuft gut so, du hast die Pole. Komm rein.« Es fehlten noch fünf Minuten bis zum Ende des Qualifyings. »Ja, aber da ist noch mehr drin!« Und er: »Nein, komm rein!« Hier zeigte sich mein Charakter: Die Bereitschaft, an meine Grenzen zu gehen, ohne mich auf meinen Lorbeeren auszuruhen oder auf das zu achten, wozu die anderen in der Lage waren. Trotz der Anweisungen aus der Box stürzte ich mich daher in diese Runde, die ich nie beendet habe. Aber ich habe es nie wieder erlebt, dass meine Mechaniker angesichts eines komplett zerstörten Autos, das ihnen eine schlaflose Nacht bereiten sollte, auch noch freudig vor sich hin pfiffen. Sie waren einfach zufrieden, und in diesem Jahr hatte ich das Gefühl, dass meine Jungs glücklich waren, wenn sie an meinem Auto arbeiteten. Außerdem waren alle von der Tatsache begeistert, dass die Telemetriedaten in dem Moment, als ich von der Piste flog, neun Zehntel Vorsprung gegenüber meiner Zeit aufwiesen, die schon die Bestzeit war. Ich hätte fast zwei Sekunden vor allen anderen gelegen. Ich habe übertrieben, ich habe zu viel gewollt. Es ging um eine dieser Höchstleistungen, die junge Fahrer auf den Ovals zu erbringen versuchen: mathematisch ist sie möglich, faktisch jedoch sehr unwahrscheinlich. In Pau hatte ich einen schlechten Start und fuhr als Zweiter im Rücken von Montermini (der später ausfiel), als eine Antriebswelle abriss. Im dritten Rennen von Jerez hatten wir uns verrechnet und den Anpressdruck zu stark einstellt, und ich wurde Zweiter hinter Christian Fittipaldi. Das vierte Rennen fand in Pergusa statt, auf »meiner« Piste. Ich errang eine fabelhafte Pole, am Samstagnachmittag aber bekam ich einen furchtbaren Sonnenstich und schon am Abend fühlte ich mich sehr schlecht. Am Sonntag stand ich mit 40 Grad Fieber auf, redete wirr und fantasierte. Auf dem Circuit verabreichten sie mir Antibiotika, aber es wurde nicht besser. Daniela wollte nicht, dass ich fahre. Roberto hatte Zweifel. Ich hingegen wollte um jeden Preis starten; eigentlich war ich davon überzeugt, aber ich war nicht ganz bei mir. Schließlich sprach sich der ortsansässige Arzt, ein Mann mit einer großen Leidenschaft für den Rennsport, dafür aus, und ich verkündete: »Jetzt geht mir bitte nicht mehr auf die Nerven! Ich starte aus der Pole, und ich fahre.« Und das tat ich. Das einzige Problem war, dass ich aufgrund des Fiebers beim Aufleuchten der grünen Ampel viel zu langsam reagierte und erst wegkam, als schon die sechste Startreihe an mir vorbeifuhr. Ich war gezwungen aufzuholen, und nach sechs Runden lag ich in Führung, war völlig ohne Beschwerden und fuhr einen enormen Vorsprung von etwa zehn Sekunden heraus. Drei Runden vor Schluss aber platzte ein Reifen, ich flog in einer Schikane raus in den Sand, und das Auto wurde schwer beschädigt. Ich war im Begriff, neben der Strecke anzuhalten, als ich daran dachte, dass nur noch drei Runden fehlten und dass ich, wenn ich – wie Schumacher es in Le Mans gemacht hatte – das Auto mitten auf der Piste abstellen würde und sie das Rennen abbrächen, Sieger gewesen wäre. Aber da ich ein Naivling bin, stellte ich das Auto nicht ganz in die Mitte, nur ein bisschen. Das brachte mir am Ende schwere Beschimpfungen von »Autosprint« ein, die mich schlimmer darstellten als manchen Verbrecher und einen Mogler aus mir machten, der nicht verlieren konnte. Das schönste Kompliment aber machte mir Daniela: »Noch bevor du mir erklärst, ob du es absichtlich gemacht hast oder nicht, muss ich dir sagen, dass einer, der mit vierzig Fieber fährt und dann ein solches Rennen, in dem er sie alle erledigt, und der dann schließlich trotz eines solchen Knalls, anstatt einfach nur Angst zu bekommen, den klaren Verstand besitzt zu versuchen, das Rennen abbrechen zu lassen – dass so einer für mich ein Wunder ist.« Roberto hingegen weinte. Er kam zu mir, umarmte mich und sagte: »Mach dir keine Gedanken, wir zeigen es allen. Die Meisterschaft gewinnen wir. Denn wir sind stärker als die Arschkarte.« Tatsächlich bereitete uns die Tatsache, dass wir in einer Serie von nur zehn Rennen schon zwei auf so dumme Weise verloren hatten, arge Schwierigkeiten. Zum Glück kam Mugello, wo ich dominierte. Ich errang, obwohl mein Teamgefährte Bugatti sehr schnell fuhr, die Pole und dann auch den Sieg. Am Start passierte mich Apicella, der »Professor«, den ich allerdings in der folgenden Runde überholte, woraufhin ich uneinholbar vorn blieb. Im Anschluss daran ging es nach Hockenheim vor das Publikum der

Formel 1. Im Qualifying gab nur einen einzigen Durchgang, den ich als Vierter beendete; dann aber drehte ich mich im Motodrom in der Einführungsrunde um meine Achse. Ich musste als Letzter starten, zog dann jedoch in der ersten Schikane davon, als wäre es ein Spiel: Ein gutes Dutzend ließ ich hinter mir, kriegte dann aber die Kurve nicht. Draußen. In Brands Hatch hatte ich einen katastrophalen Start: Nach der ersten Runde war ich Achter, aber ich holte auf und kam als Zweiter hinter Naspetti ins Ziel. In Spa erfanden wir, noch vor denen der Formal 1, die manuelle Bremse. Es wurde bergab gestartet, und das bereitete ein Problem: Einen Fuß auf der Bremse und einen auf der Kupplung, wie sollte man da beschleunigen!? Ich ging also zusammen mit Bugatti in einen Fahrradladen, wir kauften einen Bowdenzug, eine Ummantelung und alles Übrige. Wir gingen zurück zur Piste und bastelten uns aus dem Bowdenzug, den wir am Bremspedal befestigten, und einer Umlenkung eine Handbremse, so dass ich den Fuß frei hatte für das Gaspedal. Am Start ging ich ab wie eine Rakete. Auf dem Grid war ich Dritter, aber schon in der ersten Kurve, der berühmten »Eau Rouge«, lag ich in Führung. Luca Zanella, der Mechaniker, der diese Lösung realisiert hatte, war begeistert. Dennoch gelang es mir auch diesmal nicht zu gewinnen. Damals gab es, wie übrigens auch in der Formel 1, Spezialbenzine, die eine große Leistungssteigerung brachten. Auch wenn wir von Monteshell gesponsert wurden, hatten wir es nicht geschafft, das Geeignete für uns zu finden. Dann aber kam Cipriani dank seiner Freundschaft zu Flavio Briatore an das Benzin von Mobil, dem damaligen Lieferanten von Benetton; aber als wir es ausprobierten, zerstörte es uns buchstäblich einen Motor. Auf bestimmten Rennstrecken wie zum Beispiel in Spa waren wir daher unterlegen. Ich wurde von Naspetti eingeholt und versuchte, Widerstand zu leisten; er aber zog davon, und ich wurde schließlich nur Zweiter. Zu diesem Zeitpunkt führten in der Meisterschaftswertung ich und Naspetti, während Fittpaldi auf den dritten Rang zurückgefallen war. Wenn auch in der Formel 1, so geschah an diesem Wochenende doch etwas, das zwei Wochen später auch mich betreffen sollte. Jordan ließ tatsächlich Michael Schumacher debütieren, der alle beeindruckte. So sehr, dass ihm schon wenige Tage später Briatores Benetton-Team einen Vertrag vorlegte, um Moreno an der Seite von Piquet durch ihn zu ersetzen, so dass man ihn Jordan buchstäblich wegschnappte. Der Deutsche, wenig sentimental, zögerte keinen Augenblick. Dennoch wurde ich am Donnerstag vor dem Rennen in Monza vom Sportdirektor Villadelprat angerufen, um für Benetton zu fahren. Ich begriff gar nichts. »Wie? Ich und Benetton?« Sie begleiteten mich zum Motorhome und sagten: »Wir haben Schumacher genommen, aber es gibt Probleme. Es ist sehr wahrscheinlich, dass Michael nicht für uns fahren kann. Aber auch in diesem Fall wollen wir Moreno nicht mehr.« Sie stellten sich darauf ein, Moreno fahren zu lassen und Schumacher in *stand-by* zu halten, bis sich die Wogen wieder geglättet hätten. Das Gespräch lief auf Folgendes hinaus: »Wenn Schumacher nicht fährt, wollen wir dich in dem Cockpit.« Ich hielt das für utopisch. Ich ging in die Boxen, ließ unter strenger Geheimhaltung die Maße für den Sitz nehmen und verließ den Circuit. Kurze Zeit später rief Maurizio Arrivabene von Marlboro mich an, der sich immer sehr für den jungen italienischen Fahrernachwuchs eingesetzt hat. Er sagte zu mir: »Schau, da ist Jordan, der dich fahren lassen will.« »Du meinst Benetton.« »Nein, Eddie Jordan!«, bekräftigte er. Vollkommen verwirrt kehrte ich in Begleitung von Arrivabene zum Autodrom zurück, um dort eben diesen Jordan zu treffen. »Sie haben Schumacher angeschmiert«, sagten sie, »sie wollen Moreno fahren lassen, aber wir wollen dich in dem Auto.« Ich befand mich in großen Schwierigkeiten und erklärte: »Es sollte vertraulich bleiben, aber an diesem Punkt muss ich es euch sagen: Von der anderen Seite her haben sie mit mir dasselbe Gespräch geführt. Wenn Schumi nicht fährt, wollen sie mich. Nehmen wir also an, der Deutsche kann für keinen Stall fahren, wie soll ich es hinbekommen, für beide zu fahren?« Ich war in großer Verlegenheit, und doch erschien es mir wunderbar: vom hässlichen

Arbeitslosen mit langem Bart im Büro von Daniela zum von Benetton und Jordan in der Formel 1 umworbenen Fahrer! Ich war erst 24. Schwierig, auf dem Teppich zu bleiben. Ich verließ erneut die Strecke, einige Minuten später aber erhielt ich einen Anruf. Ich erinnere mich, dass ich eines der ersten Handys hatte, ein Gerät von einem halben Meter Länge: Wenn ich es in der Tasche behielt, lief ich schlechter als heute. Es war Villadelprat, der zu mir sagte: »Mit Schumacher ist alles in Ordnung, wir danken dir sehr, aber wir brauchen dich nicht mehr.« Gut, die Angelegenheit hatte sich erledigt. Ich rief bei Jordan an, und sie sagten: »Okay, wenn die Sache unter Dach und Fach kommt, sei morgen früh um sechs hier, und wir präparieren den Sitz.« Ich kehrte ins Hotel zurück, und es kamen unzählige Anrufe. Zuerst war Jordan dran, er sagte: »Du fährst also morgen für uns. Dann hören wir uns, aber ich bitte dich: Bereite dich vor, denn ich lasse dich nur dann in das Auto steigen, wenn du einen Vertrag unterschreibst. Wenn du einen Anwalt hast, bring ihn mit.« Er war offensichtlich enttäuscht nach der Sache mit Schumi, ich aber war bei diesen Worten schon beunruhigt. Kaum hatten wir das Telefonat beendet, rief mich Briatore an. Die Situation hatte sich noch weiter zugespitzt: Moreno hatte schlauerweise eine arbeitsgerichtliche Anordnung durchgesetzt und Benetton lief daher Gefahr, Moreno fahren lassen zu müssen oder seine Autos hätten stillgestanden. So begann er, Bücklinge vor mir zu machen, und bat mich, für keinen zu fahren. Ich hatte in Monza die Chance meines Lebens und sollte mich still verhalten und auf wer weiß welche Zusage von Benetton warten. Ich antwortete daher höflich: »Hören Sie, Signor Briatore, für mich ist dies eine einmalige Gelegenheit, ich kann Jordan nicht absagen.« »Gut, Zanardi, mach was du für richtig hältst.« Dann legte er brüsk auf. Zwei Minuten später erneut ein Anruf. Wieder er: »Nun, Zanardi, was hältst du davon: Ich ernenne dich mit sofortiger Wirkung zum Testfahrer unseres Teams. Im nächsten Jahr bleibst du Testfahrer, wenn du willst, fährst du auch in der F 3000, und 1993 wirst du offizieller Benetton-Fahrer. Morgen aber darfst du nicht fahren.« Ich versuchte, höflich zu bleiben und so überzeugend wie möglich zu klingen: »Sehen Sie, ich danke Ihnen sehr für das Angebot. Ich könnte verrückt werden. Bis gestern träumte ich davon, in ein Formel-1-Auto zu steigen, und jetzt werde ich von zwei großartigen Teams umworben. Jordan aber will, dass ich sofort fahre. Bitte versetzen Sie sich in meine Lage!« »Du begreifst aber auch gar nichts!«, schrie er und knallte den Hörer auf. Nach weiteren zwei Minuten kam ein weiterer Anruf. Diesmal war es Giuseppe Cipriani: »Ich bin hier bei Briatore, wir diskutieren: Schau, Alessandro, es ist besser für deine Karriere, wenn du es so machst, wie er sagt.« Und so weiter. Plötzlich regte ich mich auf: »Giuseppe, ich hab dich sehr gern, du hast mich dieses Jahr in der F 3000 fahren lassen, aber du kannst dich jetzt nicht in diese Geschichte einmischen.« Wir wechselten ein paar Worte, und dann gab er mir Briatore, der keine Zeit verlor: »Du musst begreifen, dass ich in der Formel 1 etwas zu sagen habe. Wenn ich will, dann kriegt dieser Armleuchter von Piquet morgen einen Arschtritt und dann setze ich dich in das Auto.«Die Geschichte wurde surreal. »Signor Briatore«, gab ich zurück, »ich weiß wirklich nicht, was ich Ihnen antworten soll. Wenn es mir vorher geschmeichelt hat, von zwei Teams umworben zu werden, stellen Sie sich vor, dass man mir jetzt die Möglichkeit vor Augen führt, einen dreifachen Weltmeister hinauszuwerfen, um Platz für mich zu machen. Wenn Sie mir das vorschlagen, können wir darüber reden. Aber bitte denken Sie daran, dass ich Jordan schon zugesagt habe, ich gehe jetzt nicht zu ihm, um ihm zu erklären, dass das alles nichts mehr gilt.« Er wurde immer wütender und gebrauchte schließlich auch einige Schimpfwörter. Er war sehr aggressiv und sagte mir, was ich zu tun hätte, als wäre er mein Vater, so dass ich schließlich das Gespräch abbrach: »Hören Sie, ich bekräftige, dass ich mich durch ihr Interesse geehrt fühle, da sie so viel für die Formel 1 getan haben. Aber, bei allem Respekt, ich und sie, wir sind nicht miteinander verheiratet, wie man so sagt. Ich muss jetzt zum Abendessen, und morgen muss ich sehr früh aufstehen und zum Training. Daher: Gute Nacht.« Und ich wartete auf den Anruf von Eddie Jordan. Der aber kam nicht. Was war geschehen? Briatore war zusammen mit Cipriani zu Jordan gegangen, um über mich zu sprechen. Er hatte ihm gesagt, dass ich einen Vertrag mit Cipriani habe, und folgenden Schluss daraus gezogen: »Wenn du Zanardi fahren lässt, belangen wir dich. Cipriani entscheidet für Zanardi.« Das stimmte zwar nicht, aber Jordan nahm es ihm ab. Er rief mich nicht an. Am Morgen erschien ich in aller Ruhe auf dem Circuit. Ich sah, dass Moreno am Steuer des Jordan saß, und nach den Einführungsrunden ging ich auf einen Sprung zum Motorhome, um Eddie zu treffen. Der kam die Treppen herunter und begann, mich unerhört heftig zu beschimpfen. Ich erstarrte zur Salzsäule, aber nach wenigen Minuten war das Missverständnis geklärt. Tatsächlich hatte ich eine Abmachung mit Cipriani, derzufolge ich 1991 für einen Anteil der zukünftig zu erwartenden Einnahmen fuhr. Das war alles. Der Fehler aber war nun gemacht, und ich ging bei diesem Rennen leer aus. Ich versuchte, es schnell zu vergessen, und stürzte mich wieder auf die Herausforderung der F 3000. Es war ein schöner Moment gewesen.

Kapitel 6

Den schönen Traum von Monza legte ich schnell ad acta, aber die Sirenen der Formel 1 führten mich schon bald erneut in Versuchung. Meine großartige Saison in der F 3000 hatte die Aufmerksamkeit vieler Team-Manager der Formel 1 erregt, so dass auch Eddie Jordan sich schon bald wieder meldete. Ich war in Le Mans zu einem Vorbereitungstest für das vorletzte Rennen der Kadettenmeisterschaft und diskutierte mit Roberto Trevisan über das Verhalten des Autos, als ich über die Lautsprecher der Rennstrecke ins Sekretariat ans Telefon gerufen wurde. Es war Jordan, und trotz meiner damals sehr bescheidenen Englischkenntnisse verstand ich, was er von mir wollte: Ich sollte – wie er sich ausdrückte – »das erste Scheißflugzeug« nehmen und zu ihm kommen. Die Verhandlung ging außerordentlich zügig über die Bühne. Eddie entpuppte sich als ebenso knallhart wie übelgelaunt, weil ich erst das zweite »Scheißflugzeug« genommen hatte, um meine Tests in Le Mans zu beenden. Schließlich unterschrieb ich einen Vertrag für die letzten drei Grand Prix des Jahres 1991. Er wollte, dass ich auch in Portugal führe; aber das war nicht möglich, denn auf dieses Wochenende fiel auch das letzte Rennen der F 3000. Er wurde wütend, denn er hatte geglaubte, ich würde tun was er verlangte; ich hingegen versuchte lediglich, eine Meisterschaft zu erringen, die ich das ganze Jahr hindurch erstrebt hatte. Er war sehr aggressiv und vermittelte den Eindruck von jemandem, der mir am liebsten auch noch die Zeiten vorgeschrieben hätte, in denen ich ins Badezimmer durfte. Mir war nicht wohl bei der Sache, und als er ganz brutal sagte: »Junge, du musst dich entscheiden, denn hier draußen stehen die Fahrer Schlange, die für mich fahren wollen«, antwortete ich ganz ruhig: »Gott sei Dank, wenn ich der einzige gewesen wäre, hätte ich noch Schuldgefühle bekommen, nein zu sagen.« Ich war aufrichtig, aber meine Antwort wirkte nicht so. Denn plötzlich wechselte er den Ton: »Hör zu«, sagte er, »schnapp dir diesen Vertrag! Noch heute Nacht liest du ihn dir ganz genau durch, und dann unterschreibst du.« Er wollte eine Option zu seinem Vorteil für die folgenden fünf Jahre. Sie wäre Ende Oktober abgelaufen, und so bat ich ihn, da es für alles Übrige keinen Spielraum gab, noch über einen einzigen Punkt zu verhandeln: Der Fristablauf sollte mit meinem Geburtstag zusammenfallen, dem 23. Oktober. In jeder Saison sollte er jeweils bis zu diesem Datum entscheiden können, ob er mich bestätigen und mir auf diese Weise ein Geburtstagsgeschenk machen wollte.

Das Team hätte vor dem Großen Preis von Spanien wenigstens einen Test durchführen wollen, der mein Debüt in der Formel 1 markierte. Aber das war nicht möglich. Sie mussten das Material für das nahe bevorstehende Rennen in Portugal überprüfen, während ich an den beiden folgenden Wochenenden in Frankreich am Start sein würde, um an dem entscheidenden Rennen der F 3000 teilzunehmen. Daher sah ich den Jordan erst am Vorabend des Qualifyings in Spanien. Motiviert wie noch nie durch die Eintrittskarte in die Formel 1 in meiner Tasche, stürzte ich mich unterdessen auf das vorrangige Ziel in dieser Saison. Schon das erste der beiden Rennen konnte theoretisch über den Titel entscheiden. Wenn ich gewonnen hätte und Naspetti aufgehört, wäre ich rein rechnerisch Meister geworden. Umgekehrt traf dasselbe traf auf Naspetti zu. Christian Fittipaldi hingegen konnte, um wieder ins Spiel zu kommen, nur auf unser Pech setzen, und genau das trat – leider – auch ein. In Le Mans gab es zehn Minuten vor dem Start einen Wolkenbruch. In der zusätzlichen Aufwärmrunde war mein Auto sehr schnell, es flog geradezu, und zwar so, dass ich pro Runde mehr als eine Sekunde gegenüber allen anderen herausholte. Während des Rennens hingegen lief es nicht allzu gut. Bei der Startaufstellung war ich Dritter, aber schon nach wenigen Runden hatte ich mich von allen Gegnern gelöst. Dann trat die Wende ein: Die Lichtmaschine fiel aus, die Batterie begann sich zu entladen und das Einspritzsystem arbeitet unregelmäßig, der Motor lief voll Benzin und drohte abzusaufen. Auf der Geraden musste ich den Verlust der Zündleistung einfach nur hinnehmen, aber wenn ich aus den Kurven kam, brummte er sehr laut. Ich stellte mich darauf ein und schaltete einen Gang tiefer, als ich es normalerweise getan hätte, und erhöhte so die Drehzahl: Der Motor »verschmutzte« weniger, und es gelang mir irgendwie, mein Problem zu verringern. Auf regennasser Piste zu fahren, erwies sich unter diesen Umständen jedoch als wirklich schwierig, die Leistung schwankte ständig, und noch dazu verschlechterte sich die Wetterlage. Es war, vor allem in den letzten vier Runden, ein wahrer Kampf: Alle zogen an mir vorbei, und als Gipfel des Hohns musste ich, nachdem ich Position um Position verloren hatte, mit meinem technisch defekten Triebwerk vor der letzten Runde aufgeben. Zu allem Überfluss durfte ich auch noch von der Stelle aus zu Fuß gehen, die am weitesten von den Boxen entfernt war, begleitet vom Regen, der keine Anstalten machte nachzulassen, und ohne dass irgendwer kam, um mich abzuholen. In der Zwischenzeit war Fittipaldi wieder ins Spiel gekommen, er profitierte von meinem und Naspettis Ausfall und von einem zweiten Platz, den er, ganz offen gesagt, nicht verdient hatte: Nach einem anfänglichen Fehler hatte er es geschafft, wieder in die Wertung zu gelangen, wenn auch nur dank des Unglücks anderer. Bestimmte Geschichten aber werden schnell vergessen, und was bleibt, ist nur der Name des Siegers.

Der Brasilianer führte nun in der Meisterschaft, und es stand nur noch das Rennen im französischen Nogaro aus. Dort wurde während des Trainings festgestellt, dass das Benzin, mit dem Naspetti fuhr, nicht den Vorschriften entsprach. Sie konfiszierten es, und er war raus aus der Partie. Das Team von Fittipaldi hingegen verwendete einen Treibstoff, mit dem der Honda-Motor extrem schnell fuhr. Die Sache war klar: Er gewann, und ich wurde Zweiter, was auch dem Endresultat in der Meisterschaft entsprach. Das war enttäuschend. Ich hätte beim letzten entscheidenden Kampf schon Meister sein müssen, stattdessen verlor ich den Titel und war stinksauer.

Ich hatte nicht einmal die Zeit, meiner Enttäuschung nachzuhängen: Ich musste mich auf mein Debüt in der Formel 1 konzentrieren, das schwierig zu werden versprach, da ich das Auto ja in erst Barcelona zum ersten Mal fahren sollte. Zum Glück war die Rennstrecke von Montmelò für alle Fahrer neu. Daher wurde uns am Donnerstag eine zusätzliche Stunde genehmigt, um die Strecke abzufahren und kennen zu lernen. Es nützte nicht viel, und am Wochenende fuhr ich leider nicht wie erwartet. Der Jordan dieses Jahres war ein ganz hervorragender Monoposto, aber er hatte Eigenschaften, die sich doch von denen aller übrigen Formel-1-Rennwagen unterschieden. Manchen Strecken passte er sich ganz wunderbar an, anderen wiederum ganz miserabel. In Spa hatte Schumi sich als Sechster mit ihm qualifizieren können, und De Cesaris war mit ihm sogar ganz nah an den Gewinn des Grand Prix herangekommen. In Barcelona aber waren wir im Qualifying Zwanzigster und Einundzwanzigster, da die Kurven der katalanischen Strecke die Vorzüge dieses Monopostos nicht zur Geltung brachten. Während des Rennens hielt sich der Wagen besser; ich überholte mehrere Fahrer und beendete es auf dem neunten Rang. Was mir am Anfang allerdings noch mehr zu schaffen machte, war die Anzahl der »überflüssigen« Personen, die um jedes Team herumschwirrten. Viele von ihnen verbringen die Zeit damit, sich die merkwürdigsten Obliegenheiten anzumaßen, am Ende des Tages aber ist es wirklich schwierig festzustellen, was sie erreicht haben. Sie versuchen, sich vor allem den Anfängern zu nähern und ihnen alles Mögliche einzureden. Aber immer im Flüsterton und, wenn irgend möglich, mit wenigen Leuten in der Nähe. Viele von diesen unglaubwürdigen Beratern hängten sich an mich: »Es wird sehr hart sein, es sind 100 Kilometer mehr im

Vergleich zu einem F-3000-Rennen, du wirst viel Flüssigkeit aufnehmen müssen.« Kurzum, sie hatten mich voll gequatscht. Das größte Problem neben der Gewöhnung an das Auto, der unbekannten Strecke, dem stärkeren Motor und den Karbonbremsen war noch ein anderes: Aus Angst, zu wenig Flüssigkeit aufzunehmen, hatte ich so viel getrunken, dass sich, kaum war die rote Ampel angesprungen, meine Blase meldete. Später habe ich gelernt, ins Cockpit zu pinkeln wie alle. Hier aber verkniff ich es mir, und das bekam mir gar nicht gut. Von der Mitte des Rennens an mied ich die Abweiser, die in Montmelò sogar ausgezackt sind, weil die Vibrationen mir noch mehr zu schaffen machten. Und doch beendete ich das Rennen und empfand sogar eine gewisse Befriedigung, wie alle anderen Mitglieder des Teams. Außer Eddie Jordan, der wahrscheinlich auf ein weiteres Wunder in der Art eines Michael Schumacher gewartet hatte.

Ganz gewiss aber gab es zwei Personen, die glücklich und stolz auf dieses Ergebnis waren: meine Eltern. Seit den unbeschwerten Tagen der Kart-Rennen hatten sich so viele Dinge verändert, und mein Wechsel zu den Autos hatte eine Art Zauber zerstört. Darüber hinaus war der Moment gekommen, in dem jeder Heranwachsende ein bisschen Unabhängigkeit von seiner Familie sucht, und ich bildete hier keine Ausnahme. Màmma ist immer eine sehr besonnene Frau gewesen und von einer außergewöhnlichen inneren Kraft. Papà hingegen war eine Zeitbombe. Wenn er in Wut geriet, konnten keine Heiligen ihn mehr halten, er musste seine Meinung sagen und verlangte, dass ich ihm zuhörte. Die Verständigung mit ihm gestaltete sich daher im Laufe der Jahre immer schwieriger. Meine Mutter versuchte oft, ihn davon zu überzeugen, dass ich nunmehr erwachsen sei und für mein Tun selbst einstehen müsse. Er versprach jedes Mal sich zu ändern, schaffte es jedoch nicht. Er folgte mir überallhin und versuchte, an meinen Angelegenheiten teilzuhaben. Nach dem Muster: »Mensch, ach bitte! Mach schon, erzähl mir was!« Wie bei einem Paar, wenn der eine der beiden auf Distanz geht, und der andere sich umso mehr an ihn klammert. Unsere Beziehung war allerdings nicht nur aus diesem Grunde so schwierig. In jenem Jahr war er zu einigen Rennen der F 3000 gekommen: Wenn alles bestens lief – wie beim ersten Rennen in Villalunga –, war ich sehr glücklich, wenn er mich hinter dem Ziel buchstäblich aus dem Wagen herausriss, um mich zu feiern. Wenn die Dinge aber nicht gut liefen, wenn irgendetwas nicht stimmte, dann regte er sich auf und schimpfte herum, genau wie früher bei den Kart-Rennen. Das für mich unannehmbar. Eine Drehung um die eigene Achse, ein Zwischenfall, ein technisches Problem – und einer meiner ersten Gedanken war: »Hoffentlich macht Papà an den Boxen kein Theater!« Daher hoffte ich, während ich älter wurde, dass meine Eltern nicht mehr zu den Rennen kämen; und meine Ermunterungen in diese Richtung hielten sich zu Hause denn auch sehr in Grenzen. Dennoch galt mein erster Anruf, wenn ich in einem Rennen gut abgeschnitten hatte, stets ihnen. Auch wenn mir nicht wohl dabei war, dass Màmma den Hörer schon nach dem ersten Klingeln abnahm; denn ich begriff sehr wohl, dass sie neben dem Telefon gesessen und diesen Anruf mit Sorge erwartet hatte. Es tut mir Leid, dass ich sie ein bisschen ausgeschlossen habe; aber das Leben läuft eben so, und es ist niemandes Schuld.

Auf jeden Fall ist meine schönste Erinnerung an Barcelona mit ihnen verknüpft. Ich hatte ihnen verboten, nach Spanien zu kommen: »Papà, das ist mein Debüt in der Formel 1«, hatte ich ihm erklärt, »ich kann nicht im Auto sitzen und mir Sorgen machen, was du wohl in den Boxen dazu sagen würdest, wenn jemand mich rauswirft oder etwas kaputtgeht.« Er hätte es fertig gebracht, Jordan persönlich zu beschimpfen und auszurufen: »Was zum Teufel habt ihr ihm da in die Hände gegeben!« Daher sagte ich zum Schluss: »Ich bitte Dich, tu mir den Gefallen, schau dir das Rennen im Fernsehen an.« Er kam trotzdem, heimlich. Und nachdem die schwarz-weiß-karierte Flagge gefallen war und wir die Ehrenrunde fuhren, gelang es ihm, sich trotz der 80.000 Zuschauer auf den Rängen bemerkbar zu machen. Er war einen sechs oder sieben Meter hohen Zaun hinaufgeklettert, und als ich vorbeifuhr, sah ich, wie er die Arme in V-Form schwenkte, V für Victory, denn ich hatte das Rennen als Neunter beendet, und für ihn war das ein ganz enormes Resultat. In diesem Augenblick war sein Vaterstolz unbezähmbar. Er rührte mich, und in meinem Cockpit hörte ich mich sagen: »Papà, ich hab dich lieb.« Es war ein köstliches Gefühl.

Jordan gelang eine teilweise Revanche gegen Briatore im darauffolgenden Grand Prix von Japan. In Suzuka, auf einem Ring, der nur für mich neu war, qualifizierte ich mich am ersten Tag als Siebter. Und am Abend ging es Eddie ganz gut. Im freien Training am Samstag fuhr ich noch besser. Alle Voraussetzungen für eine gute Leistung waren gegeben. Zu dieser Zeit aber gab es noch die Reifen für die Qualifikation, zwei Sätze für jeden gezeiteten Lauf, und ich verheizte sie infolge des Verkehrs alle beide: Ich stieß auf Leute, die aus den Boxen kamen und angesichts des Debütanten schon befürchteten, dass er ihnen später zwischen den Füßen rumhängen werde. So machten sie mir die Türen vor der Nase zu. Es gelang mir nicht, die Zeit vom Freitag zu verbessern, und ich fiel auf den dreizehnten Platz zurück, auch wenn das Auto einwandfrei funktionierte und ich in der Einführungsrunde die viertbeste Zeit erzielte, auch wenn ich zu viel Benzin getankt hatte. Mein Ingenieur, Trevor Foster, hatte zu mir gesagt: »Du gehst raus mit vollem Tank, so bekommst du mit dem Auto ein bisschen Übung, etwas Neues müssen wir sowieso nicht ausprobieren. Fahr einfach nur!« Das machte ich dann auch, und ich flog wie eine Rakete. Will sagen: Auf einmal war ich an Alain Prost in seinem Ferrari herangekommen, ich überholte ihn und zog davon. Ich fuhr wirklich stark. Nach der Aufwärmrunde, als ich mit dem Helm in der Hand durch die Boxengasse ging, traf ich Mariani, den Ingenieur der »Scuderia Italia«, der mich fragte: »Aber wie viel Benzin hattest du? Fünf Liter?« »Nein, ich hatte voll getankt.« Er fing an zu lachen. »Ich schwöre es dir bei allem, was du willst«, antwortete ich, »ich bin mit vollem Tank losgefahren.« Da wurde er auf einmal ganz ernst und sagte: »Junge, wenn dein Tank wirklich voll war, dann wirst du ein glänzendes Rennen fahren.« Und so kam es dann auch. In weniger als zehn Runden war ich vom dreizehnten auf den fünften Platz vorgerückt: Senna lag in Führung, gefolgt von Mansell, Berger, Patrese – und mir. Als ich bei meiner Aufholjagd Schumacher überholte, ging die kleine Revanche von Eddie Jordan in Erfüllung. Dieser, so erzählten sie mir später, drehte sich in der Boxengasse zu Benetton um, rief: »Briatoriiiii!« und zeigte ihm den gestreckten Mittelfinger. Leider brachte diese Geste Unglück, denn in der nächsten Runde, als ich aus der Kehre herauskam, blockierte das Getriebe im ersten Gang. Es war ein »Geburtsfehler« des Rennwagens, der auch früher schon aufgetreten war; hier aber setzte es meinem Rennen ein Ende.

In diesen wenigen Runden hatte ich auch meinen Teamgefährten De Cesaris überholt, der mit Morbidelli am Steuer des Minardi-Ferrari kämpfte. Als er aus der Kurve 130 R herauskam, schnitten sie sich und drifteten nach rechts. Ich riss den Wagen ganz nach links, mehr um ihnen auszuweichen, als einen Überholversuch zu starten. Da sie einander aber so stark behinderten, fuhren sie sehr langsam und bremsten zu früh. Mit einem sehr wilden, aber doch auch sehr sauberen Manöver, dessen ich mir kaum bewusst wurde, da ich die Entscheidung im allerletzten Augenblick traf, schlüpfte ich außen an ihnen beiden vorbei. Ich kam heil aus der Schikane, und am Ausgang sah ich im Rückspiegel das Grün des anderen Jordan, der sich um seine eigene Achse drehte. Nach dem Rennen machte De Cesaris mir eine mordsmäßige Szene. Er schimpfte mich einen Mistkerl, der sich respektlos ihm gegenüber verhalten und von seinem Kampf mit Morbidelli profitiert habe, so dass er nervös geworden sei und sich durch meine Schuld gedreht habe. Jordan und die anderen Männer des Teams rollten perplex die Augen. Ich hingegen war aufrichtig enttäuscht, denn ich war in diesen Tagen oft mit Andrea zum Abendessen gegangen, er war mir sehr sympathisch gewesen und hatte mich oft zum Lachen gebracht. Ich wollte ihm nicht antworten, aber weil er weitermachte, platzte mir der Kragen: »Ich mag hier ja der Neue sein«, sagte ich, »aber wir wollen uns doch nicht verscheißern. Du machst dich lächerlich, wenn du weiter darauf bestehst.« Aber nicht nur, dass er weiter darauf bestand, mit einem Abstand von drei Jahren hat er mir, 1994 in Ungarn, eine weitere absurde Szene im Fahrerlager gemacht, in der er noch erneut davon anfing. In Japan kam nach dem Rennen J. J. Lehto, der in jener Runde hinter uns fuhr, zu mir und sagte: »Ich habe gehört, De Cesaris läuft rum, haut auf den Putz und erzählt, es sei deine Schuld gewesen. Ich wollte Jordan schon erklären, dass ich die Szene mitverfolgt habe wie im Kino, denn ich war ja genau hinter euch, und du hast ihn in einer Weise überholt, dass es sauberer nicht ging.«

In Suzuka jedenfalls hatte ich eine große Chance verpasst. Meine Zeiten bis zum Ausscheiden waren wirklich beeindruckend gewesen. Ich hielt das Tempo mit Senna und Mansell, die in Führung lagen und den Titel unter sich ausmachten. Zu diesem Zeitpunkt war ich schneller als Berger und vor allem als Patrese, der später Dritter wurde. Mansell schied aus, und am Ende hätte vielleicht doch noch ein Podiumsplatz herausspringen können. Auf alle Fälle verschaffte mir meine Leistung die Aufmerksamkeit mehrerer Team-Manager. Auf einer Pressekonferenz Ende des Jahres zum Beispiel wurde Ron Dennis, Teamchef bei McLaren-Mercedes, gefragt, warum er nie einen Italiener engagiert habe. »Ich habe nichts gegen die italienischen Fahrer«, antwortete er. »Im Gegenteil, wenn ich heute eine Wette eingehen sollte, dann würde ich auf Zanardi setzen, der ein sehr starker Fahrer ist.« Wenn ich in Suzuka auch schlecht abgeschnitten hatte, so war ich doch ziemlich von mir eingenommen, denn meine Arbeit hatte ich getan.

Fünfzehn Tage später präsentierten wir uns in Adelaide zum letzten Rennen der Saison, und dort war das Spielchen zu Ende. Schon Suzuka war mir zu Kopf gestiegen. Das aber, was mein Gleichgewicht wirklich ins Wanken brachte, war die allererste

Runde am Freitag, die *installation lap*, bei der es sich herausstellt, ob das Set-up stimmt. Ich sah in den Spiegeln Senna herankommen wie einen Blitz und behielt ihn im Blick, um sicher zu sein, dass ich ihn überholen lassen konnte, ohne ihn zu behindern. Ich sah ihn näher kommen, dann ging er plötzlich wieder auf Abstand, und ich sagte mir: »Er hat's aufgegeben!« Während ich meinen Blick jedoch wieder nach vorn richtete, begriff ich, warum er lockergelassen hatte: Es kam die Kurve! Die ich nicht mehr kriegte! Ich stieg verzweifelt auf die Bremse, knallte aber dennoch in die Mauer. Ich hatte kolossalen Mist gebaut! Ich fühlte mich wie ein Wurm, und als ich, am Steuer des Reserveautos, hinausgeschickt wurde, um das Geschehene wieder gutzumachen, versuchte ich eine Heldentat, die allen ihr Lächeln zurückbringen würde. Mit den Jahren habe ich gelernt, beim Fahren nicht auf das Herz zu hören, sondern so viel wie möglich nur den Kopf zu gebrauchen, und an genau diesem Tag beging ich einen der Fehler, die dieses Gebot in mir haben reifen lassen: Nach zwei weiteren Runden setzte ich nämlich auch noch das zweite Auto gegen die Wand.

Zu Beginn des Zeitfahrtrainings standen für mich dreieinhalb Runden auf einer sehr schwierigen und mir unbekannten Piste wie der von Adelaide zu Buche, und eine Mannschaft mit düsteren Mienen hinter mir. Nachdem mir nahe gelegt worden war, langsam zu fahren, sagten sie zu mir: »Wir plombieren einen Satz Rennreifen und einen Satz für die Qualifikation. Mit ersterem kannst du einige Runden drehen, sie anfahren und die Strecke kennen lernen.« Langsam und in aller Ruhe – so lautete die Anweisung. Ich fuhr los, und nach dem ersten Durchgang beschleunigte ich, auf der Zielgeraden allerdings, beim Wechsel vom dritten in den vierten Gang brach die Schaltstange meiner konventionellen H-Schaltung. Der Bolzen, der Schalthebel und Schaltgestänge verband, machte sich selbständig, und als ich den vierten Gang einlegte, rutschte der Schalthebel ab und in den zweiten Gang. Im dritten Gang zog ich bis auf 13.200 Umdrehungen. Wir denken besser nicht daran, was der Drehzahlmesser anzeigte, als der falsche Gang eingelegt wurde. Jordan hatte mir gerade erst gesagt: »Verursach ja keine Schäden und vor allem: Überdreh den Motor nicht, sonst präsentieren die von Ford mir eine Rechnung, die sich gewaschen hat.« Die Ford-Techniker kamen später zu mir und machten mir im Scherz Komplimente, weil 16.900 Umdrehungen im zweiten Gang den neuen Jahresrekord bedeuteten. Als die Sache passierte, fand Eddie es jedenfalls nicht sehr lustig. Der Motor machte einen Höllenlärm, und das Ganze geschah auch noch genau unter den Augen des Teams: Die ganze Truppe machte einen gewaltigen Satz nach hinten. Der Motor aber hatte überlebt, und so fragte ich unentschlossen über Funk: »Was soll ich tun? Sofort anhalten oder reinkommen?« Mein Ingenieur antwortete: »Fahr langsam, schalte nicht und versuch, das Auto in die Box zu bringen.« Über Funk schaltete sich auch noch Jordan persönlich ein und sagte schroff: *»That's it, that's it!«* Was so viel bedeutete wie: »Es ist aus, das war's!« Er dachte, ich hätte einen Fehler gemacht. In der Box schaute das Team noch finsterer drein als mein Vater, wenn ich ihm ein Auto zu Schrott gefahren hatte. Bis sich die Sache mit dem Bolzen herausstellte, die mich entlastete. Nach fünf Minuten Stillschweigen und während sie das Auto untersuchten, hatte ich nämlich gewagt zu sagen: »Ich hatte da auch dieses Problem mit dem Hebel.« Sofort erfassten sie Ursache und Wirkung.

Während der Schaden behoben wurde, zeigte mein Ingenieur Trevor Foster ein wenig Mitgefühl. Er schenkte mir ein großmütiges Lächeln, das mir wieder Mut machte. Ich hatte nur fünf Runden hinter mich gebracht und noch dazu alle mit einem schlechten Ergebnis. Er aber kam auf einen verrückten Gedanken und fragte mich: »Traust du dir zu, eine schnelle Runde zu fahren?« Ich bejahte. »Du musst dir ganz sicher sein«, gab er zurück, »denn ich setze mit diesem Schritt meine Karriere aufs Spiel: Wenn du mir den Wagen gegen die Wand fährst, bin ich erledigt.« Ich glaube, ich habe nur wenig an seine eventuelle Zukunft gedacht – ich gab

Gas wie ein Verrückter, und es ging gut! Trevor hatte lebhaft mit den Männern von Ford diskutiert, die nicht wollten, dass ich erneut auf die Strecke ging, da sie sich sicher waren, dass der Motor, der mit dermaßen überhöhter Drehzahl gelaufen war, sofort explodieren müsse. Die Diskussion zog sich noch lange hin. Dann, in einem ruhigeren Augenblick der Qualifikation, zwischen der ersten Welle und der abschließenden Jagd auf die Pole, schickten sie mich raus. Der Motor lief gut, auch wenn mir gesagt worden war, ich solle mich darauf einstellen, ihn beim ersten Anzeichen eines drohenden Schadens abzuwürgen. Aber er lief gut, ich erzielte die achtbeste Zeit und fuhr sogar schneller als mein Teamgefährte. Dann starteten alle mit dem zweiten Reifensatz und ich fiel zurück auf den elften Platz: immerhin noch sehr beachtlich nach allem, was sich zugetragen hatte. Die Mannschaft machte mir tausend Komplimente, und Trevor Foster wurde ein Held.

Am nächsten Morgen wurde im Training die fünftbeste Zeit für mich angezeigt. Ich kam in die Box und Trevor fragte: »Wie fährt das Auto?« Er grinste dabei übers ganze Gesicht. »Gut«, antwortete ich, »aber ich habe es noch nicht geschafft, über die gesamte Runde Vollgas zu geben.« Er schaute mich an wie einen Irren. »Nein, glaub's mir«, sagte ich zu ihm, »auf dem letzten Teil der Strecke haben sie mich behindert, es wäre sonst noch viel besser gelaufen.« Auf einmal verging ihm das Grinsen: »Was soll das heißen: viel besser!?«, fragte er. »Nun«, erklärte ich, »sieben oder acht Zehntel schneller.« Er sah mich spöttisch an: »*Holy cow!*«, sagte er, was ein typisch angelsächsischer Ausdruck für Erstaunen ist. Er dachte, ich übertreibe. »Trevor, ich schwör's dir, das Auto läuft gut, und ich könnte noch schneller fahren!« Da wurde er beinahe wütend: »Was sagst du? Bist du übergeschnappt?!« Schließlich wurde er doch unsicher und schickte mich mit einem anderen Satz Reifen noch einmal raus. Um ihm zu beweisen, dass ich Recht hatte, drückte ich jetzt vielleicht ein bisschen zu sehr auf die Tube: Die Runde war noch nicht zu Ende und ich setzte ihm ein weiteres Auto gegen die Wand. Es war eine Enttäuschung für alle; das Team setzte lange Gesichter auf, und meine Moral ging in den Keller. Dann kam mir der Computer zu Hilfe, auch wenn es seinerzeit noch keine so exakte Datenmessung gab wie heute: Als die offiziellen Zeiten mit den Zwischenergebnissen in den einzelnen Sektoren kamen, war zu sehen, dass ich im ersten Abschnitt die drittbeste Zeit gefahren war, im zweiten Teilstück die zweitbeste mit nur zwei Tausendsteln Rückstand auf Senna; im dritten und letzten Sektor hingegen hatte ich nur die achtzehnte Zeit. Alles in allem war ich in der Lage, eine Super-Runde zu fahren, die mir am Ende die zweit- oder drittschnellste Zeit mit einem Jordan bringen konnte. Als sie begriffen, dass ich nicht übertrieben hatte, wurden sie übermütig. »Nun gut, er hat uns eine weitere Nase mitsamt den dazugehörigen Aufhängungen zertrümmert. Aber das macht nichts, wir haben die Ersatzteile, und damit ist die Sache gegessen.« Mit Blick auf das Qualifying kamen sie erneut in Hochstimmung. Kurz vorher aber begann es zu regnen, und alles ging den Bach runter. Zwar war die Piste nach noch nicht einmal einer Stunde wieder trocken, aber sie ließen mich nicht raus. Wahrscheinlich befürchteten sie weitere Schäden, und außerdem glaubten sie wohl nicht daran, dass der Zustand der Strecke irgendjemandem noch eine Verbesserung erlaubte. Dies war allerdings nicht der Fall: Andere fuhren, und am Ende gelang es, die Zeit des Vortags zu schlagen, und ich rutschte auf den 13. Rang ab.

Das Rennen machte Geschichte weil infolge des strömenden Regens nur fünfzehn Runden gefahren wurden. Der Grand Prix aber wurde aber im Nachhinein nach der dreizehnten Runde für beendet erklärt, in der er wegen des Unfalls von Mansell unterbrochen worden war. Dies rief einige Kontroversen hervor, denn die Regel sieht vor, dass die Klassifikation bei einer Neutralisierung des Rennens entsprechend der Reihenfolge in der dem Stopp vorangegangenen Runde festgelegt wird. Dadurch aber, dass sie zwei Runden gestrichen hatten, brachten sie auch Nigel und noch einen weiteren Fahrer, der schon rausgeflogen war, wieder in die

Wertung, und ich wurde Neunter statt Fünfter, so dass mir die ersten Punkte meiner Formel-1-Karriere entgingen. Ich hatte nämlich zwei Runden vor der Roten Flagge zwei Autos überholt. In einem von ihnen, einem Tyrrell-Honda, saß Stefano Modena, und ich erlaubte mir eine der verrücktesten Sachen meines Lebens. Ich fuhr schon eine Weile hinter ihm und war deutlich schneller als er, so dass ich auf dem stark befahrenen Abschnitt der Piste auf ihn stieß. Als er auf die lange Gerade kam, behinderte der Sprühnebel, der hinter seinem Auto aufstieg, meine Sicht, und ich konnte nicht mehr erkennen, wo ich hinfuhr. In der Geradenausfahrt legte man bei dieser Nässe nicht den sechsten Gang ein, man fuhr im fünften mit gedrosseltem Gas: überall drohte Aquaplaning! So tastete mich auf der Geraden voran, und als ich näher an ihn herankam und seine Wasserfontäne durch das Abbremsen schwächer wurde, sah ich Modena schon am Eingang der Kurve, 80 Meter weiter vorn. Auf einmal war ich es leid, ich hob das Visier und konzentrierte mich auf das Geräusch seines Autos, wobei ich versuchte, seine Geschwindigkeit aufgrund dessen einzuschätzen, was ich hörte. Ich sah nicht einmal mehr sein rotes Positionslicht, versuchte jedoch, an ihm dranzubleiben, orientierte mich noch immer an dem Geräusch, und als ich merkte, dass er langsamer wurde, bremste ich: genau in dem Moment, in dem die Wasserwand zusammenfiel – hopp! – hatte ich ihn vor mir. Zwei Kurven weiter zog ich an ihm vorbei, und noch einmal vier Kurven weiter überholte ich sogar den Wagen, mit dem Modena selbst über mehrere Runden gekämpft hatte. Es war eine ziemliche Tollheit: sich bei 250 Stundenkilometern nach dem Gehör zu orientieren und noch dazu auf nasser Fahrbahn. Die Entscheidung, das Rennen abzubrechen, war richtig; leider aber wurde mein doppeltes Überholmanöver dadurch bedeutungslos, und ich verpasste eine weitere große Chance.

So ging die Saison zu Ende, und auch wenn ich dem Team eine Menge Schäden eingebrockt hatte – was übrigens verzeihlich erscheint, wenn man bedenkt, dass die Autos bei Saisonende eh so gut wie nicht mehr zu gebrauchen sind –, so hatte ich doch meine Leistung erbracht. Vor allem in Adelaide. Leider stand Jordan das Wasser finanziell fast bis zum Hals. Dieses Jahr überlebte er nur dank einer speziellen Versicherung, die er bei der Lloyd's in London abgeschlossen hatte: Die Bedingung war, dass sein Team sich unter den ersten fünf der Konstrukteursweltmeisterschaft klassifizieren musste. In diesem Falle musste Lloyd's eine enorme Summe zahlen, die etwa der Hälfte des Budgets entsprach, das zur Abdeckung der Saisonausgaben erforderlich war. Und so kam es dann auch. Trotzdem aber schwamm er sicherlich nicht gerade im Geld. Gegen Ende der Meisterschaft sah es so aus, als müsse Tyrrell die Bühne verlassen, und als komme Braun, ihr Hauptsponsor, auf den Markt. Es gab Gerüchte, die besagten, er wolle Stefano Modena persönlich unterstützen; und so nahm Jordan den schnellen italienischen Fahrer unter Vertrag, in der Überzeugung, sich auf diese Weise auch die Unterstützung von Braun gesichert zu haben. Aus diesem Sponsoring aber wurde nichts. Jordan fand sich daher mit einem Fahrer wieder, den er bezahlen musste, und ohne finanzielle Deckung. Stefano war Berufsfahrer, und das P in Profi wurde bei ihm groß geschrieben. Ich hatte Zeit. Es gab ja die bekannte Option, und ich wartete ab. Jordan ließ mich an allen Tests mit dem Yamaha-Motor teilnehmen, der an die Stelle des Ford Cosworth getreten war, und zeigte so, dass er mich wirklich behalten wollte. Nach all der Arbeit jedoch und nach langen Verhandlungen, die sich in letzter Minute stets in nichts aufgelöst hatten, trafen wir uns am 23. Oktober wieder. Er bat mich, diesmal sehr höflich, die Option noch einige Zeit offen zu halten. Ich sah in ihm den Retter in höchster Not. Er hatte mich in der Formel 1 debütieren lassen, und trotz aller Probleme, die es dabei gegeben hatte, ließ er mich im Training ans Lenkrad. Ohne zu zögern stimmte ich daher zu. Erst später wurde mir bewusst, dass ich ihn durchaus ein wenig in die Enge hätte treiben sollen, denn es interessierten sich auch noch andere Teams für mich. Aber ich reagierte impulsiv, wie es meine Art ist.

Ich blieb den ganzen Winter über in einem Schwebezustand, während Jordan die Finanzierung nicht sicherstellen konnte. Er bat mich sogar, ihm bei der Suche nach Sponsoren in Italien behilflich zu sein. Aber ich hatte selber keine Butter mehr auf dem Brot. Wenige Wochen vor dem Beginn der Weltmeisterschaft schloss »IMG«, eine große US-amerikanische Managementfirma, einen Vertrag mit der Sasol, einer südafrikanischen Erdölgesellschaft, die eine gewisse finanzielle Deckung garantierte. Gleichzeitig aber unterstützte dieselbe IMG die Bewerbung Mauricio Gugelmins, der ihr Kunde war, als Zweitfahrer. Jordan, dem das Wasser bis zum Hals stand, akzeptierte, behielt sich jedoch weitere Verhandlungen vor. Ich gewann den schmerzlichen Eindruck, dass ich mir die Finger verbrannt hatte, hoffte jedoch weiterhin, dass sich die Situation erneut zu meinen Gunsten entwickeln würde.

Eines Tages hatte ich genug, auch weil die Meisterschaften immer näher rückten. Ich rief daher bei Ian Philips an, dem Kaufmännischen Direktor des Teams, und sagte ihm: »Schauen Sie, ich habe für alles Verständnis. Doch das hier ist mein Leben: Sagt mir, ob Gugelmin schon bei euch unterschrieben hat. Es ist nur noch eine Woche bis zur Weltmeisterschaft, ich werde nichts erreichen, aber ich werde es wenigstens versuchen.« Er antwortete mir: »Alex, es ist noch nicht offiziell. Aber wenn ich du wäre, würde ich mir ein anderes Team suchen.« Ich begriff, dass es zu Ende war. Es war an dem Samstag vor dem ersten Rennen der Saison in Südafrika. Kaum hatte ich aufgelegt, rief ich Ken Tyrrell an, dessen Team das einzige war, das noch nicht die Verpflichtung eines zweiten Fahrers erklärt hatte. Ich sprach mit seinem Sohn Bob, ohne besonders viel zu erreichen. Ich war ziemlich deprimiert, dann aber gab mir Roberto Trevisan (mein Techniker in der F 3 und F 3000) einen guten Rat: »Setz dich ins Flugzeug und flieg hin.« »Aber sie haben mir gesagt, dass sie nicht wissen, was sie machen sollen.« »Mach dir keine Gedanken, nimm ein Flugzeug und flieg hin. Mach ihnen klar, wie viel dir daran gelegen ist, mit ihrem Auto zu fahren.« Ich tat es. Sie waren verblüfft, aber sie hörten mich wenigstens an. Wir begannen zu reden, und nach zehn Minuten hatte der Ton sich komplett verändert. Sie hatten sich zwar nicht in mich verliebt, aber sie waren beeindruckt, dass ich mich ganz allein und ohne einen Manager vorgestellt hatte, um ihnen zu sagen: »Ich will mit euch fahren.« Sie führten ein sehr aufrichtiges Gespräch und sagten dann: »Schau, unsere Verhandlungen mit De Cesaris sind noch nicht abgeschlossen. Wir haben ihn um einen bestimmten finanziellen Beitrag gebeten, weil wir ihn brauchen. Im Augenblick aber sind wir noch weit voneinander entfernt. Wenn wir jemanden fahren lassen und dabei in ihn investieren, dann wollen wir auch, dass er groß rauskommt, und dann ziehen wir es vor, auf einen jungen Fahrer wie dich zu setzen. Geh jetzt dort rüber in die Werkstatt, lass dir den Sitz für das Auto anpassen, und heute Abend melden wir dich zur Weltmeisterschaft. Dann sehen wir, was passiert. Aber vergiss nicht: Wenn am Montag jemand mit Geld kommt, bist du draußen.«

Sie meldeten mich tatsächlich an. Als die offizielle Liste der Formel 1 herauskam, stand dort mit der Nummer 4 der Name Alessandro Zanardi, was einige dazu veranlasste, erstaunt die Brauen zu heben. Leider fand sich am Dienstag jemand, der eine Bürgschaft für De Cesaris übernahm, und die Situation änderte sich. Sie riefen mich an, um mir zu sagen: »Tut uns Leid, wir hatten wirklich schon zu hoffen begonnen, dass niemand zum Bezahlen käme.« Ich erinnere mich, dass nach Beendigung des Telefonats Daniela, die bei mir war, zu mir sagte: »Alessandro, ich weiß nicht, ob du es begriffen hast, aber jetzt bist du wirklich draußen.« Erst durch diesen Satz wurde ich wach. Ich hatte das Gespräch beendet und mich bei Tyrrell für seine Freundlichkeit bedankt; er hatte den Ruf eines harten Burschen, mir gegenüber aber war er sehr fair gewesen. Jetzt aber starrte ich mit verlorenem Blick an die Decke. Und als ich mir am Vorabend des Rennens in Südafrika das Qualifying im Fernsehen anschaute, war ich sehr betrübt. Ich war sicher gewesen, weiter mit Jordan zusammenzuarbeiten, und hatte keine anderen Verhandlungen aufgenommen. Kurz nach dem Beginn der Weltmeisterschaften erhielt ich ein Angebot als Testfahrer der »Scuderia Italia«. Auch Giuseppe Cipriani rief an, von dem ich mich nach der Sache mit Briatore in Monza etwas distanziert hatte: »Ich habe es dir gesagt«, waren seine Worte, »du wolltest nicht auf mich hören, und jetzt siehst du, was es dir gebracht hat.« Er stand in Kontakt mit Briatore und fügte hinzu: »Ich habe mit Flavio gesprochen, und wenn du willst, ist er noch immer daran interessiert, dich zum Testfahrer bei Benetton zu machen.« Ich entschied, auf ihn zu hören, obwohl ich noch nicht ganz sicher war.

Dadurch, dass ich das Angebot von Benetton annahm, verärgerte ich Maurizio Arrivabene von Marlboro, der sich dafür eingesetzt hatte, dass ich die Stelle in der »Scuderia Italia« bekam. Briatore, der mir vor Monza traumhafte Angebote gemacht hatte, nominierte mich als Testfahrer mit einem Gehalt von 300 Pfund pro Test, was nicht ganz 900.000 Lire entsprach, zuzüglich Spesen. Bis Juni saß ich fest, es schien, als habe er mich vergessen. Dann lud Alfa Romeo mich ein, mit dem 450-PS-Gta und zusammen mit Larini, Nannini und anderen das »Superturismo«-Rennen von Imola zu bestreiten. Zwei Tage vor dem Rennen jedoch rief das Team Benetton mich an, um mir zu sagen, dass sie mich seit Sonntag auf der Teststrecke in Miramas in Frankreich erwartet hatten, wo ich auf einer langen Geraden einige Tage hätte hin- und herfahren sollen. Ich konnte es nicht glauben: Vier Monate lang hatte ich mir den Bauch gekrault, und jetzt, da ein Rennen bevorstand, für das ich bezahlt wurde (so etwas um die 10 Millionen für jeden Durchgang, ein Sümmchen, mit dem ich es mir nicht nur gut gehen lassen konnte, sondern das mir auch noch Aussichten für meine Zukunft eröffnete), musste ich verzichten. Bei Alfa hatten sie Verständnis und gestanden mir zu, das Samstagrennen zu fahren – das Rennen am Sonntag bestritt Giorgio Francia –, und noch am selben Abend reiste ich nach Miramas.

So ging es einen Großteil des Jahres weiter. Infolge meiner

Inaktivität bekam ich immer weniger Impulse. Ich brauchte dringend etwas, wofür ich mich wieder begeistern konnte. Ehrlich gesagt, als ich im März draußen war, empfand ich kein großes Bedauern. Ich war froh, ein bisschen zu Hause bleiben und wieder Luft schnappen zu können: Die F-3000-Meisterschaft war hart gewesen, vor allem aber war ich mir längst über die Bedingungen klar geworden, die in der Formel 1 vorherrschen. Hier geht nichts ohne vollkommene Hingabe, Talent allein genügt nicht. Neben den Rennen und den Tests gibt es häufig auch Marketingaktivitäten, und die sind wirklich anstrengend. Ein normales Leben kannst du vergessen, du lebst ständig aus dem Koffer. Am Anfang machte ich mir noch keine Sorgen, dass meine Karriere hier enden könnte. Ich nahm es als eine Zeit der wohlverdienten Ruhe. Kurze Zeit später aber begann ich nervös zu werden. Auch deshalb, weil diese Rolle des Testfahrers – dem Namen nach, aber nicht de facto – bei Benetton fast ausschließlich zwar seltene aber öde Reisen nach England mit sich brachte. Meistens handelte es sich darum, auf einer geraden Strecke bei Kemble, einem Luftwaffenstützpunkt der Royal Air Force in der Gegend von Oxford, hin- und herzufahren. Ich arbeitete mit Technikern zusammen, die ich nur einmal sah und die danach wieder in ihre Fabrik verschwanden, mit Leuten, die normalerweise nicht die Grand Prix verfolgten. Mehr noch, das Auto war bei diesen Gelegenheiten mit Messgeräten beladen, die so wasserempfindlich waren, dass bei Regen nicht gefahren werden konnte. Es kam vor, dass ich drei Tage warten musste, um zwei Runden auf dem Asphaltstreifen eines Flugplatzes zu Ende zu fahren. Ich saß im Zimmer eines kleinen Hotels in der Nähe, starrte in einen Minifernseher und konnte nichts tun, während es draußen regnete. Ich war allein, und ich bekam Depressionen. Auch unter sportlichem Aspekt waren es für mich verlorene Tage, ohne Nutzen für die Zukunft. Und der Verdienst, nur wenig mehr als 800.000 Lire (2.000 Euro) für jeden Testtag, war ein wahres Trauerspiel. Kurzum, so hatte ich mir meinen Einsatz nicht vorgestellt.

Als ich schließlich nach Hause zurückkehrte, hatte ich eine solche Lust, meine Freunde wiederzusehen, dass ich ständig ausging und den ganzen Abend bis spät in die Nacht wegblieb. Ich war nie ein Diskothekengänger, und wenn ich mich doch einmal an einen solchen Ort verirrte, fühlte ich mich wie ein Fisch auf dem Trockenen. An einem Samstag im Juli jedoch schleppten mich meine Kumpels in ein Lokal, und ich hatte meinen Spaß. Auch deshalb, weil es mir mit einiger Beharrlichkeit gelang, sie wieder nach draußen zu bringen, um uns auf die Fahrräder zu setzen und eine nächtliche Runde im Parco Talon zu drehen. Dann, zur Krönung, fuhren wir, frisch gewaschen, nach Riccione zum Frühstück. Am folgenden Tag war ich bei Chicco zu Besuch und saß, natürlich halb eingeschlafen, vor dem Fernseher: Der Große Preis von Frankreich wurde übertragen, und im Samstagtraining war Christian Fittipaldi mit seinem Minardi von der Piste geflogen und hatte sich verletzt. Die Ärzte sprachen von einer Wirbelverletzung, die ihn zwingen werde, neben dem Rennen von Magny-Cours noch ein weiteres Rennen ausfallen zu lassen. Es wurden jedoch insgesamt drei GP, bei denen er fehlte. Kaum hatten sie die Verbindung zur Strecke hergestellt, sprachen die Fernsehreporter über seinen Zustand, und ich, wenn auch infolge der durchzechten Nacht nicht ganz bei klarem Bewusstsein, dachte: »Wer weiß, wen sie wählen werden, um ihn zu ersetzen.« Genau in diesem Moment klingelte das Telefon, und Giancarlo Minardi war am Apparat. Er hatte zunächst bei mir zu Hause angerufen und wollte mich sprechen. Die große Gelegenheit, auf die ich gewartet hatte! Ich nahm sie begeistert an, zumal Minardi sich einmal mehr als sehr anständig erwies: Er hätte jemanden in das Auto setzen können, der Geld mitbrachte, wollte aber in mich investieren. Es lief nicht allzu gut, und es tut mir Leid, dass ich ihn ein bisschen enttäuscht habe. Ich fühlte mich in Form, aber ich bezahlte doch für meine lange Inaktivität. Hinzu kamen weitere ungünstige Umstände. Ich hatte seit dem Großen Preis von Australien im November 1991 nichts mehr gemacht, und das kommende Rennen war in Silverstone, also auf einer der in physischer Hinsicht anspruchsvollsten und gefährlichsten Rennstrecken. Der Wagen war schwer zu fahren, ich war nicht ganz auf dem Posten und schaffte es schließlich nicht, mich zu qualifizieren. Ich war Siebenundzwanzigster mit zwei Zehntelsekunden Rückstand auf meinen Teamgefährten Morbidelli, der als Sechsundzwanzigster gerade noch den letzten Startplatz erreichte. Das folgende Rennen fand auf dem Hockenheimring statt: Ich glaube, ich habe mich hier als Achtzehnter qualifiziert, und diesmal nahm ich Morbidelli etwa eine halbe Sekunde ab. Aber schon in der zweiten Runde des Rennens brach das Ausrücklager der Kupplung. Zuletzt baute ich in Ungarn eine Menge Mist. Im Qualifying flog ich von der Piste, ohne große Schäden, aber die Kommissare schoben mich an die Seite, ich ging zu den Boxen, wurde aber daran gehindert, das Ersatzauto zu nehmen. Folglich qualifizierte ich mich auch dort nicht. Minardi war enttäuscht, genau wie ich. Giancarlo ist eine sehr anständige Person; ich hätte ihm gern eine große Freude bereitet, aber wir hatten uns wohl Illusionen gemacht. Im Laufe meiner Karriere habe ich begriffen, dass nur die großen Autos Wunder vollbringen. Nach dieser Unterbrechung kehrte ich in mein Leben als Halb-Arbeitsloser zurück und dachte, der Zug sei abgefahren. Das war ein Irrtum, wie sich herausstellte.

Im späten September musste Benetton die ersten Tests mit den Aktiven Aufhängungen durchführen. Einer der beiden amtierenden Piloten, der Engländer Brundle, war aus dem Spiel, denn sie hatten schon entschieden, ihn vor der nächsten Weltmeisterschaft zu ersetzen. Und Schumacher war krank geworden. Es ging darum, ein System auszuprobieren, das noch in den Kinderschuhen steckte und das die Mannschaft glaubte noch erheblich verbessern zu können. Sie erinnerten sich daran, dass sie einen Testfahrer hatten und riefen mich für drei Tage nach Silverstone. Unerwarteterweise lief die Arbeit fast sogar zu gut, und ich fuhr in einer absolut respektablen Zeit, ich glaube so um die 1'24", was sich damals in Silverstone schon sehen lassen konnte. Vor allem aber lieferte ich sehr wichtige Anregungen. Am ersten Abend sprach ich mit Pat Symonds über die Eindrücke, die ich hinter dem Lenkrad gewonnen hatte; er war der Ingenieur des Autos von Schumi und hatte innerhalb der Technikerriege schon eine leitende Position. Schließlich hatte Pat während wir uns unterhielten die entscheidende Eingebung. Auf seine Fragen antwortete ich ihm in für einen Ingenieur verständlichen Begriffen, und ich sah, dass er sich immer mehr für das begeisterte, was ich ihm berichtete. Und so veränderte er für den nächsten Tag, den zweiten Testtag, radikal das Konzept der Aktiven Aufhängung und programmierte sie neu. Diese Entscheidung bedeutete für uns einen unglaublichen Sprung nach vorn, und wir erreichten auf die denkbar schnellste Weise die größtmöglichen Leistungen, die mit diesem System zu erzielen waren. Das Auto fuhr, kaum war es mit dieser Neuerung ausgestattet, hervorragend. Das war nicht erwartet worden und nicht zuletzt trug auch der Fahrer seinen Teil dazu bei: meine guten technischen Erklärungen und die schnelle Fahrweise veränderten ihren Blick auf mich völlig. Von da an nahmen sie mich zu jedem Test mit. Es lohnt sich, sagten sie.

Ich begann mich in das Team zu integrieren und verbrachte wirklich schöne Tage, ohne irgendeinen anderen Druck als den meines persönlichen Stolzes. Ich machte weiteren Boden gut und zog die Aufmerksamkeit anderer Rennställe auf mich, besonders im letzten Test, den ich in Castellet, Frankreich, absolvierte. Das Team hatte zwei Autos mitgebracht, und ich war zusammen mit Schumacher und Patrese berufen worden, dem Neuzugang für 1993. Riccardo war mit der gnädigen Zustimmung seines Ex-Teams Williams gekommen, bei dem er noch bis zum Ende des Jahres unter Vertrag stand, und bekam den Monoposto, der für Michael präpariert worden war. Aber er kam nicht zurecht damit, ihm fehlte das richtige Feeling. Er war an diesem ersten Trainingstag nicht in Gang gekommen, beklagte sich und verlangte Änderungen am Set-up. In der Tat bevorzugte Schumi ein leicht übersteuertes Fahrverhalten des Autos mit einem sehr freien hinteren Differential: Kaum berührt man damit in den schnellen Kurven das Lenkrad, schießt das Auto hinein wie eine Gewehrkugel. Wenn es einem gelingt, es so zu fahren, ist es sicherlich schneller, aber man braucht ein hohes Maß an Anpassungsfähigkeit. Ich selbst hatte damit am Anfang meine Schwierigkeiten, aber schon nach kurzer Zeit und mit der Stoppuhr in der Hand musste ich erkennen, dass dies der ergiebigere Weg war. Riccardo hingegen wollte, bevor er den Fuß aufs Gas setzte, das Auto seinen Bedürfnissen entsprechend hergerichtet haben und fragte dabei weniger nach den Bedürfnissen des Autos. Schließlich wurde er sauer, auch weil das Team ihn durch die Montage neuer Reifen und durch die Aufforderung, drei Runden mit voller Leistung zu fahren, unter Druck setzte. Wahrscheinlich hatte er Recht, denn es war so, als hätten sie zu ihm gesagt: »Geh raus und zeig uns, was du kannst.« Aber die Engländer sind ein bisschen so, und auf einmal fügten sie hinzu: »Dann können wir, wenn du willst, versuchen, einen Grand Prix zu simulieren.« Da ging er in die Luft und antwortete: »Ich müsste beim Skilaufen sein mit meinen Söhnen, die Simulation des Rennens ist mir scheißegal. Ihr habt hier euren Testfahrer, nehmt doch ihn!« Der Satz wurde ihm wahrscheinlich ein bisschen falsch ausgelegt, denn Pat Symonds – ich stand genau neben ihm – drehte sich plötzlich zu mir um und fragte: »Willst du den Grand Prix machen?« »Ich zieh mich sofort um«, antwortete ich wie aus der Pistole geschossen.

Bevor die Simulation begann, sagte Symonds höchstpersönlich zu mir: »Du gehst mit den Reifen raus, die wir Patrese montiert hatten: Sie haben erst drei Runden runter. Du fährst weitere zehn Runden mit ihnen, dann kommst du rein, wir tanken voll und du legst los.« In jener Zeit brauchte ich keine besondere Aufforderung, um mein Bestes zu geben, jede Kurve ging ich mit dem Eifer und dem Willen dessen an, der der Karotte hinterherrennt, obwohl er sie noch nie probiert hat. Tatsache ist, dass ich das Unmögliche versuchte und vier Superrunden hinlegte, in denen ich zwei Zehntel schneller fuhr als Schumacher, der bis dahin die beste Zeit gefahren war. Meine Zeit blieb die schnellste aller Benetton-Fahrer an diesem Tag. Am Schluss kam Michael, schlug mir kräftig auf die Schultern und in die Seiten und sagte: »Du alter Bastard, bist stark gefahren heute, was?!« Ich trug eine Sportjacke, die das Team mir erst kürzlich verehrt hatte und auf die ich mächtig stolz war. Ich war noch sehr jungenhaft und konnte es kaum erwarten, mit der neuen Jacke nach Castel Maggiore zurückzukehren, zu Bonini zu fahren und damit anzugeben. Dieser verdammte Michael aber hatte mir ein Ei in die Tasche gesteckt, das bei seinen Schlägen natürlich zerbrochen war. Es war ein hübscher Scherz, und ich versuchte darüber zu lachen. Und doch nahm ich es ihm sehr übel. Ich lief ihm hinterher, aber ich kriegte ihn nicht zu fassen: Zu Fuß war er so schnell wie mit dem Auto. Am nächsten Tag jedoch rächte ich mich. Er bereitete sich auf seine Grand-Prix-Simulation vor. Das Ganze ging damals so vonstatten, dass wirklich alles simuliert wurde: die Einführungsrunde fahren, anhalten an der Startlinie, das virtuelle Aufreihen aller übrigen Konkurrenten im maximalen Zeitlimit abwarten, rotes Licht, den ersten Gang einlegen, Grün: Beschleunigung. Kurz bevor Schumi rausfuhr, hatte es ziemlich stark zu regnen begonnen. Während er auf dem Grid stand und im Geiste auf die Aufstellung der anderen Konkurrenten wartete, rief ich ihn über Funk: »Michael?« Er wandte sich um zur Boxenwand: »Ja?« »Schau wie schön die Farben der Fahne sind!« Ich war zu seinem Motorhome gegangen, hatte alle Kleider nebst einem Paar nagelneuer Schuhe von Boss, die er sich einen Tag zuvor gekauft hatte, genommen und alles, Stück für Stück: Pullover, Hemd, Hosen, Socken und Schuhe, an einer der Fahnenstangen, wie sie auf allen Pisten vor der Startlinie zu finden sind, gehisst. »Bastard, hol sie runter!«, flehte er. Aber er musste losfahren, denn zu jener Zeit war er noch nicht »der« Michael Schumacher und konnte sich nicht erlauben, eine Grand-Prix-Simulation zu unterbrechen, um seine Klamotten zu retten. Jedes Mal, wenn einer den Fleck sah, den das Ei hinterlassen hatte, und mich fragte, was da passiert sei, erzählte ich die ganze Geschichte und spürte erneut den köstlichen Geschmack der Rache.

Abgesehen von diesem studentisch-derben Klima war dieser Testlauf sehr wichtig. An den Boxen war auch Peter Collins, Generaldirektor von Lotus. Ich kannte ihn nicht, dachte, er sei ein Mechaniker, und als er mich fragte: »Möchtest du eine Tasse Tee mit uns trinken?«, antwortete ich, wenn auch nur aus reiner Höflichkeit, dass ich vorbeikommen wolle. Als ich Stunden später das Fahrerlager durchquerte, kam ich auch durch den Lotus-Bereich, ich sah ihn, und er wiederholte die Einladung. Ich ging nun hinein und bemerkte, dass er sich im Team mit absoluter Ungezwungenheit bewegte, so dass ich ahnen konnte, dass er ein hohes Tier sein musste. Ich sah mich in meiner Ahnung bestätigt, als er Platz nahm und auch Peter Wright sich sogleich setzte, ein Lotus-Techniker mit einer legendären Vergangenheit, den ich gut kannte. Collins stellte sich höflich vor und sagte dann in knappen Worten zu mir: »Zu 99 Prozent haben wir Häkkinen an McLaren verkauft. Wir brauchen daher einen Fahrer für das nächste Jahr. Willst du mit uns fahren?« Was für eine Frage! Mit Lotus! Meine Antwort war der ganz ähnlich, die mein Vater in den Zeiten des Kart Mantese gegeben hatte, der ihm 25 Millionen Lire pro Jahr bot: »Gütiger Himmel!« – Als ich Briatore davon erzählte, dem ich in der Zwischenzeit sympathisch geworden war und der mir ein wirklich interessantes Angebot gemacht hatte, war er enttäuscht. Mir gegenüber war er immer sehr ehrlich gewesen. Er hatte zu mir gesagt: »Ich will dir keine Märchen erzählen: Denk nicht, dass ich dir einen Platz für 1993 anbieten kann, ich habe schon Schumacher und Patrese. Ich habe die Absicht, Michael so lange wie möglich bei uns zu halten. Riccardo hat einen Zweijahresvertrag. Aber er ist satt, und wir müssen sehen, welche Motivation er mitbringt, man weiß ja nie. Bleib hier als Testfahrer, ich lasse dir die Freiheit, in Japan in der F 3000 zu fahren. So verdienst du ein bisschen Geld [in der Tat hatte ich ein Angebot über 250.000 Dollar] und dann sehen wir weiter. Ich will dir keine Versprechungen machen. Das Beste, was ich dir geben kann, ist meine echte Begeisterung. Denn das Team hat seine Haltung dir gegenüber verändert: Du fährst gut, und du hast sehr brauchbare technische Hinweise geliefert.« Es war ein sehr realistisches und ehrliches Gespräch. Als ich ihm kurze Zeit später zu erklären versuchte, dass ich zu Lotus gehen wolle, sagte er: »Zanardi, es ist im Leben wichtig, Entscheidungen treffen zu können. Meiner Auffassung nach wäre es die bessere Entscheidung, wenn du bei uns bliebest.« Wer weiß, vielleicht hatte er Recht. Ich aber wollte fahren und entschied anders.

Kapitel 7

Ich unterschrieb bei Lotus, und ich tat es mit Begeisterung. An dem Abend, an dem wir den Vertrag unterzeichneten, blieb ich in Ketteringham Hall, dem Stammsitz des Rennstalls, in Norfolk. Ich blieb dort, weil ich von allem fasziniert war: Hinter jeder Tür, die ich öffnete, und in jedem Raum, den ich betrat, glaubte ich dem Geist von Colin Chapman zu begegnen, dem Gründer des Teams, der zehn Jahre zuvor verschwunden war. Die Aussichten insgesamt waren nicht schlecht: Die Mannschaft hatte 1992 eine optimale Saison gehabt, und ich, der ich in der Formel 1 stets für britische Teams gefahren war, hatte durchaus den Wunsch, im alten England zu bleiben.

Collins bot mir einen Dreijahresvertrag über 100.000 Dollar mit jährlicher Verlängerbarkeit. Auch wenn ich dann in zwei Saisons, abzüglich aller Zahlungen und Rückzahlungen für persönlich übernommene Ausgaben noch nicht einmal die Hälfte davon sah. Als ich unterschrieb, überwiesen sie mir etwa 10.000 Dollar, die zusammen mit dem, was ich schon besaß, mein Bankkonto auf um die 38 Millionen Lire anwachsen ließ. Ich hielt mich sogar für reich. Wenn man bedenkt, dass ich Formel-1-Pilot war, besaß ich nicht gerade viel, aber ich hielt mich trotzdem für reich. Und der Direktor meiner Bank, mit dem ich trotz allem befreundet geblieben bin, empfahl mir, Aktien zu kaufen. Ich klopfte auf Holz und fragte ihn: »Sind Sie sicher?« »Aber ja doch, die Fondiaria sind ein Titel, der sicher ist und große Zuwächse hat.« Ich investierte im großen Stil und setzte auf die Aktien, die mir empfohlen wurden und die einzeln mit einem Wert von 16.500 Lire notiert waren. In der darauf folgenden Woche entschied ich mich, da ich mich noch immer für reich hielt, ein Motorrad zu kaufen: Die geländegängige Cagiva Elefant 900 war gerade herausgekommen, und sie war wunderschön. Ermäßigt kostete sie etwa fünfeinhalb Millionen. Ich rief bei der Bank an und fragte: »Hab ich das Geld noch, oder ist alles in die Aktien investiert?« Und der Direktor antwortete nachdrücklich: »Das Geld für das Motorrad hast du durch mich verdient!« »Wieso?« »Deine Fondiaria sind jetzt 18.900 Lire wert.« »Na also, verkaufen wir sie sofort!« Und er: »Aber nein, bloß nicht! Das ist ein Wertpapier, das sicher mehr als 20.000 bringen wird.« Das Ende vom Lied: Das Papier fiel auf 3.200 und steht heute noch immer bei einem Kurs von circa 5.000 Lire. Alles verloren. Ich wollte es auch nie wieder versuchen, auch nicht in den Neunzigerjahren, als an der Börse alle gewannen. Diese Geschichte hatte mich gezeichnet. Die Aktien besitze ich jedenfalls noch heute: Ich habe sie auf die Seite gelegt, und ich werde sie behalten. Sie müssen wenigstens wieder auf 16.500 steigen, dann verkaufe ich sie. Auch wenn es ein Wertpapier ist, das sicher mehr als 20.000 ...

Abgesehen von finanziellen Katastrophen schien mir die berufliche Wahl, die ich getroffen hatte, doch die beste zu sein. Ich wollte unbedingt die Grand Prix fahren, es war schon zu lange Zeit nichts mehr passiert. Außerdem schien die Mannschaft ziemlich überzeugt davon zu sein, dass das neue Auto der Gegenspieler des Williams werden konnte, der alles abgriff: Das Chassis von 1992, das schon sehr gut war, sollte noch weiter verbessert werden, und während der Motor auch weiterhin der Ford-Cosworth Clienti blieb, sollte ein zukunftsträchtiges System der Aktiven Aufhängung den Unterschied bringen. Schon bei meiner ersten Begegnung damit geriet ich in Verzückung: Das System ermöglichte es, ganz außerordentliche Dinge mit dem Auto zu vollbringen. In der Werkstatt entwickelten die Techniker eine Schnittstelle, die für den Druckausgleich zwischen Motor und Pumpe sorgte, und per Computer begannen sie dann zu »spielen« und dabei die verschiedenen Parameter zu optimieren. Einer dieser Parameter überwachte den Bodenabstand. Mit Hilfe von Sensoren und unter Berücksichtigung der verschiedenen beweglichen Teile des Fahrzeugs, einschließlich der Verformung der Reifen, berechnete der Computer den Abstand des Monoposto zum Boden ständig neu und hielt ihn dabei so konstant wie möglich. Das einzige Problem ergab sich aus der Geschwindigkeit, mit der dieser Ausgleich stattfand: Wenn das System zu langsam reagierte, war es weniger wirksam und das Auto erschien weicher und schwerfälliger. Erfolgte der Druckausgleich hingegen zu rasch, so wurde allen beweglichen Teilen des Fahrwerks Energie zugeführt; wurde diese Energie zurückgegeben, kam es zu einer Kettenreaktion. Um mir diesen Zusammenhang klar zu machen, führten sie einen Test durch, der mich verblüffte: Sie setzen die Parameter hoch auf das Maximum und berührten dann mit einem Finger den Heckflügel. Das System zeichnete die Erschütterung auf und setzte die Aktive Aufhängung in Bewegung, wobei es der Verformung der Reifen »nachfolgte«. Die Reaktion nahm zu, und unter ständig zunehmendem Vibrieren und mit einem Höllenlärm schienen die Räder sich vom Boden zu lösen! Du konntest den Monoposto am hinteren Flügel anfassen und ihn in die Werkstatt schieben, er war wie ein Luftkissenfahrzeug. Und ich war wie verzaubert, vor allem, weil ich mir vorzustellen versuchte, welches Potenzial hier gegeben war und welche Aussichten damit verbunden waren. Das Problem lag nur darin, dass die Techniker in ihrer Begeisterung andere Aspekte außer Acht ließen, darunter die Aerodynamik, die in diesen Jahren eine fundamentale Bedeutung erlangte. Außerdem warfen uns die Komplexität und die Anfälligkeit des Systems noch oft zurück.

Das Jahr war von ständig schwankenden Leistungen geprägt. Wo der Wagen, vor allem im ersten Teil des Jahres, gut lief, wurde ich von Katastrophen oder seltsamen Zwischenfällen getroffen. Wie im Training zum Grand Prix in Südafrika, dem ersten Rennen der Saison: Die Sensoren, die die Beschleunigungswirkung maßen, konnten nicht fest an der Karosserie montiert werden. Sie lagen auf einem Material auf, das dem Schaumgummi sehr ähnlich war, der für Ohrenstöpsel verwendet wird, und das, wenn man es zusammendrückt, aufgrund seiner Elastizität langsam wieder in seine Ausgangsform zurückkehrt. Sein Verhalten aber verändert sich mit der Temperatur. Bei Kälte, wie im Winter in Silverstone, war es sehr starr. In Kyalami, bei 35 Grad Celsius, wurde es extrem weich. So fanden wir uns mit einem Wagen wieder, der auf der Straße nicht zu halten war. Ich versuchte verzweifelt, meine Eindrücke zu erklären, bis ich, als ich in das Cockpit stieg, um den Sitz zu probieren, ganz ohne Absicht an die Halterung der Sensoren stieß, die daraufhin dreimal vibrierte, bis sie wieder stillstand. Ich griff mir Peter Wright und sagte zu ihm: »Peter Wright« – genau so, mit Name und Vorname – »sagen Sie, ist das normal?« Und ihm wurde in diesem Augenblick bewusst, dass wir das Auto auf der Basis von Messungen geeicht hatten, die auf einem Sensor beruhten, der im Warmen vollkommen andere Informationen lieferte. Es war so, als »läse« er in der Kurve eine um das Sechsfache erhöhte Geschwindigkeit: Eine Katastrophe! Mit den neuen Berechnungen und nach dem Austausch des Materials begann ich am Tag des Rennens – ich startete als Elfter – aufzuholen, bis ich an Damon Hill geriet, der mit seinem regenbogenfarbenen Williams debütierte: Ich kam vier Mal an ihm vorbei, und vier Mal überholte er mir auf der Geraden wieder. Beim fünften, allerdings ungeschickten Versuch, gelang es mir nicht, das Überholmanöver zu beenden, und wir landeten beide draußen. Schade, über die Ziellinie fuhr als Dritter Blundell, der ein beträchtliches Stück hinter mir gelegen hatte. In Barcelona fiel in der vorletzten Runde der Motor aus, als ich an fünfter Stelle lag; die Punkte bekam Berger geschenkt, der mir mit seinem Ferrari im Nacken gesessen hatte. In Imola ließ ich mich wie ein dummer Junge von J. J. Lehto hinauswerfen, der mich ausbremste, als ich den vierten Platz schon in der Tasche hatte. In Monte Carlo arbeitete ich mich vom zwanzigsten auf den fünften Platz vor, dann wurde ich in den Unfall von Berger und Hill an der Loews-Kehre verwickelt: ohne selber irgendwo angestoßen zu sein, hing ich zwischen ihnen beiden fest und verlor eine ganze Minute, bis die Streckenposten kamen und die Autos von der Strecke schoben. Inzwischen wurde ich lächelnd von Fittipaldi und Brundle abgehängt, was mich am Ende auf den siebten Platz zurückwarf. In Silverstone fuhr das Auto ausgezeichnet, und am Freitagmorgen brachte ich beim freien Training auf der nassen Piste die drittbeste Zeit zur Anzeige. Das Auto flog geradezu. Ich ging, aufgedreht wie selten zuvor, raus zum nächsten Versuch, ich kam beim Stowe an, und wie in einem Cartoon stand über mir ein Wölkchen: Es regnete nur an dieser einen Stelle. Ich flog von der Strecke, und es kam zu einem kolossalen Aufprall. Benommen, wie ich war, hätte ich nicht mehr weiterfahren müssen, auch wenn ich es dann doch tat und das ganze Wochenende über wie benommen blieb.

Nahmen meine Rennen auch immer wieder ein bitteres Ende, so fuhr unterdessen mein Teamkamerad Johnny Herbert, fleißig wie eine Ameise, die Punkte nach Hause. Ich hatte nach der ersten Hälfte der Saison, und zwar beim zweiten Rennen in Brasilien, erst einen einzigen Punkt gesammelt, während er schon zehn Punkte in der Tasche hatte. Und so verlor ich wieder einmal den Kopf. Mir genügte nicht mehr nur das gute Resultat, das Pünktchen; ich fuhr für einen Podiumsplatz – eine Utopie, ganz klar! Ich baute eine stattliche Serie von Unfällen, den schlimmsten davon in Spa, der allerdings nicht durch meine Schuld zustande kam, sondern dadurch, dass die Aktiven Aufhängungen versagten. Es geschah Freitag beim allerersten freien Training. Der Wagen war konzipiert, um mit Hilfe von hydraulischen Aktoren zu fahren, die auf Basis des von der an den Motor angeschlossenen Pumpe erzeugten Druckes funktionierten. Ein Druckverlust bewirkte, dass der Wagen praktisch absackte: Es gab zwar Sicherheitsfedern, ab einer Geschwindigkeit von 100 Stundenkilometern aber waren sie nicht mehr stabil genug, um dem Anpressdruck entgegenzuwirken. Im Falle eines Schadens machte das Auto folglich eine »Bauchlandung«. In der Praxis sollte eine gelbe Lampe aufleuchten; war der Druckverlust jedoch zu groß, ging das gelbe Licht erst an, wenn das Auto bereits auf dem Boden aufgesetzt hatte. In Spa leuchtete es auf, als ich mich bereits um meine eigene Achse drehte. Und auch, wenn ich nur sehr schwache Erinnerungen an diesen Moment habe, so bin ich mir doch fast sicher, dass mir ein trockenes »*Ma vaff ...!*« entwich.

Es folgte ein Aufprall, der an der Grenze dessen lag, was ein Mensch physisch ertragen kann. Er ging gut für mich aus, und mit jenem auf dem Lausitzring gab es insgesamt zwei dieses Ausmaßes in meinem Leben. Als ich in Spa in die Leitplanke raste, dachten alle, ich sei tot. Kaum war der Helikopter mit mir zum Krankenhaus abgeflogen, sammelte die Mannschaft höchstpersönlich das ein, was vom Auto übrig geblieben war, und vertraute es einem Spediteur an, um es außer Landes zu bringen und eine richterliche Beschlagnahme im Falle meines Ablebens zu verhindern. Ich bewegte mich, als der Rettungsdienst eintraf, war aber nicht bei Bewusstsein. Auch Senna, der mich nur um ein Haar verfehlte, half mir, als ich, ohne jegliche Kontrolle, die Piste überquerte. Ich erinnere mich, dass ich hier zum ersten Mal das gleiche empfand, wie später an dem Tag, als mich meine Frau in Berlin in einem Elektrorollstuhl aus dem Krankenhaus brachte, diverse Apparate und die dazugehörigen Schläuche noch an und in meinem Körper. In Spa, als ich im Helikopter wieder zu mir kam, dachte ich ganz unwillkürlich, wie blau und wunderbar doch der Himmel ist und die Bäume so grün, wie ich sie noch nie gesehen habe. Ich fragte mich, wie es möglich war, dass ich das nie bemerkt hatte, und dachte, wie wichtig sie doch seien, da schon ihr bloßes Ansehen uns sogleich in gute Stimmung versetzen kann. Und ich dachte an die Nichtigkeit dessen, was ich da trieb. Wie dumm dieses Spiel war, diese Herausforderung des Todes. Das Gefühl hielt allerdings nicht lange an. Immer wieder habe ich im Laufe der Zeit den wunderbaren Himmel gesehen und immer wieder die schönsten Bäume; aber ich habe nicht aufgehört zu fahren.

Als Daniela an diesem Morgen im Krankenhaus ankam, war sie

sehr besorgt. Vor allem, weil ich, bevor ich in den Helikopter gebracht wurde, zu ihr gesagt hatte: »Daniela, ich liebe dich. Ich will nicht mehr fahren. Wir heiraten und bekommen Kinder.« Sie, die im Auto hatte nachkommen müssen, erzählte mir, dass sie während der gesamten Fahrt zum Krankenhaus sehr besorgt gewesen war: »Wenn er diese Dinge gesagt hat, ist er nicht bei Verstand, dann ist es etwas Schlimmes.« Kaum war sie angekommen, fragte sie mich dann auch, ob ich in der Lage sei, zu wiederholen, was ich zu ihr gesagt hatte. Ich erinnerte mich nicht mehr. Schließlich fragte sie mich: »Bist du noch immer der Ansicht, dass du mit dem Fahren aufhören willst?« »Aber nein«, antwortete ich, »im Gegenteil! Wenn sie mir morgen sagen, dass ich das Qualifying fahren kann, dann fahre ich.« Sie war sehr erleichtert und kam zu dem Schluss: »Alles bestens mit ihm, er stirbt nicht.«

Als ich wieder bei vollem Bewusstsein war, ging es mir sehr schlecht. Ich konnte mich nicht bewegen und fühlte mich zerschlagen. Sobald ich mich nur ein bisschen bewegte, spürte ich einen furchtbaren Schmerz. Dennoch kam der Chefarzt, der die Untersuchungen geleitet hatte, und sagte mit einer unfassbaren Oberflächlichkeit, dass seiner Ansicht nach alles in Ordnung sei. Er hatte nicht nur nichts dagegen einzuwenden, dass ich das Krankenhaus verließ, sondern gab mir sogar die ausdrückliche Erlaubnis, schon am nächsten Tag den Grand Prix zu fahren. Ich konnte nicht begreifen, wie das möglich sein sollte. Ich fühlte mich einfach zu schlecht. Und natürlich fuhr ich nicht. Am Samstag jedoch verließ ich das Krankenhaus. Wir waren mit dem Wagen nach Spa gekommen, also kehrte ich mit Daniela zurück, die die ganze Strecke am Steuer saß. Die Fahrt nahm kein Ende. Ich hatte ein mörderisches Kopfweh, mir war speiübel, und ich hatte Halluzinationen. In der Zwischenzeit mussten mir sämtliche Äderchen in den Augen geplatzt sein: Die Hornhaut war blutunterlaufen und bot einen eindrucksvollen Anblick. Schließlich traf ich zu Hause bei meiner Familie ein. Ich war erleichtert. Nach einigen Stunden aber begannen alle, sich Sorgen zu machen, weil ich eine Reihe seltsamer Dinge äußerte. Ganz offensichtlich war ich nicht bei mir. Chicco kam zu Besuch und fragte: »Wie geht es dir, Sandrino?« »Ach, du bist hier. Was für ein Getöse ich gemacht habe, hast du gesehen?!« Und ich schlief ein. Plötzlich erwachte ich wieder und wiederholte genau dieselben Worte, bevor ich erneut in meine Erstarrung fiel. Und so ging es weiter. Bis Dr. Costa kam, in Begleitung von Dr. Bollini. Sie gaben mir ein paar Infusionen, und ich blühte wieder auf. So nennt man das. Allerdings musste ich nach etwa zehn Tagen, als ich mich ein wenig besser fühlte, feststellen, dass ich den linken Arm nicht bewegen konnte. Weitere Untersuchungen, darunter eine schmerzhafte Elektromiographie, brachten zutage, dass ich mir ganz unglücklich einen Nerv gequetscht hatte, den, der den Trapezmuskel, die Schulter- und die Rückenmuskulatur versorgt: Die linke Seite war wie gelähmt. Nach den Untersuchungen erklärte mir Bollini: »Der Nerv sendet noch Signale, das bedeutet, er ist nicht durchtrennt. Jetzt musst du entscheiden: Wenn du in Monza fahren willst, musst du bedenken, dass an der betroffenen Stelle der Sicherheitsgurt entlangläuft, was auch der Grund dafür ist, dass es zu dieser Nervenverletzung kam. Vielleicht passiert nichts, vielleicht aber triffst du unglücklich auf einen Abweiser, und der Nerv reißt. Wenn das geschieht, wirst du deinen Arm nie wieder bewegen können; und wenn doch, dann sicher erst nach einer sehr langen Zeit. Wenn du aber jetzt gut zwei Wochen still liegen bleibst, könntest du vollständig wieder genesen.« Ich wollte fahren in Monza; mit seinem Einverständnis hätte ich es gemacht.

Stattdessen fuhr ich als Zuschauer hin, und ich litt sehr darunter. Objektiv gesehen hatte es keinen Sinn, dass ich fuhr. Dieser Ansicht war auch Collins, wenn auch aus anderen Gründen: »Es ist besser, wenn du es lässt«, sagte er, »du bist noch nicht wieder auf dem Posten.« Und er setzte den Portugiesen Pedro Lamy ins Auto. Zusammen mit ein paar Aufnähern, die er an den Seiten trug. Mir wurde klar, dass sie nicht nur an seinem Talent interessiert waren. Das nächste Rennen war in Portugal, und die üblichen gut informierten Journalisten sagten mir, dass Lamy natürlich auch in Estoril fahren sollte, im Grunde war es für ihn ein Heimspiel. Ich wollte das allein schon deshalb nicht glauben, weil ich für dieses Rennen bereit war. Aber es kam dann doch so. Unterdessen erzählte Collins das Übliche: »Schau, Alessandro, es ist zu deinem Besten. Zwischen Estoril und Suzuka liegt eine lange Zeit, in der du dich vollständig wieder erholen kannst. Du hast einen nicht unerheblichen Schlag abbekommen. Du glaubst, du bist wieder in Ordnung, aber du bist es nicht. Auf einem Formel-1-Auto muss man in allerbester Verfassung sein, nicht nur physisch. Du weißt nie, wie du reagieren könntest.« Er verkaufte es mir gut. Und er konnte mich auch deshalb überzeugen, weil ich an ihn glaubte, und weil er hinzufügte: »Weißt du, für uns ist Suzuka sehr wichtig, wir haben eine Menge japanischer Sponsoren. Du musst in Bestform zurückkehren. Auf mir lastet ein enormer Druck bei der Auswahl der Fahrer: Du musst dort eine herausragende Leistung bringen, damit ich dich auch 1994 noch behalten kann.« In der Zwischenzeit war Trevor Foster, mein Ingenieur bei meinem Debüt mit Jordan, als Team-Manager von Lotus übernommen worden. Eine Woche vor der Abreise nach Suzuka organisierte die Mannschaft eine Trainingssession. Ich dachte, es sei ein Test, bei dem ich mir ein bisschen den Rost abklopfen sollte, den ich angesetzt haben konnte, war mir jedoch ganz sicher, dass in Japan ich fahren würde. Am Abend vor dem Training aber luden Collins und Foster mich zum Essen ein. Es schien ein ganz normaler Abend zu werden. Wir sprachen über dies und das, erzählten Witze und Anekdötchen und lachten viel.

Am Ende des Abends, als die Rechnung beglichen wurde, sagten sie: »Ah, entschuldige, wir müssen mit dir noch über eine Sache reden. Es ist ziemlich schwierig für uns, sie dir mitzuteilen, aber leider haben wir keine Alternative. Du wirst verstehen, dass es zu deinem Besten ist und zum Besten des Teams. In diesem Jahr hast du eine Menge Unfälle gebaut, und es gibt unüberhörbare Forderungen unserer Sponsoren: Du bist sehr schnell gefahren, aber Johnny hat mehr Punkte gesammelt. Und du hast nicht das gebracht, was du hättest bringen können.« Nachdem das geklärt war, schlossen sie mit einem kurzen Satz: »Nächstes Jahr wirst du nicht für uns fahren.« Ich dachte, mich trifft der Schlag. Diese ganze Warterei, ausgelöst von ihren schönen Worten und ohne die geringste vertragliche Verbindlichkeit – das Auto war mir sicher, wenn nicht ein Arzt formal eingeschritten wäre –, wurde mir nun auf diese Weise abgegolten. Am Tag vor dem Test, der mich zurück ins Rennen bringen sollte, am Vorabend der Abreise nach Japan, machten sie diesen Scherz mit mir! Meine Verbitterung verbarg ich nicht: »Ich kann nicht glauben, was ihr da sagt. Ich weiß nicht, wie ich das kommentieren soll, ich komme mir beschissen vor! Ich habe den Gerüchten nie geglaubt, die in Umlauf waren, weil ihr mir das genaue Gegenteil erzählt habt. Ich hatte Vertrauen. In Wahrheit aber bin ich ein Trottel, mit dem ihr Euer Spiel gespielt habt, allein nach euren Interessen.« Sie versuchten, etwas zu erwidern: »Aber nein, das ist nicht so. Du musst die Situation begreifen und die Umstände.« Ich ging weg und war verzweifelt. Mit dem Ford Fiesta, den ich gemietet hatte, fuhr ich ein paar Stunden durch die nächtliche Landschaft um Silverstone. Ich fing sogar an zu weinen, denn ich fühlte mich wie in Stücke gerissen. Am nächsten Tag stellte ich mich dem Test mit einer Moral, die am Boden war, aber auch mit der Haltung dessen, der beweisen will, was er wert ist, trotz der Abwertung durch andere. Ich fuhr aus der Box, und auf der ersten gezeiteten Runde – wer weiß, woran ich dachte – drehte ich mich an der vierten oder fünften Kurve um meine Achse, wobei ich den Motor abwürgte. Es war nichts wirklich Gravierendes geschehen, doch sie kamen sofort, um mich zu den Boxen zurückzubringen. Collins war nicht da, und Trevor forderte mich auf, aus dem Wagen zu steigen. Ich stieg aus, und wir gingen zum Lastwagen. In den Minuten, in denen ich auf der Piste geblieben war und auf den Abschleppwagen wartete, hatte er Peter angerufen und gemeinsam mit ihm beschlossen, dass es besser sei, wenn ich den Test nicht fortsetzte. »Wir sind davon überzeugt, dass du dich von dem Unfall psychisch nicht erholt hast«, sagte er zu mir, »noch nicht. Es wird daher besser sein, wenn du eine Pause machst, bevor du noch weitere Schäden verursachst und dich verletzt.« Ich verlor die Nerven und schimpfte wie ein Besessener. Schließlich schlug Trevor vor, von seinem Wagen aus gleich bei Collins anzurufen. Ich hoffte, ihn überzeugen zu können, aber ich musste mir erneut die alte Leier anhören, dass ich noch nicht wieder in Form sei und so fort. Sie bedienten sich meiner psychischen und körperlichen Verfassung, um ihre Entscheidungen zu rechtfertigen.

Ich kehrte nach Hause zurück und schaute mir die beiden letzten Weltmeisterschaftsrennen im Fernsehen an. Nur eine Überraschung am Freitag des Großen Preises von Japan, meinem Geburtstag, richtete mich wieder auf. Wegen der Zeitverschiebung schaltete ich den Fernseher um fünf Uhr morgens ein, um das Training anzuschauen, und durch einen bloßen Zufall begann die Übertragung mit den Lotus-Mechanikern, die eine Zeitanzeigetafel der Box in ihren Händen hielten, auf der zu lesen war: »Happy Birthday, Alice«. »Alice« war mein Spitzname bei Lotus. Es tat mir gut.

Der Winter verging, ohne dass sich mir nennenswerte Gelegenheiten boten, vielleicht auch deshalb, weil ich mich leer fühlte und gar nicht mit der notwendigen Beharrlichkeit nach ihnen suchte. Das, was in den vergangenen Monaten geschehen war, hatte mich verletzt. Dennoch hatte ich Verständnis für Lotus aufgebracht, auch weil sie einer finanziell sehr angespannten Situation steckten, die sich im Übrigen noch weiter verschlechterte. In diesem Jahr hatte Peter Collins mit tausend Schwierigkeiten zu kämpfen. Er hatte, auch in finanzieller Hinsicht, wieder Tritt gefasst und war in das Team zurückgekehrt, das er vor Jahren einmal geleitet hatte, und wieder hatte er all sein Geld dabei eingesetzt. Und wieder verlor er alles. Ich brachte es nicht fertig, wütend auf ihn zu sein; er hatte in gutem Glauben gehandelt, und er tat, was er konnte. Vielleicht war er nicht clever genug, ganz sicher aber war er nicht unredlich. Als schließlich die Würfel gefallen und alle Posten in der Mannschaft besetzt waren, bot Lotus mir eine Stelle als Testfahrer an. Ich sagte zu, es blieb mir auch nichts anderes übrig. Darin bestand dann meine Tätigkeit in den ersten Monaten des Jahres 1994. Und diesmal, im Gegensatz zu meinen Erfahrungen mit Benetton, kam ich häufig zum Einsatz: In fachlicher Hinsicht verließen sie sich sehr auf mich, und so fuhr ich immer sehr viel länger als Lamy. Dadurch war die Atmosphäre im Team etwas angespannt – bis das Unglück seinen Lauf nahm.

Im März stand ein dreitägiger Test mit zwei Autos auf dem Plan. Herbert musste an allen drei Tagen fahren, ich am ersten Tag und Lamy an denen beiden anderen. Pedro beklagte sich darüber, keine Beziehung zu dem Monoposto zu finden, weil er nicht durchgängig habe testen können. Das Team reagierte darauf indem es mich noch öfter zum Einsatz kommen ließ, weil ich brauchbare Hinweise lieferte. Ich fuhr den gesamten ersten Tag, an dessen Ende Lamy schon stöhnte. Also sagte Wright zu ihm: »Auch morgen wird Alessandro anfangen, weil er ein wichtiges Detail testet und eine Beurteilung abschließen muss. Er fährt nur zehn Runden, dann steigst du ins Auto.« Ich blieb den ganzen Morgen und den ganzen Nachmittag auf der Rennstrecke, und ich fuhr auch am Morgen des dritten Tages. Ich eröffnete sogar die Nachmittagstests des dritten Tages. Ich musste zehn Runden fahren, aber es wurden zwanzig daraus, bis sie mich schließlich stoppten. Es waren noch zwei Stunden bis zum definitiven Ende des Trainings. Sitz und Gurte wurden gewechselt, und Lamy sollte das Steuer übernehmen. Ich war bis zu diesem Zeitpunkt mit diesem Monoposto etwa 394 Runden gefahren. Lamy stieg ein, verlor in der ersten gezeiteten Runde den Heckflügel und baute einen schrecklichen Unfall. Auf der langen Geraden, die zur Bridge-Kurve führt, hob das Auto ab und flog über die Sicherheitsnetze hinweg in den Eingang einer Unterführung am Rand der Piste. Ich war bei den Boxen geblieben: Man munkelte, dass Collins ihn rauswerfen wollte, weswegen er die Heulerei bekam. Als ich die Rote Fahne sah, mit der der Test abgewinkt wurde, dachte ich: »Hoffen wir, dass es wegen ihm ist, dass er Blödsinn gemacht und sich in den Sand gegraben hat.« Herbert aber rief über Funk aus dem Wagen, in dem er ihm mit kurzem Abstand gefolgt war: *»Pedro is off, Pedro is off!«* – »Pedro ist raus, Pedro ist raus!« Er hatte gesehen, was passiert war, und angehalten. Jetzt begriffen wir alle, dass es etwas Schlimmeres war als ein normaler Abgang von der Piste. Ich stieg in meinen Miet-Fiesta und fuhr über die Hilfswege des Circuits zur Unfallstelle. Als ich ankam, fand ich den qualmenden Motor, er lag unter der Brücke mitten auf der Piste, als ob er dort zur Schau gestellt werden sollte: nur der Motor. Ich schaute mich um und sah dichten schwarzen Rauch, der aus dem Eingang des Fußgängertunnels kam. Ich stieg aus, ging näher heran und hörte Pedro schreien: Mir lief es kalt den Rücken runter, und ich verfluchte mich für meinen Unkenruf. In diesem Augenblick dachte ich: »Gott, wenn es dich gibt, ich bitte dich um Vergebung. Asche auf mein Haupt für das, was ich gedacht habe, ich hoffe, ihm ist nichts passiert. Beende meine Karriere auf der Stelle, aber rette ihn! Ich werde in keinen Rennwagen mehr steigen, aber rette ihn!« Für mich bedeutete dies das größtmögliche Opfer, es war das Äußerste, was ich zum Tausch anbieten konnte. Aus dem Tunnel schlugen auch Flammen, die sogleich von den Hilfskräften gelöscht wurden. Was war geschehen? Es gab da einen Durchgang für Fußgänger zur Unterquerung der Piste, einige Meter breit und mit Wellblech verkleidet. Mitten durch diesen Tunnel lief ein dickes Stahlrohr, das als Geländer diente. Der Wagen war weggesegelt, auf dem Boden der Unterführung aufgeschlagen und vollständig von diesem Rohr auseinander gerissen worden, wobei Pedros Beine zerschmettert wurden. Er hatte zahlreiche offene Brüche. Ich fühlte mich hundeelend. Später überwand ich mich dazu, ihn im Krankenhaus von Northampton, in das er eingeliefert worden war, zu besuchen. Er war in Anbetracht seiner Lage bei unglaublich klarem Bewusstsein, schaute mich an und sagte zu mir: »Du kannst jetzt zufrieden sein, du wirst ins Auto zurückkehren und wieder fahren ...« Ich fühlte mich unglaublich elend.

Schicksal. Wäre ich auf der Piste geblieben, hätte es mich getroffen. Der Materialverschleiß des Flügels war nicht im Geringsten auf einen Fehler seinerseits zurückzuführen oder auf Einwirkungen von außen. Es musste ihn treffen.

Für die Formel 1 war es eine schreckliche Zeit. Vor diesem dramatischen Nachmittag hatte das Unglückswochenende von Imola gelegen. Am Samstag war ich an der Rennstrecke, ich beobachtete das Training zusammen mit meinem Vater von der Tribüne aus, an der unteren Kurve. Plötzlich hatte Ratzenberger diesen Unfall, die Rote Fahne wurde gezeigt, um das Training abzuwinken, und sie starteten es nicht mehr neu. Mit großer Verspätung erfuhren wir, dass Roland etwas Schlimmes zugestoßen war, dann die Gewissheit: er war tot. Im ersten Augenblick hielt ich es für unmöglich, und das gesamte Wochenende spielte sich am Rande des Wahnsinns ab. Beim Start zum Grand Prix gab es einen Unfall, in den ausgerechnet Lamy verwickelt war: Er prallte auf den Benetton von Lehto, kam auf dem Grid zum Stehen, ein Reifen flog in die Tribüne und verletzte dort einen der Zuschauer schwer. Ich sah dieses Rennen zu Hause bei einem Freund, der in einem Apartment in Bologna wohnte. Nach Sennas Unfall verging einige Zeit. Niemand wusste, was wirklich geschehen war. Mein Freund, der im medizinischen Bereich arbeitete, sagte: »Es hängt davon ab, wo sie ihn mit dem Helikopter hinbringen: Wenn sie mit ihm in Imola bleiben, ist es nicht so schlimm. Wenn sie ihn ins »Rizzoli«-Krankenhaus in Bologna bringen, ist es ein Unglück. Und dann wirst du es merken, denn dann fliegen sie genau über uns drüber.« Zwei Minuten später hörten wir den Helikopter über unserem Dach. Der Rest ist bekannt. Wenn sich eine Sache wie diese ereignet, erscheint dir alles unwirklich. Die Fahrer sind gewissenlos, nicht mutig. Du weißt, es kann etwas passieren, aber du bist davon überzeugt, dass diese Möglichkeit weit von dir entfernt ist, und dass sie, wenn sie einmal näher kommt, niemals dich betreffen wird. Da sind so viele andere, warum ausgerechnet ich?! An diesem Wochenende zeichnete sich so etwas wie eine göttliche Bestrafung ab: Weil geschah, was geschah, vor allem aber, weil es der Beste von allen war, den es traf. Paradoxerweise jedoch war dies einer von jenen Vorfällen im Leben, die dir auch Zuversicht geben. Denn wie tragisch dieses Wochenende von Imola auch gewesen sein mag, aus meiner Sicht war es doch ein Zeichen der Hoffnung. Es gab mir den Glauben, dass es sich nicht einfach nur um einen Zufall gehandelt hatte und dass wirklich eine höhere Macht existiert. Das, was in diesen Wochen in der Formel 1 geschah, diese Unfälle am laufenden Band, diese Tragödien und diese Schrecken, waren kein Zufall. Es war, als wollte eine Hand von oben die Karten neu mischen, um uns daran zu erinnern, dass wir nicht die Kontrolle über alles haben können. Diese Ereignisse führten uns vor Augen, dass wir kleine und bedeutungslose Wesen bleiben, Wesen, die in diesem Leben nur auf der Durchreise sind, und dass es jemanden gibt, der über uns steht, und dass etwas nach uns kommt.

Als sich Lamys Unfall in Silverstone ereignete, waren schon vier Rennen ausgetragen worden. Ich nahm seinen Platz ein und fing abermals in Barcelona an, dem Ort meines Formel-1-Debüts. Das Auto, das bis zu diesem Augenblick gefahren war, der 107B des Vorjahres, lief schlecht: In den Tests hatten wir große Probleme mit der Festigkeit des Chassis entdeckt, vom Rest ganz zu schweigen. Für Spanien war der neue 109 fertig, allerdings nur ein einziges Exemplar, das selbstverständlich Herbert überlassen wurde. Es machte mir nichts aus: Ich hatte eine solche Lust zu fahren, dass mir auch eine Krücke recht war, zu alt, zu lang und zu schwer. Tatsächlich bedeutete das Chassis des 109 einen riesigen Schritt nach vorn. Hätten wir es sofort mit dem Motor von Mugen-Honda verbinden können, der zum Ende der Saison eintraf, wäre es sehr zufrieden stellend gewesen. Stattdessen hinkten wir ständig der Zeit hinterher. Am Vorabend des Grand Prix, als ich total aufgedreht war und den Start kaum erwarten konnte, herrschte ein großes Durcheinander. Es wurde eine Art Streik organisiert, der aber wenig Erfolg hatte. Der eine ging auf die Piste, der andere nicht; wir waren unter denen, die nicht fahren sollten. Gegenstand der Beschwerde war die im Handumdrehen vorgenommene Einführung wichtiger Änderungen des Reglements, wie zum Beispiel die Form der Diffusoren nach der dramatischen Serie von Unfällen in den vorangegangenen Wochen. Aber niemand hatte genügend Zeit gehabt, ausreichend Testfahrten durchzuführen. Ursache der Empörung waren Sicherheitsgründe. Außerdem hatten sich die Organisatoren noch eine »Schikane« ausgedacht, die aus Reifen bestand, die eine Gerade unterteilten – wirklich unfassbar. Nach einer Reihe von Diskussionen und Drohungen wurde schließlich gefahren. Und es gelang mir sogar, den Grand Prix zu beenden, auch wenn das Auto hart an der Lächerlichkeit vorbeischrammte. Es genügte, daran zu denken, dass Papis die Pole für das F-3000-Rennen holte, das er auch gewann, und zwar in einer Zeit, die nur eine halbe Sekunde unter der lag, die ich im Training erzielt hatte. Dieses Fahrzeug war eine Katastrophe und ruinierte uns die gesamte Saison. Wir wussten, was nicht lief, aber wir hatten kein Geld, es zu beheben. Und das, was wir herstellen lassen konnten, traf stets mit Verspätung bei uns ein. Wir verbrachten die gesamte Weltmeisterschaft damit, nutzlose Platzierungen zu sammeln, neunte Plätze, die nichts wert waren. Weder ich noch Herbert brachten etwas Gescheites zustande. Wenigstens aber hatte er sich im Jahr zuvor ins rechte Licht gesetzt. Und außerdem schaffte er es, sich jederzeit gut zu verkaufen.

Ich schleppte mich weiter müde durch das Jahr. Häufig war ich in England und versuchte, ihnen zu helfen. Ich versuchte auch, Geld zu beschaffen – das allerdings nie kam. Um etwas einzusparen – ich hatte wirklich keine Lira mehr –, war ich nach dem Grand Prix von Deutschland mit meinem Privatwagen direkt zum Grand Prix in England gefahren. Nach dem Rennen von Silverstone standen nämlich Testläufe in Snetterton an. Nachdem die Tests beendet waren, setzte ich mich um sechs Uhr abends ans Steuer – die

Rennstrecke lag in der Gegend von Norwich –, um um halb zehn Uhr am nächsten Morgen in Padua anzukommen. Trotz allem fühlte ich mich glücklich und ungebrochen optimistisch, ich konnte nicht sehen, dass es mit meiner Karriere bergab ging. Und ich versäumte auch keine Gelegenheit, die Mannschaft anzuspornen. In Silverstone war Roberto Trevisan mir zu Hilfe gekommen, den Collins sehr schätzte, auch wenn die anderen Ingenieure des Teams wütend darüber waren. Er hatte interessante Anregungen gegeben, und das Auto wurde immer besser, auch wenn während des Rennens immer wieder etwas – ich kann gar nicht mehr sagen, was – entzweiging. Unmöglich, konkurrenzfähig zu werden. Die letzte Selbsttäuschung war Monza. Schon seit einiger Zeit war ständig von einem neuen großartigen Motor gesprochen worden, den uns Mugen-Honda zur Verfügung stellen sollte, auf den wir jedoch lange vergeblich warteten. Er war gerade rechtzeitig zum Grand Prix von Italien fertig, ich probierte ihn eine Woche vorher in Silverstone, und er lief verteufelt gut! Geradezu beängstigend! Außer den 1.000 Umdrehungen, die er zusätzlich machte, war das Verhalten des Autos überwältigend: Bei diesem Test in Silverstone, bei dem praktisch alle zugegen waren, wurde die viertbeste Zeit für mich angezeigt. Es war ein Triumph für uns. Aufgedreht wie noch nie präsentierten wir uns in Monza. Dort aber kamen mir die ersten seltsamen Reden zu Ohren, die übliche Leier: »Weißt du, es könnte sein, dass nur ein einziger Motor dort ist. Aber wir wissen noch nicht, wem wir ihn geben. Es ist natürlich deine Hausstrecke, wir werden daran denken.« In der Art ging es weiter. Ich, der ich meine Pappenheimer kannte, begann mir Sorgen zu machen. Ein Vertreter von Honda versuchte mir zu erklären, dass es nicht leicht war, mit dieser Situation umzugehen. Es war keine Frage der Begünstigung, sondern der Logistik: Für einen Motor in der Qualifikation brauchte man einen in Reserve, und für den im Rennen einen weiteren als Ersatz. Außerdem war für diesen Motor ein neues Getriebe gebaut worden, produziert im Hause Lotus. Am Ende stellte sich heraus, dass Mugen-Honda mit relativ geringer Mühe uns beiden den für dieses Rennen benötigten Motor hätte liefern können. Tatsächlich hatten Peter Collins und seine Leute, die nicht in der Lage waren, rechtzeitig zwei Getriebe herzustellen, die Geschichte mit dem Motor nur als Alibi gebraucht. Ich machte ein Riesentheater, um endlich etwas zu bekommen, ich rief in Japan an und bestand auf allem und jedem. Es war das einzige Mal in meinem Leben, dass ich so etwas machte; ich erreichte jedoch nur, dass ich als Trottel dastand, denn natürlich bewirkte ich gar nichts.

Ironie des Schicksals: Das Ersatzgetriebe traf in letzter Sekunde ein. Aber auch das war an Herbert geschickt worden, dem sie alle Neuerungen anvertraut hatten. Ich verlangte, dass sie es mir wenigstens für das Qualifying einbauten. »Was macht das schon«, sagte ich, »wenn ich morgen nicht damit fahren kann?! Wenn seins kaputtgehen sollte, nehmt ihr es mir eben wieder weg, und ich baue das alte ein. Aber wenigstens können wir dann beide ein gutes Training fahren.« Es war nichts zu machen. Am Ende fuhr er die viertbeste Zeit, ich die dreizehnte. Beim Vergleich der Telemetriedaten aber war zu sehen, dass er an bestimmten Stellen, beispielsweise in den beiden neuen Kurven von Lesmo, klar den Kürzeren zog, und auch aus den Schikanen kam ich mit einem deutlichen Vorsprung. Monza war für mich wie maßgeschneidert, und an diesem Tag – aus Wut oder wer weiß warum – holte ich das Letzte aus dem alten Auto heraus: Allein in Lesmo hatte ich ihm etwa sechs Zehntel abgenommen. Beim Vergleich nach den Vorrunden biss Peter Collins sich leicht in die Hand. Johnny lag tatsächlich 490 Tausendstel hinter Alesi, der die Pole errang. Die Leistung des neuen Motors war der Grund für wenigstens eine halbe Sekunde zwischen meinem Auto und dem von Herbert. Zählten sie die Zehntel hinzu, die ich ihm in der Kurve abgenommen hatte, konnten sie begreifen, dass ich mit in der ersten Reihe hätte starten können, wenn nicht sogar vor allen. Wer weiß, vielleicht hätte das Auto dann im Rennen, wie es oft geschieht, nicht durchgehalten. Für Lotus aber hätte die Pole einen großen Coup bedeutet. Wer weiß, vielleicht wäre damit in meiner Karriere etwas anders gelaufen, mit Sicherheit aber hätte es etwas am Schicksal der Mannschaft geändert und ihr ermöglicht, einen bedeutenden Sponsor zu finden. Aber es lief eben nicht so.

Das Ende des Jahres 1994 begann auf traurige Weise dem Ende der Vorjahres zu gleichen. Schon in Belgien, fünfzehn Tage vor Monza, hatte das Team mich durch den kaum bekannten einheimischen Fahrer Philip Adams ersetzt. In Ungarn hatte Collins mich beiseite genommen und mir anvertraut: »Alex, beim nächsten Rennen fährst du nicht.« Heftige Diskussion, auch wenn ich aufgrund meiner Erfahrungen sofort begriff, wie es laufen sollte: »Ich muss den hier in das Auto setzen«, hatte mir Peter erklärt, »ich brauche Geld.« Wenigstens aber hatte er diesmal die bittere Pille mit einigen Komplimenten garniert, denn ich fuhr sehr gut, ich war als Fahrer wie verwandelt. Er hatte mir gesagt, dass es nur am Auto gelegen habe, wenn ich keine sensationellen Resultate erzielt hatte; dass ich sogar besser führe als Johnny, dass der Engländer jedoch, summa summarum, den für das Team wertvolleren Namen habe. Irgendwie verdaute ich die Sache, ich war gar nicht einmal so sehr an die Decke gegangen und hatte ihm lediglich geantwortet: »Hör zu, seltsam ist das schon: Zum x-ten Male muss ich einem anderen Platz machen. Ich hoffe aber, dass du mir wenigstens von dem Geld, das Adams mitbringt, einen Teil von dem bezahlst, was du mir schuldest.« »Ich gebe dir mein Wort«, hatte er gesagt, »am Montag bekommst du eine Gutschrift über 50.000 Dollar.« Gesehen habe ich sie nie. Auch weil das Team wenig später einer Konkursverwaltung unterstellt wurde. Adams bezahlte keine Lira. Ich hatte den Schaden und sorgte auch noch für Spott, denn ich fuhr, in Belgien und dann in Portugal, zwei fade Rennen. Ich gab mich mit wenig zufrieden: Mir gefiel ein großes Spruchband, das Fans am Zaun vor der Boxengasse in Spa angebracht hatten und auf dem stand: »*We want Zanardi back.*« – »Wir wollen Zanardi zurück.« Das genügte, um mich anzutörnen.

Gleich nach Portugal legte Briatore ein Angebot zur Auflösung des Vertrages mit Herbert vor, der sich außerordentlich begeistert zeigte, die Zelte abzubrechen. Die Vertragsauflösung war mit einer finanziellen Entschädigung verbunden, weswegen die Verwalter sofort einverstanden waren und ihn gehen ließen. Johnny fuhr den Grand Prix von Europa in Jerez am Steuer eines Autos von Ligier, wo Briatore zu dieser Zeit das Sagen hatte, und die beiden letzten Saisonrennen im Benetton an der Seite von Michael Schumacher. Bei Lotus gab es unterdessen eine grundlegende interne Revision, und Peter Collins wurde die alleinige Entscheidungsgewalt entzogen. Im Zuge der Umgestaltung tauschten sie auch meinen Pisten-Ingenieur aus, und mir wurde Jock Clear zugeteilt – später legendärer Techniker von Jacques Villeneuve –, mit dem ich viel zu lachen hatte. Ich wurde die Nummer eins, allerdings einer jetzt orientierungslosen Mannschaft. Für das Rennen von Jerez wurde Eric Bernard engagiert, ein Franzose, der ausgerechnet von Ligier kam. Er fuhr ein mittelmäßiges Rennen, und ich blieb während des gesamten Wochenendes vor ihm. In Japan und Australien hingegen wurde Mika Salo eingesetzt, der durch seine Teilnahme an den Japanischen Meisterschaften in der F 3000 sehr gut vorbereitet war und die Piste von Suzuka ausgezeichnet kannte.

Ende März hatte mein Vater gesundheitliche Beschwerden, typische Probleme bei einer Prostata-Vergrößerung. Einige Tage später vertraute er sich mir und meiner Mutter an und wir nahmen ihm das Versprechen ab, sich von einem Spezialisten untersuchen zu lassen. Schon während der Untersuchung wurde festgestellt, was er hatte. Aber der Professor sagte zu ihm: »Schauen Sie, Sie haben die besten Chancen bei einer Operation: An einem Tumor der Prostata stirbt heute fast niemand mehr, vor allem, wenn er rechtzeitig entdeckt wird. Und den Ihren haben wir rechtzeitig entdeckt. Sie haben zwei Möglichkeiten: Sie können sich nach Maßgabe der Krankenversicherung operieren lassen. Ich empfehle allerdings, den Eingriff frühzeitiger und gegen Bezahlung zu machen. Kommen Sie in meine Klinik, und wir operieren Sie unverzüglich.« Er kam nach Hause und erklärte uns alles. »Lass dich sofort operieren«, war unsere Antwort, »wenn nötig, verkaufen wir das Apartment, wir finden einen Weg.« Er unterzog sich dem Eingriff Anfang Juli, und es schien, als verlaufe alles gut. Ende August aber hatte er erneut Beschwerden und ging zur Nachuntersuchung. Der Professor, der ihn operiert hatte, war im Urlaub. Sie verschrieben ihm Cortison: »Es ist nur eine Entzündung, machen Sie sich keine Sorgen.« Vom Startplatz in Modena schickte ich ihm durch das Mikrophon des Fernsehsenders eine Botschaft: »Steh auf, komm raus aus dem Bett, dir fehlt nichts!« In Wahrheit war er gerade zur Untersuchung ins Krankenhaus eingeliefert worden: Leider war der Tumor nicht auf die Drüse beschränkt gewesen, sondern hatte gestreut und sich rasend schnell ausgebreitet. Die Leber war voller Metastasen und nicht mehr operabel. Ich erfuhr es vom Professor, Papà aber erfuhr es nicht. Einige Tage später gab er mir auf einem gemeinsamen Spaziergang in aller Ruhe und Klarheit ein paar Ratschläge für die Zukunft. Allein durch Nachdenken und durch die Kraft seiner Vorstellung hatte er alles begriffen. Er war klarer als ich selber. Auch wenn ich um seinen Zustand wusste, blieb ich doch davon überzeugt, dass er sich nochmals und nochmals über mich lustig machen werde. Auch als er die Augen für immer schloss, wartete ich darauf, dass er sie wieder öffnete und ausriefe: »Buh! Es war nur ein Scherz!« Denn für mich war er der Mann, der sich vor nichts fürchten musste. Er, der mich schon als kleines Kind auf seinen Schultern getragen und mich beschützt hatte. Màmma steht für die Belehrung, die Erziehung, die Zuneigung, die Liebe. Aber ein Vater ist die Mauer, die niemand zu übersteigen wagt, er ist derjenige, der das Tüpfelchen auf das »i« setzt, der das Spiel bestimmt. Ich hatte immer eine unfehlbar funktionierende Maschine in ihm gesehen, die durch nichts zerstört werden konnte. Stattdessen wurde er nun von dieser Krankheit aufgezehrt. Die Würde eines so starken und vitalen Mannes wurde mit

Füßen getreten von etwas, das ihn ans Bett fesselte und ihn nach und nach erlöschen ließ. Es war schrecklich, dieses Leiden mit anzusehen, das sich mir in all seiner Dramatik erst später enthüllte. Ein Sohn tut sich schwer damit, an den Schmerz eines Elternteils zu denken oder ihn sich vorzustellen: Er ist es gewohnt, von ihm beschützt zu werden, und nicht, ihn zu beschützen.

Mein Vater zeigte Stärke bis zum Schluss. Eines Tages klingelte im Krankenhaus das Telefon; es war Peter Collins, der mir bestätigte, dass ich in Japan fahren sollte. In Anbetracht des Augenblicks suchte ich Ausflüchte. Mein Vater aber verfolgte das Gespräch mit und sagte: »Was auch immer geschieht, du musst dort hinfahren, denn hier geht es um deine Karriere.« Ich beendete das Gespräch, er aber insistierte und wurde dabei fast sogar wütend. In der letzten Woche konnte er nicht mehr denken, er hatte Mühe zu sprechen und war nicht mehr bei sich. Er starrte mich an und sagte nichts, denn er war nicht klar bei Bewusstsein, sein Blick abwesend. Unvermittelt kam er wieder zu sich, nur um mir zu sagen: »Sei nicht dumm, was auch immer geschieht, du fährst nach Japan. Und versuche, gut zu fahren.« Dann fiel er sofort wieder in Apathie. Er starb am 27. Oktober; ich sollte am 30. nach Suzuka abreisen. Bisweilen kommt es mir vor, als sei er so zeitig gegangen, um mir den Weg zu diesem Grand Prix freizumachen. Ich brauchte lange, um mich wieder etwas besser zu fühlen. Unter dem Schmerz und der Trauer aber begannen allmählich die tieferen und schöneren Erinnerungen hervorzutreten. So viele Dinge und so viele seiner Verhaltensweisen wurden mir nun verständlich. Und nachdem Niccolò geboren war, habe ich noch mehr verstanden: Wenn ich mich nach meinem Sohn sehne und ihn einfach nur küssen möchte, dann begreife ich, was mein Vater von mir gewollt hat. Und ich kann seinen Stolz, seine Freude und noch andere seiner Empfindungen erahnen, die in ihm aufkamen, wenn er mich beispielsweise ein Rennen gewinnen sah. Solche Augenblicke haben wir gemeinsam durchlebt. Und das tröstet mich. Mein Vater war ein Phänomen, und für mich wird er immer eines bleiben. Wie im Übrigen auch meine Mutter. Ich schaute ihr in die Augen, und sie gab mir zu verstehen, dass sie in der Lage war, allein zu bleiben. So reiste ich ab nach Suzuka.

Dieser Große Preis von Japan war so etwas wie die Offenbarung von Lotus in der Saison 1994. Im Training war ich die achtzehnte Zeit gefahren und hatte dabei Salo zwei Sekunden abgenommen. Ich hatte die Hoffnung, etwas Gutes zustande zu bringen, und tatsächlich machte ich am Anfang einige Plätze gut. Ich kämpfte wie ein Löwe. Dann begann es zu regnen, alle fuhren raus zum Reifenwechsel, es gab mehrere Abgänge von der Piste, und das Safety Car kam zum Einsatz. Ich fuhr an die Boxen, um zu tanken, während alle verlangsamten und es sich bequem machten. Wir sahen diese Aktion voraus, denn ich war in der Lage, die Position mit neuen Reifen und vollem Tank zu halten. Doch unvorhergesehenerweise begann das Auto hinten immer leichter zu werden. Als ich zum zweiten Boxenstopp anhielt, stellten sie fest, dass das Heck sich löste. Nach zwei weiteren Runden verlor ich einen Rückspiegel. Über Funk rief ich das Team und fragte, was ich machen sollte. »Fahr weiter«, antworteten sie, »man weiß nie, was kommt, halt durch!« Ich fuhr vier, fünf, sechs Sekunden langsamer als die anderen: ein Kühler verlor Wasser, eine Bodenplatte war kurz davor abzureißen. Dann flog auch der andere Spiegel weg. Ich wollte aufhören, es war zu gefährlich. Als ich auf der langen Geraden war, hörte ich über Funk: »Oooh, Achtung, Achtung! Hill und Schumacher kommen, sie sind hinter dir!« Sie lieferten sich einen Zweikampf um den Weltmeistertitel. »Oh Gott, oh Gott, oh Gott«, begann ich zu rufen. Ich sah mich schon einen von ihnen beiden von der Piste befördern und von der ganzen Welt beschimpft werden. Also wich ich von der Ideallinie ab, um ihnen nicht im Weg zu sein. Aber die beiden kamen nicht näher. »Wo zum Teufel sind sie? Sagt mir, wo sie sind!« Ich hielt durch bis zur Ziellinie und beendete das Rennen sogar als Dreizehnter, zwei Runden vor Damon Hill.

In Australien qualifizierte ich mich als Vierzehnter, und hier betrug der Vorsprung auf Salo zweieinhalb Sekunden. Ich machte rasch einige Plätze gut, war Siebter und kämpfte mit Zähnen und Klauen. Ich war total aufgedreht und phantasierte: »Vielleicht schaffe ich es, einen Punkt nach Hause zu bringen, und rette das Team.« Plötzlich war ich an der ersten Schikane, das Gaspedal blockierte, und ich prallte mit einem fürchterlichen Schlag gegen den Abweiser. Ich fuhr die gesamte Runde zu Ende, indem ich die Zündung ein- und ausschaltete, bis ich endlich an die Boxen kam, wo sie einen Blick auf das Auto warfen. Sie sprühten ein bisschen Öl auf die Drähte, und ich fuhr wieder los. Es schien nicht so schlimm zu sein. Der Defekt wiederholte sich jedoch an derselben Stelle, und ich machte einen weiteren Satz. Ich fuhr an die Boxen, und sie ließen mich aussteigen: Der Gaszug war gebrochen. Eine Stunde später schlenderte ich traurig und untröstlich durch das Fahrerlager, als Jock Clear zu mir kam: »Du denkst, du hast Pech gehabt, stimmt's?«, fragte er mich. »Ja, ich habe wegen eines blöden Schadens aufgegeben, und für uns war das wirklich die letzte Chance.« »Komm mit mir.« Er ging mit mir hinter das Auto und zeigte mir die beiden Hilfsrahmen des Heckflügels: Sie waren vollständig geborsten, noch eine Runde, und der Flügel wäre weggeflogen wie der von Lamy. Und es wäre auf der sehr langen Geraden von Adelaide passiert, das Auto hätte abgehoben und wäre wer weiß wo gelandet.

So ging es zu Ende: schlecht. Ich war vertraglich an Lotus gebunden und der Rennstall war gescheitert, als ich nicht mehr die Möglichkeit hatte, eine Mannschaft zu suchen. Die Wahrheit ist, dass ich in diesem Jahr, obwohl ich sehr gut gefahren war, nichts erreicht hatte, was im Hinblick auf mein Fahrerimage erinnernswert gewesen wäre. Im Gegenteil: Ohne dass die Einzelheiten dessen, was passiert war, bekannt waren, machten mich die Tatsachen sicherlich nicht attraktiv für ein neues Team. Die Zeit verging unerbittlich, und die Möglichkeiten, etwas zu erreichen, schwanden zusehends. Lotus starb, und ich überlebte. David Hunt übernahm alles, aber auch das brachte keine Rettung. Ich hatte noch immer den Wunsch, Peter Collins zu fragen: »Sollte nicht am Montag diese berühmte Überweisung kommen?« Er rechtfertigte sich, indem er sagte: »Ich bin so blöd, dass ich nicht einmal mir selber eine ausgestellt habe. Ich habe Geld verauslagt, und sie haben mich nicht bezahlt.« Ich kann nicht sagen, ob das stimmte. Mit Sicherheit aber wusste ich, dass er mich nicht bezahlt hatte. Mich, der von den 48.000 Dollar, die sie mir im Laufe von zwei Jahren tatsächlich überwiesen, alle Dienstreisen innerhalb Europas selber bezahlt und der in Spa sogar riskiert hatte, sich umzubringen.

Kapitel 8

Ich blieb mit einem Gespenst verbunden und wartete auf ein Wunder, das natürlich nicht eintrat. Als Lotus den Laden dichtmachte, versuchte ich, wenn auch mit wenig Zuversicht, ein anderes Team zu finden. Aber ich habe die Sache nicht weiter verfolgt. Ich erinnere mich an ein Telefonat mit Peter Sauber, Chef des gleichnamigen Teams: »Ich bin Alessandro Zanardi, kann ich mit Herrn Sauber sprechen?«, fragte ich die Sekretärin, die mir am Telefon antwortete, auf Englisch. Nach einigen Sekunden des Wartens hörte ich: »Peter Sauber.« Und ich: *»Hello, Mister Sauber. Do you speak English?«* – »Seien Sie gegrüßt, Herr Sauber, sprechen Sie Englisch?« »Nein!«, sagte er. »Ah, okay«, gab ich zurück. Und das war alles. Dieses Telefonat ließ meine Moral noch tiefer in den Keller sinken und überzeugte mich, dass ich mir keinen großen Gefallen damit getan hätte, mein eigener Manager zu werden: In der Formel 1 hatte ich mir ein wenig die Finger verbrannt, und die Tür für mich war, jedenfalls in diesem Augenblick, verschlossen. Mit der Unterstützung eines großen persönlichen Sponsors hätte alles anders ausgesehen, aber die Vergangenheit hatte gezeigt, dass es mir eben nicht gelang, einen zu finden. Als die Weltmeisterschaft 1995 begann, stand ich einmal mehr auf der Straße. Ich war auch in England gewesen, um den Mann zu treffen, der mir im Laufe der Jahre ein Freund geworden war: Rick Gorne, der Kaufmännische Direktor von Reynard. Ich sprach mit ihm, um zu sehen, ob eine Möglichkeit in der japanischen F 3000 bestand, einer Klasse, die im Fernen Osten viele Anhänger hatte, in der gute Fahrer sehr hohe Gagen erzielten und in der Reynard als Lieferant von

Chassis für etliche angesehene Teams vertreten war. Unbewusst aber werde ich wohl gehofft haben, ohne Beschäftigung zu bleiben: In Japan zu leben, war sicherlich keine besonders reizvolle Perspektive; andererseits war ich mir bewusst, dass ich in Anbetracht der Tatsache, dass meine Karriere an einem Scheideweg angelangt war, jede Gelegenheit akzeptieren musste, die sich mir bot. Rick sagte zu mir: »Es ist traurig, dich auf der Suche nach Arbeit hier vor mir stehen zu sehen: Was für eine Talentverschwendung! Aber ich kann keine Stelle herbeizaubern. In diesem Jahr ist es schwierig. Aber ich werde dich wissen lassen, wann der richtige Zeitpunkt sein könnte. Du kommst dann zu ein paar Rennen in die USA, ich stelle dir einige Leute vor, und dann, eins zieht das andere nach sich, sehen wir weiter.« »Wie, in die USA?«, fragte ich. »Ja, nach Amerika, zu den Indycars!« Das war eine so verlockende Aussicht, dass ich nicht einmal im Traum daran gedacht hatte. Ich hatte vollkommen vergessen, dass Reynard als Lieferant von Chassis auch bei dieser Meisterschaft präsent war, die sich später F-Cart-Serie nannte, und dass folglich Rick und Adrian Reynard in dieser Branche bekannte und geschätzte Personen waren. Ich fragte daher Gorne: »Aber glaubst du denn, dass ich beim Indycar eine Chance habe?« »In diesem Jahr nicht, die Würfel sind schon gefallen. Aber wenn du Vertrauen hast, versuchen wir es in der nächsten Saison. Du hast doch Gil De Ferran gesehen, oder? Er ist schon zu mehreren Rennen gekommen, und wir haben ihm einige Leute vorgestellt. Dann hat Jim Hall ihn einen Test machen lassen, er hat gut abgeschnitten, und nächstes Jahr fährt er! Seine Erfahrung wird sogar wichtig für dich sein: Sollte er eine gute Saison haben, wird er den Horizont derer beträchtlich erweitern, die glauben, dass nur routinierte Piloten Erfolg in der Indycar-Serie haben können.«

Im Nachhinein betrachtet hätte Rick kein besserer Prophet sein können, aber 1995 war nichts mehr zu machen. So hatte ich ein Jahr völlige Ruhe. Ich verbrachte meine Zeit mit dem Versuch, mich körperlich fit zu halten für den Fall, dass jemand nach mir gefragt hätte, und die erzwungene Pause bekam mir gut. Nach dem Tod von Papà war ich deprimiert und müde, es fiel mir schwer, alles ganz allein anzupacken. Ich hatte Lust aufzuhören, in der Nähe meiner Mutter zu bleiben und zu Hause wieder etwas mehr Wurzeln zu schlagen. Ich wollte Ferien machen, mit Freunden zusammen sein, Motorrad fahren, den ganz normalen Aktivitäten eines jungen Mannes nachgehen, der ich ja nun einmal war. Es war ein schönes und nützliches Jahr: Ich konnte meine Batterien wieder aufladen, und das hatte ich auch nötig. Die Aussichten waren nicht rosig, aber das beunruhigte mich nicht: Über das Morgen habe ich mir nie Gedanken gemacht. Während dieser erholsamen Pause erlangte ich mein Gleichgewicht wieder, ich organisierte mein Leben neu und pflegte alte Freundschaften, die mir wichtig waren. Wie die mit Filippo.

Filippo wäre ein eigenes Kapitel wert, er ist wirklich der sympathischste und unterhaltsamste Mensch, den ich je kennen gelernt habe. Ich habe zufällig aus den Augen verloren und später wiedergefunden, und ich bin dem Schicksal dankbar, dass es uns ausgerechnet in diesem Jahr wieder zusammengebracht hat, denn heute sind wir unzertrennlich. Ich fuhr gerade durch die Gegend bei Bologna, als ich im Rückspiegel die unablässig aufblendenden Scheinwerfer eines Autos sah, das mir folgte. Zu den Lichtsignalen kam ein beständiges Hupen, was darauf beruhen mochte, dass ich keinerlei Anstalten machte, langsamer zu fahren. In dieser Zeit fuhr ich ziemlich unvorsichtig, und oft geschah es, dass ich mit meinen Manövern andere Verkehrsteilnehmer irritierte. Ich nahm daher an, dass der mir folgende Autofahrer lediglich versuchte, mir eine Art Denkzettel zu verpassen. So fuhren wir einen guten Kilometer. Dann hielt ich an einer Servicestation an, stieg aus, war ziemlich aufgebracht und fragte: »Was ist denn jetzt das Problem?!« Ich mäßigte meine Ausdrucksweise, als ich merkte, dass sich vor mir ein Rasender aufbaute, der doppelt so groß und so breit war wie ich: »Zanardi, ich bin Filippo!« »Welcher Filippo?« »Filippo Zanelli!« Die letzte Erinnerung, die ich mit

Filippo verband, ging auf die Schulzeit zurück: eine Bohnenstange in Hippiekleidern mit langen Haaren und entfärbten Jeans der Marke »Hochwasser«. Unten so eng, dass er, um mit dem Fuß hindurchzukommen, einen Löffel zu Hilfe nehmen musste. Nunmehr stand ich einem Furcht einflößenden Ringer gegenüber, mit sonnengebräuntem Gesicht, kurzem gegeltem Haar, in einem dunklen Anzug und mit einer Brille, die ihm das Aussehen eines erfolgreichen Managers verlieh. »Filippo? Filippo Zanelli? Das gibt's doch nicht!«, war meine Antwort. Er brach in ein Lachen aus, und das nahm mir auch noch meine letzten Zweifel, denn sein Lachen erkannte ich wieder. Zwei Abende später saßen wir zusammen mit anderen Freunden in einer Osteria auf den Hügeln bei Bologna und erzählten uns Geschichten aus der Schulzeit. Zwischen zwei Tellern Tagliatelle und einem Glas Roten knüpften wir an eine Freundschaft an, die zu vergessen eine Sünde gewesen wäre.

Wir haben uns im »Galilei« kennen gelernt, als meine Eltern mich an dieser staatlich nicht anerkannten Schule für Vermessungstechnik einschrieben. Er kam zwei oder drei Monate später, nachdem er bereits ein anderes Institut besucht hatte, in dem ihm schon das sichere Sitzenbleiben angekündigt worden war. Wir waren die Einzigen in der Klasse, die keine Jahre nachholen, sondern nur das laufende Schuljahr absitzen mussten. Wir wurden sofort unzertrennliche Banknachbarn. Wir gingen in die 9., 10. und 11. Klasse, ohne Probleme zu haben, und wurden immer alle beide versetzt. Dann, am Anfang des vierten Jahres, verrechnete sich die Schule, und ich fiel durch. Wir waren draußen, und unsere Wege trennten sich. Ich schrieb mich am »Pacinotti« ein, einer öffentlichen Schule für Vermessungstechnik, und wir verloren uns ganz aus den Augen. Ich begann später als die anderen, die an ein rascheres Tempo und ein strengeres Programm gewöhnt waren, und hatte dazu noch zahlreiche Abwesenheitstage, die dem Kart-Fahren geschuldet waren. Die Quittung: Im Frühjahr wurde mir mitgeteilt, dass ich das Schuljahr nicht bestanden hatte. Ich gab

Bild zur Erinnerunge an meinen ersten Titel; von links: Ganassi, Jimmy, ich und Jo Montana.

Catia, Filippos Frau, im Garten auf dem Seegrundstück unseres ersten Hauses in Indianapolis.

Mit meinen Jungs beim traditionellen Bankett zum Jahresende. Von links John Wayne, ich, Ricci, der Chefmechaniker Bob und Mike Hall; unten, von links: Simon, Doug und Mark.

Triumph in Long Beach 1998 im bis dahin spektakulärsten Rennen meines Lebens.

In dem gemieteten Motorhome, mit dem wir zu den Rennen fuhren: Daniela in freudiger Erwartung Niccolòs, und Katia.

Erinnerungsfoto mit »ungebetenem Gast«: Die PPG-Pokale, ich, Vasser und Chicco.

Niccolò kurze Zeit nach seiner Geburt in Jimmys Armen.

Der Moment, in dem ich begriff, dass ich zu viel herumreiste: »Herzlichen Glückwunsch, Papà«.

auf und ging zusammen mit meinem Vater arbeiten. Ich bekam ein Bild davon, was das bedeutete, und entschied, sehr weise, im darauf folgenden Jahr wieder an die Schule zurückzukehren. Es gab nun zwei Optionen: mich erneut in die vierte Klasse der öffentlichen Schule einzuschreiben, oder die vierte und fünfte Klasse in einer nicht anerkannten Privatschule zu absolvieren, eine Möglichkeit, die wenig ratsam erschien, denn die Prüfung wurde an einer öffentlichen Schule abgelegt und hätte ein zu großes Risiko bedeutet, da man sich den Respekt der Prüfer zwischen schriftlicher und mündlicher Prüfung im Eilflug verschaffen musste. Entgegen dem Rat aller anderen entschied ich mich jedoch für die zweite Möglichkeit, denn ich wollte kein ganzes Jahr verlieren. Ich entschied mich für die Schule, die ich im Hinblick auf mein Vorhaben für kompetent hielt: für das Institut Minerva am anderen Ende der Stadt.

Am ersten Schultag, als ich auf den Einlass wartete, sah ich einen Typen im Sattel einer blauen Vespa Px, der mir bekannt vorkam. »Filips!«, rief ich. Und er: »Nanu, Sandro, was machst du denn hier?!« Bei all den Auswahlmöglichkeiten hatten wir uns am selben Institut eingeschrieben, und auch wenn ich mir schon denken konnte, dass die Sache unter schulischem Aspekt für beide eher negativ ausgehen würde, war ich darüber sehr glücklich. Ich erinnere mich, dass ich ihn fragte, wieso er seinen total heruntergekommenen »Ciao« aus der Zeit des »Galilei« gegen eine ebenso klapprige Vespa 125 getauscht hatte. Er antwortete, dass er mit dem »Ciao« Jungfrau bliebe, weil er niemanden darauf mitnehmen könne. Und als ich ihn lachend fragte, ob sich dank seiner Errungenschaft etwas daran ändern werde, antworte er: »Weiß nicht, lass mir Zeit: Ich hab sie gerade erst bekommen.«

Es begann ein Jahr des Lachens, in dem das Lernen wirklich wenig Raum fand: Am Morgen saßen wir brav nebeneinander und quatschten, während die Lehrer ihren Stoff erklärten. Wenn es uns passte, lagen wir mit den Köpfen auf der Bank und tuschelten miteinander, besonders wenn der Italienischlehrer den Unterricht machte, für den wir den Spitznamen »Camomilla« hatten, weil seine Sprechweise uns einschläferte wie Kamillentee. Er war ein unerschütterlicher Typ, der auch mitten im größten Chaos mit dünner Stimme bestenfalls hervorbrachte: »Bitte, Jungs, seid lieb.« Wenn wir nicht lieb waren, machte das auch nichts. Aber es machte auch nichts, wenn wir es waren. Wir taten einfach so, als ob wir lernten, und es ging uns gut dabei. »Camomilla« war ein schon betagter Lehrer im Ruhestand, der – typisch für die Lehrkraft eines Privatinstituts – weiter arbeitete, um sein Einkommen aufzubessern, und der, nachdem er sein ganzes Leben dem Unterrichten gewidmet hatte, kein Vergnügen mehr daran fand, mit den Schülern zu diskutieren. Aber es kam der Tag, an dem sogar »Camomilla« bewies, dass er eine Seele besaß, und zwar anlässlich eines Aufsatzes, den er die Klasse schreiben ließ. Wir konnten wählen: Ein Thema in Geschichte, eins in Literatur oder ein aktuelles Ereignis. In der Nähe von Filippo und mir saß Akim Seyum, ein sehr sympathischer Junge mit dunkler Hautfarbe und des bolognesischen Dialektes absolut mächtig. An diesem Morgen war er in die Toilette gegangen, um eine Zigarette zu rauchen, denn der Lehrer hatte sich ein bisschen verspätet. Er war noch draußen, als »Camomilla« hereinkam und die Aufsatzthemen bekannt gab. Als Seyum zurückkam, gab ich ihm das Thema in Geschichte korrekt wieder und auch das in Literatur. Beim aktuellen Thema jedoch ritt mich irgendwas, und ich nannte ihm als Thema: »Erzähl mir von dem letzten glücklichen Tag, den du mit deiner Màmma verlebt hast«. Seyum stürzte sich mit Feuereifer auf das Thema über die Màmma. Nach einer Weile bemerkte Filippo, dass etwas schief lief, und wollte Seyum fragen, was ihm da so flott aus der Feder floss. Ich versetzte ihm einen heftigen Stoß mit dem Ellbogen, und jetzt erfasste auch er, was für ein Hurensohn ich gewesen war, und begann zu lachen. In der folgenden Stunde sahen wir ihn dem Ersticken nahe. Als er wieder zu Atem kam, flüsterte er mir zu: »Ach, komm, sag es ihm!« »Nein, sag du es ihm, ich kann's nicht, er hat schon zwei Arbeitsbögen voll geschrieben!« Sag du es ihm, nein, sag du es ihm ... und schließlich gab Seyum den Aufsatz ab. Eine Woche drauf kam »Camomilla« mit den korrigierten Arbeiten in die Klasse und verkündete mit seiner gewohnt dünnen Stimme: »Motta Vier plus, Zanelli Vier, Zanardi Drei minus«, und so weiter. Bis auf einmal die Augen des betagten Lehrers hin- und herzutanzen begannen zwischen der Klassenarbeit, die er in Händen hielt, und dem armen Seyum, der ahnungslos auf das Urteil wartete. Schließlich legte »Camomilla« die Arbeit aufs Pult und sagte händeringend: »Seyum ... äh ... Seyum ... Seyum ... teufelnocheins, was hast du da bloß gemacht?!« Mir liefen vor lauter Lachen schon die Tränen über die Wangen. Er bemerkte es, und wir legten sofort ein Geständnis ab, auch um den armen Akim zu entlasten. »Camomilla« war kein bisschen wütend, er wurde vielmehr nur sehr rot und brach in ein Lachen aus, das von Herzen kam. Seyum musste in den beiden folgenden Stunden einen neuen Aufsatz schreiben, dessen Thema, zum Glück für ihn, nichts mit irgendeinem Mitglied seiner Familie zu tun hatte. Er bekam eine satte Sechs dafür.

Ich bestand das Abitur trotz der beiden Jahre in einem und der Herkunft von einer Privatschule. Ich wählte das aktuelle Thema, und es lief gut. Ebenso wie, wenn nicht sogar besser, die Klassenarbeit in Technischem Zeichnen. Die Vorprüfung hingegen (ein Examen, das für alle Privatschüler zwischen der schriftlichen und der mündlichen Prüfung obligatorisch ist) war ein großes Desaster. Ich begann bei der Italienischlehrerin, sie sagte: »Diesen Junge, der einen so schönen Aufsatz geschrieben hat, den will ich mir mal zuerst anhören. Setz dich her zu mir! Ist es also doch möglich, auch mal auf einen guten und vorbereiteten Privatschüler zu treffen ...« Als die erste Frage kam, etwas über Vega, stand mir das Entsetzen in den Augen. Ich hatte nur eine Antwort: »Aber sind Sie sicher, dass er auf dem Lehrplan stand?« Sie regte sich fürchterlich auf und das zu Recht. Nach zehn Minuten schrie sie: »Diese Externen! Was kommt ihr hierher, um das Schicksal herauszufordern?!« Als Daniela mich der Frau vorstellte, die meine Schwiegermutter werden sollte und die Lehrerin für Italienisch war, erzählte ich ihr, um das Eis zu brechen, von meiner Heldentat beim Abitur. Es spricht für sie, dass sie mir erlaubte, ihre Tochter auch weiterhin zu sehen. Der Beginn der Vorprüfung war jedenfalls ein solches Desaster, dass ich vollkommen die Übersicht verlor und nicht einmal mehr in der Lage war, auf die Fragen zu antworten, die ich hätte bewältigen können. Aber ich konnte mich retten, denn für die eigentliche Abiturprüfung änderten sie die Fächer, ich bekam »Recht« und außerdem »Katasterschätzung« aufgebürdet, die Professore Muzzarelli uns sehr gut beigebracht hatte. Damit taten sie mir, alles in allem, einen großen Gefallen. Die Professorin in der Prüfungskommission für Recht war eine hübsche junge Frau, die vor dem Examen aus dem Klassenzimmer kam, um mir zu sagen: »Hör zu, deine Vorprüfung war eine Katastrophe. Dir aus Gefälligkeit und um dir zu helfen eine Frage zu stellen, ist in der Prüfung unmöglich. Also sag mir, was ich dich am Anfang fragen soll, dann ist dir vielleicht wenigstens etwas wohler.« Ich antwortete: »Fragen Sie mich etwas über die Enteignungsgesetze.« Sie schaute mich entgeistert an und fügte hinzu: »Bist du sicher?« »Ja, ja!« Und ich kannte sie wirklich gut. So gut, dass der Prüfer für »Katasterschätzung«, der in einer Zeitung geblättert hatte, seinen Stuhl verrückte, als er mich hörte, und großes Interesse bekundete. Sie stellte mir noch ein paar weitere Fragen, auf die ich ohne zu zögern antwortete, und sagte dann: »Ich bin zufrieden, in meinem Fach ist er vorbereitet, ich überlasse ihn dir.« Auch bei ihm lief es gut. Und so bekam ich, entgegen allen Vorhersagen, mein Diplom.

Filippo hingegen fiel durch. Er machte es wieder gut, indem er die Abendschule besuchte. Wie er selber zugibt, ist er immer ein großer Flunkerer gewesen. Nicht ohne guten Grund wurde er Autoverkäufer. Wenn die Sprache darauf kommt, pflegt er zu sagen: »Ich weiß nicht, warum es über mich kommt, es ist stärker als ich. Vor ein paar Tagen zum Beispiel saß ich mit einem im Wagen, wir kamen an eine Kreuzung und ich sagte zu ihm: ›Weißt du, dass sie hier vor einer Woche ein großes Getöse gemacht haben? Sie haben sich nicht verletzt, aber die Autos wurden dabei so zugerichtet, dass sie sie wegwerfen konnten.‹ Das stimmte überhaupt nicht, aber es kam mir einfach in den Sinn, und da hab ich es so erzählt.« Als er seine spätere Ehefrau kennen lernte, stellte sie sich ihm mit den Worten vor: »Ich habe erst kürzlich in Fremdsprachen promoviert.« »Und ich, was hätte ich ihr antworten sollen?«, fragte er uns Jahre später. »Dass ich die 8. Klasse hatte? Ich habe ihr gesagt, dass ich Vermessungstechniker sei. Und theoretisch war ich es ja auch.« Aber an dem Tag, an dem sie zusammen mit Filippos Mutter das Hochzeitskleid aussuchen ging, sagte die zukünftige Schwiegermutter zu ihr: »Das wäre er, wenn er dieses Stück Papier bekommen hätte ...« Filippo kehrte nach Hause zurück – da wohnten sie schon zusammen –, und sie fragte ihn: »Erklär mir eine Sache: Bist du theoretisch Vermessungstechniker oder bist du es praktisch?« »Nun, weißt du, ich kann's dir erklären ...«, begann er, und da wusste sie Bescheid.

Ja, das ist mein Freund Filippo. In jenem Jahr 1995, als ich arbeitslos war, besuchte ich ihn oft und gerne. Meine Aufgabe bestand darin, mich für den Anruf eines Teams bereitzuhalten. Wenn ich aber abends spät nach Hause kam oder nachts, dann machte das auch nichts, auch wenn es bald zwei, drei oder vier Uhr in der Frühe wurde. Wir machten nichts Sensationelles, vielleicht ein Training in der Sporthalle. Dann spielten wir Boccia auf streng bolognesische Art am Billardtisch der Bar »Sport« von Castel Maggiore, wo wir oft auch Chicco, Bonza und die anderen trafen. Um den Abend nach dem Schließen der Bar am Leben zu halten, gingen wir alle in Backstube zu Dante, der gerade aufgestanden war, um mit der Arbeit zu beginnen. Ein, zwei Scherze, und schon war es für Dante an der Zeit, die ersten Brote aus dem Ofen zu holen. Selten, wenn wir in der Nähe waren, gelangte etwas von diesem Erstgebackenen in den Verkauf.

Daniela war wegen der F-3000-Rennen häufig unterwegs, sie hatte tausend Verpflichtungen. Ich hingegen hatte nur in der

Fahrschule zu tun. Sigfried Stohr, der mein Freund wurde, hatte mich angerufen: Ich sollte als Sicherheitsfahrlehrer in seiner Schule arbeiten. Mir waren verschiedene Dinge erklärt worden, und die Theorie verhalf mir auch dazu, in der Praxis besser zu werden. Außerdem hatte ich ein sehr schönes Umfeld gefunden: ihn, die Ausbilder und all die Jungs. In den Jahren der Triumphe in Amerika waren unter den Personen, an die ich einen Gedanken schickte, wenn ich über die Ziellinie fuhr, immer auch sie. Ich stellte sie mir vor, wie sie vor dem Fernseher saßen und meine Siege bejubelten.

Dies jedoch war das ganze Jahr über meine einzige Arbeit. Ich versuchte, wieder bei den Tourenwagenrennen unterzukommen. Ich fuhr sogar zum traditionellen »24 Stunden-Rennen« nach Spa, um mit dem seinerzeit Verantwortlichen von BMW Motorsport zu sprechen, der mir genau zwei Tage lang aus dem Wege ging. Ich kam am Donnerstag an, und am Samstag begab ich mich zum soundsovielten Mal zu ihrem Motorhome, um ihn zu suchen. Ich sah ihn, als er vom LKW herunterstieg. Er sah mich von weitem kommen, bemerkte jedoch nicht, dass ich ihn beobachtet und dabei seinen leicht missmutigen Blick wahrgenommen hatte, der zu besagen schien: »Oh, verflucht, schon wieder diese Nervensäge!« Mich fröstelte. Gleich darauf aber schenkte er mir ein strahlendes Lächeln und sagte: »Bitte, wenn Sie heraufkommen wollen und fünf Minuten mit mir reden, kommen Sie nur!« Ich folgte ihm, aber das Ergebnis war natürlich vorauszusehen, und es überraschte mich nicht, als er die üblichen unverbindlichen Sätze sagte: »Du bist ein toller Fahrer, aber unser Boot ist voll, BMW ist sogar im Begriff, seinen Wagenpark zu verkleinern, sie werden weniger Autos an den Start bringen. Ich weiß, dass wir eine Chance verpassen, aber es gibt wirklich keinen Platz.« Mit nicht allzu großer Zuversicht versetzte ich: »Wenn Ihr jemanden braucht, um die Besetzung für die ›24 Stunden‹ zu verdichten ...« Ich hätte es gern gemacht. Auch weil ich etwas verdienen musste. Es ging mir wirklich schlecht, und ich wusste, dass sie den Fahrern für die »24 Stunden« beträchtliche Summen zahlten, bis zu 15.000 Dollar. Dieses Geld hätte für ein ganzes Jahres gereicht, ich machte mir tatsächlich Hoffnungen. Er zeigte sich jedoch zu keinem Kompromiss bereit: Verbittert verließ ich Spa; und auf der Rückfahrt dachte ich erneut nach über das, was ich in meinem Leben zustande brachte.

Rick Gorne hatte in der Zwischenzeit nichts mehr von sich hören lassen. Überraschend rief er mich am Vorabend einer Ferienreise mit Freunden nach Sardinien an, auf dem berühmten Acht-Kilo-Handy von Monza, das Chiccos Schwester Michela das »Flintstone-Telefon« nannte. Gorne war sehr direkt: »Es könnte da eine Möglichkeit geben. Wenn ich du wäre, würde ich eine Reise nach Loudon machen.« Loudon ist eine Rennstrecke in New Hampshire, wo damals die F-Cart-Serie fuhr. »Verfluchtnochmal!«, dachte ich nach dem Telefonat. Ich hatte sechs Monate gewartet, und nun kam die Aufforderung zur Abreise genau in dem Moment, da ich mit den anderen Jungs nach Sardinien aufbrechen wollte. Natürlich freute ich mich über die von Rick in Aussicht gestellte Chance, dennoch fuhr ich nach Sardinien, blieb jedoch mit meinem englischen Freund in Verbindung. In Anbetracht der Tatsache, dass das Flintstone-Handy in dieser Gegend kein Signal empfing, verbrachte ich die ganze Woche damit, vor der einzigen Telefonkabine in der Nähe des Hauses, in dem wir wohnten, auf- und abzugehen. Anstelle des Gerätes schleppte ich jetzt in meinen Taschen eine Unmenge Gettoni mit mir herum. Und das alles, um Rick anzurufen, der schon in den USA war, in Cleveland, und mein Einverständnis zu erklären, mich bei diesem Rennen in Loudon vorzustellen und so die Kontakte weiterzuentwickeln, die er für mich gemacht hatte. Auf den Gängen zur Telefonkabine begleitete mich der »Titan«, mit bürgerlichem Namen Stefano Friso, ein großer Rennsportfan, einer, der gespannt war zu erfahren, wohin mein Schicksal mich führte.

Wir waren eine recht große Gruppe in diesen Ferien damals. Auch Filippo gehörte dazu. Er war jedoch ziemlich distanziert, was meine Karriere betraf. Wenn ich von einem Grand Prix zurückkehrte, der besonders gut gelaufen war, war das Äußerste, was er mir gegenüber herausbrachte: »Großes Rennen, Sandrino!« Und es folgte sogleich ein Satz wie: »Gehen wir heute Abend in die Sporthalle?« Im Grunde war ihm das alles völlig egal. Der »Titan« hingegen hatte eine wahre Leidenschaft entwickelt, er war einer von denen, die alles analysieren, die jedes Detail kennen lernen wollen und dabei keine Indiskretion scheuen. Er interessierte sich für Einzelheiten und brachte es fertig, einen ganzen Tag lang in der prallen Sonne zu stehen, nur um zu sehen, wie sich das Auto in einer ganz bestimmten Kurve verhielt. Er hatte sich in die Vorstellung verliebt, dass ich in den USA eine Zukunft haben könnte. Auch wegen meines Charakters. Wenn sie dir eine Perspektive bieten und du ein bisschen Phantasie hast – an der es mir nun wirklich nicht mangelt –, dann neigst du dazu, dich von deiner Vorstellungskraft forttragen zu lassen und nimmst, besonders im Kreise der Freunde, das Mögliche bereits für eine sichere Sache. Ich studierte schon die Indy-Rennen im Fernsehen, machte technische Analysen, und so, wie wir darüber sprachen, schien es, als könne Gorne von einem Moment auf den nächsten anrufen und sagen: »Hallo, der Vertrag ist unterschriftsreif!« Da wir gemeinsame Leidenschaften hatten, wie beispielsweise das Unterwasserfischen, blieben wir oft unter uns. Und da wir nie etwas fingen, hatten wir viel Zeit, uns diesem amerikanischen Traum hinzugeben.

Den »Titan« lernte ich 1991 bei einem F-3000-Rennen kennen. Er war ein ehemaliger Klassenkamerad von Roberto Trevisan und waschechter Paduaner. Monate später fuhr ich zusammen mit Chicco zum Kartfahren auf die Piste von Jesolo. Gerade als wir dort waren, kamen auch Trevisan und der »Titan« mit dem Motorrad, und richteten ebenfalls die Karts her. Um ehrlich zu sein: zu Anfang ging der »Titan« mir mächtig auf die Nerven. Zunächst einmal hatte er eine richtige Buchhaltervisage, einen Kahlkopf und eine Tonsur mit ein paar fast weißen Haaren. Außerdem war er sehr zurückhaltend und schüchtern. Reserviert zu sein und wenig Vertrauen zu haben, ist ein bisschen eine Eigenart der Paduaner. Nach und nach haben wir uns besser kennen gelernt. Ich habe sein Vertrauen gewonnen, auch dadurch, dass ich ihn einlud, gemeinsam einige Runden mit dem Fahrrad zu drehen.

Der Funke aber sprang Ende 1992 über. Daniela wollte zu dieser Zeit, dass ich ihre Freunde kennen lernte. Wir waren seit kurzem verlobt, aber jedes Mal, wenn ich nach Padua fuhr, blieben wir alleine. Sie hätte es schon gern gesehen, wenn wir ihre Freunde besucht hätten. Aber sie traute sich nicht, mich zu fragen, da sie fürchtete, ich könne mich nicht wohl fühlen. Sie hatte das so entschieden, bis sie schlagartig in das andere Extrem verfiel und mich fragte, ob ich Lust hätte, ein paar Ferientage im Haus von diesem Stefano zu verbringen, in den Bergen. Natürlich sagte ich zu, und ich entdeckte, dass der »Titan« bei sich zu Hause viel lockerer war. In diesen Tagen kamen wir recht gut miteinander aus, und wir entdeckten, dass wir neben dem Fahrradfahren auch noch andere Interessen teilten. Er spielt sehr gut Gitarre, und wir blieben bis 4 Uhr morgens wach und sangen. Dann schlafen, Wecken gegen 11 Uhr 30, Frühstück, Rasieren und Dusche. Und um 12 Uhr 30 waren wir pünktlich auf den Pisten zum Skilaufen bis gegen 16 Uhr 45. Nachdem wir auf dem Gipfel gestanden und uns vergewissert hatten, dass die anderen schon zu Tal gefahren waren, gingen wir mit dem letzten Tageslicht die letzte Abfahrt an und fuhren mit den Skiern an den Füßen bis in seine Garage. Nur wir beide, denn die anderen hatten schon aufgegeben. Und er wurde nicht müde zu sagen: »Schau, wie zwei Titanen, nur du und ich!« Und hier hat der Name »Titan« seinen Ursprung. Eigentlich waren wir in diesen Ferien in Asiago »Titan 1« und »Titan 2« getauft worden. Ich war aus Respekt vor dem Alter die Nummer 2. Im folgenden Sommer aber, während eines Urlaubs auf Kreta, zog ich mich aus der Rolle zurück. Das Meer, in dem wir tauchten, war so kalt, dass ich trotz Taucheranzug schon nach einer Stunde wieder aus dem Wasser kam. Ich zog den Bademantel an, legte mich in die Sonne, meine Lippen blieben trotzdem noch lange Zeit bläulich verfärbt. Er war noch immer im Wasser und verzog keine Miene. Bei Sonnenuntergang brachte ich die Jungs nach Hause, kehrte gegen acht Uhr abends noch einmal zurück, und da kam er, ganz gemächlich, ans Ufer geschwommen. Ich im Sweatshirt und noch immer temperaturempfindlich; er mit nacktem Oberkörper und beim Säubern der Fische, die er gefangen hatte: zwei Tintenfische und einen Zackenbarsch. Ich fror, wenn ich ihn nur ansah. Und an einem dieser Abende sagte ich angesichts einer solchen Szene zu ihm: »Ich verkünde dir ganz offiziell, dass nur du ein Titan bist, ich lege die Rolle ab.« Es waren schöne Ferien. Wir waren mit einem Opel Corsa auf der Insel unterwegs, ausgestattet mit einem Sechzigerjahre-Radio mit vier Tasten. Wenn man es auf MW einstellte, auf Mittelwelle, hörte man nur ein schreckliches »gggrrrrrrr« der herrlichsten Interferenzen, die umso heller klangen, je höher der Motor drehte. Wir hatten unseren Spaß, wenn wir auf den Schotterstraßen mit dem »Titan« als Beifahrer eine Rallye simulierten, bei der ich den Wagen durch den Staub lenkte und die Mittelwellen uns begleiteten.

Mit der Zeit haben wir uns gegenseitig entdeckt. Und wir haben damit begonnen, uns häufiger zu besuchen. Stefano arbeitete in Bologna als pharmazeutischer Berater. Nach seiner Verlobung mit einem bolognesischen Mädchen, das Susanna heißt, hat er sich versetzen lassen. An den Wochenenden aber kehrte er nach Padua zurück. Wir haben entgegengesetzte Charaktere: Ich bin nur dann gewissenhaft, wenn mich etwas interessiert; aber ich bin auch sehr praxisorientiert. Bei handwerklichen Arbeiten mache ich keine großen Umstände. Wenn ich etwas auf die Schnelle zu Ende bringen muss, greife ich zur groben Feile und nehme gleich drei Millimeter auf einmal weg. Er hingegen macht es ganz bedächtig und nimmt dazu 500er Schmirgelpapier, vom Allerfeinsten. Er ist sehr präzise und achtet auf jedes Detail; im Wesentlichen ist er einfach ein Nervtöter. Im Laufe der Jahre habe ich mir nur so zum Spaß einen Haufen Lieder ausgedacht, die er in Musik umgesetzt hat und die er im Sommer auf der Gitarre spielt.

Es kommt darin immer zum Ausdruck, womit er einem auf die Nerven geht. Nur ein Beispiel: Auf dem Boot gibt es eine endlose Reihe von Schaltern, die ich immer eingeschaltet lasse. Er steigt ein, schreibt sich die Rolle des Bootsführers zu und fängt an: »Der hier ist überflüssig.« Tac – und er schaltet ihn aus. »Der andere da ist auch nicht nötig.« Tac – und er schaltet auch ihn aus. Bis Trevisan einmal, während der Ferien, zig Gänge mit dem Eimer machen musste, weil er dachte, das Klosett in seiner Kajüte sei verstopft. Schließlich entdeckte er, dass der »Titan« ihm die Spülung abgeschaltet hatte. Seine Flüche waren von Korsika bis nach Padua zu hören.

Anekdoten über seine peinliche Genauigkeit gibt es zu Tausenden. Die schönsten erzählt natürlich Filippo, vor allem über die Gelegenheiten, bei denen sie gemeinsam irgendwo übernachtet haben. Zum Beispiel, als er nach Berlin an mein Krankenbett kommen sollte. »Nachdem der ›Titan‹ im Bad war«, erklärte Filips immer wieder, »kannst du ein Spiegelei aus dem Bidet essen, so sauber ist es!« Wenn hingegen er herauskam, schien eine Feldschlacht dort getobt zu haben. In Stefanos Haus gibt es kein einziges Staubkörnchen. Und die Art, wie er seine Kleider ablegt, ist sagenhaft. Wenn du nach einem Monat Ferien seine Reisetasche nimmst und feststellen willst, welche die sauberen und welche die schmutzigen Kleider sind, dann musst du schon daran schnuppern. Denn schließlich schwitzt er nicht. An den Sommersonntagen fährt er auf seinem Moped in einem hocheleganten Leinenjackett, und niemals ist etwas bei ihm nicht an seinem Platz. Er wird nicht von Fliegen umschwirrt, nichts an ihm ist jemals zerknittert, er ist ein lebendes Reklamebild: *»Stira & Ammira«* – »Bügle & Bewundre«. Seine Ausdauer und Beharrlichkeit noch gar nicht mitgerechnet. Er brachte es fertig, mitten im August zehn Stunden lang in der sengenden Sonne auf einem Felsen zu hocken, um ein zehn Zentimeter langes Seezünglein zu angeln und dann am Abend eigens ein Feuer zu dessen Zubereitung zu entfachen. Wenn wir von einer Bootstour zurückkehren, bei der das Meer ein wenig bewegt war, und ich sage: »Spritzen wir uns ein bisschen ab, um das Salz loszuwerden« – dann geht das nicht: Er holt Shampoo, Eimer und Bürste hervor und betastet vorher auch noch die Borsten, um zu sehen, ob sie vielleicht zu rau sind …

Er war einige Jahre mit Susanna verlobt, aber dann ging es nicht mehr, und sie haben sich getrennt. 1998 kam er zu uns, um auf dem ersten Boot, das ich gekauft habe, der »Hakuna Matata 1«, die Ferien mit uns zu verbringen. Es gab da ein Mädchen, Nicoletta, das in einem Büro arbeitete, das ich aufgrund meiner Arbeit des Öfteren aufsuchte. Sie war Single. Sie lernten sich kennen, und ich lud sie, eher aus Jux, auf eine Woche zu uns in die Ferien ein. Schließlich kam sie, und nachdem sie einander in der Art unerfahrener Kinder eine Weile umworben hatten, muss etwas geschehen sein. Denn am darauf folgenden Wochenende kam er erneut zu uns, dann am nächsten und am darauf folgenden wieder. Und schließlich war er auf unser Zimmer zum Übernachten nicht mehr angewiesen. Seither sind sie zusammen, und sie mögen sich sehr. Vor ein paar Jahren hat Nicoletta ihn davon überzeugt, sich glatt rasieren zu lassen, wodurch das bisschen Flaum vollends von seinem Kopf verschwand. Wer ein aktuelles Foto des »Titan« mit einem aus der Zeit vergleicht, als sie ihn kennen gelernt hat, erkennt ihn nicht wieder. Auf dem Fahrrad ähnelte er stark Marco Pantani, erst recht, wenn er in die Pedalen tritt, denn er fährt stark, und seine 47 Jahre sind ihm nicht anzumerken. Er fühlt sich nicht wie 47. Auch nicht beim Tennis, das er spielt wie ein Profi. Er ist einfach sehr athletisch und immer oder fast immer braun gebrannt: Wenn er im Winter aus der Marmolada zurückkommt, nenne ich ihn »Osram«, weil sein Kopf dann aussieht wie eine große Glühbirne. Er scheint vor zehn Jahren zehn Jahre älter gewesen zu sein als heute. Wenn wir uns gemeinsam zeigen und ich frage, wer der Ältere von uns beiden ist, dann sind sich alle sicher, dass wir gemeinsam zur Schule gegangen sein müssen, und denken an einen oder zwei Monate Altersunterschied. Noch … wenn der Verfall eines Tages nicht ganz rapide einsetzt. Einstweilen aber ist er um sein Aussehen und seinen Körperbau nur zu beneiden.

Zurück zum Sommer 1995. Ich kehrte vier Tage früher als geplant aus Sardinien zurück und brach nach Amerika auf, zusammen mit Glauco. Es ergab sich so. Er hatte Zeit und begleitete mich, und für die Rückreise planten wir sogar drei Tage für New York ein. Es war eine wertvolle Erfahrung, aber unter praktischem Gesichtspunkt auch sehr deprimierend. Ich streifte drei Tage lang durch das Fahrerlager und lief mir die Sohlen ab. Ich hatte mit mehreren Leuten gesprochen, unter ihnen Chip Ganassi, Besitzer des Teams, für das ich später zwei Titel gewann. Nach der rituellen Übergabe meines Besucherscheins entfernte er sich, und in der Annahme, nicht dabei gesehen zu werden, zerknüllte er ihn und warf ihn unter das Motorhome. Ich schwöre, ich habe ihm das immer mal wieder aufs Brot geschmiert. Jedenfalls schien alles vergeblich. Und auf einmal begann ich wieder, über mein Leben nachzudenken, über das, was ich bis zu diesem Augenblick erreicht hatte. Und das alles hinter einem Zaun im Inneren des Circuits während des freien Trainings, den Blick ins Leere gerichtet. Ich fühlte mich wie in einer Sackgasse: Es war nun klar, ich musste eine andere Richtung einschlagen, der Beruf des Rennfahrers bot keinen Aussichten mehr. Aber wie so oft in meinem Leben, hielt ich mich nicht lange mit Nachdenken auf. Schon einen Augenblick später war ich wieder der alte Optimist und mir sicher, dass bald eine positive Nachricht kommen werde.

Und es geschah tatsächlich etwas: Am Ende der drei Tage zeigte Cal Wells Interesse. Wells, ein kalifornischer Geschäftsmann, stellte ein Team zusammen, in das Toyota beim Debüt in dieser Klasse als technischer Partner und als Sponsor miteinbezogen war. Abgesehen von den Ungewissheiten, die mit der Unerfahrenheit der technischen Gruppe Toyota verbunden waren, die am Anfang sicherlich Schwierigkeiten gehabt hätte, ein wettkampftaugliches Fahrzeug auf die Piste zu bringen, war es auf jeden Fall eine Chance und ein ernsthaftes Vorhaben. Wells gefiel mir sofort, auch wenn ich sagen muss, dass ich zu jener Zeit nicht besonders wählerisch war: Irgendeine Chance wäre besser gewesen als gar keine. Dennoch ist es mir wichtig zu unterstreichen, dass Wells sich im Weiteren als ein wahrer Gentleman erwies. Ich traf ihn also in seinem Motorhome – das er gemietet hatte, weil er noch kein eigenes Team besaß –, und er war sehr ehrlich zu mir: »Bei Reynard haben sie sehr gut über dich gesprochen. Wir wollen ein ernsthaftes Geschäft daraus machen. Aber ich kann dir nicht sagen, dass wir Rennen gewinnen werden, denn das ist ausgeschlossen! Nächstes Jahr werden wir einen neu entwickelten Motor haben, der uns nicht erlauben wird, an der Spitze mitzufahren. Wir werden viel zu arbeiten haben, und erst nach Ablauf von zwei oder drei Jahren werden wir die Früchte ernten.« Für mich war es mehr als nur eine Chance, und wir verblieben so, dass wir bald wieder voneinander hören würden.

Wir fuhren nach New York und versuchten auf alle nur erdenkliche Weise, unseren Aufenthalt zu verkürzen, denn wir sprachen nicht nur wenig Englisch, sondern waren auch ein bisschen deprimiert und wollten zurück. Ich zu Daniela und Glauco zu sich nach Hause. Wir versuchten, den Flug umzubuchen, aber da wir ein ermäßigtes TWA-Ticket gekauft hatten, war nichts zu machen. Wir blieben dort, waren fuchsteufelswild und riskierten sogar, uns zu streiten. Im Flugzeug setzten sie uns auf die beiden mittleren Plätze der Viererreihe in der Mitte vor das Fernsehgerät. Es war nur noch ärgerlich: Auf einmal wusste ich nicht mehr, wie ich mich setzen sollte, um Schlaf zu finden; ich war unheimlich müde, und als ich mich umdrehte, stieß ich gegen ihn. Er, in einer Art Wachschlaf, schaute mich an, sagte: »Ich hasse dich«, und drehte sich zur anderen Seite. Mit Glauco habe ich später andere, sehr amüsante Abenteuer erlebt, aber in diesem Moment hatten wir uns einfach nur satt. Und als wir in Mailand ankamen und – da wir uns am Flugplatz getroffen hatten – jeder sich in sein Auto setzte, dachten wir nicht im Mindesten mehr daran die Reise auch gemeinsam zu beenden, an dieser oder jener Raststätte zu halten und so weiter. Es gab nur ein schnelles »Ciao« und weg waren wir.

Mehr noch: So wie es zu dieser Zeit um meine Finanzen bestellt war, hatte die Reise mir ein großes Loch in die Kasse gerissen. Ebenso wie Gorne hatte ich angenommen, zu diesem Rennen zu fahren und dann zum letzten Rennen nach Laguna Seca. Leider zeigte auch er sich nach der Episode von Loudon betreten, weil er nun doch den Tatsachen ins Gesicht sah, nachdem er früher viel mehr für möglich gehalten hatte. Auch dort mussten die Leute mit den Geldern rechnen, und ob ich je in der Formel 1 gefahren war, interessierte nicht allzu sehr: In den USA wissen sie noch nicht einmal so richtig, wer Michael Schumacher ist. Ricks Erwartungen waren also nicht bestätigt worden. Als ich ihn daher fragte, ob ich auch nach Laguna Seca fahren solle, antwortete er: »Nun, entscheide du.« Und ich entschied, nicht dort hinzufahren, wegen der Kosten und um weiteren Ärger zu vermeiden. Es war Daniela, die den Sinneswandel bei mir bewirkte. »Hör zu«, sagte sie zu mir, »wenn du den Wartesaal nicht verlässt, wirst du nie erfahren, ob der Zug kommt. Du hast dich entschieden, zu fahren, also fahr! Betrachte es als ein Vergnügen, im Grunde ist es doch ein schöner Ort? Weißt du, was wir sogar machen?! Wir machen das Beste draus: Wir kaufen ein zweites Ticket, und ich komme mit!« Wir fuhren gemeinsam, und es wurde eine schöne Reise. Die Gegend um Laguna Seca, 150 Kilometer südlich von San Francisco, ähnelt sehr der Toscana. Wir besuchten San Francisco, wir verlebten sehr angenehme Tage, und am Ende begaben wir uns zur Rennstrecke. Dort begann ich erneut, durch das Fahrerlager zu laufen, mit Daniela, die schließlich auf der Suche nach ein wenig Schatten hinter einem der raren Büsche auf mich wartete. Es gibt dort eine Treppe zu einer Brücke, die über die Rennstrecke und bis zum Fahrerlager führt: Ich glaube, ich habe sie mindestens dreißig Mal überquert. Meine Füße waren schon wund vom Hin- und Herlaufen. Zum x-ten Mal sagte ich zu ihr: »Ich mache noch eine Runde, vielleicht treffe ich Rick. Wer weiß, ob nicht doch etwas dabei herauskommt.« Ich erinnere mich an die Liebe und die Zärtlichkeit in ihrem Blick; es schien, als wolle sie sagen: »Wie sehr ich mir wünsche, dass etwas dabei herauskommt, was gut für dich ist. Du hast es verdient. Du hast dich so geschunden für deinen Traum, du hast so viel gemacht, und wenn es auf diese Weise zu Ende ginge, dann wäre das wirklich traurig.«

Ich war gerade dabei, die Brücke in Richtung Fahrerlager mit resignierten Schritten hinunterzugehen, als Rick angelaufen kam: »Wo zum Teufel hast du gesteckt?! Ich suche dich schon seit einer halben Stunde, Ganassi erwartet uns!« »Wie bitte? Ganassi!?«, gab ich zur Antwort. »Ja, Ganassi erwartet uns. Ich werde dir jetzt nicht erklären, was passiert ist. Er ist jedenfalls ein Irrer, kann sein, du gehst zu ihm und er lässt dich einen Vertrag unterschreiben. Unterschreib ihn! Unterschreib! Unterschreib alles, was er von dir verlangt. Das ist eine Gelegenheit, die du dir nicht entgehen lassen darfst.« Ich war ein bisschen verwirrt, aber auf dem Weg zum Motorhome erklärte Rick mir genauer, was passiert war. Ganassi hatte sich gerade mit seinem Fahrer Bryan Herta gestritten und ihn beschuldigt, »eine Schnecke« zu sein, er war ihm zu langsam. Herta hatte die Fassung verloren und ihm eine üble Antwort gegeben, woraufhin Chip explodiert war: »Dass du eine Schnecke bist, könnte ich noch akzeptieren, aber dass du vorlaut bist, niemals!« Und er hatte ihn entlassen. Es war ohnehin das letzte Rennen der Saison. Dann war er zu Gorne gegangen und hatte ihn gefragt: »Hast du noch so einen wie De Ferran?« De Ferran ist ein brasilianischer Pilot, der mit dem Team von Jim Hall aus der europäischen F 3000 in die F-Cart-Serie gekommen und dort so gut gefahren war, dass er sofort einige Rennen gewann. Gorne hatte geantwortet: »Ich habe einen, der noch viel besser ist als De Ferran.« »Und wer ist das?« »Zanardi.« »Nie gehört.« Und er hatte hinzugefügt: »Was macht er? Wo ist er? Bring ihn sofort nach Amerika!« »Er ist schon hier«, hatte Gorne gesagt. »Wie, schon hier!? Gut, treffen wir uns in einer halben Stunde in meinem Motorhome.« Und Gorne hatte angefangen, in ganz Laguna Seca verzweifelt nach mir zu suchen. Er fand mich gerade noch rechtzeitig.

Chip setzte sich und begann das Gespräch: Ich war gefasst auf ein Gespräch über Rennwagen, stattdessen fragte er mich, welche Musik ich hörte, welches mein Sternzeichen sei und was ich so machte. Um dann brutal zu Fragen überzugehen wie: »Mmh, aber wenn du mein Fahrer bist, und du fährst, und du bist Erster, und es fehlen dir noch zwei Runden bis zum Schluss, und ich sage dir über Funk: ›Alex, komm an die Boxen‹, was machst du dann?« »Nun, dann will ich wissen, warum«, antwortete ich. »Wie, wissen warum?« »Nun ja, wenn ich zwei Runden vor Schluss in Führung liege, was denkst du denn?!« »No, nooo!« Dann fuhr er fort: »Also gut, anderes Szenario: Du bist im Qualifying und Zweiter, du fährst das Rennen deines Lebens, es fehlt nur noch die letzte Kurve, du weißt, du hast die Pole in der Tasche, und ich sage dir: ›*Slow down!*‹ – ›Fahr langsamer!‹, was machst du dann?« »Ich beachte dich gar nicht.« »Nooo, das geht so nicht!« Er versuchte, mir die Wichtigkeit der Funkkommunikation in den amerikanischen Rennen zu erklären. Die Tatsache, dass du auf einem Oval nicht weißt, was dich erwartet, wenn die Gelbe Flagge gesetzt ist und du aus einer Kurve kommst. Dass du dann Vertrauen haben musst. Dass die Beziehung zwischen Pilot und Team-Manager von blindem Vertrauen geprägt sein muss. Ich zeigte mich als Realist. Ich begriff seine Argumentation, und er begeisterte sich, mir diese Verhaltensweisen genauer zu erläutern. Ich glaube, er begann in mir eines seiner potenziellen Geschöpfe zu sehen: Ihm kann ich so vieles beibringen, ihn kann ich formen, er ist mein Spielzeug. Was mich betraf, so reagierte ich drei-, viermal recht schlagfertig, und er kam zu dem Schluss: »Wenn du so stark fährst, wie du einen zum Lachen bringst, oder wenigstens so wie die von Reynard es behaupten, dann wirst du, denke ich, nächstes Jahr für mich fahren. Lass uns also wie folgt verbleiben: Im Oktober organisieren wir ein Testrennen, und wir sehen uns dort.« Und er verschwand mit einer Bemerkung, die typisch war für Chip Ganassi: »Jetzt muss ich weg, ciao.«

Ich war ein bisschen verwirrt und fragte Rick: »Was soll ich denn jetzt davon halten?« Er antwortete: »Du kannst dir nicht einmal vorstellen, was gerade passiert ist: Nächstes Jahr fährst du mit Ganassi!« Er war ganz aufgedreht. Und ich war es auch. Gorne hatte keine Zweifel. Er hatte immer an mich geglaubt und daher sagte er: »Bei diesem Test fährst du sie alle in Grund und Boden!« Wir kehrten zu Daniela zurück, die mit einem Buch in der Hand eine Zigarette rauchte: Als sie mich sah, praktisch eine Handbreit über dem Boden schwebend, begriff sie sofort, wie es gelaufen war. In den folgenden Tagen hatte ich Mühe, meine Begeisterung zu verbergen. Aber ich tat etwas anderes, was ich schon geplant hatte: Ich fuhr Cal Wells in der Gegend von San Diego besuchen. Und sein Angebot war sehr konkret: Er hatte die Mannschaft zusammengestellt und lud mich zu einem Test im Oktober ein. Unterdessen hatte Chip Ganassi, der zum Sitz des Teams zurückgekehrt war, seine Männer zusammengerufen, um ihre Berichte zu hören – den Generaldirektor Tom Anderson, den Team-Manager Mike Hull und den Technischen Direktor Morris Nunn –, und er hatte zu ihnen gesagt: »Jungs, ich will einen Test machen, um Bryan Herta zu ersetzen. Ich sehe euch als mir gleichberechtigt an, ihr habt das Recht auf eine Option. Meine ist Zanardi. Ihr bringt, wen ihr wollt.« Andersons Antwort lautete: »Ich will Herta behalten.« Und Ganassi: »Du: gestrichen.« Mike Hull war an der Reihe: »Ich kenne Jeff Krosnoff. Ich glaube, er ist ein toller Bursche. Er fährt gut. In den Vereinigten Staaten hat er nie eine Chance bekommen. Er fährt in der japanischen F 3000, und ich will ihn einladen.« »Gut«, hatte Chip geantwortet, »ruft ihn an und gewinnt ihn zurück.« Der letzte war Morris Nunn mit seinem britischen Phlegma: »Ich habe in ›Autosport‹ gelesen, dass es da einen gewissen Norberto Fontana gibt, der elf der vierzehn Saisonrennen in der deutschen F 3 gewonnen hat. Wenn er so oft gewinnt, muss er wirklich ein starker Fahrer sein. Ich hätte gern ihn.« Als er kontaktiert wurde, sagte er: »Ich habe die Möglichkeit, Testfahrer bei Sauber in der Formel 1 zu werden. Kein Interesse, vielen Dank.« Einmalig!

Für den Test kamen also nur noch ich und Krosnoff in Frage, was mir so allerdings nicht gesagt wurde. Ich glaubte nicht, dass es einen Vergleichstest geben werde, ich dachte, es sei eine Session, bei der sie mich nur bei der Arbeit im Auto sehen wollten. Das Ganze spielte sich jedenfalls mehr oder weniger wie folgt ab: Auf dem Programm standen vier Trainingstage auf der nagelneuen Piste von Homestead in der Nähe von Miami. Es war das absolut erste Mal, dass dort gefahren wurde. An zwei Tagen sollte die Piste als Oval ausgelegt sein, an zwei Tagen als Straßenkurs. Jimmy Vasser, der Chefpilot der Mannschaft, absolvierte die beiden ersten Tage auf dem Oval und testete dabei unter anderem den neuen Honda-Motor, der auf Anhieb ganz ausgezeichnet lief.

Dann wurde die Strecke in den Straßenkurs umgewandelt, und es begann der Vergleichstest. Er sollte am dritten Tag laufen, und falls notwendig auch am vierten. Vasser ging am Morgen raus und fuhr so um 1'19". Die Piste war jedoch neu, ein gerade vor kurzem erst asphaltierter Circuit, der von Minute zu Minute sauberer wurde. Daher war die Zeit von Jimmy nur bis zu einem bestimmten Moment maßgebend. Wäre das Gegenteil der Fall gewesen, das heißt, wären wir vor ihm gefahren und hätte er uns drei Sekunden abgenommen, dann wäre es viel schlimmer gewesen. Stattdessen starteten wir mit einem kleinen Vorteil. Alles lief bestens. Ich stieg in den Wagen, und es drohte zu regnen: Es kamen diese dicken, für Florida typischen Wolken, die aussahen, als wollten sie von einem Moment zum anderen das Wasser tonnenweise ausschütten. Trotzdem brachte ich etwa 35 Runden zu Ende, und ich fuhr vorzüglich. Morris Nunn, der in diesem Moment einer meiner Gegner war, bestand darauf, noch nie einen Italiener in der Geschichte der Formel 1 gesehen zu haben – und gerade er war lange genug dabei gewesen –, der einen Weltmeistertitel nach Hause brachte. Und wieso? Weil die Italiener, so sagte er, zwar immer starke Fahrer waren und die besten Autos bestmöglich gefahren haben, aber dann, unter Druck und wenn es darauf ankam, nicht in der Lage waren, sich zu behaupten. Mit den

Engländern, so sagte er, der natürlich selber einer war, verhalte es sich da ganz anders.

Bevor ich ins Auto stieg, hatte Morris von der Boxenmauer aus Ganassi angerufen und zu ihm gesagt: »Siehst du die Kurve dort, am Eingang zur Hauptgeraden? Du wirst sehen, dass dieser Scheißitaliener im Zweiten dort herauskommen und maximal beschleunigen wird und dass ihm die Reifen wegrutschen.« »Wieso?«, hatte Chip gefragt. »Weil die Italiener am Steuer so sind: Sie tragen dick auf, sie fahren stark, aber sie scheren sich absolut nicht um das Fahrzeug.« Ich glaube, in meiner Laufbahn als Rennfahrer genau das Gegenteil verkörpert zu haben, und nicht nur zufällig hatten sie mich beim Kart »*il parigino*« genannt. Ich bin immer einen sehr sauberen Stil gefahren. Daher waren alle, die mich in der ersten Runde aus der Kehre herauskommen, beschleunigen und genau die Leistung geben sahen, die die Reifen vertragen konnten, sehr erstaunt. Allen voran Morris. Er sah sich gezwungen, seine Meinung unverzüglich zu revidieren. Ich drückte die 1'19-Zeiten, die Jimmy erzielt hatte, auf 1'17" und ein paar Zerquetschte. Sie waren sehr beeindruckt, auch angesichts der Tatsache, dass ich sehr interessante technische Hinweise geliefert hatte. Einige dieser Hinweise hatten das Auto vorangebracht, andere vertrugen sich nicht mit ihren Ansichten. Immer aber, wenn ich erneut auf die Piste ging und mir darüber klar wurde, dass ich mich geirrt hatte, war ich bescheiden genug einzuräumen: »Nein, ihr hattet Recht. Ich lag völlig daneben, diese Modifikation bringt uns wirklich nicht weiter.«

In diesen 35 Runden ergab der Vergleich der Zeiten eine kontinuierliche Steigerung. Sie ließen mich wegen des drohenden Regens anhalten, denn sie wollten auch noch Jeff Krosnoff fahren sehen. An der Tatsache, dass ich wirklich gut gefahren war, gab es nichts mehr zu rütteln. Und dass Morris seine Einstellung geändert hatte, bekräftigte dies. Morris, der in Laguna Seca auf Chips Bitte hin ein paar Worte mit mir wechseln sollte, um herauszufinden, wie technisch versiert ich war, der mich von weitem hatte kommen sehen und der zwischen zwei Motorhomes durchgeschlüpft war, um mir auszuweichen. Ich hatte mitbekommen, wie die Atmosphäre im Team sich wandelte, und wurde ein wenig überheblich. Tom Anderson, der es vorgezogen hätte, Herta zu behalten, und der seine Vorbehalte gehabt hatte, kam zu mir und machte mir einen Haufen Komplimente.

Krosnoff fuhr gut, aber offensichtlich war er unter dem Druck ins Auto gestiegen, besser sein zu müssen als ich. Er machte keine großen Fehler, aber er war unbeständig: Er fuhr eine Runde in 1'24", die folgende in 1'18" und so fort. Der Regen, der gedroht hatte, fiel nicht. Er fuhr 60 Runden und schaffte – mit neuen Reifen – eine 1'16"8: Er war sogar schneller gefahren als ich. Aber das hatte nicht viel zu sagen, denn allen war klar, dass die Piste immer besser wurde. Viel stärker ins Gewicht fielen die Art und Weise, in der ich gearbeitet hatte, und die Informationen, die ich den Technikern geliefert hatte. Ich war daher sicher, dass es gut für mich gelaufen war. Ich telefonierte bereits mit Daniela, um ihr alles zu erzählen, als plötzlich – das Training endete um 18 Uhr 30 – Anderson angelaufen kam und sagte: »Alex, wir brauchen dich.« Es war bereits Viertel vor sechs, und ich schaffte es gerade noch zu sagen: »Dani, ich muss Schluss machen, sie rufen nach mir.« Ich kam bei den Boxen an, und mir wurde gesagt: »Chip will dich noch einmal im Auto sehen.« »Verdammt«, dachte ich, »was soll das bedeuten?« »Ja, er hat gesagt, du sollst noch einmal fahren.« Und jetzt geriet auch ich unter Druck. Ich hatte schon angenommen, alles sei vorbei und gut gelaufen: Ich ruhte mich schon auf meinen Lorbeeren aus, und mit einem Mal ging es doch noch weiter. Ich fuhr raus, drehte einige Runden mit den Reifen, die Jeff benutzt hatte, und fuhr gleich auf Anhieb schneller als er: eine Zeit von 1'19"5. Aber das war nicht der Punkt. Der Punkt war, dass mir die Hände zitterten, ich war nervös. Daher machte ich etwas, womit ich sie definitiv für mich einnahm. Ich fuhr zurück an die Box. »Warum hast du angehalten?«, fragten sie mich. »Nun, na ja«, brachte ich mühsam hervor, »das Problem ist, dass ich unbedingt diese Arbeit will und dass ich jetzt mehr mit dem Herzen fahre als mit dem Kopf. Ich bitte euch daher um Entschuldigung, dass ich für einen Augenblick angehalten habe, um meine Gedanken wieder zu ordnen.« Diese Aussage war kein Ausdruck von Opportunismus, sie entsprach einfach nur der Wahrheit. Und Morris war tief davon beeindruckt. In der Zwischenzeit hatten sie Krosnoff neue Reifen montiert, und fairerweise montierten sie auch mir welche. Mit den frischen Reifen legte ich drei Runden hin in 1'15"7, 1'15"5 und 1'15"1: na bitte! Offizieller Pistenrekord. An diesem Tag fuhr auch Emerson Fittipaldi in einem Penske, und ich glaube, es ist alles gesagt. Er war einer von denen, die sich in jenen Jahren mit »Ihr« und nicht nur mit »Sie« anreden ließen. Der Vergleich mit ihm, der in 1'16" und darunter gefahren war, war eine tolle Werbung. Ein Superergebnis! All dies geschah am 18. Oktober. Wir gingen mit dem typischen »Wir lassen von uns hören« auseinander, aber es gab dazu ein kräftiges Schulterklopfen, und die Begeisterung der Mannschaft war offensichtlich.

Ich war so glücklich, dass ich sofort ins Hotel zurückfuhr, weil ich es kaum erwarten konnte, Daniela anzurufen. Und ich fuhr so schnell, dass ich wegen überhöhter Geschwindigkeit von einer Polizeistreife gestoppt wurde: In Florida scherzen sie nicht, sie sind alle bewaffnet. Und als sie mich anhielten und ich sofort ausstieg und auf sie zuging, richteten sie ihre Pistolen auf mich und begannen laut zu rufen. Dann wurde ihnen klar, dass ich armer italienischer Ignorant nicht wusste, dass du dort, wenn du angehalten wirst, unbeweglich im Wagen sitzen bleiben musst. Als sie mich nach meinen Papieren fragten und ich sofort in die hintere Gesäßtasche griff, erschraken sie ein zweites Mal. Zum Glück löste sich alles auf: Sie teilten mir nur mit, wie ich mich zukünftig zu verhalten hätte, und hatten ansonsten Verständnis für alles. Außerdem waren sie zwei leidenschaftliche Anhänger des Automotorsports, und als sie hörten, dass ich gerade von der Rennstrecke kam und im nächsten Jahr möglicherweise in der F-Cart-Serie fahren würde, wünschten sie mir viel Glück und ließen mich gehen.

Ich hatte dort mehr riskiert als auf der Piste: Sie hatten ihre Pistolen auf mich gerichtet, und das nicht nur zum Spaß.

In der darauf folgenden Woche sollte ich für Cal Wells einige Proberunden fahren. Kandidat für dieses Cockpit war neben mir auch Mike Groff. In den Tagen vor diesem Test führte ich etliche Telefongespräche mit Chip Ganassi, der begann, nach Referenzen zu fragen: »Sorg dafür, dass mich dieser und jener anruft«, insistierte er, »ich kann noch keine Entscheidung treffen.« Und in dieser Art ging es erst einmal weiter. Meiner Meinung nach hatten sie schon vor dem Test entschieden, Bryan Herta zu behalten. Aber an diesem Tag in Homestead war ich so gut gefahren, dass ich sie damit in große Schwierigkeiten gebracht hatte. Als ich hörte, dass Chip ernsthaft besorgt war, hatte ich ihn von Peter Collins anrufen lassen und auch Briatore gebeten, ihn anzurufen. Flavio hatte es versucht, ihn aber nicht erreicht, so dass Ganassi mich aufforderte, ihn um einen weiteren Anruf zu bitten. Kurzum, eine Menge Probleme. Er spielte den Schwierigen, und die Tage vergingen. Bis das Team von Wells in Homestead eintraf und damit begann, alles für das Training am nächsten Tag einzurichten. Noch am selben Abend luden sie mich zum Essen ein, und gerade als wir uns vom Tisch erhoben, sagte Wells zu mir: »Ah, warte, warte, da ist noch eine andere Sache.« Er bat mich, mich noch einmal zu setzen und ich fragte: »Welche andere Sache?« *»Just a second«* – »Augenblick noch.« Und dann erklang die Musik: »Happy Birthday to you«. Es war der 23. Oktober, und sie hatten sich daran erinnert, dass es mein Geburtstag war. Sie hatten ein Fest für mich organisiert mit einer Menge Kerzen und Kuchen. Ich wurde lockerer und dachte: »Das ist die Mannschaft, mit der ich mein ganzes Leben lang fahren möchte!«

Nach der Feier kehrte ich ins Hotel zurück und sah, dass der Anrufbeantworter eine Nachricht aufgezeichnet hatte. Es war Ganassi. Ich rief ihn an, und er begann schon wieder mit der üblichen Leier: »Du darfst morgen nicht fahren, du musst dafür sorgen, dass Briatore mich anruft.« Alles wie gehabt. Am Anfang hörte ich ihm noch zu, dann insistierte er so sehr, dass es mir reichte, und ich reagierte auf eine Art, mit der ich mir im Laufe meiner Karriere so viele Chancen verbaute, die mir aber auch so manche Tür geöffnet hat. Ich explodierte: »Hör zu, Chip, bei allem Respekt: meiner Meinung nach machen wir einen Fehler, wenn wir uns zusammentun.« »Was willst du damit sagen?« »Dass du ganz einfach nicht überzeugt bist, sonst käme es ja erst gar nicht zu dieser Diskussion. Du würdest einen Fehler machen, wenn du mich nähmest: Spätestens dann, wenn ich dir im zweiten Rennen den Wagen gegen die Wand setze, würdest du anfangen, es dir noch einmal zu überlegen. Wenn du nicht überzeugt bist, lass mich meinen Weg gehen, und wir kommen vielleicht später noch mal auf alles zurück.« »Du willst also nicht mit mir fahren?« »Machst du Witze? Ich würde wahnsinnig gern mit dir fahren! Du hast eine exzellente Mannschaft, aber wenn du nicht überzeugt bist ...« »Es stimmt nicht, dass ich nicht überzeugt bin, ich brauche nur eine Ermutigung.« Und dann sagte ich zu ihm: »Chip, ob du nun nicht überzeugt bist oder vielleicht nur nicht schlau genug, lass es mich dir sagen: Offiziell bist du das Reynard-Team, sie brauchen deine Siege, um ihre Autos in der F-Cart-Serie zu verkaufen. Glaubst du, dass sie dir den erstbesten Schwachkopf empfehlen würden, der ihnen über den Weg läuft? Wenn du ihnen nicht vertraust, wem dann? Warum pfeifst du nicht auf Briatore oder Jean Todt? Wer sind sie denn schon?! Leute, die du noch nicht einmal kennst. Auch wenn sie dir sagen, dass Zanardi ein starker Fahrer ist, was ändert das? Wenn du Adrian Reynard und Rick Gorne nicht glaubst, denen deine Siege einen direkten Gewinn brächten, wem willst du dann glauben!? Und das bedeutet dann, dass du nicht überzeugt bist. Lass mich also meinen Test machen. Und jetzt lass mich erst einmal ausruhen, denn ich muss morgen auf einem Oval fahren, und ich habe so etwas noch nie gemacht. Es ist jetzt elf Uhr nachts. Lass mich jetzt bitte schlafen gehen. Ich danke dir, wir hören uns später.« »Gut«, sagte er und legte auf.

Unser Gespräch war beendet. Für fünf Minuten. Denn fünf Minuten später rief er mich erneut an. »Hör zu«, sagte er, »ich will nicht, dass du morgen diesen Test fährst, ich will, dass du die erste Maschine nimmst und nach Pittsburgh kommst, um den Vertrag zu unterschreiben.« Er hatte sich entschieden. Doch ich war noch ein wenig unschlüssig. Mein erster Gedanke galt Cal Wells. Ich hätte nicht gewusst, was ich ihm hätte sagen sollen. Dann wurde er wütend: »Man muss wissen, wann eine Gelegenheit zu ergreifen ist.« Er hatte Recht, und ich erklärte mich bereit, nach Pittsburgh zu fliegen. Am nächsten Morgen erschien ich an der Strecke mit schwersten Schuldgefühlen beim Anblick der Personen, die mich erwarteten, um mich ihren Wagen testen zu lassen. Ich zwang mich, daran zu denken, dass ich im Leben so viele Reinfälle erlebt hatte, dass einer mehr oder weniger nicht das Ende der Welt bedeuten würde. Ich sprach mit Jeff Tenzer, dem Team-Manager von Cal, dessen Reaktion mir klar machte, dass er nicht im Geringsten auf das vorbereitet war, was gerade geschah. Wir stiegen auf den Lastwagen und riefen Wells an, der sich am Firmensitz in Kalifornien aufhielt. Er zeigte, nachdem ich ihm alles erklärt hatte, eine Reaktion, die ich nicht erwartet hatte und die mich denken ließ, dass diese Amerikaner großartige Leute sind. Er sagte zu mir: »Wenn ich dort bei dir wäre, gäbe ich dir ein paar Tritte in den Hintern, damit du sofort abfliegst, denn Ganassi bietet dir eine Möglichkeit, die Millionen Mal besser ist als unsere: Fahr also auf jeden Fall hin und unterschreib! Du kannst nächstes Jahr mit seinem Auto sogar gewinnen, mit unserem nicht. Flieg! Und viel Glück! Aber denk dran, wenn etwas schief läuft, wir sind noch vier Tage in Homestead. Wir sind wirklich sehr interessiert an dir und sähen dich gern in dem Auto, denn du warst unsere Wahl!« Nun lief alles wie am Schnürchen. Ich rief Wells erneut an, und er sagte zu mir: »Ich freue mich für dich.« Sie ließen nun an meiner Stelle Jeff Krosnoff den Test fahren. Und anstatt einen Konkurrenten zu verlieren, bekam der arme Mike Groff einen neuen, der ihm auch noch den Platz wegschnappte.

Ganassi aber ließ mich lange auf die Unterschrift warten. Er holte mich mit dem Wagen am Flughafen ab und brachte mich ins Hotel, und am Abend gingen er und seine Frau mit mir aus. Wir tranken, wir erzählten, wir lachten. Am nächsten Morgen holte er mich erneut ab, er brachte mich ins Büro und zeigte mir dort den Vertrag. Für mich war dies Amerika, wie es im Buche stand. Es war ein Dreijahresvertrag, dem zufolge ich im ersten Jahr 150.000 Dollar verdienen sollte, so viel, wie ich in meinem ganzen Leben noch nicht gesehen hatte. Außerdem hoffte ich, auch noch einiges an Prämien aushandeln zu können: Ich hatte mich darauf eingestellt, und es war das einzige Feld, auf dem ich vorhatte, ein kleines Gegenfeuer zu zünden, aus purer Lust am Feilschen. Das Übliche in der Formel 1 jener Jahre, in denen sie noch eine prozentuale Beteiligung boten, was heute nicht mehr der Fall ist, war so etwas um die fünf Prozent. Ich hatte mir vorgenommen, 15 Prozent zu verlangen, um wenigstens zehn nach Hause zu bringen. Er aber bot mir sofort 40 Prozent als Basis an und 50 Prozent im Falle eines Sieges in der Meisterschaft. Das verdarb mir ganz die Lust am weiteren Verhandeln, ich hatte nichts mehr einzuwenden. Der einzige Beschiss, den ich nicht mitbekam, als ich unterschrieb – ergriffen von der Begeisterung, wurde ich mir dessen nicht bewusst, oder ich hatte vielleicht nur keine ganz klare Vorstellung, welche Summen die Prämien in den USA erreichen konnten –, war ein Prämienhöchstbetrag von 150.000 Dollar im ersten Jahr. Alle Einnahmen aus den Rennen, die diese Summe überstiegen hätten, wären an ihn gegangen. »Weißt du«, erklärte er mir, »die Debütanten bringen dir im Anfangsjahr immer Schäden, ich muss das alles mit in Rechnung stellen.« Das schien mir nicht unangemessen, es hörte sich alles sehr vernünftig an. In Wahrheit aber war es eine Posse: Die Prämien dort sind sehr beträchtlich, und schon nach zwei Rennen und auch wenn ich nichts Aufsehenerregendes zustande gebracht hatte, war der Höchstbetrag erreicht. In jenem Jahr brachte Jimmy Vasser, mein Teamgefährte, der Meister wurde, etwa 3,2 Millionen Dollar nach Hause. Ich, der nach der Bestenliste als Zweiter abschloss, nahm 1,9 Millionen Dollar ein. Hätte ich die gesamten 40 Prozent genommen, hätte ich 760.000 Dollar nach Hause gebracht. Stattdessen beschränkte ich mich auf 150.000. Er »beschiss« mich um 610.000 Dollar, das heißt um mehr als eine Milliarde Lire. Auch wenn Chip mein Leben sehr verändert hat, so wollte ich es hier doch genauer darstellen, weil ich später begriffen habe, dass Ganassi ein Mann ist, dem es gefällt, gute Geschäfte zu machen, und der es sehr genießt, wenn er noch bessere macht. Vor allem dort, wo niemand etwas Interessantes wittert. Bei mir hat er es in jeder Verhandlung immer bis zum Äußersten getrieben. Aber ich muss anerkennen, dass er sich stets gentlemanlike verhalten und mir immer das bezahlt hat, was versprochen war, noch dazu mit einer Pünktlichkeit, die in der Welt des Autorennsports selten ist. Kurz und gut: Als ich kapierte, wie es lief und welche Verträge die anderen hatten, da war das schon ein etwas seltsames Gefühl. Aber ich sagte es Chip nicht. Ich war auch so überglücklich.

Im Laufe der Zeit hatte ich tausend Gespräche mit ihm, tausend Dispute und Diskussionen. Wir waren über wahnsinnig viele Dinge verschiedener Meinung und stritten uns bis aufs Messer. Er hat eine wahre Passion für das Streiten, es ist nahezu ein Hobby, und er hat auch noch Spaß daran. Mit mir besonders, und er dachte gar nicht daran nachzugeben. Es gab Ausbrüche dabei, unter denen die Wände des Motorhomes erzitterten. Auch deshalb sind wir einander unvergesslich. Wir nahmen kein Blatt vor den Mund, so war es und so sollte es sein. Trotz so mancher Dinge, die wir uns bei einigen Gelegenheiten gesagt haben, sind wir Freunde geworden, und ich küsse den Boden, auf den Ganassi seinen Fuß setzt: Er ist der Mensch, der mehr in mir gesehen hat. Schließlich war er es, der das Risiko trug, und er hat dabei auch Intuition bewiesen. Ich dachte, er hätte einfach nur enormes Glück, und was mich betrifft, so habe ich gewisse Qualitäten nicht mir selber zugeschrieben. Dass ich viel besser bin, begriff ich erst, als mir klar wurde, dass Ganassi nicht Glück hat, sondern dass er ein furchtbar schlauer Fuchs ist und ein Teufel. Meine Erkenntnis hat mir eine starke Genugtuung bereitet und mich sehr stolz gemacht: Meine Entscheidung für ihn war nicht nur ein Zufall gewesen.

Kapitel 9

Den Vertrag in der Tasche, kehrte ich nach Italien zurück. Ich fühlte mich als Held, aber ich blieb doch vorsichtig, weil ich in meiner Karriere schon zu oft Prügel bezogen hatte und eigentlich auch ausgepowert war. So bescheiden war ich wieder geworden, dass ich es für eine Errungenschaft hielt, die 4 auf dem Wagen zu tragen. Dem Team Ganassi waren Jahre zuvor die Nummern 4 und 12 zugewiesen worden. Jimmy Vasser fand an letzterer großen Gefallen, er hatte einen Narren an ihr gefressen, und so bekam ich die andere. Vor lauter Genugtuung wäre ich beinahe geplatzt: Meinen Namen so weit oben auf der Teilnehmerliste zu sehen, das war einfach nur geil. Ohne zu wissen, dass mein Name in diesem Jahr aufgrund weit größerer Verdienste noch ganz auf den Gipfel steigen sollte. In den Jahren davor hatte ich eine Menge Federn gelassen.

Wir begannen mit den Wintertests, und nach und nach entstand eine sehr gute Beziehung zwischen mir und Mo Nunn, der mein Techniker war. Morris hatte eine wichtige Rolle in der Formel 1 gespielt, er war der Gründer des Teams Ensing, für welches auch Chris Amon und Clay Regazzoni gefahren waren. Er hatte 1963 als Fahrer angefangen, kam in die F 3, in der er einige Rennen gewann, und in die F2. Dann hatte er Abstand vom Fahren gewonnen und in der Werkstatt hinter seinem Haus in Walsall einen F 3 gebaut, der sich 1973 als Siegerauto erwies. Ende 1972 hatte ihm Rikki von Opel, Erbe der gleichnamigen deutschen Automobilistendynastie, die Konstruktion eines F1-Monoposto anvertraut, der 1973 beim Großen Preis von Frankreich debütierte. Dort begann eine

Geschichte, die Morris nur sehr wenig Erfolg brachte, den dramatischen Unfall von Regazzoni nebst einer Reihe unglaublicher und auch witziger Abenteuer. Aber es war nie Geld da: Ende 1983 hatte Nunn das Team an Teddy Yip verkauft, einen Milliardär aus Hongkong, und war in die USA übergesiedelt. Nachdem er mit Bignotti, Newman-Haas und Patrick gearbeitet hatte, war er 1989 an der Seite von Emerson Fittipaldi gewesen, der den Titel und die »500 Meilen« von Indianapolis gewann. Und 1992 war er in das Team von Ganassi gekommen.

Nach all den Jahren im Rennsport und nachdem er schon 58 war, fühlte er sich reif für die Rente. Er hatte sich nie für Bryan Herta begeistert, den Fahrer, mit dem er vorher gearbeitet hatte. Er suchte neue Anreize und hoffte, sie durch mich zu finden. Zwar war er am Anfang sehr verunsichert durch die Tatsache, dass ich Italiener war, und durch manch anderes, setzte aber so bald wie möglich das Training für mich an. Es war erneut, wenn auch mit einer größeren Verantwortlichkeit, eine Situation entstanden, die der mit Fassina zu Beginn der F 3000 ähnelte: Ich wollte das Herz eines Technikers erobern, den ich sehr schätzte, aber es war nicht leicht. So viele Dinge habe ich erst viel später erfahren, weil Kathryin, seine Frau, sie mir amüsiert erzählte. Nachdem er mir in Laguna Seca auf jede erdenkliche Art ausgewichen war und sich sogar hinter dem Motorhome versteckt hatte, um nicht mit mir sprechen zu müssen, änderte sich das Verhalten von Morris innerhalb kurzer Zeit. Im Anschluss an das erste Rennen in Homestead rief er seine Frau an und sagte zu ihr: »Hör zu, ich muss einmal in meinem Leben zugeben, dass ich mich total getäuscht habe.« Sie traute ihren Ohren nicht. »Oooh«, begann sie sich lustig über ihn zu machen, »ich kann nicht glauben, dass du glaubst, dass du dich getäuscht hast: Was ist denn bloß passiert?« Er erklärte es ihr lachend: »Nun, wir haben es mit einem Italiener probiert. Ich habe nie einen gesehen, der so schnell fuhr, ohne einen Fehler zu machen. Es gibt noch vieles zu klären. Aber wenn man schon am Morgen erkennt, dass es ein toller Tag wird, dann sind die Voraussetzungen gut: Heute haben wir ihn unter Druck gesetzt, es war klar, dass er uns beeindrucken wollte, aber er hat immer seinen Kopf dabei benutzt. Er fährt einen überraschend sauberen Stil und ist dabei trotzdem sehr effektiv, ich habe ihn nie auch nur einen Millimeter von der Ideallinie abweichen sehen. Er gibt den Reifen genau das, was sie aushalten: kein Gramm Belastung zu viel, kein Gramm zu wenig. Dieser Bursche hat wirklich die *traction-control* im Fuß. Peter Collins hatte es uns gesagt, ich hab's nicht geglaubt, aber er hat es wirklich: Er hat einen großen Respekt vor der Technik, und er ist schnell, schnell und nochmals schnell. Und außerdem hat er interessante technische Hinweise geliefert, die uns in Erstaunen versetzt haben.« Alles in allem: nicht schlecht für einen ersten Eindruck. Ich versuchte, seine Vorbehalte mehr und mehr auszuräumen, und er wurde immer offener. Und mir gefiel es, ihn zu besuchen und mit offenem Mund seinen Erzählungen zu lauschen. Ich bin immer ein leidenschaftlicher Anhänger der echten Rennen gewesen – nicht zu vergleichen mit denen, die ich gefahren bin –, der Rennen in den Jahren, in denen das Einsteigen in den Wagen bedeutete, dich zu bekreuzigen, wenn du an Gott glaubtest, und zu sagen: »Ich hoffe, aus dem Cockpit mit heilen Beinen wieder herauszukommen.« Oder aber eine Zigarette zu rauchen, einen Schluck Whiskey zu trinken und zu denken: »Jetzt steig ich ins Auto und fahre Bestzeit.« Morris, der diese Zeiten als einer ihrer Protagonisten miterlebt hatte, konnte wunderbare Geschichten erzählen. Ich wurde es nie müde, mit ihm zum Abendessen auszugehen. Mit ihm amüsiere ich mich stets aufs Beste, und auch sein typisch englischer Humor trägt einiges hierzu bei.

Wo einer von beiden aufhörte, ging der andere weiter. Auf diese Weise entstand zwischen uns ein starkes *feeling*, eine Beziehung, die wir über den Winter und bei einer Reihe von Tests haben reifen lassen, in der auch das Duell mit meinem Teamgefährten Jimmy Vasser eine Rolle spielte. Jimmy fuhr so stark, dass er die Meisterschaft dieses Jahres gewann. Für mich liefen die ersten

Rennen der Meisterschaft ganz und gar nicht gut: Ich hatte das typische Pech dessen, der von seinen Möglichkeiten nicht absolut überzeugt ist. Seltsamerweise hast du mehr Glück, wenn du mehr Selbstvertrauen bekommst, und dann bremst dich niemand mehr. Jimmy jedenfalls war auch weiterhin enorm freundlich. Ich strengte mich an, es ihm gleichzutun, aber ich fragte mich doch, ob es so auch im umgekehrten Fall gewesen wäre: Wenn ich gewonnen hätte und nicht er, wie hätte er sich verhalten? Ich war in der europäischen Denkweise verhaftet, die stark von Rivalität geprägt war, auch wenn ich nicht der Typ war, der die Daten des Autos versteckte oder unnütze Scherereien machte. Meine Philosophie war immer gewesen: »Wenn ich es kann, bin ich stark auf der Piste, und am Ende setze ich mich durch. Wenn ich es nicht kann, fahre ich nach Hause und werde Klempner.« Gut, was Jimmy betrifft, so habe ich mich geschämt, derart engstirnig gedacht haben. Unsere Rollen haben sich später umgekehrt, und er hat sich mir gegenüber besser verhalten, als ich es tat. Es entstand eine wunderbare und sehr tiefe Freundschaft, die uns auch heute noch verbindet.

Die Wintertests jedenfalls hatten mir Zuversicht gegeben. Meine Zeiten waren immer konkurrenzfähig gewesen, vor allem im Vergleich mit Jimmys, der einer der Hauptaspiranten auf den Titel war. Die wahren Unbekannten waren für mich die Ovals. Ob wir es nun Indycar oder F-Cart-Serie nennen möchten, man fuhr und fährt noch immer im Wechsel Grand Prix auf klassischen Rennstrecken und Rennen auf Rundkursen verschiedener Größe. Es gibt hier »kurze« von einer Meile, wie Nazareth oder Milwaukee, die schnelleren von anderthalb Meilen, wie Homestead oder Rio de Janeiro, und die »Super-Speedways« wie Michigan oder Indianapolis: wahre Tempel der Geschwindigkeit, wo man im Schnitt mit 350 Stundenkilometern fährt, während im Rennen dank des Windschattens der anderen Monopostos nicht selten auch mehr als 400 Stundenkilometer erreicht werden. Die von Rennwochenende zu Rennwochenende wechselnden Pisten belohnen tendenziell die guten Piloten, die noch dazu Erfahrung mitbringen. Auch daher eröffnete mein Teamgefährte Vasser die Saison so gut und gewann vier der ersten sechs Rennen.

Ich hingegen war vom Pech verfolgt. Während er zum Beispiel das erste Rennen von Homestead gewann, endete ich bei meinem Debüt auf einem Oval an der Mauer, weil nach einem Boxenstopp die Schrauben an einem Rad nicht fest genug angezogen worden waren. Mein Chefmechaniker Rob Hill war ein Neuzugang im Ganassi-Team. Er kam aus der Mannschaft von Bobby Rahal und war sowohl in professioneller Hinsicht als auch menschlich ein Pfundskerl, wie auch die anderen Jungs, allesamt ganz ausgezeichnete Mechaniker. Neben Rob hatte ich Brad, Steve, John Wayne (er heißt wirklich so und ist natürlich Texaner), Simon, Norm, Wayne und Ricky. Und genau der ließ mich in Homestead nach dem Tanken mit dem nicht richtig befestigten Reifen losfahren. Viele hätten an meiner Stelle einen Wutanfall bekommen. Ich sagte nichts. Ich war zufrieden damit, wie es bis zu diesem Moment gelaufen war: Nach den Qualifyings, in denen ich immer wieder ermahnt worden war, ich solle, weil ich Anfänger sei, langsam fahren, war ich als Vierzehnter gestartet. Im Rennen hatte ich mich bis auf den fünften Rang vorgearbeitet, es lief ganz gut für mich. Im Augenblick des Aufpralls erschrak ich überhaupt nicht, ich dachte nur: »Hoffen wir, dass es nicht meine Schuld war.« Und tatsächlich, als ich sah, dass das Rad ganz woanders war als das Auto, dachte ich: »Mmh, das kann nicht meine Schuld gewesen sein ...« Ich fuhr an die Boxen und tat etwas, das mir ganz normal erschien und was die Jungs mir hoch anrechneten. Im Fernsehen und zu den Journalisten sagte ich, anstatt gegen Ricky zu wettern: »Wir sind ein Team, das eines Tages gewinnen wird. Bis jetzt habe ich einen Haufen Fehler begangen, die, da sie in den Tests passierten, zum Glück nicht sichtbar geworden sind. Leider hat heute ein sehr guter Junge meines Teams bewiesen, dass er auch nur ein Mensch ist. Solche Dinge kommen vor.« Dann ging ich zu Ganassi und sagte dasselbe noch einmal. Ricky hingegen war tief betrübt und fühlte sich ein wenig, als stehe er unter Anklage. Ich ging zu ihm, umarmte ihn und sagte: »Du sollst wissen, dass ich nicht wütend auf dich bin, weil ich das Rennen verloren habe. Solche Dinge können passieren. Und eines weiß ich sehr gut: Wenn es einen gibt, auf den ich von jetzt an felsenfest zählen kann, weil er nicht noch einmal einen Fehler machen und mich niemals mehr enttäuschen will, dann bist du es.« Ich glaube, dass hier der Grundstein zu einer Beziehung gelegt wurde, die sehr glücklich verlief. Meine Mechaniker begriffen, dass ich nicht der typische Fahrer war, der hochnäsig aus der Formel 1 kam und dachte, er wisse schon alles, und dem es nur darum ging, Millionen Dollar zu scheffeln und mit dem Privatjet durch die Gegend zu düsen. Auch ich hoffte, eines Tages etwas verdienen zu können, aber es war ihnen sofort klar, dass ich diese Arbeit nie nur wegen des Geldes gemacht hatte. Ich machte sie aus Leidenschaft, einfach aus Lust am Fahren und wegen des Teamgeistes. Dieses Vorkommnis half mir, das Eis zu brechen und einen Weg in ihre Herzen zu finden. In dieser Hinsicht halte ich mich nicht für einen Senna. Aber ich fühlte mich respektiert wegen der Art und Weise, wie ich mit dieser Angelegenheit umging. Mehr noch: Da ich in Indianapolis lebte, wo das Team seinen Sitz hatte, war mein erster Gedanke, kaum dass ich einmal eine freie Minute hatte, zu ihnen zu fahren, sie wiederzusehen und mit ihnen zusammen zu sein.

Das zweite Rennen, Rio de Janeiro, war eine weitere sehr wichtige Etappe. Am Vorabend konzipierte Morris das Set-up und nahm dabei Rücksicht auf das totale Unvermögen der Brasilianer, einen planen Asphalt hinzubekommen. Wir hatten nur die Zeichnungen der Strecke. Die F-Cart-Serie fuhr zum ersten Mal auf diesem Oval, und wir wussten, dass es gerade erst frisch asphaltiert worden war. Daher war ich ein wenig perplex, als ich sah, welches Set-up er gewählt hatte, und ich fragte ihn: »Morris, wieso ist das Auto so weich? Im Grunde haben wir es doch mit einem Oval zu tun, einer sehr planen Piste und noch dazu einer neuen.« »Plan? Bei den Brasilianern?«, antwortete er. Und er begann, Geschichten aus der Vergangenheit hervorzukramen: »Warum ich nach Rio fuhr ... Piste gerade erst fertig, 1975 und blablabla ... du wirst es sehen, wenn wir dort sind: Wenn die Piste glatt ist, spendiere ich dir alle deine Abendessen von jetzt an bis zum Ende des Jahres. Ich wette alle Abendessen eines Jahres gegen ein einziges.« Natürlich war ich es, der das Essen zu bezahlen hatte. In der Tat hatte man große Mühe, auf dieser als *»hightech«* beworbenen Piste zu sehen, wo man gerade langfuhr: Es gab einen Ruck nach dem anderen. Morris tüftelte ein tolles Auto aus, auch weil unser Honda-Motor sehr stark war. Wir hatten einen nicht unerheblichen Vorsprung, zunächst im Qualifying. In der Tat war ich schon im freien Training am Donnerstag Erster. Es kam mir vor wie ein Traum: Ich, Erster in der F-Cart-Serie! Am Freitag eine noch bessere Zeit, und am Samstagmorgen ebenfalls, und so weiter bis zu den Qualifyings am Samstagnachmittag. Unterdessen war Jimmy, was das Set-up betraf, vollkommen auf Abwege geraten, und im letzten Moment – ohne es auch nur ausprobiert zu haben – richteten sie sein Auto exakt so ein wie das meine. Und er fuhr damit wirklich stark. In den Qualifyings, die so funktionierten wie gegenwärtig in der Formel 1, fuhr er als Fünftletzter los und fuhr dann die beste Zeit heraus. Ich dachte: »Erst bin ich so nett und überlasse ihm das Set-up, und jetzt staubt er ab.« Immerhin gelang es mir, etwa drei kümmerliche Tausendstelsekunden vor ihm zu bleiben und die Pole nach Hause zu bringen. Jimmy gratulierte mir und gestand: »Ich schwör's dir, einen Augenblick lang hatte ich befürchtet, dir den ersten Platz geklaut zu haben. Dieses Auto hast du ›gemacht‹, und es wäre ungerecht gewesen.«

Das Rennen lief leider für uns beide schlecht. Die ganze erste Hälfte über blieb ich in Führung. Dann machte das Team einen Fehler, als es mich zum Tanken an die Boxen rief. Bis zu diesem Augenblick hatten sie mich bei jeder Neutralisierung durch die Gelbe Flagge zurückkommen lassen, und alle waren mir gefolgt. Bis es auf einmal eine weitere Gelbe gab, sie mich wieder an die

Boxen riefen, aber keiner mir folgte. Als ich erneut rausfuhr, war ich Vierundzwanzigster. Ich rief über Funk: »Mister Ganassi?« »Was ist, Alex?« »Ich verstehe noch nicht viel von diesen amerikanischen Strategien: Aber ist es möglich, dass ich Erster war und jetzt Vierundzwanzigster bin?« Antwort, etwas konfus: »Nein, aber weißt du, wir haben jetzt voll getankt.« Wenige Runden später wurde aus einem anderen Grund wieder die Gelbe Flagge gezeigt: Alle fuhren rein, um zu tanken, und ich kehrte als Erster zurück. Ich meldete mich erneut über Funk, mit sichtlich gewachsenem Vertrauen: »Chip.« Um ehrlich zu sein, am Anfang war meine Aussprache »Cheap«, was auf Englisch so viel bedeutet wie »preiswert« oder »billig«. Er korrigierte mich ständig. »Chip, mein Name ist Chip.« Und ich: »Ja, Cheap, aber wie läuft das jetzt, dass ich Erster bin?« »Nun, das sind die Strategien. Weißt du, wir Amerikaner hier ...« »Das ist ja echt der Hammer!« Zehn Runden später wieder eine Gelbe Flagge: Er ließ mich an die Boxen kommen, und als ich wieder rausfuhr, war ich noch immer Allerletzter. »Und jetzt«, fragte ich, »was ist denn jetzt mit der Taktik?« »Alex, das Gute ist, dass wir jetzt Benzin haben, um bis zum Schluss durchzufahren.« Ich dachte sofort: Die anderen müssen noch anhalten, das ist es! Ich fragte aus reiner Neugierde: »Müssen denn die anderen nicht auch noch reinkommen?« Trockene Antwort: »Nein. Auch alle anderen haben Benzin, um durchzufahren.« Es gab einen langen Moment des Schweigens, dann sagte ich: »Cheap?« »Ich heiße Chip.« »Ja, Cheap, ich verstehe nicht viel von diesen amerikanischen Strategien, aber am Anfang war ich Erster, dann war ich Letzter, dann war ich wieder Erster und jetzt bin ich schon wieder Letzter, und du sagst mir, dass alle anderen genauso viel Benzin haben wie ich. Ich glaube daher, verstanden zu haben, dass das Ganze sich jetzt auf das reduziert, was ich aus Europa kenne: Wenn ich vor den anderen ankommen will, muss ich so viele wie möglich überholen.« Und er, strahlend wie die Sonne: »*You got it right, man!*« – »Du hast es kapiert, mein Freund!« Und so gab ich, 18 Runden vor Schluss, verzweifelt Gas und schaffte es, vom vierundzwanzigsten auf den vierten Platz vorzufahren, im Endspurt mit Scott Pruett, der mir noch ein paar Zentimeter klaute.

Am Ende, auf der Rückreise, war Nunn ein bisschen in Verlegenheit: Er fühlte sich verantwortlich, denn er war an der begangenen Dummheit beteiligt. Ich aber nahm es ihm nicht im Geringsten übel. Vielmehr dachte ich, ich müsste mich immer noch bewähren, und hatte nach der zuletzt erbrachten Leistung ein gutes Gewissen. Was kümmerte mich die Meisterschaft?! Ich hatte niemals daran zu denken gewagt, schon in diesem Jahr um den Titel zu kämpfen. Mehr noch, ich hatte mit all den Überholmanövern, der Aufholjagd und den nach Anweisung gefahrenen Runden sogar meinen Spaß gehabt. Daher hellte sich seine Miene auf, als er begriff, dass ich nicht sauer auf ihn war. Er wandte sich an mich und sagte: »Wie auch immer, Junge, heute bist du wirklich ein großartiges Rennen gefahren, das muss ich dir lassen. Trotz all unserer Fehler hast du ein tolles Rennen abgeliefert! Aber bist du sicher, dass du Italiener bist? Und dass du nicht doch ein Tröpfchen englisches Blut in deinen Adern hast?« Damit machte er mir ein riesiges Kompliment.

Auf Rio hingegen folgten einige Rennen, in denen mir alles Mögliche zustieß. Wir flogen nach Australien, und ich musste die Qualifikation im Lauf der langsamen Piloten absolvieren, unter denjenigen, die als Erste auf die Piste gehen, um die Strecke für die anderen zu säubern. In meiner Gruppe fuhr ich die beste Zeit, grandios. Und Vasser machte mir sofort ein weiteres großes Kompliment, denn ich war mit dem Auto in kontrollierter Übersteuerung dicht an den Leitplanken entlanggefahren und hatte sie dabei, ein bisschen so in der Art einer Flipperkugel, mit den Reifen touchiert. Jimmy kam zu mir, gab mir einen kräftigen Schlag auf die Schulter und sagte: »Hast eine richtige Show hingelegt, es war das reinste Spektakel, dir zuzuschauen!« Dann aber nahm der Bastard mir die Pole weg. Er fuhr sehr stark, und auch Pruett zog an mir vorbei. Während des Rennens war ich mit einem der Probleme konfrontiert, die für australische Circuits typisch sind und Folge einer harten Beanspruchung der Mechanik: Ich hatte einen Getriebeschaden, und nach der Hälfte des Rennens gab ich auf. Meine Aufgabe jedenfalls hatte ich erfüllt.

Es kam Long Beach, und es war ein bisschen die Luft raus, da ich meinen Sieg, ohne um ihn zu kämpfen, schon vorausgesehen und in der Zwischenzeit nicht viele Punkte gesammelt hatte. Am Freitag, im ersten Lauf des freien Trainings, fuhr ich die drittbeste Zeit, und alle waren außer sich: »Wer ist das denn, einer vom Mars?« Es gab da eine Theorie, die besagt, dass man auf einer unbekannten Piste nicht auf Anhieb schnelle Zeiten fahren konnte. Mit so was gingen sie mir ständig auf die Nerven, während ich immer jemand gewesen bin, der nach drei Runden jede beliebige Strecke kennen gelernt hatte. Am Freitagnachmittag jedenfalls errang ich die vorläufige Pole: das Höchste! Am folgenden Tag jedoch wischte mir De Ferran eins aus, der mich überflügelte. Ich war schon eine ganze Weile Zweiter und fuhr stark. Schon zu Beginn des Rennens ergriff der Brasilianer die Flucht nach vorn, und ich blieb an ihm dran wie ein Bluthund. Wir ließen das Feld weit hinter uns. Er aber hatte sich, um mich hinter sich zu halten, die Reifen ruiniert und musste vor mir an die Boxen; ich hatte noch genug Benzin und konnte draußen bleiben.

In solchen Situationen legt derjenige, der als Erster zum Tanken und zum Reifenwechsel an die Boxen geht, danach eine Runde mit kalten Reifen zurück, während der andere in voller Fahrt ist. Wenn das geschieht, gewinnst du vier oder fünf Sekunden, die dir nach dem Stopp erlauben, vor dem Gegner wieder auf die Piste zu gehen. Mit ein bisschen Geschick kannst du ihn ohne große Schwierigkeiten auf Distanz halten, bis die Reifen die optimale Temperatur erreichen. Im Wesentlichen bedeutet dies, dass derjenige, der an die Boxen geht, automatisch eine Runde später nach vorne kommt, wenn er nicht irgendeine Dummheit begeht. Aus diesem Grunde also haben die Strategien in Amerika eine so herausragende Bedeutung, nicht nur für die Gesamtkontrolle des

Rennens, sondern auch bei der Planung eines Überholmanövers auf der Basis eines Boxenstopps.

Als De Ferran zurückkam, lag ich in Führung, und als ich Gas gab, um den Vorsprung so weit wie möglich auszubauen, der es mir erlaubt hätte, nach dem anstehenden Boxenstopp als Erster herauszukommen, erreichte ich zwei überrundete Fahrer: Teo Fabi, der in diesem Rennen Blundell ersetzte, und Bobby Rahal. Wir kamen an die erste Kurve hinter dem Ziel, und Rahal bremste so früh, dass ich dachte, er wolle mich vorbeilassen. Ich fuhr noch mit der europäischen Mentalität, nach welcher die Überrundeten Platz machen müssen. Das aber geschah nicht. Rahal fuhr die Kurve und ich ihm hinten rein. Ich war zur Aufgabe gezwungen. Ganz ehrlich: Ich dachte nicht, dass ich einen Fehler gemacht hätte, ich glaubte sogar das Recht zu haben, mich aufzuregen. Aber die Leute, denen ich in der Boxengasse über den Weg lief, schauten mich an, als hätte ich gottweißwas verbrochen. In Wahrheit hatte ich einfach noch nicht die Denkweise in dieser Art von Rennen begriffen: Wenn Du überrundet bist, es aber schaffst, vor dem Spitzenreiter zu bleiben, und wenn dann eine Gelbe Flagge gezeigt wird, kannst du die Überrundung wieder aufholen, und dein Rennen kann sich noch einmal wenden. Eine Sache, die ich zwei Jahre später auf genau derselben Strecke herausfand, als ich mich beim Herauskommen nach einem Pitstop in einem verzweifelten Kampf mit dem führenden De Ferran wiederfand. Um zu verhindern, dass er mich überholte, drängte ich ihn einige Male zur Mauer ab. Anderthalb Runden lang hielt ich ihn hinter mir, ich blockierte ihn, wo ich nur konnte. Und dann gewann ich. Bei jenem ersten Mal hingegen war ich ein Anfänger, ich war Letzter, ich fühlte mich wie bei einer Prüfung, und so war es ja auch tatsächlich. Ganassi hätte mich, wenn er gewollt hätte, entlassen können. Und dieses Rennen beschwor Fragezeichen herauf, die mich betrafen. Auch weil am Ende Vasser gewann: De Ferran hatte ein Problem mit dem Turbo, Tracy fuhr gegen eine Mauer, und am Ende kam mein Teamgefährte, der fleißig gewesen war wie eine Ameise, als Erster ins Ziel. Einmal mehr hatte mir Jimmy gezeigt, wie man in dieser Meisterschaft fahren musste. Und ich begann, mich etwas unter Druck zu fühlen.

Abgesehen von den Resultaten war es eine sehr schöne Zeit für mich. Als wir aus Long Beach zurückkamen, begannen wir, unser Haus einzurichten. Wir hatten ein Apartment in einem *condominium* gemietet, einer Ansammlung typisch amerikanischer Häuser, wie sie gewöhnlich bei berufsbedingten Wohnungswechseln genutzt werden, und die man in der jeweils gewünschten Größe ohne weiteres mieten kann. Es ist sogar üblich, die Möbel für diese Apartments gleich mitzumieten, und so fuhren ich und Daniela in die verschiedenen Einrichtungszentren, um unsere Wahl zu treffen. Unser »Nest« war in Indianapolis, nur wenig abseits der 465 gelegen, einer Art ringförmiger Verbindungsstraße, in einer der hübschesten Gegenden. Vorne raus gab es einen künstlich angelegten See mit Gänsen, die den ganzen Tag schnatterten, mit den Flügeln schlugen und ein unglaubliches Theater machten. Wir fuhren zu »Target«, einer großen Kaufhauskette und zugleich Hauptsponsor des Teams, und tätigten mit unserem Mitgliedsausweis bei zehn Prozent Preisnachlass eine Unmenge von Einkäufen. Es war April. Wir hatten uns ein Apartment mit zwei Schlafzimmern genommen, weil wir Verwandte und Freunde oft zu Gast haben wollten. Und sie kamen uns tatsächlich zahlreich besuchen. Im Übrigen fühlte ich mich weiter unstet: Mein Leben war bis zu diesem Moment immer so verlaufen. Mein größter Wunsch war es nicht, ein großartiges Ergebnis zu erzielen, sondern Chip sagen zu hören: »Ich behalte dich auch im kommenden Jahr.« Ein Jahr, für das eine schwindelerregende Summe im Vertrag stand: 500.000 Dollar. Großer Gott! Eine Summe, mit der ich für mein ganzes Leben ausgesorgt hätte, dachte ich.

Wir kamen nach Nazareth, auf ein kurzes Oval. Und wir kamen nicht klar damit. Auch wenn ich es gelegentlich schaffte, schneller als Jimmy zu sein. Denn er fuhr mit dem Kopf, ich hingegen mit dem Herzen: Ich versuchte Dinge, die mathematisch möglich waren, in einigen Läufen war ich sogar vor ihm, aber die Aussichten standen gut, dass ich an der Mauer endete, wenn ich es übertrieb. Das brachte ich sowohl in Nazareth als auch in Milwaukee fertig. Für die kurzen Ovals müssen die Autos auf eine ganz eigene Weise präpariert werden. In jenen Jahren hatten wir das noch nicht so richtig begriffen. Gerade als Mannschaft. Wir haben das Problem erst im Winter 1997/98 gelöst: Zwei Neuerungen, getestet von Jimmy und mir, brachten uns die Offenbarung. Wir sprachen darüber mit Mo, wir beurteilten sie auf der Piste, und bei einer Rennsimulation entdeckten wir dann, dass wir einen Riesenfortschritt gemacht hatten. Es war eine immense Befriedigung, als Jimmy 1998 das Rennen in Nazareth gewann. Ich war glücklicher über seinen Erfolg und über meinen zweiten Platz als jemals bei meinen eigenen Siegen: denn es war ein Sieg des Teams. Ich glaube, dass Ganassi die große Fähigkeit gehabt hat, ein echtes Team zu schaffen, in dem alle für das Wohl der Mannschaft arbeiteten. Daher empfand ich einige von Jimmys Siegen auch als meine, und ich glaube, dass es ihm umgekehrt in anderen Situationen ebenso erging. Die vielleicht größte Befriedigung war für mich das insgesamt letzte Rennen mit der Mannschaft, Ende 1998, als ich in Fontana Dritter wurde und Jimmy gewann.

Diesmal aber erwies sich Nazareth als Trauma: Im ersten Training war ich der Schnellste, aber sobald die Tanks der anderen sich zu leeren begannen und ihre Wagen leichter wurden, kehrten wir auf den Boden zurück, abgeschlagen auf Positionen, die wir nicht erwartet hatten. Nicht einmal unter den ersten zehn, und dann kam auch noch die Pechvogelwolke, die ich bereits erwähnte, die Piste trocknete ab, aber ich schaffte es, einen ziemlich feuchten Fleck zu finden, um die Kontrolle zu verlieren und gegen die Mauer zu fahren. Wir setzten ein anderes Chassis ein. Das Rennen damit schlief schlecht, ich wurde durch ein Problem mit dem Schwimmer des Vergasers verlangsamt und war am Ende Dreizehnter, was im Wesentlichen die Holzmedaille bedeutet: den ersten Platz im Tableau, der keine Punkte bringt.

Dann kam das »US 500« in Michigan. Für die F-Cart-Serie war es so etwas wie die »500 Meilen« von Indianapolis, die genau seit diesem Jahr nicht mehr auf dem Programm standen. Tony George, Betreiber des legendären Circuits von Indiana, hatte entschieden, sich von der F-Cart-Serie zu trennen (auf die er immer schon ein bisschen herabgesehen hatte) und rief, von allen bespöttelt, eine Kategorie ins Leben, die einem Elefantenfriedhof glich und vor allem auf der Indy 500 basierte. Die F-Cart-Serie antwortete mit einem Rennen, fast zeitgleich mit dem von Indianapolis, auf dem Oval von Michigan, das sich »The Real 500« nannte. Das war zu diesem Zeitpunkt, was die Teilnehmer betraf, absolut richtig. Mit einer Menge Qualifyings fünfzehn Tage vor dem eigentlichen Rennen wurde dasselbe Procedere befolgt wie in der Indy-Serie. Es gab eine große Werbekampagne mit den berühmtesten Piloten – Andretti, Fittipaldi, Unser und seine Truppe –, die zusammen mit uns Neulingen Interesse für das Rennen wecken sollten. Aber trotz all der Bemühungen klangen wir nicht einmal für uns selber aufrichtig. »Target« war offizieller Sponsor des Ereignisses und legte sogar einen großen Teil der Dollar-Million als Preis für den Sieger auf den Tisch, eine Tatsache, die das Interesse der Medien weckte. Ich kam mit einem Heidenrespekt zu dem Termin, in meinem Herzen aber war ich durchaus nicht bereit klein beizugeben. Eines nachmittags an einem der Tage vor dem Rennen war ich mit Morris in der Werkstatt, als unser Team-Manager Tom Anderson kam, um ihm zu sagen: »Mo, ich habe den Blower gefunden, den du wolltest.« Der *blower* war das Flügelrad des Turbos, dessen Größe in diesem Jahr nicht vorgeschrieben war. Das größte Flügelrad bot geringe Vorteile bei hoher Drehzahl, hatte jedoch Anpassungsprobleme bei der Beschleunigung im niedertourigen Bereich. Aber auf den Superspeedways brachte es schon etwas, und auf dem Oval von Michigan konnte es sich als sehr nützlich erweisen. Nunn sagte: »Also gut, wann kann ich sie abholen?« Er hatte den Plural gebraucht. Und Tom antwortete: »Ich habe nur eins für dich.« »Wie, ich habe nur eins für dich!? Und was geben wir Jimmy?« Das Missverständnis lag darin, dass Tom sich an Morris als dem Technischen Direktor der Mannschaft gewandt hatte, Morris hingegen sprach mit Anderson in seiner Eigenschaft als der für mein Auto Verantwortliche. »Wir haben uns nicht verstanden«, versuchte Tom zu präzisieren, »ich habe dir eins für Jimmy besorgt.« Und Morris: »Ja, aber was soll ich meinem Fahrer einbauen?« »Gib ihm das 28er, das läuft so gut, dass es auch egal ist.« »Von wegen egal!«, antwortete Mo. »Wenn es egal ist, wozu machen wir uns dann die ganze Arbeit?« »Also gut«, schloss Anderson, »es werden drei oder vier PS Unterschied sein. Was soll's, zumal Alex in Michigan fährt, um zu lernen.« Und dann machte Morris etwas, was den allergrößten Stolz in mir wachrief: Er nahm die Brille ab, legte sie langsam auf den Tisch und sagte in einem Ton größter Gewissheit: »Du wirst sehen, wo mein Fahrer sein wird«, er unterstrich dabei das »mein« laut und deutlich, »wenn er die Grüne Flagge sieht. Er wird dort sein, wo er hingehört. Und wenn nichts Außergewöhnliches geschieht, wird er am Ende der ›500 Meilen‹ ganz in der Nähe von Jimmy Vasser sein. Immer vorausgesetzt, dass Jimmy vorn ist.« Und er bekräftigte seine Worte mit einer Emphase und einer Entschlossenheit, die mir das Herz erwärmten. Solche Auftritt von ihm gab es immer wieder. Sie haben mich sehr beflügelt, auch wenn er zumeist bekräftigte, wie bescheiden er doch sei. Meine Gegner fürchtend und sie respektierend, bereitete ich mich so gut wie möglich darauf vor, sie zu schlagen. Am Sonntag oblag es Ganassi, mir den Rücken zu stärken. Es war seine Aufgabe, mein Rennen über Funk zu steuern: Wenn mir eine Aufholjagd glückte, »liebte« mich Chip, und er tat nicht das Geringste, es mir zu verhehlen. Seine Ermunterungen waren gespickt mit typisch amerikanischen Redewendungen: »*You are the man!*« oder »*You can do it, only you can do that!*« – »Du kannst es, du schaffst es, nur du kannst es schaffen!« Oft kam er damit auch während der letzten Runde des Qualifyings, wenn es für mich wichtiger war, mich auf die schnelle Runde zu konzentrieren als darauf, jemandem zuzuhören, der mir per

Funk solche Sätze zurief. Aber so war Chip, und ich glaube, dass seine Übertreibungen, zusammen mit denen von Morris, das Beste aus mir herausgeholt haben. Außerdem ist Ganassi ein sehr intelligenter und intuitiver Mensch. Und so schaffte er es mehr als einmal, in einem Rennen, das schlecht begann, den Verlauf zu analysieren und die Strategie auf die richtige Weise anzupassen. Oft haben wir es auch dank seiner Eingebungen geschafft, Situationen wieder hinzubiegen, die schlechter nicht hätten sein können.

Jedenfalls behielt, was das Rennen von Michigan betrifft, der alte Morris Recht: Ich trat im Qualifying an und erreichte den vierten Platz. Die volle Leistung brachte ich nur in den Runden, auf die es auch ankam; in den vorangegangenen Runden war ich stets langsam gefahren. In Michigan machte ich auch meine *rookie orientation* für die Superovals, das heißt den Test für die Anfänger – eben die *rookies* –, die noch nie auf einem Circuit dieser Art gefahren waren. Und, um aufrichtig zu sein, dies ist wirklich eine andere Welt. Im Training, bei dem sie dich über Funk kontrollieren, lassen sie dich drei Runden mit konstanter Geschwindigkeit durchfahren, dann schneller, dann wieder langsamer: Sie wollen sicher sein, dass du Herr der Lage bist. Aber das ist noch lange nicht alles, dadurch allein hast du nicht gelernt, wie auf einem so schnellen Circuit gefahren werden muss. Nachdem ich den Orientation-Test überstanden hatte, wurde ich meinem Schicksal überlassen, aber ich fuhr auch weiterhin langsam. Die anderen fuhren mit durchschnittlich 230 Meilen pro Stunde, und ich hatte alle Mühe, 218 zu erreichen, und die Angst steckte mir in den Knochen. Denn ich spürte das Auto nicht: Es war unglaublich, als ich auf einmal – ich war ja schon unterwegs wie ein von allen guten Geistern Verlassener – nachschaute und sah, dass ich im dritten Gang fuhr! Ich schaffte es nicht, die Drehzahl so zu erhöhen, dass ich in den Vierten schalten konnte. In der Kurve gab ich nach, aber wenn du das Gaspedal nicht durchgedrückt hältst, erreichst du niemals eine Geschwindigkeit, die ausreicht, um in den höheren Gang zu schalten. Tatsächlich fuhr ich im Dritten und dachte: »Oh, aber hier musst du den sechsten Gang einlegen, und du schaffst nicht einmal den vierten.« Es ist klar, dass die Gänge auf den Ovals anders angepasst sind: dritter, vierter, fünfter und sechster neigen dazu, extrem nah beieinander zu liegen. Der sechste zum Beispiel liegt nur 200-300 Umdrehungen über dem fünften. Die Sache war jedenfalls ziemlich belastend.

Ich hielt an und sagte zu Morris: »Es läuft nicht, und außerdem spüre ich, dass das Auto zu leicht ist.« »In Ordnung, Alex«, antwortete er, »jetzt müssen wir den Anpressdruck verringern.« »Wie, verringern?«, fragte ich. »Ja, wir haben zu viel Anpressdruck, auch deswegen fahren wir nicht so schnell.« Ich konnte es nicht glauben. »Morris, bist du verrückt? Du willst den Anpressdruck reduzieren?« Ich bat ihn auf Knien, denn ich fand das Auto ja so schon zu leicht, und dachte, ich würde mich in der Kurve umbringen, wenn wir noch mehr Gewicht reduzierten. Er aber war entschlossen: »Alex, du musst mir vertrauen. Ich krieg das hin, mach dir keine Sorgen. Du gehst raus und fährst. Wenn es nicht gut läuft, kommst du wieder rein und wir bringen alles in Ordnung. Wichtig ist, dass du nur das machst, was du dir zutraust.« Ich kehrte auf die Piste zurück, und wie von Zauberhand hatte das Flacherstellen der Flügel mich auf der Geraden an Geschwindigkeit gewinnen lassen. Die Flügel bewirkten trotz des geringeren Anpressdrucks bei höherer Geschwindigkeit einen sehr viel größeren Effekt, wobei das Fahrzeug optimal auf der Strecke lag. Mit einem Auto, das auf der Geraden schneller geworden war, lag ich sehr viel stabiler in den Kurven. Ich kam auf den Geschmack, begann Gas zu geben und rief über Funk: »Donnerwetter, Morris, stell sie ruhig noch flacher, so läuft es!«

Ich gestaltete mein erstes Rennen auf einem Superoval sehr zurückhaltend und machte genau das, worum ich gebeten und was mir erklärt worden war, mehr nicht. Dennoch lag ich nach fünf Runden in Führung. Aber bei den Überrundungen und im Getümmel war ich sehr unentschlossen. Daher verlor ich Positionen, gewann sie wieder, und so weiter. Am Anfang erlebte ich alles sehr dramatisch: Wenn du mit 400 Stundenkilometern im Windschatten eines anderen fährst, vibriert das Auto so stark, dass du denkst, du fährst über Kopfsteinpflaster. Bei jeder Veränderung deiner Position treffen dich Luftstöße wie auf der Autobahn Genua-Ventimiglia, wenn du mit einem Wohnwagenanhänger aus einem Tunnel kommst und ein sehr starker Wind weht. Wenn du ruhig bleibst und alles unter Kontrolle behältst, macht das Auto alles, was du willst, es antwortet immer auf deine Kommandos. Und daran ändert sich nichts, auch wenn du mit 400 Stundenkilometern fährst: Das Auto ist dazu gebaut, sogar noch schneller zu fahren, also bist du es, der sich am Lenkrad entspannen und es sanft behandeln muss. Ich fasste während des Rennens immer mehr Vertrauen in diese Situation, ich wurde dreister und kam mit immer größerer Leichtigkeit an die Spitze. Und dies blieb lange so. Nach den ersten dreißig oder vierzig Runden lag ich unangefochten in Führung, die ich nur während der Boxenstopps verlor. Alles lief bestens, ich hatte nur ein kleines Problem während eines Tankvorgangs nach der Hälfte des Rennens: ein Rad ließ sich nicht befestigen, ich kehrte als Siebter auf die Strecke zurück, aber ich fuhr so schnell, dass ich nach drei Runden erneut in Führung lag. Ich bekam die Situation unter Kontrolle, und das Auto lag mir gut in der Hand, trotz der aberwitzigen Geschwindigkeit, an die ich sicherlich noch nicht gewöhnt war und trotz der Tatsache, dass es mein erstes Rennen auf einem Superspeedway war, das schwierigste Unternehmen, dem ich mich in diesem Jahr gegenübersehen sollte. Gerade als es wirklich außerordentlich gut lief und ich dachte, es sei alles in Ordnung – flog der Motor in die Luft. In der 148igsten Runde, es fehlten noch 102 Runden bis zum Schluss. Später erklärten mir Techniker von Honda, dass ein Bolzen für ein paar Pfennige zu dem Motorschaden geführt hatte. Er musste schon zu Beginn defekt gewesen sein, in Anbetracht der Tatsache, dass er im Motor keiner anderen Beanspruchung ausgesetzt ist als der, einen bestimmten Teil der Ölpumpe in seiner Verankerung zu halten. Jedenfalls blockierte dieser unbedeutende Bolzen, einmal gebrochen, die Schmierung des Motors, was unvermeidlich zu dessen Explosion führte. Brachte ich auch nichts anderes nach Hause, so doch wenigstens den Punkt, der an den vergeben wird, der die größte Anzahl von Runden an der Spitze fährt.

Alle machten mir Komplimente, und viele klopften mir auf die Schulter: Das tröstete mich ein wenig, auch wenn es mich, offen gesagt, noch mehr getröstet hätte, wenn ich Erster geworden und mit einer Million Dollar nach Hause gefahren wäre. Die dann schließlich in der Tasche von Ganassi verschwunden wären, wegen des Prämienlimits – aber das ist ein anderes Thema. Und das Geld interessierte mich in diesem Moment auch nicht wirklich: Ich hatte eine hervorragende Leistung erbracht; und dennoch war da eine leichte Bitterkeit, die daraus resultierte, dass ich mich vom Pech verfolgt zu fühlen begann. Und offen gesagt war ich zum ersten Mal auch ein wenig neidisch auf Jimmy, bei dem alles glatt lief. Auch wenn es zunächst ganz anders ausgesehen hatte: Genau bei diesen »500 Meilen« hatte er eine Runde wegen eines Problems verloren, das während des Tankens auftrat, und es sah so aus, als sei er aus dem Rennen. Aber in dieser Art von Rennen ist es relativ leicht, alles wieder hinzubiegen: Gelbe Flagge, Neutralisierung, Tanken, alles zählt, um die verlorene Runde zurückzugewinnen. Wenn du Glück hast, kannst du unter gewissen Umständen wieder mitmischen. Er schaffte es. Er profitierte ein wenig vom Rückzug anderer, vor allem aber davon, dass er mit dem Kopf fuhr und die »Hasen« ignorierte, die später Probleme hatten. Als ich mit Daniela im Auto nach Indianapolis zurückfuhr, hörte ich im Radio, dass Jimmy gewonnen hatte. Als ich die Rennstrecke verlassen hatte, war er wirklich *»nowhere«*, wie sie dort drüben sagen, »nirgendwo«. Ich spürte einen Anflug von Ärger, ich war sogar gereizt: »So ein Glückspilz!« Das passte mir gar nicht so sehr. Dennoch zwang ich mich, ihn noch am selben Abend anzurufen und ihm zu gratulieren. Und wieder fragte ich mich – wie schon bei anderer Gelegenheit –, ob er sich im umgekehrten Fall genauso verhalten hätte. Im Laufe der Jahre bewies er, dass er tausendmal besser war. In der Sprache des Herzens ist es ohne Bedeutung, ob Jimmy Amerikaner ist oder vom Mars: und sein Herz ist ein großes.

Auf das Rennen von Michigan folgte das in Milwaukee, auf einem anderen sehr kurzen Oval: Ich fuhr auch dort schlecht, wie in Nazareth. Im Training bekam ich einen vernichtenden Schlag und war danach einigermaßen weggetreten. Und zwar so, dass Chip mich beiseite nahm und – anstatt mich wie üblich mit Sprüchen zu ermutigen wie »Mach dir keine Sorgen, das kann schon mal passieren« – zu mir sagte: »Wenn du mir noch ein Auto gegen die Wand fährst, bist du entlassen. Bisher hast du mir auf jedem Oval, auf dem wir waren, einen Monoposto zu Schrott gefahren.« Was ich zu meiner Verteidigung vorzutragen hatte, bewirkte wenig: »Ich möchte hinzufügen, dass ihr mich beim ersten Mal mit einem Rad rausgeschickt habt, an dem die Schrauben locker waren.« Antwort: »Ist mir scheißegal: Bisher hast du mir noch in jedem Oval, auf dem wir waren, ein Auto gegen die Wand gesetzt. Noch einmal, und du gehst zu Fuß.« Wahrscheinlich war er energischer, als er hatte sein wollen. Die Abreibung aber nützte mir, denn ich begriff: Alles in allem war ich ein Niemand, ich hatte noch sehr viel zu lernen. Und ich konnte nicht erwarten, schon nach vier Rennen als Held dazustehen, die anderen waren erfahrene Piloten. Am nächsten Tag fuhr ich mit einem furchtbaren Schmerz am Nacken und kam sogar noch als Dreizehnter ins Ziel. Während ich aufgab oder keine Punkte sammelte, gewann Jimmy und zog in der Meisterschaft davon. Das achte Rennen, in Detroit, jedoch markierte den Wendepunkt der Saison, und es begann für ihn eine schwierige Zeit. Im Qualifying kam er nicht unter die ersten zehn, und in der Aufwärmrunde knallte er mit der Hinterachse gegen eine Mauer: Er war benommen und fuhr schlecht. Womit ich nicht sagen will, dass ich es besser gemacht hätte. In dieser Zeit wurde versucht, Ordnung in die Neustarts nach den Gelben Flaggen zu bringen: Vor allem im Hinblick auf das Fernsehen wurde festgelegt, dass die Überrundeten nach einer Neutralisierung denen Platz machen mussten, die in der Runde des Führenden fuhren. Die Regel wurde später revidiert, in Detroit aber ließ man sich auf dieses Experiment ein.

Die erste Hälfte des Rennens wurde auf nasser Fahrbahn ausgetragen, und wir – die wir beim Reifenwechsel als erste das Wetter erraten mussten, während die Piste schon wieder abtrocknete – waren schwer angeschmiert durch das Zeigen einer Gelben Flagge. So verlor ich eine Runde und wurde überrundet. Aber ich konnte die Situation noch einmal geradebiegen. Es gab eine ganze Menge Gelber Flaggen, und ich hängte bei jeder neuen Abfahrt fünf oder sechs Fahrer ab; jedes Mal aber musste ich wieder nach hinten und sie alle aufgrund der neuen Regel an mir vorbeiziehen lassen. Ich glaube, ich habe PJ Jones sieben oder acht Mal überholt, aber es nützte nichts. Gegen Ende des Rennens war ich Elfter, dicht gefolgt von Jimmy, und Chip bat mich, ihn überholen zu lassen, weil er um den Titel in der Meisterschaft kämpfte. Ich sagte: »Warum soll ich ihn vorbeilassen? Dieser Punkt könnte auch mir nützlich sein.« Chip antwortete mir: »Okay, mach was du denkst.« Und ich blieb vorn. Zu diesem Zeitpunkt hatte er 100 Punkte und etwa 50 Punkte Vorsprung vor seinem nächsten Verfolger. Ich brauchte Punkte wie das Brot.

Jimmy blieb in der entscheidenden Phase der Meisterschaft unerschütterlich an der Spitze. Er war jedoch durch jenen Unfall ein wenig angeschlagen, und steckte in einer schwierigen Phase. Zur Hälfte der Saison konnte ich 17 Punkte verzeichnen. Eine sehr bescheidene Ausbeute gemessen zu dem, was nach meinen Leistungen und Erfolgen in Rio und Long Beach im Rahmen meiner Möglichkeiten gelegen hätte, aber eben ganz und gar anders gelaufen war. Das neunte Rennen des Jahres fand in Portland statt. Wir hatten einen Mitarbeiter für Öffentlichkeitsarbeit, Mike Knight, den ich sehr unsympathisch fand, kaum dass ich ihn kennen gelernt hatte. Er hatte sich am Telefon vorgestellt: »Hi, Alex, ich bin Mike Knight: Ich habe mit Nigel Mansell und Mario Andretti gearbeitet.« Und so weiter. Ich sah in ihm zunächst nur einen Angeber, er war jedoch eine Persönlichkeit mit einem großen Herzen und von überwältigender Güte. Wir wurden gute Freunde. Der erste Eindruck hatte mich getäuscht, ganz ähnlich wie es mir mit Mo mir ergangen war. Er erwies sich als sehr sympathisch, und eines Tages sagte er zu mir: »Mein Freund, mach dir keine Sorgen: deine Saison wird in Portland erst richtig beginnen.« Aus Anstand erwiderte ich irgendetwas, schenkte seinen Worten aber nicht allzu viel Glauben. Aber es kam so, wie er sagte. In der Zwischenzeit hatten die Mechaniker angefangen, mich »Pineapple« zu nennen, was »Ananas« bedeutet. Morris Nunn, Engländer, stammt aus einer Grafschaft, in der es üblich ist, die Sorte von Lausbuben »Pineapple« zu nennen, die dir mit ihrer Hartnäckigkeit auf die Nerven geht, die dich einfach nie in Ruhe lässt. Ich nun, mit meiner extremen Leidenschaft für alles Technische, verbrachte ganze Tage mit ihm. Oft ging ich an den Rennwochenenden, wenn die Mechaniker ihre Arbeit beendet hatten, vom Circuit ins Hotel und hatte nur einen Gedanken im Kopf: »Ich weiß jetzt, was wir ändern müssen, um morgen zu gewinnen.« Oftmals fertigte Mo mich mit einem *»Pineapple, shut up!«* – »Dickschädel, halt die Klappe!« ab. Aber es zeigte sich, dass er sich doch der Qualität so mancher meiner Einfälle bewusst war. Dies trug dazu bei, dass er Zuneigung zu mir fasste und seine Wertschätzung für mich zunahm. Meine Gedanken ruhten nie, sie waren ständig bei meiner Arbeit, denn ich machte sie mit Leidenschaft: Ich stand unter der Dusche und dachte an das Set-up meines Autos, und kaum hatte ich Daniela geküsst, dachte ich schon wieder an das Set-up. Und nach dem Abendessen kam es immer wieder vor, dass ich sagte: »Meine Liebe, ich muss zur Rennstrecke und mit Morris reden.« Oder aber ich versuchte bei einem Abendessen mit dem Team Mo davon zu überzeugen, er müsse zum Circuit zurück, um das Set-up zu überarbeiten. Manchmal schaffte ich es sogar, meistens aber endete die Diskussion mit seinen Worten: »Pineapple, du denkst zu viel.« In Portland wollte ich am Freitagabend die Übersetzung des Getriebes modifizieren, alles ein bisschen umkrempeln, so gegen halb elf Uhr abends. Und er sagte zusätzlich zu dem üblichen »Pineapple, shut up!« folgendes: »Du kannst jetzt nicht ankommen und mir auf die Nerven gehen, die Jungs müssen ins Hotel und können nicht wieder von vorn anfangen.« Er machte mir eine richtige Szene. Dann verschwand er. Die Mechaniker grinsten breit und legten los: »He, Pineapple! Was nun?! Wie fühlst du dich, Pineapple?« Betrübt ging ich zum Lastwagen, fand dort ein paar Filzstifte und malte eine Ananas auf meinen Helm, auf den Vorderteil, der weiß war. Am nächsten Tag, als ich den Helm zum Training aufsetzte, sahen die Jungs die Ananas und lachten wie verrückt. Mo hatte es zunächst nicht mitbekommen, begriff dann aber und lachte ebenfalls. Von da an setzte ich den Helm nicht mehr ab: Am Nachmittag errang ich die Pole, und am nächsten Tag dominierte ich das Rennen. Diese Ananas wurde mein Siegessymbol.

Portland war wunderbar. Ich startete aus der Pole und ging in Führung, auf der trockenen Fahrbahn fuhr ich innerhalb weniger Runden einen enormen Vorsprung heraus und war verwundert, denn alles schien viel zu schön, um wahr zu sein. Ich fürchtete ein bisschen das übliche Pech. Aber alles lief gut, erster Pitstop wie geschmiert, dreißig Sekunden Vorsprung, alles perfekt, ein leichtes Rennen. Doch zwei Runden später begann es zu regnen. Ich sah die ersten Wassertropfen auf dem Visier, und meine Flüche in bolognesischem Dialekt wurden nur durch Chips Stimme unterbrochen, der mich per Funk an die Boxen rief. Ich fuhr an die Boxen in der Hoffnung, dass auch nur einer im Team klarere Vorstellungen hätte als ich, welche Reifen jetzt zu montieren waren, und sah, dass sie die Slicks vorbereitet hatten. In diesem Augenblick setzte der Regen ein. Ich wusste nicht, wie ich der Mannschaft jetzt hätte helfen sollen, die richtige Wahl zu treffen. Während ich dort stand, kam es von oben herunter: Ich hörte das Prasseln dicker Tropfen auf dem Helm. Es gibt ein berühmtes Foto von diesem Pitstop: Ich mit gefalteten Händen und himmelwärts gerichtetem Blick. Es sieht so aus, als bete ich. Alle Zeitungen brachten das Foto und schrieben dazu: »Zanardi brauchte nur ein Gebet, um zu siegen«. Die Wahrheit ist: Ich habe nicht gebetet, ich habe geflucht: »Verdammtnochmal«, sagte ich, »alle für mich? Niemals geht etwas glatt.« Ich hatte begriffen, dass es keinen sicheren Weg gab, ein Rennen zu verlieren, das ich dominiert hatte. Ich fuhr mit den Slicks aus den Boxen, und war sicher, verarscht worden zu sein. Auf dem weiter entfernten Teil des Circuits aber regnete es nicht, was mir erlaubte, Gas zu geben und die Reifen warm zu fahren: Als ich auf den nassen Streckenabschnitt kam, war ich mit schon größerer Sicherheit unterwegs. Unterdessen drehte sich De Ferran, der Zweiter war, mitten auf dem Rasen. Dasselbe widerfuhr Vasser, der seinen Motor abwürgte und aufgab. Ich tat was ich nur konnte, und schaffte es, vorn zu bleiben. Bis Al Unser junior herankam, der Regenreifen montiert hatte und mich überholte. Aber schon während des Überholvorgangs hatte es auf diesem Abschnitt aufgehört zu regnen, während die Piste dort, wo es gerade noch nach Regen ausgesehen hatte, nach nur einer Runde schon wieder trocken war. Ich holte daher sofort die vier, fünf Sekunden zurück, die mich von Unser junior trennten, hängte mich an ihn, überholte ihn, und das war's dann. Unsere Wahl, wenn auch ungewollt, erwies sich als Volltreffer. Es gab zahlreiche Gelbe Flaggen, zwei davon gegen Ende des Rennens, von denen auch die Gegner profitieren konnten: und in beiden Fällen nahm ich ihnen in der Runde des Neustarts mit kalten Reifen zwei Sekunden und sieben Zehntel ab. Ich gewann mit mehr als zehn Sekunden Vorsprung, die ich in den letzten fünfzehn Runden des Rennens herausgefahren hatte.

Ein Traum war wahr geworden. Ich hatte ein F-Cart-Rennen gewonnen! Ich, dessen einzige Tätigkeit im Jahr zuvor darin bestanden hatte, Flugstunden zu nehmen. In diesem Moment gingen mir tausend Dinge durch den Kopf. Und ich erinnere mich an einen Satz meines Chefmechanikers: »Als du über die Ziellinie gefahren bist, habe ich ein hässliches schwarzes Ungeheuer aus deinem Auto aufsteigen und davonfliegen sehen. Das war das Unglück, das sich verzogen und dich endlich verlassen hat.« Ich hatte ihn nicht verstanden, weil ich noch nicht gut genug Englisch sprach, und fragte: »Was ist von meinem Auto davongeflogen?« Ich nahm an, ein Problem gehabt zu haben, irgendeinen Schaden. Morris hielt sich sehr bedeckt und beschränkte sich auf ein lakonisches: »*Good job.*« – »Gute Arbeit.« Ganassi aber sprang in der Boxengasse herum wie ein Verrückter, und Jimmy kam nach dem Rennen zu mir, um mir zu gratulieren. Es war ein Moment, auf den ich schon so lange gewartet hatte.

Danach gab es zahlreiche Telefonate. Portland liegt an der Westküste, mit einem Zeitunterschied von neun Stunden gegenüber Italien. Praktisch war das Rennen um zwei Uhr nachts italienischer Zeit zu Ende gegangen, danach hatte es diverse Pressekonferenzen, die Feierlichkeiten und so weiter gegeben. Ich fand Zeit für einen Anruf zu Hause in Bologna, als es dort vier Uhr morgens war. Meine Oma Gisella war am Apparat, und ich nahm an, sie geweckt zu haben. Sie aber begann eine Reihe unglaublicher Schreie auszustoßen: »*Uuuuuhhh, Alessandro, che lavùr!*« – »Ooooh, Alessandro, was für ein Meisterstück!« Es gelang mir nicht, sie zu unterbrechen: »*Eeeeehhh, ma com ti stè brèv, mò guèrda.*« – »Heeeh, wie gut du das gemacht hast!« Sie gab mir den gesamten Verlauf des Rennens wieder, als ob ich es nicht selber erlebt hätte. Und dann erzählte sie mir auch noch, wie es nach dem Rennen zugegangen war: »All die roten Männer [meine Mechaniker], die da rumliefen! Und Daniela, die da rumlief, mit ihren blonden Haaren! Wie schön sie ist! Heeeh, was für eine Aufregung! Schau, wenn ich heute nicht gestorben bin, dann werde ich niemals sterben!« Tatsächlich sagte Oma Gisella diesen Satz auch bei anderen Gelegenheiten. Und auch wenn sie fortfuhr zu bekunden, jedes Mal bei einer solchen Befriedigung glücklich und zufrieden sterben zu können, ließ sie mich schließlich wissen, wie neugierig sie auf das Leben geworden sei, denn von mir sei immer etwas Neues zu erwarten und das wolle sie nicht verpassen. Dieses Mal musste meine Mutter, die nur »bravo« sagen wollte, eine gute Viertelstunde warten, bis sie an die Reihe kam.

Für mich war es der erste Sieg auf so prestigeträchtigem Niveau. Ich wuchs über mich hinaus. Die Rückreise nach Indianapolis dauerte endlos lange. Damals Zeit reiste ich ganz unerbittlich in der Economyklasse, im »Viehwagen«, wie meine Mechaniker es nannten. Nach Australien war ich in der Economy geflogen. Von Portland nahm ich einen Flug, den die Amerikaner *»red eyes«* nennen, »rote Augen«, weil er die ganze Nacht dauert, ohne dass du ein Auge zu tun kannst und mit der Folge, dass am nächsten Tag deine Augen schön rot sind. Es gab auch eine Zwischenlandung in Las Vegas, und weiter ging's in einem Northwest-Flieger mit Handhebelheizung und 40 Grad an Bord. Aber ich empfand kein Unbehagen, denn ich kehrte mit einem über die Maßen wichtigen Sieg in der Tasche zurück. Mein Ego war schon so sehr gebauchpinselt, dass ich beim nächsten Rennen auch einen Flop hätte produzieren können. Unter sportlichem Aspekt aber bedeutete dieses Rennen doch, erneut alles aufs Spiel zu setzen, und so machte ich mich wieder an die Arbeit, ohne noch länger an das zu denken, was hinter mir lag. Es kam Cleveland, eine Strecke, die ich später sehr geliebt habe. Im Qualifying stand ich in der ersten Reihe an Jimmys Seite, der mich mit nur 14 Tausendsteln schlug. Im Rennen dann war ich entfesselt. Ist erst einmal das Eis gebrochen, fühlst du dich auch psychisch stärker. Aber es gehört auch ein Quäntchen Glück dazu, damit die Dinge noch ein bisschen besser laufen. In Cleveland übernahm ich die Führung, aber wir hatten ein großes Problem bei einem Pitstop: Ich bekam nicht genug Benzin und musste noch ein weiteres Mal anhalten. Ich kam aus den Boxen und überließ De Ferran die Spitze, fuhr dann vier-, fünfmal die schnellste Runde, kam an ihn ran und überholte ihn. Dann aber geriet ich mit den Reifen in den Schmutz, kam ins Schlingern und schaffte es nicht mehr, an ihm vorbeizukommen. Es fehlten nur noch zwei Runden, und ich kam als Zweiter ins Ziel. Immerhin nicht ganz so schlecht.

Wettbewerb zum »Mister Muskel«: Wer hat mehr Biss?

»Zwei einsame Titanen«, der Ursprung eines Spitznamens. Ich und Stefano auf dem Lagazuoi.

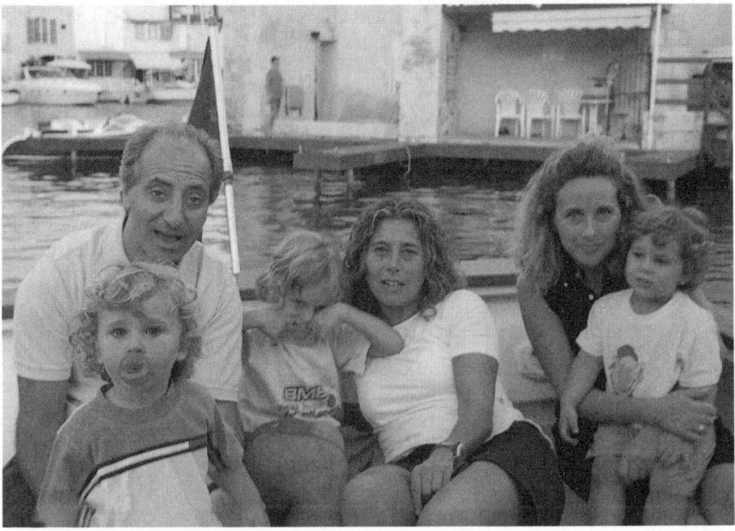

Zanardi junior vor dem Miet-Flugzeug, 2001.

Ausflug nach Saint Tropez: Sandro, der »Dottooore«, Daniela und ihre Schwester Barbara mit den Kindern.

»Home sweet home«, das zweite Haus in Indianapolis.

Sommer 2001: mit Niccolò auf dem Rücken des Delphins in unserem Schwimmbecken.

Niccolò, Daniela und meine Schwiegermutter Gianna auf der Überfahrt nach den USA.

Unsere »drei Grazien« beim Sonnenuntergang: Nicoletta, Daniela und Catia (mit Hut).

Das nächste Rennen fand in Toronto statt, wo Ribeiro die Pole errang und ich als Zweiter startete. In der ersten Kurve setzte ich mich so schnell ab, dass ich annahm, er habe einen Defekt. Ich überholte ihn außen und es schien ein weiteres eher belangloses Rennen zu werden. Aber ich gewann nicht, und rückblickend bin ich froh darüber: In diesem Rennen starb Jeff Krosnoff, der Pilot, mit dem ich den Test bei Ganassi absolviert hatte. Er fuhr für Cal Wells. Sein Tod war so absurd wie der Unfall, durch den ich auf dem Lausitzring meine Beine und beinahe mein Leben verlor: Er war nicht einmal von der Bahn abgekommen, er berührte einen Gegner, hob ab und prallte gegen einen Lichtmast aus Zement, er flog buchstäblich mitten auf der Geraden von der Piste. Das Rennen wurde mit der Roten Flagge unterbrochen, als ich Zweiter war. Am Anfang begriffen wir nicht richtig, was passiert war, auch wenn wir im Schritttempo an dem vorbeifuhren, was von Jeffs Auto übrig geblieben war, und uns vorstellen konnten, dass es ihn sehr schlimm erwischt haben musste. In der nächsten Runde bekamen wir über Funk die Anweisung, dort anzuhalten, wo wir uns gerade befanden. Da haben wir es dann begriffen. Ich war tief erschüttert, denn genau an diesem Wochenende hatte ich seine Frau kennen gelernt, und erst vor kurzem hatte er mir Bilder von seinen Kindern gezeigt. Für einige Augenblicke standen mir die Risiken, denen ich mich aussetzte, vor Augen. Dann, wie es in der Natur des Piloten liegt, vergaß ich es wieder so schnell wie möglich.

Auf Toronto folgte Mid-Ohio, und Max Papis wurde als Jeffs Nachfolger engagiert. Massimiliano ist immer ein sehr feinfühliger Bursche gewesen und hatte seine Probleme damit, dieses Lenkrad zu übernehmen. Vor allem aus Achtung vor Jeff. Auch wenn es eine große Chance war, was sich in der Folge noch erweisen sollte. Max hatte mit dem Prototyp von Ferrari exzellente Leistungen bei den »24 Stunden von Dayton« gezeigt und auch in Sebring. Ich war es, der ihn davon überzeugen musste, dass sich hier für ihn eine einmalige Gelegenheit ergab. So mancher mochte sich angesichts meiner Entwicklung – vom Arbeitslosen zum Sieger mit Ganassi – der Illusion hingeben, dass dies die Regel sein könne. Bei jedem Rennen standen jetzt europäische Piloten Schlange, die eine Stelle suchten und bekannt werden wollten. Die Tatsache, dass sie ihn und nicht einen anderen berufen hatten, hätte Max stolz machen und ihm jeden Zweifel nehmen müssen. In Dayton hatte er eine gute Figur gemacht, aber dass er Grand Prix in der Formel 1 gefahren war, wussten nur wenige. »Ich finde mich gar nicht so toll und basta«, erklärte ich ihm, »ich hatte Glück, dass es mit Ganassi klappte. Mach dir bewusst, dass so etwas nicht jedem passiert. Das, was sie dir anbieten, ist eine Eintrittskarte. Auch wenn du kein so tolles Auto hast, ist es ein erster Schritt, um bekannt zu werden, und danach dann kann alles passieren.« Er nahm das Angebot an. Und ausgerechnet mich, was ziemlich einmalig ist, baten sie, Prüfer bei seinem *rookie*-Test zu sein. Das erschien mir fast wie ein Paradox, da ich doch erst seit einigen Monaten dort war. Am Donnerstag vor dem Rennen wurde ihm und einem anderen Debütanten ein zusätzliches freies Training zugestanden. Und ich gab ihm per Funk Anweisungen: »Du gehst raus und fährst zwei Runden in 1'20", dann zwei in 1'15", und dann sag ich dir, wann du Gas gibst.« Schließlich ging er zu Wally Dallenbach, dem Direktor des Rennens, um ihm zu sagen: »Okay, ich bin so weit.« Für mich war es schon ein tolles Gefühl, auch weil ich ja selber noch ein Anfänger war, der mit den drei phosphoreszierenden Streifen auf dem hinteren Flügel fuhr. Max fuhr gut, auch wenn er das Rennen wegen eines Motorschadens nicht beendete. Im Vergleich mit den anderen Toyota-Piloten jedenfalls war er an diesem Wochenende der Beste, und er bekam dafür auch ordentliches Lob. Hier begann seine Karriere in der F-Cart-Serie, in deren Verlauf er sehr gute Ergebnisse erzielen, als Pilot wachsen und mehrere Rennen gewinnen konnte.

In Mid-Ohio gewann ich, nachdem ich nach einem sehr harten Duell mit Jimmy die Pole errungen hatte. Gegen Ende des Trainings, mit dem letzten Reifensatz, nahm er mir den Rundenrekord ab, den ich bis zu diesem Moment mit einem guten Vorsprung gehalten hatte. Ich hatte nur noch einen Satz Reifen zur Verfügung und fuhr in einem extremen Versuch, während die schwarz-weiß-karierte Flagge das Trainingsende anzeigte, eine Superrunde: Ich verbesserte den Streckenrekord und hängte Jimmy um drei Zehntelsekunden ab. Er war schon aus dem Cockpit gestiegen und gab bereits Interviews als Inhaber der Pole-Position. Hier stellte Jimmy seine große Aufrichtigkeit unter Beweis. Er kam zu mir, umarmte mich und sagte: »Verdammter Bastard, du hast mir die Pole geklaut. Ich gab schon die ersten Kommentare im Fernsehen, und dann kam noch ein Geschoss vorbei: sssshumm, P1.« Er war wirklich aufrichtig, und ich begann mir klar darüber zu werden, aus welchem Holz er geschnitzt war. Das Rennen entwickelte sich sehr eindeutig, und ich blieb vom Anfang bis zum Ende in Führung, mit einem kleinen Schreck nur beim Überrunden von Moreno. Ich brachte weitere 22 Punkte nach Hause, und die Situation in der Meisterschaft begann sich zu verändern. Ich war nicht zu bremsen. Unbändig stieg ich nach oben, dank der Reihe guter Resultate, die ich anhäufte. In der zweiten Saisonhälfte fuhr ich schneller als der Wind: Erster in Portland, Zweiter in Cleveland und Toronto, Erster in Mid-Ohio.

Dann kam Michigan mit einem weiteren »500-Meilen-Rennen«, dem »Marlboro 500«, das ich verschenkte, weil ich nicht auf Morris' Ratschläge hörte. Ich lag in Führung, nachdem ich das Rennen in der ersten Hälfte bestimmt hatte, als das Auto zu übersteuern begann und Gil De Ferran immer näher kam. Dummerweise wollte ich die Führung nicht abgeben – an einen Fahrer, der aufgeben musste. Mit der typischen Denkweise des europäischen Dickschädels, der Gas gibt bis zum Äußersten, krachte ich gegen die Mauer. Nach dem Rennen fuhr ich mit dem Moped noch einmal los, um die Entfernung zwischen der Stelle zu messen, an der ich die Kontrolle verloren hatte, und der Aufprallstelle an der Mauer. Es war nur ein Augenblick gewesen: drei, vier Sekunden, vielleicht weniger – aber es waren 760 Meter! Nun kann einer sagen: »Aber auf 760 Metern kannst du alles machen: bremsen, beschleunigen, alles!« Mir aber gelang es auf den 760 Metern nicht, das Auto in der Spur zu halten, nichts ging. Ich kam ins Rutschen und schlingerte wie wild: »Ich schaff's, ich schaff's, ich schaff's«, sagte ich mir. »Nein, ich schaff's nicht, ich schaff's nicht.« »Verdammte Scheiße, ich hab es nicht geschafft!«

Der Rennzyklus auf den Ovals ging so auf wenig rühmliche Weise zu Ende. Ganassi hatte Recht gehabt: Ich setzte ihm das Auto auch in Michigan gegen die Wand. Und noch dazu auf ganz blöde Weise. Ich hätte auf den Rat von Morris hören sollen: »In einem 500-Meilen-Rennen kannst du deine Leistungen nie an einem Gegner messen: Du musst nur unter den Ersten bleiben, das Auto in Ordnung halten, daran denken, was beim nächsten Boxenstopp zu ändern ist. Wenn du dir die letzte Tankfüllung holst und vor der schwarz-weiß-karierten Flagge zum letzten Teil des Rennens rausfährst, dann fängst du an zu fahren. Dann fährst du nicht das Auto, dann fährst du das Rennen.«

Wir fuhren nach Elkhart Lake. Eine Woche vor dem Rennen hatten wir einen Tag lang die Gelegenheit zum freien Training, und mehr oder weniger alle nutzten sie. Morris lag mir damit in den Ohren, dass nur ein einziger Tag zur Verfügung stand: Ich sollte ihn ganz für die Arbeit nutzen und mich so wenig wie möglich verwirren lassen, um mir die Strecke bestmöglich einzuprägen. »Es ist eine schwierige Strecke«, hatte er mir erklärt. Tatsächlich war die Strecke siebeneinhalb Kilometer lang. »Wenn du am Anfang zwei Sekunden in Rückstand gerätst, dann denk nicht, dass du weit hinter den anderen liegst. Es ist wie eine halbe Sekunde woanders. Dann änderst du etwas am Auto, montierst neue Reifen und holst dir die zwei Sekunden im Nu wieder. Man muss stufenweise fahren. Außerdem ist es eine Piste, die sich nur schwer einprägen lässt, mit vielen blinden Kurven. Daher wäre ich, wenn du am ersten Morgen zwei Sekunden von Jimmy entfernt wärst, mehr als zufrieden.« Diese Ausführungen machte er in Vassers Gegenwart, und er fragte ihn auch noch: »Jimmy, wenn wir dort die ersten Runden hinter uns haben, kannst du ihm dann ein bisschen Fahrunterricht geben? Du wartest auf ihn, du zeigst ihm die Ideallinie und so weiter.« Er war ziemlich perplex und antwortete: »Ja, gut, kein Problem.« Der Zufall wollte es, dass Jimmy in der ersten Runde wegen eines elektrischen Defekts liegen blieb. So fuhr ich alleine, ohne ihn vor mir zu haben. Allerdings hatte ich in ein paar Stunden schon ein gutes Stück Arbeit geleistet: ich war Schnellster gewesen und hatte gegenüber dem Nächstfolgenden etwa zwei Sekunden herausgeholt. Vasser hatte in jener Zeit immer ein kleines italienisch-englisches Wörterbuch bei sich, einen *Collins* mit den Sätzen fürs Restaurant, das Hotel, den Zug und so weiter. Er suchte einen passenden Ausdruck aus der Rubrik Taxifahren, kam zurück und sagte zu mir mit seinem Yankee-Akzent, durch den er die Endvokale in die Länge zog: *»Può andariii più lentamentiii, per favoriii?«* – »Können Sie langsamer fahren, bitte?«

Als wir zum Rennen nach Elkhart Lake zurückkehrten, waren wir nicht mehr so gut drauf. Gegen Ende des Qualifyings war De Ferran auf der Pole, und es schien, als sei die Sache gelaufen. Auf diesem Circuit aber entspricht die Linie für die Zeitmessung nicht der Ziellinie, so dass ich, als ich unter der schwarz-weißen Flagge hindurchfuhr, noch eine gute Runde zur Verfügung hatte und folglich weiter Vollgas gab. Ganassi aber hatte vergessen, dass die Linien nicht korrespondierten, und ich fuhr diese Runde mit Chip, der mir die ganze Zeit über die Klassifikation aus dem Qualifying vorlas und nachrechnete. Über Funk kann einer, solange der andere noch spricht, nicht dazwischengehen, um zu unterbrechen. Ich saß hinter meinem Lenkrad mit vollem Einsatz und hörte: »Also, Pruett ist Sechster. Nein, das ist unmöglich. Er war weiter vorn, aber De Ferran hat ihn überholt, und auch Jimmy ...« In dem einzigen Moment, in dem Chip Luft holte, ging ich dazwischen, um ihm zu sagen, dass er still sein solle, aber er verstand nicht. Und als ich auf der letzten Geraden war, sagte er zu mir: *»Okay, Alex, good job, P3.«* – »Okay, gute Arbeit, du bist Dritter.« Um dann hinzuzufügen: »Ich komm runter von der Boxenmauer, wir sehen uns später.« Genau in diesem Augenblick fuhr ich über die Ziellinie, und mein Name sprang in die oberste Reihe auf der Anzeigetafel. »Oooh«, hörte ich ihn rufen, »Erster! Du bist Erster!« Er begann zu schreien wie ein Besessener. Er war schon sehr speziell in diesen Dingen, und in den folgenden Jahren habe ich seine Auftritte sehr vermisst.

Chip konnte sehr impulsiv sein an seinem Funkgerät. Tom Anderson war mit Jimmy »in Verbindung« und managte während des Rennens seine Taktik. Chip hingegen war mein Funker. Als ich in diesen Rennstall gekommen war, hatten mir alle von Ganassi erzählt und mir erklärt, dass das Team sein Spielzeug sei und dass man ihn ein bisschen gewähren lassen müsse. Am Anfang hatte ich das auch geglaubt. Dann begriff ich, dass das, was er zu bieten hat, wirklich Mehl aus seinem Sack ist und nicht nur Glück. Mehr noch: Chip ist sehr ehrlich, einer, mit dem du aufs Heftigste diskutieren und streiten kannst, ohne dass ein Groll zurückbleibt. Es ist Ausdruck einer bemerkenswerten Korrektheit, wenn jemand sich seine Offenheit auch in dem Augenblick bewahrt, in dem er den Boss herauskehren kann und du der Angestellte bist. Mir fehlen seine Überschwänglichkeit, seine mitreißenden Schreie und die Ausrufe, wenn das Resultat kam, sein Spaß und seine Freude, die sich auf mich übertrugen. Wenn während einer Aufholjagd die schnellste Runde für mich angezeigt wurde, lud er mich mit seiner Begeisterung noch zusätzlich auf: »Du bist das schnellste Auto auf der Piste, du holst in jeder Runde eine halbe Sekunde raus, dich hält niemand auf!« Charakterlich jedoch waren wir geradezu diametral entgegengesetzt. Ich bin lebhaft und auch ein wenig exhibitionistisch, in allen meinen Äußerungen aber tendiere ich doch zur Zurückhaltung. Ich will nicht als Aufschneider gelten und verhalte mich daher oft vorsichtig, auch wenn meine Gefühle in Wahrheit eine andere Sprache sprechen. Es gefällt mir, wenn ich gelobt werde und man »bravo« zu mir sagt. Chip wiederum hat niemals ein Problem damit gehabt, sich auch auf sehr markante Weise auszudrücken. Das was in Elkhart Lake passiert war, zeigt eindrücklich, was sich zwischen uns abspielte. Er sprang in der Boxengasse herum, und ich lachte wie verrückt, nachdem ich die Pole geholt hatte. Im Rennen stieß ich in der zweiten Kurve mit De Ferran zusammen: Er flog definitiv raus, ich musste in der Unterbrechung an die Box, kam erneut auf die Piste, fuhr das ganze Rennen in dieser Weise und wurde schließlich Dritter. Auch dank Al Unsers junior, der, nur zwei Kurven vor dem Ende noch Erster, einen Motorschaden hatte und aufgab. So stieg ich aufs Podium.

Ich kämpfte um den Titel mit Jimmy, Unser junior und Michael Andretti. In Vancouver aber zerplatze der Traum. Zuerst errang ich noch auf triumphale Weise die Pole. Im Rennen riss ich aus und fuhr in zehn Runden gegenüber allen so etwa 15 Sekunden Vorsprung heraus. Ich zog an einigen Überrundeten vorbei, bis ich hinter PJ Jones ankam, der mir die Tür zumachte. Es war nicht leicht, ihn auf einem Stadtkurs zu überholen: Er behinderte mich drei Runden lang, nach der Hälfte der dritten beklagte ich mich über Funk, und Chip antwortete, dass die Rennleitung darauf hingewiesen worden sei und dass sie ihn veranlassen wollten, zur Seite zu gehen. Wir kamen an eine doppelte Rechtskurve, die erste war einigermaßen offen, die zweite eine enge Kehre. Man lag innen in der ersten, zog dann nach links, um die zweite anzugehen. Er kam aus dieser schnellen Kurve, wechselte in die Mitte der Piste als wolle er dir die Ideallinie überlassen, auf der du ihn überholen kannst. Außerdem bremste er viel zu früh, weswegen ich das Manöver als ein Entgegenkommen interpretierte. Ich riss das Auto nach außen, aber genau in diesem Moment machte er sich breiter. Ich wusste nicht, ob er es mit Absicht tat, in jedem Falle aber hatte ich mich täuschen lassen. Ich fuhr gegen die Mauer und flog raus. Aus und vorbei. Ich war wirklich sauer, richtig wütend. Ich kam an der Box von PJ Jones vorbei, wo Dan Gurney sich aufhielt, Inhaber seines Teams und Ex-Formel-1-Pilot, der die Arme ausbreitete und zu mir sagte: »*Alex, I'm sorry.*« – »Alex, tut mir Leid.« Auch er hatte die Dummheit mitbekommen, die sein Fahrer beging. In diesem Jahr hatten sie einen Toyota-Motor, der ständig ausfiel. Und die einzigen Worte, die ich herausbrachte, waren: »Euer Motor ist weitaus besser als euer Fahrer.«

Nachdem meine Wut sich gelegt hatte, die Möglichkeit, bis zum Schluss um den Titel zu kämpfen oder wenigstens einen sicheren Sieg in diesem Rennen zu erringen, jedoch leider verpasst war, sah auch ich ein, dass jeder mal einen Fehler machen kann. Ich hielt es für möglich, dass PJ Jones zu mir kommen und sich entschuldigen werde: »Ich hab's nicht mit Absicht getan«, hätte er sagen können, »und ganz gleich, ob es deine oder meine Schuld gewesen ist, es tut mir Leid. Du hast das Rennen und die Meisterschaft dabei verloren.« Er kam jedoch nie, um mit mir zu sprechen, was mich geärgert hat. Jedes Mal wenn ich ihn traf, sah ich ihn an, als wolle ich sagen: »Sprich mit mir! Sag etwas!« Er aber senkte nur den Blick. In Zeitungen und im Fernsehen äußerte ich mich nicht abfällig über ihn. Er wird wohl etwas in der Art erwartet haben, und ich glaube, er hat meinen Verzicht darauf als Ausdruck der Überlegenheit gewertet, was ihn wütend machte. Er zürnte mir, und in der Folge ereigneten sich Dinge, die bestätigen, dass er mich auf den Tod gehasst hat. Höchst absurd das Ganze, da es mir nicht mehr wichtig war und die Schuld außerdem noch bei ihm lag. PJ Jones hingegen, frustriert vielleicht von der Tatsache, dass ich weiterhin gewann und er auf der Strecke blieb, kultivierte seine Verachtung für mich und zeigte so seine ganze Armseligkeit. In Vancouver jedenfalls ging ein schöner Traum zu Ende: Es war, als hätte ich jemanden auf dem Fahrrad nach einer Etappe von 200 Kilometern eingeholt und dann, in dem sicheren Wissen, beim Endspurt den Sieg in den Beinen zu haben, 200 Meter vor dem Ziel einen Platten gehabt. Ich hätte nie gedacht, in diesem Jahr um den Titel mitfahren zu können, aber wenn er dann doch in greifbare Nähe rückt und es dann so zu Ende geht, ist das schon sehr bedauerlich.

Noch vor Vancouver waren wir übrigens mit einem befreundeten Paar – mit Kikki, der liebsten Freundin Danielas und ihrem Ehemann Andrea – nach San Francisco gefahren und drehten dort die übliche Touristenrunde, zur Golden Gate Bridge und so weiter. Ich fuhr, und er schaffte es doch tatsächlich, mitten in San Francisco einen grünen »NSU Prinz« zu entdecken und hielt es für eine gute Idee, ihn mit einem kleinen Klaps auf den Arm an mich »weiterzugeben« mit der Formel »*Tua la Prinz*« – »Der Prinz ist für dich!« Einen Prinz zu sehen, bedeutete seit dem Erscheinen dieses als extrem hässlich geltenden Autos in den siebziger Jahren für abergläubische Menschen in Italien Pech (wie sonst der Anblick einer Nonne; und der Klaps gab das Unglück an den weiter, den man berührte, um das Pech zu bannen – das Schlimmste war ein Prinz voller Nonnen, schlimmer noch, als am 17. eines Monats unter einer Treppe durchzugehen und dabei einen Spiegel zu zerbrechen). Ausgerechnet vor Vancouver! Ich wandte mich zu Andrea um und sagte in sehr ernstem Ton: »Hör zu, ich verstehe, dass man sich ganz schön anstrengen muss, um einen Prinz ausgerechnet in San Francisco zu entdecken. Aber wir sitzen zu viert hier im Wagen, und ich bin es, der das Rennen fahren muss, und du entscheidest, ausgerechnet mich damit zu belasten ... da müsste ich schon ganz schön dämlich sein, mir diesen Schuh anzuziehen!« Er schaute mich beschämt an: »Entschuldige.« Ich hatte nur Spaß gemacht. Er aber, der später auch zu dem Rennen kam, war sehr getroffen. Und man stelle sich vor, was er gedacht haben muss, als Jones mich gegen die Mauer schickte.

Zum Glück war er auch in Laguna Seca, als das Schicksal sich eine Woche später zu meinen Gunsten wendete. Ich machte ein Manöver, das mein Leben veränderte, nicht nur meine Karriere, und es war nicht nur ein Spiel mit den Grenzen, mit dem Grip oder mit den physikalischen Kräften. Dieses Ereignis hatte Einfluss auf vieles, aber mein Vater hat mir immer gesagt, dass das Glück mit den Tüchtigen ist, und dort war ich wirklich einer von ihnen. Im Qualifying hatte ich zum Nachteil von Bryan Herta genau in der allerletzten Runde die Pole geholt, mit Show und Geschrei von Chip über Funk, mit jubelnden Mechanikern und allem. Ich konnte gewinnen, die Saison triumphal abschließen. Und es gab einen weiteren Grund, es zu tun. In der F-Cart-Serie haben fast alle Mannschaften zwei Autos pro Fahrer, und jeder Fahrer hat seine Mechanikergruppe, höchstens sechs Leute zum Tanken und für den Reifenwechsel. Neben dem Chefmechaniker gibt es zwei Chef-Ingenieure, einen für jedes zur Verfügung stehende Chassis. Und es ist üblich, beiden Monopostos Namen zu geben: Der erste hieß in diesem Jahr 1996 »Betsy«, ich weiß nicht warum, und der andere »Old Midnight«. Er wurde so genannt, weil die Jungs wenn wir ihn benutzten aus dem einen oder anderen Grund nie vor Mitternacht ins Bett kamen. Einmal war es der Ölverlust des Ersatzmotors, kaum dass er angelassen wurde, ein anderes Mal die Arbeit, die noch einmal ausgeführt werden musste, weil ich von der Piste geflogen und irgendwo gegen geknallt war. Der Chef-Ingenieur von »Old Midnight« war Brad. Ein sehr sympathischer Typ und ein Muskelpaket, immer mit einem Lachen im Gesicht. In diesem Jahr hatte ich zwei Rennen mit »Betsy« gewonnen, aber noch keins mit »Old Midnight«, worunter Brad sehr litt. Und an jenem Vorabend, in Laguna Seca, wiederholte er: »Diesmal kann's was werden.« Ich hatte ihm den Wagen schon in Vancouver an die Mauer gesetzt – wenn auch nicht durch meine Schuld –, und sie mussten bis in die frühen Morgenstunden daran arbeiten. Als ich die Pole errang, war er vollends aufgedreht. Das Rennen begann, ich machte mich aus dem Staub, und es schien wirklich »Old Midnights« Stunde gekommen zu sein. Nach dem ersten Pitstop jedoch bildete sich eine schöne große Luftblase auf einem der Reifen, und das Auto begann fürchterlich zu vibrieren. Bryan Herta kam heran, überholte mich und zog davon, während ich versuchte, mich zu verteidigen, die Schäden in Grenzen zu halten und den nächsten Boxenstopp abzuwarten. Nach dem Stopp, mit frischen Reifen, gab ich Gas wie verrückt, holte Herta ein, nahm ihm die zehn Sekunden wieder ab und heftete mich an seine Fersen. Es fehlten noch zwanzig Runden bis zum Schluss. Jedes Mal, wenn ich über die Ziellinie fuhr, sagte Brad: *»Come on, ›Old Midnight‹, come on!«* – »Mach schon, ›Old Midnight‹, mach!« Aber die Runden vergingen, und ich war noch immer hinten. In Laguna Seca gibt es eine riesige Leinwand, auf der alle die Übertragung des Rennens verfolgten, als die letzte Runde begann, sahen sie zu Brad hinüber und schüttelten den Kopf. Er aber, beherzt und voller Zuversicht, hat geantwortet: »*You never know.*« – »Man weiß es nie.« Und sie hefteten weiter ihren Blick auf diese Leinwand, und das Herz schlug ihnen bis zum Hals.

Wenn ich die Tage meiner amerikanischen Triumphe wieder lebendig werden lasse, denke ich mit großer Freude an die Personen, die ich wirklich sehr gemocht habe – die Freunde in Italien, die Mechaniker, meine Fans –, und wie sie diese letzte Runde verfolgten und schon dachten, dass sie verloren sei. In der Boxengasse standen meine Jungs mit dem Schlagschrauber für den Reifenwechsel in der Hand und verfolgten die letzte Runde. Was würde ich nicht dafür geben, wenn ich ihre Gesichter sehen könnte, als ich, drei Kurven vor dem Ziel, diese Aktion vom Stapel ließ, beim »Korkenzieher«, einem in sich selbst verdrehten »S« mit Gefälle. Schon vorher hatten sie sich die Haare gerauft, dann brachen sie in Geschrei aus, und schlugen sich gegenseitig auf die Schultern, als seien sie verrückt geworden. Brad verstand gar nichts mehr: In den zehn Sekunden, die bis zur schwarz-weißkarierten Flagge noch fehlten, begann er, in der Boxengasse umherzuspringen und »Old Midnight« hochleben zu lassen. Ich gewann in einem totalen Rausch, und ich besitze noch die Kassette des gesamten Rennens, aufgenommen aus der Perspektive der Car-Camera meines Autos und ohne Kommentar. Als ich im abgeschlossenen Wagenpark ankomme, hinter der Ziellinie, ist Brad zu sehen, der anfängt, mir auf den Helm zu schlagen, der sich wie verrückt hin- und herbewegt. Es ist wirklich erhebend, diesen Moment noch einmal zu durchleben und zum Beispiel die Erzählung Filippos zu hören, der mit seinem Schwager, den sie »Doppiopetto« nannten, vor dem Fernseher saß. Der Schwager, mit einer Zigarette im Mund, wiederholte in jeder Runde aufs Neue: »He, jetzt packt er es nicht mehr, er kommt nicht an ihm vorbei!« Bis

Filippo, als mir endlich dieses Überholmanöver gelang, einen Schrei ausstieß und sich dabei so heftig bewegte, dass »Doppiopetto« um ein Haar seine Zigarette verschluckt hätte ... »Er ist vorbei, Sandrino ist vorbei!« Mike Knight erklärte mir, dass ich etwas so Spezielles gemacht hatte, dass ich auch nach einem Jahr noch eine Million Menschen hätte finden können, die bestätigten, dass sie in diesem Moment, in dieser Kurve und bei diesem Überholmanöver bei mir waren. Die Zahl der tatsächlich anwesenden Personen lag bei etwa 2.000, aber das Ereignis hatte eine solche Wirkung!

Im Augenblick des Erfolges war ich außerordentlich stolz, denn ich hatte ein kühnes und spektakuläres Überholmanöver vollbracht. Aber ich hatte keine Ahnung, wie nachhaltig die Leute im Laufe der Jahre über dieses Manöver sprechen würden. Auch weil das Timing des Geschehens perfekt war: Es war die letzte Runde im letzten Rennen der Saison vor einem Winter ohne Rennen, es gab nichts anderes, worüber die Leute hätten reden können. Leider folgte aus dem, was geschehen war, eine heftige Feindschaft zwischen Herta und mir, auch wenn ich ihn auf dem Podium umarmt und zu ihm gesagt hatte: »Tut mir Leid, es ist mir einfach geglückt.« Er nahm seinen Hut ab und sagte: »*Hat off to you.*« – »Hut ab!« Und er fügte hinzu: »Ich sah dich nicht kommen, ich glaubte nicht, dass du ein solches Ding ausgerechnet dort versuchen würdest. Aber es ist dir geglückt. Ich denke, ich habe ein perfektes Rennen abgeliefert, aber ich bin immerhin noch Zweiter geworden.« Damit schien es ausgestanden zu sein. Doch Zeitung und Fernsehen bauschten die Sache während des Winters so sehr auf – mit mir in der Heldenrolle und mit ihm in der des armen Opfers -, dass nach und nach eine im Grunde nicht gerechtfertigte Animosität zwischen uns entstand, die wiederum von den Medien im Laufe der Zeit kräftig ausgeschlachtet wurde.

Das unglaubliche Finale von Laguna Seca trug dazu bei, etwas Bewegung in meine Vertragsverhandlungen zu bringen, die trotz der Erfolge nicht Ganassis vorrangigstes Interesse zu sein schienen. Im August in Mid-Ohio, sofort nach der Pole, war Chip zu mir gekommen und hatte gesagt: »Ich habe die Absicht, die Option [die am 31. August verfallen wäre, zu verlängern.« Ich war sehr stolz darauf, auch weil etliche Angebote von anderen Teams auf dem Tisch lagen. Das aber, was mich wirklich glücklich machte, war das folgende Gespräch, in dem er mich wissen ließ: »Ich wäre ein Narr, wenn ich dich nicht behielte. Ich möchte, dass du das weißt. Aber ich habe eine weitere Überlegung angestellt: Du hast die Leistung eines Top-Piloten gezeigt und meine kühnsten Erwartungen übertroffen. Daher habe ich die Absicht, dein Gehalt aufzubessern. Mit unserem Vertrag habe ich ein Risiko auf mich genommen, und es ist nur angemessen, dass ich auf die Vorteile achte, die ich daraus ziehen kann. Aber ich will auch einen zufriedenen Fahrer, und mit dem, was ich dir bezahle, wärst du keiner. Du fährst wirklich stark: Es gibt Leute, die nur halb so schnell sind wie du und die viel mehr Geld bekommen, vier oder fünf Millionen Dollar. Ich will es so einrichten, dass du motiviert bist und bei guter Laune: Auch wenn ich es dir nicht schuldig bin, finde ich es richtig, es so zu machen.« Ich war nicht gerade wenig verblüfft. »Aber wer ist denn das jetzt?«, fragte ich mich. »Ist er Gott?« Dann fügte Ganassi hinzu: »Ich habe noch nicht genau verstanden, wie viel, ich muss noch mit dem Sponsor sprechen, aber sei unbesorgt: Wir werden uns auf halbem Wege zwischen deinem wahren Marktwert und dem treffen, was du jetzt verdienst.« In diesem Moment, ich schwöre es, traten mir Tränen in die Augen. Ich hatte von Chip Ganassi als einem Geschäftemacher und skrupellosen Ausbeuter gehört, dem härtesten nur denkbaren Arbeitgeber. Ich kam aus der Formel 1, wo ich lauter Versprechungen zu hören bekommen und Leute getroffen hatte, die nur auf den eigenen Vorteil bedacht waren und die mich hintenrum beschissen. Nun jemandem vor mir zu haben, der in dieser Weise mit mir sprach und der bereit war, den Lohn auch finanziell zu teilen, erschien mir unglaublich. In Mid-Ohio hatte ich gewonnen und am Saisonende etliche Rekorde aufgestellt: Starts aus der Pole und der ersten

Reihe in Folge. Ich fuhr sehr stark, in den letzten acht Rennen des Jahres war ich immer aus der ersten Reihe gestartet. Und abgesehen von Michigan und Vancouver hatte ich regelmäßig einen Podiumsplatz erreicht. Ich war der Pilot der Stunde, ich hatte die Meisterschaft auf dem dritten Platz beendet, aber mit derselben Punktzahl wie Andretti, Zweiter nur dank der besseren Platzierungen, die er gesammelt hatte. Zahlreiche Teams der F-Cart-Serie und der Formel 1 hatten sich gemeldet. Leute wie Rahal oder Penske kamen, um sich nach der Laufzeit meines Vertrages mit Chip zu erkundigen. Auch aus Europa meldeten sie sich. Eines Tages, als wir mit dem Auto in der Nähe von Piacenza unterwegs waren, klingelte das Telefon, und Daniela nahm das Gespräch an. Sie hatte schon seit jeher ein großes Faible für Alain Prost gehabt. Ich hörte sie antworten: »Ja, er ist hier. Wer spricht da, bitte?« Es fehlte nicht viel, und sie wäre in Ohnmacht gefallen. Sie sah mich an und flüsterte: »Es ist Alain Prost.« Sie zitterte. Auch mir zitterte die Hand, als ich den Hörer nahm. Unglaublich! Wer hätte das gedacht: Prost ruft mich an. Noch eindringlicher war Eddie Jordan, für den Fisichella und Ralf Schumacher gefahren waren und der eine hervorragende Saison hinter sich hatte. Sein Sponsor hatte den Geldbeutel geöffnet und begann mir goldene Brücken zu bauen. Aber es ließ mich kalt; denn dort, wo ich war, fühlte ich mich sehr wohl.

Der Begeisterung von Mid-Ohio folgte dann allerdings von Chips Seite nichts mehr. Und da Vancouver näher rückte, begann ich mich zu fragen, was da geschehen war. Ich hatte schon allen eine Abfuhr erteilt, und die einzige Alternative war Jordan. Ganassi äußerte sich auch in Vancouver nicht. Am Donnerstag vor Laguna Seca, wir hatten gerade ein bisschen Leerlauf auf der Strecke, sagte er zu mir: *»Come on, Zanardi, I'll buy you an ice cream.«* – »Los, Zanardi, ich kauf dir ein Eis.« Wir gingen ein Stück. Ich erwartete ein Gespräch, aber da von ihm nichts kam sprach ich die Sache meinerseits an. Er antwortete ausweichend und versuchte, das Thema zu wechseln. Ich verstand gar nichts mehr.

Nach längerem Nachdenken kam ich zu dem Schluss, dass dieser Bastard sich so väterlich wohlwollend mir gegenüber verhielt, um mich zu beruhigen. Wenn die anderen Teams sich gefunden hätten und alle Plätze für das folgende Jahr besetzt gewesen wären, hätte er zu mir gesagt: »Nun, dann werden wir mal was machen.« Aber mehr auch nicht. Hinter seinen schönen Worten witterte ich Unfairness, und ich konnte mir, auch wenn ich mir nicht ganz sicher war, nicht mehr vorstellen, dass er ein guter Mensch ist. Jedenfalls sagte er zu mir: »Wir machen eines: Wir sehen uns in ein paar Wochen in Pittsburgh, wenn ich mit dem Sponsor gesprochen habe.« In der F-Cart-Serie gibt es ein traditionelles Bankett zum Jahresende, bei dem die Preisverleihungen und die offiziellen Begrüßungen stattfinden. In diesem Jahr stand es einen Monat nach dem letzten Rennen auf dem Programm. Als ich nach meiner Heldentat von Laguna Seca zu Hause eintraf, gab es dort tausend Nachrichten von Eddie Jordan. Ich begann, ein bisschen auf ihn zu zählen. Mein amerikanischer Anwalt, den ich über die Entwicklungen auf dem Laufenden hielt, erklärte mir: »Schau, Alessandro, wenn es dein Wunsch ist, in die Formel 1 zu gehen, kannst du das tun, wann immer du willst.« »Wie bitte?«, fragte ich, »und der Vertrag mit Ganassi?« »Der ist nur in den USA gültig. Du kannst dir damit den Hintern abwischen: Die Formel 1 fährt nicht in den USA, und außerhalb der USA ist dein Vertrag Altpapier.« Darauf war ich bisher noch nicht gekommen.

Schließlich kam Chips Anruf: »Ich habe mit ›Target‹ gesprochen«, erklärte er, »wenn du nach Pittsburgh kommen willst, reden wir kurz darüber.« Ich nahm ein Flugzeug, verbrachte einen ganzen Tag mit ihm, wir aßen zu Mittag und zu Abend und sprachen über dieses und jenes. Am nächsten Morgen stellte ich mich in seinem Büro vor, und nach immerhin zwei Stunden im Wartezimmer – denn schließlich war ich ja kein Unbekannter – empfing er mich. Er bat mich, Platz zu nehmen, und begann: »Gut, was gibt es?« »Wie, Chip, was es gibt?! Ich bin hier, um über den Vertrag zu sprechen, du hast mich deswegen herkommen lassen.« »Ah, okay.

Die Sache sieht so aus: Ich habe mit dem Sponsor gesprochen, sie haben zugestimmt, dein Gehalt zu erhöhen. Sie werden es im nächsten Jahr um 200.000 Dollar erhöhen und um weitere 200.000 im darauf folgenden. Aber 700.000 für 1997 ist keine schöne Zahl. Ich habe mir gedacht, ich lege persönlich noch mal 50.000 Dollar drauf. So kommen wir auf eine Dreiviertelmillion für die nächste Saison und auf eine ganze Million für 1998.« Er sah mich mit einem strahlenden Lächeln an, während ich zur Salzsäule erstarrt war. Nach all den Prämien, die er durch mich verdient, und all den Rennen, die ich gewonnen hatte, bestand seine ganze Großzügigkeit in 50.000 Dollar. Man verstehe mich nicht falsch: Ich weiß, was das Geld wert ist, und wie schwer es für die meisten Leute ist, weitaus geringere Summen zu verdienen. Aber ich war keine normale Person, ich war einer, der sein eigenes Leben eingesetzt hatte und der nach so vielen Niederlagen auf der Siegerstraße war. Ich hatte Talent gezeigt und Loyalität gegenüber Chip Ganassi, und er hatte nicht begriffen, was die große Chance für mich bedeutete, die ich durch ihn bekommen hatte. Jetzt Verhandlungen über Geld anzufangen, hätte mich auf dramatische Weise ernüchtert. Das Geld wäre mit der Zeit schon gekommen, so dachte ich. Chip hingegen hatte von einem Kompromiss gesprochen zwischen meinem Gehalt und dem von anderen Fahrern mit meinem Leistungsvermögen, und als er dann die Karten auf den Tisch legte, war ich gekränkt. Ich dankte »Target«, sie schuldeten mir nichts. Aber sein Beitrag nach dem allzu schönen Gespräch in Mid-Ohio war wirklich eine Verarschung. Dem Schaden folgte auch noch der Spott, denn er sagte noch etwas anderes Seltsames: »Das ist das, was ich dir geben kann«, sagte er und schaute mich dabei an. Er wiederholte den Satz zwei- oder dreimal, und fügte dann hinzu: »Und was gibst du mir dafür?« »Hm, ich weiß nicht.« Ich fiel buchstäblich aus allen Wolken, und es verschlug mir die Sprache. »Du kannst deine Zeit verkaufen«, schlug er vor. »Wie bitte?« »Ja, du kannst den Vertrag um ein weiteres Jahr verlängern. Wir legen ein paar schöne Zahlen fest und schreiben eineinhalb Millionen Dollar für 1999, und du verlängerst um ein weiteres Jahr.« Das war der Gipfel der Verarschung: Für 50.000 Dollar mehr wollte er eine Option über Beträge, die ich, wenn ich Ende 1998 erst einmal frei gewesen wäre, auf der Basis von fünf Millionen Dollar noch einmal diskutieren konnte. Das war eine Summe, wie Andretti sie bekam, um nur einen Namen zu nennen. Und dann weiß man auch nicht, was im so Leben geschehen kann, ob du einen Unfall hast oder sonst was. Es war nicht gerecht, dass er über meine Zukunft entschied. Dies war der Topfen, der das Fass zum Überlaufen brachte. Der Plan, den er ausgeheckt hatte, zeigte sich mir in seiner ganzen Deutlichkeit. In diesem Augenblick entschied ich, dass ich nicht mehr für ihn fahren wollte. Ob nun Jordan oder nicht Jordan, ich hatte nur beschlossen, nicht mehr für Chip zu fahren. Ich erhob mich und verabschiedete mich mit den Worten: »Ich geb dir Bescheid.« Ich fuhr zum Flugplatz und schaffte es gerade noch, Daniela anzurufen, denn es stand eine Maschine von Pittsburgh nach London zum Abflug bereit, die ich nicht verpassen wollte. Ich wollte sofort nach Italien.

Von dort aus kehrte ich gemeinsam mit Daniela zurück, um kurze Besuche bei einigen Sponsoren zu machen, die mit dem berühmten Jahresabschlussbankett hätten enden sollen. An diesem Tag waren wir im Hotel »Westin« in Detroit, und am Nachmittag, nach den üblichen Foto- und Werbeshootings und noch bevor ich den Smoking für den Abend anzog, rief ich Chip an: *»Do you have any time? I'll buy you an ice cream.«* – »Hast du Zeit? Ich kauf dir ein Eis.« Schon kurze Zeit später saßen wir uns gegenüber, und ohne Umschweife sagte ich zu ihm: »Ich habe mich entschieden, nächstes Jahr nicht für dich zu fahren.« Noch lachte er. »Wie, du fährst nicht für mich?« »Ja«, sagte ich, »ich habe mich sehr verletzt gefühlt durch die Art, wie du mich behandelt hast, und ich habe mich entschieden. Egal was ich machen werde, Hauptsache du weißt, dass ich nächstes Jahr nicht für dich fahre. Denn es ist so: Ich lasse mich nicht gern auf den Arm nehmen.« Nun geriet er erst einmal gehörig in Rage: »Das kannst du nicht, wir haben einen Vertrag!« »Sieh mal, Chip«, gab ich zurück, »ich habe niemals daran gedacht, in einen juristischen Streit mit dir zu treten, aber ich bin auch dazu bereit. Nach meinen bescheidenen Informationen sieht es so aus, dass du gar nichts dagegen tun kannst, wenn ich entscheide, nicht zu fahren. Du kannst versuchen, mich aus Monte Carlo zu holen, aber es wird dir nichts nützen. Aber das ist gar nicht der Punkt: Der Punkt ist, dass ich nicht mit dir fahren will. Wenn du Ohren hast zu hören, dann müsste dir jetzt alles klar sein.« In diesem Augenblick veränderte sich seine Haltung komplett und er begann zu weinen. Er schluchzte wie ein Kind. Und er gab mir folgende Erklärung: »Du hast Recht, ich bin ein Hurensohn geworden. Ich habe in meinem Leben große Schwierigkeiten gehabt, die wahren Gefühle der Menschen zu verstehen, denn ich wurde mit Geld geboren, und die Leute sind immer nur mit mir zusammen gewesen, weil ich Geld habe. Ich stecke in einer schwierigen Phase, auch familiär, mit meiner Frau und meiner Tochter, wir sind dabei, uns zu trennen. Im Alltag begreife ich nie, ob ich einen wahren Freund vor mir habe. Und außerdem bin ich verantwortlich für die gesamte Mannschaft, ich muss alle Teile zusammenhalten, und gelegentlich muss ich auch einmal grausam sein. In dir habe ich mich getäuscht, verzeih mir: Ich hätte spüren müssen, dass du aus einem anderen Holz geschnitzt bist. Ich habe den vorteilhaftesten Weg gesucht, um dich bei mir zu behalten. Alles, was du gesagt hast, ist wahr: Es war scheußlich von mir, aber ich habe es nicht aus Bosheit getan, glaub mir. Das, was du gesagt hast, zeigt mir, dass du bereit bist, auf deine Karriere zu pfeifen, wenn es ums Prinzip geht. Ich weiß das sehr zu schätzen. Sag mir, was ich machen kann, um wieder zu kitten, was da zerbrochen ist. Ich habe begriffen, dass ich in dir nicht nur den besten Piloten der Welt, sondern auch einen unglaublichen Freund gefunden habe.« Natürlich bewegten mich seine Worte, aber dann sagte ich zum ihm: »Gut, du könntest damit beginnen, mir erst einmal ein anständiges Angebot zu machen. Vergessen wir das Gespräch über das vierte Jahr, es war der Gipfel der Verarschung. Kehren wir noch einmal nach Mid-Ohio zurück, und machen wir von dort aus weiter.« Er fragte: »Was wäre das, ein anständiges Angebot?« »Chip, du hast selbst das Gespräch darauf gebracht. Du wirst wissen, was es wäre.« Er antwortete: »Statt herumzudiskutieren, sag mir, was du willst, und ich bin einverstanden. Denk darüber nach, nenn mir keine astronomische Summe, und ich bin einverstanden.« Im ersten Augenblick brachte er mich aus dem Konzept, dann aber fasste ich mich und sagte: »Ich will 1,5 Millionen Dollar für das nächste Jahr und 1,5 Millionen für das darauf folgende.« »Warum?« »Weil ich«, erklärte ich ihm, »wenn ich heute frei wäre, einen anderen Vertrag auszuhandeln, sogar noch einiges mehr verlangen könnte. Aber ich bin nicht geldgierig, und ich weiß, dass ich ohne einen amerikanischen Pass und ohne bereits einen Titel gewonnen zu haben, nicht so interessant bin. Aber wenn ein Michael Andretti oder ein Unser junior fünf Millionen Dollar verdienen kann, dann könnte ich drei verlangen, und ich hätte sie durchaus verdient. Deswegen musst du mir die Hälfte geben von dem, was ich wert bin.« Er dachte kurz nach und dann sagte er: »Es ist wahr, du hast die Meisterschaft noch nicht gewonnen. Lass uns daher Folgendes machen: Nächstes Jahr gebe ich dir eine Million Dollar, und wenn du den Titel gewinnst, gebe ich dir die halbe dazu. Und dann, um eine Richtschnur zu haben, gebe ich dir für 1998 eineinhalb Millionen ohne jede Bedingung.« »Und die Gehaltserhöhung, die du mir für dieses Jahr versprochen hattest?« »He, du willst mich umbringen, du willst mir das Blut aussaugen!« »Chip, es sind deine Worte.« »Was möchtest du?« »Ich«, gab ich zur Antwort, »möchte die Hälfte der Leistungsprämien, die ich verloren habe.« Am Ende, nach allen Abzügen, waren das immerhin etwa 250.000 Dollar. Ich akzeptierte: ein Weihnachtsgeschenk von 250.000 Dollar und alles andere wie abgemacht.

Ich war, bevor ich mit ihm sprach, so wütend gewesen, dass ich mit den Zahlen doch nicht ganz zufrieden war, allerdings sehr wohl mit dem zugrunde liegenden Prinzip. Wir schrieben alles auf zwei Stoffservietten, die wir dem »Westin« klauten, und zeichneten beide gegen. Eine behielt er, die andere ich. Erst später, als ich mit dem Aufzug wieder hinauffuhr, wurde mir klar, dass Chip eine viel größere Summe auf den Tisch gelegt hatte als die, die er ursprünglich auszugeben bereit gewesen war. Aber ich glaube, dass seine große Befriedigung darin bestand, eine angeknackste Beziehung gerettet zu haben. Ich hatte ihn zuerst aufrichtig enttäuscht erlebt und dann zufrieden darüber, eine Einigung erzielt zu haben, die auch mir behagte. In dem Moment hatte ich nicht den Eindruck, dass er am Geld hing. Ihm war es wichtiger, meine Freundschaft zurückzugewinnen. Ich drückte im Lift den Knopf zur 36igsten Etage des »Westin«. Als ich unser Zimmer betrat, fragte Daniela mich sofort: »Und, wie ist es gelaufen?« Ich hatte wohl den Blick von Donald Duck, wenn er einen Faustschlag abbekommt und dasteht wie betäubt. Einer ihrer Kosenamen für mich war immer »Paperetto«. Ich erklärte ihr alles – denn sie dachte, nachdem sie mich so stinksauer hinunterfahren und so schnell wieder hatte zurückkommen sehen, er habe uns definitiv zur Hölle geschickt –, und sagte ihr zügig und ohne Atem zu holen: »Also, in diesem Jahr erhöht er mein Gehalt um 250.000 Dollar, nächstes Jahr gibt er mir eine Million und noch eine halbe dazu, wenn ich die Meisterschaft gewinne. Und 1998 eineinhalb Millionen ohne Bedingungen.« Und sie: »Ich fass es ja nicht, da hat mein Papero aber auf den Putz gehauen!« Ich hatte es tatsächlich geschafft, auch ohne Manager und Anwälte so viel zu bekommen, wie mir zustand. Ich ging hochzufrieden zum Bankett, wir amüsierten uns riesig. Sie schenkten mir sogar eine dicke Zigarre, die meine Mechaniker eigens mit einer Abbildung meines Helms auf der Banderole hatten anfertigen lassen. Ich rauchte sie und musste mich erbrechen. Ein bisschen der Alkohol, ein bisschen der Qualm, und schon bald fühlte ich mich hundeelend.

Neben dem Vertrag gab es auch noch einen anderen Anlass zum Feiern. Einige Tage zuvor hatten Daniela und ich geheiratet.

Wir mussten den Sponsoren einige Besuche abstatten, es war die so genannte »*Thank you Tour*«: Wir wollten zuerst nach Las Vegas, dann nach Japan und schließlich nach Detroit zum Abschlussbankett. Sie wäre mit mir überallhin gegangen. Nach einem Abstecher nach Minneapolis, dem Sitz von »Target«, und bevor wir in San Francisco an Bord gingen fuhren wir nach Las Vegas, wo wir dann geheiratet haben. Wir hatten darüber gesprochen, und als wir dann dort ankamen, entdeckten wir dieses Kirchlein, das uns sehr gefiel: *The Little Church of The West*, in der auch Mick Doohan geheiratet hat. In jenem Jahr hatten wir schon zwei oder drei Hochzeiten von Freunden besucht und uns eine Reihe von Beschwerden angehört, vor allem von Seiten des »Titan«, der an den Samstagnachmittagen stets schon etwas anderes vorhatte und der sich wahnsinnig schwer damit tat, Geschenke zu besorgen. Wir beschlossen, auf diese Weise zu heiraten, und später, wenn wir wieder zu Hause wären, ein großes Abendessen zu organisieren und alle mit der Neuigkeit zu überraschen. Wir betraten die Kirche, wir erkundigten uns, und noch am selben Nachmittag waren wir getraut. Dann fuhren wir zu Jimmy Vasser, der in Las Vegas lebt, um es ihm zu erzählen: Er war der Erste, der es erfuhr. Er freute sich sehr und sagte: »Ihr Gauner, habt mich nicht einmal eingeladen! Ich hätte wenigstens euer Trauzeuge sein können. Wohin geht eure Hochzeitsreise?« »Was redest du da? In drei Tagen ist unsere Abreise nach Japan, weißt du das nicht mehr?« Und er: »Naja, dann habt ihr noch zwei Tage.« Wir hatten noch eine Fahrt zum Sequoia Nationalpark geplant, der auf dem Weg nach San Francisco lag. »Lasst mich etwas für euch organisieren«, beschloss er. Er rief Annie an, seine Reisemaklerin, und buchte etwas für uns mitten im Yosemite Nationalpark. Am folgenden Morgen fuhren wir los, stellten dann aber fest, dass der Pass wegen enormer Schneefälle geschlossen war. Uns blieb nichts anderes übrig, als wieder hinunter- und um das Gebirge herumzufahren. Wir kamen fast in Los Angeles heraus, fuhren bis in die Gegend um San Francisco und gelangten dann von der entgegengesetzten Seite her in den Park. Gegen vier Uhr morgens kamen wir zu dem Bungalow, den Jimmy hatte vorbereiten lassen. Unsere Ankunft wurde erwartet, wir bekamen die Schlüssel, und der Raum, der uns empfing, war wundervoll warm und einladend zu einem Aufenthalt in den Bergen wie im Bilderbuch. Es gab etliche Teppiche darin, ein riesiges Bett, einen großen Kamin mit offenem Feuer, der Champagner stand im Kübel mit Eis und die Gläser daneben. Nach dieser ganzen Anfahrt unsere erste wirkliche Nacht als frisch Vermählte, und wir haben sie sehr genossen. Zur Krönung der Hochzeitsreise fuhr ich mit Daniela nach Japan, zum Sitz von Honda. Und dort verstand ich, dass sie mich nicht nur liebte, sondern sich auch von mir geliebt fühlte. Ich sah, dass sie trotz der ungewöhnlichen Hochzeitsreise glücklich war, mindestens genauso glücklich wie ich selber.

Kapitel 10

Das Jahr 1997 begann unter den besten Vorzeichen. Ich hatte alle für mich eingenommen, einschließlich Honda, die sich dafür einsetzten, dass ich engagiert wurde. In der gesamten zweiten Hälfte der Saison hatte ich dominiert und dabei diverse Rekorde gebrochen: Starts in Folge aus der ersten Reihe, errungene Poles, Anzahl der Runden in Führung, und ich hatte hier einen gewissen Nigel Mansell entthront. Mehr noch, die Erneuerung des Vertrages hatte mir viel Ruhe und persönliche Sicherheit gebracht. Und so dachten Daniela und ich daran, ein bisschen festere Wurzeln zu schlagen. Wir suchten ein anderes Haus. Adrian Reynard, Konstrukteur der Monopostos, mit denen ich fuhr, hatte in Indianapolis ein Haus erworben, das dem Ex-Formel-1- und F-Cart-Piloten Derek Daly gehörte. Adrian hätte gern dort mit seiner Familie gelebt, aber es kam nicht dazu: Sein Firmensitz befand sich in England, und er behielt dieses ständig verschlossene Haus. 1996 forderte er mich häufig auf: »Zieh doch dort ein, ich nutze es sowieso nicht.« Ich hielt das für einen Scherz, bis er, irgendwann im Winter, das Thema anging und mich fragte, ob ich nicht doch mieten wolle. Wir wurden uns sehr schnell einig: Das Haus schien zwar nicht ganz billig zu sein, aber es war möbliert und auch sonst vollständig ausgestattet. Ich fuhr hin, um es mir anzusehen und war sofort hingerissen. Es lag an einem See, dem Morse Lake, der sich aus einem Flüsschen speiste, das durch eine Talsperre aufgestaut wurde. Der See war groß, mit viel Grün drumherum und ganz außerordentlichen Farben. Von diesem Moment an änderte sich alles, und ich fühlte mich nicht mehr als provisorischer, sondern als ein richtiger Amerikaner. Wenn ein paar Tage zwischen einem Test und einem Rennen zur Verfügung standen, hatte ich bislang immer versucht, kurz nach Europa zurückzukehren. Jetzt aber konnte ich es kaum abwarten, nach Indianapolis zu kommen, um unser Haus einzurichten. Wir verbrachten ganze Tage beim Einkaufen: von der Blumenaussaat bis zum Küchengerät. Wir haben eine aberwitzige Summe in einem Geschäft gelassen, das sich »Pier One« nennt – ohne dabei an »Target« zu denken, meinen Sponsor.

Das Klima in Indianapolis ähnelt unserem, aber es gibt dort keine Berge: von der kanadischen Grenze im Norden bis weit hinein in den Süden ist alles flach. Und das Wetter ist viel wechselhafter. Nicht ohne Grund gibt es in der Stadt ein geflügeltes Wort: *»If you don't like the weather stick around, because it will change.«* – »Wenn dir das Wetter nicht gefällt, bleib in der Gegend, denn es wird sich ändern.« Ich erinnere mich an Tage, an denen ein halber Meter Schnee lag, wenn wir morgens aufstanden, das Sonnenlicht drang kaum durch die Wolken, und es heulte ein Wind, der den Schnee fast waagrecht dahinwehen ließ. Dann gingst du mittags ins Restaurant, hast was gegessen, kamst wieder raus, und unter dem strahlenden Sonnenschein war der Schnee geschmolzen, überall Wasser, und am Abend war alles wieder vollkommen trocken. Mit dem Frühling wird die Lage stabiler, und das Klima ähnelt dann mehr oder weniger dem bei uns, zumindest im Norden. Es gefiel mir ganz außerordentlich, auch wenn ich nie daran gedacht habe, für den Rest meines Lebens in den USA zu bleiben. Es bedeutete immer auch einen Verzicht, denn meine Freunde fehlten mir sehr. Wann immer sich eine Lücke im Kalender abzeichnete, versuchte ich nach Europa zu fliegen, und sei es nur deshalb, um Bonini in seiner Werkstatt zu besuchen oder Filippo in seinem Autohandel. Jetzt hingegen, da ich mir diese Dinge erlauben kann, wann immer ich möchte, fehlen mir die Vereinigten Staaten sehr.

Am Anfang hatte Daniela eine Abneigung gegen den typisch amerikanischen Lebensstil, die sie nur teilweise überwinden konnte: Leben und leben lassen, Auge um Auge, Zahn um Zahn.

Auch ich hatte zunächst den Eindruck, die Amerikaner seien oberflächlich in ihren zwischenmenschlichen Beziehungen. Sie lernen sich im Aufzug kennen, nach zwei Minuten sind sie Freunde, und am Abend gehen sie gemeinsam aus zum Essen. Für mich, der ich unter der Trennung von meinen Freunden litt, war das zumindest merkwürdig: Ich sah Leute, deren Lebenssituation sich mit rasanter Geschwindigkeit änderte: Sie mieteten ein Haus, um darin zu leben, als ob es nichts wäre, und sie stiegen ins Flugzeug, als wäre es der Autobus. Und genau deshalb glaubte ich, dass es aus Notwendigkeit und nicht aus freien Stücken geschah, wenn sie mit einer solchen Leichtigkeit neue Kontakte knüpften. Erst als ich in den USA lebte, begriff ich, dass es dort sehr viele Leute gibt, die offen und aufrichtig sind, und ich habe es bedauert, dass ich anfänglich meine Nase über ein Volk gerümpft hatte, das sich als sehr nachbarschaftlich und hilfsbereit erwies, wann immer ich etwas brauchte. Es sind Menschen, die sehr wohl in der Lage sind, Beziehungen mit großer Leichtigkeit zu knüpfen; aber sie verstehen es auch, sie zu pflegen und zu erhalten. Mit der Zeit habe ich viel gelernt: Ich habe Männer und Frauen kennen gelernt, die mir zeigten, dass sie große Qualitäten besitzen, und ich bin stolz darauf, ihnen begegnet zu sein. Der, mit dem ich mich am meisten verbunden fühle und den ich noch immer sehr mag, ist natürlich Jimmy. Jetzt leben wir weit voneinander entfernt, aber als ich dort lebte, waren wir wie Brüder, eine zwischen Teamgefährten unübliche Situation. Aber er war keineswegs der Einzige. Als ich den Unfall hatte, sind uns viele Menschen sehr nah gewesen und viele haben der Stiftung, die wir gegründet haben, Geld gespendet: Sie unterschrieben mit Jack oder Bill und schickten 5.000 oder 10.000 Dollar. Ganz und gar anonym. Ja, sie sind ein sehr großzügiges Volk.

In diesem Jahr hatte ich mich vollkommen meiner Arbeit verschrieben, und meine Passion erlebte eine wahre Blüte. Ich ging sehr häufig in die Werkstatt, um mit den Mechanikern einen Kaffee zu trinken, während Daniela sich mit den Mädchen des Teams im Büro aufhielt, um bürokratische Dinge zu erledigen oder ein

Schwätzchen zu halten. An einem der ersten Frühlingstage im April oder Mai legte ich mich auf den Bootssteg, um ein bisschen Sonne zu tanken und zu lesen, bis Morris anrief und sagte: *»I'm home.«* – »Ich bin zu Hause.« »Schalte die Kaffeemaschine ein«, sagte ich, »ich komme.« Morris und seine Frau Kathryin wohnten unserem Haus gegenüber auf der anderen Seite des Sees. Ich zog die Schwimmweste an, überquerte den See mit dem Motorboot, und in ein paar Minuten war ich bei ihnen. Ich vertäute das Boot, ging ins Haus hinauf, und während er mir erklärte, woran er gerade in der Werkstatt gearbeitet hatte, reichte Kathryin mir eine Tasse ausgezeichneten Espresso all'italiana. »Die Caterina«, wie wir sie liebevoll nannten, ist eine ganz zauberhafte Person: eine kalifornische Schönheit, blond und mit großen Augen, blau wie das Meer. Während sie den Espresso machte, flüsterte sie mir zu: *»Oh, Alex, we're almost out of coffee!«* – »Oh, Alex, es ist kaum noch Kaffee da.« Ich war ihr offizieller Lieferant: Von jeder Heimreise nach Italien kam ich zurück mit einem Koffer voll von unseren besten Produkten.

Dann begann Morris zu erzählen. Ihm bei seinen Abenteuergeschichten zuzuhören, faszinierte mich dermaßen, dass ich jedes Gefühl für die Zeit verlor. Seine Geschichten waren immer unterhaltsam und originell. Zum Beispiel eine über die »24 Stunden von Le Mans«. Sein Idol ist immer Colin Chapman gewesen, der Gründer von Lotus. Dieser präsentierte sich einmal bei einer Ausgabe des französischen Rennklassikers mit einem innovativen Auto, das mit einer superleichten Karosserie verkleidet war. Auf die Nase war ein mysteriöser schwarzer Kreis mit einem Durchmesser von 30 Zentimetern gemalt. Während des Trainings spekulierten die Leute darüber, wozu dieser Kreis wohl diene, bis sich beim Start alles aufklärte. In Le Mans mussten die Piloten zu ihren Autos auf der gegenüberliegenden Seite der Rennstrecke sprinten, in die Wagen steigen, den Motor anlassen, dann konnten sie Gas geben. Beim Start lief Jim Clark, der Lotus-Fahrer, los, kam zu seinem Auto, sprang hoch wobei er einen Fuß auf den schwarzen

Kreis setzte und landete von dort direkt auf dem Fahrerplatz, so dass er als Erster losfuhr und sich gleich an die Spitze setzte. Unter dem Kreis befand sich ein Trägerteil, ein Rahmen: Der Fahrer wusste, dass er die Karosserie nicht durchdrückte, wenn er mit dem Fuß genau dort aufsetzte. Genial! Ich war hingerissen, wenn ich solche Sachen hörte, und schaute nicht mehr auf die Uhr. Zwischen einer Geschichte und der nächsten sprachen wir auch über unser Auto, und es kamen uns Modifikationen in den Sinn, die uns einen Fortschritt bringen konnten. In der F-Cart-Serie gab es Teams, die ihre Computerprogramme für den Windkanal und für die Entwicklung der Stoßdämpfer und der Motoren hatten, lauter sehr kostspielige Maßnahmen, die Ganassi für pure Verschwendung hielt. Und ich muss sagen, er hatte überwiegend Recht damit. Unsere Stärke war das Team, die perfekte Abstimmung untereinander, die es uns erlaubte, das Material, das von Reynard kam, optimal zu nutzen. Was wir sonst noch brauchten, fertigten wir zu Hause an. Das war's. Die Organisation war tadellos, aber solche Strukturen entstehen nicht von einem Tag auf den anderen. Hier waren sie das Verdienst der Manager Tom Anderson und Mike Hull und natürlich das von Chip. Besonders Tom erwies sich als sehr ernsthaft und umsichtig. Gelegentlich konnten einem seine Besorgtheit und seine Strenge zu schaffen machen, aber er blieb eine tragende Säule.

Ich stieß zum Team, als es seine beste Phase hatte: Jeder Einzelne machte seine genau bezeichnete Arbeit, alles verflocht sich zur Perfektion mit kurzen Zeiten und hoher Produktivität. Im Rennen bringt das den Unterschied. Wir gingen zum Beispiel in einen Test, in dem zehn Neuerungen auszuprobieren waren, und wir probierten alle zehn aus und bekamen klare Vorstellungen davon, was funktioniert hatte und was nicht. Ich gehörte zu einer sehr gut eingespielten Truppe, in der mit großer Professionalität gearbeitet wurde, und trotzdem hatten wir dabei auch einen Heidenspaß. Einige Teamzugehörige waren auf geradezu unheimliche Weise sympathisch, andere waren unausweichlich die willkommenen Opfer unserer Scherze. Ich erinnere mich, dass einmal Doug, ein liebenswerter Telemetrietechniker, der aus beruflichen Gründen immer mit dem Computer in der Hand anzutreffen war, bei einem Training, das wir auf der Piste von »Firebird« in Arizona durchführten, unsere »Zielscheibe« wurde. Jedes Mal, wenn ich an die Box fuhr, hielt ich mit dem Auto auf den armen Doug zu, der verzweifelt floh und dabei seinen dicken Bauch wackeln ließ. Er versteckte sich hinter dem Lastwagen und wartete darauf, dass ich unter dem Zelt anhielt. Er kam hervor und näherte sich, um die Datenübernahme durchzuführen, für die er verantwortlich war. Aber er hatte nicht mit meiner diabolischen Ader gerechnet: Wenn du mit einem Auto anhältst, das mit einem Turbo ausgestattet ist, empfiehlt es sich, den Motor noch einige Sekunden laufen zu lassen und den Stillstand des Turbos abzuwarten. Ich stand bereits, aber der Motor lief noch, als der arme Doug aus seinem Versteck herauskam und sich irrtümlich in Sicherheit wog. Ich zwinkerte Rob zu, meinem Chefmechaniker, der schon im Bilde war, legte den ersten Gang ein und fuhr mit einem Kavaliersstart an, mit quietschenden Reifen und mein Opfer im Visier. Doug riss die Augen weit auf und ergriff verzweifelt die Flucht, wobei er ausrief, dass er seine Kündigung einreichen wolle. In solchen Situationen fühlte ich mich pudelwohl: Arbeit und Spiel, Sympathie und Professionalität. Morris amüsierte sich, trotz seiner Zurückhaltung und seines britischen Humors, genauso wie wir und verstand es doch immer wieder, sehr besonnen zur Ordnung zu rufen, so dass alle an die Arbeit zurückkehrten, ohne dass hierdurch irgendjemand gekränkt worden wäre.

Seine Überlegtheit und die der Teamleitung stellte sich auch im Umgang mit meinem Enthusiasmus für die Weiterentwicklung des Autos als förderlich heraus: Ideen habe ich mehr als genug, aber ich neige auch sehr zur Zerstreutheit. Meine überschäumende Art aber brachte in Verbindung mit ihrer Ruhe und Konkretheit ein optimales Ergebnis. Weil das Auto nicht lief, ermunterte ich Morris immer wieder, auch wegen eines einzigen

Problems alles ganz zielgerichtet abzuändern. Am nächsten Tag kam ich zur Piste und dachte, ich finde das Set-up vollkommen umgekrempelt vor. Stattdessen hatte er mir den Radsturz um ein Viertel Grad verändert, 20 Pfund Gewicht von einem Rad auf das andere verlagert, ein halbes Grad Konvergenz von einer Seite zur anderen verlegt und den Reifendruck um einen Hauch erhöht. »Morris«, sagte ich, »das hältst du doch wohl nicht für eine Veränderung?« Und er: »Fahr mal damit.« Ich ging auf die Piste, und das Auto war in der Tat sehr viel schneller geworden. Oft gewann ich am Tag nach solchen Eingriffen das Rennen. Mit meinen Beobachtungen lieferte aber auch ich ihnen zahlreiche Bausteine, über die sie nachdenken konnten. Mehr noch: Ich erfasste intuitiv, wo die Prioritäten lagen, und erkannte das Problem, das mich daran hinderte, die angestrebte Zeit zu erreichen. Nachdem es gelöst war, gingen wir zum nächsten über, aber manchmal stand ich auch so schon in der ersten Reihe. Diese Reynard-Hondas waren Autos, die mir wirklich sehr gut gefielen, mit denen mir besondere Dinge gelangen und an die mich anzupassen mir immer gelang. Es gab Situationen, in denen ich ein Auto fahren musste, das sich von dem unterschied, das ich im Training fuhr. Im Rennen aber schaffte ich es dann doch, ein gutes Ergebnis zu erzielen. Morris gab mir alles, was technisch von Nutzen war, die Organisation des Teams war exzellent, aber in einer Gemeinschaft mit gegenseitigem Respekt muss jeder Einzelne ein bisschen auch auf den anderen zugehen: Auch ich änderte bei Bedarf meinen Fahrstil, um die wenigen Tage wettzumachen, an denen etwas schief gelaufen war.

Ich erinnere mich, das Video eines Rennens noch einmal gesehen zu haben, das ich gewann: Ricky, dieser tolle Mechaniker, dem es in Homestead unterlaufen war, eines meiner Räder nicht richtig zu befestigen, wurde während des Laufs gleich nach einem siegbringenden Pitstop interviewt: Ich war in die Boxengasse gefahren, und meine Jungs hatten mich nach einer Toparbeit als Ersten wieder rausgeschickt. Nun, auf diesem Video sah ich meine Jungs, wie sie sich nach dem Boxenstopp begeisterten, und ich hörte

Ricky voller Stolz sagen: »*Our driver never lets down on us, and we'll never let down on him!*« – »Unser Pilot lässt uns niemals im Stich, und wir lassen ihn nicht im Stich!« Noch heute spüre ich einen Kloß im Hals, wenn ich daran denke, und wie damals bin ich stolz und tief gerührt.

Aus all den genannten Gründen war ich sicher, die Meisterschaft zu gewinnen. Und ich blieb es auch nach einem Saisonbeginn, der keineswegs optimal verlief. Dennoch ging ich nicht davon aus, der beste Pilot der Welt zu sein. Vielleicht habe ich geglaubt, ein Fahrer der Sonderklasse zu sein, als ich mich in der Formel 1 gezeigt habe, in der Zeit mit Jordan und Lotus. Tatsächlich habe ich eine Menge Schläge eingesteckt. Dann wurde ich reifer und habe begriffen, dass »der Beste« nicht existiert: Du bist gut, wenn es ausreicht, mit dem Auto zu gewinnen, das du hast. Und du musst deine Augen und deine Ohren immer schön offen halten, um von allen zu lernen. Ich habe im Laufe der Jahre eine Menge begriffen, und zu Beginn dieses Jahres 1997 war ich ganz zuversichtlich.

Im Wintertraining in Homestead, dem Schauplatz des ersten Rennens der Saison, war ich ziemlich gut gefahren, auch wenn Jimmy schneller gewesen war als ich. Im Jahr zuvor hatte er auf den Ovals mehr Gewinn eingefahren. Für mich bestand also die große Herausforderung darin, klarere Vorstellungen von diesem Rennstreckentypus zu bekommen. Insgeheim hoffte ich, noch vor dem Jahresende einen Sieg auf einem Oval nach Hause zu bringen. Außerdem stand in der Meisterschaft in der ersten Jahreshälfte eine ganze Serie von Rennen dieses Typs an. Homestead war ein mittleres Oval und eines von den schwierigeren. Denn auf diesen kurzen Ovals musst du ständig mit Vollgas fahren, bekommst aber einen starken aerodynamischen Grip, der sehr große Ähnlichkeit mit dem hat, was in den schnellen Kurven einer normalen Piste passiert. Mit einem Auto, bei dem alles stimmt, ist es auf einem Superspeedway wie dem von Michigan relativ leicht, eine Runde mit Vollgas durchzufahren, noch dazu mit neuen Reifen. Das mittlere Oval hingegen ist das kompliziertere, weil man eher mit einem geringeren Anpressdruck fährt, die Kurven jedoch einen engeren Radius haben als in den großen Ovals. Der Grip ist infolgedessen geringer.

Gerade Homestead war damals, vor den Umbauten, noch ein Quadrioval. Ein Mini-Indianapolis, bei dem es sehr darauf ankam, sich gut in die Kurven einzufädeln und die Bahnen in Ideallinie zu fahren, was es einem erlaubte, sehr stark an die Grenzen des Fahrzeugs zu gehen. Ein kompliziertes Unterfangen. Mit meinen Leistungen war ich während aller Tests im Winter sehr zurückhaltend geblieben. Und das verhielt sich während des Trainings am Freitag und während des freien Trainings am Samstag vor dem Rennen nicht anders. Im Qualifying aber legte ich, ohne irgendetwas am Auto zu ändern, zwei Runden hin, die einem schon Angst machen konnten. Nach dem Motto: Ich weiß ganz genau, was das Auto können wird, aber weil der Spielraum des Gelingens sehr eng ist, bündle ich das Risiko auf den Moment, in dem es darauf ankommt. Ich schwöre, dass ich das Adrenalin in meinem Blut gespürt habe, als ich mit einer Zwischenzeit in die erste Kurve hineinfuhr, die um wenigstens zehn Tausendstel unter allen Zwischenzeiten lag, die ich in irgendeiner der vorangegangenen Runden erzielt hatte. Aber so ist das in den Ovals: Du musst an das Auto glauben; je höher die Geschwindigkeit, desto größer der hieraus resultierende Anpressdruck, der von den Flügeln erzeugt wird. Es ist ein Sprung ins Dunkel, du wirfst dich mit geschlossenen Augen hinein und weißt nicht, ob du schon sehr bald wieder festen Boden unter den Füßen haben wirst. Auf dem Oval siehst du die Kurve, du studierst sie einige Runden lang, du interpretierst die Eindrücke, die das Auto dir vermittelt, und dann entscheidest du zu fahren. Einen Augenblick später begreifst du, dass deine Rechnung aufgeht: Du fährst eine Spitzenzeit, oder die Anstreicher bekommen was zu tun. Ja, denn die Amerikaner mögen die Spuren an den Wänden nicht: Wenn einer gegen die Wand knallt, lassen sie sofort nach dem Ende der Session den durch den Unfall »zerkratzten« Abschnitt der Mauer übermalen. Ich erinnere mich an den Crash meines Freundes Emanuele Naspetti. Er fuhr in Homestead zusammen mit Cristiano Da Matta, und sie kämpften um einen Platz in einer F-Cart-Mannschaft. Und als der Brasilianer seine zuvor angezeigte Zeit um einige Zehntel verbesserte, zeigte sich Emanuele besorgt. Während ich und sein Manager noch versuchten, ihn zu ermutigen, sprang er plötzlich auf und knöpfte sich mit einem Pathos, das eines John Wayne würdig gewesen wäre, seinen Overall zu und rief: »Okay, jetzt fahre ich! Ruft die Maler, denn jetzt breche ich den Rekord, oder ich hinterlasse meinen Abdruck!«

Was mein Qualifying für das Rennen in Homestead betrifft, so konnte sich meine Leistung wirklich sehen lassen. Nach mir mussten noch zwölf weitere Piloten auf die Strecke, aber keiner übertraf mich. De Ferran, der vorletzte auf der Liste, fuhr in der ersten Runde eine Zeit, die sehr dicht an meiner war, aber in der zweiten klebte er an der Mauer. Pole gerettet. Der Start vor allen anderen erlaubte mir, den Rekord von fünf aufeinander folgenden Poles zu egalisieren, der gleichermaßen von Mario Andretti und Danny Sullivan gehalten wurde. Und er gestattete es, den – von mir schon gehaltenen – Rekord von Starts in Folge aus der ersten Reihe zu verbessern, und zwar von neun auf zehn. Im Rennen hielt ich mich gut, aber ich wurde nur Siebter. Ich hatte auch in Führung gelegen, während eines Boxenstopps aber gab es ein Problem mit einem Rad, das sich nicht montieren ließ. Genau wie im Jahr zuvor. Diesmal aber bewiesen die Jungs ein gutes Herz und ließen mich nicht auf die Piste mit 300 Stundenkilometern zurück, solange ein Rad noch nicht richtig befestigt war: Sie machten alles sehr sorgfältig, und das kostete mich ganz offensichtlich einiges an Zeit. Auf alle Fälle war ich zufrieden mit meiner Leistung auf einer Strecke, auf der ich mir auf dem Papier nicht allzu viel ausgerechnet hatte.

Das zweite Rennen fand in Australien statt, in Surfer's Paradise. Dort gab es ein wahres Schauspiel beim Kampf um die Pole. Als sie mir schon sicher schien, gelang Paul Tracy ein Bravourstück, und er zog an allen vorbei. Aber ich ließ nicht locker und setzte mich erneut an die Spitze, mit einer Extremrunde in letzter

Minute, als das Qualifying praktisch schon beendet war. Das war eine enorme Befriedigung. Auch weil Mike Knight, unser PR-Mann, schon die Boxentafel fertig hatte, auf der die Namen von Andretti und Sullivan gestrichen waren und auf der stand: »Neuer Rekord von Poles in Folge: 6 – Alex Zanardi«. Es gefällt mir, daran zu erinnern, dass dieser Rekord bis heute ungebrochen ist, wie auch der der Starts aus erster Reihe in Folge, den ich an diesem Tag auf elf steigerte. Und ich war zufrieden, diese Bestleistungen ausgerechnet in Surfer's Paradise zu erbringen, einer Rennstrecke, die mir sehr gefiel und die ich mit Monte Carlo vergleiche, denn sie gestattet es den Piloten noch immer, zu zeigen, was sie voneinander unterscheidet.

Auch dieses Rennen verlief turbulent, wenn auch nicht sehr glücklich. Gleich zu Beginn hatte ich ein Problem mit den Reifen, wodurch Tracy die Gelegenheit bekam, mich zu überholen. Nach dem ersten Boxenstopp und mit neuen Reifen kam ich wieder an ihn heran und versuchte, vorbeizuziehen. Obwohl er versuchte, sich zu widersetzen, kam ich neben ihn, und unsere Räder verhakten sich. Er flog mit einer verbogenen Aufhängung raus, und ich krachte nach zwei Drehern um die eigene Achse in den Reifenstapel. Ich hatte schon die Gurte gelöst, als die Streckenposten kamen und sagten: »Bleib da, wir schieben dich wieder raus.« Unglaublich, zumal dem Auto nichts passiert war. Sie zogen mich also aus den Reifen, schoben mich an, und ich fuhr, vor allem, um mir die Gurte wieder anlegen zu lassen, an die Boxen. Es fehlten noch 18 Runden bis zum Schluss, und nachdem ich Letzter gewesen war, kam ich als Vierter ins Ziel. Ich fuhr mit den Ermunterungen von Ganassi im Ohr. Ermunterungen, die sich zu wahnsinnigen Schreien steigerten, als die Rennleitung den Fehler machte und mit der Weißen Flagge die letzte Runde ankündigte. Tatsächlich waren noch zwei Runden zu fahren, und als Chip das bemerkte, begann er zu schreien wie ein Besessener. Ich verschaffte ihm Genugtuung, denn in dieser zusätzlichen Runde kämpfte ich mich vom sechsten auf den vierten Platz vor und ließ De Ferran und Ribeiro stehen. Derselbe De Ferran sagte vierzehn Tage später in Long Beach zu Journalisten: »Wenn Zanardi kommt, ist es besser, Platz zu machen, denn der fährt in dich rein. Er fährt so, und man muss sich unbedingt darauf einstellen. Außerdem fährt er regelwidrig, denn er schneidet die Schikanen.« In Australien gab es eine Übereinkunft, nach der du nach falschem Bremsen oder nach dem Schneiden einer Kurve denjenigen, den du infolge dieses Manövers überholt hattest, wieder vorbeilassen musstest. Mir passierte das mit Bobby Rahal, dem ich seine Position jedoch sofort wieder zurückgab. In der nächsten Runde überholte ich ihn dann ganz regulär, an derselben Stelle. Aber im Fernsehen sah man nur, wie ich ihn in der Schikane geschnitten hatte, und dann, eine Runde später, mein Auto vor dem von Bobby. De Ferran hatte sich das Rennen im Fernsehen angeschaut; er wusste nicht, wie es tatsächlich abgelaufen war, aber lief herum und gab polemische Erklärungen ab, die absolut fehl am Platz waren.

Vor dem Start in Long Beach, bei dem wir beide in der ersten Reihe standen und er in der Pole, kam er zu mir und sagte: *»Have a good race.«* – »Ein gutes Rennen wünsch ich dir!« Und ich: »Dein gutes Rennen kannst du behalten! Schieb's dir sonst wo hin, dein gutes Rennen! Bevor du sprichst, solltest du dein Gehirn einschalten. Lern, dich um deine Dinge zu kümmern: Wenn du glaubst, dass ich regelwidrig gefahren bin, leg Beschwerde ein, statt im Fernsehen darüber zu quatschen! Aber wenn du mich in deinem Rückspiegel siehst, sei sicher, dass ich es früher oder später versuchen werde, das ist meine Arbeit. Wenn ich überhole, dann beende ich meine Rennen auch so. Im Gegensatz zu manch anderem. Have a good race.« Ich gewann, und er knallte gegen die Wand. Es war ein klares Rennen, das ich kontrollierte, nachdem ich den Brasilianer während eines Boxenstopps überholt hatte.

Am Abend zuvor war ich mit Daniela in ein Restaurant gegangen, und als wir Zahlen wollten sagte man uns, die Rechung sei bereits beglichen worden. »Entschuldigen Sie, von wem?«, fragte ich. »Von einem Ihrer Anhänger, einem *race fan*«, lautete die Antwort. Ich erzählte das der Presse, und sie machten Schlagzeilen daraus. »So etwas geschieht nur in den USA«, ließ ich wissen. Ihnen gefiel's, und noch dazu war es die Wahrheit.

Der Freude von Long Beach folgte das Desaster von Nazareth, ein Rennen, in dem es ganz schlecht lief. Wir hatten ein schreckliches Set-up: Ich qualifizierte mich als Einundzwanzigster und beendete das Rennen, ohne Lob und ohne Tadel, als Elfter. Damit endete vor allem der Traum, den Rekord der Poles und der Starts aus erster Reihe noch weiter zu steigern. Die Aussichten waren übrigens entschieden ungünstig gewesen: Nazareth war ein kurzes Oval, unsere Achillesferse, und ich trug die Niederlage mit Fassung.

Dann fuhren wir nach Rio, auf eine Rennstrecke, die ich liebte, wo ich allerdings ohne Zeit als Letzter startete. Im Qualifying konnte wegen eines Problems mit der Elektrik nicht fahren. Ich beendete das Rennen auf dem vierten Platz, aber wir waren nicht zu hundert Prozent auf dem Posten. Unter anderem widerfuhr mir ein wirklich gefährliches Abenteuer, das aber doch noch ein glückliches Ende nahm. Am Ausgang von Kurve 4 kam Tracy ins Schleudern, blieb aber auf dem Gas und beschleunigte weiter: Er befand sich mitten auf der Piste und drehte sich in einem unglaublichen Qualm mehrfach um die eigene Achse. Ich kam angeschossen, und es kam mir vor wie eine Szene aus dem Film »Tage des Donners« mit Tom Cruise. Man sah buchstäblich nichts mehr. Es gab keine Möglichkeit zu bremsen, und so hielt ich das Lenkrad fest umklammert und fuhr durch die Rauchwolke. Ich kam durch, ohne irgendwo gegen gestoßen zu sein, und spürte eine geradezu unheimliche Ausschüttung von Adrenalin. Zum Glück, denn ich hatte wirklich keine Kontrolle mehr, kam die Gelbe Flagge: Ich musste geradezu hysterisch lachen. Vor einem Start hatte ich niemals richtig Angst, in Situationen wie dieser allerdings wohl: Ich war in meinem Cockpit vollkommen erstarrt. Trotz des Zwischenfalls gewann Tracy am Ende doch noch. Und so zog er in der Meisterschaftswertung mit zehn Punkten Vorsprung davon. Daraus wurden 18 Punkte auf der neuen Strecke von St. Louis, dem Oval von Gateway, wo wir uns im Training abmühten, das Auto in Ordnung zu bringen. Das Qualifying fiel wegen Regens aus. Wir starteten also nach den Zeiten aus dem freien Training, in dem ich Zehnter geworden war. Am Start holte ich ein wenig auf und kämpfte lange mit Carpentier, bis sich Boesel zwischen uns setzte, der überrundet war, so dass ich den Kontakt verlor. Gegen Ende des Rennens sah sich das Team gezwungen, mich aufzufordern, die Treibstoffzufuhr zu drosseln und folglich langsamer zu fahren, um Treibstoff zu sparen, den ich – nebenbei bemerkt – bei dem unglücklichen Versuch, Boesel zu überrunden, verschwendet hatte, so dass ich gezwungen war, den Fuß vom Gas zu nehmen. In der letzten Runde überholte Tracy mich und fuhr seinem Sieg entgegen. Während ich den Treibstoff kurz vor der Ziellinie aufgebraucht hatte, wurde ich auch noch von De Ferran überholt und kam als Vierter ins Ziel.

Paul Tracy, der die drei letzten Rennen gewonnen hatte, konnte seinen Vorsprung in Milwaukee, einem kurzen Oval, auf dem wir sehr schlecht fuhren, noch ausbauen. Ich qualifizierte mich als Siebzehnter und kam schließlich auf Platz 13, knapp außerhalb der Punktewertung. Jimmy indessen fuhr ein bisschen besser, er hatte technisch einen anderen Weg gewählt, was sich am Ende auszahlte: Er wurde Dritter, während ich mit den Letzten zu kämpfen hatte. Der erste Teil der Saison endete in Detroit, wo ich die negative Tendenz ein wenig umzukehren hoffte. Ich startete aus der zweiten Reihe als Vierter und beschleunigte, Franchitti aber fuhr in der ersten Kurve auf mich drauf, ich drehte mich um meine Achse und musste aufgeben. Eine wirklich schwarze Serie, und nicht einmal Portland war mir eine Hilfe, wo sich im Jahr zuvor das Blatt, wenn nicht sogar meine gesamte Karriere, gewendet hatte. Im Training lief es nicht so gut, ich qualifizierte mich nach vielen Problemen als Siebter, und das Rennen endete in einem ungestümen Streit mit der Mannschaft. Kurz nach dem Start begann es stark zu regnen. Ich überholte sie alle und setzte mich an die

Spitze. Dann schlug das Wetter um, und die Piste trocknete gegen Ende des Rennens ab. Es gab eine Gelbe Flagge und sie riefen mich rein zum Tanken. Als ich sah, dass mir niemand in die Boxen gefolgt war und dass ich an letzter Position herauskommen würde, bat ich sie, mir die Slicks zu montieren. Es war noch nicht der richtige Zeitpunkt, aber ich hatte nichts zu verlieren. Sie taten es nicht, und es gab nach dem Rennen eine heftige Diskussion deswegen. Ich wollte wissen, weshalb sie mich reingerufen hatten. »Weil du auf der abtrocknenden Piste nicht genug Benzin gehabt hättest.« »Und warum habt ihr mir nicht die Slicks montiert?« »Weil wir nicht sicher waren.« Alles in allem ein schöner Schlamassel. Und tatsächlich war die Strecke trocken geworden, und ich war gezwungen, nochmals an die Boxen zu fahren, um die Slicks montieren zu lassen, allerdings auch wegen einer Berührung mit Boesel, bei der ich ein Loch in einem Reifen davongetragen hatte. Nach neun Rennen lag Tracy mit 100 Punkten in Führung; es folgten Moore mit 95, Andretti mit 91, De Ferran mit 77 und Zanardi und Vasser gleichauf mit jeweils 69 Punkten. Mir fehlten 30 Punkte bis zur Spitze.

Und dann kam Cleveland, das schönste Rennen meines Pilotenlebens. Ich liebe diesen Circuit. Am Freitag hatte ich relativ leicht die Pole errungen. Am Samstag dann traf ich im Fahrerlager einen Freund, den italienischen Journalisten Cesare Maria Mannucci, der zur selben Zeit wie ich »emigriert« war. Wir tranken an den Rennwochenenden öfter einen Kaffee miteinander, gingen aus zum Essen und um ein bisschen zu schwatzen. An diesem Morgen zeigte er sich ein wenig besorgt: »Mist, 31 Punkte«, sagte er, »die werden schwer zu schaffen sein.« Das stimmte wohl, aber ich machte mir trotzdem keine Sorgen: Ich kannte unseren Wert und wusste, dass der bessere Teil der Saison jetzt begann, den unangenehmeren hatten wir hinter uns. Ich war siegessicher, tief in meinem Herzen spürte ich, dass ich in Cleveland beginnen würde, meinen Spaß zu haben. Und tatsächlich kam hier nicht nur die Wende, sondern es wurde auch, wie ich bereits erwähnte, das größte Rennen meines Lebens. Auch dank einiger Zwischenfälle, die das Ganze wirklich denkwürdig machten.

Ich startete aus der Pole und nach etwa zwanzig Runden hatte ich fast die gesamte Tankfüllung verbraucht, was bedeutete, dass ich in das so genannte »Fenster« hineinkam: Eine Gelbe Fahne oder Neutralisierung wäre jetzt gut gewesen, um zu tanken. Richie Hearn aber knallte genau gegen die Boxeneinfahrt. In ähnlichen Fällen geschieht es häufig, dass die Einfahrt in die Boxen untersagt wird und die Fahrer aufgefordert werden, in Kolonne hinter dem Pace-Car zu bleiben, bis die Sicherheit der Lage wiederhergestellt ist. Ich hatte ein Funkgerät, das unter Schluckauf litt, ein Kurzschluss entlud gerade seine Batterien. Ich verstand nur von Zeit zu Zeit etwas, und dann auch noch schlecht. Als ich auf der Zielgeraden war, las ich auf der Tafel, die vom Team in die Höhe gehalten wurde: »*Stay out.*« – »Bleib draußen.« In der folgenden Runde aber verkündete die Rennleitung, als ich in der Nähe der Einfahrt zu den Boxen war, über Funk: »*Pits are gonna be open this lap.*« – »Die Pits sind in dieser Runde offen.« – Sie meinten jedoch die nächstfolgende Runde. Auch Chip hatte es gehört und schrie über Funk: »*Pit this time, come in!*« – »Pitstop jetzt, komm rein!« Der Zufall wollte es, dass das Funkgerät in diesem Moment funktionierte, ich hörte ihn und fuhr schleunigst in die geschlossenen Boxen. Es folgten mir weitere Fahrer, alle irregeführt von dieser Durchsage. Ich tankte, fuhr wieder raus und setzte mich hinter die Wagen, die draußen geblieben waren. In der folgenden Runde, als die Boxen tatsächlich wieder offen waren, machten die anderen dasselbe, und ich war unversehens Erster. Alles schien in Ordnung. Nach einer weiteren Runde hinter dem Pace-Car rief mich Ganassi: »Alex, wir haben einen Verstoß begangen, wir müssen hinter das Feld gehen.« Ich ließ alle vorbeifahren außer denen, die mir gefolgt und also auch mit der Strafe belegt worden waren. Praktisch war ich nun Fünftletzter. Aber damit war es noch keineswegs zu Ende.

In Cleveland gibt es keinen direkten Zugang von den Boxen zur

Piste: Er führt außen um eine Kehre herum, was die Strecke zurück auf die Piste länger macht als gewöhnlich. Sobald das Rennen durch das Pace-Car neutralisiert ist, sind Überholmanöver verboten. Der Fahrer, der aus der Box herauskommt, ist verpflichtet, die eigene Position in dem Moment zu kontrollieren, in dem er die *blindline* überquert. Das ist die »Grenzlinie« zwischen der Boxengasse, in der es (wenn auch unter Einhaltung einer Geschwindigkeitsbegrenzung) möglich ist zu überholen, und der Piste, wo die Positionen eingefroren werden. Nun, ich machte, was gesagt wurde. Da aber nun die Boxengasse länger ist als der eigentliche Rennstreckenteil und vier Fahrer mich in der Kehre überholt hatten, nahm ich die Position ein, die ich beim Überqueren der *blindline* als die meine identifiziert hatte. Das Ganze ist nicht so leicht zu verstehen. Auch die Rennleitung war verwirrt und verhängte eine weitere Strafe, weil sie mir vorwarfen, ich hätte überholt, während die Gelbe Flagge draußen war. Als ich nach dem Rennen Protest anmeldete, erkannten sie, dass ich Recht hatte, aber in diesem Augenblick gab es keine Möglichkeit, etwas zu erklären. Bei der Fortsetzung des Rennens hätte ich ein *drive through* machen müssen, ein Durchfahren der Boxengasse mit sehr geringer Geschwindigkeit. Das Funkgerät funktionierte zu diesem Zeitpunkt gar nicht mehr. Daher hatte ich große Schwierigkeiten, mich über das weitere Vorgehen zu verständigen. Als ich auf der Boxentafel »*drive through*« las, fluchte ich, aber mir blieb nichts anderes übrig, als wieder rauszufahren und die Strafe abzubüßen. Ich kehrte auf die Piste zurück, es fehlten noch 57 Runden bis zum Ende, und ich sah De Ferran, der zu diesem Zeitpunkt in Führung lag, in meinem Rückspiegel. In den USA werden die Rennen relativ häufig unterbrochen, und dank der Gelben Flaggen ereignen sich auch spektakuläre Aufholjagden. Diesmal aber gab es bis zum Ende keine Gelbe Flagge mehr.

Ich legte zwei oder drei Runden in totaler Verwirrung zurück, in denen der Brasilianer im Begriff war, mich zu überrunden. Dann senkte ich den Kopf und gab Gas. Ich fuhr die achtzehn schnellsten Runden des gesamten Rennens, und die beste war 1,2 Sekunden schneller als die schnellste meiner Gegner. Ich fuhr so deutlich besser als die anderen, dass es mir vorkam wie ein Videospiel. Ich holte die verlorene Runde auf, zog an allen Autos vorbei, die zwischen mir und De Ferran lagen, und war zwei Runden vor Schluss an ihm dran. Ich verstand nichts mehr, ich war in Trance, ich wusste nicht einmal, wo ich lag, weil das Funkgerät ja nicht funktionierte. Ich zog an ihm vorbei, als wäre er festgeklebt, und fuhr dem Sieg entgegen. Ich war während der Aufholjagd so vollkommen konzentriert, dass ich zu trinken vergaß. Und in Cleveland passiert es oft, dass Piloten aufgrund des Flüssigkeitsmangels anhalten müssen. Ich hatte nicht einen einzigen Tropfen Wasser getrunken. Als ich später aus dem Auto stieg, konnte ich mich nicht einmal mehr auf den Beinen halten. Ich muss wie ein Irrer ausgesehen haben.

Was nach dem Rennen geschah, war wirklich phantastisch. Als ich nach Hause kam, wartete ich gespannt auf die Berichte im Fernsehen. »ESPN« strahlte ein sehr schönes »Special« mit vielen Bildern aus, die während des Rennens »hinter den Kulissen« aufgenommen worden waren. Man sah die Jungs meines Teams, wie sie sich bei jedem meiner Überholmanöver abklatschten, und wie ihre Begeisterung wuchs, je mehr ich mich, Stückchen für Stückchen, den ersten Plätzen näherte. Wenn ich eine Lippenbewegung von Morris richtig deutete, so ließ er sich sogar, als ich De Ferran überholte, zu einem unglaublichen *»unbelievable«* hinreißen, das mich mächtig stolz machte. Zu Hause fand ich auch eine telefonische Nachricht von Jimmy vor, der sofort ein Flugzeug hatte nehmen müssen. »Alex«, sagte er, »heute ist mir eins klar geworden ... ich weiß nicht, ob du dich für Basketball interessierst, aber da regen sich, wenn ein gewisser Michael Jordan seine Körbe wirft, seine Gegner nicht einmal mehr auf, denn sie halten ihn für ein Wesen von einem anderen Stern. Du bist der Michael Jordan unserer Zunft! Ich habe so etwas in der gesamten Geschichte der F-Cart-Serie noch nicht gesehen.« Das Schönste aber war die Rückreise nach Indianapolis, zusammen mit Daniela in unserem Honda. Wir reisten immer mit dem Wagen, weil es uns gefiel, in aller Ruhe über diese Straßen dahinzugleiten. Als gute Emigranten hörten wir viel italienische Musik – Ramazzotti, De Gregori, Dalla und so – und wir hielten an, um in italienischen Restaurants zu essen. Als ich an diesem Abend unser Haus betrat, strahlte ich noch immer über das ganze Gesicht. Ich bat Daniela immer wieder, mir von der Stimmung in den Boxen zu erzählen, von der Freude der Mechaniker, von Ricky, der ganz außer sich und bei jedem Überholmanöver dem Wahnsinn nahe war und der, als ich am Ende De Ferran stehen ließ, mit jedem abklatschte und Ganassi einen Kuss auf den Mund gab. Gansassi, wie irritiert er auch gewesen sein mochte, verlor keine Zeit und kam zu mir gelaufen, um mich aus dem Cockpit herauszuziehen und seine unbändige Freude mit seinem Fahrer zu teilen.

Auf Cleveland folgte Toronto, wo ich Zweiter wurde, nachdem ich mich als Sechster qualifiziert hatte. Nach dem Rennen machte Tom Anderson mir ein sehr schönes Kompliment indem er sagte: »*Today you drove like a champion!*« – »Heute bist du wie ein Champion gefahren!« Dann fügte er noch hinzu: »Du hast alles gegeben, was du hattest, um zu gewinnen, ohne jemals die Punkte deines zweiten Platzes in Gefahr zu bringen!« Tatsächlich fuhr Blundell in diesen Tagen stärker und gewann das Rennen. Tracy war Zehnter geworden, und sein Vorsprung war auf nur noch drei Punkte geschrumpft.

Einige Tage darauf kam der »Titan«, mit Susy, seiner damaligen Freundin. Sie hatten in Kalifornien Urlaub gemacht und kamen für eine Weile auch zu uns. Unter den Nachrichten, die nach Cleveland auf dem Anrufbeantworter waren, war auch seine: Um das gesamte Rennen am Fernseher in einer Bar verfolgen zu können, hatte er eine geradezu gewerbliche Menge Gin Tonic bestellen müssen und sich damit dann auch betrunken. Meine Freunde fehlten mir sehr in dieser Zeit. Zum folgenden Rennen in Michigan wollte auch Filippo mit seiner Frau kommen. Er sollte Freitagmittag in Detroit landen, und der »Titan« hatte angeboten, sie abzuholen. Nachdem er aber erst einmal auf der Rennstrecke in Michigan war, war er so aufgedreht, dass er es vergaß und es vorzog, die Trainingsläufe zu genießen. Also fuhr Daniela zum Flughafen. Für diese Gelegenheit hatte ich meinen zwar sehr geräumigen, aber nicht für sechs Personen zugelassenen Honda SLX gegen einen Mini-Van des Teams eingetauscht, mit dem wir alle nach dem Rennen gemeinsam nach Hause hätten fahren können. Unser Wiedersehen – wir drei inmitten all dieser Leute und in dieser so anderen Welt – hatte etwas Bewegendes. Ich hatte Karten für die Tribüne besorgt, weil sie das Rennen von dort aus anschauen wollten. Ich qualifizierte mich mit der siebtbesten Zeit, und auch am Sonntagmorgen waren sie an der Rennstrecke, weil sie das Warm-up sehen wollten: sie wollten nichts verpassen. Sie hatten sich sogar mit ihren Frauen gestritten, die überhaupt keine Lust hatten, um fünf Uhr früh aufzustehen, um einem halbstündigen Training beizuwohnen. Weil sie nur ein Auto zur Verfügung hatten, mussten Catia und Susy ein Taxi nehmen. Es war eine der seltenen Gelegenheiten für Filippo und den »Titan«, zu zeigen, dass sie die Hosen anhatten: Die Frauen schliefen vier Stunden länger, mussten dann aber selber sehen, wie sie zum Circuit kamen. Wir waren bis etwa 7.30 Uhr gefahren. Die Tribünen fassten 250.000 Personen, zu dieser frühen Stunde aber waren nur die beiden dort: Ich sah sie aufspringen und mich begrüßen. Ich hatte Vasser so viel von ihrem Kommen erzählt, auf das ich mich sehr freute, und auf einmal, als wir gerade an der Boxenmauer standen, zeigte Jimmy zur Tribüne hinüber und sagte: »Die beiden da, sind das deine Freunde?« Als ich sie erkannte, fing ich an zu lachen, und als Filippo mich später fragte: »Wie hast du uns denn nur erkennen können!?«, lachte ich noch mehr und antwortete: »Kein Problem, da wart ja nur ihr beide!« Zwischen Warm-up und Rennen macht man den üblichen Rundgang zu den Ständen der Sponsoren. »Target« verteilte an die Gäste einen Füllfederhalter und eine Stoppuhr. Ich nahm gleich ein paar mehr und überließ sie den beiden.

Das wahre Schauspiel, die Rennstrecke einmal außer Acht gelassen, ereignete sich auf der Tribüne. Gern hätte ich mich geteilt, um mir das Rennen mit ihnen zusammen ansehen zu können. Filippo, der kein Wort Englisch versteht, begann eine Diskussion mit einer Gruppe von Anhängern von Bobby Rahal. Sie boten ihm ein Bier an, bevor sie begriffen, dass er Italiener und wegen Zanardi gekommen war. Dann begannen sie, ihn auf den Arm zu nehmen. Weil mein Auto am Anfang sehr schlecht lief und, mehr noch, weil ich eine Strafe kassierte: Ich war bei einem Boxenstopp auf den Seitenstreifen geraten, in die Box von Jimmy hineingefahren und hatte dabei seine Druckluftflasche gestreift, was mit einem *drive through* bestraft wurde. In der Folge musste ich mich mit Zähnen und Klauen verteidigen, um nicht überrundet zu werden. Die Fans von Rahal schauten immer hinüber zu Filippo, und da sie sich nicht in Worten ihm verständigen konnten, versuchten sie es mit Gesten, die bedeuten sollten: »Ist das euer Zanardi?« Dann aber begann ich aufzuholen, denn ich hatte in der Zwischenzeit nach einigen Boxstopps das Set-up des Autos in Ordnung bringen lassen. Es gibt einige aerodynamische und mechanische Eingriffe, die du am Auto vornehmen kannst, und ich hatte eine Lösung gefunden, die zu einem perfekt ausbalancierten Fahrzeug führte. Von der Mitte des Rennens an war für die anderen nichts mehr zu holen, ich zog an ihnen allen vorbei. Jetzt war Filippo an der Reihe, sich zu den gegnerischen Fans umzudrehen und zu fragen, was sie davon hielten. Unter heftigem Gestikulieren fügte er lautstark Feststellungen hinzu, die zur Verständigung untereinander wohl unerlässlich waren: »Eine Klasse für sich! Phänomenal!« Und als ob das nicht genügte, machte Bobby Rahal in einer Kurve einen fatalen Fehler und fuhr gegen die Mauer. Filips gab daraufhin eine umwerfende Imitation Bobbys zum Besten, mit schiefer Brille auf der Nase und bestürzter Trauermiene. Bei alledem sprang der Blick des »Titan«, der für seine Genauigkeit bekannt war, unermüdlich zwischen Piste und Zeittafel hin und her und er wandte sich – während alles Mögliche passierte – unerbittlich an Filippo und signalisierte ihm: »Er gewinnt, er gewinnt!« Oder auch: »Nein, er verliert, er verliert!« Keine Sekunde ließ er locker. Bedenkt man, dass es ein Rennen über 500 Meilen war, also 800 Kilometer, kann man sich vorstellen, wie stark sie dieser Nachmittag beansprucht haben muss ...

Ich verschaffte ihnen auch noch einige nicht unerhebliche Adrenalinschübe. Als ich zu Fittipaldi und PJ Jones aufschloss, die schon seit gut zehn Runden miteinander kämpften, erreichte ich in ihrem Windschatten eine beeindruckende Geschwindigkeit. Bei dem Versuch, einander zu überholen, öffneten sie eine Lücke, und ehe sie sich's versahen, schlüpfte ich zwischen ihnen hindurch. Die Bilder von diesem Schachzug wurden in den darauf folgenden Jahren zu Werbezwecken für dieses Rennen verwendet, und Filippo sagte, dass es – live – einfach super aussah. Jedenfalls triumphierte ich und stand auf dem Podium, umringt von einer Menschenmasse und mit einem Pokal in der Hand, der mindestens zwanzig Kilo wog. Genau in diesem Augenblick sah ich aus der Menge einen Besessenen von fast zwei Metern Größe auftauchen – offenbar Filips –, der mir zurief: »Möchtest du wissen, wie Bobby Rahal aussah, als er aus dem Auto stieg!?« Und schon gab er die Imitation mit der schiefen Brille zum Besten. Vor lauter Lachen fiel mir der Pokal auf den Kopf. Jedenfalls war es ein sensationeller Sieg, der erste auf einem so langen und schnellen Oval. Ich hatte bewiesen, dass ich überall gewinnen konnte, und außerdem schnellte ich in der Meisterschaftswertung ganz nach oben. Geschichte schrieb ein Satz von Ganassi in der Pressekonferenz: »Heute ist Zanardi bei uns zu Hause angekommen. Er hat die Pferde gestohlen, er hat die Bank ausgeraubt, er hat die Frauen geküsst, und er hat lachend die Stadt wieder verlassen.« Womit er sagen wollte, dass ich auf US-amerikanischem Terrain dominiert hatte, auf ihrem eigenen Grund und Boden.

Wir fuhren in dem Mini-Van, den ich von meinen Mechanikern bekommen hatte, zurück nach Hause. Ich saß am Steuer, Filippo neben mir, der »Titan« und Daniela hinten, Susy und »die Katze« –

der Kosename der Frau von Filips – auf dem Rücksitz. Auf einmal gerieten wir an einen Lastwagen, der uns, wer weiß warum, nicht vorbeilassen wollte. Ich versuchte, neben ihn zu kommen, aber er drückte mich weg, und so ordnete ich mich wieder ein. Drei andere Autos versuchten dasselbe, und sie ließ er vorbei. Es war nun klar, dass er nur uns so behandelte. Ich versuchte es erneut, ein paar Mal, aber immer mit demselben Ergebnis. Wir kamen an eine Ausfahrt, ich blinkte, er versuchte mich erneut wegzudrücken, diesmal zur anderen Seite, bekam jedoch Zweifel und ließ mich vorbei. Ich nahm die Ausfahrt, nutzte den Kreisel, nahm den Abzweig zurück auf die Autobahn und schon hatte ich ihn überholt. Alle lachten, nur der Lastwagenfahrer war schwarz vor Wut. Wir machten eine Pause, um ein Brötchen zu essen, wir tankten, und der »Titan« sprang in den Wagen, womit er klarmachte, dass er fahren wollte. Nach ein paar Kilometern bemerkte Filips: »Und wenn wir jetzt noch einmal auf den Lastwagenfahrer treffen, was passiert dann? Wird er sich mit dem Fahrer prügeln?« Der »Titan« erstarrte bei dem Gedanken: »Oh, das ist aber jetzt kein Spaß mehr!« Die Bemerkung als solche war nicht besonders witzig gewesen, aber Filippo hat eine Art zu reden, die ist einfach saukomisch. Der »Titan« war ernsthaft besorgt, und Filips wurde sogar wütend auf mich, weil ich lachte, und sagte: »Was, wenn der Lastwagenfahrer den ›Titan‹ tatsächlich anhält und ihm eine reinhaut?! Und du, Ale, lachst?!« Ja, ich lachte, ich hatte schon die ganze Zeit gelacht, wie im Übrigen auch alle anderen, und ich bekam fast schon keine Luft mehr. Ob nun deswegen oder aufgrund des Brötchens, der »Titan« stürzte sich auf einen Parkplatz, weil er auf die Toilette musste. Höchste Dringlichkeitsstufe! Mit derselben Geschwindigkeit kam er zurück und rief, ganz außer Atem: »Es gibt kein Papier, habt ihr Servietten?« Dann verschwand er mit den Servietten wieder. Auch ich und Filippo gingen in die Toilette, in der es Türen gab, die unten und oben offen waren wie die Schwingtüren eines Saloons, und dort sahen wir die Tennisschuhe mit den heruntergelassenen kurzen Hosen und den behaarten Beinen unseres »Titan«. Wir konnten gar nicht mehr aufhören zu lachen. Dann kamen einige Mechaniker vom Team Pac West herein, die mich erkannten und mir zu meinem Rennerfolg gratulierten. Während wir noch im Gespräch waren, entwich dem »Titan« – eine Magenverstimmung ließ grüßen – ein etwas lauteres Geräusch. Die Mechaniker johlten und ermutigten ihn: »*Come on! Come on!*« – »Nur zu, nur zu!«

Nachdem auch dieses Hindernis überwunden war, stiegen wir wieder ins Auto und kamen schließlich mitten in der Nacht zu Hause an. Den »Titan«, der schon einmal dort gewesen war, hatte ich gebeten, sich mit seinen Kommentaren zurückzuhalten und so zu tun, als wäre nichts. Als wir auf die Allee kamen, die zum Haus führte, schaute Filips ungläubig und fragte: »Sind wir hierher gekommen, um jemanden zu besuchen?« »Nein, wir sind bei mir zu Hause.« »Aber hallo, Sandrino, nun bist du endlich raus aus deinen Lumpen!« Dieses Haus war wirklich schön. Als er dann den Schnitt der Zimmer sah, die obere Etage, die Kamine, wäre er beinahe ausgeflippt. Das Bad im Erdgeschoss hatte – da sein Erstbewohner Derek Daly gewesen war, ein Ex-Pilot – weiße und schwarze Fliesen wie eine schwarz-weiß-karierte Flagge, der Toilettenpapierhalter sah aus wie das Heck eines Rennautos, das Klosettbecken wie die Sitzschale in einem Monoposto und so fort. Filippo ging weiter durch das Haus, er öffnete die Türen und sagte dann zu seiner Frau: »Kätzchen, komm und schau mal, so was hast du noch nicht gesehen!« Dann gingen wir in die amerikanische Küche mit der zentralen Kochinsel, die auch bei uns schon recht häufig anzutreffen ist, die aber immer wieder einen gewissen Eindruck hinterlässt. Und schließlich öffnete ich die Glasschiebetüren und schaltete die Beleuchtung der Terrasse ein, die in drei Ebenen zum englischen Rasen des Gartens hinunterführte, in dem Trauerweiden standen und der einen privaten Bootssteg mit Ausblick auf den See hatte. Ihnen fehlten die Worte. Ich glaube, dass dieser Abend einer der schönsten in meinem Leben gewesen ist. Er endete auf unglaubliche Weise. Nachdem wir uns die Rettungswesten aus dem Boot geholt hatten, schwammen wir auf den See hinaus und hielten uns in der Dunkelheit dümpelnd über Wasser, tranken Bier bis drei Uhr morgens und redeten lauter dummes Zeug. Es kommt vor, dass du im Leben Dinge tust, die du mit dem Abstand von Jahren als sehr schön erkennst, und du bedauerst, dass du sie nicht ganz ausgekostet hast, weil du dir damals noch nicht wirklich über ihre Bedeutung im Klaren warst. Damals aber hatte ich das klare und deutliche Gefühl, dass dieser Abend einen der herrlichsten Momente in meinem Leben darstellte. Und tatsächlich sagte ich: »Jungs, dieser Abend wird in die Geschichte eingehen.« Ich hatte die »500 Meilen« von Michigan gewonnen, ich führte in der Meisterschaft, ich war verheiratet mit einer wunderschönen Frau, hatte ein prächtiges Haus, Freunde, die ich mochte, und ich hatte schon recht beträchtliche Summen verdient, wenn sie auch nicht vergleichbar waren mit dem, was danach kam. Die Welt lag mir zu Füßen. Nur einer dachte daran, den Zauber zu zerreißen: Filippo. Er sagte: »Mag sein, dass es ein schöner Abend ist, aber wenn ihr mich fragt, dann werden wir, die wir hier im ›Morgentau‹ hocken, den morgigen Tag auf dem Klosett verbringen!«

Wir verlebten wirklich genussvolle Tage in totaler Entspannung: Wassersport tagsüber und große Barbecues am Abend im beleuchteten Garten. Da wir öfters einige Jungs vom Team einluden, verblüffte uns Filippo durch die Leichtigkeit, mit der er Konversation machte, da er ja kein Wort Englisch sprach. Dann kam Mid-Ohio, wo ich im Jahr zuvor gewonnen hatte und wo ich noch einmal zugriff. Die Pole errang Herta, aber im Verlauf des Rennens fuhr ich ein für alle uneinholbares Tempo; er versuchte, sich zu widersetzen, aber ich war deutlich schneller. Ich hängte mich nur deshalb hinter ihn, um Benzin zu sparen, und war mir bewusst, dass er sehr viel verbrauchte, um mir die Stirn zu bieten, und dass er daher eher würde nachtanken müssen als ich. Aber genau eine Runde vor dem Boxenstopp platzte ihm auf der Geraden ein Reifen und nur um Haaresbreite entging ich einem Crash. Nachdem

Herta ausgefallen war, war der Weg frei. Meine Talfahrt hatte eine Wende genommen, und es war für niemanden mehr etwas zu holen. In Michigan hatte ich die Führung in der Meisterschaftswertung übernommen, und nun begann für uns die bessere Hälfte des Jahres.

Die letzte Hoffnung für die anderen bestand in Elkhart Lake. Wir hatten das Qualifying auf trockener Piste absolviert, aber die Freigabe des Rennens war bis zuletzt zweifelhaft, weil es geregnet hatte und die Strecke unter Wasser stand. Schließlich wurde doch das Startzeichen gegeben. Paul Tracy hatte dank eines sehr ausgeglichen Laufes die Möglichkeit, erneut in den Ausgang der Meisterschaft einzugreifen. Wenn beispielsweise ich ausgeschieden wäre – was bei einem solchen Wetter keineswegs auszuschließen ist – und er ein paar Punkte gesammelt hätte, wären wir wieder dicht beieinander gewesen. Im Qualifying war ich die drittbeste Zeit gefahren, während in der ersten Reihe die beiden Piloten von Pac West standen: Gugelmin in der Pole und Blundell als Zweiter. Der Start erfolgte auf einer noch nassen Strecke, und ich erinnere mich an die TV-Kommentatoren, die beharrlich blieben: »Heute muss Tracy um jeden Preis versuchen, im Rennen zu bleiben. Man weiß nie, was auf einer solchen Strecke passieren kann: Zanardi könnte ausfallen, und er könnte den Kampf um den Titel vollkommen neu eröffnen.« Nun ja, es lief so, dass – fertig, los! – Tracy sich überschlug. Es war nicht seine Schuld, ein Fahrer vor ihm hatte sich gedreht, jedenfalls aber fuhr er nicht einmal die erste Runde zu Ende. Ich hingegen passte auf bei diesem Rennen, ich zog praktisch sofort an Gugelmin vorbei und hängte mich an Blundell, um kurz darauf die Slicks montieren zu lassen. Hier vollbrachten meine Jungs ein wahres Wunder, und ich setzte mich an die Spitze. Ich blieb den Rest des Rennens mit größter Aufmerksamkeit in Führung – und gewann. Filippo war nach Italien zurückgekehrt. Ich rief ihn an, aber da aufgrund des Regens der Start verschoben worden war wusste er von nichts. Er glaubte, wir seien gar nicht gefahren. »Hast du das Rennen gesehen?« »Aber wenn ihr doch gar nicht gefahren seid, was redest du da!« »Wir sind gefahren!« »Und wie ist es gelaufen?« »Ich habe gewonnen.« »Sag so was nicht! Wie kann das denn sein!«, sagte er bevor er zu jubeln begann.

Wir kamen nach Vancouver, zum drittletzten Rennen der Saison, und die Meisterschaft war nur noch theoretisch offen. Unter die möglichen Gegenspieler war De Ferran zurückgekehrt, den ich zwar sehr mag, der jedoch – nach meinem Geschmack – schon immer ein bisschen zu viel geredet hat. Es wurde ein weiteres spannendes Rennen, vergleichbar mit Cleveland. Es war das letzte Jahr, in dem in Vancouver auf dieser Strecke gefahren wurde. Im darauf folgenden Jahr wurde der Circuit umgebaut, blieb aber weiterhin in der Stadt. Wie auch immer, nachdem ich von der Pole gestartet war, war ich ausgerissen und hatte alle weit hinter mir gelassen. Bis ich in der Kurve nach der Zielgeraden wegen eines Problems mit den Bremsen auf den Seitenstreifen kam. Eine Bremsscheibe lief unrund und vibrierte: Die Bremsbeläge waren im Begriff sich zu verkanten. In einer solchen Situation musst du auf der Geraden mit dem linken Fuß leichte Pumpbewegungen ausführen, wodurch die Beläge wieder näher an die Scheibe rutschen. Am Ende der Geraden angekommen, ist das Pedal wieder bremsbereit. Machst du jedoch einen Fehler dabei, passiert es, dass das Pedal in dem Moment, in dem du bremsen musst, absackt. Du versuchst dann, mit dem Fuß aufs Gaspedal zu gehen, und fährst weiter geradeaus. In diesem Fall ging auch noch der Motor aus. Die Streckenposten schoben mich, das Auto sprang an, aber sie ließen mich nicht sofort wieder auf die Piste zurück, da die anderen Fahrer kamen. Folglich fuhr ich als Letzter wieder los. Das Rennen schien gelaufen. Halb so schlimm. Ich lag in der Meisterschaft uneinholbar in Führung, machte mir keine allzu großen Sorgen und dachte daran, Punkte zu sammeln. Ich senkte den Kopf, gab Gas, fuhr mal wieder die 15 schnellsten Runden des Rennens und kam erneut heran. Und zwar dort, wo es theoretisch unmöglich war, all die Abgeschlagenen zu überholen. Bei einem Überholmanöver mit einem Ausreißer bremsen die Kontrahenten leicht zeitversetzt, und es ergibt sich ein relativer Geschwindigkeitsunterschied, so dass du deutlich ein Auto das andere überholen siehst. In diesem Fall, aus dem Blickwinkel der Bordkamera, war der Geschwindigkeitsunterschied gigantisch: Es war wie in einem Videospiel, denn die anderen blieben zurück, und ich blieb in voller Fahrt, und zwar viel länger als den üblichen Bruchteil einer Sekunde. An diesem Tag hatte ich ein großartiges Auto und fuhr gleichsam in Trance. Ich holte Gugelmin ein, der Erster war, aber nachdem ich an ihm vorbeigezogen war, kam ich doch auf den Seitenstreifen. Das Problem mit den Bremsen bestand noch immer, in dieser Runde pumpte ich das Pedal nicht richtig und fuhr in genau derselben Kurve geradeaus wie zuvor: »Zanardi aus Castel Maggiore, du bist ein Idiot!«, dachte ich. Ich würgte in genau derselben Weise wie zuvor den Motor ab. Auch diesmal versuchten sie, mich erneut starten zu lassen, aber der Motor sprang nicht an. Schließlich gelang es, aber inzwischen hatte ich eine ganze Runde Rückstand. Folglich war ich Letzter und, schlimmer noch, überrundet. Es fehlten noch etwa zwanzig Runden bis zum Schluss. Zu diesem Zeitpunkt lag Herta in Führung, der aber schon sehr bald zum Tanken raus musste. Der tatsächlich Führende war Gugelmin, den ich hinter mir hatte: Ich schaffte es, mich nicht von ihm überholen zu lassen, und wenn ich von einer eventuellen Gelben Flagge profitiert hätte, die ich mit Sorge erwartete, hätte ich den Abstand aufgeholt. Das Problem mit der Gelben Flagge löste ich selber. Ich holte einen großen Abstand gegenüber Bryan Herta heraus, und als er mich im Rückspiegel ankommen sah, machte er die dümmste Sache der Welt: Er machte zu, als ich gerade hineinging. Auf der Geraden zu schließen, bedeutet, den Gegner in eine Lage zu versetzen, in der es unmöglich ist, noch ein weiteres Manöver zu versuchen. Aber wenn du es bei einem Ausreißer machst und noch dazu bemerkst, dass der andere schon drinnen ist, ist der Unfall sicher: Der andere bremst zwar, aber er kann nur noch beten, dass er rechtzeitig verlangsamt, bevor er in die Kurve geht. Es interessierte Herta ganz offensichtlich nicht, dass er führte, und noch weniger interessierte es ihn, ob ich bereits überrundet war. Er wollte mich nicht vorbeilassen, sicherlich wegen alldem, was sich zwischen uns in all den Monaten aufgestaut hatte. Ich fuhr dicht an die Mauer, um den Kontakt zu vermeiden, aber ich war sehr schnell, weil ich vorgeprescht war. Ich berührte die seitliche Begrenzung, und traf dann ihn mit beiden Reifen gleichzeitig – ein Zeichen dass ich auf alle Fälle schon Rad an Rad mit ihm gefahren war –, er nahm meine Energie auf: Ich nahm die Kurve, und er raste in die Schutzreifen.

Es tat mir sehr Leid, auch wenn ich die nachfolgenden Erklärungen nicht gut verdaute. Jeder hatte doch ganz klar erkennen können, was geschehen war: Er hatte mich nicht vorbeilassen wollen, Punkt und basta. Ihm war der Unfall lieber, als sich überholen zu lassen, und die einzige ihm verbleibende Befriedigung war die, mich vor den Journalisten einen Idioten zu nennen. In diesen Chor stimmte auch De Ferran mit ein, der sagte: »Zanardi macht alles, um diese Weltmeisterschaft zu verlieren, und er könnte es sogar schaffen.« »Ich finde«, antwortete ich, »dass De Ferran, anstatt sich den Kopf über das zu zerbrechen, was ich mache, lieber versuchen sollte, etwas zu tun, um die Meisterschaft zu gewinnen.« Was das Rennen betrifft, so holte ich meinen Rückstand irgendwie wieder auf, und nachdem ich Letzter gewesen war, kam ich nach den letzten zwölf Runden noch auf einen guten vierten Platz. Ohne jene entscheidende Sekunde hätte ich Rennen und Meisterschaft gewonnen, auf einem Circuit, auf dem es angeblich unmöglich war zu überholen.

Das Fest wurde allerdings nur verschoben. In Laguna Seca, wo ich als Dritter ankam, errang ich den Titel. Das war wunderbar, auch weil Jimmy, der eine etwas schwierige Saison durchgemacht hatte, dieses Rennen gewann und der Erfolg ihn in der Klassifikation wieder beträchtlich nach vorn brachte. Das Rennen hatte damit begonnen, dass Bryan Herta aus der Pole heraus in Führung ging. Ich war als Zweiter gestartet und hatte ihn viele Runden lang im Visier, bis er Probleme mit seinen Reifen bekam. Ich versuchte ein Überholmanöver außen und war schon im Begriff, ihn zu überholen, als er mich, Rad an Rad, brutal aufs Grüne drängte. Die Rennleitung verlor keine Zeit, eine gewisse Antipathie mir gegenüber zum Ausdruck zu bringen, und gab eine Meldung heraus, die besagte: »Wir haben die Bilder ausgewertet und festgestellt, dass es ein normaler Rennkontakt gewesen ist.« Genau das Gegenteil war der Fall. Ich machte die durch den Abgang verlorene Zeit wieder gut und war Blundell, dem Zweiten, auf den Fersen, nur um erneut im Grünen zu landen. Er war aus der Box gekommen, ich kam in voller Fahrt an und versuchte ihn zu überholen, er aber machte zu, ich weiß nicht, ob mit Absicht. Tatsache ist, dass ich den Anschluss verlor und als Dritter ins Ziel kam, wobei allerdings die schnellste Runde des Rennens für mich angezeigt wurde. Dann begann das Fest, das nur von einem Unfall zwischen Jimmy und mir in der Ehrenrunde getrübt war. Unsere Freude über den Erfolg der Mannschaft war so groß, dass wir, nach der schwarz-weißkarierten Flagge, im Spaß vortäuschten, uns mit den Rädern zu touchieren. Immer näher, immer näher, und dann: bong! Wir berührten uns, und ich »parkte« Jimmy am Rand der Piste. Kaum zu beschreiben, wie die Jungs staunten, als sie mich ganz allein ankommen sahen. Und während sie mich nach meinem Teamgefährten fragten, lachte ich unter meinem Helm noch immer.

Alle waren aus dem Häuschen, das Team hatte zwei Meisterschaften hintereinander gewonnen, und es fehlte nicht viel, und Ganassi hätte mich mit seinen Umarmungen erdrückt. Morris hingegen blieb immer sehr distanziert, er ist eben ein echter Engländer. Nie hat er offen zu mir gesagt: »Das hast du toll gemacht! Einfach großartig!« Gemeinsam mit den anderen aber ließ er mich hochleben. Ich konnte in seinen Augen lesen, dass er stolz auf mich war, und er behandelte mich wie einen Sohn. Vielleicht fühlte ich mich ihm so sehr verbunden, weil ich bei ihm so etwas wie eine väterliche Zuneigung spürte. Und ich mag ihn noch immer sehr gern, auch wenn wir 2001 keine so schönen Momente erlebt haben und es sogar erregte Diskussionen gab. Er sprach nie sehr viel, aber ein Kompliment von ihm wog tausend von anderen auf. Eines Abends zum Beispiel sagte er bei Tisch: »Es gibt Fahrer, die ihre Probleme hinnehmen, und es gibt andere, die ihre Probleme lösen. Ich habe Alex in Elkhart Lake in einem schwierigen Rennen bei starkem Regen gesehen, als ihm das automatische Getriebe ausfiel. Er musste von Hand schalten, nahm den Fuß dabei vom Gas und beschleunigte sogleich wieder: Er hat sich auf einer schwierigen Piste ohne Weiteres an eine Situation wie diese angepasst, und er hat nicht eine Hundertstelsekunde dabei verloren.« Ich habe alle diese Worte genossen, denn seiner Auffassung nach hatte ich eine ungeheure Leistung vollbracht.

Ich kehrte nach Europa zurück, um meinen Triumph zu genießen. Dann traf ich zum letzten Rennen des Jahres in Fontana, Kalifornien, ein. Hier fand ich zum hundertsten Mal die Tatsache bestätigt, dass Ganassi ein Genie ist und gesegnet mit einem bemerkenswerten Glück. Ich ging beim freien Training am Freitag mit vier neuen Reifen raus und fuhr die Runde mit Vollgas und ohne Anpressdruck, um mich auf das Qualifying einzustellen. Ich kam mit rund 385 Stundenkilometern aus einer Kurve, und in demselben Augenblick, in dem Chip mir per Funk zurief: »*Yellow! Yellow!*« – »Gelbe Flagge, gelb!«, in der Hoffnung, mich zum Abbremsen zu bringen, sah ich mitten auf der Piste das Getriebe von Carpentier nebst zweier Radaufhängungen. Ich hatte zwei Möglichkeiten: nach links zu lenken mit dem Risiko, dass das Auto untersteuerte, ich den Schrott voll abbekäme und die Karosserie wie eine Sardinenbüchse geöffnet würde; oder aber nach rechts zu fahren und ihn mit der linken Seite des Autos zu treffen. Ich hätte ihn in jedem Falle erwischt: bei dieser Geschwindigkeit hast du keinen Spielraum für eine Kurskorrektur. Ich korrigierte leicht nach rechts und traf ihn mit der linken Seite meines Reynard, die förmlich »abgeschält« wurde und von der nichts übrig blieb. Außerdem krachte ich noch gegen die Mauer und schrammte circa 800 Meter an ihr entlang, wobei ein großes Loch in der

Karosserie entstand. Durch dieses Loch sah ich die Mauer. Von diesem Fahrzeug blieb, wenn überhaupt irgendwas, nur das Lenkrad heil. Mir war zum Glück nichts passiert. Ich stieg aus dem Auto und ging wie vorgeschrieben zur Ersten Hilfe, aus der sie mich zur Fortsetzung des Trainings gleich wieder entließen. Ich kehrte zurück zu den Boxen, wo ich Chip traf, der ein ernstes Gesicht machte. Ich sagte zu ihm: »Tut mir Leid.« Und er antwortete: »Kein Problem. Hauptsache, dir ist nichts passiert.«

Mit dem Reserveauto ging ich erneut auf die Piste, und fünf Minuten später platzte mitten in einer Kurve eine Ölleitung, die gegen das hintere Rad flog, so dass mich um meine Achse drehte. Ich krachte mit einer mörderischen Geschwindigkeit gegen die Mauer: Unter der Wucht des Aufpralls riss ich das Lenkrad ab. Ich verlor das Bewusstsein, und sie brachten mich auf einer Tragbahre zur Ersten Hilfe, wo ich wieder zu mir kam. Aber Steve Olvey, Arzt der F-Cart-Serie, sagte zu mir: »Alessandro, Genaueres über die wirklichen Folgen dieses Unfalls werden wir wahrscheinlich erst heute Abend wissen. Morgen früh entscheiden wir, ob du fahren kannst oder nicht.« Es stand noch ein weiteres Auto zur Verfügung, Jimmys Reservewagen. In der Zwischenzeit hatte Ganassi Arie Luyendyk angerufen: »Wenn Zanardi nicht fahren kann, dann fährt Arie.« Am Abend im Hotel erzählte ich meiner Frau fünfundzwanzig Mal denselben Witz. Daniela rief Steve Olvey an, der entschied, dass es besser sei, wenn ich nicht führe. Der Titel war schon sicher, wir mussten kein Risiko mehr eingehen. Und es fuhr Luyendyk. In der 39sten Runde dann baute er einen Unfall. Sie brachten ihn ins Krankenhaus, und nach fünf Tagen hatte er seinen Verstand wieder, das Auto konnten sie wegschmeißen. Ich ging zu Chip und sagte zu ihm: »Es tut mir Leid, in anderthalb Tagen haben wir dir drei Autos unbrauchbar gemacht.« »Macht euch keine Sorgen«, war seine Antwort, »Hauptsache, euch beiden ist nichts passiert.« Ich verstand nicht, warum er es so gelassen aufnahm. Dann kam Mike Hull und klärte mich auf: »Ganassi hat gerade erst drei Autos versichert ...« Ganassi bekam, nach Abzug der Selbstbeteiligung, eine Rückerstattung in Höhe des Preises für die neuen Chassis, für Autos, die er nicht mehr ersetzen musste, denn die Saison war zu Ende. Mehr als eine Million für drei Monopostos, die nach den Meisterschaften nur noch um die 50.000 Dollar pro Stück wert gewesen wären. Nichts Illegales, nur verdammtes Schwein gehabt – wenn mir ein solcher Ausdruck erlaubt ist. Außerdem war ihm das Chassis von Vasser geblieben, um damit die Wintertests durchzuführen. Perfekt. Jimmy wurde Zweiter auf dem Oval von Fontana und Dritter in der Weltmeisterschaft: das war sein Ziel gewesen und somit war es auch für ihn eine großartige Saison.

Diesmal gab es im Hinblick auf die Zukunft nichts zu diskutieren. Was den Vertrag betraf, so war schon alles ausgemacht. Chip merkte nur eins an: »Ich habe unsere Vereinbarung noch einmal durchgelesen, und mir ist eingefallen, dass du dir soeben die halbe Million als Prämie für den Gewinn des Titels verdient hast. Das wird dann wohl bedeuten, dass du im nächsten Jahr langsamer fährst, denn ohne diese Erfolgsprämie hast du ja jetzt keinen Ansporn mehr.« Ich musste lachen. Dann aber machte ich einen symbolischen Vorschlag: »Wenn ich noch einmal Weltmeister werde, schenkst du mir das Auto.« Er war einverstanden, und am Hauptsitz des Ganassi-Teams wartet noch immer mein Reynard-Honda darauf, von mir abgeholt zu werden. Es gibt nur ein Problem: dass ich gar nicht wüsste, wo ich ihn hinstellen sollte. Unterdessen kamen zahlreiche Angebote aus der Formel 1, und zwar noch mehr als im vorangegangenen Winter. Außer den schon gewohnten von Jordan und Prost wurden die ersten Gerüchte auch von Ferrari laut: Ich sprach mit Jean Todt, und ich muss sagen, dass er sich mir gegenüber immer sehr freundlich und liebenswürdig verhalten hat.

Aber dort, wo ich war, ging es mir gut. Ich war außerordentlich zufrieden und fand mich sehr gut bezahlt. Ganassi hatte mein Leben und meine Karriere verändert, und es war richtig, dass er einen Fahrer in seinen Diensten hatte, der für weniger fuhr als das, was seinem Marktwert entsprach. Das war das Mindeste, was ich für ihn tun konnte. Er hatte mich eingestellt, als andere mich in ihren Vorzimmern hatten warten lassen. Jetzt suchten mich alle und wollten mich, und es war ein echter Genuss zu sagen: »Nein danke.« Man lebt nicht allein von solchen Dingen, aber nach all den schwierigen Jahren, die ich durchlebt hatte, gönnte ich mir doch diese kleine Genugtuung. Mein Ziel war jetzt, noch eine weitere Meisterschaft zu gewinnen, aber es schien unerreichbar. Und schon die Aufkleber mit der Aufschrift: »*Back to back*« – »Rücken an Rücken« gaben Anlass, sehr stolz zu sein. In der Mannschaft machten wir den Scherz: »Wenn wir auch nächstes Jahr gewinnen, wird es dann nicht heißen müssen ›*back to back to back*‹?«

Das Team stand fest. Der einzige, der uns auf die Nerven ging, war Morris. Er hatte sich in Florida ein Stück Land gekauft, sich dort ein Haus gebaut und wollte dort auch leben. Er sprach mit Ganassi darüber, und aus dessen Mund hörte es sich so an: »Das erzählt er jedes Jahr wieder, er spricht von Rückzug, aber in Wahrheit will er nur eine Gehaltserhöhung.« Mir jedoch schien es ein reales Bedürfnis. Vielleicht hatte er sich nicht entschlossen, ganz aufzuhören; aber er hatte schon daran gedacht, als Technischer Direktor nur noch anlässlich von Rennen in Erscheinung zu treten. Zu guter Letzt konnte es auch wirklich so funktionieren, denn die Mannschaft kam jetzt ausgezeichnet allein zurecht, und seine Arbeit konnte er gut auch per Fax erledigen. Dennoch brauchten wir jemanden, der die Werkstatt leitete und der Buch führte über das, was in den verschiedenen Tests entwickelt wurde. Ganassi sagte: »Wir müssen einen jungen Burschen finden, der in der Lage ist, das Heft in der Hand zu halten. Ich kümmere mich um das Auto, und er lernt. Wenn die Sache dann läuft, kann er nach einem halben Jahr alles in die Hand nehmen, ich bleibe im Hintergrund, und in dem Augenblick, in dem ihr vom Weg abkommt, bringe ich euch wieder in die Spur.« Ich schlug Roberto Trevisan vor, als idealen Mann für diese Zeit des Übergangs. Auch weil er niemals in einen Wettstreit mit Morris getreten wäre, sondern die Zusammenarbeit mit ihm sogar sehr genossen hätte. Ich sprach mit Ganassi darüber, der jedoch skeptisch zu sein schien. In Wahrheit jagte es ihm immer wieder einen Schrecken ein, dass ich und Roberto, wenn wir uns in einer Paniksituation befanden, Italienisch zu sprechen begannen. »Einen Italiener kann ich ertragen, zwei nicht.« Ich und Morris beim Abendessen und beim Gespräch über Rennwagen, das ging sehr gut. Aber dass es mit mir und noch einem weiteren Italiener auch gut gehen könnte, das akzeptierte er nicht. Eines Tages sagte Tom Anderson, unter den Kandidaten sei ein Ex-Ingenieur von Ligier mit Namen Steve Clark. Er wurde eingestellt, und so obenhin fand ihn nicht besonders sympathisch. Auch weil er mit Schlümpfen bedruckte Socken trug: Er zog einfach seine Schuhe aus und legte die Füße auf den Tisch.

Mir war Morris lieber, und ich wollte nicht auf ihn verzichten. Ich wollte ihn bei mir behalten, und vor allem aus diesem Grund gab ich Steve nie eine reelle Chance. Auch hatte Clark nicht begriffen, dass Morris gerade auch dadurch sein bester Verbündeter war, dass er weniger arbeiten wollte. Vielmehr legte er ihm gegenüber ein deutliches Konkurrenzverhalten an den Tag. Er wurde gleich zu Beginn der Saison engagiert, aber da er keine Erfahrungen mit den Ovals hatte, spielte praktisch ich in den ersten beiden Rennen den Ingenieur. Beim dritten Rennen bekam er die Sache in den Griff und leistete gute Arbeit. Ich ließ Morris in dem Glauben, dass ich mit der Situation zufrieden sei: Unnütz, hinter einer Frau herzulaufen, die sich entschieden hat, dich zu verlassen, sie wird dich nur umso mehr satt bekommen. Bei Mo war dies die anzuwendende Taktik, denn er brauchte Anreize, um weiterzumachen. Ich wollte ihn in dem Glauben lassen, dass ich auch ohne ihn zurechtkam, dass sein Söhnchen es alles in allem auch alleine packte. Im Übrigen sagte ich mir, als ich den neuen Wagen in der Werkstatt sah: Diese Nummer 1 hab ich ihm auf die Nase geklebt, bei solchen Resultaten!

Kapitel 11

Das Jahr 1998 war sicherlich das schönste in meinem Leben. Da ich als Optimist geboren wurde, denke ich, dass die Zukunft mir noch viele Freuden schenken wird, aber es dürfte sehr schwierig werden, jene zwölf Monate zu überbieten. Schon in den allerersten Minuten des neuen Jahres zeugten wir unseren Sohn Niccolò: Am Morgen des 1. Januar erwachte ich mit dieser Gewissheit. Kinder zu bekommen ist gar nicht so leicht; manchen gelingt es gleich auf Anhieb, den meisten nicht. Wir hatten es schon seit einiger Zeit versucht, aber es tat sich trotzdem nichts. Ich war nicht besorgt, aber ich sehnte mich danach, Vater zu werden, seitdem Ganassi mich Ende 1996 bestätigt und dadurch in mein Leben ein wenig – nicht zuletzt auch finanzielle – Ruhe gebracht hatte, die mir bis dahin unbekannt gewesen war. Vom ersten Tag des Jahres an bedrängte ich Daniela damit, einen Schwangerschaftstest machen zu lassen. Wenn auch mit großem Feingefühl, so verlangte sie doch von mir, mich in Geduld zu üben. Erst warteten wir auf den richtigen Zeitpunkt und dann auf das Ergebnis der Untersuchung. Ich weiß nicht warum, aber ich war mir des Ergebnisses sicher, und mit dieser Sicherheit habe ich dann auch meine Frau angesteckt. Als wir auf dem Attest unter dem fraglichen Stichwort ein schönes »positiv« lasen, waren wir sehr glücklich, aber doch nicht überrascht. Ich teilte es dem Team in Phoenix mit, wo wir uns trafen, um die Fotos für die verschiedenen öffentlichen Präsentationen zu schießen. Es war ein sehr schöner Augenblick, und in Anbetracht der Tatsache, dass weder ich noch Daniela schon entschieden hatten, wie wir unser Kind nennen wollten, gab jeder Mechaniker, Techniker oder Angestellte der Mannschaft uns seinen Rat, die jedoch allesamt wenig aussichtsreich waren. Auch Ganassi kam mit einem Vorschlag: »Alex, warum nennst du ihn nicht Alex junior?« »Nun«, antwortete ich, »weil ich, ehrlich gesagt, auf eine noch etwas originellere Idee hoffe.« Und er gab zurück: »Origineller? Warum nennst du ihn dann nicht Chip?« Höflich wie ich bin sagte ich, dass ich daran auch schon gedacht hätte; ehrlich wie ich bin aber muss ich sagen, dass »Chip« als Name nie zur Debatte stand.

Was die Rennen betrifft, so hatte ich zu Saisonbeginn nicht nur das Problem mit Morris zu lösen. Es gab noch etwas Schlimmeres: die zunehmende Feindseligkeit mir gegenüber. Wenn man gewinnt, dann ist es nur normal, sich in einer solchen Situation zu befinden. Es trifft wohl zu, dass jeder Beobachter von außen, auch mit ein bisschen Neid, deine Verhaltensweisen entschieden voreingenommen erlebt. Und es ist wohl ebenso wahr, dass ein Junge wie ich in diesen Jahren im Falle des Erfolges dazu neigt, sich ein bisschen was darauf einzubilden; und auch wenn er versucht, bescheiden zu bleiben, verliert er sich von Zeit zu Zeit zu sehr in der einen oder anderen Übertreibung. Wenn ich heute darüber nachdenke, werden mir die Ursachen klar, an denen sich das Ganze hochgeschaukelt hat. Damals aber wunderte ich mich sehr über das Klima, das um mich herum entstand. Nach dem Rennen von Vancouver, jenem mit dem Unfall von Bryan Herta, wurde ich *under probation* gestellt und zu einer Geldstrafe von 15.000 Dollar verurteilt. Ich hielt das für eine Ungerechtigkeit, nicht etwa, weil ich die Bestrafung nicht verdient hätte, sondern weil sie demonstrierte, dass mir von allen Seiten mit Neid begegnet wurde. Etliche Fahrer hatten sich mehr oder weniger verdeckt gegen mich verbündet. In dieser Situation war Herta vor die Fernsehkameras gegangen, um zu sagen, dass ich ein Idiot sei. Niemand war aufgestanden und hatte ihm entgegnet: »Zanardi mag eine diskussionswürdige Fahrweise haben, aber du, der Führende des Rennens, warum hast du ihn gegen die Mauer gedrängt, als er sich schon eingefädelt hatte?« Er hätte kein Risiko eingehen müssen, ich war ja überrundet. Außerdem waren auch von anderen Fahrern immer mehr Beschwerden und Anklagen zu hören. Das ging mir auf die Nerven, und ich ließ mich zu unnützen und unfruchtbaren Erwiderungen hinreißen. Dazu kam es während der sehr erregten Briefings der Fahrer. Auch weil Wally Dallenbach, der F-Cart-Rennleiter, nicht in der Lage war, Kontrolle auszuüben oder sich zumindest Respekt zu verschaffen. So kam es dazu, dass ich mich bei manch einer Gelegenheit nicht zurückzuhalten vermochte, auch wenn ich mir vorgenommen hatte zu schweigen. Ich ließ mich in langwierige Diskussionen hineinziehen. Plötzlich ein paar Worte platzieren, die ins Schwarze trafen, das konnte ich nie so gut wie meine Frau. Das Ganze nahm schließlich nur deshalb ein Ende, weil die Meisterschaft zu Ende ging. Beim Jahresabschlussbankett 1997 ließen sich auch die üblichen Speichellecker blicken, um mir zu sagen, dass ich auch für sie der Meister sei und dass ich zu Recht gewonnen hatte. Wenn ich mich damals darüber ärgerte, so muss ich heute sagen, ich hätte eher stolz darauf sein sollen. Es war allerdings nicht ganz leicht, unter diesen Bedingungen zu arbeiten, vor allem, weil die Rennleitung total von der allgemeinen Stimmung beeinflusst war. Und ich bin sicher, dass die Entscheidung, mich *under probation* zu stellen und mich in Vancouver mit jenem Bußgeld zu belegen, ein Auswuchs dieser Stimmungslage gewesen ist. Üblicherweise werden solcherlei Maßnahmen gegenüber Fahrern dann getroffen, wenn man sie einer Sache für schuldig befindet; zumindest müsste dann aber auch der andere zur Ordnung gerufen werden, indem man zu ihm sagt: »Du solltest dir nicht mehr erlauben, ins Fernsehen zu gehen und einen deiner Kollegen einen Idioten zu nennen. Wenn du etwas zu beanstanden hast, dann leg Beschwerde ein und basta.«

Letzteres aber geschah nie. Und aufgrund einer ganzen Reihe von Aussagen, die mir zu Ohren kamen, hatte ich das sichere Gefühl, dass sich das Blatt nach diesen Vorfällen gewendet habe. Ende 1996 war Dallenbach durch einen gewissen Dennis Swan abgelöst worden. Dieser aber hatte beim dritten oder vierten Rennen der folgenden Saison an der Piste einen Herzanfall erlitten, weshalb Dallenbach provisorisch die Leitung erneut übernommen hatte, um sie dann in der Folge zu behalten. Bei dem berühmten Bankett 1996 in Detroit, als ich den Vertrag mit Ganassi auf den Servietten erneuerte, kam er zu mir, umarmte mich und sagte: »Du bist die Offenbarung des Jahres gewesen, und dein Überholmanöver in Laguna Seca war das Fantastischste, was wir in der Geschichte der Indycar-Serie jemals gesehen haben.« Ich bedankte mich sehr bei ihm und fügte hinzu: »Ich habe auch sehr viel Glück gehabt.« Er antwortete: »Ohne Glück geht es nicht im Leben, du aber warst sehr verwegen und hast ein unglaubliches Überholmanöver zustande gebracht.« Er hörte nicht auf, mich mit Komplimenten zu überhäufen, und so sagte ich zu ihm: »Es gibt da jemanden, der gefunden hat, dass es *over the line* war, dass es zu weit ging.« Als Ex-Pilot begriff er sofort, welcher der strittige Aspekt war, und beeilte sich klarzustellen: »In dieser Situation war ich nicht der Rennleiter. Aber wenn ich es gewesen wäre, hätte ich gesagt, dass du das Manöver, dessen man dich beschuldigt hat, vor diesem angeblichen Schneiden der Spur abgeschlossen hast. Du hast deine Aktion gemacht, du bist leicht von der Bahn abgekommen und hast keinen Vorteil daraus gezogen: Die Rundenzeit beweist es. Du hast niemanden aufgrund des Schneidens überholt. Du hast überholt, bist auf den Seitenstreifen geraten und hast die Bahn verlassen: Wenn Herta ein bisschen flinker gewesen wäre, hätte er dich vielleicht erneut überholt. Dieses Schneiden der Spur hat dir höchstens einen Nachteil verschafft. Wenn er clever gewesen wäre, hätte er sich neben dich gesetzt und wäre an dir vorbeigegangen. Er war jedoch schockiert von deinem Versuch, und deswegen ist es so gelaufen.« Ich bedankte mich bei ihm. Nachdem er mir so spontan gratuliert hatte, war die Geschichte erledigt.

Daher habe ich genau ein Jahr später, bei der Versammlung der Piloten vor dem Start in Laguna Seca, dem Rennen, das auf

Vancouver folgte, das Folgende wirklich nicht erwartet. Er begann: »In diesem Jahr wird kein Schneiden der Spur in der ›Korkenzieher‹-Kurve mehr toleriert. In den vergangenen Jahren sind wir sehr nachsichtig gewesen. Vor zwölf Monaten war ich noch nicht Rennleiter, diesmal aber muss jedem klar sein, dass ein solcher oder ein ähnlicher Schachzug in keinem Falle mehr geduldet werden wird. Entsprechende Maßnahmen werden ergriffen.« Entsetzt sah ich ihn an; ich konnte nicht glauben, was ich da von ihm hörte. Er hielt meinem Blick nicht stand und schaute zu Boden. Ein deutliches Zeichen, dass er sich nicht nur an alles erinnerte, was er ein Jahr zuvor zu mir gesagt hatte, sondern dass er sich sogar ein wenig schämte, seine »neue« Ansicht mit einer Emphase und Feierlichkeit vorgetragen zu haben, die in meinen Augen nur lächerlich war. Ich glaube, dass am Ende die Missgunst, die mir gegenüber entstanden war, auch in andere Bereiche eingedrungen war als nur in die Cockpits der Piloten. Ich habe nicht die Neigung, mich für ein armes Opfer zu halten, aber auf einmal kam es mir doch so vor, als kämpfte ich gegen eine Haltung, die doch sehr widerlich war. So viel innerhalb so kurzer Zeit gewonnen zu haben, als Favorit angesehen zu werden und auf den Punkt genau die Vorhersagen erfüllt zu haben, erweckte Neid. Am Anfang, als es noch nicht so gut lief, frohlockten die Gegner ein wenig. Als ich nach der ersten Hälfte des Jahres 1997 die Konkurrenz ermüdet hatte und die Meisterschaft bereits gewonnen war, bestand der einzig mögliche Schachzug in dem Versuch, das von mir Erreichte durch die Behauptung herabzuwürdigen, ich führe nicht fair und sei ein Irrer, der enorme Risiken eingehe.

Einige Fahrer waren dreist genug, diese Ansicht auch noch bis Ende 1998 zu vertreten, und diesmal wusste ich mich zu beherrschen: Ich antwortete, dass man in der Klassifikation der in der Saison gefahrenen Kilometer und der vollendeten Runden nachlesen solle. Was für ein Zufall: Wer in diesem Jahr mehr als alle erreicht hatte, war ein gewisser Alessandro Zanardi. Als Beweis dafür, dass ich meine Rennen beendete. Es ist wahr, dass ich Risiken auf mich nahm, da ich mit vollem Einsatz fuhr, aber wahrscheinlich war ich erfahren genug, sie auch einzuschätzen, denn ich habe niemals einen Fehler gemacht. Abgesehen von Mortegi, wo ich an die Mauer fuhr, beendete ich in diesem Jahr 18 von 19 Rennen. Und fünfzehn Mal unter den ersten drei, also auf dem Podium, womit ich einen Rekord aufstellte, mit dem ich die vorangegangene Bestleistung haushoch deklassierte. *»Va' mo là, Zanardi aus Castel Maggiore«* – »Na bitte, es geht doch, Zanardi aus Castel Maggiore!«, war meine Antwort an die Kritiker, die ich ansonsten gut akzeptieren konnte: Der Autorennsport ist kein Sport für zart besaitete Gemüter. Hin und wieder schießt man, begeistert und ungestüm, auch übers Ziel hinaus, und man muss Fehler zugeben und die Konsequenzen tragen können. Aber die Art und Weise der Kritik passte mir nicht, weil sie sich vor allem aus Neid nährte. Ich war froh, dass nicht alle so dachten: In einigen Briefings, die ab und zu schon ans Lächerliche grenzten, wurde ich von Jimmy Vasser verteidigt, vor allem aber von Greg Moore. Eines Tages hatte er diese Angriffe auf mich satt und wandte sich an die anderen: »Ihr könnt einem wirklich auf die Eier gehen.« Ausgerechnet er, der einer meiner größten Rivalen war und der sich immer in einem heftigen Wettstreit mit mir gesehen hat, da wir die Bühne zur gleichen Zeit betreten und um den Titel »Rookie des Jahres 1996« und den absoluten Titel in den beiden darauf folgenden Jahren gekämpft haben. Greg starb 1999 bei einem Unfall auf dem Oval von Fontana. Ich muss nicht deshalb gut von ihm sprechen, weil er nicht mehr lebt. Ich sage es, weil er einer von diesen echten Jungs war, einer, der auf der Piste keinen Millimeter nachgab, der jedoch später, auch wenn du es ihm so richtig gezeigt hattest, der Erste war, der zum Gratulieren kam. Auch wenn er dabei die Zähne zusammenbiss. Nach dem Gewinn der Meisterschaft in Laguna Seca jedenfalls schienen die Streitereien erloschen. In Wahrheit schwelten sie noch unter der Asche und warteten auf einen Funken, der sie wieder entzündete.

Das Jahr 1998 begann auf der Piste gut. In Homestead qualifizierte ich mich als Sechster, und ich hatte während des gesamten Rennens gute Aussichten auf den Sieg. Zwei Mal waren meine Mechaniker beim Pitstop dermaßen flott, dass ich Michael Andretti überflügeln konnte. Dann war er doch schneller. Vor allem aber Moore fuhr sehr schnell, zog kurz vor dem Ziel an mir vorbei und kam Seite an Seite mit Andretti ins Ziel, wobei er das Rennen nur um wenige Zentimeter verlor. Ich wurde Dritter, und in Anbetracht der Tatsache, dass wir auf einem Oval wie dem von Homestead noch nie ein Wunder hatten vollbringen können, war es ein sehr gutes Ergebnis. Dann fuhren wir nach Motegi in Japan, auf eine Rennstrecke, die Honda gehörte, die für sie allerdings wie verhext war: Sie haben viel Geld ausgegeben, um eine wunderbare Strecke zu bauen, auf der Honda selbst jedoch nie gewinnen konnte. Auch in diesem Jahr gelang es uns nicht, die negative Tradition zu brechen. Was mich betraf, so beendete ich das Rennen schon nach wenigen Runden an einer Mauer. Das gesamte Rennwochenende verlief wenig amüsant; das einzig Positive an der ganzen Reise war der Spaß beim Karaoke im Hotel.

Mit einiger Ungewissheit kamen wir nach Long Beach, zum dritten Rennen der Saison. Am ersten Tag erreichte ich beim Qualifying nicht mehr als einen ehrenwerten siebten Platz, um dann am nächsten Tag mit dem neuen Ingenieur auf den zwölften Platz zurückzufallen, weil er es nicht schaffte, das Problem zu lösen. Ich erinnere mich, dass ich die ganze Nacht darüber nachdachte, wie das Auto abzustimmen war. Am nächsten Tag sprach ich lange mit Steve und überzeugte ihn davon, dass das Set-up durch einige recht mutige Entscheidungen modifiziert werden musste. Im Gegensatz zu den meisten anderen Piloten war mir die Übersteuerung immer lieber als die Untersteuerung. In dieser Situation erreichten wir zusammen mit anderen kleineren Veränderungen eine bemerkenswerte Verbesserung, indem wir den hinteren Torsionsstabilisator befestigten und auf den vorderen verzichteten. Wir machten genau das Gegenteil dessen, was normalerweise gemacht wird. Häufig fährt man ohne den hinteren

Stabilisator, um den Rädern Triebkraft zu geben; auf den vorderen aber wird fast nie verzichtet, denn er dient dazu, dem Auto Stabilität zu verleihen. Das Problem, das ich zu beheben versuchte, war eine chronische Untersteuerung, seit jeher mein größter Schwachpunkt. Ohne mich mit jemandem vergleichen zu wollen, der ohne Zweifel mehr sportliche Erfolge errungen hat als der Verfasser dieses Buches, so ähnelt mein Fahrstil aber wohl doch dem von Schumacher; von ihm habe ich eine bestimmte Fahrtechnik gelernt und selbst überprüft habe, als ich Testfahrer bei Benetton war. Mit einem Hauch von Übersteuerung und einem sehr flach eingestellten Frontflügel ist das Auto schwieriger zu fahren, aber es ist schneller. Daher stellte ich es in dieser besonderen Weise ein und befand mich dabei in scharfem Gegensatz zu Morris, der beim Rennen eher als Supervisor denn als an den Details interessierter Techniker zugegen war, die Karte mit dem Set-up in die Hand nahm und, nachdem er ein paar Mal die Augen aufgerissen hatte, wegging und knurrte: »*Well, pineapple, good luck.*« – »Nun gut, Dickschädel, viel Glück!« Auf seinen spöttisch-misstrauischen Tonfall antwortete ich mit einem der schönsten und spektakulärsten Rennen meines Lebens.

Nach einem unschlüssigen Start und nachdem ich abwartete, wie das Rennen sich entwickeln würde, setzte Tracy sich vor mich, der dann auch Fittipaldi zu überholen versuchte, mit dem Ergebnis, dass er ihn berührte und beide ausschieden. Unmittelbar danach gab es noch eine Massenkarambolage in der kleinen Spitzkehre. Ich war blockiert zwischen Bobby Rahal und einem anderen Fahrer, mit laufendem Motor und in der Erwartung, dass die Strecke wieder freigegeben werde, als Pruett außen ankam und mir buchstäblich die Nase abfuhr. Mit seinem rechten Hinterrad traf er meine linke Frontseite und beschädigte meine Aufhängung, indem er ein »U« in die Spurstange machte. Als das Rennen wieder freigegeben wurde, hatte ich nichts anderes zu tun, als gleich an die Boxen zu gehen. Während ich mich näherte, sagte Chip über Funk: »Bring ihn rein, wir werfen einen Blick drauf.«

Während ich noch mit 70 Stundenkilometern auf dem Weg an die Boxen war, schlug ich Rob, meinem Chefmechaniker, vor: »Versuch, die Spurstange mit den Händen wieder grade zu bekommen, ich glaube, der Rest der Aufhängung ist in Ordnung.« Und er, der sich mit der Hebelwirkung seiner Beine gegen die Aufhängung stemmte, begann die Spurstange mit der bloßen Kraft seiner Hände wieder zu richten. Schließlich schaffte Rob es. Ich fuhr wieder raus, auch wenn ich unter den Letzten war, überrundet und ohne große Aussichten. Wir entschlossen uns jedoch, die Runde aufzuholen und wenigstens den einen oder anderen Punkt nach Hause zu bringen. Aufgrund des erzwungenen Boxenstopps hatte ich ein paar Gallonen Benzin mehr im Tank: Während die Spurstange gerichtet wurde, hatten sie mich betankt, und das erlaubte uns, im Falle einer Gelben Flagge, draußen zu bleiben und die Runde zurückzuholen. Natürlich hätte ich dann nach den anderen anhalten müssen. Schon nach wenigen Runden kam die Gelbe Flagge, und alle gingen an die Boxen; nur ich blieb draußen, fuhr allerdings zu diesem Zeitpunkt bereits mit dem letzten Tropfen Benzin.

Ich fuhr nur noch mit den Dämpfen des Benzins, als eine weitere Neutralisierung erfolgte. Nun fährt man nicht sofort an die Box, denn der Führende fährt noch mit Vollgas und hat die Geschwindigkeit, dich zu überrunden. Man muss abwarten, bis das Feld hinter dem Pace-Car in sehr langsamer Fahrt wieder dichter zusammenrückt. Jetzt kann man den Stopp machen und wertvolle Zeit gewinnen. Gerade in diesem Moment aber hatten sie, aus irgendwelchen seltsamen Sicherheitserwägungen heraus, die Boxengasse geschlossen. Um mich keiner Bestrafung auszusetzen, musste ich die Grüne Flagge abwarten, bevor ich hineinfahren konnte. Schließlich fuhr ich zum letzten Tanken, und als ich wieder aus den Boxen fuhr, hatte den führenden De Ferran unmittelbar hinter mir. Ich fuhr zwei Runden, in denen ich mich bis an die Grenzen des vom Reglement Erlaubten verteidigte, um ihn nicht vorbeizulassen: In Europa wäre dies ein Verhalten, das zum sofortigen Entzug der Lizenz führen würde, aber in jener Art von Rennen ist es erlaubt und wird allein durch das Resultat gerechtfertigt. Ich dachte: »Er hat jetzt etwas zu verlieren, er ist sehr vorsichtig beim Überrunden. Ich muss versuchen, Vollgas zu fahren und vor allem aufzuholen, wo es ausschlaggebend sein kann.« Verzweifelt gab ich Gas, und ich hatte Glück, denn praktisch brauchte ich – nach der bisherigen Abfolge meiner Betankungen – nicht mehr anzuhalten. Alle anderen hätten, wenn das Rennen bis zum Ende ohne Unfälle weitergegangen wäre, sehr wohl noch zu einem schnellen *splash & go* anhalten müssen, verbunden mit einem Zeitverlust von etwa 15 bis 20 Sekunden. Und genauso lief es, ich hatte mich bis auf den zehnten Platz vorgearbeitet, und sie fuhren nach und nach an die Boxen, um sich die zwei, drei Gallonen zu holen, die sie brauchten, um das Rennen beenden zu können. Ich war Fünfter, und es waren noch fünf Runden zu fahren. In den ersten beiden überholte ich Pruett und Fernandez: Ich war Dritter hinter Franchitti und Herta. Mich hinter Franchitti zu setzen, war recht leicht: Er hatte beide Rückspiegel verloren, so dass er nicht sehen konnte, wie ich in seinen Windschatten fuhr. Auf einmal geschah etwas, das mich aufwühlte. Meine ganze Selbstbeherrschung, die ich im Laufe der Jahre erworben hatte, war gefordert, um mich nicht von Emotion hinreißen zu lassen und eine Dummheit zu begehen. Das sehr zahlreich erschienene Publikum, mehr als 100.000 Zuschauer, spornte mich so sehr an, dass ich auf dem langsamsten Streckenabschnitt ihre Zurufe hören konnte. Außenstehende mögen das für normal halten, aber ich garantiere, dass es das nicht ist. Der Motor im Rücken des Fahrers verursacht ein unglaubliches Dröhnen, gegen das sich der Fahrer mit eigens dafür vorgesehenen Ohrstöpseln, in welche die Mikrolautsprecher des Funkgeräts eingebettet sind, schützen muss. Nun, obgleich sie ihre Unterstützung auf die verschiedenen Fahrer verteilten, wollten die anwesenden Fans nur eines: dass ich meine Beute zu packen bekam. Es existierte kein Pass, keine Nationalität, keine Mannschaftszugehörigkeit mehr, die die Hoffnung der Leute auf einen anderen Ausgang des Rennens hätte lenken können. Ich kehrte, nachdem alle mich schon aufgegeben hatten, zurück. Sogar Bryan Herta räumte später in der Pressekonferenz ein, dass sie ihm zu einem bestimmten Zeitpunkt des Rennens aus seiner Box die Information gegeben hätten: *»Zanardi out!«* – »Zanardi ist raus!« Ich hatte mich der letzten meiner Gegner entledigt wie in einem Videospiel, und fast so, als habe ein heimlicher Regisseur alles vorausgeplant, waren nur noch wir beide übrig – Bryan Herta und ich –, um das Rennen in den noch verbliebenen drei Runden unter uns auszumachen. Auf der folgenden Geraden bereite ich mich in seinem Rücken vor, wenn auch noch recht weit hinter ihm. Als er jedoch in die Rückspiegel schaute, sah er Rot in jeder Hinsicht: Da er am Ende der Geraden angekommen und ich absolut nicht mehr dazu in der Lage war, ein Überholmanöver zu versuchen, legte er den Ausreißer innen an, als ob er jemandem die Tür zumachen müsse, der gar nicht da war. »Er weiß, dass ich da bin«, dachte ich. Da er nun zu jeder Kurve sehr defensiv ansetzte, verlor er Zeit, so dass ich im Nu an ihm dran war. In der folgenden Runde, der vorletzten des gesamten Rennens, konnte ich am Ende der Hauptgeraden eventuell ein Überholmanöver versuchen. Aber dies wäre der nahe liegende Schachzug gewesen, und so machte ich ihn nicht. Zu jener Zeit war die Konkurrenz zwischen uns offenbar auf ihrem Gipfel, und ich spürte, dass Bryan mir um keinen Preis erlaubt hätte, ihn zu überholen, eher wären wir beide draußen gelandet. Er verschloss jeden möglichen Weg, ich fingierte einen Versuch, aber tatsächlich bereitete ich mich darauf vor, die folgende Kurve bestmöglich in Angriff zu nehmen und meine Aktion dort zu machen, wo er sie am wenigsten erwartete. Der Druck, den ich in der Schikane spürte, beunruhigte mich. Ich fuhr die Ideallinie, um mein Auto so früh wie möglich zum Ausgang hin ausrichten und schon sehr früh wieder beschleunigen zu können. In dem Augenblick, als er sich breit machte, um die folgende Kurve anzulegen, war ich schon sehr nah und schoss innen hinein. Das Ganze geschah in einer Kurve, in der du normalerweise nicht zu überholen versuchst, in der jedoch das Überholmanöver, wenn es entsprechend vorbereitet ist, machbar wird. Er war dermaßen überrascht, als er mein Auto an seiner Seite sah, dass er erstarrte und beinahe stehen geblieben wäre, so dass es auch Franchitti noch gelang, ihn zu überholen.

Ich gewann. Und moralisch war es eine immense Genugtuung. Allen Kritikern zum Trotz, die mich als Fahrer beschrieben, der nur aus Herz bestand, ohne Hirn, und auch jenen meiner Kollegen, die ihren Beobachtungen nach dem Rennen solcherart Kommentare folgen ließen: »Der vierte Platz ist ein gutes Ergebnis ... Heute hatte ich nicht das richtige Auto zum Sieg ... Die Strecke erlaubte kein Überholmanöver ... Mein Gegner ist in unkorrekter Weise gefahren ... Meine Großmutter war erkältet ...« Und wer Spaß dran hatte, legte noch einen drauf. – Das größte Vergnügen jedoch bestand, wie ich es ja schon bei anderen Gelegenheiten erfahren hatte, darin, das Rennen durch die Reaktionen derer noch einmal zu erleben, die mir nahe standen, und ihren Erzählungen zu lauschen. Wir hatten eine Videokamera an der Fahnenstange der Box angebracht, um die Pitstops aufzunehmen und herauszufinden, wo wir noch etwas verbessern konnten. Schließlich habe ich mir die Kassette besorgt, um die Reaktion meiner Jungs zu sehen, als ich Bryan Herta überholte, eine Szene, die sie später auch im Fernsehen ausstrahlten. Es war eine enormes Gefühl der Befriedigung, die Jungs sich umarmen und sie jubeln zu sehen wie die Verrückten. Ganassi, der nach dem Rennen aussah wie eine Figur aus einem Zeichentrickfilm, sprang umher und war nicht mehr in der Lage, sich ruhig zu verhalten. In dieser Gemeinschaft haben wir Emotionen durchlebt, die mit nichts anderem zu vergleichen sind. Die gewonnenen Meisterschaften haben hiermit wenig zu tun, es sind diese unmöglichen, die absurden und gerade hierdurch spektakulären Rennen, die einem für immer in Erinnerung bleiben. In dieser Weise in Long Beach zu gewinnen, ist wirklich einmalig. Es mag zynisch erscheinen, ich weiß, weil mir niemand mehr meine Beine zurückgeben kann: Aber alle diese Emotionen waren der-

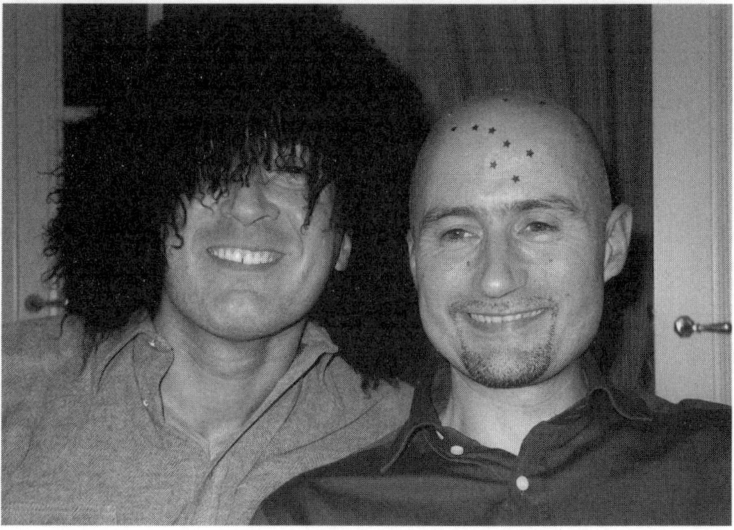

Gegenwind ohne Angst. Niccolò rechts mit seinen kleinen Cousins, Francesco (links) und Nicola.

Silvester mit Filippo und dem Titan, mit einer gelungenen Selbstimitation.

Sinnbild der Saison im Williams: stehend mit Motorschaden.

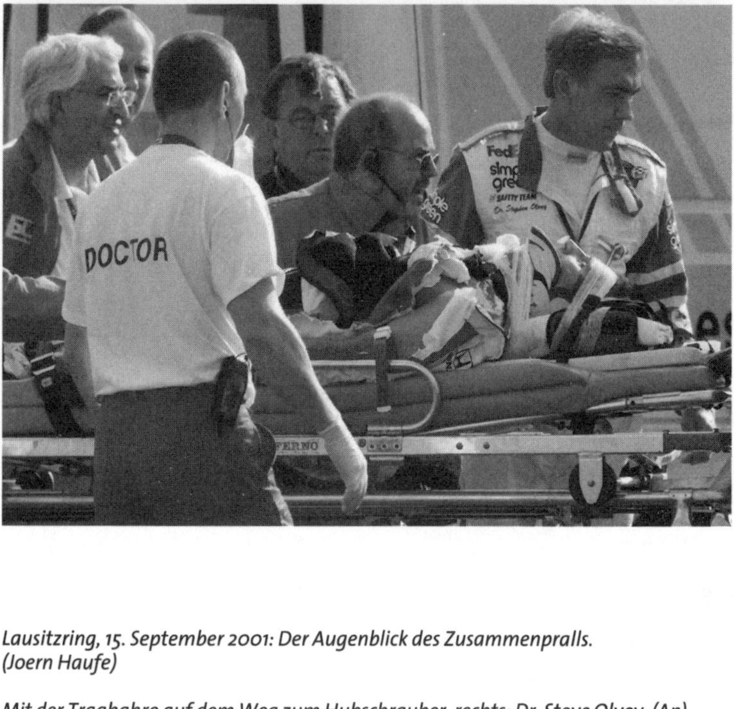

Lausitzring, 15. September 2001: Der Augenblick des Zusammenpralls. (Joern Haufe)

Mit der Tragbahre auf dem Weg zum Hubschrauber, rechts: Dr. Steve Olvey. (Ap)

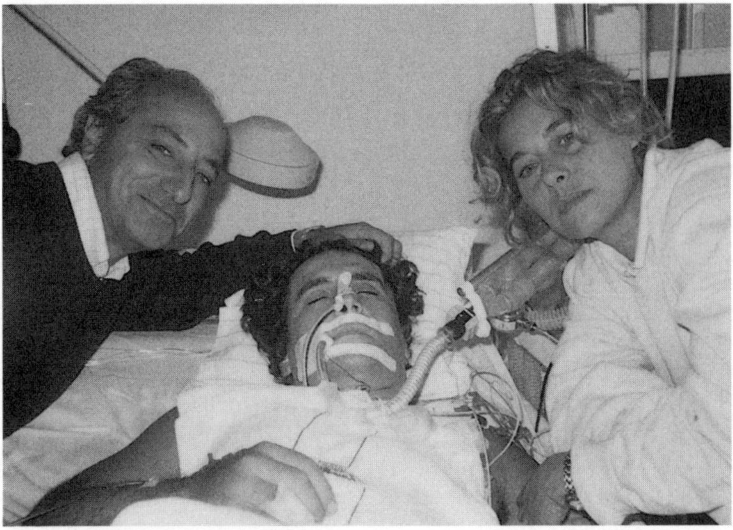

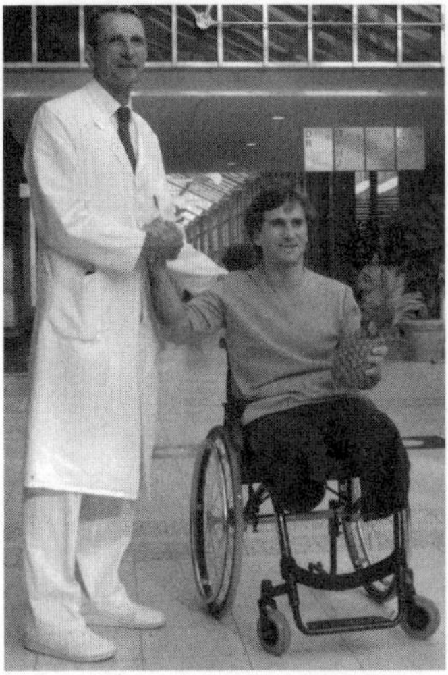

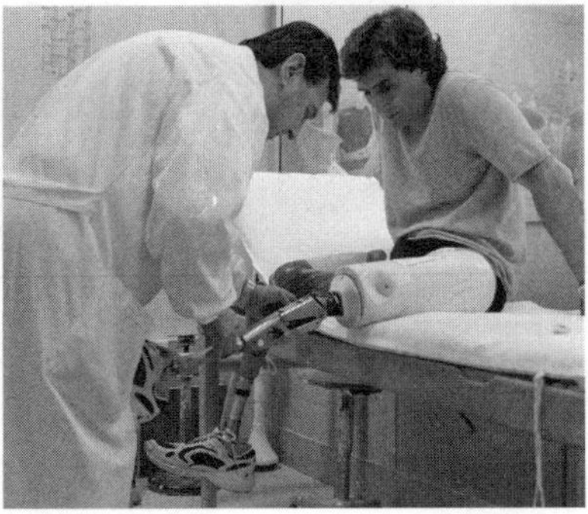

Auf der Intensivstation in Berlin zwischen Sandro und Daniela.

Rückkehr nach Hause: Professor Schaffartzik verabschiedet sich von mir und meiner Ananas. (Ap)

Franco Ferri bei der Justierung meiner Prothesen. (Kluetmeier)

maßen gewaltig, dass sie auch das wert sind, was mir in Deutschland widerfahren ist. Ich schöpfe immer noch viel Freude aus ihnen. Es hat später noch andere Ereignisse gegeben, die zum Besten gehören, was ich je erlebt habe: die Geburt meines Sohnes zum Beispiel und vor allem, ihn täglich heranwachsen zu sehen. Aber das ist etwas anderes. Jene Emotionen waren unvorhergesehene Erschütterungen, die plötzlich über mich hereinbrachen: Eine halbe Stunde vorher noch glaubte ich, alles verloren zu haben, eine halbe Stunde später war ich ein Held. Die Amerikaner, die ihren Nationalfarben und ihrem Vaterland sehr verbunden sind, stachelten in diesen Schlussrunden einen Piloten nur an, damit er den anderen überholte. Dann war nicht mehr der US-Amerikaner Bryan Herta an der Spitze und der Italiener Zanardi direkt hinter ihm, dann ging es um ein Publikum, das bis zum Ende einem Schauspiel beiwohnen und die Erfüllung eines Traumes sehen wollte. Und es ist nur gerecht, dass der, der traumhaft fährt, ein solches Rennen auch gewinnt.

Wie auch immer, wenn in dieser Zeit der Treibstoff für die Angriffe auf mich der Neid gewesen ist, dann wurde in Long Beach voll getankt. Von allen Seiten wurde ich angegriffen. Sogar von Scott Pruett, der, als wir wegen des Unfalls an der Spitzkehre hielten, den ersten Gang eingelegt hatte und mir über die Radaufhängung gefahren war. Natürlich beklagte sich De Ferran über die Tatsache, dass ich ihn, als ich vor ihm aus den Boxen gefahren war, nicht sofort vorbeigelassen und mich von ihm nicht hatte überrunden lassen. Ich konnte das nicht glauben: Ich hatte bei einer Meisterschaft ständig in Führung gelegen, und eine Menge Leute ließ sich nicht von mir überrunden, und niemand half mir, mit ihnen fertig zu werden. Ich rettete meine Haut dadurch, dass ich 1998 nicht mehr ganz so unerfahren war. Ich hatte schon einen Titel in der Tasche und die Nummer 1 auf dem Auto. Ich lachte über die Situation und vergnügte mich mit meinen *donuts*, den Pirouetten mit qualmenden Reifen, die ich gleich nach dem Überqueren der Ziellinie inszenierte. Um zu feiern: Denn ich hatte Lust, alle

Emotionen abzureagieren, die ich während des Rennens in mir aufzustauen gezwungen gewesen war. Nachdem die schwarz-weiß-karierte Flagge geschwenkt worden war, konnte ich mich endlich gehen lassen.

Long Beach rückte die Dinge wieder ein wenig zurecht, auch in der Klassifikation. Und gleich danach kam Nazareth, das berühmte Rennen, das die Wende auf den kurzen Ovals brachte. Ich gewann nicht, ich wurde Zweiter hinter Vasser, aber es war eine große Freude. Jimmy hatte sogar Glück, denn bei einem Pitstop würgte er den Motor ab, und war gezwungen, seine Strategie zu ändern: mehr Benzin mitzunehmen, um dann später als die anderen erneut zu tanken. Aber im letzten Teil des Rennens kamen immer wieder Gelbe Flaggen, und am Ende hatte Gugelmin einen besonders schweren Unfall: Sie brauchten so lange zum Säubern der Piste, dass das Zeichen zum erneuten Start erst zwei Runden vor dem Ende gegeben wurde. Und mein Teamgefährte hatte in dieser äußerst langen Gelbphase so viel eingespart, wie er brauchte, um das Rennen ohne weiteren Pitstops zu beenden. Ich hatte zwar nicht gewinnen können, aber ich war glücklich über den Moment, in dem wir unsere Fehler auf den kurzen Ovals erkannt hatten. Es war eine Frage des Set-ups, auch der Feinabstimmung von Details wie zum Beispiel dem Reifendruck. In Kurve 3 hatte ich ein hervorragendes Auto, ich überholte sie alle: Sie kamen in Untersteuerung aus der Kurve, ich zog durch, gab Vollgas und überholte sie innen am Kurvenausgang. Diesen Monoposto zu fahren, war das reinste Vergnügen. Wir brachten einen Doppelerfolg genau von dort mit nach Hause, wo wir in den beiden vorangegangen Jahren besonders schwach gewesen waren. Das Ruder herumzureißen, bestärkte auf dramatische Weise unseren Teamgeist.

Auch in Rio de Janeiro wurde ich Zweiter, aber diesmal war ich ganz und gar nicht zufrieden. Ich hatte das Rennen dominiert und war im Begriff, es in aller Ruhe zu gewinnen, als wenige Runden vor Schluss eine Gelbe Flagge kam, die es Greg Moore erlaubte heranzukommen. Beim erneuten Start fuhr ich wieder davon, bis ich mich hinter Arnd Mayer wiederfand, einem Deutschen, der nicht wusste, wo er hinfahren sollte: Zuerst ging er die Kurve breit an, dann machte er zu, und mitten in der Kurve bemerkte er, dass er störte, und entschloss sich in einem Anfall von Güte, schlagartig den Fuß vom Gas zu nehmen. Ihm war nicht bewusst, dass man auf einer Piste wie der von Rio außen nicht vorbeikommt, weil die Kurven zu eng sind. Ich machte mich ein wenig breiter, schaffte es aber nicht, mich vor ihn zu setzen, und natürlich ging Greg auf der folgenden Geraden in meinen Windschatten. Wir bremsten ab, er machte einen unmöglichen Ausreißer nach außen – der Mut dazu fehlte ihm nicht –, dann kam er plötzlich nach unten, wobei er die Ideallinie suchte. Um der Berührung auszuweichen, machte ich mich breit, es gelang ihm, sich einen Vorsprung zu verschaffen, den ich, da nur noch zwei Runden zu fahren waren, unmöglich aufholen konnte. Das bekam mir gar nicht gut: Rio war eine Piste, die mir recht gut gefiel, und ich hätte dort wenigstens ein einziges Mal gewinnen wollen. Das hatte ich 1996 infolge der falschen Taktik des Teams schon einmal verpasst, und 1997 waren wir nicht schnell genug. Diesmal schnappte Greg mir den Sieg weg. Wenn ich daran zurückdenke, macht es mich allerdings auch glücklich, ihm diesen Erfolg überlassen zu haben. In jenem Augenblick aber fühlte ich mich des Sieges in einem Rennen beraubt, das ich bestimmt hatte. Außerdem baute Moore mit diesem Erfolg seinen Vorsprung in der Meisterschaft aus: In Homestead war er Zweiter geworden, er hatte Punkte in Motegi, Long Beach und Nazareth geholt, und jetzt hatte er in Rio gewonnen. Mit einem Überholmanöver gegen »den« Zanardi. Und das setzte mir zu.

Die Entscheidung in der Meisterschaft rückte näher, und es schien, als sei Greg mein gefährlichster Rivale. Wo ich Punkte gewann, gewann auch er welche; wo ich siegte, da kam auch er aufs Podium; und wo ich aufs Podium kam, da siegte er. Aber es war ein loyaler und ehrenhafter Kampf. Zwischen Greg und mir hat immer ein sehr großer Respekt bestanden, den er mir auch am Ende jenes Jahres im Haus von Jimmy Vasser bewies, in Las Vegas. Wir hatten häufiger Werbeverpflichtungen in Nevada City, organisiert von Firestone oder Honda. Und wir waren alle in Jimmys Haus zu Gast. Eines Abends, als die Saison abgeschlossen war, trafen wir uns dort mit etwa zwanzig Personen, von denen wenigstens sieben oder acht Piloten waren. Jimmy besaß einen schönen großen Billardtisch, und ich hatte, nur so zum Spaß, allen die Regeln des »Boule alla bolognese« erklärt. Greg forderte mich sofort heraus. Er verlor alle Partien; bei der fünften oder sechsten (wir hatten beide schon zu gleichen Teilen ein paar Margaritas intus) wurde er wütend, und ich sagte zu ihm: »Greg, mach dich nicht lächerlich, lass uns wieder rausgehen, sie warten auf uns.« Er wollte nichts davon wissen: »Gib mir eine neue Chance, diesmal zeig ich's dir!« Dann machte er eine Pause und schaute mir direkt in die Augen. Er wusste, dass ich 1999 in der Formel 1 mit Williams fahren würde, und fügte einen Satz hinzu, der etwas Bedrohliches hatte und zugleich eine tiefe Zuneigung zu mir erkennen ließ: »Ausgerechnet jetzt musst du weggehen. Nächstes Jahr hätte ich dich gekriegt, da bin ich sicher. Jedenfalls will ich dir, da du jetzt weggehst, sagen: Du bist einer der schnellsten Bastarde, die ich jemals kennen gelernt habe, und ich bin stolz, dass ich dich so manches Mal geschlagen habe.« Er machte mir mit diesem Satz eine enorme Freude, denn er war ein Kämpfer, er war einer, der seine Schachzüge überall versuchte, und auf den Ovals war er besonders stark.

Auf Brasilien folgte St. Louis. Während des Trainings regnete es. Wir konnten das Qualifying nicht austragen und mussten in der Reihenfolge der Meisterschaftsklassifikation starten. Zu einem bestimmten Zeitpunkt des Rennens war ich Dritter, wir fuhren alle zum Tanken an die Boxen, meine Mechaniker zauberten, und schickten mich als Ersten wieder raus. Genau vor Michael Andretti, dem König der Ovals und vor allem der Ovals dieses Typs. Den Sohn von Mario führte Morris unablässig an, wenn er einen

Vergleich suchte: »Weil Michael die Reifen auf diese Weise warm fährt, weil Michael das Auto so und so fährt, weil Michael diese besondere Art und Weise hat, den Monoposto abzustimmen.« Kurzum, Mo verehrte Andretti aufrichtig. Daher schaltete etwas in meinem Kopf: Ich hatte den starken Wunsch zu gewinnen, der dich normalerweise behindert, weil du nicht mehr klar denken kannst. Hier jedoch verhalf er mir zu noch größerer Entschlossenheit. Auch wenn das, was in Wahrheit zählte, ein sehr gut eingestelltes Auto war und die volle Aufmerksamkeit für das, was ich tat, so gaben doch die Lust und der Stolz, vor Michael zu bleiben, einen entscheidenden Impuls. Er überholte mich, dann gab es einigen Verkehr, wir lagen beim letzten, entscheidenden Boxenstopp sehr dicht beieinander, und wieder vollbrachten meine Jungs ein Wunder. Dies führte dazu, dass ein Fernsehteam, das im Boxenbereich platziert war, sie interviewte. *»He's not gonna give up his time!«* – »Diesmal wird er sich nicht geschlagen geben«, sagten meine Mechaniker im Chor. Im Rückblick scheint es mir, als hätte ich wirklich ihre Stimmen gehört. Nach dem Boxenstopp hielt ich Michael fünf Runden lang hinter mir, aber es waren noch immer zwanzig Runden zu fahren, und alle waren davon überzeugt, dass er mich überholen würde. Stattdessen aber senkte ich den Kopf und versuchte so zu fahren, wie es theoretisch leicht möglich scheint, in der Praxis aber sehr schwierig ist. Beim Fahren im Oval darfst du nichts von dir selber einbringen; du musst dem Auto erlauben, 99 Prozent der Arbeit zu machen, dir selber steht nur ein Prozent zu. In St. Louis erlaubte ich mir, die Zügel in die Hand zu nehmen, und ich versuchte, das Auto wirklich bis an seine Grenzen zu bringen. Ich schaffte es, denn es gelang mir, Runde um Runde Michael zuerst eineinhalb Meter abzunehmen, dann vier, dann zehn, dann fünfzehn, dann zwanzig Meter, und zum Schluss hatte ich eineinhalb Sekunden zwischen uns gebracht. Es war eine enorme Befriedigung. In St. Louis zu gewinnen bedeutete, unter jeder Bedingung gewinnen zu können. Ich war Erster auf den Stadtkursen und auf den Straßenpisten gewesen, in Long

Beach, auf den Superspeedways, und ich hatte bewiesen, dass ich es auch auf den kürzeren Ovals konnte. Vor allem aber hatte ich auf einem klassischen amerikanischen Oval wie dem von St. Louis triumphiert. Viele Leute hatten mit offenen Mündern zugesehen, denn alle hatten erwartet, dass Michael in den letzten zwanzig Runden mich und mein Auto einkassieren würde.

Milwaukee, auch ein kurzes Oval, brachte uns wieder auf den Boden zurück. Es lief gar nicht so gut, auch wenn wir, alles in allem, besser abschnitten als in den Jahren zuvor, zumindest im Qualifying. Jimmy war für mich während des gesamten Wochenendes uneinholbar. Ich hatte versucht, das Auto genau so zu präparieren wie seines, aber er fuhr schneller. Punktum. Um im Rennen das Tempo der anderen zu halten, verbrauchte ich sogar mehr Benzin. Im Finale eröffnete ich ein Duell mit Al Unser junior um einen Podiumsplatz, bis Ganassi mich nur zwei Runden vor der schwarz-weiß-karierten Flagge zum Tanken an die Box rief, da ich es seiner Auffassung nach sonst nicht geschafft hätte, das Rennen zu Ende zu fahren. Ich war stinksauer: Hätten sie einen besseren Blick bewiesen, hätte ich Al Unser schlagen können, und wenigstens einen vierten Platz nach Hause gebracht – im Hinblick auf die Meisterschaft immer noch besser als der achte, den ich erreichte. Und doch war es ein positives Wochenende: Jimmy gewann, und das ließ ihn in der Gesamtwertung wieder ein wenig nach oben steigen.

In Detroit verpasste ich die Pole nur knapp – Greg gewann sie –, aber ich hatte eine ganze Reihe schneller Runden zusammengebracht, und das Auto war in Ordnung. Im Qualifying lagen wir hinten. Morris tauschte mir die beiden vorderen Stoßdämpfer aus und arbeitete bis tief in die Nacht daran. Trotzdem war er noch nicht überzeugt. Am Tag des Rennens ging ich ins Warm-up, und in der dritten Runde setzte ich den Wagen gegen die Wand. Morris, der noch vom Vortag ein wenig besorgt war, sagte zur mir: »Etwas mit dem Auto stimmt nicht, es ist nicht normal, dass es so scheppert.« Ich antwortete: »Morris, entschuldige, ich bin schlecht aufgestanden, aber der Wagen ist in Ordnung: Heute gewinnen wir.« Er bewahrte sich seinen Zweifel, er wollte etwas verändern, aber ich ließ ihn nicht: »Mo, glaub mir, das Auto ist in Ordnung! Kein Problem!« Am Start fand ich meine Konzentration wieder: In den ersten 25 Runden trieb ich buchstäblich mein Spiel mit Greg, der ein immer größeres Problem damit hatte, auf der Strecke zu bleiben. Sein Auto übersteuerte entschieden, was ihm die hinteren Reifen ruinierte. Ich versuchte nicht einmal mehr, ihn zu überholen, ich dachte nur daran, später als er anzuhalten, was ich dann auch erreichte. Er ging in der 26sten Runde an die Boxen, ich hatte freie Bahn, und drei Runden in Folge fuhr ich Streckenrekord. Als ich nach dem Boxenstopp wieder rausfuhr, hatte ich neun Sekunden Vorsprung. Es war ein wirklich leichtes Rennen. Noch dazu wurde Greg, der zu diesem Zeitpunkt in der Meisterschaft mein Hauptgegner war, von anderen Fahrern überholt und kam schließlich als Fünfter ins Ziel. Dort zelebrierte ich einmal mehr meine Kringel, die *donuts:* Sie gelangen mir so gut, dass das Auto perfekt über die vordere Achse rotierte. So perfekt, dass das äußere Rad sich vorwärts und das innere sich rückwärts drehte. Die Zuschauer waren völlig aus dem Häuschen.

Von Detroit ging es nach Portland. Im Training hatte ich ein Problem, ich war mit dem Auto nicht sehr glücklich. Aber ich qualifizierte mich als Fünfter, während Jimmy Vierter wurde. Am Start kam ich nicht gut weg, bei einem Ausreißer in der ersten Kurve hatte ich die innere, er die äußere Spur, und wir befanden uns nebeneinander in voller Fahrt. Er hielt auf geradezu göttliche Weise die äußere Spur, so dass er in der nächsten Kurve innen war und folglich in der besseren Position. Aber er hatte Bryan Herta vor sich, und was mich betraf, so gab ich auf der Außenspur Vollgas: Ich machte mich im gesamten Verlauf der Kehre breit und überholte ihn am Kurvenausgang. Nach dem Rennen sagte er zu mir: »Du Bastard, ich dachte, ich hätte dich ausgetrickst, und dabei hast du dich revanchiert ...« Wir mochten uns wirklich gern, während eines Rennens aber war er für mich wie alle anderen.

Wenn er das Visier öffnete, wurde er wieder zu Jimmy, meinem Teamgefährten, und so ging es ihm auch mit mir. Unterdessen war Ganassi in dieser ersten Runde einem Herzinfarkt nahe ... Nachdem ich Vasser hinter mir hatte, machte ich mich an die Verfolgung von Scott Pruett, der ein bisschen blockierte, was dem führenden Bryan Herta erlaubte davon zu fahren. Bei der ersten Gelben Flagge jedoch entschied sich sein Team für eine völlig falsche Strategie: Sie ließen ihn draußen, während alle anderen anhielten, um zu tanken. Er war noch immer Erster, aber mit halbleerem Tank. Beim Neustart ergriff er die Flucht nach vorn, um zwischen sich und die direkten Verfolger so viel Distanz wie möglich zu bringen und den Zeitverlust durch das Tanken vorsorglich zu begrenzen; nach dem Boxenstopp aber war er so gut wie aus dem Spiel. Franchitti war jetzt Erster, gefolgt von Pruett und mir. Pruett ging das Benzin aus, und er musste an die Boxen; ich, der ich den Verbrauch ganz gut eingeteilt hatte, schaffte eine Runde mehr. Ich gab Gas, was das Zeug hielt, und bei meinem Pitstop lag ich vor Pruett. Ich war Zweiter und hätte den Sieg mit Franchitti ausmachen müssen, der an diesem Tag, ehrlich gesagt, stärker schien als ich. Bisweilen aber bekommst du im Leben genau das, was du willst. Wie oft hatte ich PJ Jones in diesen beiden Jahren schon ein Ding verpassen wollen! Nun, Jones tat mir einen Riesengefallen, denn er brachte es verrückterweise fertig, Franchitti auszuschalten, indem er den Führenden des Rennens von der Bahn schickte: Er »parkte« Dario gegen die Wand, und ich sagte Danke zu PJ, denn ich errang dadurch in einem Rennen den Sieg, den ich nicht so sehr verdient hatte wie manch anderen. Der jedoch, was die Meisterschaft betraf, genauso gewertet wurde wie die anderen und mir sehr gelegen kam. Ich schien unaufhaltsam, und es kam »mein« Cleveland.

In Cleveland wollte ich mit aller Macht die Pole, die ich bis zu diesem Zeitpunkt dort noch nicht errungen hatte. Im freien Training am Freitag schnitt ich etwa acht Zehntel besser ab als Franchitti, mein dichtester Verfolger. Nach dem Qualifying schaute ich mir die Klassifikation an und sah, dass Jimmy Sechzehnter war. »Ich bin ganz schön in der Klemme«, sagte er zu mir. »Mein Auto fährt gut«, antwortete ich ihm, »richte deines genauso ein wie meins.« »Aber sie sind schon identisch, ich habe nur ein halbes Grad mehr Flügelneigung«, antwortete er. Und ich trocken: »Nun, was kann ich machen? Ich weiß nicht, was ich dir sagen soll: Nicht ich kann die Worte finden, um dich aufzubauen. Wenn du sauer auf dich selber bist und nicht auf die anderen, versuch herauszufinden, wo du Zeit verlierst. Ich kann mir denken, dass dein Auto doch nicht ganz identisch ist mit meinem und dass dein Fahrstil sich auf diesem Circuit nicht so besonders gut bewährt. Aber du verlierst 1,8 Sekunden auf einen, der denselben Monoposto hat wie du.« Er schaute mich durch seine Sonnenbrille, die er ständig trug, an und sagte zu mir: »Weißt du was, Bruder!? Du hast Recht!« Ich zerknüllte die Blätter mit den Daten aus dem Qualifying, in denen ich bis zu diesem Moment die Antworten zu finden gehofft hatte, die er suchte, und verließ das Büro im vorderen Teil des Lastwagens. Nun, der Bastard fuhr in der vierten Runde des Qualifyings einen neuen Pistenrekord! Und nach der gesamten Session erwies sich die beste Zeit, die ich zur Anzeige brachte, als eine halbe Sekunde langsamer als seine. Seine anderen Runden waren deutlich langsamer, nur die für die Pole war umwerfend. »Was hast du in dieser Runde gemacht?«, fragte ich ihn. »Haben sie dir eine Plastiktüte über das Visier gezogen?« Diese »Plastiktüte« war ein Ausdruck, den er gebraucht hatte, um mein berühmtes Überholmanöver mit Herta im »Korkenzieher« von Laguna Seca zu erklären. Ende 1996, beim Fest von »Target«, hielt ich einen langen Vortrag, um zu erklären, wie ich den Schachzug vorbereitet hatte: In den letzten Runden stellte ich mir die Anspannung von Bryan Herta vor, einem Jungen, der niemals eine große Befriedigung in seiner Laufbahn erfahren hatte. Nachdem er am letzten Punkt vorbeigefahren war, an dem es technisch möglich gewesen wäre, noch einen Angriff zu versuchen, habe er sich entspannt und damit begonnen, an seine Freunde zu denken, die zu Hause jubelten, und an das, was er anderntags mit seinem ersten Sieg in der Tasche gemacht hätte, an die hiermit verbundenen Gefühle und so weiter. Und dies habe ihn unvermeidlich dazu gebracht, als Erster zu bremsen, ein wenig nachzugeben und so einen Angriff an einer Stelle zuzulassen, an dem es normalerweise unmöglich ist. Ich hielt mich bereit für diesen Eventualfall und traf die Entscheidung in einem Sekundenbruchteil, ich hatte dabei viel Glück, aber es funktionierte. Jimmy, der neben mir gesessen und sich die Geschichte angehört hatte, stand am Ende auf und sagte zu allen Anwesenden: »Ich weiß nicht, was Ihre Theorie ist. Meine ist, dass Zanardi einfach nur eine Plastiktüte auf sein Visier geflogen ist. Als er es schließlich geschafft hatte, sie wieder herunterzubekommen, war er vorn.«

Am Samstag kam ich bis auf ein paar Zehntel an ihn heran, aber noch besser als ich war Dario Franchitti. Pole für Jimmy, ich Dritter. Nicht schlecht, das war schon immer eine gute Startposition. Am Start beschleunigte ich, ließ Franchitti stehen und setzte mich hinter Jimmy, der zehn Runden lang in Führung blieb. Dann gab es eine Gelbe Flagge, die uns alle auf den Schleichpfad zurückbrachte. Mit kalten Reifen bin ich immer ein Teufel gewesen, habe nach Neustarts Position um Position gutgemacht und einen Haufen respektabler Resultate erzielt. Hier täuschte ich einen Innenangriff an, und er hielt sich ein wenig zurück, denn er wollte die Tür zumachen. Der Circuit von Cleveland ist im Inneren eines Flughafens angelegt: Man kommt von der Hauptpiste in die erste Kurve und biegt in ein Verbindungsstück ein, wobei man von einer sehr breiten Schneise in eine sehr weite Kurve mit einem sehr engen Ausgang fährt und Mühe hat, eine Spur zu finden. Er kam an meine Seite, ich machte mich breit, stellte mich auf meine Kurve ein und setzte mich am Ausgang vor ihn. Ich übernahm das Kommando und gab es nicht wieder aus der Hand. Gegen Ende fuhr Fittipaldi, der seine Tanksequenzen geändert hatte, fast zehn Runden lang vor allen, musste dann aber anhalten, um zu tanken. Ich übernahm erneut die Führung und behielt sie bis zum Schluss.

Ein alles in allem bequemer Sieg, ein Auto, das mehr als nur in Ordnung war, und der Anspruch auf die Meisterschaft bekräftigt.

Nach Cleveland und vor Toronto fuhren wir zu einem Testlauf nach Mid-Ohio. Morris hatte begonnen, Jimmy einen Gedanken einzuschärfen: Die großen Probleme, die er haben konnte, waren der Tatsache geschuldet, dass er im Gegensatz zu mir mit dem linken Fuß bremste. Unausweichlich bremste und beschleunigte er zumeist im selben Moment. Er verbrauchte bei diesem Fahrstil mehr Benzin als ich und nutzte gleichzeitig die Bremsen sehr viel schneller ab. Mein Auto war auch nach vierzig Runden noch perfekt, seines hingegen schon viel stärker verschlissen. Ich bin überzeugt, dass meine ständige Suche nach der optimalen Abstimmung des Autos und es genau so zu fahren, wie ich es brauchte, in den Jahren meiner Rennen in Amerika einer meiner größten Vorteile gewesen ist: Ich startete ins Rennen mit einer Wettbewerbsfähigkeit, deren Niveau dem der anderen sehr ähnlich war, und konnte doch nach der Hälfte der Strecke eine Sekunde pro Runde gegenüber allen anderen herausholen. Aber nicht deswegen, weil ich schneller, sondern weil die anderen langsamer fuhren. Bei dieser Sorte von Autos, die sehr leistungsstark, aber eben auch sehr schwer waren, kam mir mein Fahrstil des »Parigino« zugute, der es mir erlaubte, so lange wie nötig sehr schnell und aggressiv zu fahren. Ich benutzte die Bremsen, wie es sich gehörte, ich benutzte die Reifen, wie es sich gehörte, und ich verbrauchte kein Tröpfchen Benzin mehr als nötig. Wenn du als Zuschauer Robby Gordon oder Paul Tracy in der Kurve ankommen sahst, dann dachtest du, sie seien sehr schnell und führen alle anderen in Grund und Boden. Nach Durchsicht der Liste mit den Zeiten warst du perplex: Sie waren nicht so schnell, wie es ausgesehen hatte, oft lagen sie sogar hinten. Im Rennen setzte sich die Sauberkeit des Fahrstils in einen bemerkenswerten Vorteil um. Ich habe viel von Jimmy gelernt, und Jimmy versuchte, manche Dinge auch von mir zu lernen. Und so fuhren wir zu dem Test nach Mid-Ohio auch mit der Absicht, herauszufinden, welcher Fahrstil der ergiebigere wäre.

Ins Team war ein sehr junger Ingenieur aufgenommen worden, Jeremy, zur Arbeit an dem, was Ganassi in eine Abteilung für Forschung und Entwicklung umwandeln wollte. Jeremy wurde beauftragt, eine Studie über Fahrstile anzufertigen, also aufmerksam auch den Gebrauch der Bremsen und des Gaspedals zu untersuchen und daraus Kurve für Kurve einen vollständigen telemetrischen Bericht abzuleiten. Wir beendeten den Test mit Jimmy, der bei dieser Gelegenheit langsamer gewesen war als ich. Er zählte daher sehr auf diesen Bericht, um zu verstehen, wo etwas zu verbessern war und wie es eingestellt werden musste. Als das Ergebnis der Studie kam, besprach ich mich gerade mit Morris. Jimmy kam mit einem Haufen Blätter herein, auf denen wir als JV (Jimmy Vasser) und AZ (Alex Zanardi) verzeichnet waren, und begann zu erklären: »In dieser Kurve bremst JV zwanzig Fuß (sieben Meter) hinter AZ; JV erreicht eine höhere Tempodrosselung als AZ; JVs Kurveneingangsgeschwindigkeit ist höher als die von AZ; JV hat eine um 5 Stundenkilometer bessere Mindestdurchlaufgeschwindigkeit als AZ; JV geht 0,02 Sekunden vor AZ aufs Gaspedal; JV beschleunigt heftiger im Vergleich zu AZ, erreicht daher 100 Prozent Beschleunigung 0,11 Sekunden vor AZ; JV konnte besser aus der Kurve heraus beschleunigen als AZ.« Pause. Und dann der Satz: »JV verliert in dieser Kurve vier Zehntel auf AZ. Aber wie zum Teufel ist das möglich?« Wir brachen in Gelächter aus, denn beim Anhören des Berichtes hatte es geklungen, als müsse ich meilenweit hinter ihm liegen, stattdessen aber hatte er am Ende fast eine halbe Sekunde auf mich verloren.

Unterdessen begann mein unaufhaltsamer Angriff auf den Titel. Im Rennen von Toronto startete ich als Zweiter: Franchitti schnappte mir nur um Haaresbreite die Pole weg, auch wenn er sie verdient hatte, denn er hatte im Rennen bewiesen, dass er uneinholbar war. Den gesamten ersten Teil des Grand Prix fuhr ich im Rücken von Dario. Dann gab es eine Berührung zwischen einigen abgeschlagenen Fahrern im hinteren Teil des Feldes, die sich derart ineinander verkeilten, dass sie fast die gesamte Strecke blockierten. Ich versuchte durchzuschlüpfen, wo es mir am günstigsten erschien, aber ein Überrundeter, der mir vorausfuhr, würgte seinen Motor ab und verschloss mir so den einzig möglichen Weg. Franchitti war der Erste, der das Hindernis überwand: Ich hing auf der rechten Seite fest, während die Streckenposten die linke Spur zu räumten, indem sie den Piloten erneut starten ließen, der mit seinem Auto diesen Teil der Piste versperrte. Dann konzentrierten sich die Streckenposten auf das Auto vor mir, um mir die Strecke freizumachen. Aber währenddessen, reihten sich von der anderen Seite her Jimmy Vasser und Michael Andretti ein, und sofort danach überholte mich auch Fernandez. Kurzum, ich fiel vom zweiten auf den fünften Platz zurück. Beim Neustart überholte ich den Mexikaner sofort, aber in der Zwischenzeit hatte Andretti sich vor Jimmy gesetzt, den ich sogleich vor mir fand. Er fiel zu dieser Zeit in der Meisterschaft zurück, weswegen es mir angebracht erschien, ihm vor dem Start einige Ratschläge zu geben, um ihm zu helfen. Wir hatten großes Vertrauen zueinander und gaben einander ständig Tipps. Auch wenn wir uns für zwei sehr fähige Lenkradprofis hielten, so waren wir doch beide bescheiden genug, uns die Hinweise des jeweils anderen zunutze zu machen. »Schau, der beste Punkt zum Überholen ist innen am Ende der Geraden«, hatte ich ihm erklärt, »aber die Leute erwarten das, und daher machen sie zu. Aber ich habe gesehen, dass du dich nach außen wirfst, wenn du das Manöver antäuschst, und deinen Gegner sehr eng hältst, so dass er gezwungen ist, ganz zerschunden hinauszugehen.« Es gab hier eine kurze Gerade, die zu einer engen 90-Grad-Kurve führte, in der ein Überholmanöver normalerweise unmöglich war. Mit diesem Trick, mit dem man sehr viel besser aus der Kurve davor herauskam, wurde es fast ein Kinderspiel. Und tatsächlich machte ich meine Stiche genau dort. Bis ich hinter Jimmy kam, verflucht sei meine Zunge, der ja den Hinweis von mir bekommen hatte. Er platzierte sich in der Mitte der Piste, um sich nicht überholen zu lassen. Bei dem Versuch, an ihm vorbeizukommen, fuhr ich die Bremsen und die Reifen so sehr zu Brei, dass ich mich auf einmal um meine eigene Achse drehte, ohne dabei im Übrigen meine Position einzubüßen. Zehn Runden vor Schluss drehte Franchitti sich infolge eines ganz ähnlichen Problems: Er kam am Ende der Geraden an, bremste, seine Hinterachse blockierte, und er machte eine Pirouette in der ersten Kurve und kam mitten auf der Piste zum Stehen. Wieder gab es einen Weg auf der rechten und einen zweiten auf der linken Seite: der erste ziemlich breit, der zweite extrem eng. Während ich ankam, schrie Chip per Funk auf mich ein: *»Stay low, stay low!«* – »Bleib unten, bleib unten!« Ich bremste, fuhr geradeaus und ging innen raus. Jimmy gaben sie diese Empfehlung nicht. Andretti schaffte es vorbeizukommen und berührte leicht die Mauer, Franchitti ebenfalls. Vasser hingegen verlor den Überblick, ich überholte ihn innen und nahm mir das wieder, was mir genommen worden war, und wieder war ich Zweiter und im Rücken von Michael. In den vier oder fünf Runden hinter dem Safety-Car hatte sich alles ordentlich abgekühlt, und als wir erneut losfuhren, spürte ich das Auto unter mir wieder in Bestform. Daher nahm ich Andretti aufs Korn, und zwei Runden vor Schluss täuschte ich das offenkundigste Manöver vor, nämlich in einer 90-Grad-Kurve innen vorbeizugehen. Er machte sofort zu, und ich zog, gleichsam nachgiebig, nach außen. Er fuhr entspannt davon, machte sich etwas breiter, um eine bessere Bahn zum Eingang in die Kurve zu suchen; ich nahm dort den Fuß von der Bremse, schoss plötzlich zur Seite und fädelte mich in eine wahrhaft enge Schneise: Zwischen mir und der Mauer und zwischen meinen Reifen und seinen Reifen war nur noch für ein Blatt Papier Platz. Nachdem ich an ihm vorbei war, fuhr ich auf nicht weiter erwähnenswerte Weise dem Sieg entgegen.

Aus Toronto kamen wir am Abend zurück, und am nächsten Morgen fühlte Daniela sich nicht recht wohl. Das Kind in ihrem Bauch hatte begonnen, sich zu bewegen. Ich näherte mich immer wieder mit dem Kopf, um es zu hören und mit ihm zu sprechen. Auch mir hatte man erklärt, dass es später deine Stimme wiedererkennt, wenn du mit ihm sprichst. Wer weiß, ob das stimmt. Unendlich liebevoll machte Daniela mir das Frühstück. Aber als sie es ins Zimmer trug, stolperte sie über einen Koffer, der verdeckt im Schatten stand: Ich erwachte von ihrem Aufschrei und vom Lärm des Tabletts, das zu Boden fiel. Es war entsetzlich, und wenn ich daran denke, bekomme ich noch immer eine Gänsehaut von der Angst, die ich damals verspürte. Auch wegen dieses Sturzes fuhren wir am Dienstag in die Klinik von Indianapolis, wo wir von Mary Soper, einer liebenswürdigen und tüchtigen Ärztin, empfangen wurden. Sie war eine Freundin von Terry Trammell, dem Verantwortlichen für die medizinische Betreuung beim Cart. Die Situation erwies sich sogleich als sehr ernst: Daniela hatte an dem Wochenende in Kanada sehr viel Flüssigkeit verloren. Ich weiß nicht, ob der Sturz das Problem verschlimmerte, aber sie hatte heftige Wehen, und der Ultraschall zeigte einen schon stark erweiterten Muttermund: Sie war im Begriff, ein Kind zur Welt zu bringen, das noch keine sechseinhalb Monate getragen und daher entschieden untergewichtig war. Sie ließen uns wissen, wie es um sie stand: »Daniela«, sagten sie, »wir schließen dich jetzt aus Sicherheitsgründen für vierundzwanzig Stunden an den Überwachungsmonitor an, und wir geben dir einige Medikamente.« Sie gaben ihr Cortison, um die Lungen des Kindes so gut wie möglich vorzubereiten, und ein Medikament, das die Wehen hemmte und es dem Kleinen erlaubte, für die 48 Stunden im Mutterleib zu verbleiben, die seine Vitalfunktionen weiter stärken und seine Aussichten auf ein Überleben beträchtlich erhöhen sollten. Als ich sie von »Überlebenschancen« sprechen hörte, bekam ich große Angst. Theoretisch hätte ich schon in Michigan sein müssen. Aber in der ersten Nacht, der zum Dienstag, litt Daniela an ständigem Erbrechen: Alle zwei Minuten musste sie aufstehen, um ins Bad zu gehen. Auch noch am nächsten Tag ging es so weiter. Dann endlich zeigte sich eine leichte Besserung, denn sie gewöhnte sich an die verabreichten Medikamente. Mit jeder weiteren Stunde, die sie überstand, wuchs die Aussicht des Kindes zu überleben. Zu dieser Zeit nannten wir ihn Giacolò, denn wir hatten uns, was den Namen betraf, noch nicht zwischen Giacomo und Niccolò entschieden. Liebevoll nannten wir ihn Giacolò. Immer wieder sagte Daniela zu mir: »Geh ein paar Schritte, schnapp ein bisschen frische Luft.« Ich war wirklich fertig. In Danielas Gegenwart zeigte ich mich stark, aber ich habe sogar geweint: Ich ging auf den menschenleeren Parkplatz, um immer wieder diesen einen Gedanken zu denken und vor mich hin zu sagen: »Giacolò, halt durch!« Nie habe ich zu Gott gebetet und etwas von ihm verlangt. Jetzt schaute ich zum Himmel hinauf und dachte: »Ich weiß nicht, ob es dich wirklich gibt oder ob du eine Illusion bist, die von den Menschen geschaffen wurde. Aber wenn es dich gibt und wenn du mich hören kannst, dann bitte ich dich inständig, denn dieses Kind bedeutet mir mehr als alles andere in meinem Leben.« Ich weiß nicht, ob es Schicksal war oder ob jemand mich hörte, aber Daniela erholte sich. Die Wehen ließen nach, und Giacolò blieb so lange in seinem »Zuhause«, wie es nötig war, um schließlich gesund und kräftig auf die Welt zu kommen.

Die Jungs vom Team waren mir in dieser Zeit sehr nahe. Ich kämpfte um die Meisterschaft, ich hatte gerade erst die Führung errungen, und das Rennen von Michigan war wichtig. Chip persönlich aber war der Erste, der zu mir sagte: »Mach das, wonach dir ist, aber entscheide nicht jetzt. Wenn du dich Freitagmorgen um fünf entscheidest zu fahren, hole ich dich mit dem Flugzeug ab und bringe dich nach Michigan zur Piste. Freitagabend stelle ich dir mein Flugzeug erneut zur Verfügung und bringe dich zurück; dasselbe gilt für Samstag und für Sonntag.« Am Donnerstagnachmittag wurde Daniela aus dem Krankenhaus entlassen, bekam aber strengste Bettruhe verordnet. Kim Conrad, ein sehr nettes Mädchen, das im Team in der Logistik arbeitete und noch dazu Italienisch sprach, bot sich an, zu uns nach Hause zu kommen, bei Daniela zu bleiben und ihr zu helfen. Daher rief ich am Freitagmorgen Ganassi an und sagte: »Ich komme nach Michigan, und ich werde fahren.« Auch wenn ich Dienstagnacht kein

Auge zugetan hatte, Mittwoch nur sehr wenig und Donnerstagnacht wieder gar nicht geschlafen und in dieser Woche insgesamt nicht mehr als sechs oder sieben Stunden Schlaf gefunden hatte. Ganz offensichtlich war ich zerschlagen. Aber wenn du körperlich fit und noch dazu Teil einer siegreichen Mannschaft bist, dann kannst du das alles kompensieren. Und in der Tat fuhr ich ein fabelhaftes Rennen.

Seit diesem Rennen waren neue Regeln eingeführt worden, um einer weiteren Zunahme der Geschwindigkeiten entgegenzuwirken: Wir fuhren mit den berühmten »Bremsfallschirmen« – von uns Piloten so genannt, weil das Konstruktionsprinzip der Flügel auf der Suche nach einem Maximum aerodynamischer Bremswirkung beruhte –, die das Leistungsniveau der Teilnehmer stark anglich und jeden hinderte, sich als Ausreißer zu profilieren. Ich fuhr auch taktisch sehr klug, blieb in der Gruppe, solange ich sie brauchte, und dann, circa zwanzig Runden vor Schluss, gab ich Gas und bewies, dass ich der Einzige war, der noch etwas zuzusetzen hatte: Ich schaffte es, mich von den anderen zu lösen. Plötzlich gab es einen Leistungsabfall, weil eine Ölleitung geplatzt war. Bei jedem noch so geringen Lastwechsel oder wenn ich aufs Gas ging, trat Öl aus, das auf den glühend heißen Turbo sprühte: Jedes Mal wenn ich aus Kurve vier herauskam, schoss eine Rauchsäule heraus wie bei einem altersschwachen »Prinz«. In der Box begannen sie schon, sich Sorgen zu machen, sagten mir aber doch, dass alles unter Kontrolle sei und dass ich weiterfahren könne. Ich wurde von den anderen Fahrern überholt und versteckte mich in ihrem Windschatten, um in den allerletzten Runden meine Chance doch noch zu suchen. Trotz aller Probleme gelang es mir, zu einem Endspurt anzusetzen. Aber ich »stritt« ein bisschen zu heftig mit Vasser, und in der letzten Runde trickste Moore uns beide aus. Erster Greg, Zweiter Jimmy und Dritter ich. Ich schaffte zwar nicht den fünften Sieg in Folge, aber ich brachte einen weiteren Podiumsplatz nach Hause, an einem unvergesslichen Tag, an dem sowohl Jimmy als auch ich zugaben, gegen jemanden verloren zu haben, der sich so gut wie möglich schlug, und der außen in unserem Windschatten in Kurve eins und zwei das Gaspedal durchgedrückt hielt, wodurch es ihm schließlich gelang, uns hinter sich zu lassen. Greg besaß einen besonderen Mut und eine außergewöhnliche Sensibilität für das Fahren auf den schnellen Ovals. Diese Begabung hat ihn oft zu Manövern verleitet, die andere nicht einmal gewagt hätten, sich auch nur vorzustellen. Leider kam der Tag, an dem es ihn sein Leben gekostet hat. Er war für alle und in jeder Situation ein harter Knochen, aber auf diesen Ovals war er wirklich über alle Maßen schnell. Wir jedenfalls brachten das hundertste gute Mannschaftsergebnis nach Hause: Praktisch drei Jahre lang war die Marke »Target« permanent im Fernsehen zu sehen, wir fuhren immer vor ihr vorbei.

Sonntagabend fuhr ich zurück nach Hause. Daniela ging es sehr viel besser, und im Hinblick auf das nächste Rennen, um sicher zu sein, dass sie sich wohl fühlte und sich nicht zu sehr anstrengte, mietete ich ein Motorhome. Ich ließ mich von Jimmy beraten, der sich hier bestens auskannte, und mietete es von einer Firma, die aus lauter Fans bestand und mir daher keine Chance ließ zu bezahlen. Mit unserem »fahrbaren Zuhause« wollten wir uns bei dem Rennen von Mid-Ohio vorstellen. Inzwischen war Filippo angekommen, und unmittelbar nach dem Rennen von Mid-Ohio sollte sich auch der »Titan« unserer Gruppe anschließen.

Zwischen Michigan und Mid-Ohio lagen zwei Wochen Pause. Wir blieben zu Hause in Indianapolis und vergnügten uns mit dem Motorboot und noch manch anderen Dingen. An dem mittleren der beiden rennfreien Wochenenden wurde das »Nascar«-Rennen von Indianapolis, das renommierte »Brickyard 400« ausgetragen. Während des Rennens war in der Stadt praktisch kein Hund mehr auf der Straße. Wir konnten es nicht im Fernsehen verfolgen, weil »ABC« es sofort nach dem Start verschlüsselte. Ich schlug vor: »Warum gehen wir nicht zu ›Target‹ und schauen, ob wir ein paar neue Sportgeräte finden?« Mir war eine Art Surfbrett aufgefallen, auf dem man in kniender Haltung fahren musste und das reizte mich. Wir gingen also, im ärmellosen Unterhemd und auf Latschen, zum Kaufhaus Target, das ganz in der Nähe lag, kauften dieses Dingsda, das sich »Cyclone« nannte, und waren alle ganz heiß darauf, es sofort auf dem See auszuprobieren. Wir verbrachten den ganzen Nachmittag mit dem Versuch, mit dem »Cyclone« zu fahren, und brachen am Abend enttäuscht ab, weil wir auf keinen grünen Zweig kamen. Jimmy rief mich an. Er wollte wissen, wie es Daniela ging, und nach einer Weile erzählte ich ihm auch von unserem »Cyclone«. Er erklärte mir die Technik: »Wenn du losfährst, musst du es unter dem Bauch halten. Während du fährst, musst du dich mit den Ellbogen aufstützen und mit den geöffneten Händen die Steuerstange halten. Du gehst auf die Knie, richtest dich auf, setzt dich ein bisschen besser zurecht, schnallst den Gurt fest und suchst dir eine gute Position.« Wir hingegen hatten versucht, gleich auf Knien und festgegurtet loszufahren, und ich war natürlich immer sofort umgekippt. Aber nachdem wir die Technik begriffen hatten, ging's ab, und wir versuchten beim letzten Tageslicht, auf dem »Cyclone« zu fahren. Wir schafften es, und ich erinnere mich an unsere Befriedigung: Wir sprachen darüber, als hätten wir den Mount Everest bestiegen. Daniela und Catia, Filippos Frau, betrachteten uns wie zwei Vollidioten. Auch dem »Titan« wollten wir einen Streich spielen: »Vergiss nicht, auch wenn absolutes Schweigen eintritt, wir erklären ihm nicht die Technik. Wir zeigen ihm, wie wir fahren, und dann setzen wir auch ihn auf das Brett. Dann klebt er dran wie wir am Anfang.« An den darauf folgenden Tagen probierten wir noch weitere Varianten aus, und Filips fragte: »Was meinst du, kann man darauf auch im Stehen fahren?« Nach etlichen Versuchen schaffte ich es tatsächlich, mich auch stehend auf dem »Cyclone« zu halten, und ich war ganz stolz darauf. Vielleicht alles eine Kinderei, aber ich verbrachte damit wundervolle Tage.

Mid-Ohio war der Haus-Grand-Prix für das Team von Bobby Rahal. Es war das letzte Jahr, in dem Bobby fuhr. Er hatte seinen

Abschied schon angekündigt, und an diesem Rennen lag ihm sehr viel. Ebenso wie seinem Fahrer und Teamgefährten Bryan Herta, der sich – nach allem, was zwischen uns vorgefallen war – fest entschlossen zeigte, mich zu schlagen. Im freien Training fuhr ich an einem Plakat vorbei, das Anhänger von ihm dort gegen mich angebracht hatten. Am Abend drehte ich zusammen mit Filippo noch eine Runde mit dem Motorrad auf der Piste. Das Plakat hing jetzt am Ende der Zielgeraden. Dort hatte sich eine Gruppe von zwanzig Campern mit vier oder fünf großen Wohnwagen niedergelassen und veranstaltete ein Barbecue. Auf dem Plakat war eine Zielscheibe zu sehen, eine exakte Kopie des Logos unseres Sponsors »Target« – was im Englischen »Zielscheibe« bedeutet – und mitten darauf mein Name, getroffen von einem Pfeil, auf dem der Name Bobby Rahal stand und der das Logo in der Mitte spaltete. Auf einem weiteren Plakat stand geschrieben »*We hate Zanardi*« – »Wir hassen Zanardi«. Wir hielten an, um uns das aus der Nähe anzusehen. Die Typen waren schon leicht angetrunken und fragten uns, was wir wollten. Ich ließ mich auf ein Gespräch ein, und nach einer Weile fragte ich: »Was hat euch dieser Zanardi eigentlich getan?« »Wir sind für Bobby Rahal«, war die nahe liegende Antwort. Dann schaute mich einer von ihnen, der noch etwas klarer im Kopf war, an und fragte: »Alex, bist das du?« Ich musste laut lachen: »Ja, ich bin's. Muss ich jetzt verschwinden, nachdem ihr mich erkannt habt?« Sie waren so beeindruckt, dass sie uns zum Bier einluden, und wir unterhielten uns eine gute halbe Stunde mit ihnen, wodurch die Erinnerung an den Abend auch für Filippo zu einer eher angenehmen wurde. Am nächsten Tag sah ich in der ersten Runde des Testlaufs, dass die beiden Plakate gegen ein riesengroßes neues ausgetauscht worden waren, auf dem stand: »Alex you are the man«, und darunter: »We love Zanardi«. In der Einführungsrunde des Rennens grüßte ich sie, was sie mit einer großen Herzlichkeit erwiderten.

Das Qualifying allerdings lief nicht so gut. Ich hatte diverse Probleme wegen eines geplatzten Motors, ich drehte mich um meine eigene Achse, ich endete in dem langsamen Durchlauf und erreichte schließlich nur einen achten Platz. Nichts Besonderes, aber der Zug war immerhin noch nicht abgefahren. Vom Start weg hängte ich mich hinter Michael Andretti. Ich machte ein paar Positionen gut; bei dem Versuch jedoch, in Kurve eins besonders dicht an ihm dranzubleiben, um dann hinten auf der langen Geraden einen Angriff zu versuchen, brach das Auto mir leicht aus, ich kam auf den Randstein und machte einen Ausflug ins Grüne, der in den Annalen verzeichnet steht: Fast einen halben Kilometer fuhr ich über die Wiese. Aber damit nicht genug: In der Mitte des Rennens kam auch noch eine Reifenpanne hinzu. Wie es der Zufall so wollte, war ich im Begriff, PJ Jones zu überholen, der zwar überrundet war, mir aber dennoch die Tür zumachte. Wir touchierten uns, als wir mit den Rädern auf gleicher Höhe waren, ich verlor die Fassung, kam schlecht aus der Kurve, und Lehto setzte sich auf der Hauptgeraden in meinen Windschatten. Hier brach die Hölle los: Ich machte die Tür zu, um mich nicht überholen zu lassen, Lehto aber steckte mir trotzdem seine Nase ins Getriebe, er berührte mich und schnitt mir einen Reifen dabei auf, sein Frontflügel flog durch die Luft und landete auf dem Cockpit von PJ Jones, der sich gezwungen sah, ganz plötzlich zu verlangsamen. In diesem Augenblick kam wie ein Blitz Michael Andretti angeschossen und stieß auf Lehto, der herauszufinden versuchte, was ohne seinen Frontflügel ging und was nicht, und auf PJ Jones, der den Flügel von Lehto auf seinem Cockpit hatte und versuchte, ihn dort wieder wegzubekommen. Andretti fädelte sich zwischen den beiden durch: PJ Jones berührte Michael, der drehte sich mitten auf der Geraden mehrmals um seine eigene Achse, kam auf das Kiesbett und überschlug sich. Das Auto war hin, ihm aber war glücklicherweise nichts passiert. Nach dem Rennen beschuldigte mich PJ Jones, das Ganze entfesselt zu haben. In einem gewissen Sinne traf dies wahrscheinlich sogar zu. Aber da es allmählich gekommen war, war es insgesamt vermeidbar, besonders von Seiten Andrettis, der mit Jones zusammenstieß, als der Verfasser dieser

Zeilen bereits an einer anderen Stelle der Strecke war. Das ist ein bisschen so, wie wenn einer sagt: »Du bist auf mich draufgefahren, und da es uns zehn Minuten gekostet hat, um unsere Daten für die Versicherung auszutauschen, halte ich dich für schuldig auch an dem Unfall, den ich danach hatte, weil ich bei Rot über eine Ampel fuhr; denn wäre ich zehn Minuten früher an dieser Stelle vorbeigekommen, wäre ich möglicherweise niemandem dort begegnet oder ich hätte Grün gehabt.« Ein bisschen viel, oder?

Ich fuhr weiter, holte auf und lieferte mir gegen Ende des Rennens einen Kampf um den zwölften Platz mit Castroneves, der mir bei meinem letzten Überholversuch in der Schlussrunde auf der Geraden brutal die Tür zumachte. Ich zog auf die Außenspur, wir durchfuhren die Kurve auf gleicher Höhe, er aber kam besser raus, auch wenn ich in der nächsten Kurve den Vorteil der Innenposition auf meiner Seite hatte. Helio dehnte sein Bremsmanöver aus und fuhr, ohne darauf zu achten, dass innen ich war, und so touchierten wir uns. Er drehte sich und krachte in den Fangzaun. Ich hatte mehr Glück und wurde Zwölfter. Ich bewertete unseren Kontakt als einen normalen Rennunfall, der Rennleiter aber war offenbar anderer Auffassung. Am Ende wurde ich vor das Schiedsgericht zitiert, um meine Version der Dinge darzustellen. Nachdem wir über die Unfälle gesprochen hatten, wie ich sie sah, teilten sie mir mit, dass sie die Absicht hätten, mich zu disqualifizieren, mich aber bäten, draußen vor dem Büro noch Platz zu nehmen und das endgültige Urteil abzuwarten. Ich wartete ein paar Stunden, und als sie mich wieder hineinriefen, hätte ich mir theoretisch nur ihr Verdikt anhören müssen, das da lautete: »Durch deine Schuld ist ein Stück des Flügels weggeflogen, und so weiter und so fort ...« Sie wollten mir die Schuld daran geben, dass Andretti sich überschlagen hatte. Das war so, als hätten sie gesagt, ich sei mit meinem Auto über ein Streichholz gefahren, das jemand fallen gelassen hatte, mit meinem Rad hätte ich es dabei angerieben, es hätte sich eine Flamme entzündet, diese habe eine

Kerze angesteckt und die sei umgefallen und der ganze Wald sei abgebrannt ... »Zu was führt die Sache denn nun?«, fragte ich und unterbrach die sakrale Stille im Raum. »Dazu, dass wir dich in diesem Rennen disqualifizieren und dich *under probation* stellen. Außerdem ziehen wir in Betracht, dich für drei weitere Rennen zu sperren.« Ich regte mich kolossal auf. Ich brachte die Geschichte mit dem Briefing von Laguna Seca vor, von all den Dummheiten, die die anderen Fahrer erzählten, und davon, dass ich sie leid war: »Ich kann den Neid verstehen, denn ich bin ein starker Fahrer«, sagte ich, »und wenn ihr mich für drei Rennen sperrt, dann macht mir das gar nichts, denn ich werde die Meisterschaft in jedem Fall gewinnen.« Damit übertrieb ich zugegebenermaßen ein wenig. »Aber ihr geht mir wirklich auf die Nerven«, erklärte ich weiter, »denn ihr seid die Rennleitung, und ihr könnt euch in den Versammlungen nicht von diesen vier Idioten beschimpfen lassen, die nur scharf sind auf meine Resultate und euch in euren Entscheidungen dermaßen beeinflussen. Ich weiß, dass ich heute kein schönes Rennen gefahren bin. Ich habe eine Menge Fehler gemacht, aber keinen einzigen mit Absicht. Ich habe niemanden willentlich aus der Bahn geworfen. Es sind Dinge geschehen, die leider bei diesen Rennen geschehen können, wenn wir bis an unsere Grenzen gehen. Ich fahre hart, aber sauber. Wenn ihr meine Manöver als so inkorrekt interpretiert, dass ihr mich disqualifizieren müsst, dann macht es, es ist mir gleich, denn ich weiß nur zu gut, dass ihr voreingenommen und beeinflusst seid. Wenn die Entscheidungen in dieser Weise getroffen werden müssen, die den Methoden der Mafia ähnelt, dann macht, was ihr für richtig haltet, aber stehlt mir nicht noch mehr von meiner Zeit, denn ich muss jetzt zurück nach Indianapolis, auf mich warten 350 Meilen.«

Zu Hause erfuhr ich aus dem Radio, dass sie mich *under probation* gestellt hatten, mit sofortiger Wirkung und bis zum Ende der Saison. Sie hatten mir den Punkt für den zwölften Platz abgezogen und eine Strafe von 50.000 Dollar festgesetzt, die höchste, die jemals in der F-Cart-Serie verhängt wurde. Ich konnte mich schon bald darüber hinwegtrösten, auch weil uns noch am selben Abend der »Titan« besuchen kam. Es war Zeit, Daniela und Catia nach Hause zu bringen, und ich düste mit Filippo zum Flughafen, um ihn abzuholen. Nach zwei Kilometern stießen wir auf die klassische Sheriff-Patrouille. Einer der beiden kontrollierte unsere Papiere. Als er meinen Namen las, sagte er: »Es war ein harter Tag für dich, ich will es nicht noch schlimmer machen.« Und er gab mir Zulassung und Führerschein zurück.

Im ersten Augenblick waren Dallenbach und die anderen über meinen Angriff, über meine Worte sehr verärgert; aber an den darauf folgenden Tagen mussten sie es sich doch noch anders überlegen. In diesem Rennen ging eine mir gegenüber ausgesprochene Bestrafung sogar in Ordnung. Paul Tracy aber, um nur ein Beispiel zu nennen, hatte in seiner Karriere Schlimmeres begangen, ebenso wie Robby Gordon oder Gil De Ferran, ein Jammerlappen, der im Laufe der Jahre einen Haufen Leute an die Wand hat fahren lassen. Auch mir ist es passiert, dass ich einem anderen Piloten draufgefahren bin, aber ganz sicher nicht mit Absicht, sondern vielmehr im Eifer des Gefechts. Berührungen kamen häufig vor, wenn wir auf gleicher Höhe fuhren, und es kam auch auf den Ovals vor, mit Michael Andretti oder eben auch mit Tracy. Es war immer ein fairer, harter Kampf nach dem Motto: »Ich weiche nicht, mach, was du willst.« Aber wenn es schief geht, ist es sinnlos, sich zu beklagen oder andere zu beschuldigen. Es passiert halt.

Mit unserem Motorhome fuhren wir nach Elkhart Lake, wo ich mich mit der fünft- oder sechstbesten Zeit qualifizierte. Beim Start touchierte De Ferran in der zweiten Kurve Scott Pruett, und der ihm folgende Fahrer bremste. Al Unser junior vor mir bremste scharf und machte mir plötzlich die Tür zu. Mir gelang es nicht zu bremsen, ich fuhr auf ihn drauf und schickte ihn von der Bahn. Ich zerstörte mir die Nase und hatte einen Platten. Daher fuhr ich an die Boxen, ersetzte, was nötig war, und kehrte auf die Piste zurück, im Innersten davon überzeugt, dass ich am Ende war. Ich war sicher, dass mir schon in Kürze die Schwarze Flagge gezeigt werden würde, und fuhr daher die erste Hälfte des Rennens in dem Bewusstsein, dass ich ihnen die Gelegenheit geliefert hätte, auf die sie gewartet hatten, um mich auszutricksen. Die Schwarze Flagge aber kam nicht, und ich wurde Zweiter. Nach dem Zieleinlauf und nachdem die Siegerehrungen beendet waren, wurde ich zur Rennleitung gerufen. »Nur zu«, sagte ich mir. Ich ging in das Zimmer, in dem sie versammelt waren, und Walter Dallenbach empfing mich mit einem listigen Lächeln, als wolle er sagen: »Hier wollte ich dich haben ...« Stattdessen brachte er mich aus dem Konzept: »Du erwartest, dass ich dich bescheiße. Aber ich habe mir wieder und wieder die Szene angesehen: Unser hat die Tür zugemacht, und du hast alles versucht, was dir möglich war, um anzuhalten. Draußen steht das Team von Unser. Sie reißen mir den Arsch bis zum Stehkragen auf, wenn ich dir die Lizenz nicht entziehe. Aber aus meiner Sicht muss ich einräumen, dass du dich nicht anders verhalten konntest. Ich bewerte die Sache also – ganz egal, welche anderen Auffassungen hier existieren und ungeachtet all dessen, was zwischen uns vorgefallen ist – als einen klassischen Rennunfall, für den du nicht im Geringsten verantwortlich bist. Folglich, und auch wenn du dachtest, ich hätte es mit dir: Du fährst weiter, und die Sache ist erledigt.« Ich erstarrte, ich hielt das nicht für möglich. »Wally«, sagte ich zu ihm, »ich dachte immer, ich wäre meine Beziehung zu einigen Personen etwas überstürzt eingegangen. Und ich denke auch weiterhin, dass in der Vergangenheit gewisse Entscheidungen nur aus politischen Erwägungen getroffen wurden. Aber was dich betrifft, so muss ich meine Meinung ändern: Ich habe dich falsch eingeschätzt. Es mag hochtrabend klingen, wenn ich dir sage, dass du all meine Hochachtung hast in dem Moment, in dem du eine Entscheidung zu meinen Gunsten triffst, aber ich muss es dir sagen, weil ich es so denke. Ich bitte dich um Entschuldigung, denn ein Fahrer sollte es nie an Respekt für einen Rennleiter fehlen lassen: In Mid-Ohio aber ist mir genau das passiert. Ich respektiere dich sehr als Mann, daher schulde ich dir diese Erklärung. Und ich danke dir dafür, dass du so objektiv argumentierst, auch wenn es schwierig für mich ist, dies auszusprechen, da diese heutige Entscheidung positiv für mich ausfällt.«

Wenn er miese Absichten gehabt hätte, so hätte sich ihm keine bessere Gelegenheit bieten können. Stattdessen verhielt er sich ehrenhaft, und setzte sich sogar einigem Druck aus. Al Unser junior ließ sich beim nächsten Rennen zu einem öffentlichen Wutausbruch hinreißen. Zwischen uns gab es schon so einige Vorgeschichten, keine sehr angenehmen. Einmal war ich zu ihm als dem offiziellen Fahrervertreter gegangen und hatte ihm einige Dinge anvertraut, die er später in einem der Briefings unter den Piloten öffentlich machte, wobei er ihren Sinn vollkommen verdrehte. Nach dem Rennen von Elkhart Lake hatte ich ihn seinem Motorhome aufgesucht, um mich bei ihm zu entschuldigen. »Ich garantiere dir, dass ich mich nicht im Geringsten verantwortlich fühle«, sagte ich zu ihm, »ich war nicht einfach nur zu optimistisch bei meinem Überholversuch oder meinem missglückten Ausbruch, der schlussendlich das Rennen eines anderen ruiniert hat. Dort waren alle schlagartig blockiert, ich stieg auf die Bremsen, aber ich habe es nicht mehr geschafft. Ihr habt mir die Sicht versperrt, und ich habe spät reagiert. Ich habe es nicht mit Absicht getan, und du musst das verstehen, denn auch du bist ein Fahrer. Ich bitte dich um Entschuldigung: Es tut mir aufrichtig Leid, denn du hast bisher eine schwierige Saison gehabt: Es war das erste Rennen, in dem du erneut konkurrenzfähig wurdest, und leider hat diese Geschichte alles verdorben.« Zu Beginn des Gesprächs war er ein bisschen perplex, dann aber sagte er zu mir: »Ich weiß es sehr zu schätzen, dass du gekommen bist, um mit mir zu sprechen. Erlaube mir trotzdem, dir zu sagen, dass du ein bisschen zu sehr am Rande des Risikos fährst.« Er wollte mir eine Standpauke halten, nach der Art: »Ich bin der erfahrene Pilot und du das Jüngelchen. Ich war auch einmal in deiner Position: Alle lobten und bejubelten mich, und dann fühlt man sich unbesiegbar. Aber du darfst nicht vergessen, dass dies ein gefährlicher Sport ist ...«, et cetera, et cetera. Schließlich gaben wir uns die Hand, und ich dachte, damit sei die Geschichte erledigt.

Beim nächsten Pilotentreffen aber hatte er einen wahnsinnigen Wutausbruch mit erhobenem Zeigefinger und hervortretenden Augen. »Die ganze Welt hat im Fernsehen mitbekommen, was Zanardi sich da erlaubt hat«, schrie er. »Wir alle wissen, dass er diese Dinge heute macht, dass er sie gestern gemacht hat und dass er sie morgen wieder machen wird! Die ganze Welt hat gesehen, wie er mich abgeschossen hat, und die Rennleitung hat keinerlei Maßnahmen ergriffen.« Vasser schaute mich an und sagte im Flüsterton: »Er ist nicht ganz bei sich!« Ich fand das nicht mehr lustig, denn die Sache berührte mich als Person, und das machte mich wütend. Wally Dallenbach war dermaßen erschüttert und bestürzt, dass er stammelnd nur einen einzigen Satz hervorbrachte: »An diesem Punkt muss ich Alex das Wort erteilen, damit er sich verteidigen kann.« Ich fasste mich sehr kurz: »Ich will keine Polemik entzünden«, sagte ich trocken, »denn ich habe den Eindruck, als spräche ich in diesem Augenblick zu einer Person, die nicht ganz bei sich ist. Ich sehe folglich keinen Anlass, eine solche Debatte weiterzuführen. Wenn allerdings Herr Unser junior das Bedürfnis und die Notwendigkeit verspürt, das Gespräch fortzusetzen, bin ich selbstverständlich bereit, mich nach dem Briefing der Fahrer erneut mit ihm zu verständigen, und zwar möglichst im Beisein des Rennleiters. Ich bin jedoch davon überzeugt, dass dieses Thema nicht Gegenstand einer Diskussion vor allen anderen Piloten werden darf, vor allem bei dieser Wortwahl und ohne den geringsten Respekt für Wally Dallenbach. Ich habe daher von meiner Seite aus nicht die Absicht, diese Posse weiter zu verfolgen.« Er schimpfte noch eine Weile vor sich hin. Auf einmal aber ergriff Greg Moore das Wort, der mir Beistand leistete, indem er sich erhob und sagte: »Entschuldigt, wenn ich mich einmische, aber auch ich glaube, dass dies nicht die angemessene Weise ist, in der wir uns unserem Rennleiter gegenüber zu verhalten haben.

Wir haben wichtigere Themen zu diskutieren, die das morgige Rennen betreffen.« Ich erbot mich aufzuhören, Unser aber ging zur Tür und verließ den Raum. Wir schauten uns an, Wally lächelte mir zu, und damit war der Fall erledigt. Auch wenn es an den üblichen Boshaftigkeiten nicht fehlte, die sich hartnäckig hielten.

Unterdessen war ich erneut ins Fadenkreuz der Formel 1 geraten, diesmal von Spitzenteams umworben. Als ich im Anschluss an Long Beach nach Hause zurückkehrte, fand ich dort eine Nachricht von Briatore vor: »Alex, ruf mich doch zurück, sobald du kannst: Es wäre mir eine Freude, dich zu begrüßen.« Auf spaßhafte und auch etwas kindliche Weise spielte er, als ich ihn anrief, den Ahnungslosen und sagte: »Wie geht's dir so dieses Jahr? Schon ein paar Rennen gewonnen?« »Aber Flavio, ich habe doch erst gestern eins gewonnen!« »Und was war das für eins?« »Long Beach.« Ich musste ein bisschen lächeln, auch wenn er mir schmeichelte, um seine Position zu stärken. Peter Collins, der bei Lotus mein Team-Manager gewesen war, hatte Jahre zuvor bei Williams gearbeitet und angefangen, Frank mit Telefonaten zu bestürmen, in denen er ihn drängte, mich einen Test fahren zu lassen. Frank war auf all diese Anrufe wohl nicht einmal mehr angewiesen, denn er hatte schon von sich aus Interesse. Es kam daher zu einer Reihe von Telefonaten, mit dem Atlantik zwischen uns, an deren Ende er zu mir sagte: »Wenn du nach Europa kommst, setzen wir uns zusammen und sprechen darüber.« Auch Jordan hatte sich zurückgemeldet. Und mit Ferrari sprach ich ebenfalls, weil sie im nächsten Jahr einen Fahrer ersetzen mussten, da Irvine wegging. Schon 1997 hatte Jean Todt zu mir gesagt: »Ich wollte dich kennen lernen, weil du ein besonders starker Fahrer bist und ich wissen will, was für ein Mensch du bist. Unsere Wege könnten sich eines Tages vielleicht einmal kreuzen.« Als das Gerücht von den Kontakten mit Williams die Runde zu machen begann, ließen sie sich alle wieder hören. Die beiden einzigen Optionen aber, die für mich in Betracht kamen, waren: mit Ganassi zusammenzubleiben oder eben zu Williams zu wechseln. Auch wenn die erstere, aus meiner Sicht, die wahrscheinlichere blieb. Mit der zweiten wurde es ernst, als Frank Williams sagte: »Es bringt nichts, weiter am Telefon miteinander zu sprechen, wir müssen uns treffen. Und weil du einen Haufen Rennen fährst und Schwierigkeiten hast, nach Europa zu fliegen, komme ich zu dir. Wir sehen uns in zwei Tagen in Detroit.« Mich überraschte, dass ihm so viel daran gelegen war. Als ich ihn dann traf, überzeugte er mich von einem Tag auf den anderen davon, dass ich für ihn fahren müsse. Williams kam mit einem Rechtsanwalt nach Amerika, um sofort einen Vertrag aufzusetzen und ihn gegebenenfalls zu unterzeichnen; und auch ich erschien mit meinem Anwalt. Am ersten Tag besprachen wir das Ganze in groben Zügen; am folgenden gingen wir ein bisschen weiter in die Details, auch weil ich einige Gegenvorschläge gemacht hatte. Er war mehr oder weniger mit allem einverstanden, und wir gaben uns symbolisch die Hand darauf. Ganz ehrlich: Die Möglichkeit, in der Formel 1 zu fahren, war keine größere Herausforderung, als in der F-Cart-Serie zu bleiben. Vielleicht lag sie sogar leicht darunter: Mit Ganassi gewann ich viel, es gab hier ein ideales Team, und ich hatte sehr viel Spaß. Natürlich gab ich, als die Vereinbarung offiziell wurde, die üblichen Floskeln zum Besten: »Man braucht neue Anreize«, etc. etc. Für mich aber bestand der größte Anreiz in dem Bestreben zu siegen, von der Kategorie einmal ganz abgesehen.

Im Leben sehnt man sich immer nach dem, was man nicht hat. Ich habe in der F-Cart-Serie drei wunderbare Jahre verlebt, an die ich nostalgisch zurückdenke; und merkwürdigerweise habe ich jetzt sogar Heimweh nach der Zeit in Indianapolis. Heute betrachte ich sie als wunderbar, aber damals fehlten mir meine Freunde, meine Muttersprache, das Bocciaspiel, einfach alles. Außerdem begann unser Leben etwas komplexer zu werden: Wir sollten einen Sohn bekommen, und Daniela setzte mich, wenn auch nicht willentlich, ein wenig unter Druck. »Mach das, wonach dir ist«, sagte sie hin und wieder, »aber was mich betrifft, so würde ich lieber nach Europa zurückkehren und dort leben.« Oder aber: »Mach das, was du willst, aber wenn du nicht mehr auf den Ovals fährst, dann wird mir das auch nichts ausmachen.« Nachdem all diese Überlegungen angestellt waren, musste ich nur noch eine Person wie Frank Williams kennen lernen. Als ich ihn traf, schloss sich der Kreis. Ich schätze ihn sehr, ich bin ihm dankbar für die Möglichkeit, die er mir eingeräumt hat, und ich bedaure, sie ihm nicht so vergolten zu haben, wie ich es ihm schuldig gewesen wäre. Leider ist Frank, auch wenn er sein Leben dem Team widmet, nach seinem Unfall von 1986, der ihn an den Rollstuhl fesselte, nicht mehr so präsent wie früher einmal, zumindest nicht in der Fabrik. Und 1999 war ein besonderes Jahr, in dem sich vieles ganz verkehrt entwickelt hat.

Es war August und meine sportliche Zukunft hatte sich nunmehr klar abgezeichnet. Ich sollte in der Formel 1 mit Williams fahren. Ganassi gegenüber war ich immer sehr ehrlich; er wusste über alles Bescheid, auch als die Nachricht noch nicht offiziell war. Er hatte auch begriffen, dass es nicht um Geld ging. Dennoch vertraute er mir an: »Ich bin von ›Target‹ autorisiert, finanziell jedes Angebot zu überbieten, das du von der Formel 1 bekommst.« Es war eine existenzielle Frage. Später lief es schlecht, aber wenn ich es nicht versucht hätte, wäre ich weiter in den Vereinigten Staaten gefahren mit dem Gedanken, Williams nicht zum Sieg geführt und nicht versucht zu haben, die Formel 1 zu erobern. Ein Pilot neigt immer dazu zu denken, er sei der Beste, und ich war überzeugt, dass ich Frank helfen würde, an die Spitze zurückzukommen. Im Anschluss an Elkhart Lake hatte ich Daniela nach Italien zurückgebracht, denn Niccolòs Geburt stand kurz bevor. Der Termin war im Oktober, aber nach der Untersuchung entschieden die Ärzte, die Geburt einzuleiten: Infolge der Wehen hatte sie nur noch sehr wenig Fruchtwasser, und das Kind war jetzt auch so groß und kräftig, dass es, einmal auf der Welt, aus eigener Kraft überleben würde. Und in der Tat verbrachte er trotz seiner Schmächtigkeit keine einzige Minute in einem Brutkasten. Einige Tage bevor Daniela ins Krankenhaus ging reiste ich nach Vancouver ab. Nachdem die Dinge mit den Ärzten besprochen waren, erklärte mir Daniela am Telefon, dass alles recht gut planbar sei: Die Einweisung sollte am Montag erfolgen (einen Tag nach dem Rennen in Kanada) und die Geburt am frühen Nachmittag eingeleitet werden. Ich sollte am Nachmittag auf dem Flugplatz von Venedig ankommen und wäre folglich mit Sicherheit bei Niccolòs Geburt dabei gewesen. Als aber die Geburt einmal eingeleitet war, kam Niccolò schon nach zwanzig Minuten glücklich auf die Welt.

In Vancouver gewann ich meinen zweiten WM-Titel. Ich errang ihn mit einem ehrenwerten, jedoch nicht besonders brillanten Rennen. Am Freitag war ich der Schnellste gewesen, das Qualifying am Samstag aber hatte ich nur als Dritter beendet. Im Rennen kam ich zwar auf das Podium, beging jedoch nach einem Neustart beim Aufwärmen der Reifen eine kolossale Dummheit: Ich beschleunigte mit sehr viel Gas, um die Reifen auch zu säubern, bekam jedoch zu viel Wheel-spin, das Auto brach aus, ich drehte mich und stand entgegen der Fahrtrichtung. Letzter Platz. Ich spielte ein paar strategische Spielchen, überholte den einen oder anderen und war schließlich wieder Vierter. Das genügte, um der Meisterschaft meinen Stempel aufzudrücken. Sofort reiste ich nach Italien ab und wurde bei meiner Ankunft in Venedig von meinen Schwager Sandro Giannini erwartet. Er hatte Tränen in den Augen: »Ich muss dir etwas sagen: Du bist Vater geworden, herzlichen Glückwunsch!« Sandro hat einen ausgeprägten Familiensinn; ich mag ihn sehr und ich glaube, das beruht auf Gegenseitigkeit. Er empfindet für mich wie für einen Bruder, und er hat Niccolòs Geburt mit großer Anteilnahme und aus der Nähe verfolgt, denn er ist Arzt und konnte bei Danielas Kaiserschnitt assistieren. Als Niccolò zur Welt kam, brach Sandro in Tränen aus. Wie bei seinen beiden eigenen Söhnen. Durch seine Erzählungen erst habe ich alle Mühen der Geburt nacherlebt, und ich glaube, dass dies unsere Beziehung noch gefestigt hat. In dieser Nacht brachte er mich noch zu Daniela, auch wenn es schon spät und längst keine Besuchszeit mehr war. Ich kam zu Daniela ins Zimmer, und sie sagte: »Darf ich vorstellen: Niccolò!« Ich fühlte mich ganz eigenartig. Aus Filmen sind wir den Anblick von Leuten gewöhnt, die ein Kind auf die Welt kommen sehen und die zu weinen beginnen, wenn sie ihre Empfindungen beschreiben. Ich hingegen fühlte bis zu diesem Augenblick gar nichts. Ich hatte gehofft, dass in dem Moment, in dem ich das Kind sähe, doch noch etwas geschehen könne. Aber ich fühlte nichts Besonderes, ich fühlte mich nur ganz eigenartig und befürchtete schon, als Vater nicht geeignet zu sein. Als ich Niccolò das erste Mal in die Arme nahm, änderte sich alles. Und es ändert sich noch immer, es ändert sich ständig. Auch jetzt noch, wenn ich meinen Sohn in die Arme nehme, ist die Empfindung vergleichbar mit vielem, was ich im Laufe meines Lebens erfahren habe, und doch ist sie sehr viel stärker: Ein Augenblick mit ihm zählt mehr als alles, was ich bis jetzt erlebt habe. Und heute bin auch ich wie die, die zu mir sagten: »Du wirst sehen, wenn dein Sohn erst geboren ist ...« Da machst du die albernsten Dinge. An ihm aber ist dir nicht das Geringste unangenehm; er bringt dich zum Lachen, und er rührt dich durch und durch. Es ist eine wunderbare Erfahrung, und es ist wirklich ein großes Glück für mich, ein Kind wie Niccolò zu haben.

Nach ein paar Tagen wurde Daniela aus dem Krankenhaus entlassen. Aber da in Laguna Seca gefahren wurde, flog ich am Donnerstagmorgen nach Kalifornien, wo ich am Abend ankam, bereit zum ersten Training. Dort hatte ich einen weiteren Unfall mit Bryan Herta. Das Training war gerade erst beendet, ich aber fuhr noch immer mit Vollgas. Er hingegen fuhr schon langsamer, und als er mich kommen sah, beschleunigte er ganz plötzlich wieder. Mir war klar, dass er es tat, um mich nicht vorbeizulassen, und es nervte mich. Ich fädelte mich ein, und er machte zu und wir touchierten uns: Ich parkte ihn gegen die Mauer, und bei mir verbog sich ein Rad. Wally Dallenbach zitierte uns beide zu sich, um sich den Sachverhalt darlegen zu lassen, und entschied dann, mich zu bestrafen: Ich wurde vom freien Training der ersten Session am Samstagmorgen ausgeschlossen. Das verbannte mich in die Session der langsameren Fahrer in der Nachmittagsqualifikation, wo die absolut fünftbeste Zeit für mich angezeigt wurde. Als wir aus Dallenbachs Büro kamen, blieben ich und Bryan einen Augenblick stehen, um miteinander zu reden: »Da nun die Mikrophone ausgeschaltet sind«, erklärte ich, »will ich dir eines sagen: Alles, was in diesen Jahren passiert ist, wurde durch die verschiedenen Kommentare hervorgerufen, bei denen sie sich auf unsere Schwächen gestützt haben. Auf diese Weise wurde eine Feindschaft zwischen uns begründet, die im Grunde auf nichts beruht. Du bist heute langsam gefahren, und als du mich kommen sahst, hast du beschleunigt, um mich nicht vorbeizulassen. Als ich es bemerkt habe, dachte ich, dass ich um keinen Preis nachgeben würde, auch wenn Gottvater persönlich vom Himmel herabstiege. Warum machen wir diesen Blödsinn? Ich glaube, offen gesagt, dass du einen großen Respekt vor mir als Fahrer hast, und ich habe einen ebensolchen vor dir. Ich bin sicher, dass du im Grunde eine loyale Person bist und gegen Alex Zanardi direkt gar nichts hast.« Daraufhin reichten wir uns die Hand. Und als die Journalisten ihn später fragten, was geschehen war, sagte er: »Ich und Alex waren nie Freunde, und wir werden vielleicht auch nie welche sein. Heute aber haben wir einige Dinge geklärt, was bewirken könnte, dass sich unser Verhältnis in Zukunft bessern wird.« Der Zufall wollte es, dass er am nächsten Tag aus der Pole startete, während ich mich von hinten nach vorn durchkämpfen musste. Gegen Ende des Rennens schloss ich zu ihm auf, ich nahm ihn ins Visier, das Rennen wurde mehrmals mit der Gelben Flagge abgewinkt, und ich kam einfach nicht an ihm vorbei. Er gewann. Ich sah, dass er wirklich glücklich war: Er war einen mächtigen Kloß im Hals losgeworden, und während der gesamten Pressekonferenz beschrieb er sein Glück, gegen jemanden gewonnen zu haben, in dem er einen sehr starken Gegner sah. »In all diesen Jahren habe ich gegen ein Gespenst gekämpft«, hörte ich ihn sagen, »gegen einen Piloten, den ich immer respektiert habe, auch wenn ich es in der Öffentlichkeit nie zugeben wollte. Heute habe ich es endlich geschafft, ihn mit gleichen Waffen zu schlagen: Ich bin sehr stolz darauf, denn ich weiß, dass ich vorzügliche Arbeit abgeliefert habe: Ich habe es geschafft, vor einem der besten Fahrer der Welt zu bleiben.« Wahrscheinlich wären wir nie an diesen Punkt gekommen, wenn wir mehr miteinander gesprochen hätten und weniger mit der Presse. Der Zufall hatte es gewollt, dass ich ihm in verschiedenen Situationen, als er schon vorn gelegen hatte, doch noch in die Quere kam. Es war geschehen, nachdem ich heftige Aufholjagden gefahren war, die ich auch zum Abschluss brachte. In Laguna Seca 1996 hatte ich ihn auf diese so denkwürdige Weise überholt. Im Jahr darauf war er in Long Beach im Begriff zu gewinnen, und ich war aus der Hölle zurückgekehrt, um ihn zu schlagen. In Cleveland 1997 hatte ich ihn in einem einzigen Augenblick »vernascht«, und auch dort war ich von wer weiß woher gekommen.

Zwischen Laguna Seca und Houston, wo das nächste Rennen stattfand, fiel mein erstes Training mit Williams, nachdem ich bei Frank unterschrieben hatte. Ich testete das Auto in Barcelona. Ich muss sagen, dass ich wirklich niemanden beeindruckte: Sie ließen mich mit 60 Kilo Benzin an Bord fahren; erst in der vierten Runde brachte ich eine anständige Zeit zustande, die ich später noch um einige Zehntel im »Rennen des Tages« verbessern konnte. Mit Patrick Head, Franks Sozius und verantwortlicher Techniker des Teams, war darüber gesprochen worden, wer mein Ingenieur hätte werden können. Er hatte gesagt: »Es würde mir gefallen, dir eine relativ unerfahrene Person an die Seite zu stellen, denn wenn wir dich mit jemandem zusammenbringen, der schon etwas von der Formel 1 versteht, dann kommen wir nicht weiter. Die jungen Ingenieure, die ich so sehe, sind fast alle Weicheier, mit ihnen ist nichts los: Computer und sonst gar nichts. Sie berechnen das Setup am Computer und lassen es den Piloten ausprobieren; er beklagt sich, sie geben ein halbes Grad Flügelneigung dazu oder nehmen es weg, um das Auto auf den Fahrer abzustimmen, aber weiter gehen sie nicht.« Dann fügte er hinzu: »Es ist schon wahr, dass sich mit diesen gerillten Reifen wenig ausrichten lässt. Du aber bist ein Ideenvulkan, und wenn du mit einem schon erfahrenen Ingenieur arbeitest, drückt er dir am Ende seine Vorstellungen auf. Wenn wir dir hingegen eine unerfahrene Person an die Seite stellen, eine ohne vorgefertigte Ansichten, dann wird sie viel eher bereit sein, sich auf Neuerungen einzulassen oder Experimente zu machen. Es wird Verluste geben, aber man kann nie wissen: Du probierst vielleicht zehn Sachen aus, und am Ende ist dann eine darunter, die funktioniert und die das Team voranbringt.« Die Überlegungen stimmten genau: Ich kam aus einer Meisterschaft, in der wir unsere Stärken dank dieser gedanklichen Offenheit entwickelt hatten. Heads Vorschlag schien mir daher eine gute Idee.

Schon bei diesem Training in Spanien jedoch kamen mir die ersten Zweifel, denn mir wurde bewusst, wie die Lage in der Formel 1 im folgenden Jahr sein würde: wenige Reifen – nur zwei Sets pro Tag von Bridgestone, dem einzigen Lieferanten –, um auf einer Piste wie der von Barcelona zu trainieren, auf der man am Morgen durchschnittlich eine oder anderthalb Sekunden schneller fährt als später, wenn die Umgebungstemperatur ansteigt. Wenn man sich die Reifen sofort ruinierte, war es fast sinnlos, neue Ideen auszuprobieren. Mir wurde klar, dass es wahrscheinlich besser war, schon am Anfang des Jahres ein Auto zu haben, das sich gut fahren ließ, und basta. Ich sprach darüber mit Head, der zu mir sagte: »Wir werden sehen.« Auch weil seine Idee ihm so gut gefallen hatte, dass er nur sich selber zuhörte. Ich verließ die Rennstrecke mit einigen Fragezeichen, zumal ich von diesen Formel-1-Autos nicht besonders beeindruckt war: Die Motoren, verglichen mit denen der F-Cart-Serie, brachten viel weniger Leistung; die Autos waren leichter und sausten mit einer viel größeren Beschleunigung aus den langsamen Kurven; auf der Geraden aber waren sie, wenn man den fünften oder sechsten Gang einlegte, im Gegensatz zu den F-Cart-Autos, erheblich langsamer. Außerdem hatte mir die Vorstellung nicht gefallen, ein so leichtes Auto zu haben, dass es in den schnellen Kurven infolge der Flügelstellung einen umso größeren Anpressdruck erzeugte, je schneller man hineinging: Es war wie ein Fahren auf Schienen, du musstest nur das Lenkrad bedienen. In den langsamen Kurven hielt das Auto die Spur nicht: Du hättest anhalten müssen, um es lenken zu können! Mehr noch: Mit den Profilreifen hatte man ständig Schlupf, sie hafteten nie am Boden, ohne zu schlingern. Der gerillte Reifen gleitet ständig weg: Es ist ein bisschen so, wie auf einer Straße zu fahren, auf der Sand liegt, man spürt nie, wie das Auto auf dem Asphalt liegt, und bekommt in der Kurve kein Gefühl für seine Grenze. Wenn man zu weit geht, bricht es aus; wenn man die Grenze erkennt, läuft alles bestens. Die Formel-1-Autos schlingerten ständig, und für einen Fahrer wie mich, der eine elegante Fahrweise gewöhnt war, aggressiv, aber wenig auffallend und sehr sauber, war das eine Qual: Ich versuchte langsamer zu fahren, um den Reifen wieder Grip zu geben, was aber nie gelang. Die richtige Fahrweise besteht darin, in die Kurven hinein zu fahren, das Gaspedal durchzudrücken, auch wenn das Auto anfängt, vorne zu untersteuern; je schneller du fährst, umso stärker bricht das Hinterteil aus, wodurch das Auto sein Gleichgewicht wiederfindet und heil aus der Kurve herauskommt. Mir waren starke Zweifel gekommen; aber die Wahl war getroffen, ich wollte es wohl nur mir selber nicht eingestehen.

An diesem Morgen kam Montoya zu uns, Testfahrer bei Williams und voller Hoffnung, der offizielle Pilot zu werden. Aber sie sagten ihm, dass sie mich engagiert hätten. Auf einmal wollten sie jemanden als Teamgefährten für mich, der schon Erfahrung in der Formel 1 hatte, und hatten an Ralf Schumacher dabei gedacht, auch wenn sein Name noch nicht offiziell vorgeschlagen war. Daher hatten sie Montoya mitgeteilt, dass sie versuchen wollten, ihn bei Ganassi unterzubringen. Frank glaubte so sehr an den Kolumbianer, dass er sich sofort bereit erklärte, seine Bewerbung zu sponsern. Chip versuchte das Mögliche, und so beschafften sie das Darlehen.

Ich kehrte mit Ganassi und Morris, die gekommen waren, um mich zu sehen, nach Houston zurück. Wir flogen von London aus mit der Concorde nach Amerika. In New York erwartete uns Chips Flugzeug, das uns direkt nach Houston brachte, wo ich ihm im Training das Auto wegen eines Getriebeproblems, das wir nicht beheben konnten, vier Mal gegen die Wand fuhr. Beim ersten und beim zweiten Mal riss ich mir eine Nase ab; beim dritten Mal brach eine Aufhängung, die sie zum Qualifying wieder reparierten. Dort fuhr ich in der ersten Runde eine sehr gute Zeit, aber in der zweiten gab es erneut einen Unfall. Dennoch schaffte ich den fünften Platz. Im Rennen machte ich gleich nach dem Start einige Positionen gut, dann aber setzte eine wahre Sintflut ein. Ich verteidigte mich einigermaßen gut, holte auf und war Zweiter hinter Franchitti, als das Rennen wegen des Unwetters angebrochen wurde.

Fünfzehn Tage später sollte das Rennen in Australien stattfinden. Ich kehrte daher unverzüglich nach Padua zurück. In etwa zehn Tagen wechselte ich drei Mal die Zeitzone an entgegengesetzten Enden der Welt. Mein Sohn half mir dabei, denn er schlief nicht. Auch jetzt, da er schon über vier Jahre alt ist, schläft er weniger als wir und erholt sich doch immer mit unglaublicher Leichtigkeit: Er ist der letzte, der zu Bett gehen will, und der Erste, der morgens aufsteht. Doch damit nicht genug: Fast alle Kinder dieser Welt gönnen dir ein paar Stunden Ruhe am Nachmittag, er nicht. Er war von Anfang an so. Erst dachten wir, er hätte Hunger; für die Ärzte waren es ernährungsbedingte Koliken. Schließlich fanden wir heraus, dass Danielas Muttermilch einen ziemlich geringen Nährwert hatte: Niccolò nahm nicht zu, und seine Ernährung musste ergänzt werden. Im Wesentlichen jedenfalls schlief er nicht. Ich dachte mir alles Mögliche aus: Einmal hatte ich den Gürtel eines Bademantels mit der Wiege verbunden, und während ich im Bett lag, zog ich daran, um ihn durch die Schaukelbewegung zum Einschlafen zu bringen. Diese Technik aber bewährte sich nur für ein paar Nächte. Um Daniela also ihre Nachtruhe zu gönnen, blieb ich wach und schaute mir Filme im Fernsehen an. Wenn er meine Körperwärme spürte und solange ich mich einigermaßen aufrecht hielt, war er ruhig und hörte auf zu weinen. Ich kam in den Genuss einer cineastischen Bildung, vor allem durch Filme mit den Hauptdarstellern Lando Buzzanca und Alvaro Vitali, aber ich machte kein Auge zu.

Dann reiste ich nach Australien ab, wo ich am späten Mittwochabend ankam. Ich erinnere mich, dass ich vollkommen geschafft das Hotel betrat, auch wenn es mir gelungen war, im Flugzeug ein wenig zu schlafen. Ich duschte, legte mich ins Bett und erwachte am folgenden Morgen um neun, frisch wie eine Rose. Ich passte mich ohne Probleme der neuen Zeitzone an, und im Training am Freitag blieb ich eine Sekunde vor allen anderen. Am Samstag platzte der Motor, und Franchitti schnappte mir die Bestzeit um ein paar Tausendstel weg. Ich bestritt ein unbändiges Rennen, überzeugt davon, dass niemand sonst eine Chance hätte: Ich hatte das beste Fahrzeug, und ich hatte die Absicht, es bestmöglich einzusetzen. Meine Mechaniker halfen mir sehr, sie platzierten mich nach dem ersten Tanken vor allen anderen. Ich gewann, und auf dem Podium dachte ich, dass dies mein letzter Sieg in dieser Serie hätte sein können. An diesem Abend kamen Jimmy Vasser, Greg Moore, Dario Franchitti, Max Papis und Kenny (ein Freund von Jimmy, der oft mit zu dessen Rennen kam) zu mir aufs Zimmer, um mich in die Diskothek abzuschleppen. Ich hatte keine große Lust und schlug stattdessen vor, einen Papierfliegerwettbewerb auf der Hotelterrasse zu veranstalten. Diese Herausforderung weckte bei allen den Kampfgeist, und um vier Uhr morgens standen wir noch immer mit den Leuten dort draußen auf den unteren Etagen, die sich als begeisterte Anhänger erwiesen. Um fünf hatten sie mich dann so weit, dass ich mich anzog, um mit ihnen in ein Lokal ganz in der Nähe zu gehen. Aber schon nach einer halben Stunde kehrten wir zurück, um zu schlafen, betrunken wie wir waren.

Kurz vor dem 23. Oktober, meinem Geburtstag, kehrte ich nach Hause zurück. Eines Nachmittags rief Ganassi an: »Alex, ich brauche dich. Du musst Montoya ein bisschen unterstützen.« Geplant war ein Test in Homestead mit dem Kolumbianer, der meinen Platz einnehmen sollte. Schon sieben Tage später war das letzte Rennen der Saison in Fontana, und gleich im Anschluss sollte ich von Firestone und Honda übernommen werden. Ich wäre also fünfzehn Tage statt eine Woche weg gewesen. Ich wagte einen Einwand, aber Chip insistierte: »Du musst kommen, denn der macht sich auf dem Oval ins Hemd. Du schuldest mir den Gefallen.« Damit hatte er Recht, es war das Mindeste, was ich für jemanden tun konnte, der mein Leben so entscheidend verändert hatte. Schweren Herzens teilte ich Daniela die Sache mit, und sie war nicht gerade begeistert. Ich aber stieg ins Flugzeug und machte mich auf den Weg, um Montoya Fahrunterricht zu erteilen. Meine Anwesenheit war tatsächlich von Nutzen, aber nur, weil sie einen Fehler beim Set-up gemacht und dem Frontflügel viel weniger Umdrehungen gegeben hatten, als nötig gewesen wären: Sie hatten den Flügel negativ getrimmt, statt drei Grad Flügelneigung hatten sie minus drei eingestellt. Schließlich fuhr das Auto so, dass wir eine gute Startvoraussetzung hatten. Ich stieg aus, überließ Montoya das Lenkrad und gab ihm alle notwendigen Tipps: sich nicht von der Geschwindigkeit beeindrucken zu lassen, mit Besonnenheit die Ideallinien zu fahren und einiges mehr. Bei all diesen Reden kam ich mir vor wie ein Vater, und Montoya stellte in der dritten Runde bei fast 300 Stundenkilometern das Auto quer, um es zu wenden. Ich begriff sofort, dass er ein großes Talent war, ein Bursche, der wahrscheinlich schon in Kürze seine ersten Rennen gewinnen würde. Und dass der ganze Fahrunterricht, den ich mit ihm abhalten musste, vielleicht gar nicht so notwendig war.

Die Amerikaner erzählen dir immer dieselbe Geschichte, wenn du zum ersten Mal auf einem Oval fährst: »Auf den Ovals gibt es zwei Arten von Piloten: diejenigen, die gegen die Mauer gekracht sind, und diejenigen, die gegen die Mauer krachen werden.« Juan Pablo ist der einzige Pilot, der zwei Jahre dort hätte fahren, eine Meisterschaft und diverse Rennen gewinnen, dieses Terrain dann wieder verlassen und mit diesem Gerücht aufräumen können. Im zweiten Jahr mit Ganassi fuhr er in St. Louis gegen die Wand, wahrscheinlich, weil er in einem einzigen Augenblick nicht aufgepasst hat. Abgesehen von einem Unfall mit Andretti passierte ihm so etwas nicht noch einmal, denn immer wieder gelangen ihm die tollsten Kunststückchen. Ich kam zu dem Schluss, dass er sein Fahrzeug in einer Weise beherrschte, die weit über dem Durchschnitt lag und die sich gerade auf den Ovals bewährte: Selbst bei höchster Geschwindigkeit schaffte er es noch, zu korrigieren und ein Ausbrechen des Autos zu verhindern.

Ich tat Ganassi den Gefallen gern. Gleich nach meiner Familie und meinen Eltern ist er die Person, der ich mich am tiefsten verbunden fühle, auch wenn ich es ihm nie gesagt habe. Er hat mein Leben wirklich verändert, er hat unendlich oft an mich geglaubt und mich immer unterstützt, wenn auch auf seine ganz eigene Weise. Daher fuhr ich das letzte Rennen mit ihm, in Fontana, mit einem Kloß im Hals. Es war das schönste Rennen dieser drei Jahre, auch wenn ich es nicht gewann. Jimmy hatte nach einem schlimmen Unfall beim Grand Prix von Australien seinen Platz in der Klassifikation an Franchitti abgeben müssen. Er war ziemlich deprimiert, weil er sich vorgenommen hatte, mir dicht auf den Fersen zu bleiben. Aber der Ehrenplatz in der Meisterschaft erschien wirklich unerreichbar: Er brauchte einen Sieg und hoffte darauf, dass Dario ein Problem bekam. Vor dem Rennen einigten wir uns darauf, dass wir uns gegenseitig nicht behindern wollten. Bei der Pilotenversammlung waren neben einigen anderen Persönlichkeiten der Präsident von »Target« und der berühmte Quarterback Joe Montana zugegen. Chip zeigte in seiner üblichen Theatralik auf Jimmy und mich und sagte: »Ihr beide könnt alles machen, was ihr wollt. Aber was ich nicht sehen will, ist ein ›Michigan 2 – Die Rache‹. Kämpft nicht gegeneinander mit dem Ergebnis, dass ein Dritter davon profitiert.« Dies war eine sehr prophetische Betrachtung, da wir uns später in den letzten drei Runden des Rennens tatsächlich im Kampf mit Greg Moore um den Sieg befanden. Jedenfalls mischte ich mich ein und sagte: »Du hast Recht, Chip, aber ich möchte etwas hinzufügen: Die Situation ist anders als die von Michigan. Ich habe meinen Ruhm schon gehabt, ich habe die Weltmeisterschaft gewonnen, und ich wäre glücklich, wenn ich meinem Teamgefährten dazu verhelfen könnte, sogar einen Sieg zu erringen. Aber hier gibt es noch einen kleinen Unterschied: Wer das Rennen gewinnt, nimmt eine Million Dollar mit nach Hause. Du, Chip, gewinnst in jedem Fall, denn 50 Prozent sind dir sicher, ganz gleich ob von mir oder von Jimmy. Für uns beide aber sieht die Sache etwas anders aus.« Jimmy begriff: »Alex, wenn du mir hilfst zu gewinnen, bin ich bereit, mit dir zu teilen.« Und ich: »Auch das ist nicht gerecht: Wenn ich Erster bin und mich für dich ins Zeug lege, warum soll ich dann auf 25 Prozent verzichten? Wer dabei verdient, ist in jedem Fall Chip: Nur wenn du und ich uns behindern, verliert er seine 50 Prozent. Es ist nicht richtig, dass nur wir beide dieses potenzielle Risiko auf uns nehmen. Er müsste es mittragen. Wenn wir uns nicht behindern wollen, müssen wir alle bereit sein zu teilen. Die Lösung heißt daher: 33, 33 und 33 Prozent.« Ganassi, der die ganze Welt zu dieser Versammlung eingeladen hatte, war aus dem Konzept gebracht. Bob Ulrich, Präsident von »Target«, meldete sich zu Wort: »Das ist ein sehr gerechter Vorschlag und entspricht genau dem Sportsgeist der Mannschaft, die wir sponsern wollen.« Chip war röter als das Rot der Marke Target.

Es wurden 500 Meilen Leidensweg für uns beide. Wir kämpften mit dem Set-up unseres Autos, das es uns nicht erlaubte, unter die Ersten zu kommen. Jimmy nutzte die Pitstops, um Verbesserungen für das Auto zu finden. Nach der Hälfte des Rennens lag er vorn und bestimmte das Rennen mit. Ich hingegen bekam die Sache nicht in den Griff. Ich war bereits zweimal überrundet, als der gute alte Morris etwas Neues aus dem Hut zog. Ich beklagte mich über die geringe Geschwindigkeit auf den Geraden, und er begann – im Gegensatz zu dem, was alle anderen, mich eingeschlossen, gemacht hätten –, den Anpressdruck zu erhöhen, indem er beim Pitstop den abnehmbaren Teil des Flügels auswechselte, der im Jargon *nolder* genannt wird. Glückerweise hatte Morris Recht wie fast immer. Ich verlor nicht weiter an Boden sondern begann sogar schon binnen kurzem, die Fahrer zu überholen, die mich gerade erst einkassiert hatten. Ich kam ganz einfach mit einer sehr viel höheren Geschwindigkeit durch die Kurven, und auch mein Geschwindigkeitsmaximum am Ende der Geraden wurde positiv von einem besseren Scheitelpunkt in der Kurve beeinflusst. Chip dachte sich später drei spezielle Zurufe aus. Er ließ mich bei einigen Unterbrechungen des Rennens draußen bleiben, in denen die Mehrzahl der Gegner anhielt, um zu tanken. Bei anderen ließ er mich an die Boxen kommen, was von denen, die kurz zuvor voll getankt hatten, natürlich nicht ausgenutzt wurde. Es scheint simpel, aber das ist es nicht: Man braucht ein Gespür dafür und Glück. In dieser Situation drehten sich die Dinge in die richtige Richtung und erlaubten uns, ein Rennen wieder hinzubiegen, das schon gefährdet schien.

Wenige Runden vor dem Ende waren wir im Kampf um den Sieg nur noch zu viert: Paul Tracy, Greg Moore, Jimmy Vasser und ich. Fünf Runden vor Schluss gab es nach der x-ten Neutralisierung durch die Gelbe Flagge einen Neustart. Tracy, der führte, versuchte alle mit einer brüsken Beschleunigung zu überraschen. Sie gelang ihm miserabel, denn das Auto übersteuerte und brach aus, und er beendete sein Rennen an der Pistenschutzmauer. Die Rennleitung fror das Rennen mit dem Zeigen der Gelben Flagge erneut ein, in der Zwischenzeit aber gingen die Runden zu Ende. Per Funk teilte Chip mir mit, was von der Rennleitung entschieden worden war: »*Green and white flag together.*« – »Grüne und Weiße Flagge gleichzeitig.« Sie wollten den Neustart am Anfang der letzten Runde geben: 500 Meilen, 800 Kilometer, mit Vollgas, und dann steht in einer einzigen Runde alles auf dem Spiel. An der Spitze lag Moore, gefolgt von Jimmy und mir. Zu Beginn des letzten Durchgangs öffneten wir fächerartig, Jimmy außen und ich innen, um Greg zu überholen, der uns seinen Windschatten geboten hatte, aber keinerlei Anstalten machte, sich zu ergeben. Jimmy fädelte sich mit äußerster Selbstlosigkeit in der Mitte von Kurve eins ein, um mich innen mit dem Frontflügel einen Hauch saubere Luft aufnehmen zu lassen: Ich hatte die Möglichkeit, die Kurve schnell zu fahren und die Zielgerade in seinem Windschatten anzugehen. Normalerweise solltest du dich breit machen, und durch hartes Schneiden den, der hinter dir fährt, zum Verlangsamen zwingen. Wer vorn ist, nimmt dir die Luft, du gehst in die Untersteuerung, du musst weichen, und er entfernt sich. Er hingegen ließ mir innen Platz, und ich hätte versuchen können, heranzukommen und ihn zu überholen. Aber ich sah, dass Greg das Auto ganz nach außen gezogen hatte und im Begriff war, mich zu überholen, mit der Möglichkeit, sich vor uns beide zu setzen. Daher machte ich mich ein wenig breiter und stieß durch diesen Strom schmutziger Luft, den Jimmy hinter sich hatte: Das Auto ging mir in die Untersteuerung, und ich verlagerte mich, wobei ich automatisch auch Moore mit nach außen nahm. Wir waren gezwungen, den Fuß etwas vom Gas zu nehmen, und Vasser ließ mich stehen. Auf der letzten langen Geraden gelang es Greg, mich zu überholen, aber Jimmy war jetzt schon uneinholbar. Und ich erinnere mich an meine Freude, als ich sah, wie mein Teamgefährte und Freund einem glänzenden Sieg entgegenfuhr. Ich ertappte mich bei der Frage, wie ich denn so glücklich sein konnte, auch wenn nicht ich das Rennen gewonnen hatte. »Was passiert mit mir?«, dachte ich schlagartig. Wie ist es möglich, dass einer wie ich, der immer kampfbereit gewesen ist und immer gegen alle und alles siegen wollte, sich so sehr über den Sieg des Teamgefährten freut!? Aber es gab nun einmal dieses wunderbare Verhältnis zwischen uns, gefestigt in drei Jahren gemeinsamer Arbeit in totaler wechselseitiger Loyalität. Jimmy gewann seine Dollarmillion und errang im letzten Augenblick auch noch den zweiten Platz in der Meisterschaft.

An den folgenden Tagen amüsierten wir uns wie die Verrückten bei ihm zu Hause in Las Vegas, wo wir so gut wie gar nicht zum

Schlafen kamen. Die üblichen Gefährten waren da: Papis, Franchitti, Moore, mit dem sich jene berühmte Billardpartie zugetragen hatte. Eines nachts fuhren wir auf diesen Turm in Las Vegas, der aussieht wie eine Fahnenstange, tatsächlich aber ein Eisengerüst von 150 Metern Höhe ist, an dem ringsum Sitzbänke angebracht sind. Nachdem sie dir die Sicherheitsgurte angelegt haben, wirst du mit einer phantastischen Geschwindigkeit in die Höhe katapultiert. Es ist die schrecklichste Sache, die auf unserem Planeten existiert. Ich habe Jets der amerikanischen Marine geflogen und ich habe verschiedene Rennwagen gefahren – das aber war eine unbeschreibliche Sensation. Vergleichbar, wenn ich recht darüber nachdenke, nur mit den drei Jahren in der F-Cart-Serie.

Kapitel 12

Mit Williams erzielte ich noch vor Cleveland eine Übereinkunft, die jedoch geheim bleiben sollte. Ich war gebeten worden, absolute Diskretion zu wahren. Aber schon ein paar Tage später wurde die Nachricht in der englischen Wochenzeitung »Autosport« verbreitet. Natürlich wusste Ganassi von meiner Entscheidung; da er aber darauf zählte, dass es noch nicht offiziell war, wartete er auf den günstigen Augenblick, um es seinen Sponsoren mitzuteilen. Es kränkte ihn, dass er es nun so erfuhr, und mir tat es Leid für ihn. Ich erzähle nicht gern Märchen und berief mich daher angesichts der Hartnäckigkeit der Journalisten auf die Tatsache, dass es die Kontakte gab, aber dass nichts unterschrieben war; dass Williams mir eine sehr interessante Perspektive bot und dass, nachdem ich mich nun einmal entschieden hatte, in die Formel 1 zurückzukehren, es eine Ehre für mich sei, es in einem Team wie dem von Williams zu tun. Aber ich kam zu dem Schluss, und ich sage die Wahrheit, dass ich dort war, um zu fahren, und dass ich mich also nur auf das Rennen zu konzentrieren hatte. Es war ein schwieriges Wochenende, an dem ich über alles nachdachte, was auf meinen Schultern lastete. Ich fand so manche Entschuldigung für meine Entscheidung. Ich sagte mir, dass ich vielleicht nicht genug Zeit gehabt hatte, um ausführlicher nachzudenken. Tatsächlich hatte ich alle Zeit der Welt gehabt. Es war eine Entscheidung gewesen, die ich bewusst getroffen hatte, und sie war richtig gewesen. Daher kehrte ich auch endgültig nach Hause zurück, nachdem die Saison beendet war. Kurz nach der Geburt unseres Kindes zogen wir nach Monte Carlo in unser neues Haus. Wir hatten es erst kürzlich gegen ein etwas größeres mit einem Zimmer auch für Niccolò getauscht. Ich erinnere mich an unsere Ankunft dort: Das Haus war praktisch noch leer, und wir hielten unser weinendes Kind in den Armen.

Die Beziehung mit der neuen Mannschaft entwickelte sich langsam. Ich hatte den ersten Test in Barcelona durchgeführt, den mit Craig Wilson, dem Ingenieur, der später Ralf Schumacher zugeteilt war, der schließlich mein Teamgefährte wurde. Wilson war mächtig auf Draht, verhielt sich jedoch trotz meiner großen Begeisterung extrem skeptisch gegenüber meinen Ideen. Dies überzeugte unseren Beobachter Patrick Head immer mehr von der Richtigkeit der Entscheidung, mir einen Ingenieur an die Seite zu stellen, der noch keine Grand-Prix-Erfahrung hatte. In dieser Formel 1 gab es tatsächlich wenig neu zu erfinden. »Solange wir in dieser Weise diskutieren, werden wir es zu nichts bringen«, sagte Head. »Alex kommt aus einer anderen Meisterschaft, er bringt frische Ideen mit, und er ist sicher ein Junge, der die Offenheit und die Lust hat, auch neue Lösungen zu suchen und zu finden. Wenn wir ihm einen an die Seite stellen wie Wilson, der ihm ständig nur sagt, dass nichts funktioniert, dann kommen wir niemals weiter. Wenn wir hingegen die zehn Eingebungen ausprobieren, die er hat, dann gehen neun nicht, eine aber ist richtig und bringt das Team einen Schritt voran.« Sie wiesen mir also einen südafrikanischen Techniker zu, Greg Wheeler, der von den Tourenwagen kam. In der Praxis zeigte sich jedoch, dass Wilson Recht hatte: Es gab nichts Neues auszutüfteln, schon gar nicht in diesem Jahr. Bridgestone lieferte allen dieselben Reifen, und natürlich war ihre Entwicklungsmöglichkeit ziemlich begrenzt. Es gab nur einen einzigen Reifentyp, dessen Leistungsfähigkeit noch dazu extrem schwankte: mit einem brutalen Nachlassen zwischen der ersten und der zweiten Runde, horrend zwischen zweiter und dritter und geradezu unheilvoll zwischen der dritten und der vierten. Wenn sie sich erst einmal aufgelöst hatten, blieb man nicht mehr auf der Piste. Ein Auto unter diesen Bedingungen weiterzuentwickeln, ist sehr schwierig: Du montierst vier neue Reifen und fährst eine Zeit; dann nimmst du eine Modifikation vor, gehst wieder raus und hast eine Sekunde verloren nur wegen der Reifen. Wie willst du beurteilen, ob die Modifikation sinnvoll war? Mir wurde klar, dass Craig Recht hatte: Ich sollte mich an das anpassen, was sie in ihrer Datenbank als optimales Set-up bereithielten und was sie aus hoch entwickelten Computersimulationsprogrammen gewonnen hatten.

Meine Aufgabe im Laufe des Jahres hätte darin bestehen müssen, zu verstehen, wie ich die neuen Reifen intensiv nutzen und mir die Qualifikation bestmöglich organisieren konnte. Einmal ein bisschen weiter mit vorn gestartet, wäre ich anständig meine Rennen gefahren, und niemand hätte Probleme gehabt. Genau hier aber machte ich den Fehler, der mich die Saison kostete. Ich war müde. Ich wollte lieber bei meiner Frau und meinem Sohn zu Hause sein. Ich wollte weniger fahren. Ich war heimgekehrt von dem, was für mich in den drei Jahren in den USA eine Art Militärdienst gewesen war. Wenn ich jetzt in die »*States*« zurückkehre, fühle ich mich dort viel mehr zu Hause als damals. Diese drei Jahre war mein Leben vom Rhythmus der Rennen geprägt gewesen, von den Tests, und es war nicht viel Zeit übrig geblieben, irgendetwas zu genießen. Ich habe Situationen nicht zu schätzen gewusst, die ich heute rückblickend liebend gern noch einmal erleben und auskosten möchte. Ich war ausgebrannt zurückgekommen, nach einer harten Meisterschaft und der komplikationsreichen Schwangerschaft meiner Frau. Ich war Vater geworden und sehnte mich nach einem normaleren Leben. Außerdem musste ich von Grund auf eine Beziehung zu einem neuen Team aufbauen, und schon das allein kostete Energie. Ich stellte meine Auffassung der von Patrick Head gegenüber, auch wenn unsere Vorstellungen am Anfang perfekt übereingestimmt hatten. Nach ein paar Tests sagte ich zu ihm: »Patrick, wenn ich darüber nachdenke, komme ich zu dem Schluss, dass diese Idee mit dem jungen und unerfahrenen Ingenieur eine große Dummheit war. Ich brauche einen, der weiß, wie man das Auto abstimmt, ich muss mich darauf konzentrieren, es zu fahren, weil es sonst eine Katastrophe ist. Schon wenn ich in die Kurve komme, schlingert das Auto, ich nehme den Fuß vom Gas in der Erwartung, dass ich Bodenhaftung bekomme, und ich bekomme sie nie, weil ich mit den falschen Reifen fahre. Wenn ich bei jedem Reifenwechsel die weichen Reifen für vorn hinten drauf montiert bekomme, und umgekehrt, weil ich einen Ingenieur habe, der Experimente macht, dann komme ich da nie raus.« Er war nicht einverstanden, er sagte, ich solle abwarten, und genau da beging ich die größte Dummheit. Ich legte eine abwartend versöhnliche Haltung an den Tag, wo ich meine Ansprüche hätte durchsetzen müssen. Es wäre nicht schwer gewesen, in diesem Moment war ich noch der Alex Zanardi mit den zwei Titeln in der Tasche. Und wollten sie sich an das letzte Rennen erinnern, das sie gewonnen hatten, dann mussten sie viel weiter in der Zeit zurückgehen als ich. Ich machte einen Fehler, denn ich wurde zu dieser Zeit von allen auf Händen getragen, meine Meinung wurde gehört und respektiert. Wahrscheinlich hätte es genügt, in ein Flugzeug zu steigen, nach England zu fliegen, drei oder vier Tage in der Fabrik zu bleiben und mich mit den Technikern auseinanderzusetzen, um die Situation zu verändern. Ich hätte einen anderen Ansatz gefunden, und wenn ich vielleicht auch nicht über den Berg gewesen wäre, so doch immerhin nicht mehr weiter im steilen Anstieg.

Ich wartete ab, was geschehen würde. Ich kann nicht behaupten, dass ich bescheiden sei. Ich bin es nicht. Aber ich bin immer sehr offen gewesen. Wenn du mich davon überzeugst, dass du Recht hast, kann es durchaus sein, dass ich verstehe, dass ich dich um Entschuldigung bitte und mir deine Argumente zu Eigen mache. Ich will nicht aus Hochmut um jeden Preis Recht behalten. In jenem Augenblick aber war ich allzu nachgiebig, und dafür habe ich sehr teuer bezahlt. Das Tempo in der Formel 1 ist sehr schnell: Ein Rennen kommt und geht vorbei, dann zwei, aus zweien werden drei, aus diesen dann vier. Im vierten Rennen, in

Imola, nahm ich Head beiseite und sagte zu ihm: »So geht es nicht, wir müssen etwas ändern, bevor es zu spät ist.« Er antwortete mir: »Wir wollen sehen, was sich machen lässt.« Aber er sagte es in einem anderen Ton; ich sah, dass ich in seinen Augen nicht mehr der war, der mit zwei Titeln in der Tasche ankam. Ich war vielmehr zu einem armen Schwein geworden, das an jedem Rennwochenende von seinem Teamgefährten übel beschimpft wurde. Auf einmal wurde mir klar, dass ich den verloren hatte, der mein Hauptverbündeter hätte sein müssen, und dass das Vertrauen zwischen uns immer schwächer wurde. Auch jetzt hatte ich nicht die Energie, oder die Hartnäckigkeit, eine Situation geradezubiegen, die im Begriff war, sich auf zerstörerische Weise in die falsche Richtung zu entwickeln. Heraus kam eine Saison, in der wir ständig hinterherliefen und mit nur wenigen Hoffnungsschimmern. Noch dazu hatte mein Auto ständig Ausfälle. Achtzehn Mal hatte ich mit dem Differential ein Problem, das sich pünktlich zum Qualifying oder im Rennen einstellte, genau in den Momenten, die über einen Grand Prix entscheiden. Und das prägte nicht nur meine »Lehrzeit«, sondern auch meine Resultate.

Ich startete mit einem Auto, das nicht optimal abgestimmt war. Ich ging auf die Piste, und nach drei Runden ging etwas kaputt. Ich verlor die gesamte Session, um es in Ordnung zu bringen, und ging wieder raus, nur um mir darüber klar zu werden, dass der Monoposto, mit dem ich gestartet war, ein falsches Setup hatte und ich eine halbe Sekunde Rückstand damit eingefahren hatte. Während der Saison gab es nur wenige Situationen, in denen es rund lief, besonders in Spa und in Monza. In Spa fiel zunächst auf der Startlinie der Motor aus, und ich war gezwungen, zum Reserveauto von Schumacher zurückzulaufen. Nach einem optimalen Start hielt ich während des gesamten Rennens das Tempo meines Teamgefährten mit einem Auto, das auf ihn abgestimmt war. Am Ende hatte ich, wenn noch Zweifel bestanden, die x-te Bestätigung für die Tatsache, dass Craig Wilson mit seinen Simulationen am Computer das Auto genau so abgestimmt hatte, wie es gefahren werden musste. Punkt und basta. Folglich war ich es, der sich anpassen musste, das Williams-Auto konnte nicht verändert werden. Ich lag zunächst auf dem fünften Platz; während eines Boxenstopps aber lief etwas schief: Die Tankanlage funktionierte nicht, so dass ich erneut anhalten musste, um zu tanken, und zum Schluss war ich nur noch Achter.

In Monza kam ich etwas näher an das Leistungsniveau heran, von dem ich gehofft hatte, dass ich es die gesamte Saison hindurch würde halten können. Der Circuit war erst vor kurzem mit einer neuen Mischung asphaltiert worden, die bei Regen eine optimale Drainage ermöglichte. Es handelte sich um denselben Asphalt, den wir heute auf unseren Autobahnen finden, mit der interessanten Eigenschaft, keinen allzu großen Abrieb der Reifen zu verursachen, die in diesen Jahren in Gebrauch waren. Die Beschaffenheit der Fahrbahnoberfläche gewährleistete eine gleich bleibende Leistung der Reifen. In Monza konnte man in diesem Jahr mit einem Satz Reifen starten und nach vierzig Runden hatte sich ihr Wirkungsgrad so gut wie nicht verringert, so dass im Vergleich zur ersten Runde nicht mehr als eine halbe Sekunde Zeitverlust auftrat. Bei den zweitägigen Tests ein paar Wochen vor dem Rennen gingen wir kontinuierlich und analytisch an die Sache heran. Wir erprobten verschiedene Modifikationen, und die Beständigkeit der Reifen, was besonders wichtig war, erlaubte es uns, eine immer klarere Bestätigung für das zu bekommen, was funktionierte, und für das, was uns Boden verlieren ließ. Mit diesem Auto war es mir möglich, den vierten Platz auf dem Grid zu holen: Es war die absolut beste Leistung in einem Qualifying von Williams im gesamten Jahr 1999 und stand in klarem Gegensatz zu meinen Ergebnissen auf allen anderen Pisten. Wie kann einer auf bestimmten Rennstrecken völlig außen vor bleiben und in Monza eine solche Höchstleistung vollbringen? Es hätte nicht viel Sinn, einfach nur zu sagen, dass ich Monza kenne. Theorien lassen sich viele aufstellen. Wenn einer etwas dagegen sagen will, findet er tausend gute Gründe, will er zustimmen, findet er tausend andere. Ich glaube, dass die Wahrheit immer irgendwo dazwischen liegt: In jenem Jahr waren ich und mein Techniker nicht vorbereitet, was die Einstellung des Fahrzeugs betraf. Als die besonderen Verhältnisse in Monza uns die Zeit ließen, bis ans Limit zu gehen, begriffen wir, dass wir gar nicht so weit von den anderen entfernt waren.

Am Start kam ich so gut weg, dass ich ohne weiteres Häkkinen hätte überholen können, der auf der Pole stand. Mika aber machte die Tür zu, und ich sah keinen Grund, mich in der ersten Kurve rausdrängen zu lassen, nachdem ich schon in der gesamten Saison nichts zustande gebracht hatte. Ich hatte einen besonders gelungenen Start. Ich fädelte mich als Zweiter hinaus, aber Frentzen überholte mich in der ersten Runde, und es wurde mir klar, dass etwas nicht funktionierte: Das Auto berührte mit der Heckpartie den Asphalt. Weil ich, so sagten sie mir, einen Abweiser erwischt hätte. Ich kann mich nicht daran erinnern. Patrick Head sagte mir, dass Frentzen ihm berichtet habe, ich hätte einen Randstein ganz brutal gestreift, und dass er sich, als er es sah, gefragt habe, ob ich mit der Nase dran gewesen sei, denn es habe fast so ausgesehen, als hätte ich es mit Absicht getan. Eine ziemlich bizarre Behauptung. Ich habe nichts Derartiges getan, aber in Monza kommt es schließlich vor, dass man die Abweiser erwischt. Der Heckflügel war zu steil montiert worden und machte das Fahrzeug langsam, auch wenn ich absolut sicher bin, dass es nicht vorsätzlich geschah. Trotz dieses Vorfalls hielt ich Frentzens Tempo während der gesamten ersten Hälfte des Rennens. Meinen Teamgefährten Ralf Schumacher hielt ich mir dabei im Rücken, ohne ihn zu behindern.

Ich gab mich der trügerischen Hoffnung hin, dass sich die Reifen schon wenig später erwärmen und den optimalen Druck erreichen würden, so dass das Heck den Boden nicht mehr berührte. Es geschah nicht, auch wenn es mir gelang, die Position zu halten. Ich begriff, dass das Heck im Begriff war sich abzulösen, als seltsame Geräusche vom Unterboden zu hören waren. Als ich in die Spiegel schaute, sah ich eine Wolke aus schwarzem Karbonstaub, der mich auf der Geraden abbremste und die Bodenhaftung zunichte machte, die die Heckpartie in der Kurve hätte erzeugen sollen. Ralf war in der Zwischenzeit herangekommen und begann, die Mannschaft über Funk zu bedrängen: »Er bremst mich, er bremst mich!« Einige Runden lang sagten sie mir, ich solle ihn vorbeilassen, und von dem Moment an, da ich sicher war, ihn nicht zu behindern, tat ich so, als verstehe ich die Nachricht nicht, und rief, dass es da Interferenzen gebe und dass sie alles noch einmal wiederholen sollten. Als jedoch klar war, dass ich tatsächlich langsamer wurde und ich ihm ein Hindernis hätte sein können, ließ ich ihn vorbei. Ralf errang einen ausgezeichneten zweiten Platz hinter Frentzen, weil Häkkinen sich in der Zwischenzeit um seine eigene Achse gedreht hatte. Und ich verpasste eine großartige Chance: Mit einem intakten Heck wäre ich vielleicht in der Lage gewesen, Heinz-Harald ins Grübeln zu bringen, ob er gewinnen werde. Diesmal war ich ganz sicher schneller als Ralf. Was für eine Diskrepanz zwischen diesem Rennen und dem ganzen Rest der Saison! Tatsächlich glaube ich, dass der einzige Unterschied in der Zuverlässigkeit lag, die das Auto mir, zumindest bis zum Beginn des Grand Prix, garantierte. Und dass die Piste von Monza, mit dieser Art von Asphalt, mir dazu verhalf, zu einem Set-up zu kommen, das mir behagte. Zu einem Set-up, das mir wahrscheinlich auch Wheeler, wenn auch nicht bei jedem Rennen, nach einigen Jahren Erfahrung eingestellt hätte und zu dem er mit Hilfe der Simulationsprogramme seines Computers gelangt wäre. Am Ende dieses Grand Prix von Italien war ich Siebter, gerade nicht mehr in der Punktewertung. Ich wünschte, ich könnte sagen, dass ich die Saison fortsetzte und dass sie aus Höhen und aus Tiefen bestand; aber sie bestand nur aus Tiefen.

Mit Williams hatte ich einen Dreijahresvertrag. Frank hatte mir zu Beginn der Verhandlungen zwei Jahre angeboten mit einer Option für beide Seiten: Wenn das Team bestimmte Leistungen nicht erbrächte, hätte ich mich lösen können; hätte ich meine Leistungen nicht erbracht, sie sich von mir. Sieg oder Sense. Aber ich sagte ihm, dass wir es einfach schon nach zwei Jahren beenden könnten, wenn der eine nicht an den anderen glaubte. Ich forcierte nichts. Sie hatten sich um mich bemüht, sie hatten mich gewollt und mir einen Vertrag vorgelegt, der mir, als ich ihn unterschrieb, ganz wunderbar erschien. Weswegen sich Frank, nachdem er darüber nachgedacht hatte, für drei volle Jahre entschied, ohne Optionen. Am Ende dieser verkorksten Saison fühlte ich mich angesichts der Fehler, die von allen begangen worden waren, in der Pflicht, die Dinge wieder ins Lot zu bringen. Sie hatten beträchtlich in mich investiert; aber es gab, leider muss ich es aufrichtigerweise sagen, innerhalb der Mannschaft Personen, die absolut nichts taten, um diese Investition fruchtbar werden zu lassen. Einige Teamzugehörige betrachteten die Piloten, die aus der F-Cart-Serie kamen, als Fahrer von minderem Wert. Im Laufe der Jahre mussten sie erleben, dass dies ein Fehler war. In der Tat haben sie 2001 Montoya engagiert, an dem Ralf Schumacher kein gutes Haar gelassen hatte.

Ralf verhielt sich mir gegenüber wenig kameradschaftlich und dachte nur an sich. Er wirkte abweisend, meist oberflächlich und – so war mein Eindruck – von Zeit zu Zeit sogar bösartig. Ich fürchte, er denkt, mich zerstört zu haben, auf der Piste und auch psychologisch. In Wahrheit aber hat er nichts begriffen. Vielleicht sollte er mehr an sich selber glauben. Was mich betrifft, so halte ihn wirklich für einen ausgezeichneten Piloten. Angesichts der lächerlichen Mittel aber, die er bei mir angewandt hat, halte ich ihn für eine im Grunde schwache Person. Sein Verhalten hat mich nicht im Geringsten beeinflusst. Das, was alles ruinierte, waren meine Fehler, mein Verhältnis zur Mannschaft, die Dummheiten, die ich beging und die das Team beging. Ralf war bei alledem nur eine unsympathische Person, die ertragen werden musste: Er versäumte keine Gelegenheit, das Messer in der Wunde zu drehen, mit kleinen Seitenhieben und Halbsätzen, darunter einige auch allzu deutliche. In steter Anspielung auf die angebliche Tatsache, dass jeder in einer leichten Meisterschaft wie der F-Cart-Serie siegen konnte, liebte er es zu wiederholen, dass dieser Montoya, der in den USA hervorragend fuhr, ein »Niemand« war, und dass er bei Williams nur Testfahrer gewesen war, ohne jemals einen Eindruck zu hinterlassen. Hier musste dann sogar der Cheftechniker James Robinson, ein großer Verehrer von Ralf Schumacher, ihm erklären, dass Montoya im Team selbst hohes Ansehen genoss. Aber das sind ihre Angelegenheiten, und ich sollte mich vielleicht nicht dazu äußern. Auch ich bin nicht perfekt; und es hat mir schon Vergnügen bereitet, dass Juan Pablo ihm später, als sie sich Seite an Seite wiederfanden, bei mehr als einer Gelegenheit zeigte, was eine Harke ist. Aus heutiger Sicht kann ich anfügen: Die Hochzeit mit Cora und die Geburt seines Sohnes David haben ihn sehr zum Positiven verändert. Als wir uns vor einiger Zeit bei einem Pressetermin wieder trafen, war von den Problemen aus früheren Tagen nichts geblieben. Wir scherzten, er zeigte die Familienfotos, die er in der Brieftasche immer bei sich trägt.

Ende 1999 jedenfalls war die Lage wirklich brenzlig. Es fehlte mir die Entschlossenheit, die mir in anderen Phasen meiner Karriere geholfen hat. Auch die Umgebung trug dazu bei: Vielleicht war Ganassi besonders gut darin gewesen, einen gewissen Enthusiasmus auf mich zu übertragen. Bei Williams geschah das nicht, auch wenn ich Frank nicht das Geringste vorzuwerfen habe. Ich habe so manches Mal mit ihm gesprochen, und niemals war er mir gegenüber aufgebracht oder gar wütend. Er hat nie zu mir gesagt: »Wir bezahlen dir einen Haufen Geld, und du bist eine Pfeife.« Ich habe ihn immer nur betroffen gesehen, und in seinem Gesicht standen deutliche Fragezeichen: »Was machen wir nur falsch?« Und in dieses »wir« war natürlich auch ich mit eingeschlossen. Ich bin schließlich mit Frank auseinander gegangen, ohne dass wir eine Lösung gefunden hätten; es tat mir Leid, denn er ist eine großartige Persönlichkeit, und ich hätte ihm gern Freude bereitet. Ich glaube, dass er nie an meinem Talent gezweifelt hat. Er war immer davon überzeugt, dass sie als Mannschaft nicht dazu in der Lage waren, das Beste aus mir herauszuholen. Und ich habe es nicht verstanden, meine Vorzüge aufzudrängen. Irgendeine Komponente in der magischen Formel hat gefehlt, aber ich bin mir sicher, dass er einer der wenigen ist, die nie gedacht haben: »In Amerika hat er alles gewonnen, aber er fuhr gegen ›Leichen‹. Hier hingegen ist er ohne Chance, weil alle Spitze sind.« Trotz allem erhielt ich Ende des Jahres die Möglichkeit, mit ihnen weiterzumachen. Und ich glaube, dass der Vorschlag von ihm persönlich kam.

Schon vor Suzuka, dem letzten Rennen der Saison, brachte »Autosport« allwöchentlich Gerüchte über meine Ablösung im darauf folgenden Jahr, ungeachtet des schon unterschriebenen Vertrages. Nach dem Grand Prix von Japan verabschiedeten wir uns und sprachen nicht mehr darüber. Kurze Zeit später rief Frank mich an und sagte zu mir: »Alex, was machen wir? Wir müssen die Lage besprechen und zu einer Entscheidung kommen. Was willst du tun?« Ich hatte verstanden, dass sie hofften, ich würde wegwollen und sagen: »Lasst uns einen Vergleich treffen.« Denn wenn ich den ersten Schritt getan hätte, wäre es für sie in finanzieller Hinsicht weniger schmerzlich gewesen. Der Winter stand vor der Tür, und sie versuchten, mich in eine Situation zu bringen, in der es mir schließlich gereicht hätte. Sie schickten mich nach Birmingham zu einigen Auftritten für die Sponsoren, und sämtliche Journalisten fragten mich vor dem Hintergrund der kursierenden Gerüchte, und was ich im nächsten Jahr machen wolle. Die englischen Journalisten verstehen etwas von ihrem Geschäft, und sie provozierten mich mit Sätzen wie: »Aber was will Williams von dir? Dein Auto war immer kaputt, und es gab immer eine offenkundige Ungleichbehandlung.« Sie versuchten mich zu reizen, damit ich erzählte, wie es wirklich um die Sache stand. Ich hingegen war kein Anfänger mehr und kannte meine Situation nur zu gut: Ich respektierte die unterschriebene Vereinbarung und hatte die Absicht, sie auch einzuhalten. Im Winter aber tat das Team rein gar nichts, um die bittere Saison wieder gutzumachen oder wenigstens zu sagen: »Krempeln wir die Ärmel hoch und sehen wir zu, wie wir die Dinge wieder hinbekommen.« Und so folgten den Gerüchten auch die Tatsachen. Williams begann die Tests mit Darren Manning, dann fuhren diverse andere Piloten und schließlich Jenson Button. Während Ralf Schumacher, der für 2000 schon sichere Pilot, regelmäßig ins Auto stieg. Und unterdessen schickten sie mir, zumindest war dies mein Eindruck, die Journalisten auf den Hals, um mich zu einem Fehltritt zu verleiten. Nachdem alle diese Tests, unter denen sich kein besonders interessanter abzeichnete, zu den Akten gelegt waren, bereitete man sich auf eine Saison des Übergangs vor. Die Mannschaft hatte gerade ihre Beziehungen zu BMW aufgenommen, dem Lieferanten der Motoren: Es musste eine Saison voller Ausfälle und Schwierigkeiten in Kauf genommen werden, auch wenn BMW sich sofort als leistungsfähig und überaus zuverlässig erwies.

Wenige Wochen vor dem Beginn der Weltmeisterschaft erhielt ich einen Anruf, durch den ich nach England gerufen wurde. Ich erschien zum Gespräch mit Frank Williams und Patrick Head, der während des Winters giftige Erklärungen abgegeben hatte. »Zanardi hat mitbekommen, dass das Business hart ist«, hatte er geäußert. »Anstatt die Ärmel hochzukrempeln, hat er sich Kaffee gekocht und mit seinen Jungs herumgespaßt. Das hat nicht ausgereicht, das Ruder herumzureißen.« Sie vermittelten mir sogleich den deutlichen Eindruck, dass sie mich dazu bringen wollten, alles hinzuschmeißen. Patrick hielt seinen Blick fast die ganze Zeit über auf die Tischplatte geheftet; hätte er mich angeschaut, hätte er womöglich riskiert, mit etwas herauszuplatzen, das nicht mehr zu reparieren gewesen wäre. Dann ergriff Frank das Wort: »Wir haben uns die Angelegenheit sehr gewissenhaft durch den Kopf gehen lassen«, sagte er. »Im vergangenen Jahr gab es eine ganze Reihe von Umständen, unter denen es nicht funktioniert hat. Aber wenn du es wirklich willst und bereit bist, dich zu engagieren, und wenn du völlig davon überzeugt bist, dann könnten auch wir die Beziehung fortsetzen wollen.« Diese Sprüche ärgerten mich sehr, und ich sagte ihm genau das, was ich dachte: »Frank, ihr habt mich eine ganze Saison lang auf den Arm genommen, und nach dem vierten Rennen war euer Vertrauen in mich schon restlos verschwunden. Wir haben uns weiter so dahingeschleppt, wir haben gegenseitig die Achtung voreinander verloren und konnten das Ende der Saison kaum erwarten. Ihr wart sicher, dass ich die Auseinandersetzung aus dem einen oder dem anderen Grund nicht überlebt hätte. Während des Winters habt ihr mich jeder nur denkbaren Kritik ausgesetzt, um mich dazu zu bringen, das Handtuch zu werfen. Ihr habt mich mehr als einmal den Journalisten zum Fraß vorgeworfen, ohne mir den geringsten Hinweis zu geben, und gleichzeitig habt ihr andere Piloten als meine möglichen Nachfolger getestet. Ihr habt jetzt begriffen, dass ihr euch von dem, was auf dem Markt verfügbar ist, nichts versprechen könnt. Ihr seid euch klar darüber geworden, dass es viel teurer wird als erwartet, den Vertrag mit mir zu lösen, wenn die Initiative dazu nicht von mir ausgeht.« Ein finanzielles Angebot im Falle einer Vertragsauflösung hatten sie mir tatsächlich schon unterbreitet. Dazu äußerte ich mich wie folgt: »Euer Angebot ist lächerlich, und deswegen habt ihr sofort die bisherige Strategie aufgegeben und seid zu einer anderen übergegangen, die, wenngleich noch viel erbärmlicher, so doch verständlich ist, da in geschäftlichen Angelegenheiten jeder nur nach seinen eigenen Interessen handelt. Jetzt plötzlich werdet ihr euch all dieser Dinge bewusst. Ihr wisst, dass ihr im nächsten Jahr mit dem Motor wahrscheinlich mehr Zeit an den Boxen verbringen werdet als auf der Piste, weswegen es sich vielleicht gar nicht lohnt, mich zu ersetzen. Ich kann auch bleiben. Aber wenn ich dieses Jahr bleibe, bleibe ich auch das nächste. Wenn ihr mich wirklich motivieren wollt, dürft ihr mich nicht einen Winter lang wie einen Idioten behandeln, um dann anzukommen und mir zu erzählen, dass ihr mir nun eine andere Möglichkeit einräumt. Das sind Albernheiten. Ihr habt euch jetzt entschlossen, mich zu behalten, weil ihr es euch finanziell nicht leisten könnt, einen anderen Weg einzuschlagen. Das ist der Hauptgrund. Sagt die Wahrheit! Sagt mir, dass ihr kein Vertrauen mehr in mich als Fahrer habt, aber dass ihr euch trotz allem darüber im Klaren seid, dass die Fortsetzung der Beziehung in diesem Moment das Naheliegende ist. Und dass es an mir liegt, euch den Glauben an mich im Laufe der Saison zurückzugeben. Dass es aber vor allem gescheit wäre, nachdem die Entscheidung vor einem Jahr getroffen wurde und ihr in mich investiert habt, mir die größtmögliche Unterstützung zu geben, um meine Motivation wieder zu steigern.«

Ich schäumte wie ein Fluss bei Hochwasser. »Seid ihr also bereit, mich zu fragen, was ich für nötig halte, damit die Saison besser wird? Welche Anhaltspunkte ich der Mannschaft geben will? Welche Art von Tests ich machen muss, ab sofort und bis zum ersten Rennen? Welche Art von Ingenieur ich an meiner Seite brauche? Ob ihr davon überzeugt seid, dass ich stark oder weniger stark fahre, das ist am Ende unerheblich. Sicher, es gefiele mir, wenn ich Leute an meiner Seite hätte, die mir zulächeln, weil sie davon überzeugt sind, dass ich ein Naturtalent bin. Aber es ist mir klar, dass dies zum jetzigen Zeitpunkt nicht möglich ist. Gebt mir das, was ich brauche, und wenn ich dann noch immer nicht schnell fahre, dann bedeutet das, ich bin tatsächlich eine Pfeife und basta. So liefe die Motivation. Wenn ihr mich unter den gegenwärtigen Bedingungen halten müsst, dann komme ich, um die Rennen zu fahren. Dann mache ich am nächsten Sonntag meine Arbeit und werde versuchen, sie so gut wie möglich zu machen. Aber so fährt man keine Rennen. Nur wenn du Leidenschaft hast, arbeitest du gut. Wenn es dich Überwindung kostet, wird es nichts. Entscheidet ihr, denn mir steht es absolut nicht zu. Es ist sinnlos, wenn ihr versucht, euch mir erneut anzuvertrauen in der heimlichen Hoffnung, dass ich meine tiefe Demotivation und meine Angst, mit euch zu fahren, zum Ausdruck bringe, und dass ich folglich lieber aufhören möchte. Wenn ich in diesem Augenblick die Wahl hätte, wäre es wohl bequemer, das Verhältnis aufzulösen. Aber warum sollte ich es tun: Ihr habt eine Saison verloren, aber ich bin aus den Vereinigten Staaten weggegangen, wo ich ein Superpilot war, und jetzt, mit der Meisterschaft, die ich errungen habe, kann ich Gurken pflücken gehen. Denn es ist jetzt für mich sehr schwierig, noch auf höchstem Niveau zu fahren.«

In Wahrheit stimmte das nicht so ganz: Auf der Rückreise traf ich Daniele Audetto von Arrows; er schlug mir vor, sie anzurufen, weil sie mich sehr schätzten, und dass der, den sie bei Williams gesehen hatten, sicherlich nicht der wahre Zanardi gewesen sei. Er konnte nicht wissen, dass ich mich in einer äußerst prekären Lage befand und dass ich alles machen konnte, außer Williams eine Alternative zu bieten. Es gab rechtliche Komplikationen, die mein Anwalt mir darlegte und die mich zwangen, eine bestimmte Position einzunehmen. Ich war also darauf eingestellt, noch weiter mit Williams zu fahren und meine Vereinbarung einzuhalten; andernfalls hätten sie mir sagen müssen, dass sie sich von mir trennen wollten, und wir hätten uns auf eine angemessene Abfindung geeinigt. Am Tag nach jenem Treffen rief Frank mich an und sagte, sehr höflich und bescheiden: »Alessandro, du hast Recht: Ich habe verstanden, dass der Riss zu tief ist. Wir haben zu wenig Zeit, ihn wieder zu kitten. Es ist besser, wir trennen uns jetzt und lassen ab morgen unsere Anwälte arbeiten.« Es ging nur noch darum, einen Kompromiss zu finden, mit dem beide gut leben konnten. Ich bin nicht böse auf Patrick Head, der den Mut hatte, für seine eigenen Aktionen und Erklärungen einzustehen, auch wenn er einer ist, der häufig spricht, ohne vorher nachgedacht zu haben. Am Ende aber übernimmt er Verantwortung, und er ist immerhin einer der beiden Chefs der Firma. Mein Fehler war, dass ich nicht genügend Entschlossenheit zeigte; sie aber haben niemals irgendetwas unternommen, um zu meiner Motivation beizutragen und mich wenigstens ansatzweise zu begeistern: Schon zu Beginn der Saison hatte es so ausgesehen, als hätten sie nicht mich verpflichtet, sondern sich eine Wurst gekauft, und als interessiere es sie nicht im Geringsten, wie es mit ihr weiterging.

Dieses Verhalten überraschte mich sehr: Ich war zu Williams

gegangen, weil ich davon überzeugt war, dass sich das Team ganz den Rennen widmete und wenig der Politik, ein Team, das weniger Wert auf die Form als auf den Inhalt legte und für das der Wettkampf und die technischen Aspekte wichtig waren. Frank war trotz seiner Behinderung zu mir in die USA gekommen, weil er mich wollte, und das hatte mich tief beeindruckt. Außerdem gab es die gerade erst bekannt gegebenen Pläne mit BMW. Das alles brachte mich dazu, voller Vertrauen in die Zukunft zu sehen. Mir war klar, dass es am Anfang schwierig werden würde, aber auch ich hätte zusammen mit der Mannschaft wachsen können. Den BMW-Motor hatte ich richtig eingeschätzt: Ich glaube, dass er der zurzeit leistungsstärkste Motor in der Formel 1 ist und dass es am Chassis liegt, wenn es in der Kombination an etwas mangelt, was einem beständigen Erfolg im Wege steht. Im Laufe der Zeit jedenfalls sollte sich das Projekt unausweichlich als siegbringend erweisen. Mich selbst sah ich dabei eine bedeutende Rolle spielen. Leider kam es anders.

KAPITEL 13

Die Verbindung mit Williams ging schlecht aus. Am Ende wurde ein Vergleich geschlossen, und sie bezahlten das, was sie bezahlen mussten. Bis zum Schluss spielten sie mit meiner Angst, aber ich hielt durch. Was geschehen war, hatte mich ziemlich enttäuscht und meiner Leidenschaft für den Rennsport einen herben Dämpfer versetzt. Dies, verbunden mit der Tatsache, dass ich es mir in finanzieller Hinsicht durchaus leisten konnte, brachte mich dazu, mir ein Jahr Pause zu gönnen, um mir über meine Zukunft klar zu werden. Im Jahr 2000 wollte ich mich meiner Familie widmen, auch wenn einige Zeitungen, wie üblich vor allem »Autosport«, davon sprachen, dass meine Pause Bestandteil des Vergleichs sei und dass ich eine Abfindung als Gegenleistung unter anderem für eine einjährige Zwangspause erhalten hätte. Es war jedoch vielmehr eine Entscheidung, die einer sehr schönen Zeit den Weg bereiten sollte. Ich erinnere mich noch gut daran, wie ich aus Japan zurückkehrte und das Zimmer meines Sohnes betrat, das mir zu Ehren dekoriert worden war. Es war gerade erst der 23. Oktober gewesen, mein Geburtstag, und Daniela hatte mit Hilfe des »Titan« eine schöne Zeichnung angefertigt, die sie dann am Geländer von Niccolòs Bettchen anbrachten, und auf der stand: »Glückwunsch zum Geburtstag, Papà«. Auf den Fotos, die Daniela machte, sieht es so aus, als trage Niccolò das Schild, während er sich am Bettgestell festhält. Ich erinnere mich an meine Gefühle in diesem Anblick. Zum einen war ich sehr glücklich über das liebevolle »Geschenk«, zum anderen empfand ich eine große Vergeudung. Ich ließ die schönsten Momente meines Lebens verstreichen, ohne sie je auszukosten. An meinem Geburtstag war ich unterwegs gewesen; und ich war nicht einmal zu Hause, als Niccolò sein erstes Lebensjahr vollendete.

Ich hatte mir ein Boot gekauft und es »Hakuna Matata 1« getauft. Mein Tag unterteilte sich in die Stunden, die ich mit meinem Sohn oder mit meiner Frau verbrachte, und in die Zeit mit den kleineren Arbeiten auf dem Boot – Motoröl wechseln, Schleifen der Plicht, Auseinandernehmen aller möglichen Teile, sorgfältiges Putzen, Einölen des Teakholzes, Konstruieren der Aufhängung für das Beiboot achtern. Das alles genoss ich sehr, denn ich konzentrierte mich mehr auf die Bastelarbeit als auf meinen Beruf als Rennfahrer. Es mag banal erscheinen, aber ich brauchte auch das. So wie ich es brauchte, Niccolò heranwachsen zu sehen und nicht erst die Koffer packen zu müssen, wenn ich ein paar schöne Tage mit ihm erleben wollte. Meine einzige Beschäftigung bestand darin, mit dem Mofa zum Boot zu fahren, mit meinen Freunden zu telefonieren und sie vielleicht am Wochenende zu sehen, wenn sie mich besuchen kamen. Diese Monate taten mir gut, ich lud die Batterien wieder auf. Aber es war noch nicht das Leben, dass ich von jetzt an immer führen wollte. Ganz im Stillen reifte in mir ein wenig Frustration heran: Ich sah die Zeit verrinnen, und die Ahnung überkam mich, dass ich eines Tages, mit fünfzig oder sechzig Jahren, würde sagen müssen: »Die Welt lag mir zu Füßen, alle wollten, dass ich für sie fahre, und ich bin dort gewesen, habe mein Schiff geputzt und im ›Carrefour‹ eingekauft, während ich in Wahrheit mit den schönsten Autos der Welt hätte fahren können.« Ich zeigte mich gesprächsbereit für alle F-Cart-Teams, die begonnen hatten, mich im Hinblick auf das kommende Jahr zu kontaktieren. Ich hatte den Kopf noch nicht frei und ich war eitel: Ich wollte gehätschelt werden und im Zentrum der Aufmerksamkeit stehen; ich hatte Lust zu hören, dass ich noch wer war nach einer schwierigen Saison, in der ich mir viele Fragen gestellt hatte.

Die Vorstellung, hofiert zu werden, schmeichelte mir sehr, und

Rückkehr auf den Lausitzring anderthalb Jahre später: auf der Piste wegen der 13 Runden, die noch fehlten. (Reuters)

Auf dem Oval in Deutschland mit mehr als 300 Stundenkilometern im Schnitt: Nicht übel, Sandrino! (Reuters)

Mein neues Team beim Abendessen im Haus von Costa. Wir feiern die Fertigstellung des Buches. Von links im Uhrzeigersinn: Dr. Costa (mit der Hand, die

eine Salami »bewacht« ...) ich, Gianluca, der Titan, Claudio Panizzi, Filippo, Sandro, Roberto Trevisan, Franco Ferri. (Orsi)

Umarmung von Oma Gisella, 89 Jahre: ihre Tagliatelle bleiben unschlagbar. (Pegaso-Schicchi)

Mit meiner Mutter Anna, einer starken Frau. (Orsi)

ich wollte gar nicht, dass es aufhört. Ich hatte nicht die Kraft zu sagen: »Lasst mich in Frieden und ruft mich für wenigstens vier oder fünf Monate nicht an.« Und ich begann, Ausflüchte zu suchen: »Wir werden sehen, ich bin nicht sicher, ich muss nachdenken.« Ich hatte Angst, erneut den Koffer aus dem Schrank holen zu müssen; gleichzeitig aber befürchtete ich, dass ich meine Entscheidung mit den Monaten bedauern könnte, die Tatsache, dass das Teakholz des Bootes zwar schön glänzte, ich mich aber langweilte. Ich gönnte mir nicht die Zeit, richtig darüber nachzudenken, und verbrachte das ganze Jahr damit, nicht nur die Mannschaften, die nach mir fragten, zu verschaukeln, sondern auch mich selber. Ich sprach mit Barry Green, der mich für das Auto von Motorola verpflichten wollte, das später von Michael Andretti gefahren wurde, und der allein für mich ein Team zusammengestellt hätte. Ich sprach vor allem mit Chip. Kaum hatte er erfasst, dass ich wieder auf dem Markt war, sagte er zu mir: »Lass uns sofort einen Vertrag schließen.« Aber »Target« machte Druck, und er schien mir daher nicht ganz überzeugt: Er kannte mich gut und hatte einige Bedenken. Vielleicht hatte er auch einfach begriffen, dass ich nicht wirklich motiviert war. Chip sondierte die Möglichkeiten einer Einigung, und ich verlangte eine dermaßen übertriebene Summe, dass mein Wunsch und Wille, nicht zu fahren, offenkundig war. Ich schäme mich dafür, aber auch ich bin ein Mensch und mache Fehler. Ich dachte, dass auf der Piste alle weichen müssten, nur weil ich Zanardi hieß, und dass ich alles, was es zu gewinnen gab, auch gewann, und zwar mit Leichtigkeit. Aber so war es ganz sicher nicht. Es ging vielmehr darum, mit einem Team zusammenzuarbeiten, das über das richtige Material verfügte und sich einsetzte. Dann hätte ich vielleicht erneut gewinnen können, ja, so gut wie sicher hätte ich gewonnen. Ganassi hatte jetzt einen anderen Motorlieferanten, er hatte zu Toyota gewechselt. Daher begann ich, seltsame Dinge zu äußern: »Wenn Toyota einen Piloten wie mich will, müssen sie einen Beitrag leisten. Ich verstehe, dass du mir diese Summe zahlen willst, die ausschließlich von ›Target‹ kommt. Aber auch Toyota muss dir eine Hand reichen.« Ansichten, die weder Hand noch Fuß hatten. Die Wahrheit war einzig und allein: Ich hatte keine Lust mehr zu fahren, war jedoch der Einzige, der es noch nicht begriffen hatte. Ich erinnere mich an einen Anruf von Jimmy; er war sehr aufgebracht und sagte: »Alex, du hast die Schnauze voll. Gib doch zu, dass du nicht mehr fahren willst!« Diese Sätze gingen mir zum einen Ohr hinein, zum anderen wieder hinaus, und ich war auch noch sicher, dass es die anderen waren, die nichts begriffen.

Unter anderen waren auch Carl Haas und Paul Newman, Besitzer eines der stärksten F-Cart-Teams, zu sehr viel bereit, um mich zu bekommen. Aber sie hatten bereits das Engagement von Da Matta offiziell gemacht, und Carl sagte zu mir: »Wenn du dich eher entschieden hättest ... Ich habe Cristiano genommen, weil ich glaube, dass er ein leistungsstarker Fahrer ist, aber bei allem Respekt für ihn hätte ich es doch vorgezogen, dich unter Vertrag zu nehmen.« Im Rückblick erwies sich die Entscheidung für Da Matta als die bessere ... Im September fuhr ich nach Fontana, um mir das dortige Rennen anzuschauen, und als ich entdeckte, dass die Würfel auf dem Markt so gut wie gefallen waren, wurde mir der Boden unter den Füßen heiß. Ich sprach mit meiner Frau über diese Projekte, mit meinen Freunden, mit meinem Schwager. Viele sagten mir, dass ich wieder zum Rennsport zurückkehren müsse, mit 34 Jahren könne es noch nicht vorbei sein. Meine Frau legte ein ehrerbietiges Schweigen an den Tag. Vielleicht beging sie damit einen Fehler, sie hätte einfach nur ihre Meinung zum Ausdruck bringen sollen. Aber sie ist eine viel zu intelligente Frau: Sie wollte mich nicht in die Lage bringen, mich eines Tages beschweren zu können, auf etwas verzichtet zu haben, weil sie mich mit ihren Ängsten und ihren Wünschen belastete. Die Journalisten schrieben einen Haufen Dummheiten, wenn sie beispielsweise behaupteten, ich sei zur Formel 1 gegangen, um meiner Frau zu gefallen: Das stimmte nicht. Ich wollte in den Grand Prix fahren, weil ich eine neue Herausforderung suchte und weil ich davon überzeugt war, dass es leicht sein werde, auch dort zu gewinnen. Und weil ich gern wieder in Europa leben wollte.

Ich kehrte etwas niedergeschlagen aus Fontana zurück, überzeugt, ich hätte jede Chance verpasst, weil ich zu lange gezaudert hatte. Aber als Herr Asaka, Chef des Sportprojekts von Honda in den Vereinigten Staaten, erfuhr, dass ich entschlossen war, wieder zu fahren, setzte er sich dafür ein, eine Alternative für mich zu suchen. Morris Nunn hatte in der Zwischenzeit ein Team zusammengestellt und sich dabei für die Honda-Motoren entschieden. Honda hatte die Bewerbung von Jimmy Vasser als Pilot unterstützt, dem Tony Kanaan an die Seite gestellt werden sollte, der auch schon unter Vertrag genommen war. Später wurde an mehreren Stellen geschrieben, dass er das Angebot, das zweite Auto von Morris zu fahren, ausgeschlagen hätte, da er Jimmy den Platz nicht wegnehmen wollte. Honda hatte immer große Achtung vor Vasser; er ist und bleibt der Pilot, der die erste Meisterschaft für sie in den USA gewonnen hat. Zur selben Zeit aber setzten sie darauf, dass nunmehr auch Jimmy keine Alternative hatte, und versuchten, ihn ein wenig zu übervorteilen. Als er mit seiner Geduld am Ende war, nahm Vasser das Angebot von Pat Patrick an, der ihm vorschlug, für sein eigenes Team zu fahren. Honda war ziemlich verärgert, auch weil Jimmy keine Gelegenheit hatte, seine Wahl zu begründen. Morris rief mich zu Hause an und vertraute mir an, dass die Verhandlungen mit Jimmy geplatzt seien: Für Honda hieß die einzige mögliche Alternative Zanardi. Nun spielte auch ich mein Spiel und sagte, dass ich sicherlich nicht gratis fahren würde. Auf völlig überdrehte Weise war ich tief in meinem Herzen davon überzeugt, dass ich, wenn ich für sie gefahren wäre, von 21 Rennen auch 21 gewonnen hätte. Folglich musste mir Honda eine schöne Summe bezahlen: für mein Image und für die Resultate, die ich zu garantieren in der Lage war. Ich verlangte daher eine recht beträchtliche Gage, auch wenn es mich wunderte, dass Morris so schnell in der Lage war, zwei Autos auf die Piste zu bringen und noch dazu einem prominenten Piloten eine angemessene Summe zu bezahlen. Ich bin davon überzeugt, dass an diesem Punkt Honda das Geld für Zanardi auf den Tisch gelegt hat. Eine Woche später kam ein Anruf von Mo: »Das Geld ist da. Wenn du willst, können wir unterschreiben.«

In diesem Moment, da ich der Tatsache ins Gesicht sah, dass ich wieder fahren würde, kam mir erneut der besagte Koffer aus dem Schrank in den Sinn. Noch am selben Abend rief ich Jimmy an, und er erklärte mir, dass Patrick im Begriff sei, sich zurückzuziehen. Nichts auf der Welt wollte ich weniger, als meinem brüderlichen Freund den Platz wegnehmen. Ich rief Asaka an, der mir sagte, dass Jimmy sich durch sein Verhalten jede Chance bei Honda verspielt habe. Ich legte ihm dar, wie die Dinge standen, und dass es eben gerade nicht Vassers Schuld war. Drei Tage später jedenfalls unterschrieben Jimmy und das Team Patrick, und ich war sehr erleichtert und jede Verantwortung los. Schlagartig fühlte ich mich in Form, auch weil Morris mir versichert hatte, dass er mein Ingenieur sein werde. Überdies gab er mir zu verstehen, dass er, der vor einigen Jahren nach Florida gezogen war, sehr gern bereit sei, in Indianapolis zu leben, nur um einige Rennen zu gewinnen. Ich war glücklich, die Zusammenarbeit mit Honda fortzusetzen. Ich war immer besonders stolz darauf, mit ihren Motoren zu fahren. Das Auto war in Ordnung, das Team war in Ordnung, und ich hatte einen sehr erfahrenen Ingenieur – und so entschied ich mich zu unterschreiben.

Nur wenige Stunden später kamen mir erneut leise Zweifel, als Daniela begriff, dass es kein Spiel mehr war. »Ich habe es dir nie gesagt«, vertraute sie mir an, »weil ich deine Entscheidung nicht beeinflussen wollte. Aber ich hatte gehofft, dass die Sache nicht unter Dach und Fach käme. Ich hätte mir alles auf der Welt gewünscht, nur nicht, dass du wieder auf den Ovals fährst.« Und sie begann zu weinen. Mir war sehr elend zu Mute, aber am nächsten Tag fand ich meine Besonnenheit wieder und sagte mir: »Ich kann mich diesem Druck nicht entziehen, denn ich riskiere sonst, unglücklich zu werden, weil ich etwas nicht getan habe, wovon ich fühlte, dass ich es mir zutrauen durfte.« Und ich bin glücklich, dass ich trotz allem, was mir widerfahren ist, zum Rennsport zurückgekehrt bin. Ich erzähle diese Dinge nicht, weil ich in meinem Innersten das Bedauern über eine Entscheidung mit mir trage, die, wenn wir es genau betrachten, zur Folge hatte, dass ich meine Beine verlor. Ich erzähle aus Chronistenpflicht. Ich erzähle, um zu erklären, dass Piloten keine Maschinen, sondern Menschen sind, mit ihren Gefühlen im Guten wie im Schlechten. Den Menschen, die meine Geschichte lesen wollen, erzähle ich auch die Episoden, die mich in all meinen Schwächen zeigen, in meinem Hochmut, meinen Fehlern, meinen Grenzen.

Schließlich festigte sich meine Überzeugung, und ich stürzte mich in mein Unterfangen. Die Vereinbarung mit Morris war sehr präzise. Ich erklärte ihm: »Es ist mir wichtig, mich nicht zu verausgaben. Ich will nicht wieder dahin kommen, meinen Koffer mit Ekel zu betrachten. Ich will für dich fahren. Aber du musst dir auch mir gegenüber im Klaren sein über das, was du machen kannst, und über das, was du von mir willst: Wenn dir das nicht genügt, musst du es sofort sagen, dann unterschreiben wir nicht. Ich kann für dich die Rennen fahren und die Tests, und ich werde dazu nach Amerika übersiedeln, um dort den Sommer über zu leben. Ich habe die Absicht, im ersten und im letzten Teil der Saison zu pendeln und so viel Zeit wie möglich zu Hause in Monte Carlo zu verbringen. Auch weil ich mir den Programmkalender angesehen habe und er es mir erlaubt. Was das Marketing betrifft, so kann ich dir zehn Auftritte pro Jahr auf Rechnung der Sponsoren anbieten: vier davon frei von jeglicher Auflage, sechs gebunden an die Rennen oder an einen Trainingslauf, in der Weise, dass eine eventuelle Verpflichtung meine Reise um ein paar Tage verlängert, aber nicht so, dass eine weitere nötig wird. Wenn die Sponsoren mich wollen, müssen sie kooperativ sein.« Er rief mich zurück, nachdem er allen involvierten Parteien die Bedingungen erklärt hatte, und ließ mich wissen, dass es keine

Probleme gebe. Er fügte nur hinzu: »Sollten irgendwelche Aktivitäten am Donnerstag des Rennens erforderlich sein, gelten diese dann auch als Auftritte?« Ich verneinte, denn ich befand mich ja bereits vor Ort. »Meine Sorge«, erklärte ich ihm, »ist nicht die, Autogramme zu geben oder Hände zu schütteln. Ich will so weit wie möglich die Anzahl der Reisen beschränken und mein Leben so einrichten, dass ich in Europa sein und gleichzeitig so viele Rennen wie möglich fahren kann.« Sie akzeptierten meinen Vorschlag und zeigten sich sogar begeistert. Unter anderem hatte die F-Cart-Serie für das Jahr 2001 zur Kostenbegrenzung eine Regelung eingeführt, durch die die Tests im Laufe der Saison unterbrochen wurden. Schon allein hierdurch wurde die Zahl der Ortswechsel beträchtlich verringert. Wenn zwischen zwei Rennen 15 Tage ohne Beschäftigung liegen, hindert dich nichts daran, am Sonntagabend einen Direktflug von New York nach Nizza zu buchen und – dank der Zeitzone – am nächsten Morgen zu Hause zu sein und gemeinsam mit deinem Sohn zu frühstücken. Wenn du hingegen schon vier Tage später einen Auftritt für einen Sponsor hast oder einen Test, dann ist es fast ausgeschlossen, am Montag nach Hause zurückzukehren und 48 Stunden später wieder abzureisen. Das schaffst du nicht. Diese Bestimmung, die Tests einschränkte, war von großem Gewicht bei meiner Entscheidung.

Den ersten Test machten wir in Sebring, und es lief durchschnittlich. Zudem hatten wir beschlossen, im Winter keine Tests auf den Ovals abzuhalten, und das erwies sich nicht als Fehler. Dieselbe Regel, auf die ich bereits hinwies, legte in der Tat fest, dass jeder Pilot im Laufe eines Kalenderjahres zehn Tage mit Tests bestreiten konnte. Auf den Ovals kommt es sehr auf das Verhalten des Autos an, nicht so sehr auf das des Piloten. Ich musste das Feeling für den Monoposto wiedererlangen; es ging nicht darum, das Fahren auf den Ovals von neuem zu lernen. Ich war überzeugt, dass ich in dem Moment, in dem ich den Einklang mit dem Auto wiedergefunden hätte, automatisch wieder wüsste, wie man auf den Ovals fährt. Außerdem wurde der erste Teil der Saison auf Straßenrennstrecken gefahren, die eine intensivere Arbeit am Lenkrad erfordern; und jemand, der wie ich ein Jahr lang pausiert hatte, musste sich auch physisch wieder bewähren. Ich war überzeugt, dass ein Wintertraining auf den Straßenrennstrecken dabei von Vorteil wäre. In Sebring jedenfalls begriff ich, dass die Musik ganz anders spielte als in den Zeiten mit Ganassi. Mit Chips Team setztest du das Auto in Gang, und nach dem Klang des Motors schien es ein Mercedes zu sein: Er hatte niemals einen Schaden, er ging nie kaputt. So etwas ist möglich, wenn ein Team, um den richtigen Zusammenhalt zu finden, über Jahre zusammenarbeitet: Am Ende entsteht eine Harmonie, von der du nicht einmal mehr weißt, wo genau sie herkam. Aber sie ist es, die die guten Ergebnisse garantiert. Das Team Nunn setzte sich zwar nicht gerade aus den Figuren in »Die Ritter der Kokosnuss« zusammen, und doch gab es in ihrer Organisation eine Menge Lücken und diverse Schwachpunkte. Oft dachte man, das Auto sei in einer ganz bestimmten Weise vorbereitet, wobei sich dann herausstellte, dass jeder vom anderen annahm, er hätte die Arbeit bereits gemacht. Oft blieb das Auto stehen, es gab Probleme mit den Bremsen, und man begriff nicht, warum. Am Abend dann wurde es auseinander genommen, der Motor wurde ausgetauscht, und anderntags lief es ausgezeichnet. Unerklärlicherweise. Es kam vor, dass man den ganzen Tag an den Bremsen arbeitete, um das Problem zu beheben, und dass darüber das Set-up vernachlässigt wurde. Und dann entdeckte man, dass es mit dem Einbau zusammenhing: tauschte man den Motor aus, lief alles wieder bestens. Solche Dinge kamen nicht gerade selten vor.

Manches lief nicht so, wie es hätte sein sollen, auch weil Morris mehr Zeit in seinem Motorhome verbrachte als in den Boxen. Er bekam einen Haufen Anrufe, und oft ging es dabei um die Sponsoren. Mir wurde allmählich klar, dass er nicht mehr mein Ingenieur war, wie in der Zeit mit Ganassi. Er war jetzt

Teamchef, und als solcher trug er eine große Verantwortung, die sich noch zuspitzte, wenn er an der Piste war. Außerdem lebte er noch immer in Florida und ging unter der Woche zum Golfspielen. Es erwies sich als schwierig, dieses Leben mit der Verpflichtung in Einklang zu bringen, die er mir gegenüber auf sich genommen hatte. Auch war er sich nicht über unsere Schwierigkeiten im Klaren. »Mach dir keine Sorgen«, sagte er immer wieder zu mir, »du gewinnst jetzt erst wieder Zutrauen in das Auto, aber ich habe keine Zweifel, dass du beim ersten Rennen dort bist, wo du hingehörst.« Es gab auch noch ein anderes großes Problem: Kanaan, mein Teamgefährte, ist ein sehr schneller Fahrer. In seinem Kopf hat er nur einen Gang: den sechsten. Nicht den ersten, den zweiten, den dritten, den vierten und den fünften: nur den sechsten. Er geht immer bis an seine Grenzen, und im Training fährt er wie im Qualifying. Ist er am Ende des Tages nicht die beste Zeit gefahren, dann die zweitbeste. Das hatte Morris veranlasst zu sagen: »Alles klar, wir haben ein optimales Auto.« Während ich ihm das genaue Gegenteil erzählte und ihm erklärte, dass wir einen Monoposto hatten, der keineswegs gut fuhr. Ich fuhr keine Superzeiten, aber ich hatte auch nicht gerade eine Pechsträhne, ich lag nur immer leicht hinter ihm. Tony fuhr diese drei, vier Zehntel schneller, die ihm im Schnitt immer eine der ersten Positionen einbrachten, wenn nicht sogar die erste – die erste des Trainingstages.

Den Winter verbrachte ich, ohne von der Arbeitsmethode überzeugt zu werden. Ich sah, dass Morris nicht bei der Sache war und dass er nicht einmal mehr kam, um sich anzusehen, was wir da mit dem Set-up machten. Und er schrieb sich auch nichts mehr auf. Als Techniker war Jim Anderson zu uns gekommen, ein sehr fähiger junger Mann, der sich jedoch bis dahin nur mit Stoßdämpfern beschäftigt hatte. Er war von Morris – ein bisschen so, wie es bei Ganassi üblich gewesen war – als Mädchen für alles angestellt worden. Er musste das Buch des Wissens tragen: »An der Seite des großen Morris registriere ich alles, was gemacht wird, und am Ende des Jahres werde ich so viel Erfahrung haben, dass ich ihn in dieser Arbeit werde ersetzen können.« Noch bevor die Meisterschaft begann, hatte ich Grund, die Begegnung mit Morris zu suchen und ihm zu sagen, dass es nicht gut lief, dass er einfach nicht präsent genug war und dass wir jedes Mal wieder von vorn begannen: Es existierte kein roter Faden, und wir schafften es nie, von einem Test zum nächsten zu gehen und dabei auf den gesammelten Erfahrungen aufzubauen. Es gab zwischen uns erhebliche Differenzen, er aber wiederholte nur immer: »Mach dir keine Sorgen, du wirst sehen, es wird gut laufen, keine Probleme.« An diesem Punkt hatte ich den Mut, ihm zu sagen: »Entweder du gehst ernsthaft an die Sache heran, oder ich ziehe es vor, mit Jim Anderson zu arbeiten: Er hat zwar keine Erfahrung, aber er verbringt jeden Tag in der Werkstatt und hat große Lust, sich nützlich zu machen.« Zu meiner großen Enttäuschung antwortete er: »Wenn du mit Jim arbeiten willst, habe ich damit nicht das geringste Problem.« Er zeigte mir so zum x-ten Mal, dass er mich nicht verstand: Ich hatte ihn nur provozieren wollen, aber seine Antwort zeigte mir, dass er nicht einmal mehr Stolz besaß. Immerhin war er der Teamchef, und damit basta. In früheren Zeiten hätte ihn eine solche Provokation sehr gekränkt, jetzt aber betrachtete er sich nicht mehr als meinen Techniker. Auch wenn er mich noch immer sehr schätzte. Wenn sich die Saison im Laufe der Monate auch als enttäuschend erwies, so hörte ich ihn doch immer wieder mit anderen Fahrern sprechen und mich verteidigen. Auch als die Resultate nicht kamen, hat er nie in die Diskussion gebracht, dass ich nachlässig geworden sei oder nicht mehr so schnell fahre. Er war es, der keinen Biss mehr hatte; und er wusste es.

Ich ärgerte mich sehr, denn ich wollte unbedingt gute Resultate, und ich fühlte mich in Frage gestellt. Nach der Saison mit Williams und dem Pausenjahr begannen die Leute zu sagen: »Er hat Frau und Kind ...« Aber daran lag es nicht. Sicherlich hatte ich nicht mehr dieselbe mentale Kraft wie früher, aber ich war mir dessen bewusst, und mir war klar, wie ich meinen Mangel, auch mit Hilfe meiner Mannschaft, kompensieren musste. Ich befand ich mich in einer Situation, die den aggressivsten Alex aller Zeiten forderte, um eine ganz und gar neue Organisation in Gang kommen zu lassen. Wenigstens war das Team von Tony ein bisschen erprobter, es war seit zwei Jahren zusammen: Sein Ingenieur hatte große Erfahrung, er kannte diverse Tricks. Jim hingegen, auch wenn er ein sehr intelligenter Junge war, hatte infolge seiner Ausbildung das Set-up des Fahrzeugs nie unter aerodynamischen Gesichtspunkten betrachtet, nie die Feder zusammen mit dem Stoßdämpfer. Er dachte in Diagrammen, und hierin war er sehr stark. Aber es war schwierig, ein Diagramm in das umzusetzen, was ein Pilot beim Fahren erfährt.

Der letzte Test vor dem Beginn der Meisterschaft fand in Homestead statt, und es ereignete sich etwas, das sich am Ende als sehr kontraproduktiv erwies. In diesem Training arbeitete ich mit Jim, und von allen Piloten, die auf dieser Piste gefahren waren, waren wir die schnellsten. Aber nicht nur das, die Situation kippte auch noch um: Aus den drei Zehnteln Vorsprung, die Tony normalerweise mir gegenüber herausfuhr, wurde jetzt ein ebenso großer Vorsprung für mich. Auf diesem Circuit und in diesem Moment fühlte ich mich ganz besonders wohl, und es sah fast so aus, als hätte ich mich dazu entschlossen, im letzten Test vor dem Saisonbeginn noch einmal richtig Gas zu geben, um allen noch ein wenig Zuversicht zu geben. Aber so war es nicht: Das Auto funktionierte, und es gelang mir einfach, es so zu fahren, wie ich es mochte. Bis zu diesem Tag war Paul Tracy die schnellste Zeit mit etwa 1'07"1 gefahren – und er hatte dabei sein Leben riskiert. Tony schaffte es, eine 1'07"2 hinzulegen, während ich in 1'06"5 fuhr. Als ich in Monterrey, Mexiko, ankam, zum ersten Rennen der Saison, sagte Jimmy zu mir: »He, du Bastard, du bist in Homestead 1'06"5 gefahren. Wer sitzt dir denn im Nacken?!« Ich glaube, dass auch ein Gegner damit gerechnet hätte: früher oder später wäre der wahre Zanardi durchgekommen. Aber das musste einen sicher nicht beeindrucken. Ich startete sowieso schon auf einem gewissen Niveau

In der F-Cart-Serie war eine weitere neue Regel eingeführt worden, nach der im ersten Trainingslauf, dem langsamsten, in dem man rausgeht, um den »Straßenfeger« zu machen, die Fahrer auf die Strecke gingen, die in der Meisterschaft hinten lagen. Natürlich basierte die Reihenfolge im ersten Rennen auf der Klassifikation des Vorjahrs, und da ich in diesem Jahr ja nicht gefahren war, lag ich hinter allen an letzter Stelle. Tony stand nicht allzu weit vor mir. Es lief äußerst schlecht für uns beide, aber ich vergeudete sogar meinen entscheidenden Reifensatz wie ein Anfänger im Verkehr und qualifizierte mich nur auf Platz 23. Im Verlauf des Rennens machte ich etliche Plätze gut und fuhr schließlich unter den ersten zehn, bis ich an Michael Andretti herankam: Nach zwei Überholmanövern lag ich auf dem sechsten Platz und griff Michael an, der Fünfter war. Ich setzte mich hinter ihn. Er wehrte sich, wir fuhren Seite an Seite durch die Kurve, am Ausgang beschleunigte ich und endete in einem Dreher um die eigene Achse. Der Motor ging aus, und nachdem das Feld vorbei war, mussten sie mich anschieben. Ohne Verkehr vor mir fuhr ich vier Runden hintereinander die schnellste Runde des Rennens. Mein mexikanisches Gastspiel verlief schlecht, auch wenn es durchaus ermutigende Zeichen gegeben hatte. Tony, der als Siebter ins Ziel gekommen war, konnte ab dem nächsten Rennen in Long Beach die Qualifyings in der schnelleren Session fahren. Ich blieb in der langsameren.

In Long Beach hatte ich große Probleme mit den Bremsen: die hinteren Räder blockierten beim Einfahren in die Kurve, und während des gesamten Wochenendes waren wir nicht in der Lage, das Problem zu beheben. Tony hingegen war in seinem Element. In einem freien Lauf fuhr er sogar die beste Zeit, und im Qualifying schaffte er auf einer Piste, die schon wieder abtrocknete, die drittbeste Zeit. Nachdem er im Rennen zunächst einige Positionen verloren und dann wieder gut gemacht hatte, wurde er

Dritter und kam aufs Treppchen. Ich begann meinen Grand Prix mit einem Auto, das gut zu laufen schien, bis Junqueira auf mich drauf fuhr und sich noch nicht einmal dafür entschuldigte. Das Auto hielt noch einige Runden, aber der Kühler war beschädigt, die Temperaturen stiegen in den roten Bereich, und ich gab auf. Nach all den hohen Erwartungen lief es nicht so, wie ich es mir vorgestellt hatte: Zwei der möglichen 21 Siege hatten sich schon in Rauch aufgelöst; vor allem aber war es nicht sicher, ob ich die restlichen 19 würde erringen können ...

Das dritte Treffen der Saison fand in Fort Worth statt, auf einem neuen Oval, sehr schnell und mit überhöhten Kurven. Ich war den ganzen Winter über auf keinem Oval gefahren, und so war ich war ein wenig besorgt, wenn auch nicht ängstlich, denn das entspricht nicht meinem Charakter. Bei diesem Wettbewerb, bei dem ich kein Risiko einging, lief alles ziemlich gut. Ich entwickelte ein Auto, über das ich mich nicht beklagen konnte; ich ging ins Qualifying und erreichte die fünftbeste Zeit, die beste der Honda-Gruppe. Kaum aber war das Training beendet, wurde eine Dringlichkeitssitzung einberufen, weil einige Piloten sich über Schwindelgefühle beklagten, bewirkt durch die seitlichen G-Kräfte, denen man auf diesem Oval ausgesetzt war. Der Abbruch des Rennens wurde in Betracht gezogen, da die Ärzte die Beschleunigungswirkung untersucht hatten und sich außerstande sahen, die Unversehrtheit der Fahrer zu garantieren. Ein Pilot hätte fast 500 Meilen unter diesen Bedingungen fahren können, aber doch nach 499 Meilen ohnmächtig werden. Und wenn ein Fahrer bei einer solchen Geschwindigkeit das Bewusstsein verliert, kann es ein Drama für ihn bedeuten und für jeden, der auf der Piste in seiner Nähe ist. Mir kam es vor wie reine Fiktion: In allen Kategorien – ob nun F-Cart-Serie oder Formel 1 – waren die Piloten schon immer großen Gefahren ausgesetzt. Und plötzlich machte man sich Sorgen um unsere Unversehrtheit. Die Erwägung war ja sogar edel, rief aber ein riesiges Durcheinander hervor. Die Eintrittskarten waren verkauft, und die Leute hatten sich

Urlaub genommen, um bei dem Rennen dabei zu sein. Die F-Cart-Serie hatte einen Vertrag abgeschlossen, und nun zog sie alles zurück, nachdem sogar schon das Qualifying stattgefunden hatte. Das war ein großer Schritt in die falsche Richtung, einer derjenigen, die zum Niedergang der Serie geführt haben. Es wurden Möglichkeiten zur Begrenzung untersucht, auch zur Begrenzung der Motorleistung. Aber nicht alle Triebwerke waren gleich, für einige wären enorme Vorteile, für andere enorme Nachteile dabei herausgekommen. Eine Einigung konnte nicht gefunden werden. Das Rennen platzte, und mein schönes Qualifying war zu nichts mehr nütze.

Nazareth brachte nichts, was wichtig gewesen wäre: Das Qualifying war ganz gut, im Rennen aber hatte ich ein Auto, mit dem ich weder überholen noch die Spur wechseln konnte. Das heißt, dass es mir nicht möglich war, die Waffen zu nutzen, die auf einem Oval die wichtigsten sind, um sich vom Feld abzusetzen und ein gutes Ergebnis nach Hause zu bringen. Ich kam als Elfter ins Ziel, ohne Lob und ohne Tadel.

Im japanischen Motegi gab es Anzeichen einer Besserung. Morris arbeitete wieder an meinem Auto, wenn auch mit halbem Einsatz. Und wir haben eines meiner Konzepte überprüft, das ich gerade erst ausgearbeitet hatte und das ich diesem Rennen erproben wollte. Es war ein Eingriff in die Konvergenz, über den er gegenteiliger Auffassung war, da er glaubte, dass es hierdurch gefährlich geworden wäre, das Auto zu fahren. Wir begannen daher mit den Tests in kleinen Schritten. Im freien Training wurde das Auto immer besser, und am Vortag des Qualifyings hatte ich die Hälfte dessen erreicht, was ich mit vorgestellt hatte. Tony fuhr in derselben Richtung fort, wagte eine noch viel extremere Lösung und erreichte im Qualifying die drittbeste Zeit. Ich wurde Sechster. Die Voraussetzungen waren gut. In den ersten Runden waren unsere Autos unter den schnellsten, aber in diesem Oval ist es sehr schwer zu überholen, wenn du keine Pferdestärken unter der Haube hast. Nach den Regeln dieser Saison verwandelten sich die

Rennen in »*economy run*«: Alle versuchten Benzin zu sparen, um einen Pitstop weniger zu machen. Ich kam als Siebter ins Ziel, aber alle Honda-Piloten hatten im Finale Positionen verloren. Sie waren zu einem Stopp mehr als die Fahrer mit dem Ford-Motor gezwungen, die zwar weniger leistungsstark waren als unsere, aber dank ihres geringeren Verbrauchs einmal weniger betankt werden mussten. Wir fuhren nach Hause und waren weder enttäuscht noch zufrieden.

Mit den Sommermonaten kam die Zeit, wieder in die Gegend von Indianapolis zurückzukehren. Wir suchten ein Haus, natürlich zur Miete, und waren bereit, auch etwas mehr zu bezahlen wenn wir ein besonders schönes fänden. Adrian Reynard hatte die Villa, in der wir zwei Jahre zuvor gewohnt hatten, verkauft. Die neue Eigentümerin wusste, dass ich wieder fuhr, und rief mich an. Sie war des Lebens am See ein wenig außerhalb von Indianapolis überdrüssig geworden, und hatte ein anderes Haus auf halbem Wege dazwischen umgebaut. Sie fragte mich, ob ich interessiert sei zu kaufen. Ich lehnte ihr Angebot ab, fügte jedoch hinzu, dass ich das Haus von Juni bis August zu mieten bereit sei, wenn sie es bis dahin noch nicht habe verkaufen können. Zunächst kam dieses Angebot für sie nicht in Betracht. Dann verliebte sie sich erneut in das ehemalige Haus von Adrian, zog dort ein, und dachte daran, das andere, der Stadt näher gelegene Haus zu verkaufen. Natürlich werden Häuser dieser Größenordnung nicht von einem Tag auf den anderen gekauft. Sie arbeitete in einem Immobilienbüro, und ihr war klar, dass ich bereit war, eine angemessene Summe auszugeben, um etwas Spezielles zu erhalten. Sie dachte über die Angelegenheit nach und schlug vor, die Villa, die sie verkaufen wollte, an mich zu vermieten. Ich fuhr zur Besichtigung, war hingerissen und nahm sie, sogar ohne sie Daniela vorher zu zeigen. Ich bot ihr 1.500 Dollar pro Monat zusätzlich als Miete für die Einrichtung, die ich in einem Kaufhaus aussuchte. Die Eigentümerin ließ alles abholen und brachte die Küche in Ordnung, das Wohnzimmer und die Schlafzimmer mit allem, was dazugehörte. Ich muss sagen, dass ich mir wie ein schlauer Fuchs vorkam, als ich mit der ganzen Familie aus Europa abreiste. Diesmal begleitete uns auch Gianna, Danielas Mutter, die ich immer »meine sympathischste Schwiegermutter« nenne. Als wir in unserem neuen Zuhause eintrafen, war ich sehr stolz, als ich sah, dass sowohl Daniela als auch Gianna, vor allem aber Niccolò wirklich von der Schönheit des Ortes beeindruckt war. Es war ein typisch amerikanisches Haus mit zwei Etagen: im Erdgeschoss eine riesige Küche, ein Salon, ein Schlafzimmer mit eigenem Bad und einem separaten Duschraum, Waschküche und Garage; im zweiten Stock zwei weitere Schlafzimmer mit Bad und Toilette. Der Garten war sehr groß und gepflegt. Außerdem gab es im Vorgarten einen Barbecue-Platz unter freiem Himmel. In einem solchen Haus konnten das Schwimmbecken und der typische *hot-tub* all'americana, nicht fehlen, in dem man mit bis zu zehn Personen entspannen und sich von den Luftblasen, die unter hohem Druck herausgeschossen kamen, massieren lassen konnte. Es war das Höchste, es abends gemeinsam mit guten Freunden zu nutzen, und dabei den Klassiker, halbgefrorenes Bier aus der Flasche, zu trinken.

Das Schwimmbecken hingegen erwies sich als das wahre Allheilmittel für die drückend heißen Sommertage in Indianapolis, und schnell war Niccolò in es verliebt. Wir haben ganze Nachmittage damit verbracht, gemeinsam im Becken zu planschen, Komplizen im Spiel und darin, uns immer neue Streiche für Daniela auszudenken. Auch sie hatte ihren Spaß daran und schmückte ihr Gejammer über das, was wir ihr zumuteten, auch noch aus. An dem Tag, an dem ich den Schlüssel ins Türschloss steckte, war ich mächtig stolz darauf, dass alle sichtlich beeindruckt waren. Meine Begeisterung hatte wenig ansteckend gewirkt, als ich versuchte, meiner Frau das ausgesuchte Haus zu beschreiben; und so war es dann für mich eine doppelte Freude, sie so glücklich zu sehen. In den folgenden Tagen sah ich, dass ihre gute Laune nicht nur vorübergehend war: Sie besorgte zusammen mit ihrer Mutter in den

Einkaufszentren der Stadt all die Dinge, die dem Wohnraum seine persönliche Note und dir umso mehr das Gefühl geben, zu Hause zu sein.

Daniela, die der Tatsache, dass ich wieder zum Rennsport zurückgekehrt war, nichts Positives abgewinnen konnte, hatte ein sehr distanziertes Verhalten angenommen. An diesem Tag aber änderte sich etwas. Sie hatte gesehen, wie viel Mühe ich mir bei der Suche nach einem Zuhause gemacht hatte, das wir auch wirklich ein solches nennen konnten, bei der Auswahl der Einrichtung und bei meiner präzisen Planung dieser Reise und der anderen Ortswechsel zwischen den Rennstrecken. Sie hatte sich sehr gewundert, denn ich war und bin ein extrem unordentlicher Mensch. Ich habe nie die Fähigkeit besessen, mir die Zeit einzuteilen und den größtmöglichen Nutzen aus meinen Tagen zu ziehen. Zum ersten Mal hatte ich meine Überlegungen mit großer Weitsicht angestellt. Als guter Familienvater hatte ich es geschafft, unser Leben in Amerika, im Haus und auf der Piste, so komfortabel und angenehm wie möglich zu gestalten. Ich hatte sogar einen privaten Learjet von einem Freund gechartert, was mich in Anbetracht der Tatsache, dass wir so oft und stets zu mehreren reisten und dass die Ausgabe steuerlich absetzbar war, nur wenig mehr kostete als die Linienflüge. Eddie, der Besitzer und Pilot des Flugzeugs, holte uns am Donnerstag vor einem Rennen von einem ganz in der Nähe unseres Hauses gelegenen Privatflugplatz ab. An der Rennstrecke war unsere Bleibe ein wunderschönes *Motorhome*, das ich für den Sommer gemietet hatte. Niccolò liebte es, im »*mega-camper*« zu schlafen. Wir hatten ihm in einem sehr tiefen Schrank, der den Raum oberhalb des Motors nutzte, ein phantastisches Bett gebaut. Wenn man die Türen aufschob, wurde ein richtiges kleines Zimmerchen sichtbar mit farbigen Vorhängen und einer Sammlung seiner Lieblingsstofftiere. Die Lösung muss ihm wirklich sehr gut gefallen haben. Heute wacht er oft mitten in der Nacht auf, um dann in unser Bett umzuziehen und gnadenlos quer liegend weiterzuschlafen. In all den Nächten im Motorhome ist er kein einziges Mal zu uns gekommen. Es muss ihm dort ziemlich gut gefallen haben. Nicht ganz ernst gemeint war es, als Daniela vorschlug, das Fahrzeug nach dem Saisonende mit nach Europa zu nehmen.

Durch all diese für mich absolut ungewöhnliche Planung und Vorbereitung begriff ich nicht nur, dass ich sie und meinen Sohn liebte und sie um mich zu haben wollte: Ich wollte diese Erfahrung auch ganz mit ihnen teilen. Ich brauchte seine Unterstützung, sein heiteres und echtes Lachen; es war mir ein Bedürfnis, der glückliche Vater meines Sohnes sein zu können, eines wunderbaren Kindes mit Namen Niccolò. Ich glaube, ich habe auch ihnen beiden ein wenig Zärtlichkeit gegeben: Mein Herz hatte mir geraten, wieder zu fahren; aber wenn Daniela es verlangt hätte, hätte ich den Gedanken daran wahrscheinlich aufgegeben. Stattdessen aber enthielt sie sich ganz einfach und verschloss sich nur ein wenig, um sich vor der Sorge zu schützen, dass mir etwas zustoßen könne. Aber schon zu Beginn dieses Sommers kehrte ihre Begeisterung zurück, und sie gab mir Ratschläge zu meiner Arbeit, was mir sehr wohl tat. Es begann die heißeste Zeit des Jahres, und der *hot-tub* erfreute sich regen Zulaufs. Eine Menge Freunde besuchten uns. Zuerst Catia, Filippos Ehefrau, die allein kam: Sie ist Lehrerin, und statt zu Hause in Modena bis zum Abend auf ihren Ehemann zu warten, entschied sie, wenn sie denn schon warten musste, dies lieber in den Vereinigten Staaten zu tun. Filippo kam drei Wochen später, zusammen mit meiner Màmma. Und dass sie tatsächlich bei uns ankamen, war sicherlich mehr das Verdienst meiner Mutter, als das meines Freundes. Filips spricht kein Wort Englisch, er ist eine zerstreute Person, und sicherlich wäre er schon bei der ersten Zwischenlandung verloren gegangen. Einige Tage später erschienen auch der »Titan« und Nicoletta, und unsere Reihen schlossen sich.

Badminton war zu dieser Zeit unsere große Leidenschaft. Wir spielten so häufig, dass im Garten kein Gras mehr wuchs. Gegen den »Titan« gewann ich, und Filippo putzte mich weg, verlor aber seinerseits gegen den »Titan«. So waren wir alle zufrieden und hatten einen Heidenspaß. Von der Zeit ganz zu schweigen, als auch noch Jimmy Vasser kam und sich bei uns für ein paar Wochen einquartierte, weil er ganz in der Nähe einige Rennen zu fahren hatte. Wir veranstalteten ganze Turniere zwischen »Italien« und den »USA«, in denen ich den Part des Amerikaners übernahm, denn ich war ja schließlich der Eingewanderte. Ich hielt die Stars and Stripes hoch, auch wenn dies gar nicht meiner Gesinnung entsprach. Das Badminton war zu einer Droge geworden. Eines Abends entdeckten wir im Heizungsraum eine vierstrahlige Halogenlampe, die verwendet wurde, um Reparaturarbeiten auch bei Dunkelheit vornehmen zu können. Wir stellten sie an der Seite des Spielfeldes auf, und spielten bis tief in die erleuchtete Nacht. An Zeit zu alledem fehlte es uns nicht. Auch weil ich dank unseres »Fliegerchens« die Reisezeiten zu den Rennen und wieder nach Hause drastisch verringert hatte.

Aber es gab nicht nur Barbecue und Badminton, leider. Die Rennen verliefen für mich auch weiterhin sehr unbefriedigend, auch infolge einer Serie sehr unglücklicher Ereignisse. In Milwaukee war ich nach dem freien Training Fünfter. Im Qualifying aber regnete es, es wurde annulliert, und die Startreihenfolge wurde nach den Positionen in der Klassifikation festgelegt. Ich startete hinten, holte auf, aber plötzlich hatte ich kein Benzin mehr: Der Motor ging aus, ich wurde überrundet und kam nur als Elfter ins Ziel. Ich sammelte wertlose Platzierungen oder gab auf: teils wegen mechanischer Ursachen, teils wegen Unfällen, die typisch sind für den, der unter den Nachzüglern kämpft. Das Fazit der Saison hieß bis zu diesem Zeitpunkt Vergeblichkeit. Schlimmer aber und im Grunde unglaublich war das völlige Unvermögen, sich achtbar qualifizieren zu können. Objektiv gesehen waren wir als Team ein wenig dürftig. Nicht einmal Tony, der jetzt in der IRL – der Konkurrenz der F-Cart-Serie – glänzt und dort in der Meisterschaft führt, brachte viel zustande. Wir hatten ernsthafte Probleme. Auch wenn er von Zeit zu Zeit ein annehmbares Qualifying herausfahren konnte. Mir hingegen gelang dies überhaupt nicht. Bei einigen Gelegenheiten, wie in Toronto, nahm ich die Dinge in die Hand, und ich wurde mir über das Abenteuer klar, in dem ich da steckte. Ich hatte geglaubt, dass meine Entscheidung für Morris besonnen wäre. Wahrscheinlich hatte ich die Tatsache unterschätzt, dass er nicht mehr mein Ingenieur war, sondern der Teamchef. Und vor allem, dass er zwar ein Team auf die Beine gestellt hatte, das von großen Sponsoren unterstützt wurde, dass er aber nicht mehr die mentale Kraft aufbrachte, die eine solche Verpflichtung mit sich bringt.

Was jedoch das Technische betraf war Morris immer dazu fähig entscheidenden Einfluss auszuüben. Und ich wäre, wenn ich die richtigen Bedingungen vorgefunden hätte, absolut in der Lage gewesen, auf meinem Niveau der Jahre 1996-98 zu fahren. Die Rennen aber beginnen nicht erst am Sonntagnachmittag, sondern viel früher. Ich beendete das freie Training als Letzter, während mein Teamgefährte es unter die ersten Zehn geschafft hatte und in einer Morgensession sogar der Schnellste war. Ich konnte nicht verstehen wieso, und ich war es leid, mir die weit verbreitete Ansicht anzuhören: »Weißt du, er hat diese Art, den Wagen zu fahren, dass er alles aus ihm herausholt. Du hingegen stellst wahrscheinlich andere Ansprüche und erreichst damit nicht alles.« So was brachte mich auf die Palme. Für das Qualifying verlangte ich für meinen Wagen dasselbe Set-up, wie Tony es hatte. Ich blieb Letzter, nachdem ich alles gegeben hatte. Ich sagte mir, dass das nicht möglich sei, ich konnte doch nicht dermaßen verblödet sein. Am Abend rief ich Morris an, um ihm zu berichten. Ich erklärte ihm, was ich zu tun gedachte: das Set-up Parameter für Parameter noch einmal durchgehen, Feder für Feder, Stoßdämpfer für Stoßdämpfer. In der Praxis ist dies eine Regulierung, die sonst gemeinsam mit den Technikern und den Mechanikern auf einmal vorgenommen wird, um zu verifizieren, dass das Auto auch wirklich so beschaffen ist, wie es sein sollte. Die Idee weckte ein bisschen Widerspruch bei den Jungs, die alles wiederholen mussten und die vor allem ihre Arbeit in Frage gestellt sahen. Aber wir brachten die Dinge peinlich genau auf die Reihe.

Am Tag des Rennens, im Warm-up, lag mir der Wagen gut in der Hand. Gleich nach dem Start begann ich aufzuholen, schließlich hatte ich ein Auto, das mir erlaubte anzugreifen, am Limit zu bremsen und Überholmanöver auszuführen. Nach der Hälfte war ich Dritter. Nach dem ersten Pitstop kam ich wegen eines Reifenproblems als Elfter auf die Strecke zurück. Wieder kämpfte ich wie ein Löwe, arbeitete mich erneut auf den dritten Platz vor, und nach dem zweiten und letzten Stopp ging ich erneut als Elfter auf die Piste. Solche Dinge kommen vor, und üblicherweise waren meine Jungs in der Box sehr zuverlässig. Sicherlich hätte es nicht ausgerechnet in diesem Rennen passieren müssen, denn die Dinge entwickelten sich gut. Und doch passierte es gleich zwei Mal. In den letzten Runden arbeitete ich mich nach vorn auf den vierten Platz, der mein bestes Resultat in 2001 bedeutete, und beendete das Rennen mit dem Eindruck, dass ich auch hätte gewinnen können. Es gewann Michael Andretti, der in der Mitte des Rennens deutlich hinter mir gelegen hatte. Immerhin hatte ich zeigen können, dass sich Aufmerksamkeit auch für die kleinen Dinge auszahlt und dass sich die Stärke eines Teams oft in den Details versteckt. Bei Ganassi hatte ich ein Auto gehabt, das mit höchster Präzision eingestellt und infolgedessen sehr zuverlässig war. Vielleicht war es nicht sehr schnell, aber es war zwischen den Tests und den Rennen und zwischen den Rennen und den Tests stets dasselbe Auto. Wir wussten immer, wo der Ausgangspunkt war. Wenn im Team Nunn das Auto nicht lief, dann war das nicht die Schuld einer einzelnen Person, es gab ihn nicht, diesen »faulen Apfel«. Es war ein Arbeitssystem, das immer besser wurde, das aber noch immer nicht gut geölt war: Es fehlte ein Koordinator, es fehlte der Part, den Morris hätte ausfüllen müssen. Wir waren eine zu junge Mannschaft, in der jeder seine eigene Sache gut machte, in der es aber niemanden gab, der die verschiedenen Einzelleistungen in der richtigen Weise zusammenzufügen wusste. Das war unser Hauptproblem.

Mir wurde klar, dass, wenn ich es in dieser Saison jetzt wirklich wissen wollte, ich denselben Schritt tun musste, der auch bei Williams erforderlich gewesen wäre: mein Zelt in der Werkstatt aufschlagen und alles wieder in Ordnung bringen. In gewisser Hinsicht tat ich es auch, ermutigt von dem Wochenende in Cleveland, das vor Toronto gelegen hatte. Ich nahm ein bisschen das vorweg, was in Kanada geschehen würde, hatte einige Einstellungen verändern lassen und nach einem desaströsen Qualifying im Rennen ein sehr gutes Auto. Ich hatte alles daran gesetzt zu gewinnen, beim letzten Pitstop aber hatte Max Wilson am Ausgang einen Fehler gemacht, mich touchiert und mir einen Reifen dabei aufgeschlitzt. Ich war zu einem zusätzlichen Stopp gezwungen und kam als Dreizehnter ins Ziel. Einige Hoffnungsschimmer gab es. Es ging darum, die Ärmel hochzukrempeln und die Arbeitsorganisation zu verbessern. Zu guter Letzt aber konnte ich wenigstens ausschließen, verblödet zu sein. Morris hatte mich sehr enttäuscht, auch wenn ich ihn dafür nicht tadle, weil er gewisse Situationen einfach nicht erkannte. Wahrscheinlich haben wir nicht dieselben Ansichten. Jedenfalls kam es an diesem Wochenende in Toronto zu einer harten Konfrontation. Wir hatten drei ganz wechselhafte Rennen hinter uns. In Portland war das Schlimmste passiert, auch wenn ich heute darüber lachen kann: Tony war mit Dixon zusammengestoßen, und als er wieder auf die Piste fuhr, hatte er mich voll getroffen und mein Auto zerstört. In Cleveland hatte ich aufgeholt wie in meinen besten Zeiten, auch wenn es am Ende schlecht ausging. Beim Rennen in Toronto versuchte ich auch Honda zu erklären, was vor sich ging. Aber auch dies brachte kein Ergebnis: Wahrscheinlich hatten sie Vorstellungen, die sich weder mit meinen noch mit denen von Morris deckten.

Es kam das »Michigan 500«, wo mich ein Problem mit der Elektrik zur Aufgabe zwang: Das Auto fing Feuer, und ich lief Gefahr, mir den Hintern zu verbrennen. Dann gingen wir nach

Chicago, wo ich weiterhin darauf bestand, das Auto mit größter Sorgfalt vorzubereiten. Es lief dann wirklich gut. Auf einmal folgte uns sogar Tonys Techniker auf dem Weg, den wir eingeschlagen hatten, und im Qualifying waren wir sehr schnell: Kanaan errang die Pole, und ich fuhr die fünftbeste Zeit. Während des Rennens holte ich auf und kämpfte schließlich um den Sieg: Lange Zeit blieb ich Zweiter, bis wir uns gegen Ende bei dem Versuch, Gugelmin zu überrunden, touchierten, er sich drehte und eine Gelbe Flagge folgte, die unsere Strategie total über den Haufen warf. Wir hatten gerade erst angehalten, um zu tanken, während andere Piloten draußen geblieben waren. Auf den kurzen Ovals verlierst du an der Box bei weiterhin regulärem Rennen zwei Runden, die du aufholen kannst, wenn die anderen anhalten. Wenn aber die anderen an die Boxen fahren, während das Rennen mit der Gelben Flagge neutralisiert ist und folglich alle langsam schleichend in einer Reihe hinter dem Safety-Car fahren, verlieren sie nur eine einzige Runde. Dann bist du angeschmiert. Ich holte auf, versuchte sogar noch etwas mehr, mit dem Ergebnis, dass ich nur noch größere Schwierigkeiten bekam und Castroneves und Kanaan Raum ließ. Ich wurde Neunter und brachte einige Punkte nach Hause. Aber es war doch ein positives Rennen, ich hatte um den Sieg gekämpft, und etwas war im Begriff, sich zu verändern.

Leider kam es immer wieder und viel zu häufig dazu, dass die falsche Arbeitsweise sich auswirkte. Im Qualifying von Mid-Ohio herrschte Nebel. Üblicher Abend in den Boxen, um das Set-up zu überprüfen; und im Rennen dann begann ich aufzuholen, noch dazu auf einer Piste, auf der Überholmanöver sehr schwierig zu fahren sind. Ich war der Einzige, der Positionen gutmachte, ich kam nach vorn bis auf den fünften Platz mit der Aussicht, mich sogar noch weiter zu verbessern. Aber ein Streckenposten interpretierte, während die Gelben Flaggen draußen waren, ein seitliches Ausweichen meinerseits um nicht auf Fittipaldi aufzufahren, der plötzlich gebremst hatte, als Überholversuch. Der

Streckenposten meldete seine Beobachtung der Rennleitung, die sich natürlich auf ihre Leute verlassen muss: Fünf Runden vor dem Ende wurde mir die Flagge gezeigt, und ich musste an die Box, um eine Zeitstrafe zu verbüßen. Mein Funkgerät funktionierte nicht, und als ich die Schwarze Flagge realisierte, befand ich mich in der letzten Runde. Ich ging zum Rennleiter, um die Sache zu diskutieren: Als er sich die Videoaufnahmen ansah, begriff er, wodurch der Kommissar getäuscht worden war, und er gab mir Recht. Trotzdem wurde ich disqualifiziert, weil ich auf die Schwarze Flagge hin nicht angehalten hatte.

Wir fuhren nach Elkhart Lake, und es wurde ein farbloses Wochenende: große Probleme mit der Elektrik im Qualifying führten dazu, dass ich sehr weit hinten startete. Ich holte auf und war schon in der Podiumszone. Aber während eines Boxenstopps entschied die Mannschaft aus einem strategischen Grund, das Auto nur zu betanken und nicht die Reifen zu wechseln. Ich bezahlte teuer für diesen Schachzug, weil ich nun die zweite Hälfte des Rennens mit denselben Pneus bestreiten musste, mit denen ich gestartet war. Vom vierten Platz, den ich mit aller Kraft verteidigt hatte, fiel ich zum Schluss zurück und wurde Dreizehnter. Ich regte mich kolossal auf, und es entspann sich eine weitere sehr erregte Diskussion mit Morris, der verantwortlich dafür gewesen war, mich mit diesen Reifen weiterfahren zu lassen.

Auch in Vancouver lief es schlecht: Zu Beginn des Qualifyings touchierte ich einen Piloten, der gerade verlangsamte, was mich eine Menge Zeit kostete. Im Rennen fuhr ich bis auf den zehnten Platz vor, dann ließ mich das Auto mit einem elektrischen Defekt im Stich. Die Saison lief weiterhin schlecht, auch wenn es Anzeichen der Besserung vor allem in den Rennen selbst gegeben hatte. Das beste Resultat war ein vierter Platz in Toronto, der – im Licht meiner Erfahrungen im Winter – banal erschien.

Dennoch gab es da auch noch eine gute Seite: Daniela und Niccolò begleiteten mich die ganze Zeit, und das Motorhome wurde ein Kindergarten auf Rädern, weil die Kinder, die an der Rennstrecke waren – Kinder von Fahrern oder von sonstigen Mitarbeitern –, dort zusammenkamen. Catia, Filippos Ehefrau, kam oft mit uns zu den Grand Prix und blieb bei Niccolò, wenn Daniela sich das Training ansehen oder einfach eine Runde drehen wollte. Da sie Englisch studiert hatte, fand sie es angenehm, ein bisschen zu üben, indem sie sich mit den Müttern der anderen Kinder unterhielt. Niccolò hatte sich sehr schnell eingewöhnt: Oft nahm ich ihn am Abend auf meine Schultern und ging an die Box, um mit meinen Mechanikern zu sprechen. Er fühlte sich wohl dort, denn es gefiel ihm, sich die Autos anschauen, er fand sie sehr interessant.

Nach dem Rennen von Elkhart Lake nahmen wir Abschied von unserem Haus und unserem Motorhome. Am Abend nach dem Rennen brachten wir unsere fahrbare Behausung dorthin zurück, wo wir sie gemietet hatten, und flogen dann wieder nach Europa. Wir verließen das Haus in Indianapolis mit ein wenig Heimweh: Schließlich hatten wir uns sehr wohl gefühlt, und in der Stadt gab es noch so viele Dinge zu unternehmen. Mit Niccolò waren wir mehrmals ins »Children's Museum« gegangen, das auf jeder Etage ein anderes Thema behandelt, und auch in den Zoo, wegen seiner Leidenschaft für Giraffen. Wir hatten uns mit den Kindern von Brad angefreundet, dem Team-Manager der Mannschaft, der mir zum ersten Mal 1996 als Mechaniker des Ganassi-Teams begegnet war, dem von »Old Midnight«, dem Auto, mit dem ich das letzte Rennen der Saison gewonnen hatte. Zu sagen, dass seine beiden Kinder, Hana und Daniel, hübsch sind, wäre zu wenig: Sie waren wunderbar. Die Kleinen verstanden sich perfekt, auch wenn sie nicht dieselbe Sprache sprachen. Und Niccolò, der immer ein bisschen schüchtern war, kam sofort gut mit ihnen aus. Unter anderem nahmen Brad und seine Frau, die in einer Firma zur Herstellung von Fahrerbekleidung arbeitete, sie oft mit zu den Rennen, wobei sie sich stets an unserem Motorhome orientierten, das zu einer Art zentralem Versammlungsort geworden war. Es war ein regelrechter Kindergarten auf Rädern, denn oft wurden auch andere Kinder dort abgegeben, darunter der Sohn von Michael Andretti. Am Abend, kurz nach dem Essen, nahm ich regelmäßig eines der von der Mannschaft benutzten kleinen Elektroautos (ein Golf-Cart), und fuhr noch einmal durch das Fahrerlager. Niccolò lachte, weil ich, zum Spaß, immer gegen die leeren Plastikmülleimer fuhr. Oft lud ich alle Kinder ein, die da waren, und drehte mit ihnen ein paar Runden. Sie amüsierten sich köstlich, während die Mechaniker sich aufregten, weil ich ihnen die Batterien leer fuhr. Trotz all der Frustrationen in den Wettkämpfen war es doch ein erfreulich angenehmes und heiteres Jahr.

Wir kehrten im August zurück, und Niccolò sollte Anfang September in Monaco wieder in den Kindergarten gehen. Ich musste ganz allein zum Rennen von Vancouver fahren. Dann sollte die F-Cart-Serie zu mir gekommen, nach Europa, weil am 15. und 22. September die beiden Rennen in Deutschland und England auf dem Programm standen. In dichter Folge und gleichsam auf einen Streich standen danach die beiden Rennen von Houston und Laguna Seca an; und schließlich blieben nur noch die Grand Prix von Surfer's Paradise in Australien und Fontana in Kalifornien. In Vancouver fuhr ich ohne eine besonders herausragende Leistung und kehrte dann nach Monte Carlo zurück. Hier wartete ich auf die beiden Wettbewerbe in Europa; ich war der einzige Fahrer, der zwischen dem Rennen in Deutschland und dem in England nach Hause fahren würde, für mich war es nur ein Kurzflug von anderthalb Stunden.

In der Zwischenzeit hatte ich das Boot verkauft, auf dem ich tausendundeine dieser kleinen Arbeiten ausgeführt hatte. Ich hatte den Importeur von Fairline kennen gelernt, Piero Cesana, und er hatte mich davon überzeugt, eines seiner neuen Modelle zu kaufen. Zuerst hatte ich kein so großes Interesse, denn ich sah, dass das Boot, das er mir anbot, wie meines war, nur ein bisschen größer. Als ich aber die Zeichnungen eines neuen Projektes sah, änderte sich meine Vorstellung. Er lud mich ein, das Boot in England auszuprobieren, wo es gebaut wurde, zu einem Zeitpunkt, als es noch nicht der Presse vorgestellt worden war. Es gefiel mir, und ich beschloss, es zu bestellen, auch weil er mir Sonderkonditionen in Aussicht stellte. Das Boot sollte kurz vor der Bootsmesse in Genua eintreffen: Unser Vertrag sah vor, dass es als Prototyp für den italienischen Markt dort ausgestellt werden sollte. Am Samstag des Rennens in Deutschland öffnete die Bootsmesse von Cannes, und Cesana hatte mir schon die Eintrittskarten zugeschickt. Ich hatte eingeplant, dort hinzufliegen, möglicherweise mit Jimmy, am Montag nach dem Rennen. Die einzige Form der Beschwörung zur Abwehr von Unheil, die mir nach meinem Unfall in Deutschland geblieben ist, besteht darin, mir nicht zu viele Verpflichtungen gleichzeitig aufzuladen ...

Auch meine Mutter war zu uns gekommen. Sie sollte sich um Niccolò kümmern, während wir zu den beiden Rennen unterwegs waren. Am Dienstagnachmittag vor der Abreise nach Deutschland ereignete sich die Tragödie in New York. Ich war nach Hause zurückgekehrt, nachdem ich mit dem Moped zu »Carrefour« gefahren war, um ichweißnichtmehrwas zu besorgen. Ich hatte den Helm noch in der Hand und blieb, kaum dass ich die Tür hinter mir geschlossen hatte, wie versteinert vor dem Fernseher stehen. Daniela brachte Niccoló in sein Zimmer, damit er die Bilder nicht sah, und meine Mutter lief von einem Zimmer ins andere, um zu begreifen, was da hatte passieren können. In solchen Momenten hast du unausweichlich das Gefühl, beteiligt zu sein. In der Welt geschehen jeden Tag Dinge, die dich weniger berühren, sie entfalten ihre Wirkung gar nicht oder nur indirekt, während andere dich treffen. Vielleicht weil auch du schon auf diesen Towers gestanden hast, oder weil sie Teil eines Panoramas sind, dessen Anblick du gewohnt warst. Sofort rief mich Brad Filbey an, um mir zu sagen: »Alex, komm her, auch wenn wir nicht wissen, was wir machen werden.« Am Mittwoch traf ich wie geplant am Lausitzring ein und fand mich dort gleich in einer surrealen Atmosphäre wieder. Es war, als ob das Rennen nicht zählte, im Grunde interessierte sich niemand dafür. Wir waren alle damit beschäftigt, unsere Versammlungen und Gegenversammlungen in einem riesigen Zelt abzuhalten, nebenbei bemerkt dem Speisesaal der Rennstrecke. Die ganze Zeit herrschte ein sehr trauriges Klima, auch was das Wetter betraf. Gegen Abend versuchten Kanaan und ich, uns gegenseitig von der Sache abzulenken, aber es fiel uns schwer. Mit Tony verstand ich mich gut. Ich schätze ihn als Piloten und als Person. Er ist ein Bursche, der aus dem Nichts gekommen ist, und seine Geschichte hat viel Ähnlichkeit mit meiner. In ihm sah ich den, der ich zehn Jahre zuvor gewesen war. Ich war daher nicht nur nicht gekränkt, sondern sogar amüsiert, wenn er sich an mich wandte und »Onkel« zu mir sagte. Ich bin froh, dass er mein Teamgefährte war, auch wenn er, offen gesagt, wäre er nur ein wenig langsamer gefahren, den Mangel unserer Autos in diesem Jahr ans Licht gebracht hätte. Und mir wären sie weniger auf die Nerven gegangen.

Das, was in New York geschehen war, hatte mich erschüttert. Aber wenn entschieden worden wäre zu fahren, wäre ich sofort bereit gewesen. Unter anderem wusste ich, dass ich ein optimal abgestimmtes Auto hatte. Wir hatten Fortschritte gemacht und waren auf diesem Typ von Oval konkurrenzfähig geworden. Ich sehnte die Wende herbei. Ich wollte die Saison so gut wie möglich beenden, auch weil ich nicht wusste, was ich in der darauf folgenden machen sollte. Ich wollte die ganze Angelegenheit gerade rücken. Außerdem wuchs die Einigkeit des Teams, und endlich begann der eine dort weiterzumachen, wo der andere aufgehört hatte, und es zog nicht mehr jeder nur an seinem Strang, ohne genau zu wissen, in welche Richtung. Es konnte ein wichtiges Rennen werden, und wenn es stattfinden sollte, wollte ich es mit dem größtmöglichen Einsatz bestreiten. Und dazu kam es dann auch.

Von dem Moment an, in dem ich das Visier herunterklappte, kam mir die Katastrophe des 11. September während des gesamten Rennverlaufs nicht mehr in den Sinn. An jenem Vorabend jedoch legte ich jede Entscheidung in die Hände meiner amerikanischen Freunde. Meine eigenen Hände wollte ich mir auf diese Weise nicht reinwaschen. Ich dachte nur ganz einfach, ich hätte nicht das Recht, eine Meinung zu äußern: Wie sehr ich auch von den Ereignissen berührt war, so konnte ich mir doch nicht vorstellen, was jemand empfand, der an diesem Tag Tausende von Menschen hatte sterben sehen, die denselben Pass besaßen wie er. Es gibt Verhaltensweisen, die wir aufgrund unseres Charakters oder unserer Erziehung anzunehmen bereit sind. Möglicherweise werden sogar ein- und dieselben Dinge in den USA auf verschiedene Weise interpretiert und bewältigt. Andere Länder, andere Sitten und Traditionen. Und das muss respektiert werden. Ich war bereit, mich an die Entscheidungen der Rennleitung zu halten: US-Amerikaner hätten für andere US-Amerikaner entschieden, welches Verhalten angemessen war. Viele hielten es für gefährlich zu fahren, denn unser Rennen wäre die erste internationale Veranstaltung US-amerikanischer Prägung nach dem Attentat gewesen: Ein Ereignis, das ein sehr großes Publikum auf die Tribünen lockte. Wir hätten die Blicke der ganzen Welt auf uns gezogen. Das Interesse an der F-Cart-Serie war nicht mehr so groß wie in ihren goldenen Zeiten, aber wir waren doch immerhin präsent in allen Medien, von der CNN abwärts. Aus all diesen Gründen konnten wir als eine mögliche Zielscheibe von Terroranschlägen betrachtet werden.

Wir diskutierten lange und stellten eine unendliche Reihe von Überlegungen an. Schließlich wurde entschieden, dass man fahren müsse, um zu zeigen, dass das Leben weiterging. Wir platzierten die amerikanische Flagge auf der Motorhaube oder an den Seiten jedes Autos, und die meisten Mannschaften hatten die Logos ihrer Sponsoren abgenommen. »Nicht ihr habt gewonnen, sondern die Flagge. Gewonnen hat der Geist der Freiheit«, das war unsere Botschaft an die Terroristen, die wir durch unser Fahren kundtun wollten. Nachdem entschieden war, das Rennen auszutragen, zeigten sich andere Probleme, die mit den Wetterbedingungen zusammenhingen und sich als sehr eigentümlich erwiesen. Wir fuhren am Samstag. Am Donnerstag hatte das freie Training begonnen, in dem Tony und ich konstant die Schnellsten gewesen waren, und dadurch bewiesen, dass die von uns entwickelten Konzepte begonnen hatten, Früchte zu tragen. Am Freitag aber regnete es, und das Qualifying fiel aus. In solchen Fällen werden die Startpositionen üblicherweise nach der Platzierung in der Meisterschaft festgelegt, ich wäre also von sehr weit hinten gestartet. Auch am Samstagmorgen regnete es; fast schien es, als spräche einer von da oben: »Wollt ihr unbedingt fahren? Ich habe eine Entschuldigung für euch, es nicht zu tun ...« Dann aber hörte der Regen plötzlich auf, und es begann ein Wind zu wehen, unter dem die Piste sehr rasch wieder abtrocknete. Kurze Zeit später wurde entschieden, das Rennen stattfinden zu lassen. Es wurde übrigens entschieden, als die Zuschauertribünen schon gefüllt waren, denn die Deutschen sind leidenschaftliche Anhänger des Automotorsports, und sie mögen vor allem die Dinge ein bisschen außerhalb der Normalität: Ein Ereignis wie dieses hätten sie um nichts in der Welt versäumen wollen.

Vor dem Start war ich ruhig: Ich wusste, dass dieses Rennen Gutes bringen konnte, und ich spürte, dass das Auto in bester Verfassung war. Auf einem Oval ist es nicht so wichtig, einen Monoposto zu haben, der dir erlaubt, den anderen die schnellste Runde abzunehmen, sondern es kommt darauf an, ein Auto zu haben, das dir erlaubt, die Spur zu wechseln und dich flink zu bewegen. Auf einem Oval schreiben dir die Gegner die Spur vor und mitunter auch die Überrundeten. Du brauchst ein sehr vielseitiges Fahrzeug. Nur ganz wenige Piloten haben von Zeit zu Zeit die Fähigkeit, ihr Auto so gut abzustimmen. Es ist eine Gabe, die kommen kann und wieder gehen. Ich war sicher, dass sie mit diesem Rennen und für diesen Wagen gekommen war.

Im April dieses Jahres war auf dem Lausitzring, wenn auch nicht auf dem Oval, Michele Alboreto gestorben. Er wurde Opfer eines Unfalls bei einem Test, den er mit seinem Audi für Le Mans durchführte. Ich dachte nicht daran, und ich nahm auch kein

Anzeichen wahr, das mir eine Warnung hätte sein können. Auch wenn es ein solches Zeichen gegeben hätte, hätte ich es wohl mit der Beklemmung vermischt, die aus jenem Augenblick resultierte. Der Tod Micheles hatte mich geschmerzt, auch weil es auf so dumme Weise geschah: durch das Platzen eines Reifens. Die Rennen sind gefährlich, wir wissen das. Aber wenn du aufgrund eines eigenen Fehlers von der Piste fliegst, dann gibt es da normalerweise eine Sicherheitszone, gerade weil man an dieser Stelle einen Fehler des Piloten für möglich hält. Ein technischer Defekt hingegen kann überall auftreten, auch auf einer langen Geraden, auf der du mit mehr als 300 Stundenkilometern fährst. Und du kannst unter einer Leitplanke enden wie er. Aber ich dachte nicht an den Lausitzring als einen Circuit, über dem ein Fluch gelegen hätte, oder als einen Ort, an dem wir Italiener zwangsläufig kein Glück haben sollten. Ich dachte an ein Ereignis, bei dem mich so viele Menschen von den Zuschauerrängen her anspornen konnten. Und es war dann ja auch tatsächlich so. Es war ein Rennen, bei dem ich spürte, dass ich es in der Hand hatte. So sicher war ich mir, dass ich Tony ansah, der neben mir stand, als die Piste noch immer leicht feucht war und wir dem Publikum vorgestellt wurden, und zu ihm sagte: »*Ragazzo, oggi lo zio ti fa un culo così!*« – »Junge, heute reißt dir der Onkel den Arsch auf!« Mit großer Zuneigung antwortete er: »Nun, wenn das wirklich einer machen will, dann ist es besser, wenn du es machst!« Wir stiegen ins Cockpit und fuhren los.

Auch die vertrauten Gefühle aus der Zeit mit Ganassi stellten sich wieder ein. Das ungeduldige Warten auf den Beginn des Rennens, das Fehlen jeglicher Sorge wegen eines Starts weit hinten, weil du weißt, dass du schon nach wenigen Runden unter den Ersten sein wirst. Ich war zutiefst überzeugt von meinen Mitteln und Möglichkeiten, und nachdem alle sich in der ersten Kurve mit teilweise noch kalten Reifen in die untere Linie stürzten, um herauszufinden, ob sie es schafften oder nicht, hielt ich den Fuß am Gas und überholte in den ersten Runden außen gleich drei oder vier Fahrer. Dann begann eine große Aufholjagd. Bei Rennen dieser Art fährst du in den ersten Runden hinter etlichen Leuten und spürst starke Turbulenzen: Alle kämpfen, und sehr oft ist es dir nicht möglich, nach Belieben Gas zu geben, sondern du bist gezwungen, zu verlangsamen, weil die anderen dich behindern. Auf einmal waren vier Autos vor mir und kämpften um die Positionen. Der vorne machte zu, der hinten wollte sich innen einfädeln, weswegen er eine tiefere Linie nahm, der Dritte eine noch tiefere, der Vierte hatte keinen Raum mehr und wartete ab, was geschah. Ich nahm ein wenig Gas weg und setzte mich nach außen, um das Überholmanöver vorzubereiten: Es war leicht vorauszusehen, was geschehen musste. Jedes Mal hatten sie eine Kurve vor sich, die zu eng war für die angelegte Spur, und so wurden sie aufgrund ihrer Untersteuerung in Richtung Mauer gedrückt. Ich hatte mir den Raum offen gehalten, aber nur, um dann plötzlich erneut beschleunigen zu können und hart die Spur zu schneiden: Ich kreuzte sie mehr oder weniger in der Kurvenmitte, und am Ausgang aus der Kurve passierte ich sie alle vier, als ob sie festgeklebt wären. Die Überholmanöver wurden immer schwieriger, weil ich gegen immer stärkere Fahrer kämpfen musste.

Es war sehr schwierig, zum Beispiel einen Max Papis zu überholen, der in solchen Situationen mutig und mit vollem Einsatz fährt und sicherlich keiner von denen ist, auf deren Flügel der Spruch geschrieben steht: »Bitte bedienen Sie sich!« Ich studierte ihn drei oder vier Runden lang, bis ein Überrundeter ihn unsauber aus einer Kurve gehen ließ. Ich kam schneller raus und setzte mich in seinen Windschatten; er machte Anstalten, tief zu bleiben, als wolle er mir die Tür zumachen, ich zog außen vorbei, und unser Geschwindigkeitsunterschied war so eklatant, dass ich bequem überholen konnte. Während ich ihn überholte, trafen sich unsere Blicke: Ich hob die Hand und grüßte ihn. Endlich kam ich an den Führenden heran, meinen Teamgefährten Tony Kanaan, der weit vor mir gestartet war und dank eines Autos, das ebenso in Schuss war wie meines, sehr schnell fuhr. Ich holte ihn ein, studierte ihn und versuchte einige Manöver. Auf einmal täuschte ich einen Überholversuch an und bereitete mich vor auf einen Angriff in Kurve 1: Ich war in seinem Windschatten und war sicher, das Manöver abschließen zu können; fast schon war ich neben ihm, er aber kam tiefer, und ich war gezwungen, den Fuß vom Gas zu nehmen, um eine Berührung zu vermeiden. Ich fuhr in seiner aerodynamischen Turbulenz, und es kostete mich einige Mühe, nicht im Schmutz zu landen.

Nicht so schlimm, es war alles nur eine Frage der Zeit. Ich überholte Tony ein paar Runden später und machte ihm dabei ein Zeichen, das alle nach dem ersten Gruß an Papis als ein weiteres Grüßen interpretierten. Es sah aus wie ein Gruß, weil ich gezwungen war, eine Hand am Lenkrad zu lassen. Aber in Wahrheit hatte ich eine Geste gemacht, die – wie versprochen – bedeutete: »*Ti faccio un mazzo così!*« – »Dir reiß ich den Arsch auf!« Mit nur einer Hand ausgeführt, konnte sie auch missverstanden werden. Monate später gestand mir Tony, ein Gefühl gehabt zu haben, das mich an so manche Situation in den schönen Jahren mit Jimmy erinnerte, in der es mir eine Freude war zu sagen: »Schau, wie weit der Onkel heute allen den Arsch aufreißt!« Denn von diesem Moment an war niemand mehr vor mir. Ich war gut drauf und gewann sogar einen hauchdünnen Vorsprung. Kanaan hatte, um mit meinem Tempo mitzuhalten, etwas mehr verbraucht. Er musste daher ein paar Runden eher zum letzten Betanken an die Box als ich. Ein Betanken hätten in Anbetracht der Tatsache, dass wenige Gelbe Flaggen draußen gewesen waren, alle nötig gehabt. Der Einzige mit einer anderen Strategie war Michael Andretti, der dank unseres Boxenstopps aufholen und sich ruhig auch an die Spitze hätte setzen können. Da er jedoch gezwungen gewesen wäre, langsamer zu fahren, weil er Treibstoff sparen musste, wäre er eine leichte Beute geworden.

Die Sache hätte nicht besser laufen können. Dann kam der Boxenstopp. Ich fuhr raus und war besorgt, dass etwas schief laufen könne, ein bisschen wie in Toronto. Nicht durch die Schuld der

Jungs, aber es gibt Dinge, die passieren: Räder, die blockieren, ein Tankverschluss, der sich nicht öffnen lässt, und so weiter. Hier war es anders. Als ich die Hand meines Chefmechanikers Donnie sah, die hochging, um mir das Zeichen zur Abfahrt zu geben, schoss ich los und sagte mir: »Jetzt hab ich's, jetzt hält mich niemand mehr auf!« – Weit gefehlt!

Kapitel 14

Ich weiß wirklich nicht, was da geschehen sein kann. Jim Anderson, mein Ingenieur, der die Telemetriedaten analysiert hat, fand alles sehr seltsam: Es gab keine Anzeichen für ein Wegdriften der Heckpartie, kein einziger Reifen hatte Schlupf. Ich beschleunigte sehr gleichmäßig, und der Monoposto brach auf unerklärliche Weise aus. Das legt nahe, dass dort in der Boxengasse Schmutz mit im Spiel war. Eine Vermutung, die auch Franchitti bekräftigte, als er ins Krankenhaus kam. Er war auf diesem Abschnitt genau hinter mir, er sah mich losfahren, nahm sofort den Fuß vom Gas, lief aber ebenfalls Gefahr, die Kontrolle zu verlieren. Auf dem Asphalt waren fast sicher Öl und Wasser. Einige Runden zuvor war Tracy mit brennendem Motor an die Boxen gefahren, und sie hatten ihn sofort wieder rausgeschickt, um Luft an das Triebwerk kommen zu lassen. Aber das ist nur eine Möglichkeit. Mit viel größerer Wahrscheinlichkeit könnte ein Fahrzeug mit schleifendem Unterboden eine Flüssigkeitsspur in der Gasse hinterlassen haben, die aus einem geborstenen Entlüftungsschlauch entwichen war. Und mit den kalten Reifen auf diese Flüssigkeit zu treffen, war dann der Auslöser für jene folgenschwere Pirouette.

Ich versuchte mein Äußerstes, verlor die Kontrolle, endete im Grünen, und dann: Ende der Übertragung, ich war schon mitten auf der Piste. Es tauchte ein Teil des Feldes auf, sie waren nicht die Ersten. Es wurde nach der Gelben Flagge gerufen, vielleicht ein bisschen verspätet. Der Erste, der ankam, war Patrick Carpentier, und vielleicht hatte sein *spotter* ihn rechtzeitig gewarnt: Es gelang ihm, mir auszuweichen. Dann kam Tagliani und traf mich voll. So war es, da gibt es wenig zu beschönigen. Um ganz ehrlich zu sein, muss ich sagen, dass es immer meine Taktik war, in einem Rennen, auch wenn eine Gelbe Flagge gezeigt wurde, Gas zu geben bis das Safety-Car erschien. In Rennen dieser Art kann ein solche Taktik einen großen Unterschied ausmachen: Wenn du die Absicht hast, an die Box zu fahren, gewinnst du Positionen und Zeit; andernfalls setzt du dich hinter den, der schon drin ist. Es kann daher niemandem ein Vorwurf gemacht werden: Was passiert ist, ist passiert. Es war ein Verhängnis. Auch wenn ich der Auffassung bin, dass die Rennen auf den Ovals besonders gefährlich sind, so ist doch mein Unglück nicht dieser Tatsache geschuldet. Vor Jahren gab es in der Formel 1 einen Zwischenfall, der einen ganz ähnlichen Crash hätte nach sich ziehen können. Beim Grand Prix von Portugal 1993 in Estoril kam Gerhard Berger gerade mit seinem Ferrari aus der Box, als sein Geschwindigkeitsbegrenzer ausfiel; er verlor die Kontrolle über sein Auto und schoss quer über die Piste. Er wurde von Nakajima, der mit voller Geschwindigkeit herankam, nur um wenige Millimeter verpasst. Für Gerhard ging es gut aus an diesem Tag. Genauso gut aber hätte er auch eine Rechnung bezahlen können, wie das Schicksal sie kurze Zeit später mir präsentierte. Wie viele Menschen werden jeden Tag Opfer der unglaublichsten Umstände, nur weil sie zur falschen Zeit am falschen Ort sind. Ich bin mein ganzes Leben lang gefahren, und genau in diesem Rennen, das eines meiner letzten hätte sein können, geschah es. War es Schicksal? Bestimmung? Wer weiß. Es ist geschehen, und ich mache weiter mit dem, was mir geblieben ist. Sehr glücklich übrigens, hier zu sein und davon erzählen zu können.

Tagliani versuchte mir auszuweichen, aber sein Spielraum war äußerst begrenzt: Er konnte nach rechts rüberziehen und versuchen, außen an mir vorbeizukommen, hätte dabei aber wahrscheinlich meinen Motor voll getroffen. Oder aber er wäre geradeaus in die Mauer gefahren, etwas, was dein Selbsterhaltungstrieb dich hindert zu tun. Die zweite Option wäre die gewesen, mich links zu passieren, innen in der Kurve: Wenn dabei alles, aber auch wirklich alles absolut glücklich verlaufen wäre, hätten wir uns mit den Flanken berührt, seine rechte und meine linke, und es hätte einen gewaltigen Knall gegeben, bei dem es uns die Flanken weggeputzt hätte, ohne dass wir verletzt worden wären. Das Unglück wollte es, dass mein Monoposto nach dieser Pirouette haargenau seine Seite dem Auto des Kanadiers darbot, der mit 320 Stundenkilometern herankam. So wurde ich an der verwundbarsten Stelle des Autos getroffen: Mit der Front, einem der spitzesten und stabilsten Teile, die unzählige Crash-Tests überstehen müssen, wurde ich in die Flanke getroffen, in den Raum zwischen Vorderrad und Lufteinlass. Der einzige Schutz besteht in der Fahrgestellwand, hinter der sich die Beine befinden. Die Karosserie, wie robust und gut gemacht sie auch sein mochte, konnte einem solchen Crash nicht standhalten: Sie zerbarst an ihrer schwächsten Stelle. Es geschah in einem einzigen Augenblick. Ein Teil des Autos blieb bei mir, der andere flog davon mit einem Teil von mir. Ich weiß nicht, ob ich mir dessen bewusst wurde, ich erinnere mich nicht daran. Aber wenn man sich die Bilder wieder anschaut, versteht man, dass ich zu tun versuchte, was man üblicherweise nach einem Unfall mit geringen Folgen, nach einem weniger blutigen Unfall macht: Ich versuchte, das Visier zu öffnen, ich versuchte, in den wenigen noch lichten Momenten nach dem Aufprall, der – ganz offen gesagt – für mich nicht so hart gewesen ist, wie er hätte sein können, die Gurte aufzuschnallen. Wenn das Auto standgehalten hätte, hätte mich ein mörderischer Schlag getroffen, vor allem wegen der negativen Beschleunigung, die mein Körper hätte aushalten müssen. Stattdessen gab der Monoposto plötzlich nach, ein trockener Schlag: Ich spürte fast nichts von der Energie des Aufpralls, ich absorbierte davon recht wenig, so dass nicht einmal mein Helm einen Kratzer abbekam. Ich werde in dem Augenblick etwas bemerkt haben, als ich nach vorn schaute: Das Auto war nicht mehr da und meine Beine auch nicht. Unmittelbar bevor ich das Bewusstsein verlor, muss ich noch etwas wahrgenommen haben. Nach und nach – ich weiß nicht, ob es meine Phantasie ist oder Fetzen aus der Erinnerung – tauchen, wenn ich mich anstrenge, einige Bilder auf. Vielleicht kommt eines Tages der ganze Ablauf wieder. Es erschreckt mich nicht, es kann mir nicht noch mehr Schmerzen zufügen, als ich schon erlitten habe.

Der Rettungsdienst war sehr schnell zur Stelle. Einer der Streckenposten, ein noch junger Mann, erschien und begriff sofort den Ernst der Situation. Er rief über Funk: »Scheiße, Scheiße! Terry, komm her, Terry, komm her!«, schrie er. Terry ist Terry Trammell, zusammen mit Steve Olvey verantwortlich für die Medizinische Equipe der F-Cart-Serie. Sie fanden sich ein, um einem großen Rettungswagen voran zu fahren. Das gesamte normale Procedere war übersprungen worden, es war der verzweifelte Versuch, ein Menschenleben zu retten. Irgendwie zogen sie mich aus dem Cockpit und versuchten als Erstes, die Blutung zu stoppen. Ich verlor Blut mit rasender Geschwindigkeit. Sie versuchten, die Gefäße abzubinden, und zerschnitten dazu den Overall und alles, was ich sonst noch am Leibe trug. Immer wieder rutschte die Abbindung weg. Sie versuchten, die Oberschenkelarterie zu identifizieren, fanden sie aber nicht, bis es Terry plötzlich gelang, sie in dem weniger beschädigten Bein zu lokalisieren, und er steckte einen Daumen hinein, um die Blutung zu stoppen. Er tat genau das, was in einer solchen Situation unbedingt gemacht werden muss. Nachdem er die eine Arterie gefunden hatte, suchte er die andere. Und nachdem er auch diese identifiziert hatte, verschloss er sie mit seinem anderen Daumen. In demselben Augenblick musste jemand einen Kompressionsverband anlegen. Der aber glitt ihm aus den Händen in all dem Blut, das weiterhin strömte. Dann nahm einer der Jungs aus der Rettungsmannschaft seinen Gürtel ab, und irgendwie schafften sie es, den Verband damit zu fixieren. Aber sie waren sich bewusst, dass jede Sekunde zählte, da das Leben schon aus mir wich, und begriffen die Dringlichkeit, mit der ich abtransportiert werden musste. Sie legten mich auf die Trage und fixierten mich. Als sie mich bewegten, rutschte der behelfsmäßige Kompressionsverband, der die Blutung ein wenig hatte aufhalten können, wieder weg, und alles begann von vorn.

Ich wurde zum Helikopter gebracht, wo Steve Olvey schon den Transport vorbereitete. Vor jedem Rennen besucht die Medizinische Equipe der F-Cart-Serie die Krankenhauszentren der Region, die für die verschiedenen Notfälle ausgestattet sind. Dort am Helikopter trafen sie in einer einzigen Sekunde eine Entscheidung, die im ersten Augenblick gewagt erschien, die mir jedoch das Leben rettete. Sie entschieden sich dafür, mich nach Berlin zu bringen, circa 55 Minuten Flugzeit. Ins Krankenhaus nach Dresden wäre es schneller gegangen, es war jedoch ihrer Ansicht nach nicht ausgerüstet, um eine so dramatische Situation anzugehen. Steve und die anderen entschieden sich für Berlin. »Es ist die einzige Chance, die wir haben, ihn zu retten. Wenn wir ihn nach Dresden bringen, verlieren wir ihn.« Sie bereiteten mich vor so gut sie konnten, jede Sekunde war kostbar. Um den Helikopter herum war eine Absperrung errichtet worden, um jeden daran zu hindern, sich zu nähern. Nur zwei Personen gelang es, sie zu durchbrechen: Pater Phil, dem Geistlichen der F-Cart-Serie, der mir mit Motoröl meines Autos die Letzte Ölung gab, und Daniela. Sie wollten sie nicht durchlassen. Sie aber schaffte es in ihrer Verzweiflung, zu mir durchkommen und mich noch für ein paar Sekunden zurückzuhalten, bevor sie mich wegbrachten. Niemand traute sich, ihr zu sagen: »Nein, das geht nicht.« Sie küsste mich und sagte: »Liebster, halte durch! Du schaffst es. Ich kann nicht im Helikopter mit dir kommen, aber ich komme sofort mit dem Auto nach. Ich komme so bald wie möglich. Gib nicht auf!« Immer in ihrer Nähe blieb Ashley Judd, die Frau von Dario Franchitti und eine bekannte US-amerikanische Schauspielerin. Ashley war zutiefst beeindruckt von einer Szene, die sie uns in den folgenden Monaten verschiedene Male schilderte, die ihrer Auffassung nach vollkommen surreal war: Da war ein deutscher Mann von sehr kräftiger Gestalt, der die Szene reglos beobachtete. Als Daniela zu mir kam, mich küsste, meine Hand nahm und zu mir sagte, dass ich durchhalten solle, begann dieser Mann in die allgemeine Stille hinein zu rufen. Alle verstummten augenblicklich, ohnmächtig angesichts dessen, was da geschah. Und er rief mit lauter Stimme: »Du gibst ihm ein neues Leben: Er wird leben, er wird leben!« – »Es wird wohl eine Einbildung gewesen sein«, erzählte Ashley später, »aber um diesen Mann herum wurde es ganz hell, er erstrahlte in einem Licht, und ich habe ihm in diesem Augenblick geglaubt. Ich war sicher, du wirst es schaffen!«

Der gelbe ADAC-Helikopter flog ab nach Berlin. Während des Fluges verlor ich weiterhin viel Blut. Sie gaben mir Transfusionen und verwandten zum Volumenersatz das gesamte Plasma und die Elektrolytlösungen, die sie bei sich hatten. Sie füllten mich damit auf, aber ich verlor alles wieder. Im Krankenhaus kam ich mit weniger als einem Liter Blut im Körper an. Während des Fluges hatte ich drei Herzstillstände, und sie reanimierten mich mit drei Herzmassagen. Schließlich waren zwischen dem Unfall und dem Moment, in dem ich in den Operationssaal gebracht wurde, fast eineinhalb Stunden vergangen. Aber es kam so, wie Daniela es von mir verlangt hatte: Ich hielt durch, ich schaffte es. Wahrscheinlich bekam ich im Operationssaal sieben oder acht weitere Bluttransfusionen und ich hing am Tropf, als wäre er eine Wasserflasche. Auch während der Operation. Eine Gruppe außerordentlich tüchtiger Ärzte war in Bereitschaft versetzt, und als ich ankam, war alles bereit. Sie machten sich an die Arbeit und versuchten, mein rechtes Knie zu erhalten. Aber es war doch so stark beschädigt, dass sie beschlossen, mein Leben zu retten und von den Beinen nur das zu erhalten, was noch zu gebrauchen war. Ein Risiko hingegen bestand am linken Bein, das übler zugerichtet war. Wenn sie hier, um mein Leben zu retten, einen weiteren Teil entfernt hätten, wäre mein Hüftgelenk heute mit großer Wahrscheinlichkeit bewegungsunfähig. Einerseits ging es darum, mir das Leben zu retten; zum anderen – und hierfür bin ich ihnen sehr dankbar – haben sie es möglich gemacht, dass ich Prothesen gebrauchen kann, die es mir heute erlauben, einigermaßen gut zu laufen. Ich habe ihnen unendlich viel zu verdanken. Ohne ihre Bereitschaft zum Risiko hätte ich heute vielleicht nicht das Lachen, das ich habe. Es wäre alles sehr viel schwieriger geworden. Die Operation dauerte siebeneinhalb Stunden. Die gesamte F-Cart-Gemeinde kam nach Berlin. Steve Olvey gestand mir später, er habe nicht daran geglaubt, dass ich es schaffe: Sie warteten auf den Anruf länger als eine Stunde, die für den Flug notwendige Zeit, um zu erfahren, ob ich noch am Leben sei. »Als ich erfuhr, dass du bei der Ankunft noch lebtest und noch dazu in einer relativ stabilen Verfassung warst«, sagte er später zu mir, »da habe ich das schon für ein Wunder gehalten und gedacht, dass der unausdenkbarste Fall schon eingetreten sei.«

Am Anfang waren meine Überlebenschancen sehr gering. Nach der fast achtstündigen Operation aber erklärten die Ärzte: »Er ist stabil, aber sein Zustand ist extrem kritisch. Wenn in den nächsten zwölf Stunden keine Komplikationen auftreten, können wir davon ausgehen, dass er durchkommt.« Komplikationen hätten die Nieren, das Herz oder ein anderes Organ betreffen können, das, wenn auch nicht direkt durch den Unfall, so doch durch den Blutmangel eine Schädigung hätte erlitten haben können. Das Gehirn beispielsweise war in Gefahr, einen bleibenden Schaden davonzutragen. Auch wenn die Ärzte hierzu sofort erklärten, dass sie es so gut wie ausschließen konnten. Wer unter medizinischem Aspekt etwas mehr davon versteht, sagt, es sei ein wahres Wunder gewesen, denn es ist unmöglich, mit nur einem Liter Blut im Körper zu überleben. Die Ärzte versetzten mich in ein künstliches Koma und brachten mich auf die Intensivstation. Dort hatten nur meine Frau und Ashley Judd Zutritt, die die ganze Zeit bei Daniela geblieben war. Sie waren in einem weiteren Helikopter angekommen, zusammen mit Rena Shanaman, der die PR der F-Cart-Piloten betreut, mit Pater Phil und John Potter, Präsident der Fahrervereinigung. John ist ebenso gutmütig wie groß, und es gab eigentlich keinen Platz mehr für ihn im Helikopter; ihn trotzdem mitzunehmen, war eine Unternehmung. Zwischen den beiden

Helikoptern, meinem und dem meiner Frau, war ein weiterer mit Tagliani an Bord aufgestiegen, bei dem der Verdacht auf Bruch dreier Wirbel bestand, weil er doch noch gegen die Wand gefahren war, und noch dazu sehr hart. Die Untersuchungen aber ergaben nur Prellungen.

Mit Ashley sind wir sehr eng befreundet. Als sie nach ihrer Verlobung mit Franchitti häufiger im Fahrerlager erschien, im Jahr 2000, fuhr ich nicht mehr in der F-Cart-Serie. Und in der Saison meiner Rückkehr kam sie mit seinem Motorhome zur Rennstrecke. Sie ließen uns wissen, dass sie ein wenig zurückhaltend sei, aus Angst, dass die Leute zu ihr kommen und sie belästigen könnten, weil sie eine bekannte Schauspielerin war. Wir respektierten ihre Privatsphäre. Es kam gelegentlich vor, dass wir uns trafen und ein paar Worte wechselten, viel Zeit aber verbrachten wir nicht miteinander. An jenem Tag in Berlin blieb sie in Danielas Nähe. Auch weil Franchitti sich zurückzog, der in Unkenntnis der Tatsache, dass ein weiterer Helikopter zur Verfügung stand, angeboten hatte, Daniela mit dem Auto nach Berlin zu bringen. »Ich fahr dich. Du wirst sehen, mit 250 Stundenkilometern geht das ganz rasch«, hatte er zu ihr gesagt. »Danke«, hatte Daniela ihm geantwortet, »aber in Berlin möchte ich auch wirklich ankommen.« Mit einem vierten Helikopter kamen später Dario, Vasser, Kanaan, Dr. Trammell und andere.

Morris zeigte sich erst am folgenden Abend. Wahrscheinlich fühlte er sich schlecht, er hat einen eigentümlichen Charakter. Nach dem Unfall kehrte er in sein Hotel in Dresden zurück und blieb dort die ganze Nacht über wach mit seiner Frau Kathryin. Am nächsten Tag packte er die Koffer und kam mit dem Auto nach Berlin. Er hatte nicht die Kraft und auch nicht den Willen, sich im Krankenhaus sehen zu lassen. Er hatte auch das Drama mit Regazzoni miterlebt, der nach einem Formel-1-Unfall in Long Beach 1980 seine Beine nicht mehr gebrauchen konnte, und der bei diesem Crash hinter dem Lenkrad eines seiner Autos gesessen hatte. Dies sind Dinge, von denen du dir wünschst, sie geschähen niemals wieder. Und während der ganzen Zeit, in der er Technischer Direktor anderer Teams gewesen war, war es auch nicht geschehen. Kaum aber hatte er wieder ein eigenes Team zusammengestellt, geschah erneut eine solche Tragödie. Daher war er verwirrt und hatte vielleicht auch Schuldgefühle, auch wenn er diesmal, anders als bei Clay, kein einziges Detail des Monopostos beigesteuert hatte. Aber irgendwie fühlte er sich verantwortlich.

Im Krankenhaus fanden sich ungeheuer viele Leute ein; praktisch alle Piloten kamen noch in derselben Nacht, um das Ergebnis der Operation abzuwarten. Und sie gingen erst, als meine Frau sie zum Schlafen schickte. Am Montag stellte das Krankenhaus seinen Konferenzraum zur Verfügung, um alle, die dort waren, aufzunehmen. Offiziell bestand erst nach einer Woche keine Lebensgefahr mehr. Gegenüber Daniela aber bestätigten die Ärzte schon nach zwei Tagen, dass ich mit einer Wahrscheinlichkeit von 99 Prozent überleben würde. Die größte Sorge machten ihnen meine Nieren; aber auch diese Sorge schwand, als sie am nächsten Morgen sahen, dass ich ganz normal Wasser gelassen hatte. Noch immer aber konnte es infolge des Blutmangels zu Komplikationen oder Embolien kommen. Daneben war eine Entzündung im linken Bein entstanden, und es traten weiter Karbonsplitter aus, die in die Wunde eingedrungen waren. Das Fieber stieg auf 40,5 Grad, und die Ärzte waren sich ihrer günstigen Prognose doch nicht mehr so sicher. Die Ungewissheit blieb lange Zeit bestehen, und ständig drohte die Notwendigkeit eines erneuten Eingriffs, um die Wunden zu säubern.

Daniela hatte unterdessen zu Hause angerufen. Sie wusste, dass das Rennen um eine halbe Stunde zeitversetzt im Fernsehen ausgestrahlt wurde, und wollte verhindern, dass die Familie es auf diese Art erführe. Gegenüber meiner Mutter und Filippo, die in Monte Carlo bei Niccolò waren, dosierte sie die Nachrichten: Als sie schon wusste, dass ich die Beine verloren hatte, sagte sie ihnen, dass sie mich gerade in den OP brächten; dann rief sie wieder an, um ihnen zu sagen, dass es ein Problem mit einem Fuß gebe. Und so weiter. Immer ein bisschen. Daniela bekam ein Bett in meinem Zimmer auf der Intensivstation. Das wäre in keinem anderen Krankenhaus der Welt möglich gewesen. Sie konnte sich dort aufhalten, wann immer und so lange sie wollte, mit den selbstverständlichen Anweisungen, auf größtmögliche Hygiene zu achten, um Infektionen unbedingt zu vermeiden. Sie nahm ihren Platz an meiner Seite ein, und ich habe nicht einen Augenblick gedacht, dass sie sich anders hätte verhalten können. Sie war auf einmal eine große Fatalistin: »Die Rennen sind so. Man weiß, dass es Unfälle geben kann. Aber sie passieren auch auf der Straße. So ist das Leben.« Nachdem die Nieren und die anderen vitalen Funktionen sich stabilisiert hatten, wurden die Operationen fortgesetzt: Ein Eingriff alle 48 oder 60 Stunden. Die ersten drei betrafen auch das rechte Bein. Aber sie erfüllten ihren Zweck, und die Ärzte verschlossen die Wunde dauerhaft. Das andere Bein hingegen war in einem sehr viel schlechteren Zustand, einen Monat lang operierten sie es immer wieder. Unterdessen begannen sie am Mittwoch, vier Tage nach dem Unfall, nach und nach die Medikamente abzusetzen, und kündigten an, dass ich am nächsten Tag aus dem Koma erwachen würde, was dann auch eintrat. Ich erwachte, blieb jedoch in einem Dämmerzustand. Ich sah Daniela, aber alles war sehr verlangsamt: Ich schlief wieder ein, versuchte etwas zu sagen, fiel aber sofort wieder in Schlaf. Bis Freitag kam ich nicht wieder zu Bewusstsein. Die Ärzte empfahlen meiner Frau, den richtigen Moment abzuwarten, um zu mir zu sprechen: Ich musste nur hinreichend aufnahmefähig sein, mehr wurde nicht von mir verlangt. Daniela bat die Ärzte um Hilfe. Und Professor Schaffartzik sagte ihr am Donnerstagnachmittag, dass es soweit sei. Als ich die Augen öffnete, waren Daniela und der Arzt an meinem Bett. Sie bat ihn zu bleiben, um mir antworten zu können, falls ich spezielle Fragen gehabt hätte. Ganz zu Recht wollte sie, dass ich nicht ohne Antworten bliebe.

Eigentlich hatte ich nicht viele Fragen. Sie sagten mir, dass ich noch lebte, und das genügte mir schon mal. Ich fragte lediglich:

»Sterbe ich wirklich nicht mehr?« »Mach dir keine Sorgen«, antworteten sie, »du stirbst nicht mehr.« »Na, dann ist es ja gut.« Es ging mir sehr schlecht. Es kam mir vor, als spräche ich durch ein Mikrophon und hörte das, was ich selber sagte, aus einer Entfernung von zehn Metern. Ich fühlte mich losgelöst von meinem Körper. Ich dachte etwas, wollte es zum Ausdruck bringen, brachte es aber nicht zustande. Ein entsetzliches Gefühl, das eine ganze Weile anhielt. Daniela erklärte mir alles, was geschehen war. Es ging mir so elend, dass ich zufrieden war, im Flüsterton wenigstens eines hervorzubringen: »Verfluchte Sauerei!« Und ich war vor allem erleichtert darüber, dass ich dieser »Sauerei« entronnen war. »Ooohhh. Gut so, gut so, es ist gut!« Einen Tag zuvor, als ich noch wenig mitbekam, hatte sie mir erzählt, dass es einen schlimmen Unfall gegeben habe. Die Nachricht vom Donnerstag, dass ich beide Beine verloren hatte, blieb mir nur für einen kurzen Moment im Bewusstsein. Ich wollte einfach zu sehr, dass es mir wieder besser ging. Ich delirierte und murmelte vollkommen zusammenhanglose Sätze. An der Wand über dem Fußende des Bettes hingen drei Bilder mit gemalten Blumensträußen. Als ich das erste Mal die Augen öffnete, sagte ich: »Schau mal, was für schöne Bilder sie mir da hingehängt haben: Der da, das ist »il Pinto«, der in der Mitte ist Jimmy, und der dort Massimiliano.« Daniela versuchte mir zu widersprechen: »Schau, das sind drei Blumensträuße.« Ich erregte mich auf eine ziemlich hässliche Weise: »Spinnst du, siehst du sie nicht?! Jetzt wollt ihr mich wohl auf den Arm nehmen. Warum macht ihr das ausgerechnet jetzt, wo es mir so schlecht geht?« Im Grunde aber wollte ich nur sagen: Es hat mich eine große Mühe gekostet, die Bilder zu erkennen, und sie erzählen mir ganz etwas anderes.

Die erste wirklich klare Erinnerung ist die an Daniela, die mir im Halbschatten, umgeben von all den Apparaten, den Schläuchen, den Sensoren und den Geräuschen, und während mein Körper noch immer vollkommen bewegungslos war, erzählte, was geschehen war. Sie fügte hinzu, dass Dr. Costa dagewesen war –

der Arzt der Motorradrennfahrer und ihr Schutzengel – und sich schon nach den Prothesen erkundigt habe. Er hatte sich überzeugt davon gezeigt, dass sich noch alle über mich wundern würden. In dem Augenblick, in dem ich diese Worte hörte, sah ich schon schemenhaft vor mir, was ich später tatsächlich schaffen sollte. Die Nachricht vom Besuch Costas half mir sehr: Er hatte Maß genommen an dem, was von meinen Beinen geblieben war, und machte schon einen konkreten Plan. Als er mich besuchen kam, es war am Donnerstagmorgen, habe ich ihn gesehen, aber ich war nicht in der Lage zu kommunizieren. Ich hatte ein Stück Papier verlangt, um darauf zu schreiben: Mit einem Kugelschreiber und in einer wahnsinnigen Anstrengung hatte ich versucht, mich mitzuteilen, und dabei etwas hingekritzelt, was eine Linie darstellte, die schräg nach unten verlief und bestenfalls die Entwicklung unseres Bruttoinlandsproduktes wiedergab. Und nach diesem Kraftakt war ich eingeschlafen.

Eines Tages, als ich noch in der Intensivtherapie war, kamen die Krankenschwestern, um ein Foto von mir zu machen. Als allen klar wurde, dass ich nicht sterben würde, präsentierte sich Stationsschwester Maria mit einer Polaroidkamera in der Hand, bereit zum Knipsen. Daniela war schon aufgebracht, denn sie dachte, es sei für die Zeitungen. Es ging aber um etwas ganz etwas anderes. »Wenn es ihm wieder besser geht«, sagten sie zu meiner Frau, »und er sich zum ersten Mal deprimiert fühlt, dann genügt es, wenn Sie ihm die Fotos zeigen: Sie werden sehen, wie es ihm vergeht ...« Echte Deutsche, da gibt es nichts zu lachen.

Piloten, Techniker und leitende Angestellte der F-Cart-Serie waren schon wieder fort, am Samstag wurde in England gefahren. Noch am Abend des Unfalls hingegen waren Filippo und der »Titan« nach Berlin aufgebrochen. Versteckt in einem anderen Zimmer, damit meine Mutter und Niccolò es nicht hörten, rief Filippo Daniela ans Telefon und fragte sie: »Müssen wir uns denn große Sorgen machen oder kleine?« »Große«, antwortete Daniela. Sie stiegen ins Auto und fuhren los. Sie fuhren die ganze Nacht durch, ohne anzuhalten, und am nächsten Mittag kamen sie in Berlin an. Nachdem sie auch noch voll getankt hatten – mit Benzin statt mit Diesel. Sie bemerkten es, als sie die Rechnung bezahlten: Sie war etwas hoch ausgefallen für einen Diesel. So mussten sie Geld hinlegen für eine Tankfüllung, die sie wegwerfen konnten, und außerdem für das Abpumpen des Tanks und für die neue Füllung mit dem richtigen Treibstoff. Filippo und der »Titan« waren ziemlich mitgenommen: Während der mehr als tausend Kilometer ihrer Anreise hatten sie nur zweimal miteinander gesprochen, belanglose Dinge. Als sie ankamen, wollte der »Titan« sofort in mein Zimmer: Er setzte sich an mein Bett und erzählte mir seine Lebensgeschichte. Vier Stunden am Stück sprach er zu mir, weil die Ärzte gesagt hatten, dass mir das gut tue. Schade nur, dass er es mit gedämpfter Stimme tat. Am Ende trat Dr. Schroeder ein und sagte zu ihm: »Sie müssen lauter sprechen. Sonst hört er es nicht, und dann nützt es auch nichts.« »Also habe ich vier Stunden lang für die Katz geredet«, kommentierte der »Titan«. Filippo hingegen wollte nicht hereinkommen: Er blieb bis Donnerstagnachmittag da, ohne nach mir zu schauen. Nicht einmal durch das Glas. Er stand jedermann zur Verfügung: Er ging Essen kaufen, erledigte Aufträge, begleitete alle und brachte sie wieder zurück zum Hotel. Die übrige Zeit verbrachte er auf einer Bank im Flur sitzend. Äußerst nützlich in logistischer Hinsicht. Aber in mein Zimmer zu gehen, kam für ihn einfach nicht in Frage. »Ich bin gekommen, aber jetzt ist mir nicht danach, zumal ich ihm damit nicht im Geringsten helfe«, sagte er.

Am Donnerstagabend wollten sie zurückfahren. Und am Nachmittag dieses letzten Tages gab Filips sich doch noch einen Ruck und kam zu mir herein. Ich machte keinerlei Eindruck auf ihn. Er fühlte sich sogar sehr erleichtert, weil mein Gesicht so schön entspannt wirkte. Wer weiß, was er erwartet hatte: Aber er ist ein Hasenfuß von Geburt an, und wenn er von Krankenhäusern nur sprechen hört, bekommt er eine Mordsangst. Nachdem sie nun einmal beide zugegen waren, versuchten sie, eingedenk dessen, was der Arzt empfohlen hatte, mich ihre Stimmen hören zu lassen. »Nun, wir müssen etwas zu ihm sagen. Die Ärzte haben aber gesagt, dass wir gut zu verstehen sein müssen, laut ...« Sie stimmten sich ab und ließen ein »Eins, zwei, drei: Sandrinoooooo!« hören. Auf dem Flur ging ein Professor vorbei, der seinen Kopf hereinsteckte, um zu sehen, was los war. In diesem Augenblick öffnete ich die Augen, schlief aber sofort wieder ein. Sie legten sich mächtig ins Zeug mit ihrem »Sandrino« und wollten den Versuch wiederholen, da die Ärzte zwar noch immer erklärten, dass meine kleine Reaktion ein sehr gutes Zeichen gewesen sei, ein Zeichen dafür, dass ich mich erholte, dass es mich jedoch eine enorme Anstrengung gekostet habe und ich es sicher nicht so bald wiederholen würde. Jedenfalls muss ich ihr Rufen wahrgenommen haben, denn als sie mir später davon erzählten, konnte ich mich vage an ihren Ruf erinnern und auch daran, dass mir, als ich ihre Stimmen erkannte, der Gedanke durch den Kopf ging: *»Ma che cazz...?«* – »Oh, Sch... Ach, ihr seid's. So lasst mich doch schlafen!«

Am Sonntagmorgen trafen auch Danielas Mutter und mein Schwager ein, Sandro Giannini, besser bekannt als »der Doktooor«, da er mit seinem starken kalabresischen Akzent stets die Vokale mitten in den Wörtern in die Länge zieht. Wenn wir uns heute treffen und Zeit finden, eine Zigarre zusammen zu rauchen, läuft es immer darauf hinaus, dass wir darüber reden, wie meine Probleme künftig durch Fortschritte in der Medizin überwunden werden könnten. Er ist so etwas wie eine wandelnde Enzyklopädie für mich. Seine Nähe hat mir sehr geholfen, und auch Barbara, seine Frau und Danielas Schwester, war ganz wesentlich in den schwierigsten Momenten. Als tüchtiger Arzt hat Sandro mir beigestanden. Er hat mich in den Nächten unterstützt, als ich in Intensivtherapie war: Ich hatte überall Schläuche, das Beatmungsgerät und einen Haufen Apparate, die alle meine Funktionen überwachten. Jedes Mal, wenn ein Parameter den Grenzwert überschritt, war ein unangenehmer Ton zu hören, ein wahrhaft bedrohliches »biep biep biep ...« In der zweiten Nacht nach meinem Wiedererwachen lag Sandro ausgestreckt in einem Sessel und versuchte ein wenig zu schlummern, während Daniela in dem Bett schlief, das neben meinem stand. Ich, der ich sogar den Tag über regungslos dagelegen hatte, blieb wach, mitten in der tiefsten Nacht. Ich schaute auf die Apparate und hörte dieses beängstigende biep biep biep. Nichts Dringliches wohl, aber Sandro stand auf und sah nach. Er näherte sich den Apparaten mit der Miene des Experten, der er ja auch war. Er fasste ein bisschen hierhin, ein bisschen dort, und plötzlich hörte ich: *»Ma che cazzo!«* – »Oh Sch...« Er drückte einen Reset-Knopf und kehrte in seinen Sessel zurück. Ich rührte mich nicht. Nach fünf Minuten dieselbe Szene: Der arme Sandro stand auf, sah sich die Apparate an, drückte den Knopf und setzte sich wieder in den Sessel. Nach weiteren sieben Minuten dieselbe Prozedur. *»Ma porca miseria!«* – »Verdammtnochmal!« Er stand auf, und diesmal ging er, ohne nachzuschauen, direkt zum Schaltknopf. »Sandro?«, sagte ich. »Ja, was ist? Was gibt's? Bist du aufgewacht?« »Nein, Sandro«, flüsterte ich unter großen Mühen, »ich weiß, dass du nicht der Dümmste bist, was deine medizinischen Kenntnisse anbelangt, aber wollen wir nicht jemanden rufen, der auch tatsächlich etwas von diesen Apparaten versteht?« Im ersten Moment ließ er sich nichts anmerken. Aber er muss doch ein wenig gekränkt gewesen sein, denn wenn wir uns mit Freunden zum Abendessen treffen, kommt unausweichlich diese Geschichte zur Sprache, und auch wenn er lächelt ist seine abschließende Bemerkung immer dieselbe: »So ein Schuft, nachdem ich Tag und Nacht dort war, um ihn zu pflegen!«

Diese ersten Tage verbrachte ich mit sehr starkem Unbehagen. Die Schmerzen waren zu ertragen. Schwerer wog, dass ich mich von meinem Körper abgetrennt fühlte. Der erste wirklich harte Moment war der, in dem sie den Schlauch zur künstlichen Beatmung entfernten. Ich dachte, ich müsse sterben, ich bekam keine Luft mehr, und ich hatte das Gefühl zu ersticken. Ich habe sogar geweint und bat die Ärzte, mir den Schlauch von drei Zentimetern

Durchmesser wieder einzuführen. Sie erklärten mir, dass alles normal sei. Ich aber dachte, ich sterbe: »Ist euch denn nicht klar, dass ich sterbe?«, fragte ich, und als ich mich zum dritten Mal erkundigte, konnten sich alle, die da um mich herumstanden, beinahe schon das Lachen nicht mehr verkneifen: Daniela, der Professor und die anderen. Nach ein paar Stunden unerhörten Leidens lernte ich, wieder selbstständig zu atmen. Der zweite dramatische Moment kam, als sie mir einige Tage später den Blasenkatheter entfernten. Ich bekam Schmerzen, da ich meine Blase nicht mehr entleeren konnte. Nach einer Weile verkündete ich: »Es geht mir schlecht, ich kann nicht.« Aber da ich ja schon eine ganze Weile wirres Zeug geredet hatte, zeigte Daniela keine so große Eile, jemandem zu Hilfe zu rufen, und es war ihr kein Vorwurf daraus zu machen. Ich aber verwechselte schon die Blumen mit Kanaan... es ging mir so schlecht, dass ich sie schließlich anflehte. Eine Ärztin kam und zeigte sich zunächst etwas genervt. Dann sah sie, dass ich tatsächlich litt, und machte eine Ultraschallaufnahme. Sie fand eine Blase von der Größe einer Wassermelone. Erneut legten sie mir einen Katheter, und ich ließ Wasser in einer geradezu industriellen Menge. Es war eine der größten Freuden meines Lebens, ein kolossaler Genuss.

Seit diesem Tag habe ich bei jeder Operation den Urinkatheter abgelehnt. Lieber verbrachte ich eine halbe Stunde mit dem »Titan« an meiner Seite im Bad und ließ mich vom Wasserstrahl animieren. Ich war mächtig benommen von den Medikamenten, aber mein Optimismus hat mir geholfen. Der erste Schritt bestand darin, dieses furchtbare Gefühl der Abgetrenntheit von meinem Körper zu überwinden. Dann, so war ich überzeugt, würde ich mit den Prothesen Schritt für Schritt all das machen können, was ich vorher auch gemacht hatte. Ein Optimismus, der auch von einer gewissen Ignoranz begleitet wurde, aber in diesem Augenblick war er sicher von fundamentaler Bedeutung. Und tatsächlich habe ich viel von dem, was ich erhoffte oder wovon ich träumte, auch erreicht. Mein Problem am Anfang war sicherlich nicht das, keine Beine zu haben. Es bestand vielmehr darin, alltäglichen Gewohnheiten wieder nachgehen zu können wie zum Beispiel dem Duschen. Bei der ersten Dusche half mir Daniela. Als ich es endlich schaffte, mich wieder auf dem Bett aufzustützen, war ich völlig fertig, aber ich war glücklich. Ein solcher Unfall verändert unweigerlich alle deine Prioritäten, und auch das Wenige, das du zunächst erreichst, stellt, mit der richtigen Haltung aufgefasst, eine enorme Befriedigung dar. Es war auch schwierig, ins Bad zu gehen, um nachzuschauen, ob ich »es« noch konnte. Theoretisch hätte es keine Probleme geben dürfen; aber wer kann das schon so genau wissen. Ich brauchte unendlich lange, bis ich es herausfand, es war eine Mühsal. In dem Augenblick, als mir klar wurde, dass es noch was zu retten gab, war ich sehr erleichtert. – In der Zwischenzeit war auch Roberto Trevisan gekommen, um uns zu besuchen: Er wollte sich nützlich machen. Noch vor seiner Abreise nach Berlin hatte er sich daran gemacht, unser Haus einzurichten. Daniela aber hatte ihm gesagt, er solle keine großen Eingriffe vornehmen. Da sie mich kennt, wusste sie, dass ich nicht allzu viel Hilfe brauchte. Roberto hingegen, als der große Perfektionist, der er nun einmal ist, hätte uns innerhalb von drei Tagen auch einen Fahrstuhl im Haus installiert, einen mit Lautsprechern und Musikbegleitung. »Cipo« musste sich schließlich damit zufrieden geben, für die Stufen kleine Rampen zu bauen, die in dem Haus in Padua durchaus von Nutzen waren.

Alle wollten Niccolò zu mir bringen, überzeugt davon, dass mir das geholfen hätte. Ich starb vor Sehnsucht, meinen Sohn zu sehen, aber ich war auch sehr besorgt: Wenn er hätte spielen wollen oder irgendwas mit mir anstellen, wäre ich nicht dazu in der Lage gewesen. Leider hatte ich in diesem Augenblick vor allem auf mich selber Acht zu geben. Ich brauchte mein Kind nicht, um aus dem Tunnel herauszukommen, denn ich bin in diesem Tunnel nie gewesen. Ich hatte depressive Momente, aber sie gingen vorüber, ich blieb nicht innerlich in ihnen gefangen. Und paradoxerweise waren sie noch intensiver, als ich nach Hause kam. Ich hatte alles als ein großes Problem aufgefasst, das es zu lösen galt. Den Weg zu dieser Lösung gab es; ich musste mich dabei nur ausschließlich auf mich selbst konzentrieren. Ich erinnere mich, dass mich nach dem Rennen in England Jimmy Vasser besuchen kam und drei Tage bei uns blieb. Wenn er nur ein paar Stunden geblieben wäre, hätte ich es geschafft, ihm etwas vorzumachen. So aber hatte er Gelegenheit, mich in meinem ganzen Leiden zu erleben, und so sehr es auch ein großes Glück für mich war, meinen Freund in der Nähe zu haben, so war es doch auch eine Qual, ihn so besorgt zu sehen, so voller Kummer und mit so viel Hilflosigkeit in seinen Augen. Ob man es glauben wird oder nicht: Ich habe nie geweint wegen dem, was mir zugestoßen ist. Ich habe oft geweint in meinem Leben, aber nicht, weil ich meine Beine verloren habe.

Ich begriff schnell, dass es vor allem Niccolò selbst geholfen hätte, wenn er nach Berlin gebracht worden wäre. Daniela verließ daher das Krankenhaus und fuhr nach Monte Carlo, um ihn zu holen. Als sie mir von ihrer Ankunft im Kindergarten an diesem Nachmittag erzählte, zersprang mir fast das Herz. Es waren mehr als zwanzig Tage vergangen, seit wir uns von ihm verabschiedet hatten, und wir hatten ihm gesagt, am Sonntag seien wir zurück. Als er Daniela vom Saal aus sah, wo sie Vesper machten, war er ganz aus dem Häuschen. Er hörte gar nicht mehr auf zu schreien und zu rufen, ihr kleine Patscherchen aufs Gesicht zu geben, als müsse er sich vergewissern, dass sie auch wirklich da war. Küsse, Umarmungen, Lachen, eine ganze Stunde lang; er kriegte sich gar nicht mehr ein. Bis er sie plötzlich fragte: »Wann fährst du wieder weg?« »Wir fahren zusammen«, sagte sie und erklärte ihm, was passiert war. Natürlich hatte ihm niemand etwas gesagt: Er hatte etwas geahnt, aber mit seinen drei Jahren konnte er es sicherlich noch nicht richtig verstehen. Schon am nächsten Tag kamen sie, und er lief in meine Arme: Er sah, dass ich ohne Beine war. Zumindest Daniela erfasste den kurzen Moment des Erstaunens auf seinem Gesicht. Er aber drückte mich sogleich und ohne zu zögern. Ich möchte zurückkehren und mich so fühlen, wie ich mich jetzt fühle, um diesen Augenblick zu genießen. Damals jedoch war es für mich eine Riesenanstrengung, mit ihm zu spielen und ihm zuzulächeln, auch wenn es mich glücklich machte. Er ist das Leben, das weitergeht. Er ist ein Teil von mir, viel mehr als die Beine, die mir fehlen. In den vielen Augenblicken, in denen ich allein in meinem Zimmer war, dachte ich mit der größten Zärtlichkeit an Niccolò. Ich stellte ihn mir in seinem Kindergarten vor, wie er seine Skulpturen aus Knetgummi formte und seine kleinen Bilder malte, und ich bekam einen dicken Kloß im Hals, wenn ich dachte: »Wer weiß, was ihm so durch den Kopf geht.« Bevor wir ihn nach Berlin kommen ließen, hatten wir abgewartet, bis sie mich von der Intensiv- auf eine Normalstation verlegten. Dann blieb er fünfundzwanzig Tage bei uns im Krankenhaus und später im Hotel. Danielas Schwester und Sandro kauften ihm ein Kinderfahrrad, mit dem er unablässig durch den großen Park fuhr, der zum Krankenhaus gehörte, und durch die Korridore der Abteilung. Auf seinem kleinen Rad und in diesen gigantischen Gängen mutete er an wie das Kind in »Shining«.

Die ständigen Operationen am linken Bein erforderten Vollnarkosen, an die ich mich vielleicht schon gewöhnte. Wenn sie mich vor den Operationen narkotisierten, fühlte ich immer so ein wunderbares Flattern, das den ganzen Körper durchdrang. Ich konnte es kaum abwarten, bis die Narkose vorgenommen werden sollte. Der Schmerz verschwand vollständig, ich fiel in einen herrlichen Halbschlaf, und nach wenigen Augenblicken hörte ich die Stimmen von Daniela und ihrer Mutter, die sprachen, sprachen, sprachen. In Wahrheit waren schon mehr als drei oder vier Stunden vergangen. »Schau, was für ein entspanntes Gesicht er hat«, sagte eines Morgens meine Schwiegermutter, »so entspannt, dass er aussieht wie ein Engel.« Sie näherte sich meinem Gesicht. Ich aber machte einen Ruck und rief ein lautes: »Buh!« Sie bekam einen großen Schreck, aber ich brachte sie sofort zum Lachen. Meine Schwiegermutter gefällt mir sehr, und ständig tobt ein Kampf zwischen mir und meinem Schwager Sandro um ihre Sympathien. Ich habe dabei den Vorteil meiner Auftritte in den Medien, die ihm versagt sind. Und ich habe oft davon profitiert, dass ich im Fernsehen sagte: »Gianna, meine Schwiegermutter, ist nämlich eine ganz phantastische und eine unglaubliche Person.« Und der erste Anruf, den ich bekam, zwei Minuten nach dem Ende dieser Übertragung, war von Sandro: »Du Schleimer, wenn du wüsstest, wie du mir auf den Keks gehst!« An Ostern oder Weihnachten und nach einem Glas Wein erhebe ich mich immer zu einem Trinkspruch, der schon zur Tradition geworden ist: »Gianna, entgegen allem, was der Doktor Sandro so über dich sagt: Du bist ganz außerordentlich sympathisch. Wir trinken auf deine Gesundheit!«

Jedenfalls fühlte ich mich auch nach einem zwei- bis dreistündigen Eingriff schon am frühen Nachmittag wieder gut genug, um das Krankenhaus im Rollstuhl zu verlassen. Natürlich nur bis in den Park; aber es war schön, ein bisschen frische Luft zu schnappen und vor allem, mit Niccolò herumzufahren, er auf dem Fahrrad und ich im Rollstuhl. Wir hatten ein Zimmer in einem Berliner Hotel, und an den Tagen, an denen ich mich keinem Eingriff unterziehen musste, durchbrachen wir die Routinen mit einer Fahrt ins Zentrum, wir aßen im Hotel und kehrten noch vor neun wieder ins Krankenhaus zurück – alle gemeinsam, mit dem Auto, dem Rollstuhl und dem Fahrrad des Kleinen, und wir gingen ins Krankenhaus zum Schlafen, denn für den Morgen standen die Physiotherapie und etliche Übungen auf dem Plan. Es war eine Art umgekehrtes Tageshotel. Was aber den Aberglauben betrifft, so war ich aus dem Zimmer auf der Intensivstation mit der Nummer 13 in die 17 auf der Normalstation verlegt worden. Aus Sicherheitsgründen ließ ich das Türschild mit der 17, die für den Italiener großes Unglück bedeutet, abnehmen und durch ein sichereres mit der 16 A ersetzen. Die Krankenschwestern, die mich betreuten, waren Stationsschwester Maria, Kaj und Wim. Letztere war Holländerin, die anderen beiden Deutsche aus der ehemaligen DDR. Schon als ich im Koma lag, hatten sie mir die Zähne geputzt, mich rasiert und mir jeden zweiten Tag die Haare gewaschen, trotz der Schläuche, an denen ich hing. Diese Praxis ist Teil der Rehabilitation, denn auch wenn der Patient im Koma liegt, ist doch nicht ganz auszuschließen, dass er etwas mitbekommt. Ich habe Zuneigung zu diesen Menschen gefasst und ich glaube, dass keiner dort ohne Leidenschaft und Hingabe arbeitet. Durch meine »Schuld«, nicht »irgendein« Patient zu sein, holte ich ihnen die halbe F-Cart-Gemeinde ins Haus und dazu eine Menge Journalisten von Presse und Fernsehen. Sie haben die Situation exzellent gemeistert und waren dabei sehr verständnisvoll und tolerant.

Wir bekamen wirklich von vielen Hilfe. Barbara, Danielas Schwester und ihr Mann Sandro haben 20 Tage ihrer Ferien geopfert, um uns zu unterstützen, und zusammen mit Roberto Trevisan, dem »Titan« und Nicoletta, mit Filippo und Catia haben sie ein Netz der Fürsorge aufgebaut, ohne viel Aufhebens. Kaum dass sie angekommen waren, weinten sie alle, Sandro eingeschlossen, aber Daniela sagte gleich zu ihm: »Wenn du nicht aufhörst, fährst du wieder nach Hause. Ich brauche hier keine Leute, die heulen.« Catia, Filippos Frau, blieb bei meiner Mutter, als er nach Berlin kam. Und sowohl Albarosa, die Cousine meiner Mutter, als auch ihr Ehemann Gianni leisteten ihr Beistand. Jeder von ihnen war entscheidend, wie die Mitglieder in einem Team. Eine der Personen aber, die mir bei alledem am meisten geholfen haben, ist meine Mutter. Sie bewahrte Ruhe und Würde, obwohl sie wusste, wie es um mich stand. Vor allem aber nahm sie eine unglaubliche Last von uns: Sie gab uns die Gewissheit, dass Niccolò bei ihr in guten Händen war. Sie behütete ihn und hielt jeden Kummer von ihm fern, und das bedeutete für uns wirklich eine große Erleichterung. Sie opferte sich auf, damit das Kind diese Zeit so gut wie möglich überstand, ohne ein Trauma zurückzubehalten. Mein Optimismus und meine Kraft kommen daher, dass ich der Sohn meiner Mutter bin. Wäre ich meinem Vater ähnlicher, wäre ich ein netter Kerl und ein Spaßvogel, aber ich wäre nicht so stark.

Eine Woche nachdem ich aus dem Koma erwacht war kamen Filips und der »Titan« erneut nach Berlin. Kaum hatte Filippo seinen Fuß in mein Zimmer gesetzt, verkündete er allen in feierlichem Ton: »Gut, Leute, geht einen Kaffee trinken, ich bleibe hier mit Sandrino.« Ich brauchte Unterstützung und konnte nicht aufstehen. Ich war noch immer recht benommen, erkannte ihn jedoch und flüsterte ihm mit schwacher Stimme zu: »Filippo, hier bin ich.« Es verging weniger als eine Minute, da hatte er sich schon auf meinem Bett langgestreckt. Fünf Minuten später kamen die Ärzte zur Visite, und er lag da mit offenem Mund und schnarchte. Sie schauten ihn an und wandten sich dann verwundert an mich. »Das ist mein Betreuer«, sagte ich, ohne zu zögern. Als Daniela und die anderen vom Kaffeetrinken zurückkamen, schnarchte er wie ein Bär. Gegen Abend saß »der Doktooor« bei mir und versuchte, mit mir zu sprechen. Filippo saß jetzt aufrecht auf dem Nachbarbett. Ich erwachte von der Stimme meines Schwagers, der zu mir sagte: »Saaandro, erkennst du mich? Saaandro?« Sehr langsam gab ich ihm mit dem Kopf ein Zeichen. »Ah, du erkennst mich, ich bin dein Schwager. Gut, sehr gut, das ist sehr gut!« Er sprach ein bisschen so wie zu einem Kind und fuhr fort: »Und erkennst du den da?« Ich sah mich um und antwortete plötzlich alles andere als begeistert: »Ach du Schande, das ist ja der Filips!« Alle mussten lachen, »der Doktooor« eingeschlossen.

Immer wieder kam es vor, dass Sandro, Filippo und der »Titan« Essen holen gingen. Sie improvisierten dann ein Picknick auf den Tischchen vor dem Kiosk, der schon geschlossen hatte. Es waren Augenblicke, die uns sehr geholfen haben, vor allem das Theater, das regelmäßig durch meinen Schwager und Filips aufgeführt wurde, während der »Titan«, der sich mit Filips ein Zimmer im »Four Seasons« teilte, stinksauer wurde wegen der Unordnung. Er legte die Servietten wieder an ihren Platz, als ob niemand sie benutzt hätte, und er steckte die Hotelseife nach dem Gebrauch in die Papierhülle zurück und verschloss sie sorgfältig wieder. Man stelle sich seine Ungehaltenheit nach dem Aufenthalt Filippos vor! Schließlich jedoch mussten sie, einer nach dem anderen, wieder arbeiten und in ihr eigenes Leben zurück. Sie fehlten mir sehr.

Es kam der erste öffentliche Auftritt, im Fernsehen, dank des Interviews von Carmen Lasorella, der Berliner Korrespondentin der RAI. Sie kam zu mir, um mich, aus Höflichkeit und im Geiste der Brüderlichkeit unter Italienern, zu besuchen und fragte Daniela, ob ich irgendetwas benötige. Ich war wütend, sie zu sehen, wegen einer Geschichte, die sich vor einigen Jahren zugetragen hatte. Als ich jenen gewaltigen Schlag in Spa abbekommen hatte, 1993 im Lotus, hatte sie das im Tg1 in den Tagesnachrichten gemeldet. Und ich, unwissend wie ich war, war auch noch stolz darauf: »Carmen Lasorella hat über mich im Tg1 berichtet!« Ohne zu bedenken, dass sie es nur getan hatte, weil ich mit 270 Stundenkilometern gegen eine Leitplanke gekracht war. Kaum dass sie in mein Zimmer kam, beging ich in meiner Benommenheit sofort eine Taktlosigkeit. Weil ich ihr gleich zu Beginn ein Kompliment machen wollte, sagte ich: »Im Fernsehen sehen Sie viel hübscher aus als in echt!« Tatsächlich wollte ich genau das Gegenteil sagen und zum Glück verstand sie es. Da sie aber doch verwundert war über meine Reaktion, fragte sie Daniela, ob ich Lust hätte, allen zu erzählen, wie ich mich augenblicklich fühlte. »Ich war auf das Schlimmste gefasst, als ich hierher kam«, erklärte sie, »nun aber sehe ich, dass es Gründe gibt, sogar erleichtert zu sein. Deine Haltung verdient großen Respekt, sie kann viele Menschen sehr ermutigen.« Ich war erst vor kurzem in das Zimmer 16 A verlegt worden, und dort machte sie dann auch das Interview mit mir. Ein Teil wurde im abendlichen Tg gesendet, die vollständige Fassung wurde in »Porta a Porta« ausgestrahlt, mit meinem Schwager als Gast von Vespa, dem Moderator der Sendung. Er wollte zunächst nicht dort hingehen, auch wenn er oft auf medizinischen Tagungen spricht. Vom Fernsehen aber und vom Erzählen von Patientengeschichten wollte er nichts wissen. Er akzeptierte erst nach tausend Bitten und nur, um uns einen Gefallen zu tun. Und sein Auftritt war die Perle der Sendung. Wie Filips es zusammenfasste, sprach er wie ein gedrucktes Buch, wie bei einer Staatsexamensbefragung. Eindrücklich, präzise, ein Schauspiel. Die Ausstrahlung hatte eine enorme Resonanz und weckte auch das Interesse der Zeitungen, des Rundfunks und anderer Fernsehsender. Carmen siezte mich zu Beginn dieses Interviews, aber schon nach wenigen Minuten ging sie zum Du über, weil sie es nicht schaffte, die Distanz länger aufrechtzuerhalten. »Porta a Porta« baute die gesamte Sendung auf dem Schmerz auf, und leitete sie ein mit Ausschnitten aus dem Interview mit mir. Und ich sah aus wie der Glücklichste von allen. Die Leute waren beeindruckt.

Ich sprach mit den Ärzten und bestand darauf, nach Hause entlassen zu werden. Aber das war unmöglich. Das Infektionsrisiko hatte sich zwar verringert, aber aus dem offen gelassenen Bein traten noch immer Blut und seröse Flüssigkeit aus. Mir war ein Drainageschlauch ins Bein gelegt worden, und auch wenn ich schon ganz unruhig war, so war die Zeit doch noch immer nicht gekommen, Berlin zu verlassen. Schroeder kam zu mir und wünschte »Hals- und Beinbruch«, denn er musste für zehn Tage zu einem Kongress in den USA. Als er zurückkam, war ich zu seiner großen Enttäuschung noch immer da. Zum Abschied grüßte mich Professor Schaffartzik, der mich operiert und anschließend betreut hatte, als wäre ich sein Sohn, der ihn nun für lange Zeit verlasse. Auch wenn ich aus tiefstem Herzen nach Hause wollte, so fühlte ich mich doch sehr mit diesen freundlichen und liebenswerten Menschen verbunden. Professor Schaffartzik hatte mir sogar sein Arbeitszimmer zur Verfügung gestellt: Es war mit Satellitenempfang ausgestattet, und ich konnte mir die F-Cart- und Formel-1-Rennen, die in meinem Zimmer nicht zu empfangen waren, im Fernsehen ansehen.

Die letzten Tage waren hart. Ich konnte es nicht erwarten, nach Hause zurückzukehren. Meine Mutter kam, zusammen mit Albarosa und ihrem Mann Gianni, und sie kümmerten sich sehr um Niccolò auch in Berlin. Nach und nach verringerte sich die Zahl der Schläuche, und ich wurde immer selbstständiger. Das Duschen zum Beispiel war gar keine große Sache mehr. Ich war fast autonom geworden bei meinen Wegen ins Badezimmer. Alle diese Fortschritte verleiteten mich zu der Annahme, dass es zu Hause noch viel besser gehen werde. In Wahrheit war genau das Gegenteil der Fall. Am 30. Oktober wurde ich nach anderthalb Monaten aus dem Krankenhaus entlassen. Die Reise wurde anstrengend, wenn auch begünstigt durch die Tatsache, dass Paolo Barilla – Ex-Formel-1-Pilot, vor allem aber ein guter Freund – das Flugzeug seiner Firma zur Verfügung stellte und uns persönlich abholen kam. Eine Geste, die ich sehr zu schätzen wusste und für die wir ihm sehr dankbar sind. Als wir zu Hause ankamen, machten wir nach einem Augenblick der durchaus begreiflichen Verwirrung erst einmal die Tür hinter uns zu. Ich setzte mich aufs Sofa, während Daniela die Koffer auspackte. Ich hatte mich schon so lange nach diesem Augenblick gesehnt und mich in meiner Vorstellung mit so manchem beschäftigt, was ich zu Hause alles machen wollte. Als uns jedoch klar wurde, dass das einzige, was ich ohne Einschränkung tun konnte, das Wechseln des Kanals anhand der Fernbedienung war, fühlten wir uns sehr allein mit unseren Problemen. Nun kamen wirklich schwierige Tage.

KAPITEL 15

Die folgende Melancholie hätte mir sehr schaden können. Es war gefährlich. Aber ich habe die Kraft gehabt, nicht stehen zu bleiben, nicht in Depressionen zu verfallen. Und mit mir Daniela. Noch als ich in Berlin im Koma lag, hatte sie ein Auto mit Spezialausstattung bestellt. Es war ein weiterer dieser Schachzüge, die mich antrieben und meinen Willen stärkten. Noch an dem Abend, an dem wir ankamen, stieg ich in die Garage hinunter, um das Fahrzeug zu inspizieren und um festzustellen, ob das, was ich mir vorstellte damit tun zu können, funktionieren könnte. Wir hatten einen BMW ausgesucht, bei dem mit einer Fernbedienung die Hecktür geöffnet werden konnte. Ich dachte: »Ich öffne hinten, geh rein, zieh den Rollstuhl hoch, mach zu und setz mich auf den Fahrersitz. Wenn ich anhalte, rutsche ich wieder nach hinten durch, öffne mit der Fernbedienung die Hecktür; ich setze den Rollstuhl raus, steige ein und – tac – das Spiel ist gemacht.« Alles ganz alleine. Als ich sah, dass alles klappte, fühlte ich mich sehr wohl. Ich drehte sofort eine kleine Runde, um zu sehen, was passierte, wenn ich meine erste Bremsung ohne Beine versuchte.

Ich überwand den Crash. Und nachdem ich ein wenig geübt hatte, vereinbarte ich, einige Tage später ins »Centro di Vigorso di Budrio«, ein Reha-Zentrum in der Nähe von Bologna, zu fahren, von wo aus ich in der Folgezeit betreut werden sollte. Als ich ankam, war Dr. Claudio Costa dort, um mich abzuholen. Zusammen haben wir einen Schlachtplan festgelegt. Er untersuchte mich, machte sich ein Bild von der Situation und plante die notwendigen nächsten Schritte. Ich kannte den Ingenieur Gennaro

Verni, den verantwortlichen Techniker des Zentrums, den Physiotherapeuten Claudio Panizzi, Franco Ferri, den erfahrensten Techniker der Einrichtung, und den verantwortlichen Arzt, Professor Pilla, der mich untersuchte. Ich konnte es kaum abwarten, endlich anzufangen. Der ganze Ablauf schien mir nur eine Formalität, so wie man einen Schlüssel umdreht, den Motor startet und losfährt.

In Berlin hatten die Ärzte in meinem linken Bein eine Wunde zur Säuberung offengelassen, und in der Folge war ein Loch zwischen den Muskelfasern geblieben. Vierzehn Operationen unter Vollnarkose und von durchschnittlich drei Stunden Dauer waren insgesamt notwendig gewesen. Außerdem hatten sie mir eine Drainage gelegt und eine Pumpe daran angeschlossen, die ich natürlich immer bei mir trug. Auch nachdem alles wieder entfernt worden war, blieb ein Abfluss für das Wundsekret. Mir war gesagt worden, ich solle mir wegen des Loches keine Sorgen machen, auch wenn es so tief war, dass man einen ganzen Finger hineinstecken konnte. Mit der Zeit sollte es sich schließen, und alles wäre wieder in Ordnung gekommen. Jeder Arzt hat seine Spezialisierung. Professor Pilla darf sich offenbar einer großen Erfahrung bei Amputationen rühmen. Er wusste daher, wie der Stumpf präpariert werden musste, um die Prothese auf die bestmögliche Weise ansetzen zu können und sagte, dass ein kleiner chirurgischer Eingriff notwendig sei, um den Verschluss des Loches zu erleichtern. »Wir können die Operation in Villa Serena in Forlì ausführen«, schlug er vor. Das ist die Klinik, in der Costa normalerweise im Notfall seine Motorradfahrer operiert. Wir legten den Termin auf den 18. November fest.

Nachdem ich die Betäubungsspritze zu einem Routineeingriff von etwa zwanzig Minuten Dauer erhalten hatte, stellte Pilla, dem Dr. Costa assistierte, fest, dass der Knochen stärker gewachsen war als vorhergesehen. Wo der Oberschenkelknochen zertrennt worden war, hatte die Natur versucht, den Schaden wie einen Bruch zu reparieren, aber der vom Blut herangetragene Kalk hatte

Die Spezialanfertigung, die den Rennsport für mich erst möglich macht. Das Lenkrad mit dem »Gaspedal«.

An meinem Arbeitsplatz im BMW 320i

Im Gespräch mit dem Motorsportchef von BMW, Dr. Mario Theissen.

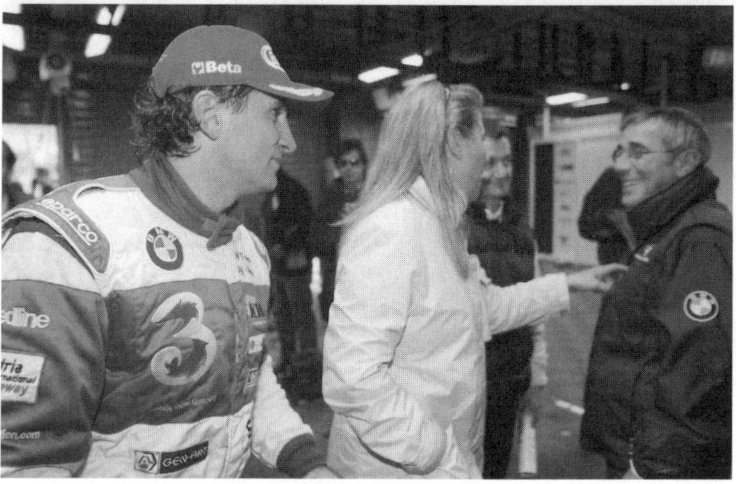

Roberto Trevisan, mein Freund und Mechaniker, mit dem ich schon in alten Formel 3- Tagen zusammen arbeiten durfte.

Von einem Interview zum nächsten ...

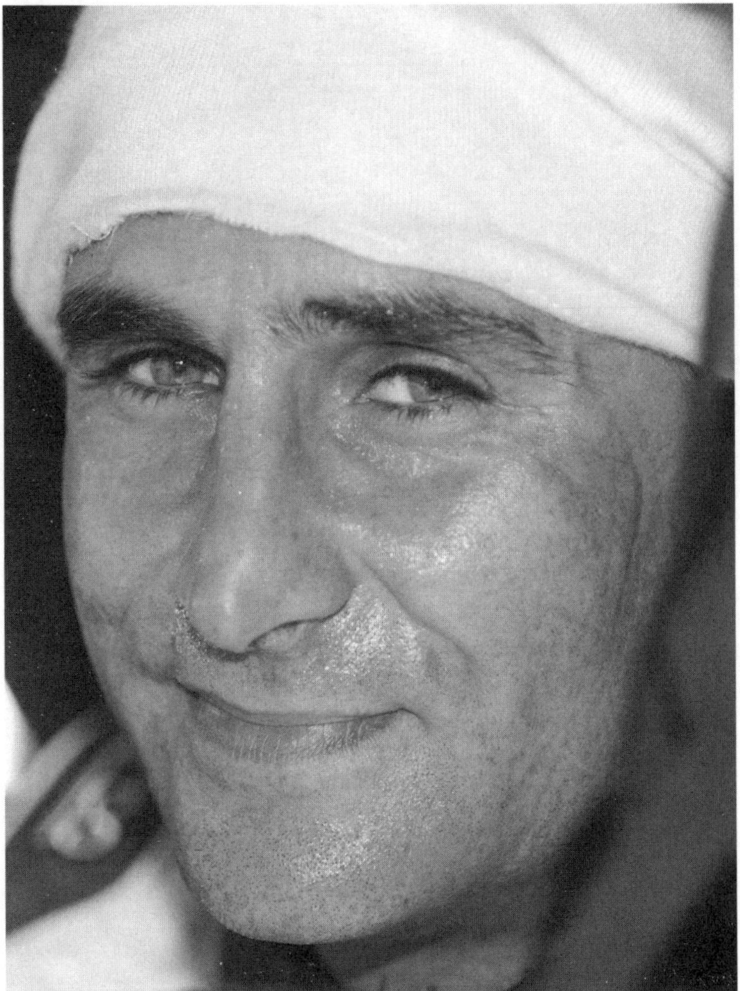

Verschwitzt, aber glücklich. Nach meinem Rennen im Oktober 2003.

sich auf anomale Weise als Kallus abgelagert: Das, was vom Knochen übrig geblieben war, hatte sich, wie es normalerweise geschieht, auf die Suche nach dem anderen Ende gemacht, um sich mit ihm zu verbinden. Niemand hatte ihm erklärt, dass das andere Stück in Berlin geblieben war ... In Anbetracht der Tatsache, dass der entstandene Höcker mir bei dem Versuch, eine Prothese zu benutzen, große Schmerzen bereitet hätte, entschieden sie sich spontan für eine Änderung der Operation. Ich erhielt eine Vollnarkose, und aus den vorgesehenen zwanzig Minuten wurden circa dreieinhalb Stunden im Operationssaal. Sie säuberten alles und vernähten es. Ich erwachte und war zerschlagen, das frisch vernähte Bein war angeschwollen und sah aus wie ein Schinken. Am Anfang war es hart: Ich war zu einem Eingriff in den Operationssaal gekommen, der nur eine Routine sein sollte, und fand mich nun, von neuem unbeweglich, in einem erbarmungswürdigen Zustand ans Bett gefesselt wieder. Als die Wirkung der Narkose nachließ, hatte ich stechende Schmerzen im operierten Bein, und ich bat die Krankenschwester um eine Morphiumspritze, die mir eine Stunde vorher vom Arzt angeboten worden war und die ich ganz keck abgelehnt hatte. Die Wunden bereiteten mir unglaubliche Schmerzen: Ich spürte das Pochen des Pulses in meinem Bein und bat mein Herz, weniger heftig zuzuschlagen. Dann tat das Morphium seine Wirkung, die Schmerzen im Bein, das eben noch explodieren wollte, ließen nach und kehrten auf ein mehr oder weniger erträgliches Maß zurück. Trotz meiner Verfassung stabilisierte ich mich rasch wieder, und dank der Fürsprache Costas wurde ich schon nach zwei Tagen entlassen. Ich hatte Krankenhäuser satt, aber ich bedachte eines nicht: Solange ich dort war und ausgestreckt in einem Bett lag und fernsah, während mir das Essen gebracht wurde, hatte ich meine Ruhe und war versorgt; wieder zu Hause, musste ich bei allem um Hilfe bitten, ich spürte den starken Schmerz im Bein und litt sehr darunter, dass ich mich nicht bewegen konnte.

Wir blieben zwei Tage bei meiner Mutter in Bologna. Tage, die ich im Bett verbrachte und während derer der Schmerz in meinem Bein, das erneut angeschwollen war, mich quälte. Wenn du im Krankenhaus bist, kannst du es kaum erwarten, wieder entlassen zu werden. Erst wenn du wieder zu Hause bist, begreifst du, dass alles nur in Reichweite der normalen Menschen ist und nicht derjenigen, die ans Bett gefesselt sind. Es war ein bisschen demütigend, ständig nach Daniela oder meiner Mutter rufen zu müssen, und noch demütigender war es, meinen Sohn zu sehen und zu wissen, dass ich absolut nicht in der Lage war, irgendeine seiner Bitten zu erfüllen. Nach drei Tagen fühlte ich mich besser, und da ich mich bemühte, sogar größere Fortschritte zu zeigen, als ich tatsächlich feststellen konnte, schlug Daniela vor, nach Monte Carlo zurückzukehren. Nach einer Reise, die ich nur noch vegetierend hinter mich brachte, ließ der Schmerz etwas nach. Brad Filbey, mein Ex-Team-Manager, war auf seiner Ferienreise nach Europa mit seiner Tochter zu uns zu Besuch gekommen. Natürlich machte ich in diesen Tagen, um keine Missstimmung aufkommen zu lassen, gute Miene auch zu bösem Spiel. Ich glaubte, ich hätte die Pflicht, in jedem Falle zu lächeln.

Es zog ein bisschen im Bein, es bereitete auch weiterhin Schmerzen und war ständig geschwollen. Aber das hielten alle nach einem Eingriff von mehr als drei Stunden für normal. Sie hatten mir eine Art Pflaster angelegt und mich gebeten, den Verband zu kontrollieren. Nach ein paar Tagen hörte es auf zu bluten, eine Tatsache, die meine Stimmung beträchtlich hob. »Gut, alles in Ordnung«, hatte ich mir gesagt. Es blieb jedoch ein beachtlicher Schmerz, der eines Abends unerträglich wurde. Ich spürte entsetzliche Stiche und hatte einen unablässigen Krampf, aber in dem Muskel, der fehlte, in der Wade. Ein wirklich hässliches Gefühl, so dass ich Costa rief, der mir Medikamente verordnete und mich zu beruhigen versuchte. Am nächsten Morgen, als Daniela Niccolò badete, zog ich zur Kontrolle das Pflaster ab und sah, dass es nicht die übliche klar-gelbe Färbung hatte wie an den Tagen zuvor. Es war eher braun, und vor allem kam es mir so vor, als sei ein Tropfen frisches Blut dabei. Ich schaute genauer hin: Ich setzte mich vor den Spiegel und fand die Bestätigung für das Blut. Ich bewegte mich, verlagerte dabei das Bein ein wenig, und da geschah das Unglück: Das Tröpfchen wurde größer und dann plötzlich schoss ein Strahl hervor wie aus einem Wasserhahn und spritzte gegen den Spiegel, ein schrecklicher Schwall Blut. Ich hatte noch immer den Verband in der Hand und presste ihn sofort gegen das Bein, um es zu verschließen. Aber kaum machte ich Anstalten, ihn wegzunehmen, kam wieder Blut, und zwar noch stärker als zuvor. Ich rief Daniela: »Wenn du kannst, komm sofort, ich habe ein großes Problem.« Sie kam und das Erste, was sie sah, war all das Blut auf dem Boden. »Oh Gott!« Ich sagte zu ihr: »Ich weiß nicht, was passiert ist, aber ich blute. Es ist wohl etwas Ernsteres ...« Die erste Möglichkeit, an die ich in meiner Unwissenheit dachte, war die Oberschenkelarterie, und das befürchtete auch sie. »Wenn das so weiterläuft, dann bin ich in fünf Minuten wieder leer«, dachte ich. Dann zwang ich mich nachzudenken: »Das ist nicht möglich, mir schwindelt. Ich wäre sonst doch schon ganz schwach.« Daniela war nicht in Panik, das entspricht nicht ihrer Art, aber besorgt war sie schon. Sie machte drei Anrufe. Den ersten ins Krankenhaus, um eine Ambulanz rufen. Den zweiten in Monte Carlo bei Nicoletta, der Verlobten des »Titan«, um sie zu bitten, auf Niccolò aufzupassen. Den dritten, um Dr. Costa zu benachrichtigen. Als sie den Hörer auflegte, war der Krankenwagen schon da. In der Zwischenzeit aber hatte ich immer wieder einmal versucht, die improvisierte Tamponade zu lockern, und festgestellt, dass die Blutung nachgelassen hatte. Ich entfernte den Verband ganz, und es schien mir, als blute es nicht mehr. Ich vergewisserte mich einen Augenblick, im Großen und Ganzen fühlte ich mich wohl und schloss daher aus, dass die Oberschenkelarterie betroffen war. Auch wenn dies mein erster Gedanken gewesen war und ich schon fürchtete, sterben zu müssen. Außerdem bemerkte ich, dass wie durch ein Wunder die Schmerzen gewichen waren.

Sie legten mich auf eine Trage und brachten mich ins Krankenhaus, wo alle notwendigen Ultraschall- und andere Untersuchungen durchgeführt wurden. Was war passiert? Infolge der Operation in Forlì war ein Erguss entstanden, der ein großes Hämatom hinterlassen hatte. Es hatte sich eine Tasche mit Blut gebildet, die einen enormen Druck auf die Nerven und die Muskeln ausübte; sie hatte weiter gearbeitet und sich einen Weg zum Ausgang gesucht. Ich wurde entlassen, auch wenn sie mir dazu rieten, für alle Fälle in der Nähe zu bleiben. Es gab auch etwas zu lachen, denn in der Notaufnahme, als sie mich ohne Beine ankommen sahen, erschraken sie ziemlich heftig. Dann sahen sie, dass ich kein Akutfall war, und beruhigten sich. Während ich untersucht wurde, rief Daniela noch einmal bei Costa an, der – aus 400 Kilometern Entfernung – eine Diagnose versuchte, die von den Ärzten im Krankenhaus von Monaco wenig später bestätigt wurde. Da er sich bereits ins Auto gesetzt hatte, um zu mir zu kommen, bot er an, mich nach Villa Serena zu den erforderlichen Untersuchungen mitzunehmen. Das Hauptproblem war nämlich noch immer nicht gelöst: Dieses Hämatom hatte sich nicht vollständig entleert, die Tasche bildete sich immer wieder aufs Neue. Daher unterzogen sie mich einer Reihe weiterer Untersuchungen.

In Villa Serena verbrachte ich vier Tage und vier Nächte im Kreise von Freunden der Familie und Costas. Ich schaffte es in diesen Tagen, ein Buch zu lesen, und erholte mich einigermaßen wieder. Seltsam, es zu sagen: Ich war fast froh, erneut dort zu sein, denn ich fühlte mich noch nicht wieder auf dem Posten. Von Berlin nach Hause zurückzukehren, war ein großes Glück gewesen. Aber in Villa Serena wurde ich umhegt und umhätschelt, ich hatte im Bett zu bleiben und durfte nicht zu viel von mir selbst erwarten. Dort fiel ich niemandem zur Last; zu Hause hingegen war meine Frau gezwungen, so vieles zu tun, und Niccolò musste hinnehmen, dass ich seinen Bitten und Wünschen nicht entsprechen konnte. Dieser kurze Stopp gab mir Gelegenheit, wieder zu Kräften zu kommen. Eine nächtliche Betreuung war nicht nötig, aber aus reiner Freude an der Geselligkeit erklärten sich der »Titan« und Filippo bereit, bei mir zu bleiben. Letzterer gab, bevor er sich am Morgen auf den Weg machte, gern folgenden Satz zum Besten: »Oh, Sandrino, ich habe dir ein Badezimmerchen hinterlassen, das ein Schmuckstück ist!« Ich schaute es mir an: Alles durcheinander, Handtücher auf dem Boden, Zeug überall verstreut, kein Durchkommen mehr. Als ich entlassen wurde, brachte Costa mich in sein Haus in den Hügeln, und später profitierte ich von einer Mitfahrgelegenheit beim »Titan«, der zu Nicoletta nach Monte Carlo zurückkehrte. Aber das Bein wurde nicht besser. Es gab drei Stellen, die sich nicht schließen wollten, und man verstand nicht wieso, da ja nur wenig Blut zu resorbieren war. Anfang Dezember kehrten wir schließlich nach Italien zurück, und der Moment war gekommen, mit der Therapie im Centro di Budrio zu beginnen. Wir zogen alle nach Bologna zu meiner Mutter, um näher dran zu sein.

Ich sah einer weiteren Untersuchung bei Professor Pilla entgegen und hoffte, mit ihnen gemeinsam einen Plan zu entwickeln, der es erlaubte, schon in Kürze mit der Konstruktion der Prothesen und nach und nach mit dem Laufen zu beginnen. Pilla äußerte sich negativ, er sagte, dass es nicht angebracht sei, den Prozess zu beschleunigen, und aus ärztlicher Sicht hatte er damit wahrscheinlich sogar Recht. Costa hingegen, auch wenn er von der Schulmedizin kam, war davon überzeugt, dass es Kräfte in der Natur gibt, die diese zu Dingen bewegt, von denen die Medizin nichts versteht. Er hatte nicht den Mut, die Auffassung Pillas mit diesem zu diskutieren; er fand sie sehr enttäuschend, auch wenn er Pilla persönlich sehr schätzte. Es bedurfte eines Glücksfalls, der unter dem Namen Franco Ferri auch eintrat. Wir trafen ihn, als ich gerade mit Costa, der mich in meinem Rollstuhl schob, aus dem Centro kam. Franco grüßte uns und fragte sogleich, wann wir die Proben für die Konstruktion der Prothesenköcher, auch Schäfte genannt, machen wollten. Claudio setzte ihn von dem in Kenntnis, was das von Pilla geleitete Ärzteteam uns gerade eröffnet hatte, und Ferri machte einen Vorschlag: »Schau, auch wenn sie dir gesagt haben, dass du mit dem Laufen noch warten sollst, weil das Bein noch blutet, so gibt es doch überhaupt keine Notwendigkeit, dich auf die Beine zu stellen, um mit der Abformung der Köcher beginnen!« Dann fügte er hinzu: »Du, Costa, bist sein Arzt. Wenn du mir erlaubst, seinen Stumpf mit Gips zu bekleckern, können wir sofort anfangen.« »Wann sofort?«, kam unsere Frage wie aus einem Munde und Ferri antwortete prompt: *»Szenc minud.«* – »In fünf Minuten.« Auf diesem Weg in die Abteilung, in der Franco arbeitete, fand ich mein Lachen wieder und die Lust am Scherzen. Und Claudio wusste, dass er soeben die wirksamste Medizin gefunden hatte, um meine Wunden zu heilen: die Kraft der Seele.

Claudio Costa ist ein außergewöhnlicher Mensch, wegen seiner Kompetenz, aber vor allem wegen seines Herzens. Er ist voller Leidenschaft und Liebe für die anderen, und als die Dinge noch nicht so gut liefen, ging es ihm innerlich noch viel schlechter als mir. Er mag mich wirklich gern, ich bin für ihn wie ein Sohn. Er litt sehr angesichts meines Zustandes, und als er sah, dass die Wunde des linken Beines nicht aufhörte zu bluten, konnte er nachts nicht mehr ruhig schlafen. Bis er seine Eingebung hatte. Auch nachdem die Maße für die ersten Prothesenköcher abgenommen worden waren, wollte sich das Bein noch immer nicht schließen: Es blieben drei kleine Öffnungen, und niemand verstand, warum. Ich bin jemand, der sich schneidet und dem schon am nächsten Tag der Schorf von der Wunde abfällt: Ich habe total verrückte Blutplättchen. Claudios Kontrollen wurden daher immer intensiver. Zuerst per Ultraschall, mit dem er herausfand, dass da etwas sein konnte; dann brachte er mich zu einer sehr tüchtigen Freundin und Kollegin, die eine Doppler-Sonographie anfertigte, eine farbige Darstellung, die die Blutzirkulation im Detail sichtbar macht. Nachdem sie sehr aufmerksam den Verlauf der Arterien und Venen bis in die Kapillaren studiert hatten, entdeckten sie schließlich das Problem: Eine Vene war noch offen und speiste eine Tasche, die heimlich, still und leise dazu tendierte, anzuschwellen und dabei unablässig ein Hämatom zu produzieren, das nicht resorbiert wurde. Das war eine schlimme Sache, ich sah es sofort an ihren Gesichtern. Eine weitere Operation erwies sich als notwendig. Es war keineswegs ein Kinderspiel, denn man musste das Bein erneut öffnen und genau diese Vene finden. Dazu musste ich für einen weiteren Monat ins Bett zurückkehren, und diese Aussicht bedrückte mich sehr. Costa muss eine grauenvolle Nacht verbracht haben, voller Gedanken, aber am nächsten Tag kam er und löste das Problem mit drei Rollen Mullverband. Wir wiederholten die Untersuchung, und er identifizierte exakt die kritische Stelle. Ein leichter Druck mit dem Daumen bewirkte, dass der Blutverlust nachließ. Er presste eine Rolle Mull auf die Stelle und legte einen sehr festen Verband an. Eine Woche später entdeckten wir bei der Nachkontrolle, dass das Problem sich verringert hatte: Die Venenwände hatten sich verbunden und waren vernarbt. Auf einmal begann alles zu heilen: Die Hämatome wurden resorbiert, und das Bein machte definitiv Fortschritte.

Nachdem dieses Problem bewältigt war, kehrte ich zum Kern des Themas zurück, zur Anprobe der Prothesen. Die schwerste Folge der verschiedenen Operationen, die ich über mich hatte ergehen lassen, war die Einschränkung beim Beugen des linken Beines, das nicht über 30 Grad hinaus möglich war. Daher begann ich sofort mit mehreren Therapiesitzungen, die sehr schmerzhaft waren, zur Wiederherstellung der Beweglichkeit, und schließlich gingen wir zu dem über, was meine Rehabilitation werden sollte. Ich dachte, dass es nur eine Formalität sei, die Beine anzulegen. Bis dahin hatte ich, noch ohne zu laufen, das anzuprobieren versucht, was die Techniker die provisorischen Schäfte nennen. Sie sind aus Plexiglas und also durchsichtig. Das ist nützlich, um erkennen zu können, an welchen Stellen die Haut zur Rötung neigt, oder wo sie intensiv weiß bleibt, weil dort ein starker Druck ausgeübt wird. Der Techniker zieht sich Schutzhandschuhe über, er erwärmt die Schäfte und modelliert sie dann so lange mit seinen Händen, bis er einen akzeptablen Kompromiss findet. Diese Schäfte bereiteten mir große Schmerzen. Die anderen Patienten des Centro aber, denen ich mindestens genauso aufmerksam zuhörte wie den Technikern und den Ärzten, sagten zu mir: »Wenn du die endgültigen Schäfte anlegst, die eine weiche Polsterung haben, wird es ein Spaziergang sein.« Und genau das hatte ich mir dann auch vorgestellt. Tatsächlich folgte, als ich die ersten endgültigen Prothesenköcher anprobierte, eine herbe Enttäuschung.

Ich hatte sehr viel Glück im Centro di Vigorso, denn ich war dort in den Händen der beiden unter technischem Aspekt erfahrensten Personen. Der eine war Franco Ferri, der die Experimentelle Abteilung leitet, einen Bereich, in dem sie vor allem die heiklen Fälle behandeln, mit der Möglichkeit, einem Patienten in »entspannterer« Weise Beistand zu leisten. Eine Prothese funktioniert nicht automatisch, es sind einige Regeln dabei zu beachten. Du kannst sie zehn Mal immer wieder von neuem anpassen, oder auch Glück haben, und sie passt beim ersten Mal. Mein Glück bestand auch darin, dass eines der weltweit besten Zentren für Fälle wie meinen nur einen Katzensprung von der Stadt entfernt war, in der ich geboren wurde. Mit Menschen zu sprechen, die in meinem Dialekt zu Hause sind, war sehr wichtig. Ebenso wie einen Physiotherapeuten wie Claudio Panizzi zu finden, die zweite für meine Rehabilitation so wichtige Person. Er wurde mir von dem Ingenieur Gennaro Verni vorgestellt, dem Direktor der Einrichtung, der mir mit großer Ernsthaftigkeit die verschiedenen Phasen der Rehabilitation, die wir gemeinsam angehen würden, darlegte: »Wir beginnen jetzt mit dem Knie, dem 3R60; dann steht der Gymnastikraum auf dem Programm; dann gehen wir über zum Barren, dann zum Gehbock, dann zu den Krücken, erst zwei, dann eine; und schließlich gehen wir raus in den Garten zum Spazieren.« Es kam ein Anruf, der Ingenieur war abgelenkt, und Panizzi flüsterte mir zu: »Dir reiß ich den Arsch auf!« Ein Satz, der nötig war, um das Eis zu brechen.

Er gefiel mir sofort, und es war er, der mich mehr als alle anderen motivierte. Wenn es da einen Tank aufzufüllen gab, oder wenigstens nicht ganz leer werden zu lassen, dann hat er es geschafft. Seine emotionale Kraft, seine Energie war nicht verschwendet. Er ist ohne Umschweife auf sein Ziel zugegangen. Es war sicher manchmal hart, aber es war wirkungsvoll. In mir hat er Brot für seine Zähne gefunden, denn ich bin immer sehr kampfbereit gewesen. Von Anfang an bestand die Herausforderung für mich darin, es zu schaffen, dass er mir ins Gesicht sah und sagte: »Für heute ist es genug.« Ich gab nie auf, auch wenn ich mich quälte und mir vor Schmerz Tränen in den Augen standen, wenn ich Blasen bekam oder die Prothesen schlecht eingestellt waren. Ich wollte laufen, auch wenn es nur dazu reichte, zehn Mal zwischen den sechs Meter langen Parallelholmen hin- und herzukommen. Wenn er mich anhielt, widersetzte ich mich und bat: »Noch eine Runde!« Seine Assistentin war Michela, ein sehr tüchtiges Mädchen, das sich auf den Einsatz des elektronischen Knies spezialisierte: Dieses Knie verlangt eine andere Herangehensweise, bei der du dich mehr trauen musst. Es ist so, wie wenn du plötzlich von einem Kleinwagen auf einen Supersportwagen umsteigst. Du brauchst dann jemanden, der dir hilft, die Grenzen des Wagens zu erkunden.

Diese Leute arbeiten nicht nur für ihr Gehalt. Sie sind mehrmals zu mir nach Hause gekommen, zum Beispiel an Weihnachten, wenn das Centro, oder zumindest seine physiotherapeutische Abteilung, geschlossen blieb. Wir verbrachten die Weihnachtsferien in unserem Haus in Padua. Ich setzte mich ins Auto, fuhr zu meiner Mutter nach Castel Maggiore, und sie waren schon dort. Ich absolvierte meine zwei Stunden Lauftraining im Flur, legte die Beine ab und kehrte zutiefst befriedigt nach Padua zurück. Auf sehr intelligente Weise ermutigte mich Claudio, der sich an Michela wandte: »Wer weiß, wo der uns noch hinführt!« Das klang ein bisschen so wie die Komplimente, die Morris häppchenweise in den Zeiten mit Ganassi verteilt hatte. Der Vergleich scheint absurd, aber ich habe diesen Kampf gekämpft, und ich habe ein gutes Resultat erzielt, denn ich habe diese Herausforderung genau so aufgefasst wie ein Rennen, mit demselben Enthusiasmus. In mir konnten sie jemanden sehen, der nie aufgab; sie haben sich daran begeistert und auch ihren eigenen Einsatz dabei gesteigert.

Im Winter hatte ich eine Reihe längerer Sitzungen mit Ferri: Die dritten Prothesen, die nun die endgültigen und die bequemsten sein sollten, erwiesen sich als sehr schmerzhaft und enttäuschend. Wie die zweiten. Und so fragte ich mich: »Verdammt, wann laufe ich endlich?« Ich wusste, dass es eine Zeit des Untersuchens und des Anpassens geben musste, aber nach den sehr raschen Fortschritten am Anfang hoffte ich doch, dass es mit derselben Geschwindigkeit weitergehe. Stattdessen gab es einen plötzlichen Stillstand. Ich brauchte zwei Prothesen, die mir eine deutliche Verbesserung erlaubten. Wir verbrachten lange Nachmittage, um zusammen mit Ferri Tests durchzuführen. Er stellte seine Messungen an, werkelte damit weiter, und immer wieder murmelte er: »*Sè, sè, dess a vdemm, alaura, tochemm que.*« – »Ja, ja, jetzt gucken wir mal, also, wir wollen es mal da berühren ...« und so fort. Er betastete und befühlte seinen Gegenstand, er sprach viel mit sich selbst und legte eine große Sicherheit dabei an den Tag. Ich hingegen hatte schon ein wenig das Vertrauen in sein Abgetaste und in die Künste seines Daumens verloren. Dann – es war Mitte Januar – zog er plötzlich zwei Schäfte aus dem Hut, die mir wie der Übergang von einem Fakirbett auf eine Permaflexmatratze erschienen – wenn auch wohl eher eine mit Federkern als eine aus Latex. Aber es war doch eine andere Welt. Dies war der wirklich große Quantensprung in meinem neuen Leben, und ich verstand jetzt, was andere Patienten zu mir gesagt hatten: »Es eilt nicht, zum elektronischen Knie überzugehen oder künstliche Füße auszuprobieren. Viel wichtiger ist der Schaft, der Teil, mit dem du in Berührung bist. Wenn der in Ordnung ist, ist das größte Problem gelöst.«

Aber die passenden Schäfte für einen beidseitig Amputierten zu finden, ist extrem schwierig. Die erste Abformung machen sie im Liegen, und natürlich schafft man es nicht, sich mit dem, was dabei rauskommt, auf den Beinen zu halten. Die Auflagepunkte entsprechen nicht denen, die du beim Gehen haben wirst, und im Laufe der Zeit verändert sich auch noch die Form der Stümpfe. Die erste Phase war die schwierigste, dann gelang es mir, mich immer besser zu bewegen. Immer häufiger verließ ich den Übungsraum und ging, wenn auch unter großen Mühen, auf der untersten Etage bis zur Bar. Ich unternahm sogar »Spaziergänge« im Garten. Kurz vor Weihnachten hatten sie mir zum ersten Mal Prothesen gegeben, die ich mit nach Hause nehmen konnte. Gegenüber Panizzi hatte ich sehr darauf beharrt, und der hatte Verni darum gebeten, der schließlich einverstanden war. Ich musste ihm versprechen, dass ich nicht damit laufen wolle, sondern sie einfach nur anlegen, was nützlich ist, um die Muskelspannung zu erhalten. Natürlich konnte ich dieses Versprechen nicht halten, so dass ich ins Centro mit einem offenen Bruch des rechten Beines zurückkehrte. In dem Sinne, dass die Prothese gebrochen war: Ich hatte den Schaft in der einen Hand und das Knie in der anderen. »Ferri, richte mir diesen Bruch!«, sagte ich zu ihm in aller Unbekümmertheit. Während ich mich nicht an mein Versprechen hielt, war ich mehrmals gestürzt. Als ich mich mit dem verdrehten Knie und der zerbrochenen Prothese wiederfand, rief ich Panizzi an und schickte eine kurze Bemerkung voraus: »Claudio, ich muss dir etwas beichten: Ich bin mit den Beinen gelaufen, und ich habe die Prothese zerstört.« Und seine Antwort war: »Daran hatte ich nicht im Mindesten gezweifelt, ich kenne meine Pappenheimer.«

Sie waren wirklich sehr provisorisch gewesen, sozusagen mit Tesafilm zusammengehalten. Um sie anzulegen, benutzte ich eine Art einwärts gestülpten Strumpf als Anziehhilfe. Er bestand aus einem Material, wie es auch für Stützstrumpfhosen verwendet wird, nur war er ein wenig robuster und an der Spitze mit zwei

Bändern versehen. Du ziehst den Strumpf über den Stumpf, stützt dich gegen die Wand, solange das andere Bein dir noch keinen Halt bietet, und führst den Stumpf in den Schaft der Prothese ein. Der Strumpf wird an den Bändern durch das seitlich im Schaft befindliche Loch herausgezogen, wobei er sich abrollt und umstülpt, und das Loch wird mit einem Ventil verschlossen: Unterdruck entsteht, und durch die erzielte Saugwirkung wird der Stumpf im Schaft festgehalten. Das ist keine leichte Übung, und es gibt Patienten, die sich dabei helfen lassen müssen. Am Anfang war es auch für mich sehr vertrackt und sogar regelrecht zum Ausflippen.

Eines Tages, während der Weihnachtsferien, war ich zu Hause in Padua und versuchte, die Prothesen anzulegen. Ich ließ mir von Filippo dabei helfen, der an meinem rechten Bein zu ziehen begann, das nicht hineingehen wollte. Der Hilfsstrumpf begann sich aufzurollen, und Filips zog noch stärker, bis er ihn schließlich in der Hand hielt und sagte: »Oh, hier ist Blut!« Ich sah den Strumpf an: Er war ganz rot. Das rechte Bein! Und gerade erst hatte das linke Bein zu bluten aufgehört. Mir brach eine Welt zusammen: »Ich glaub's nicht, was ist mir denn jetzt gerissen!?« Nach zehn Sekunden Panik brach Filippo das Schweigen: »Schon gut, es ist nur meine Hand. Heute Morgen habe ich mich mit dem Messer geschnitten.« »Fahr zur Hölle!«, entfuhr es mir. In Gedanken schickte ich ihn an diesen Ort; ich selber blieb noch eine Weile blass vor Schreck.

Gehen wir noch einmal einen Monat zurück, in die Phase der Tests mit den Schäften aus Plexiglas: »Autosprint« hatte mich gebeten, Mitte Dezember an den »Caschi d'Oro« teilzunehmen, wo ich geehrt werden sollte. Eines Abends, als ich mich in Villa Serena aufhielt, war Doktor Costa eine Pizza mit uns essen gegangen, als ihm plötzlich einfiel, dass er seine Mutter nicht informiert hatte, die nun allein zu Hause saß. »Verdammtnochmal, ich muss sofort weg«, sagte er, »meine Mutter wartet auf mich. Ich habe ihr nicht gesagt, dass ich wegbleibe. Wenn ich jetzt komme, wird sie sich aufregen.« Filippo fragte: »Sag mal, Costa, wie alt bist du?!« »Ich werde sechzig«, antwortete Claudio. »Du bist sechzig, und es gibt Ärger mit deiner Mutter, wenn du spät nach Hause kommst!?« Jedenfalls sagte ich diesmal zu ihm: »Hör zu, Claudio, ich habe einen Herzenswunsch: Wird es möglich sein, dass ich auf meinen Beinen zu den ›Caschi d'Oro‹ gehe?« Er dachte einen Augenblick darüber nach. Wenn ich einem anderen Arzt diese Frage gestellt hätte, hätte er mich für verrückt erklärt. Es gab in diesem Augenblick weißgott andere Prioritäten. Costa aber verstand, dass es für mich wichtig war: Um dieses Ziel zu erreichen, hätte ich jeden nur möglichen Einsatz und Enthusiasmus aufgebracht, die wesentlichen Heilungsvoraussetzungen nach einer schweren Verletzung. »Alessandro,« sagte er, »wir arbeiten daran: Es ist nicht auszuschließen. Zu 60 Prozent kann man es machen.« Für einen Optimisten wie mich galt es damit schon als sichere Sache. Und so begannen wir an den Prothesen zu arbeiten.

Eine erste Gussform aus Plexiglas wurde fertig, die Ferri mir vor dem Ausgießen und Laminieren mit Polyacryl anprobierte. Dazu gehörte auch das Verbindungsstück zum Knie, das als Ausgangsbasis zum weiteren Bearbeiten und Glätten dient. Alles sehr provisorisch, es hält der Belastung stand, aber es zerbricht, sobald du heftigere Beugebewegungen damit machst. Es kam der Tag, an dem sie mir die Komponenten erläuterten, die sie für mich vorgesehen hatten: »Wir haben uns für das Knie 3R60 entschieden, mit dem Verbindungsrohr in den und den Maßen; des Weiteren für einen Karbonfederfuß, der die Energie beim Auftreten zurückgibt, und für dieses Drehgelenk, das dir erlauben wird, das Bein zu beugen.« Und Ferri fasste zusammen: »Komm, du setzt das jetzt alles zusammen, und dann stellen wir ihn auf die Beine.« Sie halfen mir, mich zwischen die Holme des Barrens zu stellen, und schon nach zwei Sekunden versuchte ich, die Hände zu lösen. Sie erschraken, und Panizzi, von Herkunft Römer, entwich ein: »Aò, was zum Kuckuck soll das werden?!« Ich versuchte es erneut und blieb auf den Beinen, aufrecht. Ein erstaunliches Ereignis, denn nach fast einem Jahr im Rollstuhl verliert sonst normalerweise jeder das Gleichgewicht, wenn er versucht, sich aufzurichten. »Sieh mal an, wie er steht!«, sagten sie in einem fort, und das allgemeine Staunen wurde erst unterbrochen durch Ferri, der bemerkte: »Da laus mich doch der Affe, du bist aber groß geworden! Wie groß warst du denn vorher?« »Einen Meter und sechsundsiebzig.« So in etwa. Mit diesen Prothesen war ich einsvierundachtzig. Sie mussten mich also wieder »kürzen«. Das tat mir sogar ein bisschen Leid, denn ich bin immer ein »Sitzriese« gewesen mit einem langen Oberkörper, und die langen Beine jetzt störten mich gar nicht.

Nachdem sie meine ursprüngliche Größe mehr oder weniger wiederhergestellt hatten, richtete ich mich erneut auf. Sie waren noch immer begeistert von meinem Gleichgewichtssinn. Ich sah Costa an, der mir zuzwinkerte, und fragte: »Kann ich denn mit diesen Beinen zu den ›Caschi d'Oro‹ morgen?« Es war nur noch ein Tag bis dahin. Sie schauten mich verwirrt an. Sie wandten sie sich mit flehendem Blick an Costa: »Sag du ihm, dass er nicht ganz richtig im Kopf ist.« Costa aber ist noch viel weniger »richtig im Kopf« als ich. Noch als ich im Koma lag, hatte er gesagt: »Ich habe seine Augen gesehen, und ich habe in ihnen von Liebe gelesen, von Größe, von Unerschütterlichkeit. Er wird gehen, er wird wunderbare Dinge machen, er wird Ski laufen, er wird mit seinem Kind spielen.« Damit hatte er voll ins Schwarze getroffen. Normal, dass er auch in dieser Situation gegen den Strom schwamm: »Nun, aus medizinischer Sicht habe ich keine Bedenken. Es liegt nun an euch zu klären, ob die Beine stabil genug sind.« Panizzi war schon auf den Geschmack gekommen. Ferri schickte daher alles zu Verni zurück, den wir dann gemeinsam aufsuchten. Der Direktor, ein ernster und strenger Mann, ist im Grunde sehr verständnisvoll und flexibel. Er begriff sogleich die Situation und erkannte, wie sehr er mir in psychischer Hinsicht helfen konnte. Er nahm das Risiko auf sich, denn es war tatsächlich eines. Ich habe später darüber nachgedacht, und verschiedene Dinge, angefangen von meiner Aufnahme in ihrem Zentrum bis zur Rehabilitation, machten deutlich, dass dies eine Medaille mit zwei Seiten war. Ginge alles gut, hätte der, der die Mittel bereitstellte (wie in diesem Falle Inail) Lob und Anerkennung erhalten, weil er eine vorzügliche Arbeit abliefert und alles perfekt gemanagt hätte, auch im Hinblick auf die Wirkung in den Medien. Wenn aber einmal, sichtbar vor den Augen aller, auf der Ehrentribüne ein Bein zerbrochen und zu Boden gefallen wäre, dann hätte dies eine Katastrophe bedeutet. Verni willigte ein. Es war sechs Uhr Nachmittag. Den nächsten Morgen verbrachten wir mit der Vorbereitung des Rollstuhls, mit dem Ausprobieren der verschiedenen Bewegungen und dem Herausfinden der richtigen Körperhaltung. Außerdem entschieden wir, wer mich begleiten sollte und wie ich stehen musste, damit ich nicht umfiel. Panizzi blieb auf der Ehrentribüne ganz dicht bei mir, ich spürte seine Hand in meinem Rücken. Als ich mich erhob und stehen blieb, waren die Leute sehr bewegt. Sie sahen mich mit zwei Beinen kommen, sie sahen, wie ich aufstand, um zu sprechen, und sie bekamen mit, wie ich die Situation entschärfte, indem ich sagte: »Ich bin so bewegt, dass mir die Beine zittern.« Es war eine starke Begegnung. Ich spürte, dass sie meinen Willen wahrnahmen, meine Lust, es allen zu zeigen. Ich war tief gerührt, als ich die Rührung in ihren Augen sah.

Das war mir psychologisch eine große Hilfe. Denn diese Monate hatten es wirklich in sich gehabt, und ich hatte weiterhin wahnsinnige Schmerzen. Nachts schlief ich nicht, der Phantomschmerz war grausam: Ich hatte das Gefühl, dass meine Beine da wären, es gab plötzliche Kontraktionen wie bei elektrischen Entladungen, typisch bei einem solchen Befund. Zudem hatten sie mich in Berlin an zwei Tabletten »Tavor« pro Nacht gewöhnt und außerdem an eine Menge »Novalgin« zur Linderung der Schmerzen. Ich setzte mir in den Kopf, darauf zu verzichten, und ich wollte es von einem Tag auf den anderen. Auch das trug zu meiner schlechten Verfassung bei. Nach der ersten Aufregung – die ersten Prothesen, die »Caschi d'Oro« – begannen nun die Routinen des Alltags, und es stieg das Risiko, depressiv zu werden. Oft kam ich gegen Abend nach Hause, und dann konnte es geschehen, dass ich einen eingemummelten Jogger durch das Winterdunkel laufen sah. Dieser Anblick versetzte mir einen Stich ins Herz, denn das Laufen liebte ich über alles: alleine zu laufen, im leichten Nebel und im Dunkeln, die Stoppuhr herauszufordern und dabei den Kopf frei zu bekommen. »Ich werde es nie mehr tun können, für den Rest meines Lebens«, dachte ich.

Es war also nicht gerade das, was man eine »tolle Zeit« hätte nennen können, noch dazu, weil Daniela über starke Schmerzen in einem Bein und im Rücken klagte. Sie hatte nach der Landung des Flugzeugs, mit dem Paolo Barilla uns aus Berlin abgeholt hatte, eine jähe Bewegung gemacht, als sie Niccolò beim Aussteigen half. Ihre Schmerzen wurden immer stärker. Ein Unglück kommt selten allein. Immerhin kam Costa fast jeden Tag zu uns nach Hause, und wir verließen uns auf ihn, auch was Daniela betraf. Claudio untersuchte sie mehr als einmal und brachte sie schließlich zu dem ganz außerordentlichen Professor Bollini ins Krankenhaus »Bellaria« in Bologna, wo ein schwerer Bandscheibenvorfall diagnostiziert wurde. Sie versuchten es mit Physiotherapie, aber es half nichts; Daniela verlor auch noch das Gefühl in einem Fuß. Bollini drängte zur Operation. Mithin war ein Aufenthalt in Bologna nicht mehr nur allein für mich vonnöten. Die Ärzte veranlassten sofort ihre Einweisung für den Eingriff. Auf der Frauenstation war kein Bett mehr frei, und so bekam sie ein Einzelzimmer in der Männerabteilung. Am Abend vor der Operation waren wir in ihrem Zimmer. Sie lag ausgestreckt da, und ich saß neben ihr ohne Beine in meinem Rollstuhl. Die Stationsschwester kam herein, sah die Szene und sagte grimmig: »Die Besucher dürfen sich nicht ins Krankenbett legen.« »Signora«, antwortete ich, »wie seltsam es Ihnen auch vorkommen mag: Ich bin es, der hier den Beistand leistet.« Sie dachte, ich hatte einen

Witz machen wollen, drehte sich um und verschwand und wirkte dabei ziemlich wütend.

Um Mitternacht verließ ich das Krankenhaus, um nach Hause zurückzukehren: Am nächsten Morgen musste ich sehr früh aufstehen, weil Daniela schon um sieben Uhr operiert werden sollte. Kaum war ich angekommen, sagte meine Mutter zu mir: »Niccolò klagt über Ohrenschmerzen, er ist gerade erst eingeschlafen.« Ich ging zu Bett und brauchte wegen des Phantomschmerzes lange Zeit, um Schlaf zu finden. Ich war gerade eingenickt, als Niccolò wach wurde und schrecklich zu weinen begann. »Es tut so weh, es tut so weh! Wo ist Màmma?« Es war drei Uhr morgens. Ich gab ihm eine Medizin, die aber keine Wirkung zeigte. Nach vierzig quälenden Minuten, in denen er versuchte, erneut einzuschlafen, jedoch immer wieder erwachte und zu weinen begann, hob ich meinen Blick im Halbdunkel des Zimmers zu Gott und sagte laut: »Super, wie du mich herausforderst: Wenn das ein Test sein soll, hast du gewonnen. Ich werfe das Handtuch.« Ich ohne Beine und nach allem, was passiert war; Daniela im Krankenhaus; Niccolò um drei Uhr morgens in der Verzweiflung seiner Tränen. »Wenn das eine Prüfung ist, dann geb ich auf. Ich kann nicht mehr.« Ich weiß nicht, ob jemand mich hörte. Niccolò aber drehte sich auf die andere Seite, hörte auf zu weinen und schlief ein. Ich glaube, ich habe zu Gott immer ein recht offenes Verhältnis gehabt. Für mich ist Gott die Liebe, die Verbundenheit, unser Vermögen, gut und füreinander da zu sein. Gott, das sind im Wesentlichen wir selber, er ist in uns. Ich versuche, auf meine ganze eigene Art und Weise mit ihm zu reden und ihn so wenig wie möglich zu behelligen. In dieser Situation hatte ich eine Ausnahme gemacht; aber ich war auch wirklich ganz schön zornig.

Die Operation verlief gut, und Daniela begann mit ihrer Rehabilitation. Auch wenn sie im Laufe der nächsten drei Monate noch zweimal ins »Bellaria« zurückkehren musste, wo sie zwei weitere Operationen über sich ergehen lassen musste. Müsste sie sich noch ein weiteres Mal operieren lassen, hätte sie ein Anrecht auf

Aufnahme in die medizinische Literatur. Schon jetzt zählt sie mit ihren drei Eingriffen an der Bandscheibe zu den statistisch vier von tausend Rückfällen. Die ersten beiden Male war es für mich fast ein Spaziergang, ich war viel unabhängiger. Jedenfalls kehrte ich eines Abends, es war am Vorabend der zweiten Operation, nach einem Tag mit den Prothesen, die ich trotz der Schmerzen und enormer Anstrengungen anbehalten hatte, nach Hause zurück und stellte fest, dass der Aufzug defekt war. Ich musste die Treppe nehmen. Halb so schlimm. Oder wie meine Oma Gisella sagt: »Wenn es bergab geht, helfen dir alle Heiligen.« Dennoch nervte es mich. Ich humpelte eine Stufe nach der anderen hinauf, gestützt auf meinen Stock und mit einer Hand am Geländer, als eine Frau in Eile angelaufen kam und zu mir sagte: »Sind Sie Zanardi?« »Ja, der bin ich.« »Schauen Sie«, rief sie, »dann muss ich Sie wirklich um Entschuldigung bitten.« »Warum?«, fragte ich. »Weil ich, als ich ihre Geschichte im Fernsehen sah, gesagt habe: ›Nun, hoffen wir für diesen Jungen nur, dass er stirbt, denn was soll das für ein Leben sein, so ganz ohne Beine.‹« »Signora, bitte passen Sie auf, lassen Sie mich die Hand vom Geländer nehmen, ich müsste mal irgendwo auf Holz klopfen.« »Aber nein!«, rief sie. »Ich wollte Ihnen doch nur ein Kompliment machen!« Irgendwie witzig war es schon.

Schritt für Schritt ging es mit meiner Rehabilitation voran, und auch Daniela kam wieder auf die Beine. Niccolò wurde von unseren Malaisen ein wenig in Mitleidenschaft gezogen. Er war es gewohnt, stets umhegt zu werden. Wenn meine Arbeit es mir erlaubte, zu Hause zu sein, hatte ich den ganzen Tag zu meiner Verfügung und konnte mich intensiv mit meinem Sohn beschäftigen. Wir waren ständig zusammen, und oft setzte ich ihn mir auf die Schultern und wir machten gemeinsam einen Spaziergang. Festzustellen, dass plötzlich keiner von uns beiden ihn mehr in den Arm nehmen konnte, war traumatisch für ihn. Und so äußerte ich in meinem ersten Interview nach dem Unfall eine meiner größten Hoffnungen für die Zukunft: »Ich habe den sehnlichen

Wunsch«, sagte ich, »meinen Sohn wieder auf meinen Schultern zu tragen.« Während der Rehabilitation gab es eine Zeit, in der ich dies für unmöglich hielt. Aber ich habe es geschafft.

Bei all den Schwierigkeiten habe ich mir die gute Laune auch dank Costa bewahrt, dank der Abendessen in Riva, in seinem Haus in den Hügeln über Imola. Für ihn ist dies ein Ort der Inspiration, an den er sich oft zum Meditieren zurückzieht. Für mich markiert er eine ganz wesentliche Etappe. Wie viele Abende haben wir dort gemeinsam verbracht! Es kamen der »Titan« mit seiner Gitarre, Filippo, Ferri, Panizzi, und sogar Dr. Amadesi, die Leiterin der Werbeabteilung des Centro und eine groß gewachsene, typisch bolognesische Schönheit. Alle bei Costa. Zu dieser Zeit schlachtete er auch ein Schwein. Er züchtet Schweine und füttert sie höchstpersönlich mit einer speziellen Mischung aus Sojabohnen, Salz und Kastanien. Er misst ihren Fettgehalt und ihr Cholesterol: Wenn sie noch zu mager sind, vergrößert er die Portionen; sind sie zu fett, setzt er die Schweine auf Diät und verabreicht ihnen einen Magenbitter zum Verdauen. Einmal wurde eines der Schweine krank, und es sollte schon getötet werden. Er aber behandelte es mit Antibiotika, als wäre es ein Kind. So hat er es schließlich gerettet und auf den Namen Rosario getauft. Natürlich hat er eine emotionale Beziehung zu ihm aufgebaut, und Rosario ist jetzt fünf Jahre alt und wiegt zehn Zentner. Da er nun einen Bauern dafür bezahlt, dass er sich um die Tiere kümmert, ist Costas Mutter Silvana, die nicht ganz so starke Gefühle für das Tier entwickelt hat und zudem noch eine sehr praktisch veranlagte Frau ist, zum Tierarzt gegangen und hat ihn gefragt, wie lange Schweine im Durchschnitt so leben. In der Tat kostet der Unterhalt eines so robusten Schweines schon ein Sümmchen. Der Tierarzt hat geantwortet: »Ich kann es nicht sagen, Signora, niemand hat je versucht zu beobachten, wie lange so ein Schwein sich durchschlägt ...« Noch dazu gewinnt Claudio nach ihrer Schlachtung fast ausschließlich Salami aus ihnen. Höchstens mal ein Culatello, einen emilianischen Schinken und gelegentlich eine Coppa, einen aus dem

Schweinenacken hergestellten Presssack. Richtigen Schinken nicht, denn der ist schwer herzustellen und schwierig zu lagern. Dazu braucht man gewisse fachliche Fertigkeiten, sonst geraten sie nicht. Da nun aber das gute Schinkenfleisch zum Salamimachen »verschwendet« wird, ist ihre Qualität spektakulär. Von der dicken Schlackwurst, die ich nicht gegessen habe, dem Speck und den Grieben ganz zu schweigen. Eines Abends aß der »Titan« zwei Schlackwürste ganz allein. Am nächsten Tag musste er 130 Kilometer mit dem Fahrrad fahren, um sie zu verdauen und sie sich wieder abzustrampeln.

Ich pendelte zwischen dem Centro und meinem Zuhause. Begleitet von mancher Ablenkung durch das von jenem ersten Interview mit Carmen Lasorella ausgelöste Interesse. Vielleicht erwarteten die Leute, mich stärker deprimiert zu sehen, denn meine Heiterkeit und Ironie verblüffte sie alle. Daher bekam ich Tausende von Anfragen von TV, Radio und Zeitungen. Am Anfang schaffte ich es nicht, nein zu sagen, dann musste ich wählerisch werden, sonst hätte ich meine Familie nur noch in der »Freizeit« gesehen. Wir haben eine Stiftung gegründet, die alle Spenden sammelt, die von den Leuten seit dem Zeitpunkt überwiesen wurden, da sie dachten, dass ich es nicht schaffen würde. Und so erhebe ich gewöhnlich einen Wohltätigkeitsbeitrag für meine Auftritte. Viele sind damit einverstanden. Als ich zum Beispiel im Sommer 2002 wegen des CART nach Toronto flog, hat »Molson« 25.000 Dollar gespendet, weil ich an einer Gala teilnahm. Auch anlässlich der berühmten 13 Runden auf dem Lausitzring haben die F-Cart-Serie und »Pioneer« sehr großzügig gespendet. Die erste Sammlung der Stiftung wurde mit einem Scheck über 85.000 Dollar abgeschlossen und Prinz Albert übergeben, der mit dem All-Star-Team von Monaco Veranstaltungen organisiert – Fußballspiele, Kart-Rennen und anderes –, um Geld für wohltätige Zwecke zu sammeln. Er steht hiermit der »Amade«, der »Association Mondiale des Amis de l'Enfance« zur Seite, einer Organisation, die Kindern in aller Welt hilft, die von Prinzessin Grace – seiner Mutter – gegründet wurde und deren derzeitige Präsidentin seine Schwester Caroline ist. Das Geld kam schließlich einem Projekt in Madagaskar zugute, wo neben einer Schule auch das erste Kinderkrankenhaus entstehen soll. Die Arbeiten hierzu wurden von einem Unternehmen in Monaco ausgeführt, um weitere Vermittler und Verschwendung auszuschließen. So wusste man stets genau, wofür die Gelder verwendet wurden. Die Spenden an mich persönlich waren überwiegend aus den USA gekommen, und es schien mir ganz richtig, dass sie in eine wohltätige Stiftung flössen, die von einer amerikanischen Staatsbürgerin gegründet wurde, nämlich von Grace Kelly.

Ein deutlicher Fortschritt meiner Rehabilitation trat ein, als ich das dritte Paar Prothesen anlegte. Ich nahm meine Beine mit nach Monaco und lief damit bis zu zwei Stunden hintereinander. Hierbei wurde mir klar, welche Probleme zu lösen waren, und mein im Laufe der Jahre entwickeltes Geschick und meine Handfertigkeit kamen mir dabei zugute. Ich bin einer, der nie stillsitzt, und schon beim geringsten Schaden an den Prothesen versuchte ich, anstatt mich wegen einer kleinen Modifikation ins Auto zu setzen und 500 Kilometer hin- und wieder zurückzufahren, die Angelegenheit selber in Ordnung zu bringen, wenn auch mit teilweise sehr primitiven Methoden. Wenn der Prothesenschaft an einer Stelle drückte, versuchte ich mit einer hierzu von der Form her ganz gut geeigneten englischen Keramiktasse auf ihn einzuwirken. Ich stopfte ihn mit Zeitungen und anderem aus, zwängte alles in den Schaft hinein, bis ich die richtige Spannung erzeugt hatte. Dann erwärmte ich den Schaft mit dem Föhn und überarbeitete ihn, bis ich die Probleme gelöst hatte, die mich beim Laufen behindert hätten. Und ich widmete mich auch dem »Set-up«. Das Knie ist in Form einer Pyramide gebaut, mit vier verstellbaren Schrauben: Drehst du eine davon los und eine andere fest, kannst du die Lage des Schienbeins in seinem Verhältnis zum Oberschenkel verändern und die Ausrichtung des Beines abstimmen. Eine perfekte Prothese gibt es nicht. Zumindest ist sie nicht dazu bestimmt, ewig zu halten, denn dein Bein verändert sich. Auch wenn die Veränderungen mit der Zeit wesentlich geringer werden. Um ein Beispiel zu geben: Meine Gesäßmuskeln, die schlaff geworden waren, haben seit ich wieder aktiver bin einen starken Tonus zurückgewonnen. Und die Prothesen liegen genau dort auf. Der erste Prothesenköcher des linken Beines, den ich mit nach Hause brachte, glich einem Dampfkochtopf für zwölf Personen, er war riesig. Da der Stumpf sich später stark zusammenzog, hätte ich mit dem Schaft nach Vigorso fahren müssen, um ihn erneuern zu lassen. Stattdessen aber klaubte ich alles Plastilin zusammen, das mein Sohn besaß, verteilte es gut auf einem Stück Alufolie, brachte das Ganze auf den Stumpf auf und modellierte es mit den Händen. Durch die Wärme regelte sich alles ganz angemessen, und der Schaft nahm eine neue Form an, durch die er ein perfekter Abdruck wurde. Ich gab solange Plastilin hinzu, bis alles stabil war. Ich fuhr nach Vigorso, und sie machten mir nach diesem »Fußabdruck« in nur vier Tagen eine »perfekte« Prothese. Wie auch immer, das, was von den Beinen übrig ist, verändert sich ständig. In meiner Unwissenheit, mit der ich im Übrigen gar nicht so allein dazustehen glaube, nahm ich an, dass die Prothese auf dem Ende des Stumpfes aufliege (was aber nur dann der Fall ist, wenn die Gelenkfläche des Oberschenkels noch vorhanden ist). Da sich weiterhin Knochensubstanz bildet, so nahm ich an, wäre es äußerst schmerzhaft gewesen, wenn eine direkte Auflage bestanden hätte. Die Hauptauflagefläche ist hingegen unterhalb des Beckens, auf dem Sitzbein. Dort liegen 70 Prozent des Gewichtes auf, der Rest verteilt sich.

In den ersten Monaten war es für mich leichter, im Rollstuhl zu fahren. Aber ich habe nie aufgegeben und sehr viel an den Prothesen gearbeitet. Das verlangte viel Zeit, und es war bei den vielen Stunden, die ich darauf verwendete, fast schon Arbeit. Hätte ich wenigstens noch ein Bein gehabt, wäre es leichter gewesen. Auch die Tatsache, dass ich rechts einen längeren Stumpf habe als links, war mir hinderlich. Noch immer setze ich das rechte Bein viel stärker ein, und die Muskulatur des anderen Beines entwickelt sich nicht so, wie sie sollte. Ich wäre sehr viel stabiler, wenn die Situation auf beiden Seiten gleich wäre. Wenn ich das Hauptgewicht auf das rechte Bein verlagere, ist mein Schritt beachtlich. Wenn ich mit dem linken Bein den ersten Schritt mache, ziehe ich das andere Bein nach und hinke. Trotz aller Fortschritte bleibt es doch eine große Mühsal. Und wenn ich abends die Prothesen ablege, stoße ich einen enormen Seufzer der Erleichterung aus. Aber jede zusätzliche Minute, die es mir gelingt, sie zu tragen, ist ein Erfolg und eine Befriedigung. Ich erinnere mich, dass ich Costa angerufen habe, um ihm zu sagen, was für ein Gefühl es war, die Schweißtropfen auf meiner Stirn zu spüren nach dem, was ich geleistet hatte: Ich war von unserem Haus bis zur Strandpromenade von Cap d'Ail gegangen und dann wieder zurückgekehrt: circa dreieinhalb Kilometer in 51 Minuten. Claudio war gerührt von meiner »Unternehmung«. Sie verschaffte mir dieselbe Befriedigung, wie ich sie von früher kannte, als ich Rennen gewann oder zehn Kilometer in weniger als 40 Minuten lief. Die Herausforderung ist dieselbe: die Grenze zu finden und zu versuchen, dich zu steigern. Mir hilft dabei auch die Begeisterung, mit der von jedermann alles kommentiert wird, was ich tue. In allem, was ich sage, sehen die Leute eine tiefere Botschaft. In Wahrheit drücke ich ganz normale Gedanken aus, bisweilen sind sie intelligent, oft aber sind es auch reine Torheiten.

Gegen März 2002 begann ich damit – und ich litt sehr darunter –, die Prothesen morgens anzulegen und erst am Abend wieder abzunehmen. Auf starkes Drängen meiner Freunde aus der F-Cart-Serie, die mich wiedersehen wollten, hatte ich schon daran gedacht, im April zum Rennen von Long Beach zu fahren. Dann warf ich einen Blick in den Spiegel und sagte mir, dass eine solche Flugreise, ohne mir meines Zustandes mit den Prothesen sicher sein zu können, zu riskant war. Das Projekt wurde verschoben. Im Juli zeigte ich mich zusammen mit Daniela in Toronto. Es war das Wochenende ihres Geburtstags, und ich machte mich daran, ein schönes Geschenk für sie zu finden. In meinen amerikanischen

Jahren und in der Formel 1 war ich Werbeträger von »Omega« gewesen und wusste, dass ihr eine ganz bestimmte Uhr sehr gefiel, die es im Handel noch nicht gab. Ich rief Michael Sofisti an, der bis zu seinem Wechsel zu »Swatch« dort gearbeitet hatte, und versuchte zu veranlassen, dass das Geschenk rechtzeitig einträfe. Er rief seinen Nachfolger an und nur wenige Tage später kam die Uhr für meine Frau und eine zweite für mich selber. Es lag ein wunderschöner Brief dabei. In meiner Laufbahn hatte ich nur wenige persönliche Sponsoren, was schon weiter vorn in diesem Buche klar geworden sein dürfte. Im Wesentlichen waren es zwei: Barilla und Omega. Und ihre Gesten gaben mir zu verstehen, dass es sich hier nicht nur um reine Arbeitsbeziehungen gehandelt hatte. Als junger Mensch dachte ich, sie ziehen dich über den Tisch, wenn du zu gut bist oder auch nur zu gutmütig. Aber dem ist absolut nicht so. Ich täuschte mich und erreichte nicht das Bestmögliche, aber nur aufgrund der Fehler, die ich aus Unerfahrenheit beging. Es zählen nur die Resultate, und die kommen nicht daher, dass du ein Dreckskerl, und auch nicht davon, dass du nur gut bist und wohlerzogen.

Die Reise nach Toronto war ein weiterer Beweis für meine große Willenskraft, und ich war stolz darauf. Auf den Flügen und bei den Zwischenstopps ließ ich mir niemals helfen. Ich verließ mein Haus mit meinen Beinen und kam im Hotel in Toronto mit meinen Beinen an. Ich hatte gerade noch Zeit, mir das Gesicht zu waschen, den Smoking anzuziehen und mich zum Abendessen zu der von »Molson« veranstalteten Galaveranstaltung zu begeben. Daniela sah blendend aus in ihrem Abendkleid. Ich konnte mich nicht beherrschen und sagte: »Jetzt fehlt nur noch eines: eine Uhr, die dem Anlass angemessen ist.« Und – zac – gab ich ihr das Geschenk. In diesen drei Tagen waren wir mit allen eine Zeitlang zusammen, und sie haben mich alles Mögliche anstellen lassen. Die von der F-Cart-Serie haben mich »ausgebeutet«. Aber es war gut so, denn ich fühle, dass ich ihnen viel schuldig bin. Auch wenn die Person, in deren Schuld ich am tiefsten stehe, Chip Ganassi ist.

In meinem Rennfahrerleben gab es noch andere, angefangen bei Mantese und beim Vater von Papis. Aber im Wesentlichen sind es diese beiden: Mein Vater und Chip. Sie haben mein Leben verändert. Ich sah damals viele Freunde wieder, die mir ihre Zuneigung bewiesen. Am Freitagabend gab Morris unter seinem Zeltdach für mich ein Abendessen, zu dem alle Fahrer, und nicht nur diese, sich selber einluden. Neben Jimmy, Tony und Max – den liebsten meiner Freunde – kam auch Paul Tracy, den ich immer gehasst und geliebt und mit dem ich ein Verhältnis habe, das auf gegenseitigem Respekt beruht, der nur durch den Konkurrenzkampf verfinstert wurde. Kaum dass wir keine Rivalen mehr waren, haben wir uns in vielen Dingen besser verstanden. Auch Alex Tagliani kam, und ich freute mich, ihn wiederzusehen. Nach dem Unfall hatten wir nur am Telefon miteinander gesprochen, und seine Stimme hatte dabei gezittert – auch wenn ich ihm tausendmal versichert habe, dass ihn keine Schuld traf.

Am Sonntag kam der Höhepunkt. Sie hatten mich gebeten, die Start- und die Zielflagge zu schwenken. Ihre Sorge war gewesen, mich auf den Turm am Zieleinlauf hinaufzubringen, der aus einem Gerüst bestand, das man über eine Sprossenleiter erstieg. Am Samstagabend waren wir vor Ort, und ich sah vier Arbeiter, die eine Art Plattform errichteten. Sie war mehr als acht Meter hoch und musste mit einem Kran bewegt werden, um mich hinauf und wieder herunter zu bringen. »Aber seid ihr denn verrückt?! Wenn das ein solcher Aufwand ist, dann lassen wir es«, sagte ich. Sie aber bestanden darauf. »Zeigt mir, wie die Leiter aussieht, vielleicht schaffe ich es auch so.« »Unmöglich, sie ist steil senkrecht.« »Zeigt sie mir.« Ich ging hin, sah mir die Leiter an, griff mit der Hand nach einer Sprosse und setzte den Fuß auf. Stufe um Stufe stieg ich bis ganz nach oben. Rena Shanaman, PR-Verantwortlicher der F-Cart-Serie, hatte Tränen in den Augen. Mir kam das gar nicht so besonders vor, aber auch das Publikum muss anders darüber gedacht haben. Als sie mich am Sonntag an meinen Krücken die Boxengasse durchqueren sahen und die Fernsehkamera mich heranzoomte, veranstaltete das Publikum ein unglaubliches Spektakel und applaudierte mir. An der Treppe legte ich die Stöcke ab und legte meine Hände auf die Sprossen. Sofort breitete sich absolute Stille aus. »Was macht dieser Verrückte da?«, müssen sie gedacht haben. Und ich, einen Schritt nach dem anderen, stieg hinauf, während sich auf der Tribüne kein Blatt bewegte. Als ich oben ankam, wurde mir bewusst, dass die Blicke von 40.000 Menschen auf mich gerichtet waren. Ich breitete die Arme aus und präsentierte mich in bühnenreifer Manier: »Voilà!« Ein kolossales Getöse. Trotz der Wärme von 30 Grad und der Tatsache, dass ich von der Anstrengung nassgeschwitzt war, überlief mich ein Schauer. Eine Szene, die sich übrigens nach etwa drei Vierteln des Rennens wiederholte, weil ich wieder herunterstieg und die Menge, in der Annahme, dass ich im Begriff sei, noch vor dem Ende wegzugehen, ein lautes Rufen hören ließ, das den Lärm der Autos übertönte. Ich hatte jedoch nur ein furchtbar dringendes Bedürfnis, und es drängte mich zu einem dieser behelfsmäßigen Toilettenhäuschen aus Plastik, die auf der der Boxengasse gegenüberliegenden Seite standen. Sie verfolgten mich Meter um Meter, und als ich grüßte, die Tür des Toilettenhäuschens öffnete und hineinging, war erneutes Getöse zu hören, diesmal vermischt mit großem Gelächter. Auf dem Herflug hatte sich die linke Prothese gelockert, und ich hatte Angst, sie zu verlieren und zu stürzen. Auf dem Rückflug verhielt ich mich gänzlich anders: Ich legte die Prothese ab und überwand meine Verlegenheit. Als ich zu Hause war und mich hinsetzte, stellte sich ein angenehmes Gefühl der Entspannung ein, und ich ließ mich gehen.

Inzwischen war es Sommer geworden, und ich konnte mich wieder mit dem Boot befassen. Es hat überall Haltepunkte, Stützpunkte und Geländer, und ich brauchte nur sehr wenig umzubauen. Die Abfahrt in die Ferien fiel zusammen mit einem großen Fortschritt in meiner Rehabilitation. Was mich am meisten betrübte, war die Tatsache, dass die Prothesen niemals nass werden durften. Einmal geschah es versehentlich doch, und ein Knie blockierte. Es war das einzige Mal, dass ich sagte: »Schau, wie heruntergekommen ich bin!« Während des Sommers – Anzeichen dafür aber hatte es schon vorher gegeben – entdeckte ich mit Verdruss, dass ich sehr unter der Hitze litt. Ein paar Monate zuvor waren Fotos von Costa und mir gemacht worden, die ihn in Jacke, Schuhen und mit Hut zeigten und mich neben ihm im kurzärmligen Unterhemd. Ich hatte zu ihm gesagt: »Wen wir uns diese Fotos nach ein paar Jahren anschauen, wird es schwierig sein zu sagen, ob es Sommer oder Winter war.« Erst später haben sie es mir erklärt: Die Prothesen lassen die Haut nicht atmen und das Blut braucht für die Zirkulation eine viel kürzere Zeit als in einem Körper, der auch aus den unteren Extremitäten besteht. Außerdem, so sagten sie, sind die Beine und besonders die Füße der »Kühler« des Körpers, der die Wärme hinauslässt und Abkühlung herein. Wenn du dich verkühlst, beginnen als Erstes die Füße zu frieren. Mein Blut hingegen bleibt immer sehr viel wärmer. Im Sommer ist das eine große Belastung. Das Boot ist dann meine einzige Rettung: Ich schnalle die »Beine« ab, springe ins Wasser und kühle mein Blut auf diese Weise.

Die ersten Ferien auf der »Hakuna Matata 2« verbrachten wir zusammen mit meinem Schwager Sandro und seiner Familie: Barbara, Danielas Schwester, und ihren beiden Söhnen Nicola und Francesco. Am Abend zündete der »Doktooor«, der mich sehr gut leiden kann, eine Zigarre an, trank ein gutes Glas Wein und war tief gerührt: Er schaute mich an und hatte Tränen in den Augen, da ihm die vergangenen schwierigen Zeiten wieder ins Gedächtnis kamen. Der Weg war nun weniger steil, auch wenn wir noch nicht über den Berg waren. Es hat enorme Fortschritte gegeben, und der neue Sommer zeigt mir, um wie vieles ich in jeder Hinsicht beweglicher geworden bin. Ich bin total unabhängig in allem, was ich mache. Heute stellen die Prothesen, ganz anders als am Anfang, im Vergleich mit dem Rollstuhl eine enorme Verbesserung dar. Es war auch wichtig für mich, dass ich mit allen für eine Woche in die Ferien nach Korsika gefahren bin. Auch das Schwimmen und das

Unterwasserfischen, auch wenn dieses ohne Flossen sehr schwierig ist, da man einen Arm benutzen muss, um voranzukommen. In diesem Jahr aber hat Ferri nach meinen Plänen zwei Beine mit Flossen gebaut, die es mir erlauben, mich wie ein Delphin fortzubewegen. Die zweite Reise war dann auf die Erwachsenen begrenzt, auf die üblichen Gesichter. Hier fand ich ein bisschen das Maß der Dinge wieder. Bis dahin hatte ich mir keine Ruhepause gegönnt.

Ich sage es ganz ehrlich: Ich habe nie eine Träne über das vergossen, was geschehen ist, und ich weiß nicht, ob das gut oder schlecht ist. Vielleicht müsste ich es einmal tun. Es gab Augenblicke, in denen es so aussah, als werde es geschehen. Ich war sehr nahe daran, aber es geschah nicht. Eines Abends verließ ich nach einem sehr harten Tag das Centro. Ich konnte es kaum erwarten, ins Auto zu steigen, um mich auf der Strecke nach Hause zu meiner Mutter einmal ganz für mich allein auszutoben. Als ich die Wagentür öffnete, sah ich einen Jungen in einem Rollstuhl, der mich um ein Autogramm bat. Ich gab es ihm, blieb dabei jedoch auf Distanz, denn ich war dies alles so unendlich leid. Dann fragte er: »Wie geht es dir?« Ich antwortete: »Gut geht's.« Ich sah ihn an; er begriff sofort und fügte hinzu: »Du hast wenig, aber das wenige, was du hast, gebrauchst du. Ich hingegen muss für immer in diesem Rollstuhl sitzen.« Als ich ins Auto gestiegen war, sagte ich mir: »Worüber zum Teufel beschwere ich mich eigentlich!«

In einer anderen Situation war ich müde, die Prothese passte nicht, ich hatte Schmerzen, ich schwitzte, und ich hatte die ganze Welt bis obenhin satt. Wir waren in Padua, und ich war hinauf in mein Zimmer gegangen, um mich vor allen zu verschließen und nur noch eines zu denken: »Jetzt lasst mich in Frieden!« Mir war zum Heulen zumute. Niccolò hatte den Fernseher sehr laut gestellt und war dann zum Spielen weggelaufen. Der Widerhall in diesem Haus ist gewaltig. Sie sprachen über den ehemaligen Motorradrennfahrer Wayne Rainey, über die Aktivitäten, die er als Querschnittsgelähmter entfaltete, und über sein beispielhaftes

Leben. Auch jetzt schaute ich hinauf zum Himmel und sagte: »Gibt es denn niemals einen Moment, in dem man sich einfach nur gehen lassen kann?« Bei diesem Gedanken konnte ich sogar wieder lachen. Er half mir zu begreifen, was ich für die Menschen tun kann. Wenn Rainey mir Kraft gegeben hat, dann kann ich diese Kraft auch anderen geben.

Kapitel 16

Es ging mir besser und ich bekam wieder Lust – oder sollte ich vielleicht besser sagen, sie überkam mich? –, ans Lenkrad zurückzukehren. Anfang Mai 2002 wollte ich wissen, ob es möglich war, ein Auto so zu präparieren, dass ich damit als Fahrer auf den Lausitzring zurückkehren konnte, auf dem im September die F-Cart-Serie zu Gast sein sollte. Zuerst fragte ich Ganassi, der noch ein Auto von mir in Aufbewahrung hatte, nach »Old Midnight«. Das Projekt war aber nicht realisierbar. Dann schlug mir Tom Elliott, Direktor von Honda USA, vor, mit Morris zu sprechen. Das hatte auch mehr Sinn, denn er war ja der Letzte, für den ich gefahren war. Mo fragte mich, was ich brauchte. »Gas und Getriebe, die ich beide manuell bedienen kann«, erklärte ich, »vor allem aber eine ebenfalls von Hand zu bedienende Bremse.« Hier ergab sich das größte Problem, denn Monopostos dieser Art haben keine Servobremse, du musst drauftreten wie verrückt. Wir begannen, eine Lösung zu suchen; aber mir gingen auch noch andere Probleme im Kopf herum, vor allem meine Rehabilitation. Es ging nicht nur darum, mit den neuen Beinen laufen zu lernen, sondern ich hatte auch dem Wandel meiner physischen Verfassung Rechnung zu tragen und mein ganzes Leben darauf abzustimmen, kurz: mich dazu zu erziehen, die einfachsten Verrichtungen des Alltags – wie zum Beispiel zu baden – auf erfinderische Weise anzupacken. Die Vorstellung blieb verlockend, und ich wollte beileibe nicht kneifen, zugleich aber investierte ich hier doch keine besonderen Energien. Als einige Wochen später der deutsche Veranstalter Konkurs anmeldete und das Rennen ausfiel, war das für mich keine so große Enttäuschung.

Genau im September, ein Jahr nach dem Unfall, nahm ich an dem Kart-Wohltätigkeitsrennen in Monte Carlo teil. Ich sagte »schlagartig« zu, ohne Vorüberlegung. Mauro Serra, Präsident des All-Star-Teams des Fürstentums, der das Rennen organisierte, sagte zu mir: »Warum machst du nicht auch so etwas?« »Na gut.« »Wie, na gut!?« Das hatte er nicht erwartet. »Nun, es gibt diese Karts mit manueller Bedienung, du lässt mir eines vorbereiten, und ich fahre.« Zu den Tests erschienen sie mit modifizierten Fahrzeugen des berühmten Achille Parilla: Saetta-Motoren und Chassis von Italsystem. Mit Simone, einem Burschen, der zu diesem Anlass assistierte, begannen wir, den Sitz aufzuschneiden, die Bedienungselemente zu erneuern und in Ordnung zu bringen. Es war die Hölle los, bevor ich auch nur einen einzigen Meter fuhr: Tg1, Tg5, Tg aller Art. Als ich am ersten Tag auf regennasser Fahrbahn den fünften Platz herausfuhr, hielten die Leute das für ein Wunder. Und wenn diese allgemeine Verwunderung mir auch gefiel, so ärgerte sie mich doch auch ein wenig. »Was glaubt ihr denn«, sagte ich, »dass ich meinen Kopf anders geeicht habe!? Ich bin der, der ich auch vorher war. Gebt mir eine Möglichkeit, zu beschleunigen und zu bremsen, und was das Fahren betrifft, so bin ich derselbe wie früher.« Ich wurde die Vorstellung nicht los, dass die Leute neben ihrer großen Bewunderung für mich auch die Überzeugung gewonnen haben könnten, ich hätte bei diesem Unfall in Deutschland den Schneid verloren und lebte nun täglich mit diesem Schreckgespenst, so dass ich nicht mehr in der Lage wäre zu fahren. In nichts hätten sie sich mehr täuschen können. Solange ich vier oder fünf Stunden täglich mit diesen Prothesen gearbeitet hatte, wie konnte ich da Lust haben Rennen zu fahren? Zumal ich an einem Punkt meiner Karriere angelangt war, an dem ich in sportlicher Hinsicht auch *mit* meinen Beinen nahe vor einem Rückzug gestanden hatte.

Das Kart-Rennen wurde mir erneut für die »Motor Show« vorgeschlagen, und ich sagte begeistert zu. Der Hersteller, Parilla und seine Mitarbeiter, blieb derselbe wie in Monaco, und so erklärte ich: »Ich komme und fahre das Rennen, ohne Gegenleistung. Allerdings will ich ein Kart, das man in angemessener Weise fahren kann, und es muss technische Parität gegeben sein. Dazu wird eine Gewichtskontrolle vorgenommen: Es gibt Motorradfahrer in der 125er-Klasse, die auch mit voller Montur nur 20 Kilo auf die Waage bringen und die einen schönen Vorteil dadurch hätten. Das wird alles ausgeglichen!« Nichts von alledem wurde adäquat umgesetzt. Das größte Problem aber war das der Bedienung. Im Training war ich sehr schnell, vier Tausendstel hinter den Schnellsten: Sospiri, Modena und Montermini. Sie alle aber flogen, aus dem einen oder dem anderen Grund, fast sofort raus. Ich konnte es schaffen. Aber nach acht Runden verschlechterte ich mich zusehends, weil ich nicht mehr bremsen konnte. Ich hatte Krämpfe in den Unterarmen und später überall: Sie hatten einfach nur das mit dem Lenkrad verbunden, was du normalerweise mit dem Fuß bedienst. Als ich das Finale als Sechster beendete, waren alle aus dem Häuschen. Ich aber ärgerte mich schwarz, denn wenn sie das Fahrzeug so präpariert hätten, wie ich es verlangt hatte, dann hätte ich auch gewinnen können.

Die Fahrten nach Vigorso nahmen kein Ende, aber ich war doch schon viel unabhängiger geworden. Ich setzte mich stets allein ins Auto und fuhr oft abends, um die gemeinsame Zeit mit meiner Familie nicht zu beschneiden. Und ich fand sehr kooperative Menschen. Die Physiotherapie war beendet, mit Panizzi traf ich mich nur noch zu vereinzelten Kontrollen. Noch enger hingegen wurde der Kontakt zu Ferri, der für mich sogar zwei wassertaugliche Prothesen zu bauen versucht hatte: ein Misserfolg, wenn auch der einzige in all den Monaten mit mir. Diese Prothesen waren aus Glasfiber, und es gibt im Handel kein wasserdichtes Knie. Er hatte es zur Isolierung mit einer Silikonhülle umkleidet und verschiedene Komponenten angebaut. Schließlich aber musste er den Teil aus Schaumgummi mit einer Art wasserdichtem Strumpf bedecken, welcher die Beweglichkeit des Knies aufhob, wodurch alle Vorteile, die wir mit diesem Prothesentyp anzustreben versucht hatten, zunichte gemacht wurden. Mehr noch, so verkleidet wurden sie zu einer Art Schwimmkörper: Der erste Schritt ging gut, der zweite ging auch gut, beim dritten überschlug ich mich: Die beiden Füße trieben nach oben wie zwei Bojen, und ich ging unter. Das war aber noch nicht alles: Der wasserdichte Strumpf riss, das eintretende Wasser durchweichte den Schaumgummi, und ich musste mit Prothesen nach Hause zurück, die um jeweils zehn Kilo schwerer geworden waren. Als ich ankam, verlor ich noch immer Wasser, und die Beine brauchten drei Tage, um vollständig zu trocknen. Ich habe nach dieser Erfahrung vor einigen Monaten etwas erfunden, was ich jedoch noch nicht verraten will. Es ist noch nicht entschieden, ob ich sie nicht eines Tages werde herstellen lassen können, für jedermann und zu einem akzeptablen Preis.

Die Herstellerfirmen prothetischer Komponenten bilden so etwas wie ein Kartell. Ihre Stückzahlen sind, zum Glück, gering, und es gibt hier keine großen Profite zu erwarten. Um interessante Gewinnspannen zu erreichen, sind die Preise exorbitant hoch. Schon für 200 Euro gibt es in einem großen Kaufhaus ein Mountainbike mit Gangschaltung, Federung und diversem Zubehör. Wenn auch nicht in höchster Qualität, aber es gibt sie. Es ist ein Unding, dass ein Rollstuhl wie meiner – er besteht schließlich aus nicht mehr als zwei gebogenen Rohren und Reifen, die schon nach einem Jahr wieder platt sind – knapp 4.000 Euro kostet. Ich habe zum Glück eine US-amerikanische Versicherung, die alle diese Kosten abdeckt. Und die, nachdem ich ankündigte, die Rehabilitation in Italien machen zu wollen, eine große Party gefeiert haben muss. Wäre sie in den USA erfolgt, hätten sie eine astronomische Summe bezahlen müssen. Einmal habe ich in einer Notaufnahme in Indianapolis 640 Dollar bezahlen müssen, um mir ein Antibiotikum gegen eine Ohrenentzündung verschreiben zu lassen.

Was mich betrifft, so waren dies die wahren Demütigungen,

die ich aufgrund meiner Behinderung erleiden musste, und ich bedaure, dass es Firmen gibt, die auf die Not einiger Menschen spekulieren, sich mit diesen Produkten ausstatten zu müssen. Ich bin Zanardi, und ich werde oft wiedererkannt. Trotzdem aber habe ich nicht den Mut aufgebracht, im Beisein anderer Personen in ein Schwimmbad zu gehen und mich aus dem Rollstuhl ins Wasser zu werfen wie einen Sack Kartoffeln, um mit meinem Sohn Niccolò spielen zu können. Ich habe über das Problem nachgedacht und mit meinem Freund Roberto Trevisan darüber gesprochen: Wir haben die geeigneten Materialien ermittelt und dabei auch unsere bei den Rennen gewonnenen Erkenntnisse genutzt. Dank der Zusammenarbeit mit dem »Centro Inail di Budrio« und vor allem mit meinem Schutzengel Franco Ferri ist es mir gelungen, zwei zweckdienliche Beine zu realisieren. Mit diesen Beinen kann ich gut laufen, und wenn sie ins Schwimmbecken gelangen, widerstehen sie nicht nur der Oxidationswirkung des Wassers, sondern sie sind auch perfekt ausbalanciert und behindern mich nicht einmal beim Schwimmen. Meine größte Freude aber war es, einen Wunsch meines Sohnes erfüllt zu haben, der vor kurzem schwimmen gelernt hat und wollte, dass sein Papà auch dabei wäre, ihm zuschaut und gemeinsam mit ihm im Wasser planscht. Es macht mich wütend, wenn ich daran denke, dass es alles in allem gar nicht so schwierig gewesen ist. Eine solche Lösung hätte auch von einer Firma entwickelt werden können, die prothetische Komponenten auf den Markt bringt, die so teuer sind, als seien sie aus Gold, und die, sobald sie mit einem Tropfen Wasser in Berührung kommen, zum Blockieren neigen.

Aber damit noch nicht genug: Am Anfang habe ich mir, wenn ich hinfiel, regelmäßig die Hosen zerrissen. Ich fiel und – ratsch. Ich sprach darüber mit den anderen Jungs im Centro, und sie sagten zu mir: »Hast du das Knie 3R60? Wenn du mit dem hinfällst, zerreißt du dir die Hosen jedes Mal.« Es sieht so aus, als habe ein hierzu befragter Verantwortlicher der deutschen Herstellerfirma die Dreistigkeit gehabt zu behaupten, dass Patienten, die sich die Hosen zerreißen, nicht zu fallen verstehen. Das ist die wahre Demütigung: Jemand, der seine noch Beine hat und um vier Uhr nachmittags stempelt und nach Hause geht, soll mir sagen, ob ich es lernen muss zu fallen! Das ist unglaublich! Wie soll ich entscheiden können, wie ich falle? Dass ich die Kontrolle verliere, ist doch ganz offensichtlich! Ich habe mir also das Knie genommen, ich habe es gebeugt und dabei alle Ecken und Kanten, die herausstehen und zu nichts nütze sind, abgerundet. Ferri hat mir aus demselben Material, aus dem die Prothesen sind, eine Abdeckung gemacht, die mit zwei Schrauben befestigt wird. Ich habe mich vorsätzlich zu Boden zu geworfen, auf Beton, und die Hosen sind noch nicht einmal schmutzig geworden dabei. Dazu braucht es nicht viel. Und da verkaufen sie dir ein Knie für 4.000 Euro, das dir die Hosen zerreißt! Möglicherweise fährst du einen ganzen Tag lang herum und schaffst es endlich, nach einer enormen Plackerei in den Umkleidekabinen, die richtigen Hosen zu finden. Wie das ist, versteht ja wohl jeder: Du kommst heraus und bist glücklich, weil du ein paar Hosen gefunden hast, die passen und die sogar ein bisschen das ästhetische Manko ausgleichen, das die Prothesen so mit sich bringen. Du stolperst, stürzt, und sie zerreißen. Das ist eine herbe Enttäuschung. Wenn ich an diese Dinge denke, überkommt mich eine enorme Wut. Wer weiß, ob nicht eines Tages, wenn ich nicht mehr im Scheinwerferlicht stehe, ein richtiges Projekt daraus werden kann. Nicht aus Wohltätigkeit, vielmehr eine professionelle Arbeit und natürlich ohne darauf zu spekulieren, denjenigen das Fell über die Ohren zu ziehen, die schon genug Haare gelassen haben.

Unterdessen stand, nach Weihnachten, erneut das Rennen auf dem Lausitzring auf dem Programm 2003 und die ursprüngliche Idee tauchte wieder auf. Es war kein sehr glücklicher Moment für die F-Cart-Serie, und Chris Pook, der Präsident, wusste das. Er war auf der Suche nach einem Anlass für eine gute Präsentation. Als es offiziell wurde, dass das Rennen erneut ausgetragen werden sollte, rief Pook mich an, um zu fragen: »Interessiert es dich? Willst du noch immer das machen, woran du gedacht hattest?« Am Anfang zeigte ich mich skeptisch. Ich war immer ein Exhibitionist, jedoch nie auf übertriebene Weise, mir war nicht an einer Angeberei um jeden Preis gelegen. Die Tatsache, dass die F-Cart-Serie nach dem Ausstieg von Honda nicht mehr das war, was sie zu meiner Zeit gewesen war, brachte das Risiko mit sich, alles ein bisschen gewollt aussehen zu lassen. Pook aber ließ nicht mehr locker. Er kontaktierte Pioneer, und brachte unter anderem in Erfahrung, ob sie bereit waren, das Fahrzeug so zu lackieren wie jenes andere in 2001. Und er fügte hinzu: »Wir und Pioneer, wir werden beide einen guten Auftritt haben, so dass wir bereit sind, uns dir auch finanziell erkenntlich zu zeigen.« Und da kam mir die Idee: »Wenn es eine Bezahlung gibt, dann will ich nichts für mich: Macht ein Angebot direkt an die Stiftung.« Pook, sehr großzügig, teilte mir mit, dass Pioneer 10.000 Dollar bezahlen würde und die F-Cart-Serie 50.000. Gutes Geld, um Gutes damit zu tun: Die Sache begann unter verschiedenen Gesichtspunkten, sich immer besser anzufühlen. Ich dachte: »Wenn ich fahre, dann ist das ein schönes Zeichen der Hoffnung, das ich allen geben kann.« Auch weil ich nicht die Absicht hatte, spazieren zu fahren; ich war entschlossen, Gas zu geben. Ich wollte allen zeigen, dass ich es ehrlich meinte und dass mir die Vergangenheit nicht nachhing: »Nun, habt ihr's gesehen?! Ich fahre nicht nur einfach so, ich fahre sehr schnell! Aber das Kämpfen bedeutete mir fast schon nichts mehr, als ich noch Beine hatte, wie viel weniger bedeutet es mir jetzt.« Ich musste den Helden spielen, der die Prinzessin aus dem Schloss befreit, einen Helden jedoch, den die Schöne gar nicht mehr interessierte. Er hatte es sich schon bequem gemacht, er blieb draußen vor dem Schloss, spielte Karten mit seinen Freunden und dachte nicht daran, die Prinzessin zu befreien. Erst nach großem Drängen und nachdem irgendjemand ihm vorgeworfen hatte, er fürchte sich vor dem Drachen, stellte er sich ihm und besiegte ihn. Um daraufhin weiter mit seinen Freunden Karten zu spielen. Und so zu zeigen, dass er es ehrlich meinte. Kurzum, die Entscheidung war gefallen. Alles beschränkte sich jetzt auf das Problem der Anpassung an das Fahren.

Vor allem ging es nun darum herauszufinden, wie ich bremsen konnte. Wir analysierten die Sache unter allen Gesichtspunkten. Adam Schaeckter, einer der Techniker, mit denen ich im Team Nunn zusammengearbeitet hatte, wurde von der F-Cart-Serie beauftragt, das Projekt zu betreuen. Ein Vorteil, da wir uns schon kannten. Er schaute sich die Sache genauer an und stellte mir schließlich eine lange Reihe von Fragen. Er setzte sich auch mit Ford in Verbindung, um nach einer Lösung zu suchen, aber die Zeit drängte, und Fortschritte wurden nicht sichtbar. Bis, durch Zufall, die Lösung kam, »Schuld« meines Schwagers. In der Nähe von Padua gibt es eine kleine Piste, die sich »Due ruote sicure« [»Zwei sichere Räder«] nennt, wo in Zusammenarbeit mit den Schulen Verkehrserziehungskurse für Kinder durchgeführt werden, bevor sie ein Moped fahren dürfen. Ich und Sandro brachten die Kinder zum Kartfahren dorthin. Es war ein wunderschöner Tag, an dem mein Neffe Francesco, der noch keine fünf Jahre alt ist, mir zeigte, dass er das Zeug hat, ein großer Pilot zu werden, der von solchen Überholmanövern wie meinem im »Korkenzieher« von Laguna Seca in jedem Rennen eins hinlegt. Er hat vor gar nichts Angst. Niccolòs Cousins sind wohl das einzige Bruderpaar, bei dem der ältere Bruder, wenn er in der Schule in einen Streit verwickelt wird, sagt: »Wenn ihr nicht damit aufhört, rufe ich meinen kleinen Bruder, der verpasst euch allen eine!« Und er tut es! Er geht stets mit gesenktem Kopf zum Angriff über, es ist unglaublich, aber er kennt nicht die geringste Furcht. Bevor wir sie in die Karts setzten, nahm ich einen nach dem anderen beiseite und erklärte ihm, wie er sich zu verhalten habe. Sein Kart wurde immer als letztes fertig, denn weil er kleiner war, kam er nicht an die Pedale, sie mussten erst den Sitz für ihn einstellen und all diese Dinge. Die anderen Kinder hörten sich die Ratschläge in ehrfurchtsvollem Schweigen an, voller Scheu und mit dem größten Respekt. Er aber, kaum dass er auf seinem kleinen Hintern im Kart Platz genommen hatte, sagte zu mir: »Onkel, kannst du jetzt bitte zur Seite gehen, ich muss losfahren!« Erst nach 45 Runden hielt er wieder an, weil er kein Benzin mehr hatte. Wir stellten uns mitten auf die Piste, um ihn anzuhalten, und er »umdribbelte« uns, wich uns aus, fuhr quer über die Wiese und rief: »Jaaa! Das ist das Leeeben!« Am Ende des Tages wollte auch der »Dottooore« ein Kart ausprobieren, er hatte es vorher noch nie gemacht. Als ich ihn dabei beobachtete, übertrieb ich meine Kritik ein wenig: »Doktor, es sieht erbärmlich aus.« »Da will ich dich mal sehen«, antwortete er, »du kannst nicht fahren, sonst würde ich es dir schon zeigen.« »Na warte«, sagte ich zu ihm, »ich fahr dir davon, auch ohne Beine.« Ich setzte mich in das Kart, und der Betreiber der Piste sagte zu mir: »Versuchen wir, die Füße an den Pedalen festzubinden.« Ich fuhr los. Ganz langsam wollte ich eine Runde fahren und wieder zurückkommen, an mehr dachte ich nicht. Aber kaum war ich auf der Piste, kam die Offenbarung: Ich schaffte es nicht nur zu fahren, sondern hatte dabei sogar ein gewisse Sensibilität.

Bis zum Rennen auf dem Lausitzring waren es noch dreieinhalb Monate. Noch am selben Abend rief ich von zu Hause bei Adam an und sagte zu ihm: »Ich glaube, dass ich es schaffe zu bremsen!« »Was soll das heißen?«, fragte er mich. »Wenn nur ein Pedal übrig bleibt, das meinen Fuß aufnimmt, so dass er nicht wegrutscht, wenn er vom Boden angehoben wird, dann könnte ich mit einer Bewegung der Hüfte bremsen.« »Nun, ich weiß nicht«, antwortete er, »du müsstest abschätzen, wie viel Kraft du erzeugen kannst. Kennst du nicht jemanden dort in der Gegend, der einen Monoposto hat, an dem sie, während du im Cockpit sitzt und die Bremse bedienst, telemetrisch den Druck registrieren können, den du ausübst?« Ich sagte zu ihm: »Telemetrisch kann ich es auch! Warte mal eben!« Ich ging ins Bad und lehnte mich mit dem Rücken gegen die Wanne, ich stellte die Waage senkrecht an die Wand und drückte mit dem rechten Bein dagegen. Ohne Problem, sogar ganz bequem, kam ich bis auf 50 Kilo, wenn ich fester drückte sogar bis auf 87. Ich ging zurück ans Telefon, rechnete die Kilos für ihn als Amerikaner in Pounds um und teilte triumphierend mit: »Oh, es sind mehr als 200 Pounds!« Ich erklärte ihm, wie ich zu meinem Ergebnis gekommen war und er musste lachen. Das System, mochte es auch noch so simpel sein, erwies sich als sehr wirkungsvoll. Innerhalb weniger Wochen entwickelte Adam einige Lösungen, zu denen ich Vorschläge aus freier Hand gezeichnet und ihm per Fax zugeschickt hatte. Er entwarf die Pläne, ließ alles anfertigen und zusammenbauen, und schließlich schickten sie das Auto aus den USA, ohne dass ich es jemals ausprobiert hatte. Ich hegte keinerlei Zweifel, bis auf den, ob ich wohl ins Cockpit hineinkäme. Dieses ist unten sehr eng und für einen leichten und schlanken Piloten gemacht. Als nächstes fuhr ich zu Ferri nach Vigorso: »Franco, ich brauche zwei schmale Beine, Rennbeine.« Die Prothese hat oben einen inneren und einen äußeren Rand, der als Auflage dient. Wenn du dich in einen sehr engen Raum damit setzt, so dass die eine Prothese gegen die andere gedrückt wird, neigt der innere Rand dazu, eine typisch männliche Zone einzuklemmen, und das – ich bitte euch einfach, es mir zu glauben – ist nicht sehr unterhaltsam. Ich ließ zwei Prothesen mit einem sehr schmalen Rand anfertigen. Mit ihnen zu laufen, war zwar kein Vergnügen, aber im Grunde muss ich ja nur wenige Meter zurücklegen, um zum Auto zu gelangen und wieder zurück. Ferri tüftelte alles Notwendige aus. Dann gaben seine Jungs, wahre Künstler, dem Schaumgummi, in den die Prothese eingebettet wurde, nach und nach das Aussehen eines echten Beines.

Die F-Cart-Serie kam nach Europa, um zwei Rennen auszutragen, das erste in Brands Hatch in England, das zweite auf dem Lausitzring. Einige Tage vor dem Rennen in England trafen wir uns auf einer Teststrecke in Millbrook, in der Nähe von Lutton, auf der auch Ford – der Lieferant des Motors – seine Straßenfahrzeuge entwickelte. Ich musste den Sitz anpassen lassen und auf einer Art Flugplatz, weit entfernt von den Augen der Journalisten und der Neugierigen, ein bisschen hin- und herfahren. Es war ziemlich bewegend, mein Auto wiederzusehen und es zu berühren, auch wenn es mit dem von früher nicht ganz identisch war. Ich zog mich um und versuchte, in das Cockpit zu steigen. Natürlich gelang es mir nicht. Mich quälten furchtbare Schmerzen an den Hoden, während die eine Prothese gegen die andere rieb. Dies hätte mich um die Beweglichkeit gebracht, die ich zum Bremsen brauchte. Nun kam mir die Technik zugute, die ich mir abgeguckt hatte, als ich Ferri und seinen Jungs bei der Arbeit an Prothese und Knie zugeschaut hatte, und ich nahm die Teile auseinander, wobei mir Mauro Serra half, der mich begleitet hatte. Bei dieser Gelegenheit hatte ich ihm einen Helm wieder abgeluchst, den ich ihm früher einmal geschenkt hatte: Ich hatte bemerkt, dass in seinen ein Funkkopfhörer eingebaut war, in meinen nicht. Mit Mauros Hilfe begann ich, den ausgearbeiteten Teil aufzuschneiden, der dem Bein die anatomische Form gab, und es tat mir in der Seele weh. Dann machte ich mir das linke Bein zurecht: Indem ich das Schienbein im Verhältnis zum Oberschenkel nach außen bog, erzeugte ich ein X-Bein, um damit innen an der Wölbung des Cockpits vorbeizubekommen. Ich öffnete sogar noch zwei neue »Fenster« in den Prothesen, um ein paar zusätzliche Zentimeter zu gewinnen, und so schaffte ich es schließlich, in das Auto einzusteigen. Wir stellten die Gurte richtig ein, und ich erinnere mich an das Lachen, als ich den Kupplungshebel ausprobierte. Seit dem Verlust meiner Beine habe ich zwei unglaubliche Arme bekommen: Mit leichter Hand bewegte ich den Hebel, in der Werkstatt wären hierzu zwei Personen nötig gewesen.

Die Frage der Kupplung war entscheidend; es war wichtig, gut zu starten: Wenn der Motor in Deutschland ausgegangen wäre, hätte ich ganz schön blöd dagestanden. Das wollte ich gern vermeiden. Auch das Gaspedal war nicht perfekt. Da es auf dem Oval aber nur sehr mäßig benutzt wird, war es nur halb so schlimm. Ich setzte den Helm auf, und alle waren ergriffen. Dann schließlich zündeten sie den Motor, und es kam der Augenblick, in dem der eine sich ganz der Arbeit am Computer widmete, während ein anderer schaute, ob auch keiner auf der Piste war. Einen Augenblick lang fühlte ich mich allein, und ich führte all die Handgriffe aus, die mir sogleich wieder vertraut waren. Es schien, als sei ich gerade erst einen Tag zuvor aus diesem Cockpit ausgestiegen. Ein Gefühl, das ein leicht nostalgisches Lächeln hervorrief. Ich kuppelte und legte den ersten Gang ein. Die Jungs hatten gewettet, dass ich den Motor abwürge, aber ich fuhr los wie ein »Parigino«. Aber der Parigino ließ sich Zeit, den ersten und den zweiten Gang kommen zu lassen. Die Vertrautheit führte mir sofort die Hand ... Ersten und Zweiten langsam, dann ein Kavaliersstart, und schnell hoch bis in den Sechsten. Adam hatte zu mir gesagt: »Ich will dich nicht unter Druck setzen, aber es wäre ganz interessant, wenn du noch heute eine Strecke von 120 bis 130 Meilen fahren könntest, so dass wir ein paar Daten zum aerodynamischen Verhalten bekommen.« Auf der langen Geraden, voll im Sechsten, rief ich ihn über Funk und sagte: »Adam, glaubst du, dass die Geschwindigkeit ausreicht für deine Erhebung?« Während ich dieses unbestimmte Vergnügen erlebte, sah ich eine Art Haarnadelkurve auf mich zukommen. Meine Entspanntheit spielte mir einen hässlichen Streich: Es kam mir ganz natürlich vor, den Fuß – pardon: die Hand – unten zu halten und einen Ausreißer zu machen, einen von diesen harten, resoluten. In dem Augenblick, in dem ich dann, aus voller Fahrt mit circa 350 Stundenkilometern, abzubremsen begann, kam mir eine Frage in den Sinn: »Aber weiß ich denn, ob es funktioniert?« Ich entdeckte, dass unser manuelles System ausgezeichnet funktionierte. Ich war so aufgedreht, dass ich beim nächsten Ausreißer Vollgas gab und dabei vom Sechsten in den Ersten zurückschaltete, wobei die Vorderräder, nach echter Angeberart, blockierten. Ich kann nicht beschreiben, was für Gesichter sie machten. Ich vollendete einen weiteren Durchgang, und als ich dazu überging, mich abzusetzen wie schon zuvor, passierte etwas: Ich fuhr geradeaus und verlor die Kontrolle. Zum Glück gab es die Auslaufzone. Sie bargen mich, und als ich an den Boxen war, stellten sie fest, dass das Auto auf nur drei Rädern fuhr. Eine Querstrebe zwischen hinterer Aufhängung und Getriebe, das neu war, hatte sich vollständig zerlegt und war weggeflogen. Zum Glück geschah es dort. Man stelle sich vor, es wäre auf dem Lausitzring passiert. Ich kehrte nach Hause zurück und kann gar nicht beschreiben, was für Anrufe ich bekam. Zuerst mein Schwager: »Du bist verrückt, das letzte Mal haben wir dich mit dem Teelöffel wieder aufgepäppelt!« Sie hatten nichts begriffen: Ich war zu einer Arbeit gefahren, für die ich schon immer eine Begabung gehabt hatte. Ich hatte immer gewusst, was ich tat. Es gab keinen Grund, warum ich nicht mit dem hätte fortfahren sollen, was ich schon mein ganzes Leben lang getan hatte. Ja, es konnte ein Defekt am Auto auftreten, aber das wäre ein unglaublicher Zufall gewesen: Als ob einer im Abstand von anderthalb Jahren zweimal vom Blitz getroffen werden sollte. Eher unwahrscheinlich. So sah ich es. Auch wenn nun nach und nach ein leises Gefühl der Angst auch mich beschlich. Es musste einfach gut gehen, es durfte kein Missgeschick passieren. Andernfalls wären Zyniker und Kritiker jedweder Couleur nicht mehr zu bremsen gewesen.

Wir reisten am Donnerstag ab. Ich und Daniela, die mich auf dem Weg zu dem begleitete, was sie seither »das letzte Abenteuer« nennt, so sieht sie es nun einmal. Der Zufall wollte es, dass meine Frau – dieselbe, die mir vorwirft, dass ich meinen Kopf immer in den Wolken habe – ein 9.05 mit einem 9.50 verwechselte. So verpassten wir das Flugzeug nach Dresden und waren gezwungen, das Flugzeug nach Berlin zu nehmen. Nachdem wir angekommen waren, entfuhr mir ein: »Na gut, unseren Besuch in Berlin haben wir hiermit gemacht, diesmal haben wir diesen Teil schon hinter uns.« An der Rennstrecke begannen die Mitarbeiter der F-Cart-Serie, die sich dem auf dieses Event gerichteten Interesse gewachsen zeigen mussten, mir Stress zu machen. Noch am selben Abend ging ich zum Essen mit Pook und dem Organisator des Rennens. Zwei Wochen vorher war mir der Spaß an einer kleinen Überraschung genommen worden: Mein Auftritt sollte geheim bleiben und erst in dem Moment enthüllt werden, in dem ich den Helm absetzte. Aus Deutschland aber war etwas durchgesickert, und es war allgemein bekannt geworden, dass ich die dreizehn Runden fahren wollte, die vor anderthalb Jahren gefehlt hatten, um das Rennen zu beenden.

Nachdem diese Überraschung geplatzt war, dachte ich, dass die einzige Überraschung, die jetzt noch blieb, darin bestand, dass ich schnell fahren würde. Das bereitete mir doch ein wenig Sorge, und so fragte ich Chris während unseres Abendessens, ob ich am Freitagabend vierzig Trainingsrunden fahren könne. »Kein Problem«, sagte er, »morgen Abend um sieben gehst du raus und fährst so viele du willst.« Fazit: Um sieben war der gesamte F-Cart-Zirkus versammelt, um mir zuzuschauen. Es bereitete mir eine immense Freude zu sehen, dass alle so voller Anteilnahme und so ergriffen waren, auch meine Ex-Kollegen. Bei Vasser war das selbstverständlich, nicht aber bei jenen, die ich weniger gut kannte, wie Jourdain und Servia. Letzterer rührte mich zutiefst, denn um sich miteinbezogen zu fühlen, wollte er um jeden Preis die Schutzhülle meines Helmes tragen. Jimmy trat im letzten Augenblick, bevor sie den Motor anließen, an mein Auto und sagte zu mir: »Alex, ich bitte dich, mach keine Dummheiten!« Das zeigte, wie besorgt er war. Sie alle sahen in mir den Verletzbaren, aber sie hatten nichts begriffen. Mir ging es sehr gut da drin, und ich konnte es kaum abwarten, das Visier herunterzuklappen und zu starten.

Das Auto war Eigentum des Teams Bachelart, und es war exzellent vorbereitet worden. Es waren nur zwei Mechaniker da, und mehr waren hier auch nicht nötig. Wie in einem Film, ohne etwas zu sagen, näherten sich Rob Hill, mein ehemaliger Chef-Mechaniker, jetzt Team-Manager beim Team Johansson, und John Wayne, der in derselben Mannschaft ist. Beide nahmen wie selbstverständlich die Rollen wieder ein, die sie in der Zeit mit Ganassi hatten. Rob stellte sich vor das Auto, er wartete, bis alles klar war, um mir freie Fahrt zu geben. John kontrollierte den Reifendruck gleich zwei Mal. Das rührte mich sehr. Auf der Tribüne hatten sich inzwischen zahlreiche Fans versammelt, die die seltsame Betriebsamkeit beobachtet hatten, dageblieben waren und nun belohnt wurden. Sie waren so gut drauf, dass sie begannen, ihre Spielzeugtrompeten zu blasen und dann zu vier- oder fünfhundert das Lied von Modugno zu singen: *»Nel blu dipinto di blu«*, mit »Zanardi« anstelle von *»Volare«:* »Zanardi oh oh, Zanardi oh oh oh oh ...« Ich startete, um meine vierzig Runden zu fahren. Auf die Piste zu kommen, war wunderbar. Es war so, wie wenn man unsterblich in eine Frau verliebt ist, sie heiratet und eine lange Zeit das Leben mir ihr genießt. Später dann wird sie dir entrissen. Wenn es dir gelingt, sie erneut zu umarmen, anderthalb Jahre später, ist das Gefühl überwältigend. Ich hatte mir vorgenommen, schrittweise vorzugehen. Aber es schien alles in Ordnung, und also begann ich Gas zu geben. In der zweiten Runde ging ich etwas vorsichtig in Kurve 1, aber schon in Kurve 2 und erst recht in der dritten fuhr ich mit viel größerem Einsatz. Dort geschah etwas Eigenartiges. Ich erinnerte mich nicht an das Rennen, in dem ich den Unfall hatte, mir waren alle Einzelheiten erst später erzählt worden. Aber in diesem Augenblick war es so, als schaltete ich den Fernseher ein: clic – und alles war wieder da. Der Beginn des Rennens mit dem Überholmanöver der vier, die miteinander kämpften, das Überholmanöver bei Max und dann das bei Kanaan mit dem Gruß, der keiner war. Ich blieb während der gesamten dritten Runde im sechsten Gang sehr schnell und fuhr dann im Vierten die Kurve 1, kaum verlangsamend, die 2 in derselben Weise und die 3 mit wirklich viel Gas. Ich stürzte mich in das, was die fünfte Runde werden sollte: Kurve 1 mit Vollgas, Kurve 2 mit Vollgas; dann gab ich überraschend auf und fuhr an die Boxen. Unter allgemeinem Beifall. Cesare Maria Mannucci, Reporter für »Autosprint«, der mich in meinen amerikanischen

Jahren begleitet hatte und der auch zugegen war, hat mir erzählt, dass Tagliani die Augen aus dem Kopf traten: »Aber warum kehrt er nicht auf die Ovals zurück und fährt. Er schlägt sie noch immer alle, es ist unglaublich, wie schnell er fährt.« Ich hielt an, und als ich den Motor ausmachte, stand mir ein Lachen im Gesicht, das unter dem Visier nicht mehr zu halten war. Alle kamen herbei und fragten, welches Problem ich denn hätte. Ich war zu vierzig Runden gestartet und hatte viereinhalb davon hinter mir. Ich antwortete, ich sei schon dort, wo ich hinwollte. Ich war beeindruckt, wie schnell ich das Gefühl für den Monoposto zurückgewonnen hatte. Es lief gut so.

Wir aßen im Kreise aller Fahrer zu Abend. Es war ein unerhört angenehmer Abend mit Jimmy in Höchstform und Daniela, die sich trotz ihres unerschütterliches Gemüts von diesen vier Runden emotional ein bisschen hatte mitnehmen lassen. Schließlich war ich der am wenigsten Aufgeregte. Aber ich verstand sie. Sie hatten mich kaum anderthalb Jahre zuvor gesehen, als ich im Helikopter von der Rennstrecke weggebracht wurde und zwei mächtige Blutspuren hinterließ. Mich so heiter vorzufinden und so gut in Form, war für viele verblüffend. Das Abendessen war sehr kurzweilig, es gab viele Anekdoten zu erzählen, und zahlreiche Geschichten wurden erneut lebendig. Am Samstag widmete ich mich den Interviews – Zeitungen, Radio und TV – im Auftrag der F-Cart-Serie. Sie hatten mir eine Suite zugewiesen, ein sehr großes Zimmer, in das ich mich in den wenigen Pausen zurückziehen konnte. Es lag genau über meiner Box. Und das Fenster ging hinaus auf die Digitaluhr, deren Display in der Nähe der Ampel über der Ziellinie angebracht war. Es kam der Sonntag und mit ihm die Stunde der Wahrheit, die dreizehn Runden zu fahren. Ich zog mich in aller Ruhe um. Nie habe ich jemandem meine Gefühle gebeichtet, diese Anzeichen einer leisen Angst, die einem so durch den Kopf geht. An diesem Morgen war ich mit meinem Gedanken allein: »Nun, ausgerechnet 13 Runden. Da forderst du wohl ein bisschen das Schicksal heraus.« Schließlich aber löschte ich den

Gedanken aus meinem Kopf. Nachdem ich die Beine angelegt hatte, kam der Moment, da ich hinuntergehen musste auf die Piste. Erneut dachte ich – wer weiß warum – über die Runden nach und über die 13, dann aber wischte alle Bedenken beiseite, und es platzte aus mir heraus: »Ja, jetzt gehe ich hinunter. Wie spät ist es?« Während ich mich dies fragte, fiel mir die Digitaluhr über der langen Geraden ein. Ich wandte mich um, und in dem Augenblick, in dem ich aufstand, zeigte die Uhr: 13 Stunden, 13 Minuten, 13 Sekunden. Da half auch kein Klopfen auf Holz. Ich griff mir an die Eier, aus Aberglauben natürlich, und musste lachen. Es war so überzogen, dass jetzt ganz bestimmt nichts mehr schief laufen konnte.

Schließlich ging ich zur Box hinunter. Sie hätte abgeschlossen sein sollen, keine neugierigen Blicke. Es war jedoch mehr dort los als auf dem Wochenmarkt von Ventimiglia. Überall vertraute Gesichter. Angenehm, sie alle zu sehen. Ich stieg ins Auto, zog Helm und Handschuhe an, und sie schoben das Auto hinaus. Als das Rollgittter hochging, hatte sich das Panorama verändert. Die Tribüne war voll besetzt mit Zuschauern, und das konnte einen schon ein wenig einschüchtern: An der Rennstrecke waren mehr als 50.000 Menschen. Und sie machten ein ganz schönes Theater. In dem Moment, in dem ich den Motor anließ, brandete gigantischer Beifall auf. Dann plötzlich Grabesstille. Ich startete, und wie in den guten alten Zeiten fand ich mich allein mit dem Auto. Sonst war da niemand. Ich fuhr, und mir wurde bewusst, dass mir dieser Hauch von Toleranz, den sie dem Bypass-Ventil gegeben hatten, damit ich das Handgas besser bedienen konnte, wieder genommen worden war. Das gab mir Sicherheit, aber auch zehn PS zusätzlich. Nachdem sie gesehen hatten, wie ich am Freitagabend gefahren war, hatten sie zwei Nächte durchgearbeitet, um alles in Ordnung zu bringen und mir genau das zu geben, was die anderen hatten. Wäre ich schneller gefahren als die Piloten, die schon bald hier fahren sollten, so wäre das nicht anständig gewesen. Und es hätte die Gefahr bestanden, wenig glaubwürdig zu wirken. So aber hatte ich dieselbe Leistung wie die anderen, mit dem kleinen Vorteil eines älteren Autos. Die Mannschaften waren verpflichtet worden, dieselben aerodynamischen Einstellungen nach Brands Hatch mitzubringen wie nach Deutschland. Folglich montierten sie einen Flügel, der für den Lausitzring nicht perfekt angepasst war. Ich fuhr den alten Reynard und hatte sogar das Super-Set-up aus jenem Rennen wiederhergestellt, in dem ich den Unfall hatte. Aus jenem Rennen, das ich – ich erinnere mich gern daran – im Begriff war zu gewinnen. In jedem Falle wusste ich, wie auf dieser Piste zu fahren war. Am Donnerstag, kaum an der Strecke angekommen, hatte ich anhand der Set-up-Daten Konvergenz, Sturz, Gewichtsverteilung und alles Übrige ändern lassen. Schließlich fuhr das Auto, dank der Nervensäge, die ich nun einmal bin, fabelhaft. Ich beschleunigte, und obwohl der Reynard-Ford nicht so schnell war wie am Freitag, ging ich die Kurven an und versuchte, das Auto dabei an seine Grenzen zu bringen. In dem Maße, in dem sich allmählich die Benzinlast verringerte, wurde ich schneller. Die letzte Runde war meine schnellste. Verglichen mit den Zeiten des Qualifyings vom Vortag hätte das Startposition fünf bedeutet. An der Ziellinie standen, um die schwarzweiße Flagge für mich zu schwenken, Daniela und mein großer Freund Jimmy Vasser. Einfach schön.

Anderthalb Jahre war ich nicht mehr in einen Monoposto gestiegen. Ohne Beine, als Behinderter, glaube ich etwas bewiesen zu haben: Dass hinter so manchem Erreichten oft ganz simple Lösungen stecken, und dass gewisse Ziele, einmal erreicht, wie Magie erscheinen können, auch wenn gar nicht viel gezaubert wurde. Ich bin nicht Superman. Ich bin nur ein Optimist, der ein wunderbares Leben gelebt hat und es noch immer lebt; einer, der zu schätzen weiß, wie viel Gutes ihm geblieben ist. Auch deshalb bin ich auf den Lausitzring zurückgekehrt. Ich wollte zeigen, welche Wegstrecke ich zurückgelegt habe, es jedem zeigen, der einen Impuls sucht, um sein eigenes Leben wieder in den Griff zu bekommen. Aber nehmt mich nicht zu ernst! Vielleicht liegt ja der wahre Grund, der mich dazu getrieben hat, dieses Rennen zu »beenden«, darin, dass ich – wie mein Schwager, der »Dottooore«, es ausdrückt – ein Schlitzohr bin und einen ganz besonderen Schluss für dieses Buch gebraucht habe.

Jedenfalls hat es mir eine große Freude bereitet. Und den Rest packen wir auch noch.

Glossar

Aktive Aufhängung: Wurde Ende 1993 infolge einer Reglementsänderung verbannt, die Lage des Autos zur Fahrbahn wurde per Software direkt über die Aufhängung gesteuert, je nach Strecke konnte ein spezielles Programm geladen werden. Williams führte das System 1992 ein

Grid: International verwendete Bezeichnung für die Startaufstellung, auch Start- Zielgerade

Monoposto: einsitziger offener Rennwagen, auch Bolide

Pole Position: Die beste Ausgangslage für einen Fahrer, er nimmt dabei das Rennen von der vordersten Position in Angriff. Während des Qualifyings wird die Startaufstellung ermittelt, der schnellste Fahrer erreicht die Pole Position, also den Startplatz 1.

Qualifying: Einstündiges Training am Samstag, bei dem die Startaufstellung ermittelt wird. Für jeden Fahrer zählt die beste erzielte Zeit aus zwölf Runden.

Set-up: Abstimmung des Autos

Slicks: Reifen, im Aufbau ähnlich wie jeder Straßenreifen, ist jedoch profillos und hat so eine wesentlich größere Lauffläche. Bei Betriebstemperatur (ca. 85 Grad) baut der Slick die optimale Haftung zur Fahrbahn auf, er »klebt« das Fahrzeug nahezu auf den Asphalt. Ende 1997 wurden die Slicks von der FIA im Reglement verboten.

Superlizenz: Fahrausweis, um an Formel-1-Rennen teilnehmen zu dürfen. Man bekommt die Superlizenz durch gute Ergebnisse in den unteren Automobil-Rennklassen.

Telemetrie: Methode, Daten jeglicher Art vom Auto in die Boxen zu übertragen. Die Telemetrie dient dazu, die Leistung eines kompletten Autos zu analysieren und auszuwerten.

Übersteuern: Das Auto droht in den Kurven mit dem Heck auszubrechen.

Untersteuern: Das Auto schiebt über die Vorderräder zum Kurvenaußenrand und lenkt nicht in die Kurve ein.

Warm-up: Training am Morgen des Renntages, das zur Feinabstimmung des Wagens dient.

Bestseller

Lenny McLean

DER GUV'NOR

Englands
härtester Mann
erzählt sein Leben

»In meiner Welt gilt ein Mann, der einen Angreifer nicht selbst bekämpft, als Feigling. Gehörte ich einer anderen sozialen Klasse an, hätte ich mir in solchen Fällen einen Rechtsanwalt genommen.«

- über 300.000 verkaufte Exemplare in Großbritannien
- verfilmt in »Snatch – Schweine und Diamanten« mit Brad Pitt
- »Ein Buch wie ein Punch« *bücher – das Magazin zum Lesen*

gebunden mit Schutzumschlag, 336 Seiten, mit Fotos

ISBN 3-936261-09-1

€ 14,90

In jeder guten Buchhandlung erhältlich

bombus

bei bombus

Dave Pelzer

HELP YOURSELF

Strategien fürs Ich

»Das neuste Buch von Dave Pelzer wurde deshalb weltweit ein Bestseller weil es eine Geschichte über Vergebung ist. Es triumphieren Liebe, Geduld, Ausdauer und Mut über Vergeltung und Hass.« *Quelle: London Daily Mail*

- New York Times-Wirtschafts-Bestseller
- Für den Pulitzer-Preis vorgeschlagen

gebunden mit Schutzumschlag, 226 Seiten

ISBN 3-936261-16-4

€ 16,90

In jeder guten Buchhandlung erhältlich

bombus